全国高等教育自学考试指定教材

现代汉语

（2023 年版）

（含：现代汉语自学考试大纲）

全国高等教育自学考试指导委员会　组编

主　编　齐沪扬

北京大学出版社
PEKING UNIVERSITY PRESS

图书在版编目(CIP)数据

现代汉语：2023年版/齐沪扬主编；全国高等教育自学考试指导委员会组编. —北京：北京大学出版社，2023.9
全国高等教育自学考试指定教材
ISBN 978-7-301-34058-5

Ⅰ.①现… Ⅱ.①齐… Ⅲ.①现代汉语–高等教育–自学考试–教材 Ⅳ.①H109.4

中国国家版本馆CIP数据核字(2023)第100716号

书　　名	现代汉语（2023年版） XIANDAI HANYU (2023NIAN BAN)
著作责任者	齐沪扬　主编　全国高等教育自学考试指导委员会　组编
责任编辑	唐娟华
标准书号	ISBN 978-7-301-34058-5
出版发行	北京大学出版社
地　　址	北京市海淀区成府路205号　100871
网　　址	http://www.pup.cn　　新浪微博：@北京大学出版社
电子邮箱	zpup@pup.cn
电　　话	邮购部 010-62752015　发行部 010-62750672　编辑部 010-62767349
印　刷　者	河北文福旺印刷有限公司
经　销　者	新华书店
	787毫米×1092毫米　16开本　28.25印张　687千字 2023年9月第1版　2023年9月第1次印刷
定　　价	79.00元（含数字课程）

未经许可，不得以任何方式复制或抄袭本书之部分或全部内容。
版权所有，侵权必究
举报电话：010-62752024　电子邮箱：fd@pup.cn
图书如有印装质量问题，请与出版部联系，电话：010-62756370

组编前言

21世纪是一个变幻难测的世纪,是一个催人奋进的时代。科学技术飞速发展,知识更替日新月异。希望、困惑、机遇、挑战,随时随地都有可能出现在每一个社会成员的生活之中。抓住机遇,寻求发展,迎接挑战,适应变化的制胜法宝就是学习——依靠自己学习、终生学习。

作为我国高等教育组成部分的自学考试,其职责就是在高等教育这个水平上倡导自学、鼓励自学、帮助自学、推动自学,为每一个自学者铺就成才之路。组织编写供读者学习的教材就是履行这个职责的重要环节。毫无疑问,这种教材应当适合自学,应当有利于学习者掌握和了解新知识、新信息,有利于学习者增强创新意识,培养实践能力,形成自学能力,也有利于学习者学以致用,解决实际工作中所遇到的问题。具有如此特点的书,我们虽然沿用了"教材"这个概念,但它与那种仅供教师讲、学生听,教师不讲、学生不懂,以"教"为中心的教科书相比,已经在内容安排、编写体例、行文风格等方面都大不相同了。希望读者对此有所了解,以便从一开始就树立起依靠自己学习的坚定信念,不断探索适合自己的学习方法,充分利用自己已有的知识基础和实际工作经验,最大限度地发挥自己的潜能,达到学习的目标。

欢迎读者提出意见和建议。

祝每一位读者自学成功。

全国高等教育自学考试指导委员会
2022年8月

目 录

现代汉语自学考试大纲

出版前言	2
Ⅰ 课程性质与课程目标	3
Ⅱ 考核目标	4
Ⅲ 课程内容与考核要求	5
Ⅳ 关于大纲的说明与考核实施要求	15
附录：题型举例	19
后　记	21

现代汉语

修订前言	25
编写说明	26
第一章　绪　论	27
第一节　汉语和现代汉语	27
第二节　现代汉语的特点	30
第三节　汉语的规范化和汉语课程的学习	33
第二章　语　音	38
第一节　语音概说	38
第二节　声　母	48
第三节　韵　母	55
第四节　声　调	68
第五节　音　节	76
第六节　音　变	84
第七节　语音规范问题	92
第三章　文　字	103
第一节　汉字概说	103

>　　第二节　汉字的形体 ······ 107
>　　第三节　汉字的构成 ······ 114
>　　第四节　汉字的简化、规范化和标准化 ······ 124

第四章　词　汇 ······ **130**
>　　第一节　语素、词和词汇 ······ 130
>　　第二节　词的构造 ······ 140
>　　第三节　词　义 ······ 149
>　　第四节　多义词和同音词 ······ 158
>　　第五节　同义词和反义词 ······ 163
>　　第六节　词汇的构成 ······ 175
>　　第七节　词　典 ······ 193

第五章　语　法 ······ **202**
>　　第一节　语法概说 ······ 202
>　　第二节　词类（上）······ 208
>　　第三节　词类（下）······ 227
>　　第四节　短　语 ······ 241
>　　第五节　句法成分 ······ 255
>　　第六节　句　型 ······ 278
>　　第七节　句　式 ······ 288
>　　第八节　句　类 ······ 296
>　　第九节　句子的变化 ······ 306
>　　第十节　复　句 ······ 312
>　　第十一节　常见的语法错误 ······ 331

第六章　语　用 ······ **343**
>　　第一节　语用概说 ······ 343
>　　第二节　语用原则 ······ 346
>　　第三节　语用意义 ······ 352
>　　第四节　修辞概说 ······ 355
>　　第五节　辞格和辞格运用 ······ 367
>　　第六节　语　体 ······ 375

附　录 ······ **380**
>　　附录一　汉语拼音方案 ······ 380
>　　附录二　国际音标简表 ······ 382
>　　附录三　声母辨音字表 ······ 383
>　　附录四　韵母辨音字表 ······ 388
>　　附录五　普通话声韵配合音节表 ······ 392
>　　附录六　《汉语拼音方案的通用键盘表示规范》摘要 ······ 394

附录七　汉语拼音正词法基本规则（摘录） …………………………… 394
附录八　普通话水平测试等级标准（试行） ………………………… 396
附录九　普通话水平测试用必读轻声词语表 ………………………… 397
附录十　普通话异读词审音表 ………………………………………… 398
附录十一　通用规范汉字表 …………………………………………… 409
附录十二　标点符号用法 ……………………………………………… 422

后　记 ……………………………………………………………………… **444**

全国高等教育自学考试

现代汉语自学考试大纲

（含考核目标）

全国高等教育自学考试指导委员会　制定

出版前言

为了适应社会主义现代化建设事业的需要，鼓励自学成才，我国在20世纪80年代初建立了高等教育自学考试制度。高等教育自学考试是个人自学、社会助学和国家考试相结合的一种高等教育形式。应考者通过规定的专业考试课程并经思想品德鉴定达到毕业要求的，可获得毕业证书；国家承认学历并按照规定享有与普通高等学校毕业生同等的有关待遇。经过30多年的发展，高等教育自学考试已为国家培养、造就了大批专门人才。

课程自学考试大纲是国家规范自学者学习范围、要求和考试标准的文件。它是按照专业考试计划的要求，具体指导个人自学、社会助学、国家考试、编写教材、编写自学辅导书的依据。

随着经济社会的快速发展，新的法律、法规不断出台，科技成果不断涌现，原大纲中有些内容过时、知识陈旧。为更新教育观念，深化教学内容方式、考试制度、质量评价制度改革，使自学考试更好地提高人才培养的质量，各专业委员会按照专业考试计划的要求，对原课程自学考试大纲组织了修订或重编。

修订后的大纲，在层次上，专科参照一般普通高校专科或高职院校的水平，本科参照一般普通高校本科水平；在内容上，力图反映学科的发展变化，增补了自然科学和社会科学近年来研究的成果，对明显陈旧的内容进行了删减。

全国高等教育自学考试指导委员会文史类专业委员会组织制定了《现代汉语自学考试大纲》，经教育部批准，现颁发施行。各地教育部门、考试机构应认真贯彻执行。

全国高等教育自学考试指导委员会
2013年4月

Ⅰ 课程性质与课程目标

"现代汉语"是汉语言文学专业的基础课。它系统地讲授现代汉民族共同语（普通话）的基础理论和基本知识，训练基本技能，培养和提高学生理解、分析和运用现代汉民族共同语的能力。

设置本课程的目的，是要使具有高中毕业语文程度的自学者，获得比较全面系统的现代汉语知识，提高语言运用的能力。

本课程设置的目标是使自学应考者能够：

（一）了解、理解、掌握与熟练掌握现代汉语的基础理论和基本知识；

（二）运用所学的现代汉语理论和知识分析语言现象；

（三）运用学得的知识、技能和方法，纠正语病，指导语言运用，提高书面和口头的言语表达能力，同时提高解释常见语言现象的能力。

汉语言文学专业的其他课程都离不开对语言的理解和运用，因此学好本课程是学好其他课程的前提和基础。本课程和"古代汉语""语言学概论"等课程关系密切。同《古代汉语》的主要不同在研究对象上，但理论体系基本一致，学好本学科的基础理论和基本知识将有益于学好"古代汉语"。本课程同"语言学概论"也有交叉，但"语言学概论"是从一般性角度阐述，本课程是从现代汉语角度（个别角度）阐述。

现代汉语课程主要包括绪论、语音、文字、词汇、语法、语用六个部分，其中语音、词汇和语法三部分是重点，语音、语法是学习的难点。

Ⅱ 考核目标

本大纲在考核目标中，按照识记、领会、简单应用和综合应用四个层次规定其应达到的能力层次要求。四个能力层次是递进关系，各能力层次的含义是：

识记：对大纲中有关现代汉语语音、文字、词汇、语法、语用等各方面的基本概念，包括名称和含义，能有清晰、准确的认识，并能做出正确的判断，如元音、辅音、语素、新造词等概念的识记，等等。

领会：对大纲中现代汉语的各基本概念、基本原理、基本方法有正确理解，并清楚这些知识点之间的联系和区别，做出正确的表述与解释，如音节的基本结构、句类和句式的区别，等等。

简单应用：能够在领会的基础上，对有关知识点的内容进行辨别、解释或举例说明；能运用语言分析的基本方法，对语言现象进行分析，如音节的分析、形声字声旁和形旁的辨别、疑问句的分类，等等。

综合应用：在对一些重要概念、基本原理和方法熟悉和深入理解的基础上，综合相关的知识点，分析和解决比较复杂的语言材料、语言现象和语言问题，如汉字、语素和音节的关系，歧义句式的分化，等等。

III 课程内容与考核要求

第一章 绪 论

一、学习目的与要求

通过本章的学习,了解现代汉语概貌和现代汉语的形成与发展,了解现代汉语方言,着重理解现代汉民族共同语的定义、现代汉语的特点等方面的知识,并掌握"现代汉语"课程的学习方法。

二、课程内容

1.1 汉语和现代汉语
1.2 现代汉语的特点
1.3 汉语的规范化和汉语课程的学习

三、考核知识点与考核要求

(一)汉语和现代汉语

识记:(1)现代汉民族共同语的定义;(2)现代汉语方言及代表性地点方言。
领会:现代汉民族共同语的含义。

(二)现代汉语的特点

领会:现代汉语在语音、词汇、语法方面的主要特点。
简单应用:从现代汉语的特点出发,分析相关语言现象。

(三)汉语的规范化和汉语课程的学习

领会:(1)汉语规范化的意义;(2)汉语规范化的标准。

四、本章重点与难点

本章重点:现代汉民族共同语的含义;现代汉语的特点。
本章难点:理解现代汉语的特点。

第二章 语 音

一、学习目的与要求

1.通过本章的学习,熟记语音方面的基本概念,掌握有关普通话声母、韵母、声调的发音和分类，熟悉语音变化、音节结构及其规律等方面的基本知识。

2. 了解现代汉语语音的性质、古今声调的演变、设计《汉语拼音方案》的原理和制定拼写规则的依据等语音知识。

3. 熟练掌握《汉语拼音方案》，正确掌握普通话读音，正确拼写普通话。

4. 能运用所学的知识理解、分析普通话的一些基本的语音现象，如进行音节结构分析、音变现象的分析等。

二、课程内容

2.1 语音概说

2.2 声母

2.3 韵母

2.4 声调

2.5 音节

2.6 音变

2.7 语音规范问题

三、考核知识点与考核要求

（一）语音的性质

识记：（1）语音四要素；（2）发音器官的三大组成部分；（3）发音器官图。

领会：（1）语音的物理性质、生理性质和社会性质；（2）发音器官的构造和发音机制。

简单应用：（1）运用语音四要素的知识解释发音差异的形成原因；（2）音高、音强、音长和音色的含义以及在语音中的作用。

综合应用：运用语音社会属性的知识，分析和解释相关语言现象。

（二）语音的单位

识记：音节、音素、元音、辅音、声母、韵母、声调、音位等基本概念。

领会：（1）音节、音素、音位的含义；（2）元音和辅音的发音特点和区别；（3）声母和辅音、韵母和元音的关系。

简单应用：（1）判断音节中的音素；（2）辨别元音音素和辅音音素。

（三）记音符号

识记：《汉语拼音方案》的五个内容。

领会：（1）汉语拼音字母和国际音标的作用；（2）隔音符号的使用和作用。

（四）声母

识记：（1）发音部位的概念；（2）发音方法的概念；（3）零声母的概念。

领会：（1）辅音声母发音部位和发音方法；（2）辅音声母发音部位分类和发音方法分类。

简单应用：（1）读准普通话声母；（2）正确描写出普通话声母的发音情况。

（五）韵母

识记：（1）决定元音发音的三个条件；（2）普通话的韵母及其分类。
领会：（1）韵母的发音；（2）四呼的含义；（3）舌面元音舌位唇形图。
简单应用：（1）读准普通话韵母；（2）正确描写出普通话韵母的发音情况。

（六）声调

识记：（1）调类、调值、调号等概念；（2）普通话四种声调的调值和调类。
领会：（1）声调的性质和作用；（2）普通话四声和古调类的关系；（3）入声。
简单应用：（1）读准普通话四声；（2）正确描写出普通话字音的调类和调值。

（七）音节结构

识记：普通话音节结构成分及其名称。
领会：（1）普通话音节的结构特点；（2）普通话音节的拼写规则。
简单应用：（1）普通话声韵调配合规律的知识的运用；（2）正确拼写普通话音节。
综合应用：（1）掌握3500个常用汉字的正确读音；（2）运用相关知识分析音节结构。

（八）音变

识记：（1）普通话音变现象的名称；（2）轻声、儿化的概念。
领会：（1）轻声、儿化的音变规律；（2）"啊"的音变规律；（3）"一""不"的变调规律；（4）上声和去声的变调规律。
简单应用：在了解轻声、儿化性质和作用的基础上，举出若干有区别词性、词义作用的轻声和儿化的例子。
综合应用：（1）掌握轻声的正确发音；（2）掌握儿化的正确发音；（3）念好变调的调值；（4）掌握"啊"音变的实际读法。

（九）语音规范问题

识记：（1）多音多义字的概念；（2）异读词的概念。
综合应用：（1）读准常见的多音多义字；（2）读准异读字的统读音。

四、本章重点与难点

本章重点：语音的四要素；语音的社会性质；普通话的语音单位；《汉语拼音方案》；声母、韵母的发音情况；调值、调类和普通话的四声；普通话的音变现象。

本章难点：正确描写普通话声母、韵母的发音情况；了解古今声调的演变规律；准确分析普通话音节结构；理解和掌握普通话声韵调拼合规律；掌握轻声、儿化的音变规律。

第三章 文 字

一、学习目的与要求

1. 通过本章的学习，识记有关文字的基本概念，掌握汉字的性质和特点、汉字字体的演变、汉字的造字法等方面的基本知识。

2. 熟悉汉字的字形结构，能准确地加以分析。

3. 掌握用字规范的基本要求，学会识别、纠正错别字。

二、课程内容

3.1 汉字概说
3.2 汉字的形体
3.3 汉字的构成
3.4 汉字的简化、规范化和标准化

三、考核知识点与考核要求

（一）汉字概说

识记：文字的性质和种类。

领会：汉字的特点。

简单应用：根据所提供的字例，概括汉字形、音、义的关系。

（二）汉字的形体

识记：汉字演变过程中的七种字体及每种字体的主要特点。

领会：（1）汉字字体演变的一般趋势；（2）现行汉字手写体和印刷体的基本情况。

（三）汉字的构成

识记：（1）传统学说的"六书"（汉字的四种造字法和两种用字法）；（2）独体字和合体字的概念；（3）笔画、笔顺、偏旁、部首等概念；（4）笔画的种类；（5）最基本的笔顺规则。

领会：偏旁和部首的关系。

简单应用：根据传统学说分析常见汉字的结构方式。

（四）汉字的简化、规范化和标准化

识记：（1）现代汉字标准化的基本内容；（2）异体字、错别字的含义。

领会：（1）汉字简化的基本内容；（2）用字规范的基本要求。

简单应用：（1）判断规范字和不规范字；（2）正确使用形近字或同音字；（3）识别和纠正错别字。

四、本章重点与难点

本章重点：汉字的特点；汉字演变过程中的七种字体；造字法；现行汉字的结构；汉字的标准化——四定。

本章难点：根据传统学说分析常见汉字的结构方式。

第四章 词 汇

一、学习目的与要求

1. 通过本章的学习，识记有关语素、词的基本概念，了解语素、词、词汇的类别，词的特征，词的构造，词汇的构成，词义的性质和词义的变化等方面的基本知识。
2. 掌握辨识语素和确定词的方法，学会区分词和其他语言单位。
3. 熟悉词的构造，学会分析合成词的结构方式。
4. 了解词义的性质和特点，学会辨析同音词和多义词，辨析常用词语的意义和用法。
5. 能运用所学的知识理解、分析与词汇有关的现象，如进行词的结构分析、语素类型分析、词义分析等。
6. 了解词典的一般情况，能熟练地查检一般的词典。

二、课程内容

4.1 语素、词和词汇
4.2 词的构造
4.3 词义
4.4 多义词和同音词
4.5 同义词和反义词
4.6 词汇的构成
4.7 词典

三、考核知识点与考核要求

（一）语素、词和词汇

识记：（1）语素、词的定义；（2）词汇的定义。

领会：（1）确定语素的方法；（2）了解音节语素化现象；（3）确定词的方法；（4）离合词的性质和特点。

简单应用：确定语素的类别，即单音节/多音节、成词/不成词、定位/不定位等。

综合应用：（1）区分语素和词；（2）区分词和短语；（3）了解汉语中语素、音节、字的关系。

（二）词的构造

识记：（1）单纯词、合成词的定义；（2）词根、词缀及其特点。

领会：（1）单纯词的类别；（2）合成词的结构类型。

简单应用：（1）区分单纯词和合成词；（2）分析合成词的结构类型；（3）区分字面形式相同的词根和词缀；（4）了解合成词的多层结构。

（三）词义

识记：（1）词义的概念；（2）词义的性质；（3）词义的四种类别——本义、基本义、引申义、比喻义；（4）同音词、多义词、同义词、反义词的定义。

领会：（1）词义和概念的不同；（2）词义变化的方式；（3）同义词的差异；（4）同音词的类型；（5）造成同音词的原因；（6）反义词的性质及其在语言中的作用；（7）反义词的对应关系；（8）等义词和近义词的区别。

简单应用：（1）区分词的本义、基本义、引申义和比喻义；（2）举例说明词义的发展方式；（3）举例说明多义词和同音词在表达上的作用。

综合应用：（1）区分同音词和多义词；（2）辨析同义词。

（四）词汇的构成

识记：（1）基本词的特点；（2）一般词的种类；（3）外来词的类型；（4）成语的来源；（5）说出部分歇后语、惯用语和谚语。

领会：（1）基本词和一般词的区别；（2）词汇发展的主要内容；（3）文言词和历史词的区别；（4）各种固定词语的特点和作用；（5）汉语普通话吸收方言词、外来词的原则。

简单应用：（1）说明常用成语的意义和构成方式；（2）了解具体的歇后语、惯用语的含义；（3）辨析各类一般词；（4）区分谚语、惯用语、歇后语。

（五）词典及其查检法

领会：（1）词典的分类；（2）词典编排、查检的一般方法。

简单应用：用音序法和部首法进行词典查检。

四、本章重点与难点

本章重点：语素的确定；语素的类型；单纯词的类型；合成词的类型和构成方式；词义的性质和类别；词义的发展；同音词和多义词；词汇的种类。

本章难点：区分语素和词；区分词和短语；了解汉语中语素、音节、字的关系；熟悉合成词的构成方式；区分字面形式相同的词根和词缀；区分词的本义、基本义、引申义和比喻义；区分同音词和多义词。

第五章　语　法

一、学习目的与要求

1. 通过本章的学习，了解各级不同的语法单位，识记有关词、短语、句子的基本概念和它们的结构分类、功能特点。

2. 了解词的分类标准，各类实词和虚词的语法特点和用法，熟悉不同词性的词的辨析。

3. 了解短语的结构类别和功能类别，掌握层次分析法，并学会运用层次分析法来分析复杂短语的结构。

4. 了解对句子的不同分类，了解各类句型的特点，了解各种特殊句式的特点。

5. 熟悉复句的特点、类型，学会分析多重复句。

6. 能运用所学的语法知识理解、分析有关的语言现象。

二、课程内容

5.1 语法概说

5.2 词类（上）

5.3 词类（下）

5.4 短语

5.5 句法成分

5.6 句型

5.7 句式

5.8 句类

5.9 句子的变化

5.10 复句

5.11 常见的语法错误

三、考核知识点与考核要求

（一）语法概说

识记：（1）语法的定义；（2）语法结构的四级单位。

领会：（1）语法的性质；（2）语法学的种类。

（二）词类

识记：（1）现代汉语词类系统；（2）实词、虚词、体词、谓词、加词等的含义；（3）实词的类、虚词的类；（4）各种词类内部小类的名称。

领会：（1）汉语词类划分的标准和方法；（2）区分实词和虚词的标准；（3）区分体词、谓词和加词的标准；（4）名词的语法特征；（5）方位词的特点；（6）动词的语法特征及助动词的特点；（7）形容词的复杂形式；（8）区别词和副词的特点；（9）副词各个小类的特点；（10）数词和量词的类别和特点；（11）代词的性质和类别，疑问代词的任指和虚指；（12）介词、助词的特点和分类；（13）语气词的语法特征和作用；（14）拟声词和叹词的作用和特点；（15）区分助动词和副词、副词和形容词、时间名词和时间副词、连词和关联副词；（16）区分同形的介词和动词、介词和连词、语气词和助词、叹词和语气词；（17）词的兼类现象。

简单应用：（1）根据所学的关于各类词特点的知识，运用词的分类方法，对现代汉语的词进行语法归类；（2）根据实例说明助动词和副词的区别，如"必须"与"应该"等；（3）根据实例说明时间名词和时间副词的区别，如"从来、近来、向来、同时、马上、曾经、从前、目前"等；（4）根据实例概括"二"和"两"的使用规律；（5）根据实例概括"我们"和"咱们"的区别；（6）根据实例概括疑问代词的任指和虚指用法；（7）根据实例辨析同形的副词"可、不过、不光"等和连词"可、不过、不光"等；（8）根据实例概括"都、也、才、就、再、还、不、没、有、别"这些常用副词的使用规律；（9）根据实例概括"把、被、对、对于、关于、和、在、连、比"这些常用介词的使用规律；（10）根据实例说明同形的动词和介词的区别，如"在、比、拿、用、朝、冲、挨"等；（11）根据实例概括"的、地、得、着、了、过、所、似的"等助词的使用规律；（12）根据实例辨析词的兼类、同音和活用现象。

综合应用：（1）根据实例说明副词和其他词类的区别，如"忽然—突然""没/没有（副）—没/没有（动）""本来（副）—本来（区）""刚刚—刚才""快（副）—快（形）"等；（2）通过辨析"和、跟、同、与"和"因为、为了、由于"等词，分析说明介词和连词的划界问题；（3）根据实例说明语气词"的、了"和助词"的、了"的区别；（4）纠正词性误用造成的语法错误。

（三）短语和句法成分

识记：（1）短语的结构关系类别；（2）短语的功能类别；（3）句法成分的名称，包括主语和谓语，述语和宾语、补语，定语和状语等；（4）层次分析法的定义。

领会：（1）短语的内部结构；（2）短语的外部功能；（3）句法结构的层次性；（4）层次分析的目的、方法；（5）主语的类型；（6）时间名词和处所名词做主语的情况；（7）宾语的类型；（8）补语的类型；（9）连动短语的特点和类型；（10）兼语短语的特点和类型；（11）主语和施事的含义；（12）宾语和受事的含义。

简单应用：（1）可能结果补语与情态补语的辨析；（2）辨析述宾短语（动宾短语）和述补短语，如"浪费了两个钟头"和"休息了两个钟头"等；（3）判断辨析连动短语和兼语短语的类型和区别；（4）熟悉复杂偏正短语中定语和状语的排列顺序；（5）熟悉特殊短语层次分析的方法，如联合短语、连动短语、兼语短语、双宾短语等。

综合应用：（1）正确熟练地运用图解法对句法结构进行层次分析，正确揭示句法结构内在的构造层次，顺次找出句法结构的每一层面的直接成分，并确定其间的结构关系；（2）正确分析歧义短语。

（四）句型、句式、句类

识记：（1）现代汉语句型系统；（2）句子的特殊成分；（3）主谓句和非主谓句的下位句型的确立根据；（4）主谓句和非主谓句的下位句型小类；（5）现代汉语四种句类；（6）疑问句的四种小类。

领会：（1）句型和句式的区别；（2）句型的层级性；（3）句型分析的原则；（4）汉语中几种主要的句式及其特点；（5）单句和复句的区别；（6）句类和句型的不同；（7）是非问、特指问、选择问和正反问的特点。

简单应用：（1）正确辨识句子的特殊成分；（2）正确区分单句和复句；（3）判别联合复句和偏正复句中各种常见的类型；（4）判断分析具体某一语句所属的句类。

综合应用：（1）准确判断句型；（2）正确分析连动句、兼语句、存现句等特殊句式；（3）根据实例分析某一疑问句所属的类型。

（五）句子的变化

识记：倒装、追加、省略的定义。

领会：（1）倒装句的特点和类型；（2）追加和倒装的区别；（3）追加句的类型；（4）省略句的特点和类型。

简单应用：（1）根据表达的需要，正确使用倒装句；（2）根据表达的需要，正确使用追加句；（3）根据表达的需要，正确使用省略句；（4）根据具体实例，正确判断省略句的类型。

（六）复句

识记：紧缩句的定义和性质。

领会：（1）复句的性质和复句的类型；（2）了解复句中主语的隐现问题；（3）了解关联词语在复句中的使用；（4）各类复句的特点。

综合应用：（1）根据实例说明关联词语在位置和使用形式方面的特点，判断关联词语使用的正误；（2）正确分析多重复句；（3）正确辨析四种偏正复句之间的逻辑语义关系。

（七）常见的语法错误

领会：常见的语法错误类型。

综合应用：运用所学的语法知识改正病句。

四、本章重点与难点

本章重点：汉语词类划分的标准和方法；现代汉语词类系统；各类词的特点；各种词类的划界；各种常用虚词的用法；短语的结构关系类别和功能类别；层次分析法；句法成分；汉语的基本句型；汉语的特殊句式；复句的类型；多重复句的分析；汉语的四种句类。

本章难点：词的语法归类；词类的划界问题；虚词的用法；短语的结构关系；用层次分析法分析复杂短语；句子的句型归类；多重复句分析；偏正复句之间的逻辑语义关系。

第六章　语　用

一、学习目的与要求

1. 通过本章的学习，掌握有关语用学的基本理论，了解语言运用的原则。
2. 能运用语用学的相关原理对语言形式进行语用分析。
3. 了解常用修辞格的特点，熟悉修辞格的运用方式。

二、课程内容

6.1 语用概说
6.2 语用原则
6.3 语用意义
6.4 修辞概说
6.5 辞格和辞格运用
6.6 语体

三、考核知识点与考核要求

（一）语用概说

识记：（1）语用学的定义；（2）语用的定义。

领会：语用学和修辞学的关系。

（二）语用原则

识记：言语行为的构成要素。
领会：（1）合作原则包含的准则；（2）礼貌原则包含的准则。

（三）语用意义

领会：（1）语用意义的含义；（2）利用"数量准则"推导的言外之意；（3）利用"质量准则"推导的言外之意；（4）利用"关联准则"推导的言外之意；（5）利用"方式准则"推导的言外之意。
应用：利用合作原则的某一准则推导具体语言形式的言外之意。

（四）修辞概说

识记：（1）修辞的含义；（2）修辞和修辞学的定义。
领会：（1）修辞学的性质；（2）修辞和语言三要素的关系。

（五）辞格和辞格运用

识记：（1）12种常用的修辞格：比喻、比拟、借代、夸张、双关、对偶、排比、拈连、回环、顶真、仿词、反语。
领会：（1）12种修辞格的表达作用；（2）借代和借喻的不同。
应用：（1）辨认上述修辞格；（2）恰当地运用这些修辞格；（3）辨识常见的修辞格运用不当的现象，并能予以修改；（4）综合运用各类修辞格。

（六）语体

识记：书面语体的种类。
领会：口头语体和书面语体的特点。

四、本章重点与难点

本章重点：语言运用的原则；语用意义；常见的辞格。
本章难点：言外之意的推导；辨析常用修辞格。

Ⅳ 关于大纲的说明与考核实施要求

一、制定自学考试大纲的目的及其作用

课程自学考试大纲是根据专业考试计划的要求，结合自学考试的特点制定的。其目的是对个人自学、社会助学和课程考试命题进行指导和规定。

课程自学考试大纲明确了课程学习的内容和深广度，规定了课程自学考试的范围和标准。因此，它是编写自学考试教材和辅导书的依据，是社会助学组织进行自学辅导的依据，是自学者学习教材、明确掌握课程内容的范围和程度的依据，也是进行自学考试命题的依据。

二、课程自学考试大纲与自学考试教材的关系

课程自学考试大纲是进行学习和考核的依据，自学考试教材的内容是大纲所规定的课程知识和内容的扩展与发挥。课程内容在教材中可以体现一定的深度和难度，但在大纲中对考核的要求一定要适当。

大纲与教材所体现的课程内容应基本一致；大纲里面的课程内容和考核知识点，教材里一般也要有。

三、关于自学考试教材

指定教材：《现代汉语》，全国高等教育自学考试指导委员会组编，齐沪扬主编，北京大学出版社，2023年版。

四、关于自学要求和自学方法的指导

本大纲的课程基本要求是依据专业考试计划和专业培养目标而确定的。课程基本要求还明确了课程的基本内容，以及对基本内容掌握的程度。为有效地指导个人自学和社会助学，本大纲已指明了课程的重点和难点，在章节的基本要求中一般也指明了章节内容的重点和难点。

本大纲结合本专业的要求和本课程的特点，提出几点具有规律性或代表性的学习方法，以便更好地指导考生进行自学。

1.系统学习，深入重点。

本课程是具有严密系统性的一门课程。本课程教材在语音、文字、词汇、语法、语用的章节编排上反映了本学科的体系性。各章内部也自成体系，它们内部也是由相互协调、相互制约的几个部分构成的。因而，自学者首先应系统地学习各章内容，掌握要求识记的概念，深入理解和掌握基本理论和基本方法，在此基础上深入知识点，掌握重点。

2.用心识记，注重领会和理解。

本课程涉及的方面很广，各个部分都可以成为独立的学科，如现代汉语语音学、文字学、语法学、修辞学、语用学等，所以要求弄懂的基础理论和基本知识很多。这些基础理论和基本知识不仅要识记于心，还要完全理解和掌握。如语音中音素和音节的概念，要理解两个概念的不同，懂得最本质的区别：音素是从语音的物理属性之一——音色的角度划分的，音色不同，就是不同的音素，而音节是语音结构的基本单位，也是人能够自然感到的最小语音片段，一般来说，一个汉字就是一个音节。

再比如，可以从对相近概念或知识的比较中去领会和理解。如连动句和兼语句，通过比较，掌握两种句式的区别性特征，就可以理解两种句式的含义和异同。

考试前还应梳理已经学习过的内容，搞清楚一些基本概念、基本理论及基本方法之间的关系，便于记忆，加深理解，从而掌握分析方法。

3.运用科学学习方法，注意理论与实践相结合。

本课程是一门实践性很强的课程，是要培养自学者理解、分析和运用现代汉语的实际能力。基础理论和基本知识，是自学者用来指导自己的语言实践的。学了语音知识，就要学说标准的普通话；学了文字，就要书写规范的汉字；学了词汇、语法，就要准确运用词语、构造句子；学了语用，就要提高自己的语言表达效果，如此等等。

加强实践对于语言学课程的学习具有十分重要的意义，现代汉语课程的基本理论知识讲解，都是围绕我们日常使用的语言来进行的，因此有许多范例分析，同样，也要求我们能对语言现象进行分析。如果学习语言不能活学活用，只会死记硬背，那是难以收到预期效果的，而且也难以获得理想的成绩。同时，许多抽象、难以理解的理论，也需要我们通过反复的实践练习来悟透。比如像合成词、单纯词、词类、层次、成分之类的概念，在学习过程中可能会搅成一团，必须通过对语言事实的分析，也就是实践练习才能清楚地把它们区别开来。

对于具体的某一语言知识，切忌死记硬背，要通过实践去领会，最终又更好地指导实践。如声母的发音部位和发音方法，一定要边学边实践，找到正确的发音部位，体会正确的发音方法。如理解擦音和塞擦音时，可以通过比较和体验 z、c 和 s 的不同发音来领会。发 z、c 时，舌尖先抵住上齿背，形成"塞"，然后气流冲破阻碍，推开一条缝隙，从缝隙里出来；发 s 时，没有"塞"的过程，也就是说，舌尖只是靠近上齿背，一开始就留有缝隙，气流直接从缝隙里出来。自学者可以通过反复实践这两个不同的发音过程，从而理解擦音和塞擦音的不同，也就更加清楚地明白了 z、c 和 s 在发音方法上的不同，以更好地指导自己或他人的普通话发音。

4.注意前后的联系和对比。

学习本课程，有些内容要注意把它们联系起来学习，这样可以收到事半功倍的效果。比如语音一章的声母和韵母，其发音特点的掌握就具有一定的难度，单个记忆还特别容易出错搞混，如果在学习时把它们分组对比，找到它们的共同点和不同点，这样掌握起来就比较容易了。有的合成词容易混淆，运用对比方式，可以更好地弄清各自的特点。至于一些容易混淆的概念，更需要通过对比来进行辨别掌握。又如合成词的结构、成语的结构、短语的结构方式，其组合关系具有一致性。总之，学习中注意前后内容的联系，注意融会贯通，这样才能学活、学好。要避免只注意死记硬背要点的学习方式。

5. 重视实践训练，加强思考和练习。

本课程要求能熟练地运用学到的基础理论和基本知识，要有理解、分析、运用现代汉语的能力。因此一定要认真地做思考和练习题，只有通过习题训练，才能掌握和巩固所学的知识。至于语音部分的有些练习，是口耳的训练，也不能忽视。本课程每章的教学内容，都涉及实践运用问题。有些需要通过书面的实践练习加深对有关理论问题的理解，比如词汇、语法分析等，一定要认真地动笔练习；有些需要通过语言的现实交际运用来加深理解，例如语音规范问题、语言运用问题，等等，这些都需要在学习过程中有意识地进行实践，也可以在老师的指导下进行。

五、对社会助学的要求

本课程各部分自学或助学的基本学时分配比例大约为：绪论和语音30%，文字5%，词汇20%，语法35%，语用10%。各地区各类助学单位可以根据自学者的实际情况适当调整。讲授和课内练习的时间总比例为2∶1。语音、语法部分的练习比例可适当提高。

自学或助学时，要按照本大纲规定的各章节的重点、难点有计划地进行，要正确处理学习知识和提高能力的关系。具体建议和要求如下。

1. 帮助自学者梳理重点内容和一般内容之间的关系。助学者在辅导时应帮助自学者梳理重点内容和一般内容之间的关系，在全面学习的基础上，深入语音、语法等重点内容，注意本课程语音、文字、词汇、语法、语用等内容的系统性。

2. 注意培养自学者应用知识的能力。现代汉语课程的理论方法的应用性比较强，助学者应帮助自学者了解语言基础知识和相关分析方法的应用，适当增加一些实例，培养自学者对方法进行应用的兴趣，帮助他们深入理解基础理论，提高分析应用能力。如帮助自学者在了解句子结构类型的基础上，用句型分析的方法对具体的句子进行归类，通过大量的课堂例题分析和练习，培养自学者对句型分析的兴趣，提高他们运用这一方法分析句子的能力。

3. 注意课堂举例分析、随堂练习和课外练习相结合。现代汉语课程知识点多，实践性强，一定要注意加强练习。助学老师在课堂上讲解概念时一定要结合实例，通过分析或比较，让学生理解和领会，然后在课堂上进行练习，检查学生的掌握程度，针对暴露出来的问题再进行具体分析。最后一定要布置课后练习让学生独立完成。比如用层次分析法分析复杂短语，这是实践性很强的一个内容，考查自学者对句法结构的分析能力。助学者可以先用一个课时的时间讲解层次分析法的基本理论知识并举例分析，例句分析时尽可能选择不同的结构类型，再用一个课时的时间由易到难让学生进行练习，对学生的练习进行即时评点和讲解，总结需注意的问题，最后布置一定数量的习题让学生课后练习。

六、关于考试命题的若干规定

1. 本大纲各章所规定的基本要求、知识点及知识点下的知识细目，都属于考核的内容。考试命题既覆盖到章，又避免面面俱到。命题突出课程的重点、章节的重点，加大重点内容的覆盖度。根据本大纲规定的各种比例（每种比例规定均可有3分左右的浮动幅度）来组配试卷。

2. 本课程分为六部分，分别是绪论、语音、文字、词汇、语法、语用，考试试卷中所占的分数比例大约为：绪论5%，语音25%，文字10%，词汇20%，语法30%，语用10%。

3. 本课程考试在试卷中对不同能力层次要求的分数比例大致为：识记占15%，领会占25%，简单应用占35%，综合应用占25%。

4. 合理安排试题的难易程度，试题的难度可分为易、较易、较难和难四个等级。每份试卷中不同难度试题的分数比例一般为2∶3∶3∶2。考生必须注意的是，试题的难易程度与能力层次有一定的联系，但二者不是等同的概念，在各个能力层次中对于不同的考生都存在着不同的难度。

5. 本课程考试命题的题型一般有单项选择题、多项选择题、填空题、术语解释题、判断说明题、分析题、简答题、论述题等。

6. 本课程的考试为闭卷笔答方式，考试时间为150分钟，试题量以中等水平的应考者能在规定时间内答完全部试题为度。

附录：题型举例

一、单项选择题（下列每题所列出的4个备选项中只有1个是符合题目要求的，请将其代码填写在题后的括号内。错选、多选或未选均无分）

1. 元音跟辅音的根本区别在于 [   ]
   A. 声带是否振动   B. 气流是否受到阻碍
   C. 气流强弱不同   D. 共鸣器形状不同
2. 汉语划分词类的标准应该是 [   ]
   A. 意义   B. 形态标志
   C. 语法功能   D. 音节结构

二、多项选择题（下列每题列出的5个备选项中至少有2个是符合题目要求的，请将其代码填写在题后的括号内。错选、多选、少选或未选均无分）

1. "对教育改革提出的设想"就短语的类型来说，属于 [   ]
   A. 名词性短语   B. 动词性短语
   C. 介词短语   D. 偏正短语
   E. 述宾短语
2. 下列五组词中，完全属于音译词的是 [   ]
   A. 卡车、葡萄、拖拉机   B. 马达、沙发、扑克
   C. 民主、逻辑、灵感   D. 休克、戈壁、喇嘛
   E. 地中海、好望角、冰岛

三、填空题

1. ＿＿＿＿＿＿是最小的语音单位。
2. 汉字的主要特点是它属于＿＿＿＿＿＿体系的文字。

四、术语解释题

1. 语素
2. 现代汉民族共同语

五、判断说明题（判断正确与否，正确的在括号内打√，不需说明理由；错误的在括号内打×，并说明理由）

1. 现代汉语的介词大都是从古代汉语中的动词演变过来的，所以介词都兼有动词的用法。[   ]
2. "开会"的"会"和"会说英语"的"会"是一词多义现象。[   ]

六、分析题

1. 列表分析下列音节结构

例字	音节	声母	韵母			韵母类别			四呼类别	声调
			韵头	韵腹	韵尾	单韵母	复韵母	鼻韵母		
街										
日										
儿										
游										
村										

2. 列表分析下列各单位里包含几个语素、几个词、几个字、几个音节

	语素	词	字	音节
马克思主义者				
咖啡				
茉莉花儿				
璃				
沙发椅子				
老太太				
顺利得很				
房子的				
写字台				
参加				
蝙蝠				

七、简答题

1. "漂亮"和"关心"都可以受程度副词的修饰（很漂亮/很关心），为什么将"漂亮"归为形容词，将"关心"归为动词？

2. 现代汉语在语音、词汇、语法方面各有哪些特点？

八、论述题

1. 试述语序和虚词是现代汉语表达语法关系和语法意义的主要手段。

2. 试述中心词分析法和层次分析法的优缺点。

后 记

《现代汉语自学考试大纲》是根据全国高等教育自学考试汉语言文学专业（专科）考试计划的要求，由全国高等教育自学考试指导委员会文史类专业委员会组织编写。

《现代汉语自学考试大纲》由上海师范大学齐沪扬教授编写。

全国高等教育自学考试指导委员会文史类专业委员会于2013年1月对本大纲组织审稿。华东师范大学巢宗祺教授担任主审，复旦大学刘大为教授、上海师范大学范开泰教授参加审稿并提出改进意见。

本大纲编审人员付出了辛勤劳动，特此表示感谢。

全国高等教育自学考试指导委员会
文史类专业委员会
2013年4月

全国高等教育自学考试指定教材

现代汉语

全国高等教育自学考试指导委员会　组编

修订前言

本次修订的原则是：

1. 不影响原先的教学计划，尽量不影响思考与练习题的设置。

2. "绪论"部分"现代汉语和现代汉语的形成"一节中，方言分区做了相应的改动，将原来分成十大方言区的提法改为七大方言区。

3. 语言三要素中，语音和语法的变化和发展是比较缓慢的，因此，第二章"语音"部分、第五章"语法"部分正文和用例基本没有改动。词汇的变化和发展较为明显，第四章"词汇"部分正文有少许改动，替换了一些用例，修正了一些说法。第三章"文字"部分和第六章"语用"部分也基本没有改动。

4. 附录新增两个部分：一是2013年印发的《通用规范汉字表》中的一级字表，收录3500个常用汉字；二是2012年6月1日开始实施的《标点符号用法》。

由于各种原因，本次修订难以召集所有编写人员，因此由齐沪扬（上海师范大学/杭州师范大学）、潘国英（湖州师范学院）、李虹（陕西师范大学）三人主持。

齐沪扬　潘国英　李　虹
2023年5月

编写说明

本书是一部供高等教育自学考试"现代汉语"课程使用的教材。"现代汉语"是全国高等教育自学考试汉语言文学专业的核心课程之一，目的是培养学生掌握现代汉语的基础理论、基本方法与基本技能，具备理解、分析和运用现代汉民族共同语的应用能力。本教材包含的主要内容有：绪论、语音、文字、词汇、语法和语用。

汉语言文学专业《现代汉语》自学考试教材原由林祥楣教授主编，1991年出版。1999年，教材和考试大纲进行修订，由张斌教授担任主编，巢宗祺担任副主编。近年来，现代汉语研究的新成果不断涌现，现代汉语的教学改革不断深入，为了使现代汉语自学考试教材适应时代的需要，受全国高等教育自学考试指导委员会委托，我们对原教材进行了改编和修订。

这次改编和修订对原教材各个部分都做了认真的推敲，在广泛听取各方面意见的基础上，调整了一些章节的内容，并吸收了新的研究成果。如将原教材的"修辞"章改为"语用"章，着重增加了"语用"的内容。"语法"章的内容改动也很大。同时，我们本着理论联系实际的原则，在做到涵盖面广、内容丰富的同时，力求增强教材的可读性、实用性和可操作性。

本次编写和修订由齐沪扬教授担任主编，潘国英教授担任副主编，参加编写和修订的有：

绪论　齐沪扬　上海师范大学
语音　刘慧清　上海师范大学
　　　李　虹　陕西师范大学
文字　姚占龙　上海师范大学
词汇　潘国英　湖州师范学院
语法　齐沪扬　上海师范大学
　　　丁　萍　西北民族大学
语用　姚占龙　上海师范大学

部分研究生参加校对打印工作，在此表示感谢。

由于水平有限，书中难免有不足之处，敬请广大读者多提宝贵意见。

编者
2013年5月

第一章　绪　论

学习目标

通过本章的学习，了解现代汉语概貌和现代汉语的形成及发展，了解现代汉语方言，着重理解现代汉民族共同语的定义、现代汉语的特点等方面的知识，并掌握现代汉语课程的学习方法。

建议学时

3学时

第一节　汉语和现代汉语

一　汉　语

（一）汉语属于汉藏语系

语系是根据共同历史来源划分出来的类别，同一语系的语言还可以依据亲疏关系划分出若干语族和语支。

汉语属于汉藏语系。汉藏语系是世界上使用人口最多、历史文献最丰富的语系之一。

（二）汉语是世界上使用人口最多的语言之一

汉语是世界上历史悠久、发达精密的语言之一，是随着汉民族的形成发展起来的一种语言。汉语的使用人数约有十亿，是世界上使用人口最多的语言之一。

严格地说，"汉语"可以指任何不同的汉语口语或书面语，如古代汉语、汉语方言等。但现在越来越多地用来指标准共同语，因为"汉语"能说明民族、文化的实质。

在长期的历史发展中，汉语对东亚、东南亚邻国的语言产生过深远的影响。日本、朝鲜、越南的语言同汉语的关系十分密切，这些语言中有大量的汉语借词。这些国家过去还长期使用过汉字。直到现在，日语中还保留着几千个常用汉字。新加坡还把现代汉语普通话作为该国的通用语言之一。

二　现代汉语和现代汉语的形成

（一）现代汉语

现代汉语是现代汉民族的语言，包括共同语（普通话）和方言。普通话是中国汉族各方言地区和中国各民族之间的共同交际用语，是现代汉民族用来交际的语言。同时，现代汉语普通话还是联合国的六种工作语言之一，是一种国际交际语。

现代汉语的方言很复杂。汉语方言可以分为七大方言区，即北方方言（官话方言）、吴方言、湘方言、赣方言、客家方言、闽方言和粤方言。在复杂的方言区内，有的可以再分成若干方言区（又称次方言），甚至再分"方言小片"，直到一个个地点（某市、某县、某镇、某村）的方言，就叫作"地点方言"，如广州话、长沙话等。

下面是七大主要方言区的分布情况。

（1）北方方言。北方方言是现代汉民族共同语的基础方言，以北京话为代表，内部一致性较强，它的分布地域最广，使用人口约占汉族总人口的73%。

北方方言可分为四个次方言：① 华北—东北方言，分布在北京、天津两市，河北、河南、山东、辽宁、吉林、黑龙江，还有内蒙古的一部分地区。② 西北方言，分布在山西、陕西、甘肃等省和青海、宁夏、内蒙古的一部分地区。新疆的汉族人使用的语言也属西北方言。③ 西南方言，分布在四川、云南、贵州等省及湖北大部分地区（东南角咸宁地区除外），广西西北部，湖南西北部等。④ 江淮方言，分布在安徽省、江苏长江以北地区（徐州、蚌埠一带属华北—东北方言）、镇江和镇江以西九江以东的长江南岸沿江一带。

（2）吴方言。分布在上海市、江苏省长江以南镇江以东地区（不包括镇江）、南通的小部分地区、浙江的大部分地区。典型的吴方言以苏州话为代表，也有人认为，从现在的影响来看，上海话应作为吴方言的代表。吴方言内部存在一些分歧现象。杭州曾作为南宋都城，杭州地区的吴语就带有浓厚的"官话"色彩。吴方言使用人口约占汉族总人口的7.2%。

（3）湘方言。分布在湖南省大部分地区（西北角除外），以长沙话为代表。湘方言内部还存在新湘语和老湘语的差别。新湘语通行在长沙等较大城市，受北方方言的影响较大。湘方言使用人口约占汉族总人口的3.2%。

（4）赣方言。分布在江西省大部分地区（东北沿长江地区和南部除外），以南昌话为代表。赣方言使用人口约占汉族总人口的3.3%。

（5）客家方言。以广东梅县话为代表。客家人分布在广东、福建、台湾、江西、广西、湖南、四川等省，其中以广东东部和北部、福建西部、江西南部和广西东南部为主。客家人从中原迁徙到南方，虽然居住分散，但客家方言仍自成系统，内部差别不大。四川的客家人与广东的客家人相隔千山万水，彼此可以交谈。客家方言的使用人口约占汉族总人口的3.6%。

（6）闽方言。现代闽方言主要分布区域跨越六省，包括福建和海南的大部分地区、广东东部潮汕地区、雷州半岛部分地区、浙江南部温州地区的一部分、广西的少数地区、台湾的大多数汉人居住区。闽方言使用人口约占汉族总人口的5.7%。

（7）粤方言。以广州话为代表，当地人叫"白话"。分布在广东中部、西南部和广西东部、南部的约一百来个县以及香港、澳门特别行政区。粤方言内部也有分歧，四邑（台山、新会、开平、恩平四县）话、阳江话和桂南粤方言等都各有一些有别于广州话的语音特色。粤方言使用人口约占汉族总人口的4%。

普通话和客家方言、闽方言、粤方言等，都随着华侨传布海外。

（二）现代汉语白话文的形成和普通话的形成

汉族在历史上长期用"文言"作为统一的书面语，这种书面语最初必定是建立在口语的基础上的。例如《诗经》里的"国风"是对民间文学的记录整理，《论语》是孔子弟子及再传弟子记录下来的孔子及其弟子的言谈，这些都是比较接近口语的。汉魏以来，写文章的人往往沿袭和模仿先秦的语言，逐渐拉大了书面语与口语的距离，这就是文言。文言学习起来困难，能够使用的人又只占全民的一部分，所以，另外一种同口语直接相联系的书面语——"白话"就起来同"文言"分庭抗礼了。

白话最早可见于公元5世纪左右南朝的笔记小说《世说新语》，书中已有若干口语语汇。到了唐、五代的说唱文学"变文"，口语的痕迹就更加明显。同时，当时的禅宗语录，记录了禅师们的问答，都很接近口语。到了12、13世纪，用"白话"写的各种文学体裁非常丰富，诸宫调、南戏、金元杂剧、元散曲中的"白话"成了现代汉民族共同的书面语的来源。元末明初以来，开始大量出现长篇小说如《水浒传》《西游记》《金瓶梅》《红楼梦》等，虽然都带有各自的地方色彩，但它们都是以北方话为基础的白话文写成的。到了晚清，现代汉语共同的书面语白话文已经成熟。

元明清三代，北京一直是全国政治、经济、文化中心。各地到北京办事的、经商的、赶考的络绎不绝。公用的口语日渐通行，这就是当时所称的"官话"。全国少数民族中也有很多人到了北京学习汉语，也就是学习北京官话。元末明初朝鲜人为学习汉语编写的会话手册《老乞大》《朴通事》，收的都是北京口语，说明当时外国人也认为北京话是汉语口语的代表。

到了20世纪初，特别是到了"五四"时期，随着民族民主革命运动的高涨，一方面是白话文学作品的广泛流传，一方面是北京口语的深远影响，促进了现代汉民族共同语的发展。"五四"运动时期提倡的"白话文运动""国语运动"正是这一趋势的具体表现。这两个运动互相推动，使书面语接近口语，使口语有了明确的规范，于是形成了通行的普通话。

尽管口语共同语开始形成的确切年代不好确定，但在汉语的历史上，北方话在汉语中一直处于优势地位，例如汉代，扬雄《方言》一书记载了周代以来的许多方言，但也记录了一种"通语"，这就是共同语。到了元代定都大都后，北京话显得尤其重要，元代的杂剧大都是使用大都话。元末明初成书的《老乞大》《朴通事》，反映的大致是宋元以来的北方话，当时的北方话被公认为当时汉语口语的代表，成为现代汉语北方话的雏形。这种口语不久就取得了官话的地位。官话通过各级衙门机关逐渐传播到各地，四面八方来往于北京和其他城乡之间的各色人等，也促进了官话的传播。但由于经济和交通条件的限制，当时的许多南方人仍只能"看"和"写"官话，不能说官话。到了清朝，政府颁布法令，"凡不谙官话者，不准送试"，同时出版了推广官话的《正音咀华》，逐渐将官话推向全国。

不过，当时的官话还夹杂着许多别地的口音，不是纯粹的北京话。到了清末，随着经济和救亡运动的发展，文字改革、言文一致、口语统一的要求日益迫切，拼读官话的字母符号也纷纷诞生。1913年，蔡元培主持的教育部颁布了《国音汇编》，审定了6500多字的"国音"，统一读音，推行注音字母，正式确定国语的标准音为北京音。

中华人民共和国成立之后，中国科学院在1955年召开现代汉语规范问题学术会议，会上确定把现代汉民族共同语称作普通话，后来又确定了普通话规范在语音、词汇、语法上的标准。普通话在台湾省和海外有些地方，仍沿用"国语"的名称，在新加坡则称为"华语"。

思考题

1. 现代汉语有几大方言区？你所在的地方属于哪个方言区？这个方言区在语音、词汇和语法上有哪些明显的特点？
2. 说明文言与白话、口语与书面语、方言和共同语之间的关系。

第二节 现代汉语的特点

一 语音方面的主要特点

现代汉语的特点是在同其他语言，特别是在同印欧语系语言的比较中归纳出来的。现代汉语语音方面有以下几个特点。

（一）没有复辅音

复辅音就是一个音节中由两个或两个以上的辅音并列组成的音。

现代汉语的音节结构中，元音占优势。一个音节最多包含两个辅音，而且没有两个辅音连在一起的拼法。如tan（谈），t和n两个辅音不能同时出现在元音的前面，像tna那样；也不能同时出现在元音的后面，像atn那样。现代汉语中eng、ing之类的ng不是复辅音，是一个辅音，只是以两个字母来表示。

英语和俄语都有复辅音，如英语的green（绿色），fly（飞）。

因为汉语中没有复辅音，所以音节的结构形式整齐。

（二）音节中元音占优势，复元音构成的音节多

汉语中一个元音可以构成一个音节，如u（乌）、e（鹅）、i（衣）等，辅音一般不能单独构成音节。普通话的音节里可以没有辅音，但不能没有元音。

汉语中有二合元音（ai、ei、ao、ou）及三合元音（iao、iou、uai、uei）。英语中只有二合元音，没有三合元音，如[ai]、[ei]等；俄语中没有复元音。

由于音节中元音占优势，所以汉语里元音特别多。

（三）音节有声调

在有声调的语言里，词的每个音节的声音都有一定的高低升降，如果声调错了，说出来的词就会改变意思，就不能被人理解。汉语是有声调的语言，因此，chūxi（出息）和chūxí（出席）的意思不一样，jūnlíng（军龄）和jūnlìng（军令）的意思也不一样。

英语是没有声调的语言。英语的man（男人），无论读什么声调，都能让人听懂。

声调的变化，使汉语具有抑扬顿挫的音乐色彩。

二 词汇方面的主要特点

（一）双音节词占优势

现代汉语的词汇以双音节词占数量上的优势，并明显地具有双音节化的趋势。新

的单音节词已很少产生，古代的单音节词往往作为语素构成众多的双音节同族词。多音节的词语由于语言使用时经济原则的影响，往往缩略成双音节词，如"登上月球—登月""编剧和导演—编导"等。同时，新的大量的双音节词仍在不断地产生，如"春运、国企、楼市"等。

（二）广泛采用词根复合法构成新词

英语的构词方式主要是派生法。如：

  move — movement 加上后缀ment，由动词变为名词
  happy — unhappy 加上前缀un，词的意义相反

汉语的构词法虽然也有派生法，如词根加上后缀：桌子、椅子、枣子、儿子、孙子等；词根加上前缀：老虎、老鼠、老师等。但汉语构词主要依靠复合法，不是派生法。词根复合的方式灵活多样，用这些方法可以构成大量新词，如"司机、电灯、人民、大小、地震"等。此外，还能用轻声、儿化、重叠以及附加等方式构成新词。

三 语法方面的主要特点

（一）语序和虚词是表达语法关系的主要手段

汉语属于孤立语，没有丰富的形态变化，不能像印欧语系中的屈折语那样，词与词的语法关系主要靠词本身的形态变化来表示。

汉语的语序很重要，语序不同，语法关系就会发生变化，词语、句子的意义也会有所不同。例如"走不出去—不走出去—走出去不—出去走不"是四种不同的意思，在交际中，除了语调外，全靠语序的变化表现出来。

汉语的虚词常常用来表示一定的语法意义，用与不用，直接影响到语法关系的改变和意思的表达。例如，定语加上"的"和不加"的"，会有意义上的差别：牛脾气≠牛的脾气，日本朋友≠日本的朋友。"他吃着饭"是表示一种持续态，说明"吃饭"这个动作正在进行；"他吃了饭"是表示一种完成态，说明"吃饭"这个动作已经完成。

说汉语的语序重要，并不是说屈折语（如英语、俄语）和黏着语（如日语）中语序是不重要的，是可以随意变更语序的。只是因为英语、日语等语言可以利用屈折语或者黏着语的特点，来判定词在句子中担当的职务，没有必要过分强调语序的重要性。但对于汉语来说，因为没有别的手段，语序就变得特别重要了。因此可以说，严格的语序是汉语语法的特点。

语序虽然能改变句子的意义，但并不是说词在句子中的位置就一定固定下来。有时候汉语的语序会显示出一定的灵活性。例如：

  你淋着雨没有 雨淋着你没有
  他住在城里 他在城里住
  借给他一笔钱 借一笔钱给他
  我不吃羊肉 我羊肉不吃 羊肉我不吃

（二）词类和句子成分之间不存在一一对应的关系

在印欧语系语言里，词类和句子成分之间有一种比较明确而简单的对应关系。大致说来，名词跟主语、宾语对应，动词跟谓语对应，形容词跟定语对应，副词跟状语对

应。如同下面图示所表示的那样：

汉语词类和句子成分的关系是错综复杂的。除了有上面图示表示的情况外，还存在下列情况：（1）动词和形容词可以做主语、宾语；（2）名词可以做定语；（3）形容词可以做谓语和状语；（4）名词在一定条件下可以做谓语。大致情况如同下面图示所表示的那样：

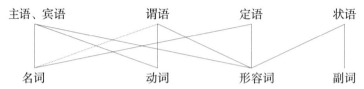

（三）有丰富的量词

英语和俄语都没有量词，数词可以和名词直接组合。日语中有量词，但远远不如汉语那么丰富，使用范围也比较狭窄。如"人"的计数，只能用"人（にん）"这个量词；宽而薄的东西，只能用"枚（まい）"这个量词；细而长的东西，只能用"本（ほん）"这个量词。

汉语数词后的量词十分丰富。宽而薄的东西，可以用"张、枚、片、块、页"等量词；细而长的东西，除了可以用"根、支、枝、杆、棵、株"等量词外，还可以说"一管笛子""一节竹子""一条鞭子""一把尺子""一枚钉子"等；以人做计数单位，可以说"这儿有几个人""我家有三口人""那儿有一帮人""从南边来了一伙人""我家来了好几位客人"，甚至可以用上"条"这个量词，如"真是一条汉子"。

思考题

1. 现代汉语的内部结构是由哪些要素构成的？分析现代汉语语音、词汇、语法这三个要素的性质和特点。
2. 现代汉语语音的一个明显特点就是没有复辅音，现代汉语声母中的"zh、ch、sh"是不是复辅音呢？
3. 举出十个从古汉语单音节词变成现代汉语中的双音节词的例子，再举出十个由现代汉语多音节词缩略成双音节词的例子，说明词的结构有双音节化的倾向是现代汉语词汇的一个重要特点。
4. 举例说明现代汉语词类与句子成分之间不存在一一对应的关系。
5. 有人认为汉语的语序非常重要，不同的语序会引起意义上的变化，例如"我爱她"不等于"她爱我"，"跑出去"和"出去跑"的意义也不一样；也有人认为语序不那么重要，例如"汽车盖着帆布"等于"帆布盖着汽车"，"我饭吃过了"和"我吃过饭了"意义基本相同。你对"汉语语序是表达语法关系的主要手段"这一点是如何认识的？

第三节　汉语的规范化和汉语课程的学习

一　现代汉语规范化的标准和意义

（一）现代汉语规范化的标准

白话文学作品的广泛流传，以及北京口语的深远影响，促进了现代汉民族共同语的发展。"五四"运动时期提倡的"白话文运动""国语运动"正是这一趋势的具体表现。这两个运动互相推动，使书面语接近口语，使口语有了明确的规范，于是形成了通行的普通话。为了使普通话的规范更加明确，1955年中国科学院哲学社会科学部召开会议，讨论了普通话的规范，就是以北京语音为标准音，以北方话为基础方言，以典范的现代白话文著作为语法规范。

1. 语音方面以北京语音为标准音

统一汉语语音，必须以一个地点的方言的语音做标准音，不能用虚拟出来的语音或者各种方言拼凑起来的语音做标准音，也不能用北方话整个地域的语音做标准音。因为在北方话中，各个地点方言的语音分歧还是相当大的。不仅重庆、南京的语音系统同北京的语音系统不同，甚至天津的语音系统跟北京的语音系统也不完全相同。如果不规定以一个地点的方言的语音为标准，就会令人无所适从。以北京语音作为标准音，这是历史发展的必然结果。多少年来，话剧、电影和广播等都采用北京语音。北京语音的标准地位，早已为人们所公认了。

作为语音规范标准的北京语音本身，要排除一些特殊的土音成分。比如，普通话说"你这个问题太难啦"，北京土话说"你这个问题忒难啦"。北京土话把"和"读成"旱""害"，"我和他""他和我"读成"我旱他""他害我"。这类特殊的土音，当然要排除在我们所要推广的标准音之外。

普通话既然是以北京语音为标准音，那么每一个汉字的北京话读音就应该是确定的，这样各方言区的人才能有所依据。但是，由于各种原因，有一些字在北京话里读音并不一致。如"波浪"，读成 bōlàng，也可以读成 pōlàng；"跳跃"读成 tiàoyuè，也可以读成 tiàoyào；"复杂"读成 fùzá，也可以读成 fǔzá。像这样的异读字在北京话里有好几百个，这是人们学习普通话的一个负担。普通话审音委员会已对一些异读字进行审订，确定其中一种读音为规范的读音。在北京话语音里，轻声和儿化特别多，普通话也没有必要把它们全部吸收进来，应该吸收哪些，也要进行调查研究，做出选择。

2. 词汇方面以北方话为基础方言

北方方言分布的地域最广，使用人口有7亿以上。北方话词汇从13世纪以来就随着官话和白话文学传播开来，因而它在全国有极大的普遍性。

普通话词汇以北方方言为基础，但是要舍弃北方方言中某些过于土俗的词语。例如四川的"抄手"（馄饨），山西、陕西一带的"婆姨"（老婆），北京话中的"老爷儿"（太阳）、"丫子"（脚）等。这些词语地方色彩太浓厚，只在狭小的地区应用，在普通话里有完全同义的词语可以代替，因此不应该吸收到普通话词汇中来。

为了丰富词汇，普通话也要从方言、古语词和外来语中吸收一些需要的词。例如"搞、垃圾、逝世、诞辰、沙发、咖啡"等。如何正确吸收这些词，而排除一些分歧现象，也是词汇规范化所要研究的。

词汇的规范化，还要注意抵制生造词。抵制生造词并不是反对创造新词。新词的创造是为了满足社会发展的需要。生造词完全是任意地拼凑出来的，不合乎一般的习惯，它必然会削弱语言的交际作用，造成语言的混乱，所以必须予以抵制。

3.语法方面以典范的现代白话文著作为规范

所谓"典范的著作"，是指具有广泛代表性的著作。这种著作在语言规范的巩固和发展上能起到一定作用。如毛泽东、鲁迅以及现代许多著名作家的著作，还有经过许多人反复推敲定稿的文件，如《中华人民共和国宪法》等。

所谓"现代白话文著作"，是说既是白话文，又是现代的。因为早期的白话文作品，如《三国演义》《西游记》等，有些地方已不合现代语法了。

语法规范还必须是典范的现代白话文著作中的"一般用例"，也就是最有普遍性的用例。因为在代表性的作品当中，不同的作者或同一作者的用例，也不是处处一致的，因此就得舍弃其中特殊的用例，而接受其中一般的用例。

以"典范的现代白话文著作为语法规范"同"以北方话为基础方言"这个原则并不矛盾，因为典范的现代白话文著作是以普通话即汉民族共同语写成的，是经过语言大师们加工的语言。以"典范的现代白话文著作为语法规范"只是进一步提出了一个明确的规范、一个易于把握的标准。

一般说来，普通话语法规范应该排除方言语法、古代语法和外国语法的影响。但是方言语法和外国语法中有用的东西，古代语法中有生命的东西，还是应该吸收到普通话语法中来，以使我们的语言更加精密、准确，更富于表现力。

（二）现代汉语规范化的意义

由于历史的原因，我国方言分歧相当严重，这就削弱了汉语作为交际工具的作用，影响了相互间的信息交流，对于现代化建设是不利的，对于汉语的国际传播也是不利的。因此，推广普通话和做好现代汉语规范化的工作具有重大的现实意义。

普通话是全国通用的规范化的共同语。推广普通话，并不是说要取消方言。作为标准语，普通话高于方言，对方言起示范作用，规定方言的发展方向；方言则从属于普通话，向普通话集中靠拢。方言可以在一定地域、一定范围和一定场合中使用，但都会受到一定的限制；普通话的通行区域和使用人口则覆盖各个方言区，使用场合也几乎不受限制。因此，普通话是具有全民通用性和权威性的特殊方言，在国际上，普通话就代表现代汉语。尽管方言向普通话集中是当前和今后汉语发展的主流，但这并不意味着方言很快会消亡。从普通话对方言的渗透看，新老更替的对象只是某些语言特征而非整个语言系统。可以这么说，在很长一段时间内，普通话和方言会共存的。从普通话对方言的覆盖看，很多场合的双语并用，又有维持方言的语言系统不被逐渐更替的一面。方言不仅是某个地域的交际工具，而且是该地域的文化标志，方言中蕴含的历史、风俗等还需要有人研究和挖掘，只要地域文化还有存在的价值，方言就不会也不应该最终消失。

现代汉语规范化和推广普通话的意义还在于可以加快国家的建设和现代文明的发展。制定国家法律，颁行政府文告，扩大经济联系，加快商品流通，发展科学技术，普及文化教育，都需要有规范化的标准语。此外，规范化的标准语，也是全国报刊杂志的用语，计算机语言输入的用语。语言识别的研究，信息自动化的技术处理，更需要标准化的语言文字。

现代汉语规范化和推广普通话也能适应汉语国际推广和国际中文教学的需要。随着对外开放政策的进一步实施和国际交往越来越频繁，世界上学习汉语的人越来越多。我们要编写标准化的汉语教材，使用规范化的标准语进行教学。汉语规范化的工作做得越好，国际中文教学事业就会更快地发展。

今天，随着科学技术的蓬勃发展，电子计算机的广泛应用，对语言的规范化工作又提出了新的更高的要求。因为，如果将语音直接输入计算机，这种语音必须是规范化的语音；如果将书面的语言材料输入计算机，这种书面材料也必须是规范化的，否则，机器对语言进行自动化加工，就会发生困难。所以，进行现代汉语规范化工作，无疑是国家建设的需要，同时也是汉语健康发展的需要。

（三）现代汉语规范化要解决的问题

语言的规范化要解决的是两个问题：一个是规范不明确的问题，一个是规范不普及的问题。

1. 规范不明确的问题

尽管现代汉语的规范已经基本确定，但是还有许多具体的问题需要研究，使规范更加明确。例如对于新出现的词语，有人认为存在的就是合理的，有人主张让时间去筛选。其实规范化工作正是要研究语言中的新成分，提出合乎实际的倾向性建议，促使语言向健康方向发展。例如计量单位的用词曾经十分混乱，像表示长度的"公分""厘米""糎"所指相同，专家经过广泛调查，全面考虑计量单位系统，选取"厘米"作为法定单位。

社会迅速发展，会有大量的外来词和方言词等新词语被吸收到普通话词汇系统中，其中就有许多规范的问题需要明确。例如要根据不同的文体，对新词语的选择加以规范，口语和书面语就可以有不同的标准。口语的要求可以宽一些，书面语应该谨慎一些，公文里的用词最为严格，不能使用尚未通行的词语。

2. 规范不普及的问题

我国幅员广大，各地语言差别较大，文字的使用情况也十分复杂。为了加速经济建设，尽快改变各地发展不平衡的情况，必须用法律的形式推广普通话，规范社会用字。2000年10月国家颁布了《中华人民共和国国家通用语言文字法》，于2001年开始施行，它在使语言规范普及上有如下的特点。

（1）调整的是政府行为和社会公共行为，不是个人的语言文字行为。国家机关、学校、出版社、电台、电视台使用语言文字，公共设施、商品广告使用语言文字，都必须遵守规范。个人的言语行为不予干涉。

（2）重申各民族都有使用和发展自己的语言文字的自由。同时还规定可以保留和使用繁体字的范围。

（3）在法律责任方面，以教育、倡导为主，批评、处罚为辅。最重的处罚是予以警告，并限期改正。这与许多强制性的法律有所不同。

(四）新时期语言文字工作的方针和任务

1. 语言发展是动态的

现代汉语规范化，主要是根据汉语发展的规律来确立和推广现代汉民族共同语的各项标准。现代汉语在语音、词汇、语法方面的规范化标准，是就整体而言的。但是，语言发展是动态的，语言变异随时可能发生，因此现代汉语规范化工作在新时期仍有很多事情要做：必须认真贯彻、落实国家关于语言文字工作的各项方针、政策和法律、法规；必须深入调研、观察现代汉语语音、词汇、语法各方面仍然存在和新近产生的分歧，分析造成混乱现象的原因；必须大力推广普通话，在一定范围内对某些特定岗位的从业人员进行普通话水平测试。

2. 中华人民共和国成立以后的语言文字工作

20世纪50年代，中华人民共和国成立了中国文字改革委员会。1955年，国家有关部门召开了"全国文字改革会议"和"现代汉语规范问题学术会议"，确定了"促进汉字改革，推广普通话，实现汉语规范化"为当时语言文字工作的三大任务。1985年12月，"中国文字改革委员会"更名为"国家语言文字工作委员会"。1986年1月，国家教委和国家语委联合召开了语言文字工作会议，规定了新时期语言文字工作的方针和任务。

新时期语言文字工作的方针是：贯彻执行国家关于语言文字工作的政策和法令，促进语言文字规范化、标准化，继续推动文字改革工作，使语言文字在社会主义现代化建设中更好地发挥作用。

新时期语言文字工作的主要任务是：做好现代汉语规范工作，大力推广和积极普及普通话；研究和整理现行汉字，制定各项有关标准；进一步推行《汉语拼音方案》，研究并解决实际使用中的有关问题；研究汉语和汉字的信息处理问题，参与鉴定有关成果；加强语言文字的基础研究和应用研究，做好社会调查和社会咨询、服务工作。

3. 《国家通用语言文字法》

2000年10月31日，第九届全国人大常委会第十八次会议审议通过了《中华人民共和国国家通用语言文字法》（以下简称"《国家通用语言文字法》"）。这是我国历史上第一部有关语言文字的专门法律，体现了国家关于语言文字工作的方针和重要政策。

《国家通用语言文字法》以国家法律的形式明确规定了普通话和规范汉字为我国通用的语言文字，是我国语言文字规范化和标准化进程中的一件大事。这部法律的颁布和实施，将会增进各地区、各民族之间的交流和沟通，增强中华民族的凝聚力。这对于进一步普及文化教育，发展经济和科学技术，提高社会信息化水平和工作效率，加快社会主义物质文明和精神文明的发展等，都具有重要的意义。

二 现代汉语课程的学习

随着社会的发展和科学的进步，人类的交际范围和交际手段都在不断地扩大、丰富。学习汉语课程，不仅要考虑人际交际，还要考虑人机之间的交际。这就要求我们不仅应该注重理论分析，善于吸收国内外语言学者研究汉语的新成果；同时也要注重应用能力的培养，即注重分析语言和运用语言的能力的培养。

从本质上说，语言既具有人文性，又具有自然性。学习汉语课程，可以从社会科学和自然科学两方面对汉语进行多角度的观察和分析。在运用社会科学和自然科学的研究方法考察语言的同时，还应进一步用社会科学和自然科学的基本思路去分析汉语。在学习现代汉语的过程中，特别要注意以下几个问题。

（一）要注重理论知识的系统性

学习现代汉语的目的不在于学习怎样说汉语。作为母语的汉语，在学习现代汉语之前，大家都已经会说、会写。本课程的学习和研究，不但要使学习者具备有关汉语的科学知识，提高理解和运用汉语的能力；而且要使学习者理解汉语几个要素之间的内在联系，能够将看起来似乎不同的表层细节联系起来，推导出简化的规则，进而用这些规则去描写、分析、解释种种复杂的语言现象。

（二）要注重共时和历时的比较

学习现代汉语，要建立发展的观点。自上古到现代，汉语一直在不断地发展。将汉语普通话与汉语方言进行比较，是一种共时的比较；将现代汉语与近代汉语、古代汉语进行比较，是一种历时的比较。这两种比较都很重要。通过比较，不仅可以解释普通话中许多语言现象，也有利于建立动态的语言观。例如"把"，在现代汉语中是介词，但在古汉语中是动词，因此现代汉语中才可能保留有"把门""把关"这种用法。

（三）要注重实践能力的提高

学习现代汉语，目的在于运用。别同异、辨正误是学习汉语知识的初步目的。关键在于要善于把感性认识提高到理性认识上来，善于总结出规律来。特别要善于区别一般规律和特殊现象。例如"石"，读作"shí"是一般规律，做计量单位读作"dàn"，则属特殊现象。同时，还要了解到，知识和实践的关系有种种不同的情况。一些简单的规律，如"二"和"两"的区别，"吗"和"呢"的使用，学会了就可以运用。有些规律即便掌握了，还须经过练习，才能应用，例如方言的纠正。

思考题

1. 什么是现代汉语规范化？你对现代汉语规范化的标准是怎样认识的？你觉得应该怎样进行现代汉语规范化工作？
2. 新时期语言文字工作的方针和任务是什么？简述《国家通用语言文字法》的基本内容和主要特色。
3. 你准备如何学好"现代汉语"这门课程？

第二章 语 音

学习目标

通过本章的学习,着重了解现代汉语语音的性质,掌握普通话声母、韵母、声调的构成和特点,熟悉现代汉语的语音变化和音节结构。

建议学时

16学时

第一节 语音概说

一 语音的性质

语音是语言的物质外壳,是由人类发音器官发出来的表达一定意义的声音。语音与自然界其他声音一样,产生于物体的振动,但语音是由人的发音器官发出来的,所以自然界的风声、雨声不是语音。咳嗽声、打喷嚏声、鼾声等是由人的发音器官发出的,但也不是语音,因为这些声音只是人本能的生理反应,并不代表什么意义。语音作为语言必不可少的要素之一,必须表达一定的意义,什么样的语音形式表达什么样的意义,是使用该语言的全体社会成员约定俗成的。因此语音具有物理、生理、社会三方面的性质,其中社会属性是语音的本质属性。

(一)语音的物理性质

一切声音都是由物体振动产生的,语音也不例外。从物理角度看,发音体振动周围的媒介物(主要是空气)形成声波,声波作用于人耳,刺激听觉神经,就使人产生声音的感觉。声波可以用下面的图形来表示:

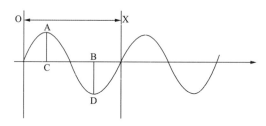

图2-1 声波图

图中O到X是一个波,它们之间的距离叫波长。A叫波峰,D叫波谷。A到C、D到B的距离叫振幅。声音的四个构成要素音高、音强、音长、音色就与这些概念有关。分析语音的物理属性也需要从这四个构成要素入手。

1. 音高

音高指的是声音的高低，它决定于发音体振动的频率。在一定时间内，发音体振动的快慢即振动次数的多少，就叫频率，单位为赫兹。发音体在一定时间内振动快，次数多，频率就高，产生的声波频率随之也高，声音就高；反之，声音则低。

物体发音之所以有高低的区别，主要与发音体的大小、粗细、厚薄、长短、松紧等有关。一般来说，长的、大的、松的、厚的、稀的、粗的东西振动慢，频率低，声音就低；反之，短的、小的、紧的、薄的、密的、细的东西振动快，频率高，声音也高。语音的高低，跟人类的发音体即声带的长短、厚薄、松紧有关。一般来说，女性和孩子的声带短而薄，男性的声带长而厚，所以女性的声音比男性的高，小孩的声音比成人的高。同一个人也可以通过控制肌肉调整自己声带的松紧，发出高低不同的声音。

音高在汉语里有很重要的作用，汉语的几种声调主要就是由音高变化决定的。"妈、麻、马、骂"四个字声调不同，也就是音高变化的形式不同，具有区别意义的重要作用。

2. 音强

音强指的是声音的强弱，它与发音体振动幅度的大小有关。发音时发音体振动的幅度叫作振幅，单位是分贝。振幅大，声音就强；振幅小，声音就弱。发音体振幅的大小取决于发音时用力的大小。例如，敲鼓时，用力大，音强就强，发出的声音就大；用力小，音强就弱，发出的声音就小。语音的强弱是由发音时气流冲击声带力量的强弱决定的，用力强，振幅大，语音就强；反之，用力弱，振幅小，语音也就弱。

音强有时可以用来区别意义，汉语中的轻声音节就是以音强作为主要特征来区别意义的。例如，"他的汉语很地道"中的"地道"和"他们在挖地道"中的"地道"不同。前者"道"读轻声，声音弱，"地道"的意思是"真正的，纯粹的"；而后者"道"读四声，声音强，意思是"在地面下开掘的交通坑道"。另外，语言中的重音与非重音也是由于音强不同所致。例如，"张华要去德国留学"这句话，如果重音在"张华"，那么表示"是张华，而不是别人要去德国留学"；如果重音在"德国"，则表示"张华要留学的国家是德国，而不是别的地方"。一句话中，重音位置不同，可以形成不同的意义理解。

需要强调的是，人们平时所说的"声音高"往往是指声音响亮，这是音强问题，而不是音高问题。音强跟音高是两个不同的概念。同样音高的声音可以有不同的音强，不同音高的声音也可以有同样的音强。一个音高较低的声音，音强完全可以比一个音高较高的声音强一些。简而言之，语音的音高决定于声带的质量，而音强决定于发音时用力的大小。

3. 音长

音长指的是声音的长短，它决定于发音体振动时间的长短。发音时，发音体振动时间长，声音就长；相反，声音就短。语音的长短取决于发某个音时其发音动作持续的时间。

音长在某些语言系统中有区别意义的作用。例如，英语eat（吃）和it（它）的区别，主要是其中元音的音长不同。粤语中"三"和"心"的区别主要就在于前者的元音比后者的发音时间长。普通话中一般不用音长作为区别意义的手段，但音长作为发音中的一个自然属性，经常以伴随性的特征出现。比如轻声音节音强较弱，音长也比较短；重读音节音强较强，音长也相对较长。另外，音长在汉语中也与音高有着一定联系。比如普通话中的上声声调与其他声调相比，音长要长一些，而去声声调则相对短一些。

4. 音色

音色又叫音质，指的是声音的特色，它决定于物体振动所产生的音波波纹的不同曲折式样。音波式样不同，就会有不同的音色。例如，[i、e、ɛ、a、ɑ、ɔ、o、u]这些元音的区别就在于它们的音色不同，下面是其波纹的示意图：

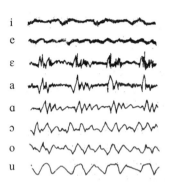

图2-2　[i、e、ɛ、a、ɑ、ɔ、o、u]波形图

音色是一个音区别于其他音的最根本特征，是声音的本质。我们能"闻其声而知其姓氏"，就是因为每个人都有独特的音色。同一个人用同样的音高、音强、音长发不同的音，听的人也可以分辨出每个具体的音来，也是因为每个音各有自身的音色。音波波纹的式样之所以会不同，主要由三方面原因引起。

（1）发音体不同。形成振动的物体叫发音体。不同的物体振动时，形成的音波式样不同，音色就不同。比如二胡声音与笛子不同，因为二胡的发音体是琴弦，而笛子的发音体是笛膜，因此即使二胡和笛子演奏同一首曲调，人们也能分别出二者各自的声音。每个人的声音听起来不同，也是因为各自的声带等发音器官不一样。

（2）发音方法不同。发音方法是指外力作用于发音体使之振动的方式。方式不同就产生不同的音。比如同一把二胡发音，用琴弓拉琴弦和用手指弹拨琴弦产生的音色就不同。普通话中塞音g和擦音h音色不同，主要因为前者用爆破的方法发音，而后者用摩擦的方法发音。

（3）共鸣器不同。共鸣器指能够与发音体的振动产生共振的空间，如二胡的琴筒、笛子的笛管。共鸣器形状不同，就会形成不同的音色。如小提琴和大提琴之所以音色不同，就是因为共鸣器的大小不同。人类发音的共鸣器主要是口腔、鼻腔、咽腔等。人们可以通过调整舌头的位置、调整口形的大小、开闭鼻腔等方式来改变共鸣器的形状，以改变音波的振动式样，从而发出不同的音。如语音中元音ɑ和元音i的音色不同，主要是由于发ɑ时口腔的形状跟发i时不一样的缘故。

任何声音都是音高、音强、音长、音色的统一体，语音也不例外。在这四大要素中，音色是一种声音区别于另一种声音的本质特征。因此，在任何语言中，音色无疑都是用来区别意义的最重要的要素。而其他要素在不同语言中被利用的情况并不完全相同，区别意义的作用也不尽相同。在汉语普通话中，除音色外，音高的作用十分重要，它表现为由不同音高构成的声调具有区别意义的作用。音强次之，它主要表现为轻声和语流中的轻、重音音变。音长则不能区别意义，它只能体现语气和情感的差异。

（二）语音的生理性质

语音是由人的发音器官发出来的，因而具有生理属性。发音时发音器官的状况不同，活动的方式不同，发出的语音就不同。人类的发音器官可以分为三大部分。

1. 肺和气管

肺和气管是重要的呼吸器官，它们为发音提供原动力。具体来说，肺的呼吸形成气流，通过支气管和气管到达喉头，作用于声带等发音器官，发出不同的语音。气流是发音的动力，所以，肺脏是发音的动力器官。支气管和气管是气流经过的通道，起着输送气流的作用。一般来说，人类主要通过呼出气流来发音，但也有极少数语言中有吸气音，即通过吸入的气流发音。

2. 喉头和声带

喉头中的声带是人类发音的成声器官，即发音体。喉头由甲状软骨、环状软骨和两块杓状软骨组成，呈圆筒形，下接气管，上通咽腔。声带位于喉头中央，长约13—17毫米，是两片边缘富有弹性的唇形肌肉，前端与甲状软骨相连，后端与两块杓状软骨相连。由此形成的声带之间的通路叫作声门。声带的活动，必须依靠喉头的软骨和韧带才行。肌肉收缩，杓状软骨活动起来，可以使声带放松或拉紧，使声门打开或闭拢。当人们呼吸或发清辅音时，声带放松，声门打开，气流可以自由进出，声带不振动；发元音和浊辅音时，声带靠拢，声门关闭，气流从声门的缝隙挤出来，使声带颤动，形成音波，从而形成响亮的声音。

1. 杓状软骨 2. 声带 3. 声门　　　　　　　发乐音时

图2-3　喉头和声带示意图

3. 口腔、鼻腔和咽腔

喉头上面是咽腔。咽腔是一个三岔口，下连喉头，前通口腔，上连鼻腔。发音时，气流从肺部呼出，由喉头经过咽腔到达口腔和鼻腔，形成共鸣，然后经由口腔或鼻腔流出。气流振动声带发出音波后之所以能形成各种不同的声音，是由于口腔和鼻腔会产生各种共鸣，这两个空腔是语音的调节器和共鸣器。其中，鼻腔的形状不能改变，是固定的共鸣器。口腔是主要的共鸣器，它的形状很复杂。从前往后看，口腔上部可分上唇、上齿、上齿龈、硬腭、软腭和小舌六个部位，口腔下部可分为下唇、下齿和舌头三部分。其中舌头又分为舌尖、舌叶、舌面三部分，舌面又分为前、中、后三部分。这些器官中，唇、舌、软腭、小舌是可以活动的、主动的发音器官；牙齿、齿龈、硬腭则是固定的、被动的发音器官。口腔和鼻腔是由软腭和小舌隔开的。软腭和小舌上升，关闭鼻腔通路，气流从口腔流出，就形成口音，如a、o、d、t等；软腭和小舌下降，口腔通路关闭，气流从鼻腔出来，就形成鼻音，如m、n、ng；软腭居中，口腔和鼻腔都通，发出的音就是口鼻音，也就是鼻化音，如在一些西北方言中就经常出现鼻化音。

气流在从肺部到口鼻外面的通道上，受到发音器官各部分的控制或影响，就形成各种不同性质的音。右图为发音器官示意图。

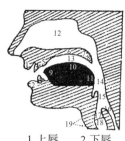

1. 上唇　　2. 下唇
3. 上齿　　4. 下齿
5. 齿龈　　6. 硬腭
7. 软腭　　8. 小舌
9. 舌尖　　10. 舌面
11. 舌根　　12. 鼻腔
13. 口腔　　14. 咽腔
15. 会厌　　16. 食道
17. 气管　　18. 声带
19. 喉头

图2-4　发音器官示意图

（三）语音的社会性质

语言是社会现象，作为语言的物质外壳，语音也是一种社会现象。这可以从语音和意义之间的联系看出来。语音必须是人类发出的能代表一定意义的声音。但这种声音与意义之间的联系并不是必然的，而是由使用这种语言的全体社会成员约定俗成的。例如，同一个意义"玉米"，在汉语普通话中所使用的声音是"yùmǐ"，在英语中是"corn"。就连汉语内部各方言之间表示"玉米"这个意义的声音也是不一致的，有"苞谷""苞米""玉蜀黍""棒子"等多种语音形式。同一个声音也可以表示不同意义，例如汉语中"mài"这个音，可以表示"卖""麦""迈""脉"等多种不同的意义。可见，用什么声音跟表示什么意义没有必然的联系，而是随着社会的不同而不同，是由全体社会成员约定俗成的。语音与意义的联系一旦固定下来后，个人不能擅自改动，否则就无法跟其他社会成员进行交际，这也是语音社会性的表现。因此，社会属性是语音的本质属性。

语音的社会属性主要体现在语音的民族特征和地域特征方面。每个民族使用的语音都各有特点，而同一民族不同地区使用的地方方言也往往由于社会历史的原因而有所不同。将不同民族、不同方言的语音加以对比，可以清楚地显示出语音的民族特征和地域特征。例如，就汉语和英语而言，汉语中不送气的辅音b、d、g和送气的辅音p、t、k是可以区别意义的完全不同的音，bǎo（饱）/pǎo（跑）、dǎo（导）/tǎo（讨）、gǎo（搞）/kǎo（烤）这几对音节中，前后两个音节意义的区别是由不送气和送气声母的区别造成的；但是英语辅音送气或不送气却不能区别词义。又如现代汉语普通话中，翘舌的zh、ch、sh和不翘舌的z、c、s是两组完全不同的声母，zhī（知）/zī（资）、chí（迟）/cí（慈）、shī（诗）/sī（思）意义截然不同。但是，在很多方言，如吴方言中，只有z、c、s这一组音，而没有zh、ch、sh，所以"山"和"三"的发音一样。这些语音系统上的特点没有生理的、物理的或其他方面的原因，而仅仅是由于不同民族、不同地区约定俗成地选择了各自的语音系统。

语音的社会属性还表现在语音的系统性上。每种语言或方言都有自己的语音系统，语音系统的规律性表现在：一种语言里包含多少音素，音素组合成音节的方式，音素在音节结构中占据的位置，等等。例如现代汉语普通话语音系统由22个声母、39个韵母和4个声调组成，声调在汉语里有区别意义的作用；汉语音节里没有辅音相连的情况；汉语的[l]音素只能出现在音节的开头，如"[lu]（路）"。而其他语言，如英语有与汉语很不相同的语音系统，例如英语没有声调；音节中允许辅音相连，如desk（桌子）、lamp（灯）；[l]既可以出现在音节开头，也可以出现在音节末尾，如lamp（灯）、school（学校）。此外，不同语言的语音成分有其自身的系统性。例如上面谈到，汉语里辅音送气、不送气区别词义，而英语不能；反之，英语的清、浊音能区别词义，而汉语普通话基本不能。可见，语音不是单纯的物理和生理现象，有些语音现象必须从其社会性质方面去考察才能说清楚。

由于自幼受特定语音系统的熏陶，一个人往往对母语中具有的语音特征比较敏感，发音也容易，而对母语中所没有的语音特征，则不易辨别，也不容易发出。如西方人对汉语的四声和汉族人对西方语言的浊塞音、颤音，都是不易分辨和难以准确发音的。但是，经过一定训练，一个人可以掌握多种语音系统，这说明语音系统只是社会约定俗成的产物，是社会习惯的产物。语音以人的发音器官为其不可缺少的生理基础，又同其他声音一样，具有物理的属性，但最根本的是它具有社会的属性。它与意义紧密结合，成为人类最重要的交际工具。

二 语音的单位

一般来讲，人们在说话时产生的是一连串的语音流。音流中人们在听感上最容易分辨出来的语音单位是一个一个音节。但音节不是最小的语音单位。为了便于分析和研究语音，我们可以进一步从不同的角度将音节切分出更小的语音单位来，如从音色角度切分出音素，包括元音和辅音；用传统音韵学的分析方法，切分出声母、韵母和声调；从语音的辨义作用切分出音位。音节是最自然的语音单位。音节以下的语音单位——声母、韵母、音素、元音、辅音等，如果没有经过语音学的专业训练，不大容易切分出来。它们正是我们在语音部分所要学习的主要内容。

（一）音节

音节是语音结构的基本单位，也是人能够自然感到的最小语音片段。每发一个音节时，发音器官的肌肉，特别是喉部的肌肉都明显地紧张一次。每一次肌肉的紧张度增而复减，就形成一个音节。汉语音节之间的界限最为清楚，除了极少数例外，一般来说，一个汉字就代表一个音节。例如"中华人民共和国"书写上是七个汉字，也记录了七个音节。但汉字和音节并不都是一对一的关系。如过去曾用"浬"这一个汉字表示"hǎilǐ"两个音节，用"呎"表示"yīngchǐ"两个音节。相反，普通话中的儿化音节则是用两个汉字来代表一个音节，如"花儿""圈儿"等里面的"儿"，只表示发音上的儿化韵尾，而不记录音节。"花儿""圈儿"等两个汉字只是一个音节。至于音节和汉字的关系则是一对多的关系，同一个音节可以代表很多不同的汉字。所以，虽然汉语有数万汉字，但是普通话只有418个基本音节（如果算上四声和轻声，则有1332个）。

音节并不是语音的最小单位，它可以从不同角度作进一步分析。一般对汉语音节有两种不同的分析方法：音素分析法和声韵调分析法。音素分析法是来自西方的语音分析方法。例如，不考虑声调的话，"gāo"（高）由三个部分组成：g、ɑ、o。这些语音成分已经不可再切分，语音学上称它们为音素。除声调外，普通话音节可以只由一个音素构成，如"ɑ"（啊）。但大多数普通话音节是由几个音素组成的，如"dà（大）、xué（学）"分别由两个和三个音素组成。普通话音节最多可以有四个音素，如"biǎo"（表）。声韵调分析法是来自中国传统音韵学的分析方法。它把每个汉语音节切分为声母、韵母和声调三个组成部分。如"zhōng"（中）分别由声母zh、韵母ong和一声声调三部分构成。声韵调分析法符合汉语的实际，突出了汉语的声调特性。

（二）音素——元音和辅音

音素是从音色角度划分出来的最小的语音单位，是不可再分的最小的语音单位。一个音节，如果按音色的不同去进一步切分，就会得到一个个最小的各有特色的单位，这就是音素。例如，"sōu"（搜）从音色角度可以切分出s、o和u三个不同的音素。

音素按发音情况的不同可分为两大类：元音和辅音。发音时，气流振动声带，在口腔、咽腔不受任何阻碍而形成的音叫元音，又叫母音，如"a、o、i、u"等；气流在口腔或咽头受到阻碍而形成的音叫辅音，又叫子音，如"b、m、f、d、z、sh"等。

元音和辅音的区别主要表现在以下四个方面：

1. 气流是否受阻

元音发音时，气流不受阻碍（但受到节制）；辅音发音时，气流通过咽头、口腔会受到某个部位的阻碍。这是元音和辅音最主要的区别。

2. 紧张均衡与否

元音发音时，发音器官各部位保持均衡的紧张状态；辅音发音时，发音器官构成阻碍的部位特别紧张，其他部位则相对松弛。

3. 气流强弱

元音发音时，气流较弱；辅音发音时，气流较强。

4. 声带是否振动

元音发音时，声带一定要振动，发出的声音比较响亮；辅音发音时，声带不一定振动，其中不振动的辅音叫清音，振动的辅音叫浊音。辅音的声音一般不响亮，尤其是清辅音。

元音和辅音是语音学中最基本的两个概念，适用于一切语言的语音分析。普通话语音系统中共有32个音素。其中，有10个元音音素，即a、o、e、ê、i、u、ü、-i[ɿ]、-i[ʅ]和er；有22个辅音音素，即b、p、m、f、d、t、n、l、g、k、h、j、q、x、zh、ch、sh、r、z、c、s和ng。其中，m、n、l、r、ng五个是浊辅音，其余的都是清辅音。

（三）声母、韵母和声调

按照汉语传统的分析方法，把一个音节分成三部分，即声母、韵母和一个贯通整个音节的声调。

声母指音节开首的辅音，如果音节开首没有辅音，习惯上称为零声母。如"huì"（会）这个音节里，声母是辅音h。"ài"（爱）这个音节开头没有辅音，即为零声母。声母与辅音不是一个概念。虽然声母由辅音充当，但有的辅音不能做声母，如"zhōng"（中）里的ng只做韵尾，而不能做声母。辅音n既可以做声母，也可以做韵尾，如"nàn"（难）中的两个辅音n，在音节开头的是声母，在音节末尾的是韵尾。

韵母指音节中声母后面的部分。如"xué"（学）的韵母是ue。零声母音节，如"ōu"（欧），它的韵母就是ou。韵母和元音也不是一个概念。韵母有的由单元音或复元音构成，如"dì（地）、guài（怪）"中的i、uai；有的由元音带辅音构成，如"hùn（混）、gēng（耕）"中的un、eng。

声调指整个音节的高低升降的变化，即音节中具有区别意义作用的音高变化。主要由元音音高的升降和音长的总和形成。普通话里"mā"（妈）、"má"（麻）、"mǎ"（马）、"mà"（骂）这四个音节的声母和韵母都相同，只是声调不同，表示的意思也就不同。

（四）音位

音位是一个语音系统中能够区别意义的最小的语音单位，也就是按语音的辨义作用归纳出的音类。在一种语言或方言里，人们可以发出的音很多，其中有的可以区别意义，有的不能。例如，普通话中的"文"，有人念wén，有人念vén，其中w与v的差别并没有造成意义的差别，所以，这两个音在普通话里就可以归为一个音位。然而，d和t的情况就不同了。"dù"（肚）念成"tù"（兔），意义就变了，所以d和t在普通话里要归纳为两个音位。音位一般用"/ /"来表示。普通话中共有22个辅音音位（/p/、/pʻ/、/m/、/f/、/t/、/tʻ/、/n/、/l/、/k/、/kʻ/、/ŋ/、/x/、/tɕ/、/tɕʻ/、/ɕ/、/tʂ/、/tʂʻ/、/ʂ/、/ʐ/、/ts/、/tsʻ/、/s/），10个元音音位（/a/、/o/、/ə/、/e/、/i/、/u/、/y/、/ɤ/、/ɿ/、/ɚ/）和4个声调音位（/1/、/2/、/3/、/4/）。

三 记音符号

汉字不是拼音文字，不能从字形中直接看出读音来，为了便于语音的学习和研究，需要用一定的符号形式把语音标写记录下来。标写语音的符号叫记音符号。中国早期的注音方法主要是直音法和反切法，1918—1958年主要使用注音字母，现在最常用的记音符号系统是《汉语拼音方案》和国际音标。

（一）早期的注音方法

在《汉语拼音方案》使用以前，我国出现过多种记录语音的方法，主要可以分为三大类。

第一类是用汉字记音，如譬况法、读若法、直音法、变调法、反切法等。譬况法是描述性地说明一个字的发音状况，如"旎，绸缪之缪，急气言乃得之"。读若法是以某一个字的读音为标准，说明被注音字的读音可以由该字推出，如"珣读若宣"。直音法就是用一个字来注另一个同音字的音的方法。如"毕音必""畔音叛"。变调法是利用一个声母、韵母相同而声调不同的字为另一个字注音，例如"刀"字，《康熙字典》注作"到平声"。反切法是古代的拼音方法，是汉字注音法的一大进步。反切注音法用两个汉字合起来拼成被注字的读音。拼读规则是反切上字取声母，反切下字取整个韵母和声调，如"娑，桑多切"。反切是一种双拼法，即使是零声母也必须有上字，如"乌，哀都切"。这些注音方法虽在一定历史时期发挥过重要的作用，尤其是反切法使用了1700多年，但都有一定程度的缺陷，如注音不精确、注音字太生僻等。

第二类是用创制于"五四"运动前后的"注音字母"记音。注音字母是1918年公布的一套记音符号，1930年改称"注音符号"。它把普通话（当时叫国语）语音归纳为若干声母和韵母，并分别用笔画式符号来表示，比如声母"ㄅb、ㄆp、ㄇm、ㄈf、ㄉd、ㄊt、ㄋn、ㄌl"，韵母"ㄚa、ㄛo、ㄜe、ㄣen、ㄥeng"。注音字母对给汉字注音和推广"国语"起过很好的作用。但仍然存在不便连写、不便对外交流等问题。

第三类是用拉丁字母来给汉字注音和记录汉语，有威妥玛式方案、国语罗马字拼音法（简称"国罗"）和北方话拉丁化新文字（简称"北拉"）。

（二）《汉语拼音方案》

《汉语拼音方案》是一套采用世界通用的26个拉丁字母，按照音素化的拼音原则来为汉字注音和拼写普通话的拼音方案。它制定于20世纪50年代。中华人民共和国成立后，中国文字改革委员会普遍征求和广泛收集各方面对拼音方案的意见，进行分析和研究，于1956年2月拟订出《汉语拼音方案（草案）》。这个方案（草案）经过全国政协和各界人士广泛讨论，又经汉语拼音方案审订委员会反复审议和多次修订，再由中国文字改革委员会提交政协全国委员会常委扩大会议讨论，报请国务院全体会议通过，于1958年2月由第一届全国人民代表大会第五次会议批准作为正式方案推行。《汉语拼音方案》是在过去各种注音法的基础上发展起来的，是中国人创制各种汉语注音法的经验总结。它比过去设计的各种注音法更为完善、优越，受到社会各界的欢迎。1977年9月，联合国第三届地名标准化会议通过决议，建议"采用汉语拼音作为中国地名罗马字母拼法的国际标准"。1982年8月1日，国际标准化组织经过投票决定汉语拼音是拼写汉语的国际标准。从此汉语拼音走上了国际舞台。

《汉语拼音方案》主要分为五部分内容：（1）字母表，规定了26个字母的顺序以及每个字母的汉语音值；（2）声母表，规定汉语音节开首的拼写单位，提供了21个声母的呼读音和例字；（3）韵母表，规定了声母之后的拼写单位，提供了35个韵母的呼读音、例字及一些用法；（4）声调符号，规定了普通话四个调类的名称、所用符号及标调方法；（5）隔音符号，规定了隔音符号的形式及使用方法。具体见附录一。

与以往的汉语记音符号相比，《汉语拼音方案》具有明显的优点，主要表现为以下几个方面：（1）符号数目少，《汉语拼音方案》基本符号只有26个，数量较少，便于使用；（2）采用国际通行的拉丁字母，书写方便，也有助于国际交流；（3）字母记录汉语音位，简洁而实用。《汉语拼音方案》在对现代汉语普通话音位系统深入研究基础上，以字母记录音位，按照音素拼写音节，所用字母最少，拼音最准确、灵活。

《汉语拼音方案》自公布施行以来，在语文应用和技术应用方面都显示出广泛的使用价值，主要表现为以下几点。

1. 给汉字注音

汉语拼音易学易用，是给汉字准确注音的最好工具。有了拼音方案，汉字读音的声、韵、调一目了然，极大方便了人们学习掌握汉字，有助于语文教学。

2. 作为学习普通话和帮助外国人学汉语的工具

《汉语拼音方案》是普通话语音系统的反映，是服务于普通话的。掌握了《汉语拼音方案》的内容，就大体上掌握了现代汉语普通话语音的基本内容。因此，《汉语拼音方案》在普通话教学、推广方面，起着重要的基础性作用。同时还可以用来帮助外国人学习汉语，是对外汉语教学中的重要教学工具。

3. 设计特殊语文

特殊语文有两种，一种是聋哑人用的手指字母，另一种是盲人用的摸读文字，即盲文。这两种特殊语文都可以在汉语拼音的基础上进行设计。

4. 作为制定少数民族文字的基础

我国是多民族、多语言、多文字的国家。少数民族或者使用传统的民族文字，如藏文、蒙古文、维吾尔文等，或者使用新创制的拉丁化文字，如壮文、侗文、布依文等。用拉丁字母作为少数民族文字的字母，便于和汉语拼音沟通，也符合国际语文拉丁化的潮流，易于和世界交流。

5. 音译人名、地名、科学术语等

联合国第三届地名标准化会议于1977年9月通过了中国地名委员会向大会提出的关于用汉语拼音拼写中国地名作为国际罗马字母拼写标准的提案后，我国改用汉语拼音作为中国人名、地名罗马字母拼写法的统一规范，消除了我国人名、地名在罗马字母拼写方面长期的混乱局面。

6. 排序索引、资料检索

以词典为例。以汉语拼音为基础的音序法汉字顺序固定，检索最为方便，其他任何检字法都无法与之相比。作为编制索引的优越手段，汉语拼音也已经广泛地应用于图书编目、资料、情报、档案管理等各个方面。

7. 中文信息处理

在当今信息化时代，汉语拼音还是中文信息处理方面的得力工具。在中文输入方面，汉字主要是通过编码实现的，只有汉语拼音输入法才是像英文一样的无编码输入，学起来最为简单方便。同时，汉语拼音也是网络传输的最佳选择。在互联网上传输汉字，由于内码不同或传输设备的原因，常会遇到困难，而拉丁化的拼音则能有效地解决这些问题，使传输畅通无阻。

（三）国际音标

国际音标是国际语音学会于1888年制定公布的一套记音符号系统，用来记录各民族语言的语音，后来经过多次增补、修改，目前是国际上最通用的记音工具。国际音标共有一百多个符号，以拉丁字母的小写印刷体为基础，适当借用了一些其他语种的字母，如希腊字母等，并且采用字母的大写、草体、合体、倒排、变形、加符等办法加以补充来表示不同的音素。国际音标遵循"一个音素一个符号，一个符号一个音素"的原则，每一个符号表示一个固定的读音，既不能借用，也没有变化。记音有严式和宽式之分，符号必须加上"[ ]"表示，以免跟字母和其他符号混淆。具体见附录二。

国际音标记音精确，便于研究各种语音系统；采用26个拉丁字母为基础，具有最广泛的通用性；可以记录任何民族的语言和方言，具有最大限度的实用性；而且根据需要，国际音标可按规定原则加以修改增删，用变形或增加符号等方式进行扩充，形成严整缜密的记音符号系统，具有最大的开放性。由于具有上述优点，国际音标不受任何民族语言的限制，是国际语言学家共同使用的符号。在我国，因为《汉语拼音方案》只能记录普通话语音系统，所以研究少数民族语言和方言时也必须使用国际音标；同时，在普通话语音教学中，为了进行方音辨正或说明音变现象也常用到国际音标。

思考题

1. 什么是语音？语音具有哪些性质？

2. 为什么说社会属性是语音的本质属性？
3. 什么是音素？音素可以分为哪两类？它们之间的主要区别是什么？
4. 声母与辅音的区别是什么？韵母与元音的区别是什么？
5.《汉语拼音方案》的主要内容有哪些？
6.《汉语拼音方案》与其他记音方法相比有哪些优点？它的主要用途有哪些方面？

第二节　声　母

声母是音节开头的辅音。普通话中有21个辅音声母，分别是b、p、m、f、d、t、n、l、g、k、h、j、q、x、zh、ch、sh、r、z、c、s。还有一些音节开头没有辅音，例如ān（安）、ōu（欧）、āng（肮）等，习惯上认为这些音节也有声母，不过不是辅音声母，而是特殊的声母，叫作零声母。从这个角度来说，普通话共有22个声母，其中21个为辅音声母，一个是零声母。

一　声母的发音

声母和辅音有密切的关系。学习声母的发音就是学习构成声母的辅音的发音。辅音发音时，气流在口腔中必须克服发音器官某些部位形成的阻碍才能发音。辅音的音色与气流受到阻碍的部位和克服阻碍的方式有关。这些形成阻碍的部位在语音学上就称为"发音部位"，克服阻碍的方式称为"发音方法"。辅音的发音主要决定于其发音部位和发音方法。

表2-1　普通话辅音声母总表

声母＼部位　　方法			双唇音	唇齿音	舌尖前音	舌尖中音	舌尖后音	舌面前音	舌面后音
			上唇下唇	上齿下唇	舌尖上齿背	舌尖上齿龈	舌尖硬腭前	舌面前硬腭前	舌面后软腭
塞音	清音	不送气音	b[p]			d[t]			g[k]
		送气音	p[pʻ]			t[tʻ]			k[kʻ]
塞擦音	清音	不送气音			z[ts]		zh[tʂ]	j[tɕ]	
		送气音			c[tsʻ]		ch[tʂʻ]	q[tɕʻ]	
擦音	清音			f[f]	s[s]		sh[ʂ]	x[ɕ]	h[x]
	浊音						r[ʐ]		
鼻音	浊音		m[m]			n[n]			
边音	浊音					l[l]			

（一）声母的发音部位

声母的发音部位是指发音时气流受到阻碍的位置。21个辅音声母，按发音部位分，由前往后依次形成双唇音、唇齿音、舌尖前音、舌尖中音、舌尖后音、舌面前音、舌面后音七类。

（1）双唇音（b、p、m）　上唇和下唇接触形成阻碍发出的音叫双唇音。如：bǐ

（比）、pǐ（匹）、mǐ（米）。

（2）唇齿音（f）　下唇和上齿形成阻碍而发出的音叫唇齿音。如：fā（发）。

（3）舌尖前音（z、c、s）　舌尖平伸和上齿背形成阻碍发出的音叫舌尖前音。如：zī（资）、cí（词）、sī（思）。

（4）舌尖中音（d、t、n、l）　舌尖与上齿龈形成阻碍发出的音叫舌尖中音。如：dì（弟）、tì（替）、nǐ（你）、lǐ（里）。

（5）舌尖后音（zh、ch、sh、r）　舌尖翘起和硬腭形成阻碍发出的音叫舌尖后音。如：zhī（知）、chī（吃）、shī（诗）、rì（日）。

（6）舌面前音（j、q、x）　舌面前部与硬腭形成阻碍发出的音叫舌面前音。如：jī（机）、qī（七）、xī（西）。

（7）舌面后音（g、k、h）　舌头后缩、舌根抬起与软腭形成阻碍发出的音叫舌面后音。如：gàn（干）、kàn（看）、hàn（汗）。

需要说明的是，舌尖前音、舌尖中音和舌尖后音，都是舌尖起作用，但不是把舌尖分成前、中、后三段，而是指与舌尖一起形成阻碍的部位分为前、中、后三个位置，即上齿背、上齿龈和硬腭前部。

下面是声母发音部位示意图：

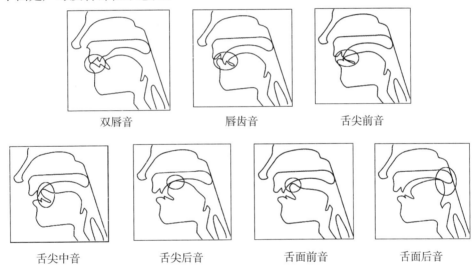

图2-5　声母发音部位示意图

（二）声母的发音方法

声母的发音方法是指发音时喉头、口腔和鼻腔节制气流的方式和状况。通常可以从阻碍的方式、气流强弱、声带是否振动这三方面来说明。

1. **阻碍的方式**

一般情况下，发一个辅音时，整个过程只有极短的几分之一秒时间，但是其成音过程却要经过成阻、持阻、除阻三个阶段。成阻是开始时发音部位对气流构成阻碍的阶段；持阻是中间发音部位对气流阻碍的阶段；除阻是结束时发音的气流迫使发音部位解除阻碍的阶段。其中成阻、持阻是形成发音姿势的阶段，除阻是把音完全发成的成音阶段。例如，发双唇辅音p时，开始是上唇、下唇闭合，形成对气流阻碍的姿势；接着气流被堵在闭合的双唇后，阻碍持续；最后气流冲出唇外，阻碍解除，发音完成。

根据发音时形成和克服阻碍的方式不同，可以把21个辅音声母分为塞音、擦音、塞擦音、鼻音、边音五类。

（1）塞音（b、p、d、t、g、k）　发音时，发音器官的两个部位完全闭合，把气流完全阻塞，然后这两个部位突然打开，气流冲过阻碍骤然冲出，爆发成音。又叫爆发音或破裂音。

（2）擦音（f、h、x、sh、s、r）　发音时，发音器官的两个部位并不完全闭塞，留下狭窄的缝隙，气流从缝隙中摩擦而出。

（3）塞擦音（j、q、zh、ch、z、c）　发音时，发音部位先形成闭塞，软腭上升，堵塞鼻腔的通路，然后气流把阻塞部位冲开一条窄缝，从窄缝中挤出，摩擦成声。先破裂，后摩擦，结合成一个音。这种方法可以说是塞音和擦音两种发音方法的结合。但塞擦音是一个辅音，并不是两个辅音的复合。

（4）鼻音（m、n）　发音时，口腔中的发音部位完全闭塞，软腭下垂，挡住气流通向口腔的道路，气流通过声门振动声带后从鼻腔通过而发出鼻音。

（5）边音（l）　发音时，舌尖抵住上齿龈，舌头两边留有空隙，气流振动声带后从舌尖两边或一边流出，造成边音。

2. 气流强弱

根据除阻时呼出气流的强弱，普通话声母中的塞音、塞擦音可以分成送气、不送气两类。

（1）送气音（p、t、k、q、ch、c）　发塞音和塞擦音时，发音器官的两个部分要完全闭塞，解除阻碍时有很强的气流呼出的音叫送气音。

（2）不送气音（b、d、g、j、zh、z）　用与上述同样的方法发音，但除阻时呼出的气流较弱的音叫不送气音。

3. 声带是否振动

根据发音时声带是否振动，可以把普通话辅音声母分成清音和浊音两类。气流呼出时声带不振动，发出的不响亮的音叫清音；气流呼出时声带振动，发出的较响亮的音叫浊音。普通话声母只有四个浊音：m、n、l、r，其余17个辅音声母都是清音。

（三）声母的发音情况

将发音部位和发音方法结合起来，就可以对每一个辅音声母的发音进行描写。描写时，习惯上按发音部位、送气与否、清音浊音、阻碍方式的顺序依次进行。下面按发音部位从前往后的顺序逐一描写普通话21个辅音声母的发音状况。

b[p]　双唇、不送气、清、塞音。发音时，双唇闭合，阻塞气流，软腭和小舌上升，堵住鼻腔通道，呼出气流通过喉头但不振动声带，到达口腔；除阻时，较弱的气流克服双唇阻碍，爆发成音。例如"颁布"（bānbù）、"报表"（bàobiǎo）。

p[p']　双唇、送气、清、塞音。发音情况和b基本一致。只是在除阻阶段爆破发音时气流较强。例如"品牌"（pǐnpái）、"匹配"（pǐpèi）。

m[m]　双唇、浊、鼻音。发音时，双唇闭合，堵住气流，软腭和小舌下垂，打开鼻腔通路，肺部呼出的气流通过喉头，振动声带，然后从鼻腔中出来。例如"美满"（měimǎn）、"埋没"（máimò）。

f[f]　唇齿、清、擦音。发音时，上齿轻触下唇，中间留一条缝隙；软腭和小舌上升，堵住鼻腔通路，肺部呼出的气流通过喉头，但不振动声带，然后从唇齿间的缝隙中挤出，摩擦成音。例如"仿佛"（fǎngfú）、"非凡"（fēifán）。

z[ts]　舌尖前、不送气、清、塞擦音。发音时，舌尖顶住上齿背，软腭和小舌上升，堵住鼻腔通路，肺部呼出的气流通过喉头，但不振动声带，然后较弱的气流把舌尖和上齿背形成的阻碍冲开一条窄窄的缝隙，气流从缝隙中摩擦而出，形成先塞后擦的发音。例如"自在"（zìzài）、"做作"（zuòzuo）。

c[tsʻ]　舌尖前、送气、清、塞擦音。发音情况和z基本一致，但在除阻时有一股较强的气流克服舌尖和上齿背形成的阻碍。例如"层次"（céngcì）、"猜测"（cāicè）。

s[s]　舌尖前、清、擦音。发音时，舌尖靠近上齿背，中间留一条窄窄的缝隙，软腭和小舌上升，堵住鼻腔通路，肺部呼出的气流通过喉头，但不振动声带；然后气流从舌尖和上齿背形成的窄缝中摩擦而出。例如"色素"（sèsù）、"思索"（sīsuǒ）。

d[t]　舌尖中、不送气、清、塞音。发音时，舌尖抵住上齿龈，阻塞气流，软腭和小舌上升，堵住鼻腔通路，肺部呼出的气流通过喉头，但不振动声带，到达口腔；除阻时，较弱的气流克服舌尖的阻碍，爆发成音。例如"道德"（dàodé）、"达到"（dádào）。

t[tʻ]　舌尖中、送气、清、塞音。发音情况和d基本一致，只是在除阻时爆破发音时气流较强。例如"谈吐"（tántǔ）、"团体"（tuántǐ）。

n[n]　舌尖中、浊、鼻音。发音时，舌尖顶住上齿龈，软腭和小舌下垂，打开鼻腔通道，肺部呼出的气流通过喉头，振动声带，然后从鼻腔出来。例如"男女"（nánnǚ）、"奶牛"（nǎiniú）。

l[l]　舌尖中、浊、边音。发音时，舌尖抵住上齿龈，但舌头两侧留有空隙，软腭和小舌上升，堵住鼻腔通路，肺部呼出的气流通过喉头，振动声带，到达口腔，然后从舌头的两侧通过。例如"流量"（liúliàng）、"利率"（lìlǜ）。

zh[tʂ]　舌尖后、不送气、清、塞擦音。发音时，舌尖上翘，抵住硬腭的前部，软腭和小舌上升，堵住鼻腔通路，肺部呼出的气流通过喉头，但不振动声带，到达口腔；然后较弱的气流把舌尖与硬腭前部形成的阻碍冲开一条窄窄的缝隙，气流从缝隙中摩擦而出，形成先塞后擦的发音。例如"政治"（zhèngzhì）、"注重"（zhùzhòng）。

ch[tʂʻ]　舌尖后、送气、清、塞擦音。发音情况和zh基本一致，但在除阻时，有一股较强的气流克服舌尖和硬腭前部形成的阻碍。例如"长城"（Chángchéng）、"查处"（cháchǔ）。

sh[ʂ]　舌尖后、清、擦音。发音时，舌尖上翘，靠近硬腭前部，中间留一条窄窄的缝隙；软腭和小舌上升，堵住鼻腔通路，肺部呼出的气流通过喉头，但不振动声带；然后气流从舌尖和硬腭形成的窄缝中摩擦而出。例如"事实"（shìshí）、"税收"（shuìshōu）。

r[ʐ]　舌尖后、浊、擦音。发音情况和sh基本一致，不过肺部呼出的气流通过喉头时要振动声带。例如"软弱"（ruǎnruò）、"容忍"（róngrěn）。

j[tɕ]　舌面前、不送气、清、塞音。发音时，舌面前部抬起，顶住硬腭前部，软腭和小舌上升，堵住鼻腔通路，肺部呼出的气流通过喉头，但不振动声带，到达口腔；然后较弱的气流把舌面前与硬腭前部形成的阻碍冲开一条窄窄的缝隙，气流从缝隙中摩擦而出。例如"积极"（jījí）、"解决"（jiějué）。

q[tɕʻ] 舌面前、送气、清、塞擦音。发音情况和j基本一致，但是在除阻时，有一股较强的气流克服舌面前和硬腭前部形成的阻碍。例如"全球"（quánqiú）、"前期"（qiánqī）。

x[ɕ] 舌面前、清、擦音。发音时，舌面前部抬起，靠近硬腭前部，中间留一条窄窄的缝隙；软腭和小舌上升，堵住鼻腔通路，肺部呼出的气流通过喉头，但不振动声带，到达口腔，然后气流从舌面和硬腭前部形成的窄缝中摩擦而出。例如"信息"（xìnxī）、"现象"（xiànxiàng）。

g[k] 舌面后、不送气、清、塞音。发音时，舌面后部抬起抵住软腭，形成阻塞；软腭后部上升堵住鼻腔通路，肺部呼出的气流通过喉头到达口腔，声带不振动。除阻时，较弱的气流克服舌面后部和软腭形成的阻碍，爆发成音。例如"巩固"（gǒnggù）、"改革"（gǎigé）。

k[kʻ] 舌面后、送气、清、塞音。发音情况和g基本一致，但是在除阻时，有一股较强的气流克服舌面后部和软腭形成的阻碍。例如"可靠"（kěkào）、"慷慨"（kāngkǎi）。

h[x] 舌面后、清、擦音。发音时，舌面后部抬起靠近软腭，中间留一条窄窄的缝隙；软腭和小舌上升，堵住鼻腔通路，肺部呼出的气流通过喉头，但不振动声带，到达口腔，然后气流从舌面后部和软腭形成的窄缝中摩擦而出。例如"黄昏"（huánghūn）、"辉煌"（huīhuáng）。

（四）零声母

除了上面讨论的21个辅音声母外，普通话还有一些音节开头没有辅音，例如ān（安）、ēn（恩）、áo（熬）、ōu（欧）、āng（肮）等。可是语言学家从语音的系统性考虑，认为它们有声母，不过是特殊的声母，叫作零声母。有了"零声母"这个概念，我们就可以说普通话里所有的音节都有声母，都可以分为声母和韵母两部分。汉语拼音的y和w只出现在零声母音节的开头，它们的作用主要是使音节界限清楚。例如yī（衣）、yún（云）、wēng（翁）等。如果仔细考察普通话以i、u、ü开头的零声母音节，会发现其中的i、u、ü都有轻微的摩擦，它们的实际音值分别是[j]、[w]、[ɥ]。这些音是擦音中摩擦很小的一种音，因为很接近高元音，性质介于元音和辅音之间，被称作"半元音"。

（五）普通话声母的特点

与其他语言和方言相比，普通话声母的语音系统具有下面几个显著特点。

（1）送气和不送气构成的音位对立贯穿于整个声母系统。普通话声母系统中，塞音和塞擦音都是不送气和送气配对的，形成六对由单项对立特征构成的音位群。它们是b、p，d、t，g、k，j、q，zh、ch，z、c。

（2）塞擦音丰富，而且都有相同部位的擦音与之相配，特别是其中卷舌的zh、ch、sh，在其他语言和汉语方言中都不常见。

（3）有舌尖后、浊、擦音r。r是许多方言中没有的，这些方言常把r读成零声母或n和l。

（4）能分别n和l。普通话里严格区分舌尖鼻音n和边音l。但是，从全部汉语方言来看，n、l相混的地区几乎占所有方言区的一半。这些方言中，或者全部读成n，或者全部读成l，或者n、l自由变读，也有的只在开口呼、合口呼的韵母前不能分别，混读的情况非常复杂。

二　声母辨正

各地方言的声母同普通话声母不尽相同。上面所说的21个辅音声母中，有一些音是某些方言区没有或不容易发准的音。为了帮助方言区的人学习普通话声母，把需要分辨的几组声母加以说明。

（一）分辨n和l

普通话里舌尖鼻音n和边音l分得很清楚。而很多方言区却将这两个读音相混。如西南方言的大部分地区，西北方言、江淮方言的一部分地区，还有湘、赣、闽等大片地区，n、l混读。这些方言中，有的全部读成n，有的全部读成l，有的n和l随便读。也有的只在一定的条件下才能分辨。这些方言区的人学习这两个声母主要有两方面的困难：第一，读不准；第二，分不清字。

要分辨n、l，首先要发准两个音。这两个音发音部位大致相同，都是舌尖顶住上齿龈。但是二者在发音方法上有区别：发n音时，是舌尖和舌的两边一起上举，舌尖和上齿龈的接触面积较大，形成半圆形封闭，阻塞口腔通路，气流不能从口腔通过，必须从鼻腔呼出，所以发出来的音是鼻音。而发l时，只有最前面的舌尖与上齿龈接触，舌的两边几乎不上举，边缘并不形成封闭，发音时气流可以从舌的两边流出，所以发出的是边音。另外，发这两个音时，软腭的位置也有区别。n发音时，软腭中悬，以便气流到达鼻腔；但l发音时，软腭上升以阻住鼻腔通路。所以发l时的软腭位置要比发n时高。

为了分辨n和l，不妨用捏鼻孔的办法来练习。捏鼻孔后发音，如果觉得发音有困难，而且耳膜有鸣声，那就是n音。因为发n时软腭下降，气流振动声带后要从鼻孔通过，捏住鼻孔是发不成鼻音的。捏鼻孔而觉得发音不困难，耳膜并无显著鸣声，那就是l音。因为发l时软腭上升，堵塞鼻腔通路，舌身收窄，气流由舌头两边或一边流出，不带鼻音。注意上面说的发音要领，学会控制软腭升降，并反复练习，就能逐渐分辨出n和l这两个音。

至于区分读n和l的字，一方面要多听、熟记读n和读l的常用字、词；另一方面可以借助汉字声旁类推的方法，提高效率。记住一个字的声母读音，就可以记住一系列字的声母读音。如：

　　　内（n）——纳呐衲钠肭
　　　仑（l）——轮论伦纶抢沦囵
　　　农（n）——浓侬脓哝秾
　　　龙（l）——笼拢聋陇垄垅胧珑砻眬泷
　　　囊（n）——攮囔馕曩欀
　　　朗（l）——浪郎狼廊琅啷
　　　南（n）——楠喃腩
　　　兰（l）——栏烂拦

常常翻阅《n、l声母偏旁类推字表》（参见附录三），也有助于对n、l的分辨。

（二）分辨zh、ch、sh和z、c、s

普通话里的舌尖后音zh、ch、sh和舌尖前音z、c、s分得很清楚，"诗人"跟"私人"

读音不同。但是，舌尖后音 zh、ch、sh 在其他方言里并不多见。吴方言、闽方言、客家方言、粤方言一般都没有舌尖后音。如吴方言"思"和"诗"的声母都是"s"。即使在有舌尖后音的北方话里，有些方言也把普通话里声母是 zh、ch、sh 的一部分字的声母读成 z、c、s，如天津话、银川话、西安话等。

方言地区的人学习普通话舌尖后音，首先要弄清发音部位，辨别舌尖后音与舌尖前音的不同。这两组声母的主要区别在于：发 z 组时舌头前伸到下齿背，舌尖抵住上齿背；发 zh 组时舌尖上举，抵住硬腭最前部。其次，要掌握哪些字声母是 zh、ch、sh，哪些字声母是 z、c、s（参见附录三）。要做到这一点，除了多听、多看、下功夫去记以外，还有一些规律可以帮助我们。

（1）借助声韵调配合规律来分辨。例如 ua、uai、uang 三个韵母，在普通话中只跟 zh、ch、sh 拼，不跟 z、c、s 拼。如：抓 zhuā、揣 chuāi、双 shuāng。又如韵母 ong 不和声母 sh 构成音节，它只和声母 s 结合。如：送 sòng、宋 sòng。

（2）利用形声字声旁类推。汉语中形声字占的比例极大，形声字的声旁跟这个字的读音有很大的关系。所以，凡声旁相同的字，它们的声母也往往相同，或者其发音部位相同。例外的字只是少数。例如：宗 zōng——综、棕、踪、鬃 zōng，粽 zòng。

（3）利用语音演变规律来分辨。上古语音中有一部分声母类似今天 d、t 的字，演变到现代汉语普通话中时，声母变成了 zh、ch、sh。现代汉语中有一些形声字的声旁与 d、t 有关，根据前面的规律就可以推断这些形声字的声母为 zh、ch、sh。如："滞、治"的声旁分别为"带、台"，声旁的声母是 d、t，那么可推断出"滞、治"的声母应是 zh，而不是 z。反之，也可以从形声字推断声旁的读音。如"涛 tāo"的声母是 t，则声旁"寿"字的声母应是 sh，而不是 s。但是语音演变也可能有少数例外字。

总之，要下功夫去记，也要找到方法巧记，还要找出两套声母发音的差别来注意练习。

（三）分辨 f 和 h

唇齿擦音 f 和舌面后擦音 h 发音部位相离较远，在普通话里区别得很清楚，北方方言区的华北、西北方言以及吴方言也大都能分别这两个声母。但是在语音演变过程中，部分方言里这两个辅音出现了区分混乱，所以还是有不少地区，如粤、赣、客家、湘方言区及邻近的湖北西南等地区都有两音相混的情况。这些方言中，舌面后擦音与后高元音互相排斥，h(u)- 都读成 f-。闽南话和闽北话的情况更为特殊，没有唇齿音 f，普通话声母是 f 的字，闽方言多数读成 b、p、h。

针对上述造成相混的不同原因，不同方言区的人解决的重点也不太一样。湘、赣等方言区的人要学会 h(u) 的读音，并分清普通话中哪些字的声母是 f，哪些字的声母是 h(u)。闽方言区的人要学会发唇齿擦音 f，并分清哪些字的声母在普通话中读 f。合口呼的字中声母读为 f，是比较突出的现象，方言区的人应参考《f 和 h 对照辨音字表》（参见附录三）掌握其对应规律，逐步改正。也可以利用声旁类推来记忆其规律。例如：

    伐（f）—— 筏阀垡

    化（h）—— 花华骅哗桦

    付（f）—— 附府符腐俯苻咐拊

    户（h）—— 沪护戽扈

（四）将浊音改为清音

清声母发音时声带不颤动，浊声母发音时声带要颤动。普通话里只有 m、n、l、r 四个浊声母，而吴方言和湘方言的部分地区，除了这四个声母之外，还保留了古代读成浊音的塞音、擦音和塞擦音，因此还有一套和清声母 b、d、g、j、z、s 等相配的浊塞音、浊擦音和浊塞擦音声母。读起来"培""被"不分，"台""代"不分，"其""技"不分，"床""状"不分，"慈""字"不分，这些字在吴方言、湘方言中都读浊音声母。

这些方言区的人学习普通话的时候，要把这些浊声母改成发音部位相同的清声母。其规律总的表现为：平声送气，仄声不送气。如"同"和"洞"古代同为全浊声母[d]，但是"同"为平声字，所以变为送气的 t[t']，"洞"为仄声字，所以变为不送气的 d[t]。

（五）读准普通话零声母的字

普通话一部分读零声母的字，在有些方言中读成了有声母的字。大致有两种情况。一种情况为韵母不是 i、u、ü，也不以 i、u、ü 开头的，有些方言加 n 声母，如天津话的"爱"；有些方言加 ng 声母，如西安话、广州话的"额"。这只要把应该读零声母的字记熟，去掉前面的 n 或 ng 就可以了。另一种情况为韵母是 u，或以 u 开头的，有些方言读成了 v（唇齿、浊、擦音）声母，或以 v 代 u，如宁夏话的"文"，桂林话的"武"。这只要在发音时注意把双唇撮圆，不要让下唇接触到上齿，就可以纠正。此外有些方言把普通话这类零声母读成了 m 声母，如广州话、玉林话的"文"，那就要记熟这类零声母字，不要读成 m 声母。

思考题

1. 什么是发音部位？什么是发音方法？普通话声母有哪些发音部位和发音方法？
2. 普通话中的送气声母与不送气声母分别有哪些？它们的区别是什么？
3. 浊音与清音的区别是什么？普通话中有哪些浊音声母？
4. 什么是零声母？
5. 有些方言区的人 n、l 声母不分，有些则 zh、ch、sh 与 z、c、s 不分，还有些 f、h 不分或清浊不分等。你所熟悉的方言中，有哪些声母的读音相混？可以用什么方法分辨开来呢？

第三节　韵　母

韵母是音节中声母后面的部分。普通话共有 39 个韵母。《汉语拼音方案》韵母表列出了 35 个韵母，另外还有 4 个韵母，它们分别是：ê[ɛ]、-i[ɿ]、-i[ʅ]和 er[ɚ]。

一　韵母的结构

韵母中必须有元音。有的韵母由单元音或复元音构成，如"地（dì）、怪（guài）"中的 i、uai；有的韵母由元音带辅音构成，如"混（hùn）、耕（gēng）"中的 un、eng。韵母可分为韵头、韵腹、韵尾三部分，各部分的发音情况并不相同。

（1）韵头：韵母的起点，发音轻而短。由于处于声母和韵腹之间，也叫介音。普通话有i、u、ü三个韵头。

（2）韵腹：韵母的主干，即主要元音，发音响亮而清晰。由ɑ、o、e、ê、-i[ɿ]、-i[ʅ]、er[ɚ]充当，没有这些音时，i、u、ü也可充当韵腹。

（3）韵尾：韵腹后面的部分，表示韵母滑动的方向，发音比较含混。通常由i、u、n、ng充当。

表2-2　韵母结构例表

韵母	韵头	韵腹	韵尾
ɑ		ɑ	
i		i	
ou		o	u
en		e	n
uɑ	u	ɑ	
üe	ü	e	
uei	u	e	i
iɑng	i	ɑ	ng

从上表可以看出，韵腹是每一个韵母必须有的，而韵头和韵尾则不是每一个韵母都必须具备的。韵母的主要成分是元音。

二　韵母的分类

普通话韵母按内部成分的特点，可以分成单元音韵母、复元音韵母、鼻韵尾韵母三类；按介音（韵头）的情况可以分为开口呼、齐齿呼、合口呼和撮口呼四类。

（一）按韵母的内部成分分类

根据韵母的内部构成情况，可以把韵母分成以下三类：

1. 单元音韵母

由一个元音构成的韵母，共10个。它们分别是：ɑ、o、e、i、u、ü、ê[ɛ]、-i[ɿ]、-i[ʅ]、er[ɚ]。

2. 复元音韵母

由两个或三个元音复合构成的韵母，共13个。

（1）按照元音音素的多少，复元音韵母可分成二合元音韵母和三合元音韵母。二合元音韵母9个，是ɑi、ei、ɑo、ou、iɑ、ie、uɑ、uo、üe。三合元音韵母4个，是iɑo、iou、uɑi、uei。

（2）按照韵腹位置的不同，复元音韵母可分成前响复韵母、后响复韵母和中响复韵母。前响复韵母共4个：ɑi、ei、ɑo、ou。后响复韵母共5个：iɑ、ie、uɑ、uo、üe。中响复韵母是三合元音韵母，共4个：iɑo、iou、uɑi、uei。

3. 鼻韵尾韵母

由一个或两个元音带上鼻辅音n或ng构成的韵母，共16个。按韵尾发音部位的不同分为前鼻音韵母和后鼻音韵母。

（1）前鼻音韵母：带n韵尾的叫前鼻音韵母，有8个，即an、en、in、uen、ün、ian、uan、üan；

（2）后鼻音韵母：带ng韵尾的叫后鼻音韵母，也是8个，即ang、eng、ing、ong、iong、ueng、iang、uang。

（二）按介音（韵头）分类

汉语传统音韵学按照有无介音或介音种类的不同，将韵母分成四类，称为"四呼"。分别是：

（1）开口呼，即没有韵头，且韵腹不是i、u、ü的韵母，如o、ei、ang等；
（2）齐齿呼，即有韵头i的，或者韵腹是i的韵母，如i、ia、ing等；
（3）合口呼，即有韵头u的，或者韵腹是u的韵母，如u、uei、ueng等；
（4）撮口呼，即有韵头ü的，或者韵腹是ü的韵母，如ü、üe、üan等。

四呼是汉语语音中极其重要的概念，集中体现了韵母的系统性。

综合上述两种分类方法，可将普通话39个韵母列成下表：

表2-3　普通话韵母分类总表

韵母构成	四呼			
	开口呼	齐齿呼	合口呼	撮口呼
单元音韵母		i	u	ü
	a	ia	ua	
	o		uo	
	e			
	ê [ɛ]	ie		üe
	-i [ɿ]			
	-i [ʅ]			
	er [ɚ]			
复元音韵母	ai		uai	
	ei		uei	
	ao	iao		
	ou	iou		
鼻韵尾韵母	an	ian	uan	üan
	en	in	uen	ün
	ang	iang	uang	
	eng	ing	ueng	
			ong	iong

三 韵母的发音

（一）单元音韵母的发音

单元音韵母是由一个元音构成的，所以它的发音也就是元音的发音。元音的发音与舌头移动的部位有关系。习惯上把舌头分为"舌尖、舌面、舌根"三个部位。利用舌尖发出的元音，叫作舌尖元音。利用舌面发出的元音，叫作舌面元音。普通话的10个单元音韵母，根据舌头起作用的部位和方式的不同，分为舌面元音、舌尖元音和卷舌元音三个小类。其中，舌面元音有7个，分别为：ɑ、o、e、i、u、ü、ê[ɛ]；舌尖元音有-i[ɿ]、-i[ʅ]两个；还有一个是卷舌元音er[ɚ]。

1. 舌面元音单韵母

发音时，舌位、唇形及开口度始终不变的元音叫单元音。单元音的不同主要是由不同的口形及舌位造成的。舌头的升降伸缩、唇形的圆展以及口腔的开合都可以形成不同形状的共鸣器，从而形成各种不同音色的元音。因此，可以根据以下三个方面来分析元音。

（1）舌位的高低（开口度大小）。发音时，舌头较高的部位叫舌位，口腔开合的程度叫开口度。舌位的高低和嘴的开口度即嘴的开合程度有关。开口度大，舌位就低；开口度小，舌位就高。通常把舌位的高低分成五个等级：高、半高、中、半低、低。与这五个高度相对应的元音，就是高元音、半高元音、中元音、半低元音、低元音。

（2）舌位的前后。指舌头的前伸和后缩。元音舌位的前后分为三个等级：前、央①、后。在习惯上，把舌面前部移动发出的元音叫作"前元音"，把舌面后部移动发出的元音叫作"后元音"，把舌面中部移动发出的元音叫作"央元音"。

（3）唇形的圆展，即嘴唇圆不圆。嘴唇形状的变化，分为圆唇和不圆唇两种。嘴唇在自然状态或向两边展开时发出的是不圆唇元音，嘴唇拢圆向前伸发出的是圆唇元音。

每一个元音的音色都可以从上述三个方面，即舌头的高低、前后以及嘴唇的圆展来加以描述。我们可以用舌面元音舌位唇形图将上述三方面特征综合起来表示。

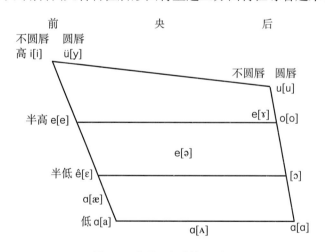

图2-6　舌面元音舌位唇形图

---

① 这里舌面本身的部位，用"前、央、后"来称说；舌面移动的高度，用"高、中、低"来称说。本来"中"和"央"是一个意思，在语音学中为了称说方便，才将"中"和"央"分工使用。

下面根据上图来逐个描述七个舌面单元音韵母的发音情况。

a[A]　舌面、央、低、不圆唇元音。发音时口腔大开，舌位降到最低，唇形自然。如"啊、发达"的韵母。

o[o]　舌面、后、半高、圆唇元音。发音时口腔半闭，舌头后缩，舌位半高，唇形圆。如"哦、泼墨"的韵母。

e[ɤ]　舌面、后、半高、不圆唇元音。发音时口腔半闭，舌头后缩，舌位半高，嘴角向两边展开，唇形不圆。如"俄、特色"的韵母。e和o的发音情况基本相同，区别仅在嘴唇的圆展。

ê[ɛ]　舌面、前、半低、不圆唇元音。发音时口腔半开，舌头前伸，舌位半低，嘴角向两边展开，唇形不圆。如"欸、确切"中的韵腹。ê自成音节时只有一个字"欸"，它一般是与i、ü组合成复元音韵母ie、üe。

i[i]　舌面、前、高、不圆唇元音。发音时开口度很小，舌头前伸，舌位最高，嘴角向两边展开呈扁平状。如"一、汽笛"的韵母。

u[u]　舌面、后、高、圆唇元音。发音时开口度很小，舌头后缩，舌位最高，嘴唇拢圆。如"五、舒服"的韵母。

ü[y]　舌面、前、高、圆唇元音。发音时开口度很小，舌头前伸，舌位最高，嘴唇拢圆。如"鱼、序曲"的韵母。i和ü的发音情况差不多，不同的也只是嘴唇的圆展。

综上所述，七个舌面单元音韵母发音情况可列表如下：

表2-4　七个舌面单元音韵母发音情况

舌位高低 / 嘴唇圆展 / 舌位高低	前		央	后	
	不圆	圆		不圆	圆
高	i[i]	ü[y]			u[u]
半高				e[ɤ]	o[o]
中					
半低	ê[ɛ]				
低			a[A]		

2. 舌尖元音单韵母

普通话里有两个舌尖元音韵母：-i[ɿ]、-i[ʅ]。世界上大多数语言，都利用舌面各部位的移动构成不同类型的元音。但在汉藏语系中，除了利用舌面以外，还要利用舌尖。普通话里就有这样两个特殊的舌尖元音做韵母。它们的发音情况分别是：

-i[ɿ]　舌尖、前、高、不圆唇元音。发音时舌尖前伸对着上齿背，但中间有缝隙，气流通过不产生摩擦，嘴唇向两边展开。它只出现在声母z、c、s后面。如"自私、字词"的韵母。

-i[ʅ]　舌尖、后、高、不圆唇元音。发音时舌尖上翘对着硬腭最前端，中间有缝隙，气流通过不产生摩擦，嘴唇向两边展开。它只出现在声母zh、ch、sh、r后面。如"制止、日食"的韵母。

舌尖元音单韵母-i[ɿ]和-i[ʅ]的发音状况不同，音值也不一样，都不自成音节。用普通话念"兹"并拉长，字音的后面部分便是-i[ɿ]；用普通话念"知"并拉长，字音后面的部分便是-i[ʅ]。这两个单韵母都没有零声母音节，舌尖前元音-i[ɿ]只出现在声母z、c、s后面，舌尖后元音-i[ʅ]只出现在声母zh、ch、sh、r后面。它们跟舌面元音i[i]出现条件不同，舌面元音i[i]绝不出现在z、c、s和zh、ch、sh、r的后面。因此，《汉语拼音方案》用i同时表示i[i]、-i[ɿ]、-i[ʅ]，也不至于发生混淆。

3. 卷舌元音单韵母

er[ɚ] 卷舌、央、中、不圆唇元音。发音时口形半开半闭，舌面中央升到中间高度，同时舌尖卷起，对着硬腭，嘴唇略微展开。这是普通话里一个特殊的元音韵母，《汉语拼音方案》中的r用在er韵母中不代表音素，只是表示卷舌动作的符号，所以er韵母虽用两个字母表示，实际上只是一个元音，不要以为r是辅音韵尾。er不和辅音声母相拼，只能自成音节，如"而、耳、儿、尔、贰"等。

（二）复元音韵母的发音

复元音韵母由复元音构成，复元音指的是发音时舌位、唇形都有变化的元音。普通话共有13个复元音韵母，分别是：ai、ei、ao、ou、ia、ie、ua、uo、üe、iao、iou、uai、uei。

复元音韵母是由两个或三个元音复合而成的，所以，发音时，嘴唇和整个共鸣器的形状要发生变化。但复韵母并不是两个或三个元音的简单相加，而是从一个元音向另一个元音逐渐滑动的过程，舌位的高低前后、口腔的开合、唇形的圆展都是逐渐变动的，不是突变的、跳动的，中间应该有一连串过渡音；同时气流不中断，中间没有明显的界限，发的音围绕一个中心形成一个整体。整个复韵母具有特殊的、不同于各单元音成分的音色。

复元音韵母发音时，各成分在响度、强弱、长短等方面都不同。其中有一个元音发音较为响亮、清晰，是韵母的中心成分，这就是主要元音，也就是我们在前面所说的"韵腹"。反之，韵头和韵尾的发音则较含混。根据韵腹在韵母中的位置，可以将复元音韵母分为前响复元音韵母、后响复元音韵母和中响复元音韵母三类。

1. 前响复元音韵母

韵腹在前的复元音韵母叫"前响复元音韵母"，共有ai、ei、ao、ou四个。发音时，前头的元音响亮、清晰，是韵腹；后头的元音轻短模糊，音值不固定，它们只表示发音时舌位滑动的方向。下面分别对它们的发音情况加以描述。

ai[ai] 发音时由a向i过渡。a的实际读音比a单独读时舌位稍高，发音响亮清晰；i的实际读音比i单独念时舌位稍低，发音轻短。例如："爱、彩排"的韵母。

ei[ei] 发音时由e向i过渡。e的发音响亮清晰，i发音轻短。例如："欸、蓓蕾"的韵母。

ao[ɑu] 发音时由ɑ向u过渡。ɑ的实际读音比a单独读时舌位靠后，是个后低元音，发音响亮清晰；u的实际读音比u单独念时舌位稍低，发音轻短，音值模糊。例如："凹、报道"的韵母。

ou[ou] 发音时由o向u过渡。o的实际读音比o单独读时舌位稍稍靠前，圆唇度也较低，发音响亮清晰；u的发音

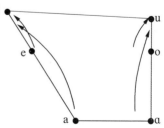

图2-7 前响复韵母舌位示意图

轻短，音值模糊。例如："欧、收购"的韵母。

2. 后响复元音韵母

韵腹在后的复元音韵母叫"后响复元音韵母"，共有ia、ie、ua、uo、üe五个。发音时，后一个元音比前一个元音清晰响亮；前面的元音发音短轻，只表示复韵母发音时开始的位置。下面分别对它们的发音情况加以描述。

ia[iA]　发音时由i向a[A]过渡。i的读音轻而短，a的读音为央低元音[A]，发音时间长，响亮清晰。例如："押、加价"的韵母。

ie[iɛ]　发音时由i向ê[ɛ]过渡。i的读音轻而短，舌位稳定，和i单念时保持一致。e的舌位较前半低元音ê[ɛ]稍高，发音时间长，响亮清晰。例如："耶、结业"的韵母。

ua[uA]　发音时由u向a[A]过渡。u的读音轻而短，舌位稳定，和u单念时保持一致。a的读音为央低元音[A]，发音时间长，响亮清晰。例如："洼、挂画"的韵母。

uo[uo]　发音时由u向o[o]过渡。u的读音轻而短，舌位稳定，和u单念时保持一致。o的发音时间长，响亮清晰。例如："窝、懦弱"的韵母。

üe[yɛ]　发音时由ü向ê[ɛ]过渡。ü的读音轻而短，舌位稳定，和ü单念时保持一致。e的舌位较前半低元音ê[ɛ]稍高，发音时间长，响亮清晰，略带圆唇。例如："约、雀跃"的韵母。

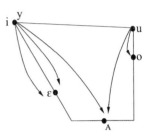

图2-8　后响复韵母舌位示意图

3. 中响复元音韵母

韵腹在中间的复元音韵母叫"中响复元音韵母"，共有iao、iou、uai、uei四个。发音时，中间的元音最响，前边比较弱，后面的元音发音轻短，音值不固定，只表示舌位滑动的方向。下面分别对它们的发音情况加以描述。

iao[iau]　iao由韵头i加前响复韵母ao构成。发音时韵头i和i单念时保持一致，但读得很短，舌位稳定。ao的读音同前响复韵母ao。例如："腰、苗条"的韵母。

iou[iou]　iou由韵头i加前响复韵母ou构成。发音时韵头i和i单念时保持一致，但读得很短，舌位稳定。韵腹o比在前响复韵母ou中读得短。舌位先降低再升高，由前到后，变化幅度较小。例如："忧、悠久"的韵母。

uai[uai]　uai由韵头u加前响复韵母ai构成。发音时韵头u和u单念时保持一致，但读得很短，舌位稳定。ai的读音同前响复韵母ai。例如："歪、外快"的韵母。

uei[uei]　uei由韵头u加前响复韵母ei构成。发音时韵头u和u单念时保持一致，但读得很短，舌位稳定。韵腹e比在前响复韵母ei中读得短。舌位先降低再升高，由前到后，变化幅度较小。例如："微、追随"的韵母。

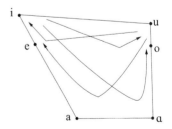

图2-9　中响复韵母舌位示意图

（三）鼻韵尾韵母的发音

鼻韵尾韵母是由一个或两个元音后面带上鼻辅音构成的。普通话共有16个鼻韵尾韵母，分为前鼻音韵母an、en、in、uen、ün、ian、uan、üan和后鼻音韵母ang、eng、ing、ong、iong、ueng、iang、uang。

鼻韵尾韵母的发音原理和复韵母基本相同，发音时发音器官由元音的发音状态逐渐向鼻音的状态过渡，使鼻音成分逐渐增加，最后完全变为鼻音。应该注意的是，韵母中的鼻音与做声母的鼻音发音时略有不同，当舌头到鼻韵尾的发音部位时，气流即由鼻腔流出，发出鼻音，口腔发音器官不再有其他动作，所以发音结束时舌头依然停留在鼻辅音的发音部位，这是检验鼻韵母发音是否准确的标准之一。

普通话鼻韵尾韵母又可以分为带舌尖鼻音n的和带舌根鼻音ng的两类。前鼻音n的发音在前面声母部分已经谈过了。韵尾n跟声母n的发音大同小异，不同的是n做韵尾时除阻阶段不发音。下面对后鼻音ng的发音进行分析。

ng[ŋ]　舌根、浊、鼻音。发音时，软腭下降，打开鼻腔通路，舌根后缩抵住软腭，气流振动声带后从鼻腔通过。例如"刚强"的韵尾。这个辅音在普通话中不做声母，只做韵尾，做韵尾时跟做韵尾的n一样，也是除阻阶段不发音。

下面分别对鼻韵尾韵母的发音情况进行描述。

an、en、in、ün发音时，先发元音，紧接着软腭逐渐降下来，增加鼻音色彩，舌尖往上齿龈移动，最后抵住上齿龈发n，整个韵母发音完毕才除阻。例如："展览、认真、信心、军训"的韵母。

ian、uan、üan、uen发音时，从前面的轻而短的元音滑到中间较为响亮的主要元音，紧接着软腭逐渐下降，鼻腔通路打开，舌尖往上齿龈移动，最后抵住上齿龈发n，整个韵母发音完毕后除阻。例如："检验、婉转、源泉、昆仑"的韵母。

ang、eng、ing、ong、iong发音时，先发元音，紧接着舌根往软腭移动并抵住软腭发ng，整个韵母发音完毕后除阻。例如："苍茫、丰盛、轻型、隆重、汹涌"的韵母。

iang、uang、ueng发音时，前面的韵头轻短，只表示舌位从那里开始移动，紧接着发ang、eng。例如："响亮、矿床、嗡嗡"的韵母。

（四）元音a、e、i、u的音值变化

《汉语拼音方案》中只有a、o、e、i、u、ü六个元音字母，可是普通话中的元音数目却远远不止六个。因此，实际上，除了o和ü两个字母以外，其他四个字母在不同条件下表示不同的音素。

1. a的音值变化

普通话中，字母a主要出现在四种环境中，在不同的环境中，表现为不同的音值。具体情况如下：（1）出现在没有韵尾的环境中，如a、ia、ua，此时，a表示的音素是央、低、不圆唇元音[A]；（2）出现在韵尾[i]和[n]之前，如ai和an，此时，为了和前高元音i或舌尖鼻音n协调发音，a表示的是前、低、不圆唇元音[a]；（3）出现在韵尾u[u]和ng[ŋ]之前，如ao、iao、ang、uang，此时，为了和后高元音[u]或舌根鼻音ng[ŋ]相协调，a表示的是后、低、不圆唇元音[ɑ]；（4）a出现在韵头i[i]、ü[y]和韵尾n[n]之间，如ian、üan，a在ian和üan中受到高元音韵头和舌尖鼻韵尾的双重影响，同样出于协调原因，a表示的音素是前、半低、不圆唇元音[ɛ]。因此，普通话中字母a可以表现为四个音值，列表如下：

表2-5　a的音值变化

	出现环境	音素
a	无韵尾	[A]
	韵尾 i[i] 和 [n] 之前	[a]
	韵尾 u[u] 和 ng[ŋ] 之前	[ɑ]
	韵头 i[i]、ü[y] 和韵尾 n[n] 之间	[ɛ]

2. e的音值变化

在普通话中，字母e主要出现在下面四种环境中，并因此表现为不同的音值：（1）出现在韵尾i[i]前，如ei、uei，此时e表示的音素是前、半高、不圆唇元音[e]；（2）出现在韵头i[i]和ü[y]的后面，并且没有韵尾，例如ie、üe，此时e表示的是前、半低、不圆唇元音[ɛ]；（3）出现在韵尾n[n]和ng[ŋ]之前，例如en、uen、eng、ueng，此时e表示的音素是央、中、不圆唇元音[ə]；（4）出现在单韵母中，此时，e表示的音素是后、半高、不圆唇元音[ɤ]。因此，普通话中字母e可以表现为四个音值，列表如下：

表2-6　e的音值变化

	出现环境	音素
e	韵尾 i[i] 前	[e]
	韵头 i[i] 和 ü[y] 的后面	[ɛ]
	韵尾 n[n] 和 ng[ŋ] 的前面	[ə]
	单韵母	[ɤ]

3. i的音值变化

在普通话中，字母i主要出现在下面三种环境中，并由此表现为不同的音值：（1）作为单韵母并且出现在声母z、c、s后面，例如zi（资）、ci（雌）、si（丝），此时i表示的音素是舌尖、前、高、不圆唇元音[ɿ]；（2）作为单韵母并且出现在zh、ch、sh、r后面，例如zhi（知）、chi（吃）、shi（诗）、ri（日），此时i表示的音素是舌尖、后、高、不圆唇元音[ʅ]；（3）出现在除此以外的其他语音环境中，例如bi（比）、i（衣）、ia（压）、ai（唉）、ei（欸）、iao（腰）、ian（烟），此时i表示的音素是舌面、前、高、不圆唇元音[i]。因此，普通话中字母i可以表现为三个音值，列表如下：

表2-7　i的音值变化

	出现环境	音素
i	z、c、s 后面，单韵母	[ɿ]
	zh、ch、sh、r 后面，单韵母	[ʅ]
	其他声母后面	[i]

4. u的音值变化

在普通话中，字母u主要出现在下面三种环境中，在不同的语音环境中有不同的音值表现：（1）充当韵腹，例如gu（古）、kun（昆）、kong（孔），此时，u表示的是后、高、圆唇元音[u];（2）在零声母音节中充当韵头，例如wai（歪）、wan（万），此时，u表示的是半元音[w];（3）充当韵尾，例如you（有）、yao（要），此时u表示的是舌位比[u]略低，唇形略扁的[ʊ]。值得注意的是，《汉语拼音方案》把[uŋ]、[iɑu]写作ong、iɑo主要是为了容易分辨字形。因此，普通话中字母u可以表现为三个音值，列表如下：

表2-8　u的音值变化

	出现环境	音素
u	做韵腹	[u]
	做韵头（零声母）	[w]
	做韵尾	[ʊ]

（五）普通话韵母的特点

与其他语言或汉语方言相比，普通话韵母系统具有以下几个方面的特点。

（1）有舌尖韵母-i[ɿ]和-i[ʅ]。许多西方语言没有舌尖元音。但是，它们在普通话和很多汉语方言中普遍存在。普通话语音系统中，这两个韵母的作用非常单纯，它们不能与其他元音组合，不能自成音节，只能出现在发音部位相同的声母后面，充当单韵母。

（2）有卷舌韵母er以及一整套儿化韵。卷舌韵母er只能自成音节，不跟其他元音或辅音相拼，因此它在普通话语音系统中的字音承载量很小，但是它是普通话一整套儿化韵（后缀"儿"）的主要来源。

（3）复韵母比较多。普通话的韵母可以是二合元音，甚至是三合元音，所以，复韵母共有13个，占全部韵母的三分之一。汉语大部分方言也都有比较丰富的复韵母。英语则只有二合元音，没有三合元音。

（4）辅音韵尾只有n和ng两个。汉语鼻音韵尾主要有m、n、ng三个。粤方言三个都有。普通话则只有n、ng两个，在历史音变中，m韵尾字都归入了n韵尾。

（5）四呼都有，合口呼韵母较多。普通话一些合口呼韵母的字，在有些方言里不读合口，因此，普通话里的合口呼韵母就显得比较多。

四　韵母辨正

有些方言的韵母跟普通话韵母不完全相同，学习普通话时必须分辨清楚。

（一）分辨前鼻音韵母和后鼻音韵母

普通话里前鼻音韵尾n和后鼻音韵尾ng分得很清楚，但有些方言却有二者混同的现象，或者只有n，或者只有ng。这种混同现象，多数表现为en和eng、in和ing不分，an和ang、ian和iang、uan和uang混同的较少。例如，南京话、长沙话一般把这五对韵母的韵尾读成前鼻音韵尾n；上海话、昆明话、兰州话、桂林话一般把en和eng、in和ing的韵尾读成前鼻音韵尾n；而广西灵川话却把an和ang、en和eng、in和ing、uan和uang的韵尾都读成后鼻音韵尾ng。在西北一些地区，有些方言，如宁夏话、新疆话，一般把en、in、uen、ün的前鼻音韵尾n读成后鼻音韵尾ng。总之，前鼻音、后鼻音韵尾的区别是方言区人学习普通话语音一个普遍的难点。

要分辨它们，首先要发准 n 和 ng 两个鼻音，准确区别这两个音的发音部位和发音方法。练习发韵尾 n 时，舌尖轻轻抵住上齿龈，而且，发完前鼻音韵母后，舌尖仍抵在齿龈上；练习发韵尾 ng 时，舌根轻轻抵住软腭，舌尖下垂且靠在下齿背后面。先单独练习，再交替练习，直至熟练。要注意下列词语韵母读音的不同：

  长针——长征   引子——影子
  忠臣——忠诚   开饭——开放
  人民——人名   鲜花——香花
  天坛——天堂   木船——木床
  白盐——白杨   惋惜——往昔

  掌握了这些韵母的正确发音方法以后，还要进一步记住普通话常用字中哪些字有前鼻音韵尾 n，哪些字有后鼻音韵尾 ng。有一些方法可以利用。

  （1）利用声、韵配合规律可以掌握部分字的韵母。普通话中，声母 d、t、n、l 不和 en 构成音节。所以，如"等、疼、能、冷"等字的韵母一定是 eng，而不是 en。这条规律少有的例外是"嫩 nèn""扽 dèn"；声母 d、t、n 不能和 in 构成音节。所以，"定、听、宁"这样的字韵母就一定是 ing。但这条规律也有一个例外字，就是"您 nín"。

  （2）利用形声字声旁类推。这条规律我们在前文就介绍过。掌握一些可起类推作用的声旁字以后，可以推出一类字的韵母。例如"青 qīng"是后鼻音，则以"青"为声旁的一大类字都可以推定为后鼻音韵母，如"清、请、情、晴、氰、蜻、箐、鲭、精、静、靖"等字的韵母都是后鼻音。

  （3）利用方言与普通话的对应规律可分辨部分字的韵母。例如，吴语没有 en 和 eng 的区别，但如果这些字在吴语里声母属于双唇音及唇齿音的 b、p、[b]、m、f、[v]，那么它们的普通话韵母绝大多数是 en 或 uen。如"本、奔、盆、喷、门、闷、分、闻"等。当然，这条规律也有少数例外字，如"烹、盟"等字。

  此外，有些方言中，an、ian、uan、üan 四个韵母都读成了鼻化音 ã、iã、uã、üã。如昆明话、桂林话、西安话、济南话，发这些韵母的主要元音时稍带有点儿鼻音，而没有把韵尾鼻音 n 切实读出来。说这些方言的人要注意在发完主要元音后，紧接着把软腭降下来，打开鼻腔通路，并把舌头抵住上齿龈发好 n，整个韵母发音完毕才除阻。发音时注意韵尾鼻辅音要到位。

（二）分辨 o 和 e

  普通话里韵母 o 和 e 分得很清楚，有些方言不分这两个韵母。例如，新疆话没有 o 韵母，把 o 韵母的字全都读成 e 韵母；东北不少地方的方言把 o 韵母的一些字读成了 e 韵母；西南不少方言把 e 韵母的一些字读成了 o 韵母。

  o 和 e 的发音情况大致相同，区别在于 o 发音时唇形圆，而 e 发音时唇形不圆。所以，可以用唇形变化的办法来练习掌握这两个韵母的发音方法。例如，注意练习"破格、墨盒、唱歌、和平、隔膜、薄荷、传播、祝贺"等词语的发音。还可以利用声韵拼合规律来帮助分辨 o 和 e。普通话韵母 o 只跟唇音声母拼合，韵母 e 则相反，不跟唇音声母拼合。学习时，要注意掌握这个规律。此外，还要注意分清哪些字的韵母是 e，哪些字的韵母是 o 或 uo。

（三）分辨i和ü

普通话韵母分为开、齐、合、撮四类，而在一些方言里则没有撮口呼韵母。如闽南、客家以及西南的一些方言就是如此。这些地区往往把普通话的撮口呼ü念成齐齿呼i，也有一些地方会念成合口呼或开口呼。元音i和ü的区别主要在唇形，i是不圆唇元音，而ü是圆唇元音。发ü时，舌位和发i时一样高，但要把嘴唇稍稍向前突出，并撮成小孔。不习惯发ü的人，可以用唇形变化的办法来练习：先展开嘴唇发i，舌位不动，然后慢慢把嘴唇撮圆，就能发出ü来。要注意下列词语韵母的不同：

急剧——雨衣　　　　小姨——小鱼
崎岖——利率　　　　白银——白云
意见——预见　　　　通信——通讯
前面——全面　　　　潜水——泉水

（四）避免韵头i或u的丢失

有些方言把普通话一些齐齿呼和合口呼韵母的字读成开口呼，丢失了韵头i或u。例如，西南方言和湘方言往往把"队"读成"dèi"，把"推"读成"tēi"。说这些方言的人要注意学好有韵头的韵母的发音，弄清楚字音的韵母有无i或u韵头。这里有一条声韵拼合规律有助于防止韵头的丢失：普通话唇音声母和n、l声母是跟ei韵母拼合的；其他声母则跟uei韵母拼合，只有极个别字例外；普通话舌尖前音声母只跟uei韵母拼合，不跟ei韵母拼合，只有个别字例外。

（五）分清单韵母和复韵母

普通话复韵母占全部韵母的三分之一，共有13个。有些方言复韵母就没有这么多，所以容易把普通话的复韵母读成相类似的单韵母。如南方有些方言区的人会把ai、ei、ao、ou发成单韵母，例如把"ao"说成"o"。要改变这种现象，方言区的人在说普通话时，要注意复韵母的读法，防止丢失韵头和韵尾。做到这一点的关键，是要注意复元音的舌位在发音过程中必须有移动，必须从一个音的舌位滑向另一个音的舌位。如果发音过程中舌位不变，发出的就是单元音；或者如果舌位移动不到位，那么发出的也不是标准的复元音韵母。

五　押　韵

押韵又叫压韵，指在特定的文体里，在某些句子的一定位置上（通常是句末）使用韵母相同或相近的音节。押韵的文体称韵文，诗歌是最常见的韵文。诗歌押韵是把韵母相同或相近的音节有规律地安排在某些诗句的一定位置上，以求得和谐的艺术效果。汉语中押韵的位置一般在句子的末一字，称韵脚，这种押韵方式叫作脚韵。例如：

　　樱桃好吃树难栽（zāi），山歌好唱口难开（kāi）。
　　要吃樱桃先栽树，要唱山歌拉下脸来（lái）。

这首民歌就是把韵母相同的"栽""开""来"三个音节安排在一、二、四句的句尾来押韵的。

押韵的"韵"和前面讲的"韵母"不是完全相同的概念。"韵"专指韵腹和韵尾，不计韵头。古代的时候韵还包括声调的成分,同韵的字必须同声调。现代押韵一般不考虑声母、声调和韵头,也不要求韵腹、韵尾完全相同,在韵的归并上,相同、相近的韵母经常可以一起押韵,可归为一个韵。把可以互相押韵的字编在一起成为一个字组,就叫一个"韵部",或者叫一个"辙"。音节之间,只要韵腹相同或相近,韵尾相同,就属于同一韵部。

历史上各个时期诗歌押韵的分部都是当时的诗歌押韵系统,而不是当时的韵母系统本身。如宋代的《广韵》分为206韵,明清以来的白话讲唱文学则分为"十三辙"。要押韵就要懂得用韵的范围。拿现代北京音系来说,它只是一个韵母系统,但却有两种韵部分类,也就是说可以组织成两套现代诗歌押韵系统。一个是北京曲艺中使用的"十三辙",一个是现代时期制定的"中华新韵十八部",简称"十八韵"。"辙"是戏曲唱词的韵脚,是"韵"的一个通俗名称。十三辙也就是十三韵。明清以来,北方的说唱文学差不多都按十三辙押韵;现代北方话的歌谣、戏曲、唱词的用韵,仍是这样。如《东方红》歌词:

东方红(hóng),
太阳升(shēng),
中国出了个毛泽东(dōng),
他为人民谋幸福,
他是人民大救星(xīng)。

这首歌词里的"红""升""东""星"押韵,它们同属"中东辙"。新诗也有很多按十三辙押韵。十八韵是北京语音按音节的主要韵母和韵尾相同、不分声调归纳出的十八个韵部。现将普通话与十八韵、十三辙的对应关系列表如下:

表2-9 韵辙分类比较

十三辙	十八韵	普通话韵母				例字	响亮程度	韵辙情况
一、发花	一麻	a	ia	ua		他、虾、瓜	洪亮	宽
二、梭波	二波	o		uo		坡、罗	柔和	宽
	三歌	e				车		
三、乜斜	四皆	ê	ie		üe	欸、接、约	细微	窄
四、衣期	五支	-i[ɿ]				思	细微	宽
		-i[ʅ]				志		
	六儿	er				二		
	十一鱼				ü	雨		
	七齐		i			依		
五、姑苏	十姑			u		书	细微	窄
六、怀来	九开	ai		uai		白、怀	柔和	宽
七、灰堆	八微	ei		uei		飞、回	细微	窄
八、遥条	十三豪	ao	iao			跑、教	柔和	宽
九、油求	十二侯	ou	iou			舟、友	柔和	窄
十、言前	十四寒	an	ian	uan	üan	岸、边、欢、旋	洪亮	宽

（续表）

十三辙	十八韵	普通话韵母				例字	响亮程度	韵辙情况
十一、人辰	十五痕	en	in	uen	ün	芬、民、村、寻	洪亮	宽
十二、江阳	十六唐	ang	iang	uang		芳、洋、望	洪亮	宽
十三、中东	十七庚	eng	ing	ueng		风、英、翁	洪亮	宽
	十八东	ong	iong			冬、雄		

诗歌对押韵的要求很高，尤其是古代格律诗或词押韵非常严格。现代诗歌押韵较宽，现代文章的写作，特别是散文的写作，在注意音节、声调配合的同时，适当讲究一下押韵，也能够给人以朗朗上口的感觉，更重要的是，韵脚在诗歌、散文等作品中能够给人以韵律上的回环美。

思考题

1. 韵母的结构特点是什么？
2. 按照韵母的内部构成，韵母可以分为哪些类别？每类中都有哪些韵母？
3. 按照韵母的开头元音，韵母可以分为哪些类别？每类中都有哪些韵母？
4. 舌面单元音韵母有哪些？它们的发音条件分别是什么？
5. 什么是舌尖元音韵母？什么是卷舌元音韵母？
6. 复元音由两个或三个单元音组成，为什么它们的读音不会被听成连续发出的两个单元音或三个单元音？
7. 前鼻音韵母和后鼻音韵母有什么区别？发音时如何辨别这两组韵母？
8. 什么是押韵？押韵的"韵"和韵母是不是一回事？

第四节 声 调

一 声调的性质和作用

汉语是有声调的语言。汉语音节除了声母、韵母之外，还必须有声调。声调是指贯穿整个音节的具有区别意义作用的音高变化，是汉语音节结构中必不可少的组成部分。汉语里一个音节基本上就是一个汉字，每个音节都有固定的声调，所以声调又叫字调。

声调的性质主要是由音高决定的。分析语音的物理性质时，我们曾谈到，音高是由音波振动的频率决定的。发音时，人们通过调节声带的松紧度来控制音高。声带紧，振动快，声音就高；反之就低。声调就是由音节的高低、升降、曲直等各种音高变化形成的。当然，声调跟音长也有一定的关系，例如普通话里上声长一些，去声短一些，但是这种长短的区别并不是普通话上声和去声的本质特征。

声调同声母、韵母一样具有区别意义的作用。例如"主张"和"助长"、"艰巨"和"检举"、"买"和"卖"这三组词，每组音节的声母和韵母都相同，只是声调不同，意义就完全不同了。利用声调区别意义是汉语的特点之一。通过变化声调来表示不同意义的语言叫声调语言；如果音高变化只负担语气功能，而没有辨义作用的语言叫非声调语言，比如英语、俄语等。

二 调值和调类

声调可以从调值和调类两个方面进行分析。调值是指音节高低、升降、曲直、长短的变化形式，也就是声调的实际读法；调类是声调的种类，就是把调值相同的字归纳在一起所建立的类。

（一）调值

调值是各种声调的实际读法，是语音高低、升降、曲直、长短变化的具体形式。例如，说"麻"时，可以感觉到音节是上升的；反过来，念"骂"时，音节是下降的。这说明两个音节的调值不同。

调值的语音特点有两个方面：第一，构成调值的音高是相对音高而不是绝对音高。相对音高是指用比较的方法确定的同一基调的音高变化形式和幅度。不同的发音人绝对音高不同，如妇女或孩子的绝对音高比成年男子要高。即使是同一个人，情绪不同时，绝对音高也不一样。如情绪激动的时候，绝对音高较高；而情绪消沉的时候，绝对音高就较低。这样的绝对音高并不区别意义。所以，决定调值的不是绝对音高的起点和终点，而是这两点之间音高的变化形式和升降幅度，也就是相对音高。例如，不同性别、不同年龄、不同情绪的人说"骂"时，可能绝对音高的起点和终点都不相同，但音高的变化形式都是从高音降为低音，下降幅度也大致相当。这种音高变化形式和升降幅度就是相对音高，是构成调值的决定性因素。第二，构成调值的相对音高在读音上是连续的，渐变的，中间没有停顿，也没有跳跃。

大脑识别声调的时候，只管相对的音高，而不管绝对的音高。语言的声调总是处在一个相对的"高低域"之内。不同的人在发同一种语言或方言的声调的时候，彼此之间的高低域是相对应的。任何一个人的声调高低域都可以分为五个级别，即：高、半高、中、半低、低。赵元任创制的"五度标记法"就是用这种方式来描写和标记调值的。

图2-10 五度标记法

五度标记法是用五度竖线来标记调值相对音高的一种方法。这种方法用一条竖线做标尺，竖线分成五个等级，用以表示音高变化的五个级别，并从低到高记作1度、2度、3度、4度、5度。声调高低升降的变化在竖标的左边用自左至右的线条来表示（见上图）。线条的起点、终点和转折点可以用度数来表示，这就是调值。比如普通话的阴平调值为55、阳平为35、上声为214、去声为51。当然，声调里的音节变化一般不是跳动式的，而是滑动式的、连贯的。比如去声从5到1，并不是从5一下子跳到1，中间还要经过4、3、2等过渡音程，是很快地滑过去的。

在标写音节时，把表示五度的竖标省去，只留下左边的线条，就成为《汉语拼音方案》中的调号"‾ ˊ ˇ ˋ"。因此，普通话的调号实际是五度标记法的简化形式。

与调值有关的概念还有调型。五度标记法中，竖线左边的线条所表现的高低升降的类型，就叫作调型。调型是由音高的频率变化决定的。由首至尾一直是一个频率，或变化不大，就叫平调；先低频后高频，就叫升调；先高频后低频，就叫降调；先低频后高频再低频，就叫升降调；先高频后低频再高频就叫降升调。调型又称调式。在普通话中，55为高平调型，35为中升调型，214为降升调型，51为高降调型。这四种基本声调的调型可以简单归结为一平、二升、三曲、四降。

需要强调的是，普通话中有时会出现一种轻而短的调子，叫作轻声。轻声是一种特殊的音变现象，即音节的弱化现象，并不是四声之外的第五种声调。

（二）调类

调类指的是声调的类别，是通过归纳一种语言或方言的全部调值而得出的类别。同一种方言中，有多少个能够单独读出来的调值，就有多少个调类。普通话有四个能够单独读出来的调值，它就有四个调类。广州话有九种能够单独读出来的调值，就归纳为九个调类。汉语方言的调类以四个、五个或六个的居多，少于四个或多到七八个的比较少。

为什么说有几个能够单独读出来的调值就有几个调类呢？这是因为在语流之中，两个或几个声调相连，读起来就可能产生声调读法的变化，于是一个调类就可能不止一个调值。一个调类之下的若干个调值，只有一个能够单独读出来，其他的不能够单独读出来。因此调值是单字的声调种类，通常也叫作单字调。

普通话的四种调值归纳为四种调类，命名的方式有两种：一种是依次叫作"第一声、第二声、第三声、第四声"；另一种是根据古代四声的名称，将这四个声调命名为"阴平、阳平、上声、去声"。沿用古四声的名称，便于我们了解古今声调的演变规律及其在汉语方言中的分布情况，所以采用第二种命名方式的比较普遍。

（三）调值与调类

调值和调类尽管相互联系，但调值和调类的名称之间并不存在必然的规定性。调值是具体语言或方言中声调的实际音高。平常用数码所称的"几几调"，如"55调""214调"等，是指调值而言的。调类是具体语言或方言中声调的分类。在同一种方言中，调类相同，调值也相同。但在不同的方言间，调类名称相同的，调值却往往不同；调值相同的，调类也不一定相同。比如"天"字在北京话和天津话中同是阴平调类，同属平调型，可是北京话中是高平，天津话中是低平，相差甚远。再比如，同样是阴平调类，北京话、西安话、济南话的调值分别是55、21、213；同样的55调值，在北京话中属于阴平调类，在西安话中属于去声调类，在济南话中则属于上声调类。可见，对不同的方言来说，调值和调类名称之间并不存在必然的联系。

三 普通话的声调

普通话语音系统共有四个调类：阴平、阳平、上声、去声，统称为四声。四声也可以用序数表示，称为"第一声、第二声、第三声、第四声"。《汉语拼音方案》规定用"ˉ ˊ ˇ ˋ"四个符号来表示普通话的四个声调。声调符号要标在韵母的韵腹上。中响复元音韵母iou和uei在有辅音声母的音节中写成iu和ui，这时将声调符号标在后一个元音上，所谓"i、u都有标在后"。

普通话的全部字音分属四种基本调值。

1. 阴平（第一声）

高而平，即从5度高音开始到5度高音结束，中间基本上没有升降变化，调值为55，又称高平调。如"妈、天、空、高、飞"的声调。

2. 阳平（第二声）

由中音升到高音，即从中音3度开始，上升到高音5度，是个高升的调子，调值为35，又称中升调。如"麻、学、习、来、回"的声调。

3. 上声（第三声）

由半低音先降到低音后再升到半高音，即从半低音2度开始，先下降至低音1度，再上升至半高音4度，是先降后升的曲折调，调值为214，又称降升调。如"马、友、好、勇、敢"的声调。

4. 去声（第四声）

由高音降到低音，即从高音5度开始，下降至低音1度，是一个全降的调子，调值为51，又称高降调。如"骂、胜、利、建、设"的声调。

普通话四声的声调情况可示例如下：

表2-10 普通话声调标记示例表

调类	调值	调型	调号	例字
阴平	55	高平	ˉ	妈高开三黑
阳平	35	中升	ˊ	麻陈寒人竹
上声	214	降升	ˇ	马古口五百
去声	51	高降	ˋ	骂近盖树月

四 古今调类比较

普通话的调类系统是从古代汉语的调类系统继承而来的。在历史的发展过程中，尽管汉语各个方言调类的数量有多有少，各个调类所包含的调值情况不同，但是，现代汉语的调类与古代汉语的调类是一脉相承的，只是随着语音的变化而发生了分合。下面具体说明演变的情况。

（一）调类的分化与合并

在我国南朝齐梁之间，就有人把古汉语分为"平、上、去、入"四个调类。现代汉语的各个方言共有"阴平、阳平、阴上、阳上、阴去、阳去、阴入、阳入"八个调类。那是因为在语音变化中，调类出现了分化。在古汉语里，每一类声调都包含了"清声母"和"浊声母"的音。现代汉语各方言里的音，按声母的"清、浊"分为"阴声调"和"阳声调"两类，即清辅音声母音节的声调为"阴平、阴上、阴去、阴入"；浊辅音声母音节的声调为"阳平、阳上、阳去、阳入"。这样，中古汉语的四个调类就分化演变为现代汉语方言共有的八个调类，即所谓"四声八调"。例如：

中古声调	中古声母	现代调类	例字
平	清	阴平	诗、刀
平	浊	阳平	时、逃
上	清	阴上	死、倒
上	次浊	阳上	脑、老
上	全浊	阳上	是、稻
去	清	阴去	四、套
去	浊	阳去	寺、盗
入	清	阴入	识、得、各
入	次浊	阳入	纳、六
入	全浊	阳入	食、白

声调的变化有"分"又有"合"。中古汉语有入声，现代普通话里就没有入声了。原来属于入声的音在普通话里都分派到平声、上声、去声里去了。这就是有名的"入派三声"规律。普通话里不分"阴上、阳上"，是因为原来属于阳上的音合并到去声里去了，这就是"阳上变去"规律。例如：

中古汉语	现代汉语普通话	
发（发展），入声	阴平声	fā
伐（讨伐），入声	阳平声	fá
法（法律），入声	上声	fǎ
发（毛发），入声	去声	fà

在从古到今的演变过程中，古汉语声调在不同方言中产生了不同的变异。它们分化、合并的规律也有所不同。南方方言的声调系统中，大多保留较多调类。如上海话调类是五种，吴语其他地区则大多有七八种。湘、赣、闽语多数有六七种。粤方言中的广州话有九个调类。北方地区的方言中，大多有四个调类，少数有三个或五个单字调。

（二）古今调类演变规律

中古汉语声调经过分合与变化，与现代汉语普通话声调的对应规律如下：在现代汉语普通话中，古清声母平声字读阴平，古浊声母平声字读阳平，古清声母上声字和部分浊声母上声字读上声，古去声和另一部分古浊声母上声字读去声。古代入声调类在普通话里已经消失，其中古入声清声母字在普通话中分派到阴平、阳平、上声、去声四个声调里，古入声浊声母字在普通话中读阳平和去声。上述规律可以简单概括为三句话："平分阴阳、浊上归去、入派四声"。具体解释如下：

1. 平分阴阳

古汉语的平声演变到普通话中分化为阴平和阳平两个调类，分化的条件是声母的清浊，即古清声母字今读阴平，如"高、天、开、飞"等。古浊声母字今读阳平，如"鹅、牛、迷、娘、陈、床、神、扶"等。

2. 浊上归去

古全浊声母（古浊塞音、塞擦音、擦音声母）的上声字，普通话读去声，如"妇、坐、弟、抱"等。古清声母和次浊声母（古鼻音、边音、半元音声母）的上声字，普通话仍然读上声，如"古、草、好、粉、五、米、老、努"等。

3. 入派四声

中古入声字分化为普通话的四声，不再成为一个独立的调类。其中古浊入声字的分化有规律，即次浊声母入声字分派到去声，如"绿、业、纳、木"等；全浊声母入声字分派到阳平，如"敌、贼、独、白"等。清声母入声字在北京话中分派到四声，无规律可循。归入阴平的如"踢、出、织、鸭"等，归入阳平的如"竹、节、识、福"等，归入上声的如"铁、笔、百、尺"等，归入去声的如"不、必、括、色"等。因此，严格地说，是"清入派四声"。

古今调类的演变规律可以用下图来表示。

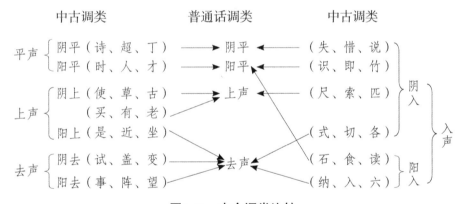

图2-11　古今调类比较

从上图可以看出，除入声外，古代平、上、去三声与普通话四声的对应关系非常整齐。只有古入声字在普通话中已完全消失，但很多方言仍保留入声。在现代汉语里沿用"平、上、去、入"等古代调类名称，目的是使人了解古今调类演变的来龙去脉，便于类推。这不仅能帮助人们掌握普通话或方言同古汉语声调的关系，还能帮助了解方言与方言之间声调的关系，便于搞清楚普通话和方言声调的对应规律。

五　声调辨正

普通话和方言声调存在着差异。一是声调种类的多少不同；二是读音不同，也就是方言与普通话的调值不一样，如普通话的阴平为高平调（55调），而西安话的阴平却为中降调（31调）；三是普通话和方言之间各类声调所包含的字不同，如普通话的阴平调包含"剥、逼、吃、滴、发、黑、接、叔"等字，苏州话的阴平就不包含这些字。上述种种差别，方言区的人学习普通话时应该特别注意。

（一）方言与普通话声调的对应关系

各方言和普通话的调类间存在比较整齐的对应关系，在学习普通话声调时，一般是可以凭自己方言中的调类去推知普通话调类的，只有少数声调例外，需要一个个去记忆。方言和普通话声调的对应关系包括调类和调值两个方面。它们之间的关系十分复杂，可能调类相同而调值不同，也可能调值相同而调类不同。

从调类看，汉语各方言中，有少到三个调类的，也有多到十个调类的，多数有四个调类。例如，普通话是四个调类，成都话也是四个调类，两者有整齐的对应关系。但成都话念阳平的古入声字在普通话里分别念阴平、阳平、上声或去声四个调类，成都话的阳平调不都念成普通话的阳平调。

从调值看，普通话调值有平调、升调、降升调和降调。有的方言只有平调、升调、降调，而没有降升调，如长沙话；有的方言调值虽有曲折形式，但和普通话不同，是升降调，如福州话。同是平调，也有高低的不同，如普通话、梅县客家话、长沙话的阴平调值分别是55、44、33。怎样从方言的调值去推知普通话的调值呢？仍以成都话为例，成都人念44、41、52、13的字要分别改读为普通话的55、35、214、51。但成都话念41的古入声字，一般要改读为普通话的55、214或51。

当然，要利用上面的对应关系来辨正方音，首先要能把普通话四个声调的调值念准确。普通话声调的调型样式分明，一种是"平"的，一种是"升"的，一种是"曲折"的，一种是"降"的，比较容易辨认。发音时，既要清楚地念出"平、升、曲、降"的区别，又要掌握好高低升降的程度。

下面把七大方言区几个主要方言的声调列成一个对照表，以供参考。

表2-11 主要方言声调对照表

方言区	调类和调值\古调类\地名\例字	平声 诗天通风	平声 时田同逢	上声 使草古短	上声 老米五有	去声 是近妇稻	去声 试盖放到	去声 事共饭盗	入声 识笔竹百	入声 各	入声 六麦物药	入声 食白读服	声调数
北方方言区	北京	阴平 55	阳平 35	上声 214		去声 51			分别归入阴、阳、上、去				4
	南京	阴平 31	阳平 13	上声 22		去声 44			入声 5				5
	汉口	阴平 55	阳平 213	上声 42		去声 35			归阳平				4
	济南	阴平 213	阳平 42	上声 55		去声 21			分别归入阴、阳、去				4
	沈阳	阴平 33	阳平 35	上声 213		去声 41			同上				4
	成都	阴平 44	阳平 31	上声 53		去声 13			归阳平				4

（续表）

方言区	调类和调值 地名 \ 古调类 例字	平声		上声			去声			入声				声调数
		诗天通风	时田同逢	使草古短	老米五有	是近妇稻	试盖放到	事共饭盗	识笔竹百	各	六麦物药	食白读服		
	兰州	阴平 53	阳平 51	上声 42			去声 24			阴入、次浊入归去声；全浊入归阳平				4
	太原	平声 11		上声 53			去声 45			阴入 2　阳入 54				5
	滦县	平声 11		上声 213			去声 55			分别归入平、上、去				3
吴方言区	苏州	阴平 44	阳平 24	上声 52	归阳去	阴去 412		阳去 31		阴入 4		阳入 <u>23</u>		7
	绍兴	阴平 51	阳平 231	阴上 335	阳上 113	阴去 33		阳去 11		阴入 <u>45</u>		阳入 <u>23</u>		8
	上海	阴平 53	阳平 24	上声 34	归阳平	归上声		归阳平		阴入 5		阳入 <u>23</u>		5
湘方言区	长沙	阴平 33	阳平 13	上声 41		阴去 55		阳去 21		入声 <u>24</u>				6
赣方言区	南昌	阴平 42	阳平 24	上声 213		阴去 45		阳去 21		阴入 5		阳入 <u>21</u>		7
客家方言区	梅县	阴平 44	阳平 11	上声 31			去声 52			阴入 1		阳入 5		6
闽方言区	厦门	阴平 55	阳平 24	上声 51	阳去 33	阴去 11		阳去 33		阴入 <u>32</u>		阳入 5		8
	福州	阴平 44	阳平 52	上声 31	阳去 242	阴去 213		阳去 242		阴入 <u>23</u>		阳入 4		8
粤方言区	广州	阴平 53 55	阳平 21	阴上 35	阳上 13	阴去 33		阳去 22		上阴入 5	下阴入 <u>33</u>	阳入 <u>22</u>		9
	阳江	阴平 33	阳平 43	上声 21	归阳去	阴去 24		阳去 54		上阴入 <u>24</u>	下阴入 21	上阳入 <u>54</u>		9
												下阳入 <u>43</u>		

（二）古入声字的改读

中古的入声在普通话和某些方言里已经消失了。但有些方言还保留着入声，如吴方言松江话、粤方言广州话、闽南方言厦门话、闽北方言福州话等。多数方言的入声字有塞音韵尾，因此读起来比较短促，音节不能拉长。充当韵尾的塞音，有的是 b[p]、d[t]、g[k]，如梅县客家话、广州话、厦门话；有的是喉塞音[ʔ]，如福州话、苏州话、太原话；

也有的韵尾已经脱落，读音不短促，只保留独立的入声调，如长沙话。

有入声的方言区的人学习普通话，应该清楚入声字在普通话里属于哪类声调，读什么音。但古入声字在普通话中分派的情况比较复杂，不便与各方言一一对应。因此，我们可以利用古今声调的演变规律来掌握大部分入声字的普通话声调。

（1）凡古入声（方言入声）字的普通话声母是 m、n、l、r，它们的普通话声调就应该是去声。如"麦、目、灭、纳、力、落、辣、热、肉、日"等字。例外的只有"摸、膜、捏"等少数几个字。

（2）凡古入声（方言入声）字的普通话声母是不送气的塞音、塞擦音，它们的普通话声调现在大多是阳平。如"白、读、集、直、浊、族、泽、贼"等字。

（3）凡古入声（方言入声）字的普通话声母是送气的塞音、塞擦音，它们的普通话声调现在多数是去声。如"迫、拓、错、绰、踏、诧、策、妾"等字。

当然，还有不少入声字的分派不是按照这三条规律，但符合规律的字约占入声字总数的三分之二。其余的可以按照记少不记多的原则，通过记忆来解决。据粗略统计，600个左右常用的古入声字在普通话中读去声的约占40%，读阳平的约占31%，读阴平的约占21%，读上声的占7%—8%。因此，方言区的人在掌握上面三条规律的基础上，可先记住普通话归入阴平和上声的入声字，然后再记归到阳平的，最后把本方言中读入声的字一律归到去声就可以了。

思考题

1. 什么是声调？它的性质是什么？
2. 什么是调值？什么是调类？普通话的调值和调类分别是哪些？
3. 古四声与普通话四声有什么关系？它们之间的演变规律有哪些明显的特点？
4. 如果两个方言的调值相同，调类是否一定相同？如果调类相同，调值是否一定相同？为什么？
5. 你所熟悉的方言的声调与普通话声调有什么差别？

第五节　音　节

音节是语音的基本结构单位，是自然感到的最小的语音片段。从发音器官的状况来看，发音时，发音器官每紧张一次就形成一个音节；从语音的响度来看，一个音节一般具有一个响度中心。音节是音素按照一定方式组合而成的。一般来说，一个汉字读出来就是一个音节，例外的是用作后缀的"儿"字，它不是一个独立的音节，只表示卷舌的动作。所以，儿化词是两个汉字读一个音节，如"花儿""盖儿"。

一　普通话的音节结构

按照汉语音韵学的传统分析方法，汉语的音节结构分为声母、韵母、声调三个部分，韵母又可以分为韵头（介音）、韵腹、韵尾三个部分，因此，一个音节可以细分为声母、韵头、韵腹、韵尾、声调五个部分。其中，声母和韵母是音质单位，可以独立存在；声调是非音质单位，是全音节的高低频率，它必须依附在整个音节上，不能独立存在。声母、韵母、声调是汉语音节构成的三个要素。现将普通话音节的结构方式列表如下。

表2-12 普通话音节结构表

例字	结构成分					
	声母	韵母				声调
		韵头（介音）	韵腹（主要元音）	韵尾		
				元音	辅音	
五 wǔ			u			上声
娃 wá		u	a			阳平
爱 ài			a	i		去声
优 yōu		i	o	u		阴平
云 yún			ü		n	阳平
永 yǒng			io [y]		ng	上声
级 jí	j		i			阳平
学 xué	x	ü	ê			阳平
类 lèi	l		e	i		去声
鸟 niǎo	n	i	a	o		上声
寸 cùn	c	u	e		n	去声
状 zhuàng	zh	u	a		ng	去声
字 zì	z		-i			去声
丢 diū	d	i	o	u		阴平

从表中可以看出普通话的音节结构有以下特点。

（1）每个音节都有声调，有韵腹（主要元音）；可以没有辅音声母、韵头（介音）和韵尾。

（2）一个普通话音节最多可以有四个音素，如"鸟niǎo""状zhuàng"；最少可以只有一个元音音素，如"五wǔ"。

（3）元音在音节中占优势，且有极强的凝聚力。每个音节至少有一个元音（韵腹），如"五wǔ"；最多可以有三个元音连续排列，分别充当韵头、韵腹、韵尾，如"优yōu"。

（4）韵母内部元音出现的位置及它们的组合关系有一定的规律。每个单元音都可以充当韵腹。如果一个韵母包含两个或两个以上元音，一般总是开口度较大、舌位较低的元音做韵腹。在韵头的位置上只能出现i、u、ü三个元音；在韵尾位置上只能出现i或u两个元音；但同一个元音i或者u不会在同一个音节中既出现在韵头的位置，又出现在韵尾的位置，也就是说，它们在同一个音节中是互相排斥的。

（5）一个音节可以没有辅音，也可以有一个或两个辅音，但没有辅音相连的情况。同时，辅音也不能单独出现做音节。在有辅音的音节里，辅音的位置比较固定：或者在音节开头，做声母；或者在音节末尾，做韵尾。能做韵尾的辅音只限于n和ng。

值得一提的是，在分析音节结构时，需要避开一些音节拼写规则给音节分析带来的干扰。具体来说，以i、u、ü开头的零声母音节的书写形式要加上y、w，但分析音节时，y、w不需列出，因为这两个不是音素；韵母iou、uei、uen与声母构成音节后的书写形式是iu、ui、un，但分析音节结构时还是要恢复成iou、uei、uen，中间的字母不省略；ü和ê在音节里一般都省略上加符号，但分析音节时必须保留上加符号，以免与u、e相混，如分析表中"学xué"时，韵头和韵腹就应该分别写成ü和ê；舌尖元音韵母-i[ɿ]和-i[ʅ]必须加短横，与舌面元音韵母i相区别；韵母iong是由元音[y]和辅音韵尾[ŋ]两个音素构成的，字母io整体代表元音[y]，分析音节时不能把i分析成介音，把o当成韵腹，如表中的"永yǒng"。

二 普通话声韵调的拼合规律

语音是一个系统，任何系统的内部结构总是有一定规律的。普通话有22个声母（包括零声母），39个韵母（除去er还有38个），如果不计声调，声母和韵母相拼可能组成800多个音节。但前文已经谈到，汉语声韵配合只组成了418个基本音节。而这400多个音节并不是每一个音节都具备四声，有的音节有三个调类，例如"ku"的阴平（哭）、上声（苦）、去声（裤）有意义，阳平则有音无义；有的音节则只有两个调类，例如"huai"的阳平（怀）和去声（坏）有意义，可是阴平和上声则有音无义；还有的音节只有一个调类，例如"gei"只有上声（给）有意义，其他调类没有意义。可见，汉语将近一半的声韵组合是不能成立的，声母、韵母之间的配合存在相当强的规律性。此外，声、韵组成的基本音节跟声调之间也存在一定的搭配关系。下面，我们就从声母和四呼的关系、韵母、声调三个方面出发，来看普通话声、韵、调的配合规律。

（一）从声母和四呼的关系看规律

汉语中，不管是方言还是普通话，声母和韵母的配合规律往往表现在声母的发音部位和韵母所属四呼的关系上：发音部位相同的声母，一般和韵母的配合关系也相同；同样地，四呼中同呼的韵母，一般与声母的配合关系也相同。根据上述两个方面，普通话声母和韵母的大致配合关系可以用下表来表示。

表2-13 普通话声母和韵母的配合关系表

声母	四呼			
	开口呼	齐齿呼	合口呼	撮口呼
双唇音（b、p、m）	爸跑忙	编票名	不铺木（限于u）	
唇齿音（f）	法非放		复（限于u）	
舌尖中塞音（d、t）	单套	低跳	短拖	
舌尖中鼻音/边音（n、l）	难老	你聊	暖炉	女略
舌面后音（g、k、h）	敢抗衡		姑夸欢	
舌面前音（j、q、x）		技巧新		剧全学
舌尖后音（zh、ch、sh、r）	战场杀人		主吹双若	
舌尖前音（z、c、s）	赞擦桑		祖催孙	
零声母	安	言	万	远

从上表可以总结出普通话声母和韵母配合的重要规律：

（1）双唇音b、p、m可以跟开口呼、齐齿呼以及合口呼中的单韵母u相拼，不跟撮口呼韵母相拼；

（2）唇齿音f只能跟开口呼以及合口呼中的单韵母u相拼，所有声母中，f能配合的韵母最少；

（3）舌尖中音d、t和n、l虽然发音部位相同，但是与韵母的配合关系稍有差别，d、t只能跟开口呼、齐齿呼、合口呼的韵母相拼，不能跟撮口呼的韵母相拼，但n、l跟开、齐、合、撮四呼都能相拼；

（4）舌面前音j、q、x可以跟齐齿呼、撮口呼的韵母相拼，但不能跟开口呼、合口呼韵母相拼；

（5）舌面后音g、k、h，舌尖前音z、c、s，舌尖后音zh、ch、sh、r与舌面前音j、q、x正好相反，只能跟开口呼、合口呼韵母相拼，不能跟齐齿呼、撮口呼韵母相拼；

（6）零声母能跟四呼中所有的韵母相拼；

（7）所有声母中，能跟开口呼韵母相拼的声母最多，能跟撮口呼韵母相拼的声母最少，只有n、l和零声母能跟全部四呼相拼。

上面各条是各类声母和韵母四呼相配合的总规律，但并不能把每个声母和每个韵母配合的关系完全反映出来。例如，规律允许n、l与合口呼的韵母相拼，但实际上不存在nui、nuang、lui、luɑi这样的音节。n、l不能跟合口呼中的uei等构成音节，也就是说没有nui、lui这样的基本音节，而只有nei、lei，如"内、累"。

（二）从韵母看规律

从韵母出发，可以得出普通话声韵配合的另一些规律：

（1）韵母o只与唇音b、p、m、f相拼，不同其他声母相拼；而韵母uo、e则反过来，只跟非唇音声母相拼，不跟唇音声母相拼。

（2）-i[ɿ]、-i[ʅ]和i[i]这三个韵母在跟声母的配合上呈互补分布，各有自己的拼合对象。-i[ɿ]只跟舌尖前音z、c、s相拼；-i[ʅ]只跟舌尖后音zh、ch、sh、r相配合；i[i]则和其他声母构成音节。

（3）ueng、ong两个韵母读音接近，但使用条件各不相同。韵母ueng只能跟零声母音节相拼，即自成音节；ong却不能跟零声母配合，它和其他声母构成音节。

（4）韵母er不与任何声母相拼，只有零声母音节，即自成音节。

（三）从声调看规律

普通话里声调和声母、韵母的配合情况比较复杂，相对于声母、韵母的配合关系来说，规律性显得不太强。声调与声母、韵母的配合关系往往与古声母的清浊有关，因此可以从古声母的演变中找到一些规律。

（1）普通话里以送气的塞音和塞擦音（p、t、k、q、ch、c）为声母的音节，声调大多是阳平。如"排、谈、魁、钱、臣、残"。

（2）普通话里不送气的塞音和塞擦音声母（b、d、g、j、zh、z）同鼻音韵母相拼时，基本没有阳平调的字；同非鼻音韵母相拼时，则可以有阳平调的字，这些字的来源是古入声字。

（3）普通话里以m、n、l、r四个浊音为声母的音节，很少念阴平调，除了一些口语常用字，如"妈、猫、妞、蔫、拉、溜、扔"等。

普通话声韵调配合规律有助于我们更深入地了解普通话音节结构的特点，对方言区的人学习普通话很有帮助。例如，掌握了普通话中f不跟齐齿呼相拼的规律，苏州、上海等地的人就不会把"飞"说成fi。附录五中列出了《普通话声韵配合音节表》。表的竖行按照声母表的顺序排列声母，横行按四呼排列韵母。表中的空格表示普通话中没有此音节。本表概要地显示了现代汉语普通话音节拼读的全貌，从中可以看出哪些声母和韵母可以相拼，哪些不能相拼。本表能进一步帮助我们具体地掌握一些字的读音。例如，从表中知道了韵母ua、uai、uang可以跟声母zh、ch、sh相拼，但不能跟z、c、s相拼，那么，"抓、揣、霜"这些字的读音一定是zhuā、chuāi、shuāng，而不可能是zuā、cuāi、suāng。同样道理，声母d、t可以和后鼻音韵母eng、ing相拼，却不跟前鼻音韵母en、in相拼，由此可知，"等、定"的韵母一定是后鼻音。认真拼读《普通话声韵配合音节表》中有例字的音节，可以帮助我们纠正方音，正确掌握普通话音节的读音。

三 音节的拼读和拼写

（一）音节的拼读

音节的拼读就是把声母、韵母快速连读，拼合成一个音节。要使音节拼合正确，要注意拼合的方法。有人将拼合的方法总结为一个口诀，叫"前音轻短后音重，两音相连猛一碰"，这句话基本上反映了拼读的要领。

1.拼读应注意的几个问题

（1）声母要念本音

由于普通话声母一般由辅音充当，发音不响亮，平常念声母时，一般是念它的呼读音。所谓呼读音，是按照声母本音的发音趋势，在后面加上一个适当的元音，如b、p、m、f后面加o，d、t、n、l、g、k、h后加e，j、q、x后加i等。用声母拼读时，应该去掉这些加进去的以便呼读的元音，而用它的本音跟韵母相拼。例如，声母p和韵母in相拼，组成pin这个音节。如果用p的呼读音po跟in相拼，就会读成poin。前面的口诀中"前音轻短"是说声母念得轻一些、短一些，就会更接近本音；"后音重"是说韵母部分发音响亮，应该念重一些。还可以在拼读时，发音器官先做好发某个声母本音的姿势，然后在发这个声母本音的同时，把要相拼的韵母一起念出来。例如拼zhang时，先使舌尖翘起，同硬腭前部接触，做出发zh本音的姿势，在发zh本音的同时，气流冲破阻碍连ang一起念出来。

（2）声母、韵母紧密相连，不能停顿

前面口诀中的"两音相连猛一碰"是说拼读时，声母和韵母要一口气拼出来，中间不能有中断。如果中间有了停顿，拼出的音听上去就不是一个音节，而是两个音节了。例如，拼读音节"gu"（股）时，如果中间有了停顿，就成"g(e)—u"（歌舞）了。要解决这个问题，除了把声母读得轻而短，把韵母读得重且长，还必须加快拼合速度，这样才能使声母和韵母成为一个整体。

（3）念准韵头

对于有韵头的音节，在拼读时要注意把韵头念准确。拼读时，在读声母时就应为念韵头做好准备，有意识地让口张得慢一些，把韵头自然地引出来。有些韵头是圆唇元音，拼读时就要注意把嘴唇撮圆，把韵头念准。如果念不准韵头，就可能出现丢失韵头或者改变韵头的现象。例如拼 luan（乱）时，如果丢失韵头，就会拼成 lan（滥）；拼 xue（学）时，如果韵头念不准，就会拼成 xie（鞋）。

2. 拼读的方法

音节拼读的方法有四种：声韵两拼法、声介与韵身合拼法、三拼法和整体认读法。下面逐一介绍。

（1）声韵两拼法

声韵两拼法是最常用的拼读方法。就是把音节分成声母和韵母两个部分，拼读时将两部分直接相拼。如：g — uāng → guāng（光）；m — íng → míng（明）。

（2）声介与韵身合拼法

顾名思义，就是把声母和介音先拼合起来，作为整体认读，然后再结合韵母的剩余部分（韵身）拼读出整个音节。这一方法只适用于有韵头的音节。如：li — án → lián（莲），hu — ā → huā（花）。

（3）三拼法

三拼法是将音节分成声母、韵头、韵身（韵腹和韵尾）三部分，从前往后连续发音。这种方法只适用于带韵头即介音的音节。如：j — i — ā → jiā（加）；q — i — án → qián（钱）。

（4）整体认读法

整体认读法又叫音节直呼法或支架拼音法，就是直接读出音节，不需要用声母去拼韵母。具体做法是先做好发声母的准备，然后读带声调的韵母。例如"当"字，先摆好发 d 的架势，即用舌尖抵住上齿龈，然后用 āng 冲开阻碍的部位连成音节，就发出了 dāng。

3. 拼读时确定声调的办法

拼读音节时，如果声调一时读不准，可以采用以下方法来确定声调。

（1）音节数调法

这是一种适用于初学者的方法。先拼读出声母和第一声韵母组合成的第一声音节，再按阴、阳、上、去的顺序读出带有目标声调的音节。例如，要拼读音节 mǎ（马），方法为：m — ā → mā → má → mǎ。

（2）音节定调法

这种方法开始时也是用声母跟第一声的韵母相拼，但拼读结束时，直接得出带有目标声调的音节。如：m — ā → mǎ（马）。

（3）韵母定调法

就是让声母直接跟带有声调的韵母相拼得出音节。如：m — ǎ → mǎ。我们在上面介绍拼读方法时所举的例子就是用的韵母定调法。

掌握音节的拼读方法，其最终目标是要能够直呼音节。也就是说，看着音节的声、韵、调，嘴里就能直接读出这个音节，而不再需要分成几个部分拼读，要熟练地掌握这种方法，需要多做练习。

（二）音节的拼写

《汉语拼音方案》对普通话音节的拼写有如下具体的规定。

1. y、w的用法

y、w在《汉语拼音方案》中用来表示齐齿呼、合口呼、撮口呼零声母音节的开头。它们有时代替i、u、ü，有时加在i、u、ü的前头，如何使用跟充当韵腹还是韵头有关。

（1）韵母表中i行的韵母，在零声母音节中，要以y开头。其内部又分为两种情况。

A. i后面如果还有别的元音，就把i改为y。如：

ia → ya（押）　　ie → ye（耶）　　iao → yao（腰）　　iou → you（优）
ian → yan（烟）　iang → yang（央）　iong → yong（拥）

B. i后面如果没有别的元音，就在i前面加上y。如：

i → yi（一）　　in → yin（音）　　ing → ying（应）

（2）韵母表中u行的韵母，在零声母音节中，要以w开头。其内部也分成两种情况：

A. u后面如果还有别的元音，就把u改成w。如：

ua → wa（挂）　　uo → wo（窝）　　uai → wai（歪）　　uei → wei（微）
uan → wan（弯）　uen → wen（温）　uang → wang（汪）　ueng → weng（翁）

B. u后面如果没有别的元音，就在u前面加上w。如：

u → wu（乌）

（3）韵母表中ü行的韵母，在零声母音节中，不管后面有无别的元音，一律要在ü前面加y。加y以后，ü上两点省略。如：

ü → yu（迂）　　üe → yue（约）　　üan → yuan（渊）　　ün → yun（晕）

在《汉语拼音方案》中，y、w实际起隔音符号的作用，目的是使连写的音节界限清楚。如果不使用y、w，有时就会混淆音节之间的界限。如"dai"可以是两个音节da+i（大衣），也可以是一个音节dai（带），而写成dayi，就很清楚是两个音节da+yi。又如"fani"可以读成fa+ni（发腻），也可以读成fan+i（翻译），如果写成fanyi则毫无疑问应该是"翻译"。

拉丁字母y、w一般是用来表示半元音的。高元音[i]、[u]、[y]的舌位稍抬高一些，带擦音成分，就成为半元音[j]、[w]、[ɥ]。上述零声母音节前头多少带有摩擦，拼写形式以y、w开头，就更接近实际读音。但需要强调的是y、w不是声母，只是起隔音作用的字母。

2. 省写

（1）韵母iou、uei、uen的省写

《汉语拼音方案》在韵母表后附说明中规定，韵母iou、uei、uen前面有辅音声母的时候，写成iu、ui、un。例如：

j — iǒu → jiǔ（酒）　　　　q — iōu → qiū（秋）
d — uèi → duì（对）　　　　t — uēi → tuī（推）
c — uèn → cùn（寸）　　　　t — uén → tún（屯）

这三个韵母的省写，主要是为了缩短拼式。但同时还有一个作用：iou、uei、uen 跟声母拼合以后，有时中间的元音 o 或 e 发音变得不太明显，所以，省写也反映了语音的实际情况。

（2）ü 上两点的省略

《汉语拼音方案》规定，ü 行的韵母跟声母 j、q、x 相拼的时候，ü 上两点省略。如：

  j — ü → jú（局） q — ü → qù（去） x — üan → xuǎn（选）

但是，必须注意的是，ü 跟 n、l 相拼的时候，上面的两点不能省略。例如：nǚ（女）、lǜ（绿）。因为声母 n、l 既可以跟合口呼韵母相拼，又可跟撮口呼韵母相拼，如果省略 ü 上的点，难免造成混淆。如：

  nǔ（女）— nǔ（努）   lǜ（绿）— lù（路）

ü 上两点的省略，跟音节的声韵拼合规律有关。声母 j、q、x 不能跟合口呼韵母拼合，只能跟撮口呼韵母相拼，所以 ü 上两点省略后不会与合口呼韵母相混。

3. 隔音符号的用法

《汉语拼音方案》规定：a、o、e 开头的零声母音节连接在其他音节后面时，如果音节界限发生混淆，可以用隔音符号（'）隔开。例如：

  Xī'ān（西安）— xiàn（县） pí'ǎo（皮袄）— piào（票）
  jī'áng（激昂）— jiǎng（讲） jī'è（饥饿）— jiě（解）

4. 标调法

《汉语拼音方案》规定，所有音节一律标原调（单字调），不标变调。当然，有时在语音教学中出于需要可以酌情处理。标调时要注意以下几点。

（1）声调符号要标在主要元音（韵腹）上。例如：

  yào（要） guǎng（广） pǔ（普）
  tōng（通） huà（话） yǐn（引）

（2）在 iu、ui 两个韵母中，声调符号应该标在后面的 u 或 i 上。例如：

  xiùqiú（绣球） huìduì（汇兑） qiúduì（球队）

（3）声调符号如果正好应该标在 i 上，那么 i 上的小点要省掉。例如：

  jīqì（机器） xīnyì（心意） yǐngshì（影视）

（4）轻声音节不标调。例如：

  yīfu（衣服） dōngxi（东西） māma（妈妈）

5. 音节连写和大写

（1）同一个词的音节要连写，词与词一般分写。句子或者诗行开头的字母要用大写。例如：

  Méihuā shì gāojié de xiàngzhēng.
  梅花 是 高洁 的 象征。

（2）专用名词和专用短语中的每个词开头字母要大写。例如：

Lǐ Bái	Běijīng	Rénmín Rìbào
李白	北京	人民 日报

（3）标题中的字母可以全部大写，也可以每个词开头的字母大写。有时为了简明美观，可以省略声调符号。例如：

JIEFANG	SIXIANG	TUANJIE	FENDOU
Jiefang	Sixiang	Tuanjie	Fendou
解放	思想	团结	奋斗

思考题

1. 普通话音节结构的特点有哪些？
2. 普通话声母和韵母的配合规律有哪些？如何运用这些规律学习普通话？
3. 齐齿呼、合口呼、撮口呼的零声母音节使用y和w有什么作用？如果是开口呼零声母音节，如何解决音节易混的问题呢？
4. 为什么n、l后面的ü上两点不能省略，而j、q、x后面的ü就能省略两点呢？

第六节　音　变

人们平时说话或者朗读时，并不是一个字一个字孤立地说或者读出来，而是将音节连成词，将词连成句子，进而形成一连串自然的语流。语流就是指在一定时间内人们连续发出的一连串音节。在连续的语流中，音素之间、声调之间、音节之间会由于相互影响而发生或大或小的语音变化，这种变化就是所谓的语流音变，又叫共时音变。因此，读准普通话的声母、韵母和声调，是学习普通话语音的最基本的要求。但是，要说好自然、纯正的普通话，光满足这些基本条件是不够的，还必须进一步掌握普通话的一些重要的音变现象。

普通话中常见的语流音变有变调、轻声、儿化和语气词"啊"的音变，这一节我们主要谈谈这几种音变现象的特点和规律。

一　变　调

普通话音节单念时有四个基本调值，这是每个声调的本调。变调是指在连续的语流（词、短语或句子）中，因相邻音节互相影响而使某些音节的声调发生变化，变得与单读时调值不同的现象。音节变调多数是受后一个音节声调的影响所致。普通话里最常见的变调现象有以下几种：上声变调、去声变调、"一、不"的变调以及重叠形容词的变调。

（一）上声变调

上声是普通话中变调最复杂的声调，其本调的调值是214，调型是降升调，整个音程分成两个阶段，比较长，容易发生音变。在普通话中，上声只有在单念或在句中、句尾停顿时才念本调，其他情况下都会发生或升或降的变化。语流中，上声的变调分成两种：一种是变成了另一个声调，即近乎阳平调，调值由214变成了35；还有一种是从本调的调值变成了一种新的调值，即"半上"，调值由原来的214变成211。

1. 两个上声相连，前一个上声变成近乎阳平的声调，调值由214变为35，即所谓"上上相连变阳平"。后一个上声字的声调不变。

上声 + 上声 → 阳平 + 上声

例如：

  语法 粉笔 表演 稳妥 管理 影响 举止 友好 了解 勉强

2. 上声在非上声音节（阴平、阳平、去声）前变成"半上"，调值由原来的214变成211。非上声音节声调不变。

上声 + 非上声 → 半上 + 非上声

例如：

  在阴平字前：火车 许多 打击 老师 老张 水箱 纺织 祖先
  在阳平字前：美德 总结 考察 履行 老刘 讲台 典型 好评
  在去声字前：恳切 老练 海燕 感谢 老夏 晚会 铁路 坦率

3. 上声在轻声音节前，变调情况比较复杂。

（1）上声在本调是非上声转化来的轻声音节前读半上声。

上声 + 轻声（非上声转化）→ 半上 + 轻声

例如：

  五个 我的 锁上 走着 好处 尾巴 里头 起来

（2）上声在本调是上声转化来的轻声音节前有两种不同的变调，一种是近似阳平的35调，另一种是半上211调。不同的变调反映了前字变调与后字轻化的时间先后不同。

 A. 上声 + 轻声（上声转化）→ 阳平 + 轻声（前字先按照变调规律变为35调，后字才轻读）

例如：

  小姐 打扫 老虎 手脚 哪里 走走 想起 讲讲

 B. 上声 + 轻声（上声转化）→ 半上 + 轻声 （后字先变读轻声，前字才按变调规律变为半上）

例如：

  板子 椅子 奶奶 姥姥 马虎 耳朵 宝宝 痒痒

（3）三个上声字相连时，根据词语内部节律和层次的不同，前两个音节有两种不同的变调。如果词语是"2+1"组合，一般是前两个音节变成近似阳平的35调，第三个音节不变；如果词语是"1+2"组合，一般是第一个音节变读半上211调，第二个音节变读近似阳平的35调，第三个音节不变。例如：

  "2+1"组合：展览馆 管理组 洗脸水 总统府 选举法 手写体
  "1+2"组合：纸老虎 很勇敢 小拇指 老古董 冷处理 买礼品

三个以上的上声字连读时，根据说话的速度将语流切分出一定片段，片段结尾处有或长或短的语音停顿。一般把停顿前的上声字读成本调，其余按前面所谈两上连读或三上连读的规律变调。例如：李奶奶/有把/好雨伞。

（二）去声变调

去声在非去声字前不发生音变。两个去声字相连，前一个去声由全降变为半降，即调值由51变成53。例如：

进步　贡献　正确　运动　变化　浪费　印象　注意　纪念　竞赛

现代汉语中由两个音节构成的词占绝大多数。前一声调的尾部和后一声调的头部相连时，总是会相互迁就，两个去声相连时，前一去声固然变为半降，而后一个去声实际也成了低降。

（三）"一、不"的变调

1. "一"的变调

（1）"一"的本调是阴平。在单用、表序数或词语末尾时读本调。例如：

一、二、三　初一　单一　万一　天下第一　一一过问

（2）在去声音节前读阳平。例如：

一路　一致　一定　一道　一共　一样　一晃　一见如故

（3）在非去声音节（阴平、阳平、上声）前读去声。例如：

在阴平字前：一般　一些　一天　一身　一衣带水
在阳平字前：一连　一同　一年　一直　一成不变
在上声字前：一起　一手　一种　一口　一鼓作气

（4）在重叠的单音节动词中间读轻声。例如：

说一说　笑一笑　读一读　谈一谈　走一走　试一试

2. "不"的变调

（1）"不"的本调是去声。在单念或在词、句末尾时读原调。例如：

不，不！　我不　决不　偏不

（2）在非去声音节前仍读本调。例如：

不堪　不公　不如　不和　不满　不管

（3）在去声音节前读阳平。例如：

不必　不便　不顾　不用　不要　不对　不幸　不愧　不料　不够

（4）夹在词语中间时读轻声。例如：

多不多　忙不忙　甜不甜　冷不冷
走不走　去不去　吃不吃　买不买
说不好　来不了　拿不动　打不开

二　轻　声

所谓轻声，并不是四声之外的第五种声调，而是四声的一种特殊音变，即在一定

的条件下读得又短又轻的调子。每个轻声音节都有本调，但在语流中被弱化为一个不固定的调值，用拼音拼写时一般不标调。在普通话中，轻声具有区别词义和区分词性的作用。轻声的变读与词汇、语法有一定联系，是有规律可循的。

（一）轻声的性质和作用

汉语中每个音节都有固定的声调，但在语流中，有些音节变成一种又轻又短、调值模糊的调子，就叫作轻声。如"子"的单字调是上声，但在"筷子、梳子、桌子"等词中却变得既短又轻，通常把这些读轻声的字叫作轻声字。

1. 轻声的性质

轻声音节的变化与语音的四种物理属性都有关系，主要表现为音长变短、音强变弱、音色变化不定、音高不固定。一般来说，普通话轻声的音高主要受前一音节声调的影响。阴平、阳平字后面的轻声字音高偏低；上声字后面的轻声字音高较高；去声字后面的轻声字音高最低。以"头"字为例：在阴平字后读2度，如"跟头"；在阳平字后读3度，如"馒头、石头"；在上声字后读4度，如"里头、枕头"；在去声字后读1度，如"木头、后头"。

轻声音节不仅引起音高、音长、音强的变化，而且对声母、韵母也有一定影响，会引起相应变化。对声母的影响表现在，使一些不送气的清塞音和清塞擦音声母浊音化，即变读为同部位的浊声母。例如，"哥哥"的后一个"哥"字，声母有时会从清塞音[k]变为浊塞音 [g]；"喇叭"的"叭"字，声母有时会从清塞音 [p] 变为浊塞音 [b]；"骡子"的"子"字，声母有时会从清塞擦音 [ts] 变成浊塞擦音 [dz]。

轻声对韵母的影响更大些，主要表现在使一些韵母中较高、较低的元音向央元音靠拢，即"央化"，韵母变得比较含混。例如"棉花"的"花"字，单念是 [xuA55]，轻声是 [xuə]；"孩子"的"子"字，单念是 [tsʅ214]，轻声是 [dzə]；"唠叨"的"叨"字，单念是 [tɑu55]，轻声是[tə]。有的轻声音节甚至使韵母丢失了，只保留了声母。如"意思"（yìs），"力气"（lìq），"咱们俩"（zánmliǎ）。这些都说明，轻声的性质和音强、音长、音高和音色四要素都有关系。

2. 轻声的作用

在普通话中，有些轻声音节具有区别意义和区分词性的特殊作用。具体表现为以下两方面。

（1）区别词义。

  冷战——指国际间进行的战争形式之外的敌对行动
  冷战——身体突然发抖
  孙子——人名
  孙子——儿子的儿子
  大人——敬辞，称长辈
  大人——成人
  本事——文学作品主题所根据的故事情节
  本事——本领

（2）既区别词义又区分词性。

　　自然——自然界（名词）
　　自然——不勉强，不局促，不呆板（形容词）
　　大意——主要的意思（名词）
　　大意——疏忽；不注意（形容词）
　　对头——正确，合适（形容词）
　　对头——仇敌；敌对的方面（名词）
　　利害——利益和损害（名词）
　　利害——剧烈；凶猛（形容词）

（二）变读轻声的规律

轻声与词汇、语法有一定联系。一般来说，新词、科学术语没有轻声音节，口语中的常用词才有读轻声音节的。此外，一些语法成分也常变读为轻声，且有一定规律可循。下面一些成分在普通话中通常读轻声。

（1）助词"的、地、得、着、了、过"等。例如：

　　吃的　　愉快地　　走得（快）　　看着　　哭了　　去过

（2）语气词"啊、吧、嘛、呢"等。例如：

　　说啊　　来吧　　哪呢　　很好嘛

（3）名词后缀"子、头、巴"和表示多数的"们"等。例如：

　　鸭子　　辫子　　木头　　石头　　尾巴　　嘴巴　　你们　　学生们

（4）部分叠音单纯词和重叠式合成词中的后一音节。例如：

　　叠音单纯词：猩猩　　饽饽
　　重叠式合成词：妈妈　　爸爸　　弟弟　　娃娃　　星星
　　　　　　　　　坐坐　　看看　　尝尝　　想想　　劝劝

（5）放在名词、代词后面表示方位的"上、下、里、面、边"等语素或词。例如：

　　地上　　车上　　山下　　楼下　　卧室里　　教室里　　外面　　前面　　东边　　后边

（6）放在动词、形容词后面表示趋向的"来、去、起来、进来、下去"等词。例如：

　　拿来　　进来　　送去　　过去　　站起来　　跳起来　　跑进来　　爬进来　　走下去　　冷下去

（7）量词"个"常读轻声。例如：

　　五个　　一百个

（8）一些常用的双音节词，第二个音节习惯上读轻声。例如：

　　舒服　　云彩　　聪明　　蘑菇　　凉快　　护士　　商量　　事情　　玻璃　　脑袋
　　清楚　　胳膊　　新鲜　　东西　　学生　　买卖　　人家　　窗户　　麻烦　　算盘
　　糊涂　　消息　　打算　　体面　　怎么　　动静　　口袋　　应付　　父亲　　招呼
　　力气　　稀罕　　客人　　石榴　　认识　　便宜　　溜达　　吩咐　　唠叨　　客气
　　先生　　扫帚　　扎实　　风筝　　打听　　丈夫　　棉花　　关系　　亮堂　　包袱

三 儿 化

"儿化"是一种特殊的音变现象,就是将卷舌元音er附加在一个音节的韵母之后,而使该韵母发生卷舌化的现象。在普通话中,儿化具有区别词义、区分词性和表示细小、亲切等感情色彩的作用。

(一)儿化的性质和作用

普通话中卷舌元音er可以构成零声母音节,有"儿、而、尔、耳、二"等字。当卷舌元音er附加在一个音节的韵母之后,使该韵母带上卷舌色彩时,就形成了"儿化韵"。例如"花儿、鸟儿、圈儿"等中的"儿",并不是一个独立的音节,而是同前一个音节融合在一起,表示前字的韵母带上一个卷舌动作。"儿"只是一个标志韵母卷舌化的形容性符号。普通话中的韵母,除了er、ê外,几乎都可以儿化。用汉语拼音字母拼写儿化音节时,只用在原来音节之后加上"r"(表示卷舌动作)就可以了。用汉字表示儿化音节时,只需在后面加上"儿"字,需要注意的是,这里用两个汉字只表示一个音节。例如:

味儿 wèir　活儿 huór　花儿 huār　鸟儿 niǎor

普通话中的儿化词较多,儿化现象与词汇、语法具有密切的关系,其作用主要有区别词义、区分词性和表示特殊的感情色彩等。

(1)区别词义。有些词儿化后具有不同的意义。例如:

头(脑袋)——头儿(物体的顶端或末梢;事情的起点或终点;头领)

眼(眼睛)——眼儿(小洞;窟窿)

白面(小麦磨的粉)——白面儿(指作为毒品的海洛因)

火星(行星)——火星儿(极小的火)

(2)区分词性。有些动词和形容词,儿化后成为名词。例如:

活(动词、形容词)——活儿(名词)

调(动词)——调儿(名词)

画(动词)——画儿(名词)

错(形容词)——错儿(名词)

尖(形容词)——尖儿(名词)

(3)表示细小、亲切、轻松或喜爱的感情色彩。有些词儿化后会带有特殊的感情色彩。例如:

小孩儿　老头儿　胖墩儿　小勺儿　头发丝儿　皮球儿　小狗儿　瘦猴儿

(二)儿化韵的音变规律

由基本韵母变为儿化韵母,常伴随脱落、增音、更换和同化等现象。儿化音变主要表现在韵尾,其次是韵腹,对韵头和声母没有影响。具体来说,由于儿化时舌头上翘,导致舌位又高又前的韵尾无法发出而脱落,从而使韵腹元音也受到影响而"央化",即向央元音靠近,或把非央元音变成央元音,或增加一个央元音;导致后鼻音韵尾脱落,并使韵腹元音"鼻音化",即使元音带上鼻音色彩。下面对儿化音变的规律做一个简要的说明。

（1）无韵尾或韵尾是u的韵母不发生变化，直接加卷舌动作。例如：

刀把儿 [pA]──[pAr]　　　　　　小鸟儿 [niɑu]──[niɑur]

（2）韵尾是i、n的，韵尾脱落后加卷舌动作。其中有的韵母韵尾丢失后要改变韵腹；in、ün韵尾丢失后需要增加元音。例如：

男孩儿 [xai]──[xar]　　　　　　一边儿 [piɛn]──[piɛ˞r]

刀背儿 [pei]──[pər]　　　　　　麦穗儿 [suei]──[suɚr]

背心儿 [ɕin]──[ɕiər]　　　　　　红裙儿 [tɕʻyn]──[tɕʻyər]

（3）韵母是高元音i、ü的，加央元音[ə]后儿化。例如：

小鸡儿 [tɕi]──[tɕiər]　　　　　　蛐蛐儿 [tɕʻy]──[tɕʻyər]

（4）韵母是舌尖元音[ɿ]、[ʅ]的，丢掉韵母后，加央元音[ə]后儿化。例如：

棋子儿 [tsɿ]──[tsər]　　　　　　小事儿 [ʂʅ]──[ʂər]

（5）韵尾是后鼻音ng的，韵尾脱落后，韵腹鼻化并加卷舌动作。例如：

偏方儿 [faŋ]──[fãr]　　　　　　胡同儿 [tʻuŋ]──[tʻũr]

儿化音变的规律可以概括为下表：

表2-14　儿化音变规律简表

韵母	儿化音变规律	例词
无韵尾或韵尾是u	直接加卷舌动作	脚丫儿、台阶儿、火候儿、山歌儿
韵尾是i、n	韵尾脱落加卷舌动作，有的改变韵腹，in、ün增加元音	一块儿、名单儿、烟卷儿、书本儿 椅背儿、麦穗儿、手劲儿、花裙儿
韵母是i、ü	加央元音[ə]卷舌	鸭梨儿、小鸡儿、有趣儿、蛐蛐儿
韵母是[ɿ]、[ʅ]	丢掉韵母，加央元音[ə]卷舌	瓜子儿、大字儿、树枝儿、小事儿
韵尾是ng	韵尾脱落，韵腹鼻化并卷舌	镜框儿、板凳儿、胡同儿、瓜秧儿

四　语气词"啊"的音变

语气词"啊"用于句子末尾，在语流中常受前一个音节最后一个音素的影响而发生音变现象。"啊"是一个零声母音节，语流中根据前面音节的不同变读为ya、wa、na、ra、nga等，文字随之写为"呀""哇""哪"等。其音变规律具体如下。

（1）前一音节的韵腹或韵尾是a、o（ao、iao除外）、e、ê、i、ü时，"啊"读成ya，文字可写作"呀"。例如：

多么鲜艳的山茶花呀（huā ya）！

你快点儿说呀（shuō ya）！

多感人的歌呀（gē ya）！

这孩子多活跃呀（yuè ya）！

好漂亮的大衣呀（yī ya）！

明天会不会下雨呀（yǔ ya）？

（2）前一音节的韵腹或韵尾是u（包括ao、iao）时，"啊"读wa，可以写作"哇"。例如：

你往哪里跑哇（pǎo wa）？
她的手真巧哇（qiǎo wa）！
这小伙儿真酷哇（kù wa）！
这事儿真让人发愁哇（chóu wa）！

（3）前一音节的韵尾是n时，"啊"读na，可以写作"哪"。例如：

她可真不简单哪（dān na）！
你可真会算哪（suàn na）！
这事该怎么办哪（bàn na）！

（4）前一音节的韵尾是ng时，"啊"读nga，没有汉字，仍写作"啊"。例如：

咱们去兜风啊（fēng nga）！
他唱得真好听啊（tīng nga）！
快来帮帮忙啊（máng nga）！

（5）前一音节的韵母是-i[ɿ]时，"啊"读[zA]（[z]是[s]的浊音），没有汉字，仍写作"啊"。例如：

这是什么字啊（zì [zA]）！
这可是第一次啊（cì [zA]）！
她可真自私啊（sī [zA]）！

（6）前一音节的韵母是-i[ʅ]和末尾是er（包括儿化韵）时，"啊"读ra，没有汉字，仍写作"啊"。例如：

怎么一地纸啊（zhǐ ra）！
你倒是快点儿吃啊（chī ra）！
她可真多事啊（shì ra）！
她在家是老二啊（èr ra）！
多美的画儿啊（huàr ra）！

"啊"的音变情况可归纳为下表：

表2-15　"啊"的音变情况

"啊"前音节韵母	"啊"前音节末尾音素	"啊"的音变	汉字写法
a、ia、ua、o、uo、e、ê、ie、üe	a、o、e、ê	ya	呀
i、ai、uai、ei、uei、ü	i、ü	ya	呀
u、ou、iou、ao、iao	u	wa	哇
an、ian、uan、üan、en、uen、in、ün	n	na	哪
ang、iang、uang、eng、ueng、ong、ing、iong	ng	nga	啊
-i[ɿ]	-i[ɿ]	[zA]	啊
-i[ʅ]、er	-i[ʅ]、er	ra	啊

掌握语气词"啊"的音变规律，有助于提高口语表达和朗读的质量，做到流畅协调，语气自然；也有助于在书写中正确运用"啊、呀、哇、哪"等字。

思考题

1. 什么是音变？请举例说明普通话中几种主要的音变现象。
2. 什么是变调？请举例谈谈普通话中上声变调的主要规律。
3. 什么是轻声？请举例说明轻声在普通话中的作用。
4. 什么是儿化？普通话中，儿化跟词汇和语法有什么关系，请举例加以说明。
5. "啊"的音变形式有哪些？请举例谈谈其中的基本规律。

第七节 语音规范问题

白话文学作品的广泛流传以及北京口语的深远影响，促进了现代汉民族共同语的发展。"白话文运动""国语运动"的推动，使书面语接近口语，使口语有了明确的规范，形成了通行的普通话。为了使普通话的规范更加明确，1955年中国科学院哲学社会科学部召开会议，讨论了普通话的规范，明确语音方面以北京语音为标准音，这里的北京语音指的是北京音系。它的书面表现形式就是《汉语拼音方案》。以北京音系作为标准音，这是语音系统方面的规范化，另一方面，就语言中有些字和词的读音来说也要加以规范化，因为在社会发展的过程中，某些字和词产生了读音分歧的现象，如"飞跃"（fēiyuè），也有人读作fēiyào，这就是所谓异读字、异读词问题，需要进行读音规范。此外，轻声词和儿化词也需要加以明确的规范，这样大家才有可以遵循的标准。下面，我们主要就现代汉语语音规范化的一般内容进行介绍，并着重谈谈轻声、儿化和异读的规范问题。

一 现代汉语语音规范化的要求

汉语方言的分歧，以语音差异最为显著。不仅上海、广州的语音系统和北京不同，就是天津、保定的语音系统和北京也不完全相同。语音的不同极大地妨碍了人们的思想文化交流。所以统一语音必须以一个地方方言的语音系统作为标准。多少年来，我国的话剧、电影、广播等都采用北京语音，北京语音的标准音地位早已为人们所公认。以北京语音为标准音，这是历史发展的必然结果，作为规范标准的"北京语音"指的是北京的语音系统，即北京语音的声韵系统和北京的字音。

现代汉语普通话，以北京语音为标准音。但是，即使是作为普通话语音标准的北京语音内部也有一些分歧现象。例如异读词，同一个词有不同的读音却无区别意义的作用，像"教室"（shì，shǐ）、"法国"（fǎ，fà）等。另外，北京语音中存在许多没有区别意义作用的轻声、儿化音节，还存在一些北京口语的土音成分。这些因素不利于人们学好规范的普通话，不利于兄弟民族和外国朋友学习汉语，所以汉语普通话的语音必须有一个统一的规范。

语音规范化，包含了两方面的内容：第一，确立正音标准；第二，推广标准音。

（一）确立正音标准

统一汉语语音，必须以一个地点的方言的语音为标准音，不能以虚拟出来的语音或者用各种方言拼凑起来的语音为标准音，也不能以北方话整个地域的语音为标准音。因为在北方话中，各个地点方言的语音分歧还是相当大的，不仅重庆、南京的语音系统同北京的语音系统不同，甚至天津的语音系统跟北京的语音系统也不完全相同。如果不规定以一个地点的方言为标准，就会令人无所适从。以北京语音为标准音，这是历史发展的必然结果。北京语音的标准地位，早已为人们所公认了。

现代汉语的共同语是普通话，普通话的语音标准是北京语音。但这并不是说普通话语音完全等同于北京语音。一般认为，作为普通话规范标准的北京语音，是指北京话的语音系统，即北京话的声、韵、调系统，而不是说北京语音里的每一个音都是普通话的语音成分，也不是说所有的北京字音都是标准音。北京话的一些土音成分就不能进入普通话；即使是进入普通话的语音成分，由于北京语音内部也存在着不少异读现象，所以普通话必须对这些现象加以审定，明确取舍，以确立语音规范标准。

1. 普通话读音不采用北京土音

土音是指北京话中的某些口语、旧读、俗读的字音。这些特殊的土音成分，就不能作为普通话的语音标准。例如：

论斤买 lìn jīn mǎi　　明白 míngbei　　吵吵 chāochao

这些发音都属于北京话中的特殊发音，普通话语音应该排除这些土音成分。

2. 儿化、轻声的规范

北京话里儿化、轻声现象特别多，都算普通话成分来推广是很有困难的，也没有必要。一般来说，能区别词义和词性的可承认是普通话成分。例如：

"信儿"（消息）与"信"（书信）不同；

滚儿（名词）与滚（动词）不同；

地道（好，真，形容词）与地道（地下的通道，名词）不同；

大意（粗心，形容词）与大意（主要内容，名词）不同。

吸收这些儿化及带轻声的词，可使普通话更加丰富。至于不起区别词义、词性作用的情况，以及在习惯上儿化不儿化两可的词，一般就不需吸收了。如北京话的"地点儿、伙伴儿"，普通话就念"地点、伙伴"。"职业、牢骚"在普通话中第二个音节就不必念轻声了。关于儿化和轻声的规范问题将在后面展开讨论。

3. 异读词的规范

北京话里的异读词，就是在习惯上有几种不同读音的词。例如，"波（bō、pō）""暂（zàn、zhàn、zǎn）时"等，前一个读音已被确定为规范的读音。但是同一个汉字，虽然有不同的读音，却只出现在不同的词里，或者它的不同读音所表示的意义并不相同，这种同字异音是一种正常的现象，必须同上面所说的同词异音加以区别。例如"睡觉 — 觉悟""恶劣 — 厌恶""重要 — 重复"等。

异读词产生的原因非常复杂。有的是文白异读,即读书音和口语音并存。如"贼"字,口语音读zéi,读书音念zé。有的是受方言影响,一些方言音被北京音吸收,与原有读音并存形成异读。例如,"揩(kā)油"来自吴语区,同普通话的"揩(kāi)油"读法并存。有的是字被人读错了,影响扩大,正误并存,形成异读。例如,"商埠"原读bù,但被人讹读为fù。还有的是背离语音发展规律的,本该读某音,又有一个不合规律的读音,但已成势力,形成两读。例如,"帆"字是古浊平声字,按规律应读阳平fán,但又出现阴平的读法fān,造成异读。有关异读词的规范问题还将在后面专门讨论。

4. 语气词的音变规范

对于语气词来说,语音规范化除了要克服方音的影响外,对由于连读带来的音变进行规范,是一个很重要的任务。有专家曾经调查"总理啊总理"中的"啊"的读音,尽管被试者都是调查者挑选出来的,具有北京话语言背景的,且基本上没有受过其他方言影响的,但调查的结果却有三种意见:①只能读"啊",不能读"呀";②只能读"呀",不能读"啊";③两可。可见,连读音变不是绝对的,而只是一种可能性。可见,音变问题并不像语言教科书中说的那么简单、那么有规律。

处理好音变问题是语气词语音规范的主要任务之一,也是难点之一,这是因为影响连读音变的因素是多方面的。

(1)语气词的音变是在语流中受语气词前面音节的影响而产生的,主要发生在一些只是由元音构成的语气词上,如"啊""哎"等。因为是在语流中产生的音变,所以语流中的语速对音变产生很大的影响,语速慢,语流中的间隙大,失去的音少,会阻止产生连读现象;语速快,语流中的间隙小,失去的音多,就容易产生连读现象。例如:

-e ia(+啊)   iou(+呕)   (语速较慢)
-e da(声母d+啊)   dou(声母d+呕)   (语速较快)
-e la(声母l+啊)   lou(声母l+呕)   (语速较快)

语气词的前一音节同样是-e,语速较慢时和语速较快时的音变是不同的,语速较快时,连读的不仅是语气词前一音节的韵母,连声母也发生连读。

(2)语气词的连读音变主要是在北京话中流行,继而,其中的一部分推广影响到普通话中。但是北京人说话时语气词的连读音变,深受说话人的心理因素的影响,从而使音变产生变化。首先,连读音变是老北京话的特色,不少北京人有意识地要避免一种"土腔",这就影响到连读音变;其次,每个人对所说的每一句话投入的感情有多有少,对感情的认同也不一样,上述对"总理啊总理"中的"啊"的不同处理反映了对"啊"和"呀"的不同的感情认同,而不同的感情认同又会影响到是否采用连读的方式,是否会在语流中出现音变现象。可见心理因素对连读音变确实有影响。

(3)说话人不同的方言背景会对连读音变产生影响。一方面,方言区的人在音变连读的运用上不如北京人,刻意的模仿和自然的流露产生的效果是完全不一样的,即便同是北方方言区的人,非北京人和北京人对连读音变的感受也是不一样的;另一方面,语气词的方音读法会影响说话人对普通话连读音变的理解和运用。例如:

zhi, chi, shi, ri   ra(+啊)   rou(+呕)
zi, ci, si   [zA](+啊)   zou(+呕)

上述北京话中的"啊"音变,对一个有吴方言背景的人来说,要发好"r-""z-"是不容易的，当他们读到这一类语气词时，就可能会阻止音变现象的产生。

（二）推广标准音

普及共同语，实现语言文字的规范化、标准化，是普及教育、发展科技从而推进现代化建设事业的基础性工程，对推动经济发展和社会进步具有重要意义。中华人民共和国成立以来，特别是改革开放以来，我国推广普通话工作取得显著成绩。1982年，《中华人民共和国宪法》规定"国家推广全国通用的普通话"，明确了普通话的法律地位。1986年，国家确定推广普通话为语言文字工作的首要任务。2000年10月31日第九届全国人民代表大会常务委员会第十八次会议通过的《中华人民共和国国家通用语言文字法》第一条提出了制定本法的目的是"推动国家通用语言文字的规范化、标准化及其健康发展，使国家通用语言文字在社会生活中更好地发挥作用，促进各民族、各地区经济文化交流"。

为了使推广普通话工作逐步走向制度化、规范化、科学化，国家推出了"普通话水平测试"。普通话水平测试依据全国统一的标准，通过朗读单字、词语、短文和说话、会话等项目的口头测试，评定职业人员掌握普通话的程度。普通话水平测试是推广普通话工作的重要组成部分之一。

普通话的标准是"以北京语音为标准音，以北方话为基础方言，以典范的现代白话文著作为语法规范"。但是要求每一个人都说十分标准的普通话，在现阶段是不现实的，也是不必要的。针对不同地区、不同行业、不同岗位、不同年龄段等实际情况，国家语言文字工作委员会组织专家拟定了《普通话水平测试等级标准（试行）》，于1997年正式试行。这个标准使普通话水平有了比较客观的可以操作的衡量尺度，为人们逐步提高普通话水平提供了较为科学的量化手段。按照这个等级标准，普通话水平划分为三个级别，每个级别内分为甲、乙两个等次，详见附录八《普通话水平测试等级标准（试行）》。

（三）语音规范化的意义

在现代社会，语音规范化具有十分重要的意义，甚至可以说，语音规范化是时代的要求。

现代汉语语音规范化不仅是提高中小学学生汉语素质的需要，还是对外汉语教学的需要。随着中国改革开放的不断深入，越来越多的外国人开始学习汉语，如果普通话的语音不够规范，势必会给他们的汉语学习增加很多困难，势必会影响到对外汉语教学的质量。

现代汉语语音规范化是信息社会发展的需要。计算机的出现及其应用是人类发展中的历史性飞跃，计算机网络把整个世界联系在一起。在信息时代，语言文字不仅是人与人交际的主要工具，还是人与计算机交际的基本工具。普通话不普及，将妨碍中国信息化事业和科技教育的发展。以汉字输入法为例，在五花八门的输入法中，人们最容易学会的输入法就是拼音输入法。但是，使用拼音输入有一个前提条件，那就是操作者不仅要熟练掌握汉语拼音，还要会说普通话，否则是无法使用拼音输入法的。如果将来实现了人与计算机的直接对话，那对普通话标准的要求就更高了。所以确立正音标准，推广标准音，与现代化、信息化的关系是非常密切的。

二 轻声和儿化的规范问题

轻声和儿化是北京话语音系统中突出的语音现象。轻声和儿化词的存在，丰富了普通话的表现力，在语言的表达上有一定的作用，普通话中应该吸收北京话中的轻声和儿化。然而北京语音中的轻声和儿化现象非常普遍，而且也较为复杂，如果都算普通话成分，学习起来非常困难，而且也没有必要。所以，对北京语音中的轻声、儿化有规范的必要。

北京话的轻声、儿化词有两种情况。

（1）读不读轻声、儿化都可以，即读不读轻声、儿化不儿化没有区别词性或词义的作用。例如"纪念、明天、措施"等，后一个音节读不读轻声均可。"地点儿、伙伴儿"也可以说成"地点、伙伴"。对于这种在表意上没有区别，轻声不轻声、儿化不儿化一样的轻声、儿化词，普通话就不应该吸收作为规范的标准。

（2）在北京话中一定要读轻声和儿化的词。这其中也分为两种情况。一种是读不读轻声、儿化具有区别词性、词义或具有区别词和短语的作用。例如：

大意（主要意思，名词）——大意（疏忽，形容词）
地道（在地下的交通坑道，名词）——地道（真正的、纯粹的、标准的，形容词）
拉手（手握手，短语）——拉手（安装在门窗或抽屉上便于用手开关的木条、金属物等，名词）
头（脑袋）——头儿（为首的，如"李头儿"；物体的顶端，如"中间粗，两头儿细"）
盖（动词）——盖儿（名词）
尖（形容词）——尖儿（名词，如"笔尖儿""针尖儿"）

这些都应该吸收进入普通话。

另一种是虽然有些轻声、儿化音节不具有区别词性、词义的作用，但是在北京话中已经形成习惯读轻声、儿化，而且用得很普遍，这些词也应该吸收进入普通话。例如"耳朵、学生、困难、小孩儿、我们"等。

总之，北京语音中轻声、儿化的规范问题，比较复杂，目前尚未制定出明确、圆满的规范标准，这方面还需要我们进一步深入地探讨。

例如"信儿"是规范的儿化读音，因为"信儿"是消息之义，不同于"信（信件）"，儿化具有区别词义的作用。

"地点儿"不是规范的儿化读音，儿化不儿化并无区别意义的作用，"地点儿"纯粹是属于北京口语的土语成分。

"我们"是规范的轻声读音。因为"们"是复数助词，这种语法成分在句中习惯上读轻声。

"太阳"也是规范的轻声读音。因为虽然"阳"读不读轻声并无区别意义的作用，但是"阳"读轻声这种用法在北京话中使用得相当普遍，即按习惯必须轻读，所以这种轻声词应该吸收进入普通话。

"明天"不是规范的轻声读音。因为"明天"一词读不读轻声词义无差别，而且读音属于两可的情况，读轻声是较典型的北京方言土语成分，所以，不应该吸收进入普通话。

三 异读词的规范问题

（一）什么是异读词

普通话既然是以北京语音为标准音，那么每一个汉字的北京话读音就应该是确定的，这样各方言区的人才能有所依据。但是，由于各种原因，有一些字在北京话里读音并不一致。如"波浪"，读成 bōlàng，也可以读成 pōlàng；"跳跃"读成 tiàoyuè，也可以读成 tiàoyào。这些就是异读词。所谓异读词，是指同一个词有几个不同的读音，而不同的语音并无区别意义的作用。

从语音的角度分析北京话里的异读词，有的声母不同，有的韵母不同，有的声调不同，有的声、韵、调都不同。例如：

包庇（bì、pì）　　娇嫩（nèn、nùn）
质量（zhì、zhǐ）　　颜色（sè、shǎi）

（二）普通话异读词产生的原因

异读词产生的原因很多。从来源来看，主要有以下几个方面。

（1）文白异读

就是读书音和口语音不同。例如"柏"字口语音念 bǎi，读书音念 bó；"熟"字口语音念 shóu，读书音念 shú；"血"字口语音念 xiě，读书音念 xuè。两种音的韵母差别较大，就主要元音来说，口语音元音舌位较低，读书音元音舌位较高，这是鉴别两种音的主要办法；其次，如果韵母元音有单元音有复元音，则单元音是读书音，复元音是口语音。

（2）方音影响

有的方言词的读音被北京音吸收，而与北京话原有的读音并存，造成异读现象。例如"揩油"（kā yóu）来自吴方言，同普通话的 kāi yóu 读法并存。

（3）讹读影响

有些字被人读错了，影响扩大，结果正误并存，形成异读现象。例如"商埠"原读 shāngbù，但被人讹读为 shāngfù。

（4）背离规律

有些词按语音发展规律应读某音，但又出现了一个不合规律的读法，两音并存。例如"帆"字是古浊平声字，按规律应读阳平 fán，但又出现阴平的读法 fān，结果造成异读。

（三）异读词和多音多义字的区别

异读词是指同一个词有几个不同的读音，而这几个不同的读音并没有区别意义的作用。例如：

波浪（bō、pō）　　机械（xiè、jiè）

多音多义字是指一个字在不同的词中读音不同，而且不同的读音代表不同的意义，普通话常用字中有三四百个多音多义字，分三类。

（1）词性不同而读音不同的。例如：

快乐 lè（形容词）　　音乐 yuè（名词）
重复 chóng（动词）　　重音 zhòng（名词）

（2）读书音、口语音不同造成的。例如：

　　薄 bó（读书音）：薄弱　薄膜
　　薄 báo（口语音）：薄饼　薄被

（3）一般用法和特殊用法不同造成的。例如：

　　单 dān　　　单一　单纯
　　单 chán　　 单于（古代匈奴君主的称号）
　　单 shàn　　 姓
　　翟 dí　　　 墨翟（人名，先秦著名思想家）
　　翟 zhái　　 姓

另外，"校（jiào）对"和"学校（xiào）"、"挑（tiāo）水"和"挑（tiǎo）战"、"安宁（níng）"和"宁（nìng）可"等词都不属于异读范围，因为不同的读音有区别意义的作用。而"发酵"中的"酵"应当读为jiào，不能读为xiào；"门框"中的"框"应当读为kuàng，不能读为kuāng，"五更"中的"更"应当读为gēng，不能读为jīng。

（四）异读词的规范标准

异读词在北京话里有好几百个。异读词在语言中读音不同，却没有区别意义的作用，是语言中的累赘，是人们学习普通话的一个负担。异读词的存在，不利于普通话的推广和现代汉语语音规范的建立，所以要对异读词进行规范。异读词的审音工作开始于1956年底，到1962年分三批发表了《普通话异读词审音表初稿》，1963年把这三次发表的审音表辑成《普通话异读词三次审音总表初稿》，由文字改革出版社出版。1982年，普通话审音委员会又对总表进行了修订，于1985年12月27日公布《普通话异读词审音表》（见附录十）。普通话异读词读音以此表为准。《普通话异读词审音表》的公布，对推广普通话，促进语音规范化起了积极的作用。

《普通话异读词审音表》是以符合普通话的语音规律为原则，以异读词的实际使用情况为基础制定出来的，对异读词的读音采取了几种不同的规范措施，主要措施有统读、分读和从众改音。

所谓统读，就是规定异读汉字不同发音全部合而为一，随之包括这个汉字的词语的读音也相应地合而为一。如"呆"，取消读音ái，统读为dāi，那么，"呆板"相应地就统读为dāibǎn，旧读áibǎn就成了不规范的读音。

所谓分读，就是对某些异读汉字的读音进行分别规范，并随之规定包括这些汉字的词语的相应读音。如"冠"表示名物义时，规范读音为guān，随之"冠心病"的读音就规范为guānxīnbìng；"冠"表示动作义时，规范读音为guàn，随之"冠军"的读音就规范为guànjūn。为了解决读书音同口语音的矛盾，《普通话异读词审音表》还保留了部分汉字的文白两种读音。文读一般用作书面语色彩较浓的复音词和成语，白读多用于口语中的单音词和一些常用的复音词。如"剥"文读为bō，相应的"剥削"的规范读音就为bōxuē，在"剥皮""剥花生"中，"剥"就白读为bāo。

所谓从众改音，就是根据词语在广大人群中的使用情况，采取承认既成事实的态度，以广泛使用的读音为规范读音。如"啥"，取消读音shà，一律从众改读shá。

思考题

1. 普通话语音规范化工作都包括哪些内容？
2. 结合生活中的事例谈谈语音规范化的必要性。
3. 有人主张为了方言区人们学习普通话的方便，普通话应该取消轻声和儿化，你认为合适吗？为什么？
4. 什么是异读词？它与多音词有什么区别？请举例说明。

本章练习题

一、名词解释

音色　音素　音节　音位　声调　《汉语拼音方案》

二、分析下列声母的发音部位和发音方法

1. k   2. n
3. ch   4. l
5. x   6. h
7. j   8. r
9. p   10. z

三、根据所提供的发音条件写出相应的声母

1. 双唇不送气清塞音：   2. 唇齿清擦音：
3. 舌尖中送气清塞音：   4. 舌尖后清擦音：
5. 舌面前送气清塞擦音：   6. 舌尖前送气清塞擦音：
7. 舌面后不送气清塞音：   8. 双唇浊鼻音：
9. 舌尖后不送气清塞擦音：   10. 舌尖前清擦音：

四、朗读下列词语，注意分辨易混声母，并给每个音节注音

1. 分辨 z、c、s 和 zh、ch、sh

   栽种　在场　责成　增长　赞赏　早晨　榨菜　指责
   政策　主次　珍藏　章草　才智　参照　裁处　餐车
   苍生　测试　场所　插嘴　炒菜　场次　差错　拆散
   诉状　素质　酸楚　诉说　算术　随时　损伤　沙子
   涉足　始祖　数次　水族　早操　残存　山寨　辗转

2. 分辨 f 和 h

   蜂房　花卉　绘画　黄发　分房　黄花　肥皂　分发
   毁坏　悔婚　花房　佛法　翻飞　回环　回话　发挥
   护肤　飞机　灰肥　恢复　昏黄　饭后　划分　化肥
   恢宏　纷飞　伏法　放飞　辉煌　黄昏　欢呼　幻化

3. 分辨 n 和 l

男女	努力	冷暖	留恋	拦路	耐力	楼兰	南方
奶酪	劳累	老年	女奴	拿来	纳凉	庐山	虐待
恼怒	履历	拉链	凝练	料理	热闹	难耐	内力
年内	牛奶	理论	利率	领略	南宁	农奴	岭南

五、根据所给的发音条件写出相应的单元音韵母

1. 舌面前高不圆唇元音
2. 舌面后半高圆唇元音
3. 舌尖后高不圆唇元音
4. 舌面后半高不圆唇元音
5. 舌面前半低不圆唇元音

六、分析下列单元音韵母的发音条件

1. ü 　　　　2. i
3. u 　　　　4. ɑ
5. -i[ʅ] 　　6. er

七、朗读下列词语，注意分辨前鼻音韵母和后鼻音韵母，并给每个音节注音

申明—声明	分数—枫树	诊治—整治	陈旧—成就
出身—出生	轮子—笼子	阵势—正是	吩咐—丰富
金星—精心	亲近—清静	亲身—轻生	应允—英勇
定音—定亲	阴影—影音	贫民—平民	宁静—拧紧
选准—选种	吩咐—丰富	遁词—动词	炖肉—冻肉

八、分析下列汉字的音节结构（声母、韵头、韵腹、韵尾、四呼、声调的调值和调类）

汉字	声母	韵母			四呼	声调	
		韵头	韵腹	韵尾		调值	调类
血							
均							
留							
屋							
样							
翁							
水							
愁							
暖							
兹							

九、朗读下列词语，并指出上声字的调值变化情况

领导	女友	选举	老板	首长	敏感	粉笔	品种	虎骨酒
粉笔	给予	舞蹈	耳鼓	水果	搞鬼	勉强	蒙古	碾米厂
氧吧	走私	指标	法规	展开	语音	指挥	小心	孔乙己
导游	解除	检查	火柴	感觉	肿瘤	舞台	产值	小雨点
水库	铁道	网络	懂事	广告	理念	品味	挑战	好产品
暖和	嘴巴	奶奶	嗓子	法子	走走	毯子	里头	厂党委

十、朗读下列词语

1. 注意"一""不"的声调变化

一、二、三　　一一过问　　第一　　表里如一
一朝　一锅　一边　一身　一时　一直　一连　一同
一首　一笔　一口　一早　一律　一致　一定　一面
一脉相承　　一呼百应　　一表人才　　一马当先　　一鼓作气
不安　不甘　不单　不公　不急　不曾　不凡　不足
不久　不仅　不满　不管　不去　不必　不便　不测
不偏不倚　　不谋而合　　不辱使命　　不入虎穴，焉得虎子

2. 注意下列有轻声的词

糊涂	狐狸	护士	打听	黄瓜	活泼	伙计	机灵
明白	名字	摸索	蘑菇	模糊	木匠	木头	哪个
交情	眼睛	搅和	结巴	节气	姐夫	戒指	芥末
枕头	证人	芝麻	知道	知识	值得	指甲	指头
倒腾	得了	星星	灯笼	底下	地道	地方	弟弟
张罗	帐篷	丈人	招呼	招牌	照应	找补	麻烦

3. 注意儿化音节的发音

宝盖儿	找碴儿	肉月儿	纸匣儿	走道儿	门墩儿
快板儿	病号儿	单弦儿	豆芽儿	小曲儿	唱片儿
被窝儿	模特儿	半截儿	个头儿	逗乐儿	纳冈儿
刨根儿	包干儿	鞋带儿	没准儿	压根儿	帮忙儿
围嘴儿	挑刺儿	蛋黄儿	金鱼儿	铜子儿	麻绳儿

十一、朗读下列句子，写出"啊"音变后的读音和汉字写法

1. 他的动作好潇洒啊！
2. 咱俩去逛街啊！
3. 你怎么那么好心啊！
4. 你的手怎么那么冰啊！
5. 那个人的口气可真不小啊！
6. 奥运健儿的表现真棒啊！
7. 我们搬到哪里去住啊？
8. 他投篮投得真准啊！

9. 这人可真逗啊!
10. 多么可爱的孩子啊!
11. 你最近看什么电视啊?
12. 你这人是不是在找事儿啊?

十二、什么是异读词?对照《普通话异读词审音表》,标注出下列异读词的规范读音

呆板　发酵　从容　暂时　脊梁　哮喘　卓越　法子　造诣　商埠　接洽
酝酿　绮丽　教诲　校勘　通缉　棱角　教室　侵略　机械　召集　剥削
逮捕　熟识　疲杳　横亘　骨头　絮聒　沟壑　疾病　侥幸　酵母　比较
琴弦　烙印　跳跃　包庇　接触　确凿　暴露　恪守　露头　淡薄　荒谬
面面相觑　怙恶不悛　暴戾恣睢　栉风沐雨　魑魅魍魉　瞠目结舌　落拓不羁

第三章 文 字

学习目标

通过本章的学习,着重掌握汉字的性质和特点,了解汉字的形体及发展,理解并分析汉字的结构。

建议学时

10学时

第一节 汉字概说

一 汉字的性质和作用

(一)汉字是记录汉语的书写符号系统

文字是记录语言的书写符号系统,文字是在有声语言的基础上创造出来的,是书面上代表语言的符号。文字记录语言,最突出的作用是拓宽了语言使用的空间范围,把属于听觉方面的有声语言符号凝固于书面,转变为视觉方面的符号,突破了有声语言传递信息的时空局限,延伸了语言的功能。人们利用文字进行交往,不再受时间空间的限制,获得了比以往更大的自由,所以,文字是辅助和扩大语言交际的最重要的工具。

汉字是记录汉语的书写符号系统,是汉民族在长期的生产实践中创造出来的,是世界上历史最悠久的文字。世界上最古老的文字,除汉字以外,还有古埃及的圣书文字、美索不达米亚的楔形文字等,但是它们早已不再使用,成为历史陈迹,而汉字至今还在使用,显示出旺盛的生命力。

汉字从象形字发展到形声字占优势,从甲骨文演变为今日的行书,始终没有改变稳固的文字系统。汉字为什么能长期存在下来?这个问题颇能引起人们的思索。文字是记录语言的符号系统,它同语言的关系是依附语言、记录语言。如果一种文字能适应它所代表的语言的特点,能在发展中不断地、充分地改进自己,使自己能够满足社会的需要,它就会长期存在下去,否则,它就会丧失生命力,为别的文字系统所取代。

汉字是一种能适应汉语特点的文字系统,它作为汉族人民书面交际的工具,为汉族人民服务了几千年,自有其伟大的历史功绩。历史悠久的汉字,保存了我国极为丰富的文化遗产。汉字为我们记录下来的文化典籍,从数量上来说,是其他古文字无法相比的。此外,汉字在维护国家统一方面也起到了积极的作用。汉字不仅有不朽的历史功绩,而且在今天仍起着重大的作用。汉字仍是现阶段中国人民在经济、政治、文化生活中广泛使用的文字工具,而且在今后相当长的时期内,经过整理的汉字,将越来越多地发挥它的作用。汉字不但记录了汉语,而且还被日本、朝鲜、越南等国借去记录它们的民族语言,日本、韩国文字中至今还夹杂有汉字。在我国历史上,契丹、党项等古民族也曾模仿汉字创造了独特的文字系统。汉字，无论是记录语言的方式，还是自身的构造形式，都有一些突出的特点。我们学习、研究汉字，就是为了更好地应用汉字，并促进其发展。

（二）汉字是语素文字

根据世界上许多种文字符号记录的语言结构系统中的单位的情况来分析，有的文字记录的是音位，有的文字记录的是音节，那么，汉字记录的是汉语结构系统中的什么单位呢？举例来看，"学"这个字，它念出来是"xué"一个音节，也就是说，它记录了汉语结构系统中的音节这样一个单位。如此看来，是不是可以说汉字是音节文字呢？不。如记录日语的假名，也是有形有音，但不表意，一个假名记录日语里的一个音节，所以说日文假名是音节文字。再来看汉字，还是说这个"学"，它不仅代表汉语里音节这样一个语音单位，而且还有字义，因此我们说，汉字所记录的不只是汉语结构系统中的语音单位，而且还是一个有意义的构词单位，汉字代表的是汉语里最小的音义结合体——语素。

汉字也记录少量非语素的音节，如"葡、萄、枇、杷"等。这些音节只有"pú、táo、pí、pá"等语音，而不独立表意。但汉字所记的这类音节，不同于音节文字中的文字符号。音节文字中的文字符号是专门用来记录语言中的音节的，而汉语中的这类音节仅仅是某个多音节语素中的具体音节，它们处在"葡萄、枇杷"等多音节语素中，虽然不表达意义，却有区别意义的作用。

从汉字跟汉语的关系来看，汉字是语素文字。

二 汉字的特点

世界上所有的文字，根据记录语言的方式不同，基本上可以分为两大类：表音文字和表意文字。构字部件与语音联系紧密，能与语音中的音素或音节挂上钩的，叫音素文字或音节文字，可合称为表音文字；构字部件同语音联系不紧密，字形结构不能拼读出音素或音节的，叫语素文字，也可称为表意文字。汉字是一种表意文字。同表音文字相比，它有以下一些特点。

（一）汉字从形体看是方块平面型的文字

文字符号的构成主要有两种方式：一种是线性排列，一种是平面组合。

拼音文字的字母组合一般是单向行进的，大多数拼音文字（拉丁系文字、斯拉夫系文字和阿拉伯系文字等）都是线性文字，它们的构成成分像线似的依次排列，顺着一个方向延伸，因而具有线性特点。由于一个词的音素有多有少，因而词形的长短不一。汉字是一种平面性文字，它的构成成分是横向和纵向双向展开，时左时右，时上时下，或左右、上下同时多向展开，具有平面性特点。由于汉字的结构成分同音素没有联系，书写时多向展开，一个字无论笔画多少，都匀称地分布在一个方块形的空间内，形成一个整齐的方块，不受音素多少的影响，从一画的"乙"字到二十四画的"矗"字，都分布在大小相同的方块形平面之中，所以汉字又叫"方块字"。汉字的这个特点同汉语语素特点有关，汉语语素的语音形式简短，大多是一个音节。汉字记录语素，字形构造也必须简短，不能太长，以适应语素特点，使阅读速度与视线移动速度一致。因此，汉字结构单位组合时就必然要受空间范围限制，呈多向行进。

（二）汉字在语音上表示音节

拼音文字是用字母代表语言里的音素，单词都由字母拼合而成，字母的形体比较简单，数量也很有限，例如英文仅有26个字母。一般地说，不同的字母代表不同的音素，字母与音素之间有一定的对应规律，英文、法文、德文、俄文、意大利文、西班牙文都是如此。例如英文单词 book，字母b与音素[b]对应，两个o与音素[u]对应，k与音素［k'］对应。汉字却不同，它不表示音素，而是表示音节；一个汉字无论笔画多少，都表示一个音节，至于这个音节有哪些语音成分，从字形上是看不出的，因为汉字与音节对应，不与音素对应。例如"一、衣、漪"都念yī，字形上看不出哪一部分表示声母、韵母或声调，字形复杂与否同音节构造长短没有关系。当然，汉字也并不是音节文字。音节文字的每一个符号代表一个音节，不同的符号代表不同的音节，一符一音，一音一符。日文的假名属于这一类。

汉字中只有极少数是字和音节不对应的。这有两种情形。

一种是一个字对应两个音节，如旧的计量用字，"瓩"读作qiānwǎ，"浬"读作hǎilǐ。但自从1977年《部分计量单位名称统一用字表》公布后，淘汰了"瓩"和"浬"这类复音节字，改用"千瓦""海里"来表示，这种情形就不再存在了。

另一种是一个音节对应两个汉字，那就是儿化音节，如"花儿、玩儿"等，这类儿化音节中的"儿"是在一个音节的末尾附加卷舌动作，不代表一个独立完整的音节。因此，儿化音节写出来是两个字，读起来却是一个音节。

无论是一个汉字读成两个音节，还是一个音节写成两个汉字，这在汉字里都只占极少数，从总体上看，一个汉字代表一个音节。

（三）汉字在意义上代表语素

拼音文字记录语言是以词为单位的，汉字记录语言基本上以最小的语音语义结合体——语素为单位。汉语的语素以单音节为主要形式，而汉字又是代表音节的，所以，从语音形式看，汉字与汉语的语素正相适应，一个汉字记录一个语素，一个语素用一个汉字表示。现代常用汉字，按照国家语委和国家教委联合公布的《现代汉语常用字表》，共有3500个，它们与现代汉语的基本语素大致相当。

（四）汉字不实行分词连写

汉字代表语素，不实行分词连写。汉字不管是一个字独自记录单音节词，还是几个字合起来记录一个多音节词，在书面上一律等距离连续排列，每个汉字独立占有一个方块，词与词之间没有明显的界限，因此根据汉字来区分音节、划分语素比较容易，而要划分词就困难一些。拼音文字正好相反，在书写时绝大多数实行分词连写，即以词为单位，词与词之间分开写，词与词的界限十分明显。

语言以词为单位，不以音节为单位。为了准确地读出书写的语言，最好的方法是分词连写。汉字不实行分词连写法，对阅读有些不便，不容易掌握句子中的停顿，有时甚至会因误认词界而读破句，影响对语义的理解，也影响阅读的速度。例如"发展中国家用电脑"这一串字符，其中"国"和前面的"中"字相连可以组成"中国"，但和后面的

"家"字相连又可以组成"国家",读起来就容易产生歧义,究竟是"发展/中国/家用/电脑"还是"发展中/国家/用/电脑",必须联系上下文才能确定。这类有歧义的情况在我们阅读中是经常出现的,我们常常因为在一串字符中划不清词界而一时弄不清这一串字符的语义。进行机器翻译时,如果将汉语的书面文字输入计算机,由于词与词之间没有空格,机器对于这样一长串没有空格的、前后相续的汉字很难进行句法分析。

分词连写是一种便读形式,可以提高阅读速度,也有利于自然语言的信息处理。但是要在汉语书面语中实行分词连写,不仅要解决分词问题,还要改变长期形成的书写、阅读、印刷习惯,这也不是一件容易的事。

(五)从字形结构看,汉字有其理据性

汉字的理据就是汉字构成的道理、依据。一个汉字为什么这样构造而不那样构造,是有一定的道理和依据的。例如"一、二、三"用相应的笔画表示;"妈"字用"女"表示这个字的意义同女性有关,用"马"表示这个字的读音。又如"森"用三个"木"构成,表示树木多;"淼"用三个"水"构成,形容水大。

汉字的理据透露出丰富的文化信息,通过汉字内部结构分析,我们甚至可以窥见古代的风俗、社会发展、认知水平等。如封建社会妇女地位低下,所以记录一系列有贬义色彩的语素的汉字都加上一个"女",如"妒、妖、奸、姘"等;古人认为人类的思维器官是心脏,所以一系列记录有关思想、心理活动的汉字都加上一个"心"旁,如"怕、情、急、愁"等;在远古人们还用贝壳做货币使用,于是记录有关经济活动的词语的汉字都加上一个"贝"字,如"货、贷、财、购"等。可见,汉字还是研究古代社会生活的绝好材料。

当然也应看到,由于字体的发展、简化,也由于社会的发展,汉字的理据在现代汉字中已较难体现,有些字的构造不全都反映理据性。如"又"的本义是"手",在"取、友、受"等字中具有理据性,在"叹、劝、汉"等字中只是一个符号,与字音、字义均无关系;"杯"从"木",可是今天的杯子绝大部分已不是用木头做的了;"纸"从"丝",可是今天的纸也已不是用蚕丝做的了。

(六)从发展速度上看,汉字具有稳定性

文字作为记录语言的符号,从社会功能看必须保持相对稳定性,才便于学习运用。但并不是一成不变的。文字体系不同,变化速度也不一样。表音文字的形成同词的语音形式联系紧密,受语音变化的影响较大。语音变化后,表音文字在拼写方面必然要进行相应的调整,力求与读音保持一致,因此表音文字变化速度较快。例如英文记录英语,四五百年前的书面材料,今天一般人就看不懂了,因为现代的文字拼写随语音变化已进行了调整,与过去的文字有了很大差别。汉字是表意文字,字形上同语音联系不紧密,语音的变化对汉字产生的影响较小,所以汉字变化速度很缓慢,具有较强的稳定性。今天通行的汉字,不少已有几千年的历史,但形体一直未变,如"人、木、山、火"等。大部分汉字,古今差别主要在字体方面,内部结构差别较小,所以两千多年前的汉字,人们今天依然认识。

总之，汉字是一种表意性质的语素文字。这是它区别于纯粹表音的音素文字或音节文字的基本特点。

思考题

1. 与拼音文字相比，汉字有哪些特点？
2. 汉字适应汉语的特点体现在哪些方面？
3. 有人说表音文字先进，表意文字落后，所以汉字要向表音文字的方向发展。你如何看待这个问题？

第二节　汉字的形体

一　汉字形体的演变

汉字形体指的是汉字的书写体式。它既不是指汉字的结构方式，也不是指书法艺术上的不同派别。一种文字可以有几种不同的字体，但它的结构方式却是比较固定的。至于书法艺术上的派别，又称"书体"，一般不属于文字学研究的范围。汉字形体是不断发展的，它代表着汉字在一定历史阶段时的书写体式。汉字字体之所以发展变化，或者由于书写便利的要求，或者由于书写工具的改变，或者由于某种社会力量。由于早期汉字数量太少，所以一般讲汉字的字体，都从甲骨文开始。根据汉字字体的结构特点和发展顺序，汉字的形体演变大致可以分为甲骨文、金文、篆书、隶书、楷书、草书、行书等几个阶段。

下面依次来叙述这几种字体的演变情况。

（一）甲骨文

甲骨文是刻在龟甲和兽骨上的文字，主要通行于商代。商代统治者崇尚迷信，遇事都要用甲骨占卜吉凶，刻在甲骨上的文字就是卜辞。甲骨文是用刀刻的，因此笔画多方笔，线条笔直、纤细，两端尖锐，体势瘦挺。多数字的结构还没有完全定型化，字的方向可以变换，偏旁可有可无，笔画可多可少，因此同一个字往往有好几种写法。甲骨文出土于河南安阳小屯村，1899年才被发现，1928年后又进行了多次发掘，先后出土达十余万片，大约有4000个字，其中已认识的约1000个。尚未认识的字多是人名、族名、地名等。文字结构不仅已由独体趋向合体，而且有了带表音成分的形声字。从字数和结构来看，甲骨文已是一种相当发达的文字。

图3-1　甲骨文

图3-2　金文

（二）金文

金文是古代铸刻在青铜器上的文字，铸在青铜器上的文辞称作铭文，文字称为金文。金文主要指西周及春秋时代的铜器上的文字，是这个时期汉字字体的代表。古代青铜器以钟和鼎最为常见，古人用钟鼎来作为铜器的总名，所以金文又叫钟鼎文。金文是由甲骨文演变而来的，字体同甲骨文相近，但二者也有不同的特点。金文笔画较甲骨文丰满粗肥，拐弯处由方折趋圆转，点画圆浑，体势雍容。外形轮廓比甲骨文整齐匀称，但形体结构仍不够定型。笔画比甲骨文简易，渐渐离开图画的原形。到战国末年，字体逐渐接近于小篆。因此从金文中可以看出甲骨文到篆书的演变形迹，现在见到的金文约有3000个字。

（三）篆书

篆书是大篆和小篆的统称。

大篆是春秋战国时期秦国流行的字体，秦国兴起的地方正是周朝的故地，所以秦国文字难免受前代文字的影响。大篆和金文一脉相承，只是比金文又进了一步，字形变得更加整齐匀称，笔画粗细一致，更加线条化了。

小篆通行于秦代，也叫"秦篆"。小篆是在大篆的基础上发展形成的，除了跟大篆一样具有结构工整、笔画圆转匀称等特点外，还比大篆更简化、更定型化。

小篆是我国历史上第一次汉字规范化的产物，在汉字发展史上具有十分重要的地位，是古汉字的最后一个阶段。汉字到了小篆阶段，文字的符号性和规范性得到了很大的提高。

小篆的通行，结束了从甲骨文以来一千余年汉字形体纷繁、写法多种多样的混乱局面，从而使汉语书面语用字高度统一起来，这对促进各地文化交流、汉民族文化的发展以及汉民族书面语的形成和统一，都起了积极的推动作用。小篆的影响也是深远的，直到今天，作为篆刻艺术的专门字体，小篆仍然在广泛地运用着，甚至成为书法或绘画作品中不可缺少的组成部分。

图3-3 大篆 石鼓文

图3-4 小篆 泰山刻石

（四）隶书

隶书又分秦隶和汉隶两种。

秦代以小篆为标准字体，同时还通行隶书。隶书是下级人员（徒隶）用于日常书写的辅助字体，这种字体起初接近于小篆，但比小篆方正一些，实际上是写得潦草一点儿的小篆。

秦隶发展到汉代，更加趋于简单易写，从而形成汉隶，是汉代通行的正式字体。汉隶又叫今隶，因此，与它相对的秦隶又称为古隶。

隶书在汉字发展史上占有重要地位，它是汉字从具备象形特点的古汉字演变为不象形的现代汉字的转折点，在汉字发展史上具有划时代的意义。

从小篆到隶书，线条的平直化以及字形结构的改变，使汉字失去了古文字的图形意味，成为纯粹符号性质的字体，为楷书打下了基础。隶书可以看作是由古汉字演变为现代汉字的过渡字体，在汉字演变史上关系重大，文字学上一般把它称为"隶变"。隶变改造了小篆的偏旁，使汉字进一步变成纯粹符号性质的文字，大大降低了汉字书写的繁难程度，奠定了楷书的基础。

图3-5 秦隶 睡虎地秦简《日书》

图3-6 汉隶 张迁碑

（五）楷书

楷书又叫"真书"或"正书"，是现代通行的字体。楷书形体方正，笔画平直，可作楷模，由此得名。楷书萌芽于西汉，成熟于东汉末年，魏晋以后就普遍流行。直到现在，楷书仍然是汉字的标准字体，它的通行已有近2000年的历史了。楷书是由隶书演变而来的，它的结构与隶书基本相同，同时也吸收了草书笔画简单的优点。楷书没有隶书的波势，比隶书方正，笔画十分平直，字形比较平稳，整个字形向里集中，结构显得紧凑、严谨。楷书汉字完全是由横、竖、撇、点、折等笔画组成的方块形符号，在摆脱古汉字的图形意味上，比隶书又进了一步。楷书出现后，汉字成为方块字就定型了。

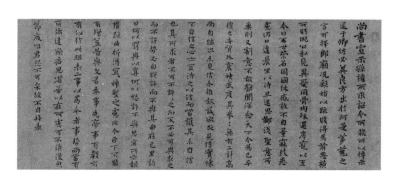

图3-7　楷书　钟繇　《宣示表》小楷字帖

图3-8　楷书　欧阳询字

（六）草书

草书是为书写便捷而连笔写的一种字体。广义地说，自有汉字以来，各种字体都有草率的写法。到了汉代，草书成为一种字体的专称，说明它已经发展成一种具有特色的字体了。

草书共有三种：章草、今草和狂草。

最初通行的是草隶，即草率的隶书。后来逐渐发展，形成一种具有艺术价值的书法，名为"章草"。章草带有隶书的波势，书写时笔画相连，但字字独立，有些字只不过是隶书的简写。草书发展到东汉末，在章草的基础上产生了今草。今草脱去了隶书笔画形迹，字形结构还看得出来，辨认也不困难。到唐朝，草书写得更加放纵，笔势连绵回绕，字形变化繁多，其潦草、简化的程度，更是达到了登峰造极的地步。书法家书写时任意挥洒，随意增减笔画，写出来的字如龙蛇飞舞，一般人很难看懂，世人称之为"狂草"。

草书把方块字的结构和写法高度简化，达到快写的目的，可以提高写作效率，有一定的进步意义。现在使用的简化字中，有一些就是采用草书而加以楷化的，如"东、学、为"等。不过唐代兴起的狂草，只能当作书法艺术看待，其实用价值是不大的。

图3-9　章草　《秋凉帖》

图3-10　今草　王羲之《十七帖》

图3-11　狂草　张旭《古诗四帖》

图3-12　行书　王羲之《兰亭序》

（七）行书

行书是介于今草和楷书之间的一种字体，大约是在东汉末年今草和楷书盛行的时候产生的，可以说是楷书的草化或草书的楷化。楷书笔画工整，但不便快写；草书写起来速度快，但又不易认读。二者在运用中都有些不足。行书则同时兼有楷草两种字体的一些优点：第一，近于楷书而不拘谨，近于今草而不放纵；第二，笔画连绵而各字独立，清晰易认，不像狂草那样连得叫人不认识。

行书字形清晰易辨，书写便利迅速，作为楷书的主要辅助字体，应用广泛，流行至今，而其实用价值不在楷书之下。

下面以"山、水、日、月"四个字为例，说明汉字字体的演变。

甲骨文	金文	小篆	隶书	楷书	草书	行书
山	山	山	山	山	山	山
水	水	水	水	水	水	水
日	日	日	日	日	日	日
月	月	月	月	月	月	月

从汉字字体演变的历史来看，总的趋势是由繁难变为简易。这主要反映在同字异形减少，字的写法和结构趋减。通用字的字形逐渐稳定，同字异形情况有所减少。肥笔改为瘦字，弧形线条改为直线后，图画描绘性记录方式改为符号性记录方式，使书写快捷便利。结构上归并或减省某些成分，写法上图画性减弱，符号性增强，笔形也从绘画式的线条变成由点和直线构成的笔画。汉字字体的简化趋势，在同一字体内也会表现出来。有些字的结构成分发生某些删并，有些字的结构方式做了某些调整，都使汉字日渐简化。当然，有时为了区别字义或注明字音，也有添加组字成分而使汉字繁复化的现象。不过，从总体来看，简化是汉字字体演变的主流。

二　现行汉字的形体

现行汉字的形体从使用手段上看，可分为印刷体和手写体两大类。印刷体主要用于制作铅字排版印刷和计算机排版印刷，有固定的模式。手写体是指用手执笔直接写成的汉字。

（一）印刷体

1. 字体

一般地说，各种形体的汉字都可以预制字模印刷出来，成为印刷体。随着计算机技术的普及，存储在计算机字库中的字体越来越多，如粗圆体、幼圆体、琥珀体、魏碑体等。不过，人们习惯上所说的汉字的印刷体，只指印刷上常用的楷书的各种变体。国家正式公布的文件和一般的报刊、书籍，用的都是楷书。

印刷体的特点是笔画清晰，端正匀称，便于辨认，大都不容易手写。现代汉字印刷体常用的有以下几种变体。

（1）宋体：又叫老宋体、古宋体、灯笼体，是最常用的印刷字体。主要特点是：笔画严谨，横细竖粗，结构紧密，字形方正，不便于手写。

（2）楷体：又叫手写体、正体，同手写体楷书较接近，笔画浑圆，字体丰满，结构端正，字形美观。主要用于排印中小学课本和儿童读物。通俗读物、报刊按语也常用楷体。

（3）仿宋体：是采用宋体的结构、楷体的笔法而形成的，又叫真宋体，其笔画不分粗细，字体方正，清雅秀丽，讲究顿笔。多用于排印少儿读物、诗词等。

（4）长仿宋体：与仿宋体特点相似，只是仿宋体是正方形，长仿宋体则为竖长方形，字号也没仿宋体种类多。主要用作小标题。

（5）黑体：又称方头体、方体、粗体，主要特点是笔画粗重，横平竖直，字迹浓黑醒目，形体凝重稳健，主要用作标题，或用于注释和正文中所要强调的内容。

随着计算机技术的发展，在排印文章、书籍等时，人们可以选用更多的楷书变形字体和其他字体，丰富排印内容的形式，以达到醒目和美观的目的。

楷书常用字体						
宋　　体	对	外	汉	语	教	学
楷　　体	对	外	汉	语	教	学
仿 宋 体	对	外	汉	语	教	学

（续表）

楷书常用字体						
长仿宋体	对	外	汉	语	教	学
黑　　体	**对**	**外**	**汉**	**语**	**教**	**学**

2.字号

字号是楷书印刷体大小的编号，也即铅字大小的规格。我国原有七种字号，从大到小依次是一号字到七号字。后来又增加了初号、特号、特大号、八号等一些字号。现在用计算机排版，字号选择的空间更大了，可以有小初号、小一号、小二号、小三号、小四号、小五号、小六号等的选择，也可以根据实际需要进行字号的放大和缩小。常用的字号见下面的字号表。

汉字常用字号表						
初号	对	外	汉	语	教	学
一号	对	外	汉	语	教	学
二号	对	外	汉	语	教	学
三号	对	外	汉	语	教	学
四号	对	外	汉	语	教	学
小四号	对	外	汉	语	教	学
五号	对	外	汉	语	教	学
小五号	对	外	汉	语	教	学
六号	对	外	汉	语	教	学
七号	对	外	汉	语	教	学

各种字号的字的作用也不一样。一号至小四号主要用作各种不同的标题（正文标题或小标题）；儿童读物、教科书、诗词、文件等材料常用四号或小四号字体排印；五号和小五号字广泛地运用于各种书刊报纸的正文，是我们平时接触最多的字号；六号字各种字体主要用作书刊、工具书的注释；七号字用得较少，一般适用于版权页。

（二）手写体

现行汉字的手写体按书写工具的不同，可分为硬笔字和软笔字。硬笔字指钢笔字、铅笔字、圆珠笔字、尼龙笔字以及其他硬质笔尖写的字，其中钢笔字和圆珠笔字用得最多。软笔字主要指毛笔字。

手写体汉字主要用行书、楷书，有时也运用草书、各类艺术字体及其他字体。手写体灵活、多样、自由，易于表现个人风格。随着计算机的普及，手写汉字的机会在逐步减少，青少年手写汉字的能力包括正确率、美观性都在下降，应该引起我们的重视。

思考题

1. 汉字形体各阶段的主要特点是什么？
2. 小篆和隶书在汉字字体的历史演变中起到什么重要作用？
3. 推动汉字形体演变的主要因素是什么？
4. 汉字形体演变的总趋势是什么？

第三节　汉字的构成

一　汉字的结构单位

现代汉字的字形结构是有层次的，可以逐层进行分析。对字形进行分解，可以从整字分解出部件，从部件分解出笔画。也就是说，现代汉字是由笔画构成的，由笔画组成部件，再由部件组成整字。

（一）笔画

1. 笔画的基本类型

笔画是构成汉字字形的各种点和线，是构成汉字的最小的、最基本的结构单位。书写楷书时从落笔到提笔，叫作"一笔"或"一画"。笔画是由点和线构成的，各种笔画都有一定的形状，叫作笔形。传统书法中有"永字八法"之说，这是前人以"永"字为例，分析出来的八种笔画。这八种笔画是指：点、横、竖、撇、捺、提、折、钩。也有"札字五法"之说，即"横、竖、撇、点、折"，因为"札"字刚好含有这五种笔形。这两种分类方式基本概括了现行汉字的笔画种类。"五法说"把"八法说"中有可能是变形的笔画并入了非变形笔画，因而减少了类别数目。例如把"提"并入"横"，把"捺"并入"点"，把"钩"并入"折"。由于"五法说"对笔形的分类更为概括，所以经常用于工具书的排序。

1988年国家语言文字工作委员会、中华人民共和国新闻出版署发布的《现代汉语通用字表》规定了五种基本笔画，即：

一（横）　丨（竖）　丿（撇）　丶（点）　乛（折）

这些汉字的基本笔形是对各种具体笔形的概括性称呼，在实际运用中，由于笔画部位的不同，为满足汉字方块形的需要，会有各种不同的变形，从基本笔形又衍生出许多变化笔形。例如，撇有平撇、竖撇的变形（"千、月"的起笔），点有左点、长点的变形（"亦"的第五笔、"双"的第二笔）等。

现代汉字除了像"一、乙"这样少数几个汉字是由一笔构成的外，绝大多数汉字都是由好几笔构成的。据《现代汉语通用字表》的统计，7000个通用汉字的总笔画数是75,290画，平均每个字的笔画是十画左右，大部分汉字的笔画在六至十二画之间。最少的是一画（一、乙），最多的是三十六画（齉）。

2. 笔画的先后次序

在按照笔画数排序的场合，笔画数相同的汉字如何排序？过去，汉字各种笔形的排列次序随意性很大。1997年8月，由国家语委和新闻出版署联合公布了《现代汉语通用字笔顺规范》。1999年10月，国家语言文字工作委员会又颁布了《GB13000.1字符集汉字笔顺规范》和《GB13000.1字符集汉字字序（笔画序）规范》。至此，"横、竖、撇、点、折"的笔画次序已经标准化，依照笔画笔形给汉字排序的问题也随之得到了解决。例如"国、季、武、郑"四个汉字，笔画数都是八，按照首笔笔形的次序排序，毫无疑义应该是"武、国、季、郑"。

3. 笔画的组合关系

笔画之间的组合关系有三种基本类型。

（1）相离关系：两个及两个以上的笔画分布在一个方块之内，互不相连。例如：二、三、川、八、小、儿、心、刁。

（2）相接关系：两个以上的笔画分布在一个方块之内，笔画之间相互连接，但不交叉。例如：工、正、而、日、四、山、几、月。

（3）相交关系：两个以上的笔画分布在一个方块之内，笔画之间相互交叉。例如：十、七、九、力、大、子、丰、夫。

大多数汉字是综合运用上述两种或三种方式构成的。如"时"字共七笔，第一、第二、第三、第四笔构成"日"是相接关系，第五和第六笔是相交关系，第七笔跟其他笔画之间是相离关系。再如"土、千、牛、无"运用了相接、相交两种方式，"旦、么、火、乞"运用了相离、相接两种方式，"义、犬、斗、寸"运用了相离、相交两种方式。

正确掌握笔画之间的空间关系是认识汉字、书写汉字时必须要注意的问题。有一些汉字，部件所用的笔画完全相同，全凭笔画的空间关系差异来区别。例如"八"和"入"，两笔之间的关系一个是相离，一个是相接；"刀"和"力"，两笔之间的关系一个是相接，一个是相交；"天"和"夫"，第三笔跟第一笔的关系一个是相接，一个是相交；"牛"和"午"，第四笔跟第二笔的关系一个是相交，一个是相接。

因笔画组合关系的不同而形成不同的汉字，这对非汉字圈的外国留学生来说，是学习汉字时的一个难点，也是我们对外汉语教学的汉字教学中的一个重点。

（二）部件

1. 部件的定义

部件是汉字的基本结构单位，它是现代汉字字形中具有独立组字能力的构字单位，是分析汉字时一个非常重要的概念。

在汉字字形的结构系统中，笔画是最小的结构单位，了解并熟悉笔画的形式、笔画数目、笔画的顺序以及笔画在各部件中的位置、走向、组合方式等，有利于掌握部件和整字。但是，如果分析整字都分析到笔画，未免太烦琐，效果并不理想。如果分析到部件，则能收到以简驭繁的功效。多数汉字都是由两个或两个以上的部件按照一定结构规则构成的，汉字数量虽然很多，但部件的数量却是有限的，只有几百种，因而对构成汉字的部件进行科学合理的分析，有助于汉字的教学和识读。一个部件组成的汉字可分析到笔画，多部件组成的汉字则需要首先进行部件的分析。汉字部件的分析也有利于汉字的信息化处理，汉字的编码往往以部件为基础。例如"露"，分析到笔画有二十一画，不利于整体识记，也不利于汉字的信息化处理；分析到部件只有五个部件，简化了对字形的识记过程，也有利于汉字的信息化处理。因此，以部件为汉字形体的基本结构单位，有利于汉字的教学与研究，尤其对于对外汉语教学来说更是如此。近年来，利用部件分析法进行识字教学和计算机编码都取得了良好的效果。

部件有大有小，它本身还可以分级。科学工作者把部件分为一级部件、二级部件、三级部件等，指的是对某个汉字进行多次切分后得到的大小不一的部件。例如"露"可以切分为"雨"和"路"两个一级部件，"路"又可以分为"𧾷"和"各"两个二级部件，"𧾷"还可以分为"口"和"止"两个三级部件，"各"也还可以再分为"夂"和"口"两个三级部件。部件中不能再切分为更小部件的最小部件叫末级部件。汉字教学和汉字信息化处理中讨论的部件主要是末级部件。

现代汉字一共有多少个形体不同的末级部件呢？据统计，《辞海》（1979年版）11,834个正字（已简化的繁体字和已淘汰的异体字除外）的构成成分，所包含的不同部件有648个。这648个末级部件，其中有的是成字部件，如上面所说的"止"和"口"即为成字部件；有的是不成字部件，如上面所说的"夂"即为不能单独成字的不成字部件。

现代汉字648个部件的构字频度是不完全相同的，其中构字数在十个以上的部件有397个，只构成一个字的部件有103个。构字频度最高的部件是"口"，共构字2409个，频度为20.3579%，其次是"一、艹、木、人、日、氵、亻、八、土"等。了解部件的构字频度，对识字教学和计算机编码都有现实意义。对于构字频度高的部件，识字教学中应该加强学习，给汉字编码时应该优先安排在最便于击打的键位。

2. 部件的名称

在汉字的教学和应用中，为了有效地利用部件，必须给每个部件确定一个名称。而要确定汉字部件的名称，必须首先确定汉字结构部位的名称。有了汉字结构部位的名称，部件的称说就简便易记了。我们把汉字结构部位的名称，概括为五组八种。

（1）左"旁"右"边"。左右结构的字，左边的部位定为"旁"，右边的部位定为"边"。如"依"是单人旁、衣字边，"精"是米字旁、青字边。

（2）上"头"下"底"。上下结构的字，上面的部位定为"头"，下面的部位定为"底"。如"花"是草字头、化字底，"虚"是虎字头、业字底。

（3）内"心"外"框"。全包围的字和三面包围的字，里面的部位定为"心"，外面的部位定为"框"。如"图"是方框、冬字心，"周"是同字框、吉字心。

（4）中"腰"。上中下结构和左中右结构的字，中间的部位定为"腰"。如"鼻"是田字腰，"粥"是米字腰。

（5）四"角"。字的左上、左下、右上、右下部位定为"角"。如"韶"左上角是立，左下角是日，右上角是刀，右下角是口。

部件本身的名称，一般来说，成字部件就用该字的读音去称说，"木"作为部件在左边读作"木字旁"，在右边读作"木字边"，在上边读作"木字头"，在下边读作"木字底"。不成字部件有两种情况，有的有比较一致的称说名称，例如，提手旁（扌）、立刀旁（刂）、竖心旁（忄）、反犬旁（犭）；有的目前还没有比较一致的称说名称，我们可以选用一个以该部件组成的常用字来称说，例如：将字旁（丬）、包字头（勹）、恭字底（⺗）、区字框（匚）。

学会汉字部件的拆分和称说，弄清现代汉字部件的类别，很有实用价值。汉字教学，尤其是对外汉字教学，除了独体字需要拆分到笔画，合体字则主要分解为部件来称说和识记。例如"我姓李，木子李""我姓陈，耳东陈"。

3. 偏旁的概念

我们在分析汉字时常常用到"偏旁"这个概念。偏旁是合体字中左或右、上或下、内或外的任何一部分的结构单位，它是合体字进行第一次切分而产生的部分。也可以说，偏旁就是切分合体字而产生的一级部件。绝大部分的汉字，可以分析出两个及以上的基本单位。例如"巍"字的偏旁就是"山"和"魏"，"树"字的偏旁就是"木"和"对"。这种构字的单位就叫作偏旁。

根据偏旁在现代汉字中所体现的意义和作用，我们可以把偏旁分为以下三种。

（1）表意偏旁：表示字义特征、类属的偏旁。如"姐、妹、娘、妇"中的"女"，"树、枝、株、柏"中的"木"，等等。

（2）表音偏旁：表示字音的偏旁，从现代汉字角度看，有些表音偏旁已失去了表音作用，但有些仍具有明显的表音意义。如"码、玛、蚂、犸"中的"马"，"芳、枋、邡、钫"中的"方"，等等。

（3）记号偏旁：汉字中与音、义没有任何关系，只是区别字形的偏旁。如"丢、县、矣、么"中的"厶"，"欢、观、叙、难"中的"又"，等等。

有的合体字由两个构造比较简单的偏旁组成，如"妹、株、码、芳"等，一次切分后，得到了两个偏旁，不能再往下切分，分析就结束了。有的合体字比较复杂，构字偏旁还可以逐级往下切分出不同的构字成分来，即前面所说的构字部件。例如：

潮——氵、朝（一级部件）
朝——龺、月（二级部件）
龺——十、早（三级部件）
早——日、十（四级部件）

从构字的角度看，偏旁也是部件，是构成合体字的一级部件。但考虑到传统习惯和称说方便，我们把一级部件称为偏旁，把对偏旁再分析所得到的成分叫部件。偏旁也有成字偏旁和不成字偏旁之分。如组成"潮"字的两个偏旁，一个是不成字偏旁"氵"，一个是成字偏旁"朝"。我们在汉字教学和日常生活中说到"潮"字的组成时，一般就说"三点水"加"朝向"的"朝"，而不会说"潮"字是由"氵、十、日、十、月"五个部件组成的。可见偏旁在汉字分析中仍具有重大的作用，其内涵是部件所不能概括的。

现代汉字的偏旁有1500个左右，常用的只有500个左右，其中不少能独立成字。常用偏旁的数量十分有限，而构字频率却相当高，掌握它们，对识字、用字、检字都有重要意义。

4. 部首的概念

部首是字典中为了给汉字分类而确定的字类标目。

从偏旁构字的角度看，汉字的构成并不是杂乱无章，而是有一定的规律性的。有些汉字，由于字义上相关联，常用同一偏旁来表示。

公元100年左右，东汉许慎在《说文解字》中首创部首分类法。他按照"六书"的原则把小篆的形体结构加以分析归类，从中概括出540个偏旁作为部首，同一偏旁的字都统属其下。例如，凡是从"女"的字编为一部，以"女"字为首；凡是从"木"的字编为一部，以"木"字为首。"女"和"木"就是两个部首。现代新编的字典、词典，部首的分合有些变化，《新华字典》和《现代汉语词典》均设201部。

部首也分成字部首和不成字部首，每个部首都有一个名称。成字部首就用字的读音作为名称，如"木字旁""女字旁""刀字头""力字底"等。不成字部首的读音难以确定，就用约定俗成、通俗易懂的叫法作为部首名称，如"艹"叫"草字头"，"氵"叫"三点水"，"忄"叫"竖心旁"，"刂"叫"立刀旁"，等等。

还有少数部首只是笔画，像《新华字典》中的"一、丨、丿、丶"等部首就是由笔画充当的，这是因为有些字没有合适的偏旁可做部首，只好借某个突出的笔画来代替。例如"上、下、七"等字，就都以"一"作为部首。

5. 部件、偏旁和部首的关系

部件、偏旁和部首是三个既有联系又有区别的概念。

部件是汉字形体的基本结构单位。现代汉字中成千上万个字，都是由600多个不同形体的部件单独或按照不同的方式结合起来构成的。

偏旁是对合体字进行第一次切分而产生的两个部分，是切分合体字而产生的一级部件。

部首是字典编纂者为了给汉字分类而确定的字类标目。

偏旁、部首都是部件，但部件不一定是偏旁、部首。部首也是偏旁，但偏旁不全是部首。在对现代汉字进行分析时，部件（末级部件）有600多个，偏旁有1500多个，而部首只有200个左右。

（三）整字

现代汉字按照构字部件的多少可以分为独体字和合体字两类。

独体字是指无法分离出两个部件的汉字，例如"十、刀、大、女"等。有些汉字分解出来的是相离的笔画，例如"八、儿、二、刁"等，这类字也宜看成独体字。有些汉字虽然笔画较多，但由于笔画相交，无法分解出相离的部件，因而也看作独体字，例如"柬、隶、爽、秉"等。独体字在现代汉字中约占3%—5%，绝对数量在300个左右，但它是构成汉字字形结构的基础。对学习和掌握汉字来说，独体字是一个非常重要的部分。

合体字是由两个或两个以上部件组合而成的字，例如"休、荷、谢、曼"等，现代汉字中95%以上是合体字。合体字的排列组合是有其规律的。

二 汉字的笔顺

一个笔画数在一笔以上的汉字，先写哪一笔，后写哪一笔，并不是随意的，而要按一定的顺序书写，这就是汉字的笔顺。学习现代汉字，除了要正确掌握字形的各个笔画的笔形、笔画的起止位置和笔画数，还要掌握笔顺，这对于汉字教学、正确掌握汉字以及利用工具书查检汉字都有着重要的意义。笔顺是按汉字笔画和结构特点约定俗成的，是书写汉字的人长期实践的经验总结。按照笔顺原则书写汉字，不但顺手，速度快，而且也可以避免写错字。

汉字的笔顺规则一般可概括为以下十条。

（1）先横后竖。横、竖相交及竖笔的笔首与横笔笔身相接的字或部件，绝大多数是先横后竖。例如"干、丁、卅、开"。

（2）先撇后捺。撇笔与捺笔组合不管是相离、相接还是相交，书写时都是先撇后捺。例如"八、人、义、木"。

（3）先上后下。除了与横相交的竖以外，基本笔画都是按照上下顺序，从上到下写。例如"兰、兑、今、产"。

（4）先左后右。除了与竖相交的横以外，基本笔画都是按照左右顺序，从左到右写。例如"川、卜、上、从"。

（5）先进后关。全包围结构的字都是先写三面，接着写内部，最后再封口。例如"田、囚、国、围"。

（6）先中间后两边。这种情况适用于中间高两边低的字。例如"小、办、业、水"。

（7）点在上边或左上，先写点，例如"主、为"；点在右上或里边，后写点，例如"戈、叉"。

（8）左上、右上两面包围结构的字书写时大多数是先外后内。例如"厅、在、勹、司"。

（9）左下两面包围结构的字，一般先内后外，例如"建、这"；也有一部分先外后内，例如"赵、尬"。

（10）三面包围结构的字，缺口朝上，先内后外，例如"凶、函"；缺口朝下，先外后内，例如"冈、周"；缺口朝右，先上后内再左下，例如"匠、医"。

但是，汉字笔画繁多，结构复杂，有些汉字的笔画顺序不是以上这几条规则所能概括得了的，例如："火、脊"等字虽然也是中间高两边低，但写的时候是先两边后中间；"车"作为单字时末笔是竖，但作为偏旁时末笔是横提。

在实际书写中，有少数字的笔顺，社会上往往通行不止一种写法，取舍的标准是《印刷通用汉字字形表》《现代汉语通用字表》《现代汉语通用字笔顺规范》。《现代汉语通用字表》依据《印刷通用汉字字形表》确定的标准，规定了汉字的字形结构、笔画数和笔顺。但《印刷通用汉字字形表》和《现代汉语通用字表》的笔顺规范是隐性的。1997年发布的《现代汉语通用字笔顺规范》则把《印刷通用汉字字形表》和《现代汉语通用字表》中隐性的笔顺规范变成显性的、用跟随式、笔画式、序号式三种形式列出了7000个通用汉字的笔顺，例如"王"的笔顺跟随式是一二干王，笔画式是一一丨一，序号式是1121。

我们应该按照《现代汉语通用字笔顺规范》来正确书写汉字。

三　汉字的构造方法

汉字的构造方法包括汉字的造字方法和汉字的结构方式。

（一）汉字的造字方法

1. 有关汉字结构的传统学说

古人把汉字的结构方式和使用方式归纳成六种类型，称为"六书"。"六书"中，象形、指事、会意、形声指的是汉字的形体结构，转注、假借指的是使用方式。

（1）象形

象形是用线条描画实物的形象，以此来表示字义的造字方法，用这种方法造出来的字就叫象形字。例如"日、月"的古字形就是太阳和弯月的形状；"牛、羊"的古字形就是牛头、羊头的形状。由于象形字只能画出有客观物象的事物，无法表示无形可象的事物和不易画出的事物，所以在汉字中象形字数量并不多。在《说文解字》所收的9000多个字中，象形字只有300多个，占4%左右。

象形字是汉字中古老的字，象形字像实物之形这个特点也是它的弱点，因为不是所有具体事物都可以造出一个形象的符号。那些代表抽象意义的语素更不能象形，于是人们只好用另外的办法来表示。

（2）指事

指事是用纯抽象符号或在象形字上添加提示符号来表示意义的造字方法。用这种方法造的字就是指事字。

指事字大致可以分为两类。一类是用纯抽象符号来表示意义，例如用两画表示"二"，用三画表示"三"，在横线上加一点表示"上"，在横线下加一点表示"下"。还有一类是在象形字的基础上添加提示符号来表示意义。例如"本"是在"木"的下面加一画，表示"树根"；"末"是在"木"的上面加一画，表示"树梢"；"刃"在刀口加一点，指明是刀的锋刃；"亦"（"腋"的古字）在人形的两臂下面加点，指明两腋所在。

指事造字法虽然比象形进了一步，但是这种造字方法也有它的局限性。因为用象征性的符号和提示符号表示字义是相当困难的，许多事物不是用简单的指示性符号能表示出来的。因此，汉字中指事字比象形字更少。在《说文解字》中，指事字只有100多个，仅占1%左右。

（3）会意

会意是合字表意的方式，即组合两个或两个以上的字构成一个新字，造出的字叫会意字。例如"明"由"日""月"两个象形字组合而成，借日月的光明，来表示"明亮"的意思；"见"由"目""人"两个象形字组合而成，人看东西要用眼睛，表示"看见"的意思；"从"由两个"人"组合而成，借两个人前后相随，表示"跟从"的意思。此外，如两手中分为"掰"，两手相合为"拜"，不上不下为"卡"，这些则是后起的会意字。

会意以象形为基础，但远比象形能产。为什么呢？因为会意是合体成字，采用自身复合法，就可以造出不同的会意字。如：二木为"林"，三木为"森"，三日为"晶"，三人为"众"，三水为"淼"，三火为"焱"，三直为"矗"，三石为"磊"，等等。会意方式虽然有它的优点，但是也有它的局限性，复杂抽象的语素义它无法表示，而且有些字让人去琢磨它所会之意，就难免见仁见智了。同象形、指事相比，会意造字法无疑要先进得多。在《说文解字》中，会意字有1100多个，占总数的12%以上。

（4）形声

形声是用形符和声符组合起来表示一个新的意义的造字方法。形符是形声字的表意成分，声符是形声字的表音成分，用这种方法造出来的字就叫形声字。

形声字的形旁大都是原有的象形字，也有一些指事字和会意字。声旁都是原有的象形、指事、会意字，或者是已有的形声字。用来构成形声字以后，用作形旁的那个字，表示新造字的意义类属；用作声旁的那个字，表示新造字的读音。例如"睁"字，"目"

是形旁，表示这个字的意义同眼睛有关；"争"是声旁，表示这个字的读音同"争"。再如"湖"字，"氵"是形旁，表示这个字的意义同水有关；"胡"是声旁，表示这个字的读音同"胡"。

形声字中形旁和声旁的部位组合主要有以下六种：

A. 左形右声，例如"瞳、擒、楠、洋"；
B. 右形左声，例如"剂、助、飘、欺"；
C. 上形下声，例如"茗、崩、筐、霏"；
D. 下形上声，例如"驽、怠、贷、璧"；
E. 外形内声，例如"围、闵、匾、凰"；
F. 内形外声，例如"闷、闻、瓣、辩"。

以上六种组合中，第一种组合最多，第六种组合最少。另外还有一些比较特殊的组合，有的左上形，右下声，如"历、疱、扉、疹"；有的左下形，右上声，如"逶、爬、趔、飕"；有的右上形，左下声，如"氘、翅、匙、匈"。

形声字的出现，是汉字发展史上的一大突破、一大飞跃。它使汉字由过去的纯粹表意过渡到既表意又表音的阶段，将语素的读音、意义巧妙地统一于一体，为人们的识读、运用带来了极大的方便。同时，形声字的能产性强，造字效率高，一个形旁能与几十个甚至上百个声旁组合，一个声旁也能与几十个甚至上百个形旁组合。因此，形声字一经产生就有强大的生命力。自从形声字诞生以来，汉字的字量大大地增加。在《说文解字》中，形声字有7600多个，占总数的82%。

形声字的大量出现说明汉字字形有了表音化的趋势。不过，形声字的声符自身并不是音位或音素符号，声符还是利用了原来的象形字、指事字、会意字、形声字。所以形声字声符的出现只说明汉字有了表音趋势和表音符号，并没有从根本上改变汉字的表意性质。

（5）转注

转注是部首相同，声音相同或相近，意义相通可以互相训释的字，如"老"可以训"考"，"考"可以训"老"。转注只在于说明词义，因此，有人认为转注只是用字的一种方法。

（6）假借

假借是一种借字表音的方法，即借一个已有的字，来表示语言中与其声音相同或相似的语素，这种由于音同或音近而被借来表示另外意义的字，就是假借字。例如秦汉时设郡县，县的长官称"令""长"（万户以上称"令"，不足万户称"长"）。"令之本义发号也，长之本义久远也"，县令县长本无字，而由发号、久远之义引申展转而为之，是为假借（段玉裁《说文解字·序》注）。另外有一类假借字，与意义全然无关。例如"来"（甲骨文作來）本是麦穗，借作往来的"来"；"朋"（金文作珏）本来是货币，借作朋友之"朋"。这被借用的字，实际被当作表音的符号来使用，它和原来的字义没有必然的联系。

从上面的简要分析可以看出，"六书"中的象形、指事、会意、形声是汉字表示语素的结构方式，转注和假借可以说只是用字之法。

2. 现代汉字的构字方法

由于字体的发展，字形结构的变化，用象形、指事、会意、形声来分析现代汉字已不完全适合。例如"日、月、车、马",在古汉字中就是日、月、车、马的形状,是象形,现代汉字楷书字形已完全看不出象形意味了,实际上这几个字已变成了记号。又如"難"在古代汉字中是形声字,在现代汉字系统中,这个字的声旁"𦰩"简化成了"又","又"在这里没有意义,也不代表字音,是个非形非声的记号。

从字形结构与音义关系看,现代汉字的构字方式有以下几种情况:

(1) 记号字

由于汉字的楷化和简化,古代的一部分象形字、指事字、会意字、形声字在现代汉字中变成了记号字。例如"日、月、山、水、虫、燕、马、牛、叹、观、听、圣"等。

(2) 会意字

这类字大部分从古代会意字发展而来,也有一些是汉字简化后形成的,极少数是新造的。例如"林、囚、众、森、泪、笔、尘、汆"等。

(3) 形声字

这类字大多是从古代形声字发展而来的,也有一些是汉字简化后形成的和现代新造的。例如"楠、滩、花、绣、拥、递、补、钟、氧、烤、啶、钛"等。

现代汉字的新造字基本上已舍弃了象形、指事这两种造字法,尤其在科技用字、医药用字、译文用字方面,绝大部分使用形声造字法。例如"氧、氟、铱、钛、癣、癌、嘧、啶、啡、啤、唛、镑"等。会意的方法虽然还在使用,但用得很少,只有"汆、槑、奀、凼"等极少数的字。

在新造字中,除了大量形声字和少量会意字外,还有一些新的造字方法。

(1) 切音造字法。就是两个字合成一个字,意义也合,但是读音则利用切音方法,一字取声母,一字取韵母和声调。例如"甭","甭"音béng,是"不"和"用"的切音,字义"不用",是"不"和"用"的合义。

(2) 省形造字法。就是在原有汉字的基础上省略部分笔画而成。例如象声字"乒"和"乓",就是"兵"省略了一笔;粤方言表示"没有"的方言字写作"冇",就是"有"字省略了中间两小横。

新造字虽然在现代汉字中占的比例很小,但我们不能忽略对它的研究,因为它反映了汉字造字法的新发展。

3. 现代汉字中形声字的作用与局限

由于形声字是比象形、指事、会意更优越、更先进的造字方法,因此,在现代汉字系统中,形声字已成为主流。据统计,在现代汉字中,形声字已占全部汉字的90%以上。在一定程度上,形声字能起到一些表音、表意的作用。但这些作用还是很有限的。

(1) 形旁的作用和局限

形声字中形旁的主要作用是表示字的意义类属,帮助了解和区别字的意义。例如,用"氵"做形旁的字,一般同水有关系,如"江、河、湖、海"等。又如"桉、鞍、氨、鮟"等字,都用"安"做声旁,我们可以通过这些字的形旁了解其意义类属。

当然,在现代汉字中,形旁的表意功能有很大的局限性。首先,由于社会的发展,客观事物的变化,有些形旁的意义不好理解。如"简"为什么从竹?"纸"为什么从丝?如果不了解古代曾在竹简上写字,曾用蚕丝做纸,就不会懂得这些形旁的作用。其次,字义的演变,假借字的存在,也使有的形旁不好理解。如"治、渐"为什么从水?"颁、颗"为什么从页？如果不知道"治、渐"原义都是水名，"颁"本是大头，"颗"本是小头，原义都同"页"的原义"头"有联系，那么，这些字的形旁也不好理解。

（2）声旁的作用和局限

声旁的主要作用是表示读音，如"证、怔、政、症"等字，读音同声旁"正"（zhèng）相同。虽然有些形声字和声旁的读音不完全相同，但也有一定的规律。例如，用"仓"做声旁的字，韵母一般有ang，例如"苍、沧、创、枪"。

但是，声旁的表音作用有很大的局限性。由于古今语音的演变和汉字的演变等原因，声旁的表音功能越来越弱。例如，用"勺"（sháo）做声旁的字"灼、趵、约、钓"等，读音没有一个与"勺"相同。

因此，我们并不能完全依靠形声字的形旁和声旁来类推汉字的义类归属和准确读音，"秀才识字读半边"是不可取的。

（二）汉字的结构方式

现代汉字的构字部件按照不同的结构方式构成形体各异的方块汉字。汉字的结构方式有多少种呢？最粗疏的分析，现代汉字有独体结构、上下结构、左右结构、内外结构四种。最细致的分析则可以分出上百种。把汉字结构分得太粗，则不能具体反映每个汉字的结构方式，分得太细又不便于人们记忆和应用。因此，我们把汉字的结构方式从粗到细分为四层十二种。

第一层：汉字可分出独体结构、合体结构、嵌入结构。其中，独体结构只能分析到第一层，嵌入结构可归并到左中右结构或上中下结构，合体结构则能再往下分。

第二层：合体结构可分出左右结构、上下结构、内外结构。

第三层：左右结构中又可分出左中右结构；上下结构中又可分出上中下结构；内外结构中可分出全包围结构、三面包围结构和两面包围结构。

第四层：三面包围结构中还可分出上三包围结构、下三包围结构、左三包围结构；两面包围结构中还可分出左上包围结构、左下包围结构、右上包围结构。

下面分别举例说明：

（1）独体结构：八、串、戈、事；
（2）左右结构：休、程、粉、刘；
（3）左中右结构：谢、树、辩、衍；
（4）上下结构：花、昊、含、雾；
（5）上中下结构：蕾、鼻、箩、裹；
（6）全包围结构：国、图、固、园；
（7）上三包围结构：同、周、风、阀；
（8）下三包围结构：凶、凼、函、幽；
（9）左三包围结构：区、巨、匪、臣；
（10）左上包围结构：唐、病、启、层；
（11）左下包围结构：进、建、赵、旭；
（12）右上包围结构：可、戒、司、氛。

在现代汉字中，用左右结构方式构成的汉字最多，用全包围结构方式构成的汉字最少。

思考题

1. 为什么说部件是分析汉字时一个非常重要的概念？
2. 部件、偏旁和部首三者之间的关系是什么？
3. 正确掌握笔顺对汉字教学有什么重要意义？
4. 汉字形旁、声旁的作用和局限各是什么？
5. 现代汉字的新造字应以哪种造字方法为主？为什么？

第四节　汉字的简化、规范化和标准化

一　汉字的简化和规范化

汉字的简化主要是指简化笔画、规范字形和精简并规范字数几个方面。汉字的简化从汉字形体的演变中就有较清楚的表现。现代大规模的汉字简化主要出现在20世纪50年代以后。1955年中国文字改革委员会公布了《汉字简化方案草案》，公开征求意见。1956年经国务院汉字简化方案审定委员会审定，国务院公布了《汉字简化方案》。1964年中国文字改革委员会在《汉字简化方案》的基础上编辑出版了《简化字总表》。该总表分为三个表：第一表收352个不作偏旁用的简化字；第二表收132个可作偏旁用的简化字和14个简化偏旁；第三表是应用第二表所列的简化字和简化偏旁作为偏旁得出来的简化字。1986年国家语言文字工作委员会重新发表《简化字总表》时，又对个别字进行了调整，总字数为2235个。

（一）简化笔画

汉字笔画繁多，对初学者来说，确实存在难学、难记、难写、难认的问题。《简化字总表》内2235个简化字平均每字10.3画，被代替的2261个繁体字平均每字16画，平均每字减少笔画5.7画。由于简化字减少了笔画，降低了汉字学习的难度，便于书写和认读，特别有利于中小学语文教学和扫盲工作，因而自推行以来受到广泛的欢迎。

《简化字总表》对汉字笔画的简化包括以下几种情况。

1. **不作简化偏旁用的简化字**

在《简化字总表》的第一表中，列出了350个简化字，这些字都不得作简化偏旁使用。例如：

"壩"简化成"坝"，但是"霸"不能简化为"贝"；
"層"简化成"层"，但是"曾"不能简化为"云"；
"澱"简化成"淀"，但是"殿"不能简化为"定"；
"襪"简化成"袜"，但是"蔑"不能简化为"末"。

此外，"蔔"简化为"卜"，"鬥"简化为"斗"，"驚"简化为"惊"，"舊"简化为"旧"等，这些字都不能作类推简化。

2. 可作简化偏旁用的简化字

在《简化字总表》的第二表中，列出了132个简化字，这些字都可作为简化偏旁使用。例如：

"長"简化成"长"，以"長"为偏旁的字"悵、帳、張、脹"分别可简化为"怅、帐、张、胀"；

"車"简化成"车"，以"車"为偏旁的字"軍、陣、軋、暫"分别可简化为"军、阵、轧、暂"。

3. 不能单独成字的简化偏旁

在《简化字总表》的第二表中，还列出了14个本身不能单独成字的简化偏旁，它们分别是"讠、饣、氵、纟、䌷、䒑、𭕄、只、钅、𰀁、𦍌、圣、亦、呙"。

4. 应用简化字和简化偏旁得出来的简化字

在《简化字总表》的第三表中，应用第二表中所列出的132个简化字和14个简化偏旁组成了1753个简化字。例如：

以"贝"这个简化字为偏旁，组成了"财、狈、贵、惯"等142个简化字；

以"鸟"这个简化字为偏旁，组成了"岛、鸣、枭、鸶"等84个简化字；

以"钅"这个简化偏旁为偏旁，组成了"针、铅、银、镑"等215个简化字；

以"纟"这个简化偏旁为偏旁，组成了"红、约、结、绪"等149个简化字。

（二）规范字形

1965年1月，文化部和中国文字改革委员会联合向出版印刷单位发布了《印刷通用汉字字形表》，规定了6196个汉字的标准印刷字体，使印刷用的铅字字形尽量接近手写楷书，从而建立了汉字印刷字形的规范。

规范后的新字形有以下几个特点：

（1）力求与手写体一致，例如"丰"改为"丰"，"平"改为"平"；

（2）折笔改为直笔，例如"吳"改为"吴"，"直"改为"直"；

（3）连接个别笔画结构，例如"艹"改为"艹"，"开"改为"开"；

（4）删去可有可无的笔画，例如"吕"改为"吕"，"换"改为"换"；

（5）精简偏旁、部件数量，例如"另、另"统一作"另"；

（6）适当使用按音分化原则，例如"柿、铈"从"市"，"肺、沛"从"巿"；

（7）字形结构和笔势尽量适宜于横写，例如"羣"改为"群"，"峯"改为"峰"。

（三）简化和规范汉字

汉字的数量很多，即使是通用汉字、常用汉字，也还有几千个。适当减少汉字数量是减轻汉字学习难度的方法之一。在《简化字总表》中，用淘汰异体字、更改地名生僻字、同音替代、统一计量单位名称用字等方法，精简了1189个汉字。

1. 淘汰异体字

汉字中存在不少音同义同而形不同的异体字。为减少汉字字数，经整理后，在音同义同而形不同的字当中，取一个笔画简单、结构清晰的字形为其规范用字，其他字形则列为被淘汰的异体字。例如：

"秘、祕","秘"为规范用字,"祕"为异体字;

"并、併、並、竝","并"为规范用字,"併、並、竝"为异体字;

"亩、畆、畒、畝","亩"为规范用字,"畆、畒、畝"都归入被淘汰的异体字;

"窗、窓、窻、牕、牎","窗"为规范用字,"窓、窻、牕、牎"都归入被淘汰的异体字。

2. 更改生僻字

更改生僻字主要针对那些除了在地名中使用外,没有其他用处的汉字。从1956年到1964年,经国务院批准,用同音的常用字替代了35个县级及以上地名中使用的生僻字。例如:

青海省的"亹源回族自治县"改为"门源回族自治县";

江西省的"雩都县"改为"于都县";

四川省的"越嶲县"改为"越西县"。

此外,由于汉字简化和异体字整理,还有一些地名用字也进行了更改。例如河南省的"濬县"改为"浚县"。

3. 同音替代

在意义不混淆的条件下,用形体简单的同音字代替笔画繁复的繁体字,以此来减少汉字字数。例如:用"后"代替"後",用"几"代替"幾",用"系"代替"係、繫",用"干"代替"幹、乾"等。

4. 统一计量单位名称用字

我国的计量单位名称用字中,过去有不少特造的计量字。例如"瓩、浬、唡、嗧"等。1977年,中国文字改革委员会和国家标准计量局联合发布了《部分计量单位名称统一用字表》。通过统一计量单位名称用字,精简了20个汉字。上述的"瓩、浬、唡、嗧"都被淘汰,改为"千瓦、海里、盎司、加仑"。

二 汉字的标准化

现代汉字的标准化主要包括"定量、定形、定音、定序"四个方面,简称"四定"。现代汉字的标准化,可以为我国的语文教育、对外交流、出版印刷、计算机信息处理等提供用字的标准和规范。

(一)定量

定量就是确定现代汉语用字的使用总量。

汉字虽然总量庞大,但这些字中,有许多是异体字、繁体字和历史上曾使用过的、现在已基本不用的字。1988年,国家语言文字工作委员会和国家教育委员会联合发布了《现代汉语常用字表》。该表共收常用汉字3500个,分为两级,其中一级常用字2500个,二级次常用字1000个。这些字都是使用频率高、构词构字能力强、学科分布广和日常生活中使用度高的字,即属在日常语体的现代汉语书面语中使用频率高的字,这些字都具有常用性、能产性、稳定性、简易性等特点。经过对200万字语料的计算机抽样统计检测,该表的一级常用字的覆盖率是97.97%,二级次常用字的覆盖率是1.51%,合计为99.48%，为中小学语文教育、对外汉语汉字教学以及其他方面的汉字教学和汉字应用提供了科学的依据。

1988年国家语言文字工作委员会和新闻出版署在过去通用字研究的基础上，联合发布了《现代汉语通用字表》。该表共收通用汉字7000个，包括《现代汉语常用字表》的3500个常用字。这些字都是使用频率较高、构字能力较强、学科分布较广、日常生活使用度较高的字。

《现代汉语通用字表》是国家发布的规范字表，它规定了每个通用汉字的规范字形，包括笔画数、笔顺和笔画部件的组合结构等信息。该表的发布为汉字教育、汉字应用和汉字规范提供了科学的依据。

（二）定形

定形就是规定现代汉语用字的标准字形，使每个字都有明确的形体规范。

20世纪50年代以来，我国在汉字定形方面，先后做了不少工作，取得了很大的成绩。1955年1月，文化部和中国文字改革委员会公布了《第一批异体字整理表》，废除了1055个异体字；1956年，国务院又公布了《汉字简化方案》，1964年中国文字改革委员会编辑出版了《简化字总表》，收入2236个简体字。这样，我国的汉字工作消除了长期以来汉字繁简并存、多体并存的混乱情况，统一了汉字的形体，初步建立起汉字字形的规范。

1965年1月，文化部和中国文字改革委员会公布了《印刷通用汉字字形表》，作为一般书刊等出版物汉字印刷体字形的标准。此表规定了6196个汉字的标准印刷字体，对汉字的笔画数目、笔画形状、笔画顺序、结构方式都作了说明，建立了印刷用汉字的字形规范，使印刷体与手写体基本达到一致。现在一般书、刊、报中所使用的字体，依据的就是这个字形表。

1988年3月，国家语委和新闻出版署联合公布的《现代汉语通用字表》，不仅规定了现代通用字数量，而且规定了每个汉字的规范字形，包括笔画数和笔形，是一个规范汉字字形的字表。目前社会上乱造简体字、滥用繁体字的现象，是不符合现行汉字字形规范的，因此还有必要大力推行用字规范。

（三）定音

定音就是规定现代汉语用字的标准读音。

过去，汉字中有不少表示同一个语素的字有多种读音，形成异读，如"波"念bō，也可念pō；"械"念xiè，也可念jiè；"手指"的"指"念zhǐ，"指甲"的"指"念zhī，"指头"的"指"念zhí。这种一字多音的现象往往造成使用上的不便，因此必须进行整理，从多种读音中确定一种读音作为标准字音，消除多种读音并存的现象。

1956年，中国科学院成立了普通话审音委员会，对1800多条异读词和190多个地名的读音进行了审议，并在1957年至1962年期间分三次发表了《普通话异读词审音表初稿》，1963年出版了《普通话异读词三次审音总表初稿》。根据使用情况及语言的发展，普通话审音委员会采取约定俗成、承认现实的态度，于1982年开始对《初稿》进行了多次修订。1985年，国家语委、国家教委、广播电视部审核通过了修订稿，正式公布了《普通话异读词审音表》，并要求各个部门、行业在涉及普通话异读词的读音、标音时，要以此表为准。该审音表规定了异读词的统一读音，如"波"统读bō，"械"统读xiè，"指"统读zhǐ。这样，现代汉字的字音规范有了明确的依据。今后，还要继续审订异读词。例如"谁"保留了shuí、shéi两种读音，"这"保留了zhè、zhèi两种读音，"那"保留了nà、nèi两种读音，"血"保留了xiě、xuè两种读音，等等。如何处理还要看语言的发展。此外，人名、地名的异读，轻声词、儿化韵的规范等也要逐步审订，以求读音统一。

（四）定序

定序就是确定现代汉字的排列顺序，规定标准的检字方法。

现有的各种序列法不能归并为一种，但是同一种序列法应当统一标准。尤其是部首法要标准化。部首的数量、字的归部原则要逐步一致，几个部件都是部首的字取部要规律化。此外，音序法、笔画法、四角号码法等也都要标准化。编字典、词典，编目录索引，编各类资料、卡片都要有一定的顺序。字有定序才便于查检。

思考题

1.《简化字总表》中的简体字自推行以来，为什么会受到广泛的欢迎？
2. 如何看待当前社会上繁体字出现频率增高的现象？
3. 为什么要重视汉字的标准化工作？

本章练习题

一、根据括号里的注音，填入规范的汉字

（1）循规____（dǎo）矩　　（2）相得益____（zhāng）
（3）____（tián）不知耻　　（4）____（cāng）海一粟
（5）乌烟____（zhàng）气　　（6）不屈不____（náo）
（7）好高____（wù）远　　（8）____（niān）轻怕重
（9）披荆斩____（jí）　　（10）耳濡目____（rǎn）
（11）____（bǎn）上走丸　　（12）____（chèn）心如意
（13）____（chēng）目结舌　　（14）____（yí）笑大方
（15）____（dān）精竭虑　　（16）破____（fǔ）沉舟
（17）不____（jìng）而走　　（18）心怀____（pǒ）测
（19）怙恶不____（quān）　　（20）从中____（wò）旋
（21）____（zhǐ）掌而谈　　（22）草____（jiān）人命

二、改正下列词语中的错别字

（1）遗撼（　）　（2）判徒（　）　（3）忘想（　）　（4）感概（　）
（5）瞻养（　）　（6）浮浅（　）　（7）仓库（　）　（8）崇高（　）
（9）编缉（　）　（10）恣态（　）　（11）按排（　）　（12）欢渡（　）
（13）必竟（　）　（14）供献（　）　（15）题纲（　）　（16）婉惜（　）

（17）急燥（　　）　　（18）脉膊（　　）　　（19）靡烂（　　）　　（20）欧打（　　）
（21）疙立（　　）　　（22）拧笑（　　）

三、改正下列成语中的错别字
（1）穿流不息（　　）　　（2）莫不关心（　　）　　（3）一促而就（　　）
（4）一望无银（　　）　　（5）一番风顺（　　）　　（6）世外桃园（　　）
（7）滥纤充数（　　）　　（8）移笑大方（　　）　　（9）渊远流长（　　）
（10）相辅相承（　　）　　（11）暗然销魂（　　）　　（12）民生凋蔽（　　）
（13）迫不急待（　　）　　（14）鞠躬尽粹（　　）　　（15）惨绝人环（　　）
（16）默守成规（　　）　　（17）少纵即逝（　　）　　（18）变本加利（　　）
（19）歪风斜气（　　）　　（20）不可思义（　　）

四、给下列词语中画线的字注音
（1）凹陷（　　）　　（2）矩形（　　）　　（3）针砭（　　）
（4）便秘（　　）　　（5）裨益（　　）　　（6）窥觑（　　）
（7）鸡肋（　　）　　（8）鼻衄（　　）　　（9）龟兹（　　）（　　）
（10）龋齿（　　）　　（11）鞭挞（　　）　　（12）笑靥（　　）

五、给下列各组形似字注音
（1）崇（　　）　　（2）瞻（　　）　　（3）庀（　　）
　　崈（　　）　　　　赡（　　）　　　　疵（　　）
（4）折（　　）　　（5）戊（　　）　　（6）揣（　　）
　　拆（　　）　　　　戍（　　）　　　　惴（　　）
　　析（　　）　　　　戌（　　）　　　　湍（　　）
　　柝（　　）　　　　戎（　　）　　　　喘（　　）
（7）己（　　）　　（8）陡（　　）　　（9）绽（　　）
　　已（　　）　　　　徒（　　）　　　　淀（　　）
　　巳（　　）　　　　徙（　　）　　　　锭（　　）
（10）辍（　　）
　　　掇（　　）
　　　缀（　　）

第四章 词　汇

学习目标

通过本章的学习，着重了解语素、词、词汇的类别，理解词的特征和构造，掌握词汇的构成、词义的性质和词义的变化等方面的基本知识。

建议学时

15学时

第一节　语素、词和词汇

一　词　汇

词汇又称语汇，是指一种语言里所有词语的总汇。例如，"汉语词汇""英语词汇""日语词汇"。

词汇也可以指某一特定范围内的词语的总汇。例如，"古代汉语词汇""近代汉语词汇""现代汉语词汇"。

词汇也可以指某些行业、专业、人群使用的词语。如专业词汇、化工词汇、医学词汇、政治词汇、商业词汇等。

词汇也可以指个人使用的所有的词语。如鲁迅的词汇、老舍的词汇、王朔的词汇等。

词汇还可以指某部作品使用的所有的词语。如《红楼梦》的词汇、《子夜》的词汇、《四世同堂》的词汇等。

词汇是语言的重要组成部分，如果把语言比作一座大厦，那么词汇就是构筑这座大厦的建筑材料，或者说是一所材料库。没有词汇，语言大厦就无从构筑，没有词汇中的词语，人们就无法记录并表述概念，语言交际就无法完成，甚至思维也无法进行。人们进行语言交际就是从词汇中选择词语，并依照一定的规则将其连缀成句，表达自己所要表达的意思。

词汇的积累状况直接反映语言及人的认识的发达程度和发展水平，也就是说，词汇越丰富，表明语言及人的认识的发达程度和发展水平也就越高。人们常说，汉语是世界上最发达的语言之一，这同汉语词汇的丰富是分不开的。现代汉语词汇的丰富主要体现在以下几个方面。

第一，数目庞大，成分多样。现代汉语词汇究竟包括多少词语，很难给出一个非常准确的数字。一部中型词典所收词条一般都有五六万条，例如，《现代汉语词典》（1996年版）收字、词六万余条。不同来源、不同性质、不同特点的词语构成了现代汉语的词汇系统，除了基本词之外，古语词、外来词、方言词及各类固定词语也常为人们所用，而数量众多的同义词的存在更是非常便于人们精密、细致地表情达意。

第二，构成形式灵活。词汇的主体——词的构造方式有很多种，而且有的构造方式是极为能产的，这就为新词的创造提供了便利条件。近几年来，随着社会的快速发展，新的词语不断涌现，而新的词语一般都是利用现有的构词材料和构词方式构成的。此外，各类固定词语也都有自己的产生途径和生成方式。

第三，语义容量较大。现代汉语词汇中有大量的多义词存在，而且越是常用的词语，其语义含量往往就越大。同一语音形式表示多个意义，既能增强词汇系统的表意功能，又能使词汇系统得到简化。所谓的多义词在具体的语句中都是单义的，所以多义词的运用并不会影响表意的明确，不会影响语言交际的有效进行。

就个人而言，一个人所掌握的词语越多，可供选择的词语范围越大，语言表达能力也就越强；反之，如果词汇贫乏，词语的存储量不够，就难以恰如其分地表达思想，更不要说收到好的表达效果了。一个具有较强的语言表达能力的人，至少需要掌握三万个左右的母语词语。而词汇的积累是不能一蹴而就的，在了解词汇知识、把握语言规律的同时，平时还应注意多了解、多学习、多实践，有意识地掌握更多的有用词语，特别是新词新语。另外，还需注意的是，掌握一个词语并不仅仅是指记住了这个词语，只有真正理解了词义，懂得了用法，并在此基础上能够正确地运用，才算是真正掌握了这个词语。如果不求甚解或者望文生义，是不可能用好词语的。

二 语 素

（一）语素及语素的确认

语素是最小的语音语义结合体。一个语言片段，一层一层地切分，分到不能再分的最小单位，就是语素。这个定义包括了三个意思：第一，语素具有一定的语音形式；第二，这个语音形式表示一定的意义；第三，这个语音语义结合体必须是"最小的"，也就是不可分割的。例如："书"是一个语素，它的语音形式是"shū"，意义是"装订成册的著作"；"葡萄"也是一个语素，它的语音形式是"pútao"，意义是"落叶藤本植物，叶子掌状分裂，花小，黄绿色。浆果球形或椭圆形，成熟时多为紫色或黄绿色，味酸甜，多汁，是常见水果"，所以，"书"和"葡萄"都是音义结合体，而且是"最小"的，把"书"分成"sh"和"u"，"葡萄"分成"葡"和"萄"后，所得到的这些片段都是一定的语音形式，但是它们都不能表示一定的意义。

从一个语言片段上切分出来的作为语素的单位不仅本身听上去或看上去是有意义的，而且它的意义要与由它构成的更大的单位的意义相一致。否则，所切分出来的单位即使是一个完整的音节，它也不能作为语素。例如"马虎"，虽然可以切分出"马"和"虎"，但单独的表示动物的"马"和"虎"与"马虎"一词的意思完全没有关系，所以"马虎"只能是一个语素，"马"和"虎"是两个只表音不表意的音节。

确定一个语言单位是否为语素，或者说把语素从一个语言片段中切分出来，可以使用替换法。替换法是一种同类替换的方法，是用已知语素去替换一个语言片段中的某个成分，以确定后者是否为语素的方法。例如：

街道	竞赛	专业
街__ __道	竞__ __赛	专__ __业

街市	小道	竞争	比赛	专门	事业
街头	铁道	竞选	球赛	专家	副业
街口	河道	竞走	义赛	专科	大业
街区	车道	竞标	大赛	专用	学业

上述语言单位的构成成分"街"和"道"、"竞"和"赛"、"专"和"业"可以用已知语素替换，而且替换后与之组合的另一语素的意思基本保持不变，由此可以断定它们都是语素。再如：

徘徊	蜻蜓	琵琶
徘__ __徊	蜻__ __蜓	琵__ __琶
徘× ×徊	蜻× ×蜓	琵× ×琶

上述语言单位的构成成分"徘"和"徊"、"蜻"和"蜓"、"琵"和"琶"不能用其他语素替换，可见它们不是语素。从另一个角度来看，"徘徊""蜻蜓""琵琶"是无法再作切分的，它们都只能是一个语素。

采用替换法确定语素，必须注意以下两点。

第一，要保持意义的关联性。替换后的语素义同原来的语言结构在语义上应当是相关的，或者说不应有明显的改变。例如："荒唐"可以换成"荒地""盛唐"，但"荒地""盛唐"中的"荒""唐"与"荒唐"在语义上没有任何联系与相关性，这种替换就不能证明"荒"和"唐"是两个语素。

第二，要保证替换的全面性。一个语言片段如果含有两个或两个以上的成分，所有的成分均能被已知语素替换，才能证明被替换的语言成分是语素，前面分析过的"街道""竞赛""专业"便是如此。如果只有一个成分可以替换，其余成分不能替换，那么这个语言片段就应是一个语素，其构成成分则不应是语素。例如：

苹果	混沌	蝴蝶
苹__ __果	混__ __沌	蝴__ __蝶
苹× 芒果	混合 ×沌	蝴× 粉蝶
苹× 水果	混乱 ×沌	蝴× 彩蝶

"苹果""混沌""蝴蝶"都是只有一个成分能被替换，另一个成分不能被替换，所以它们都只是一个语素，而不是两个语素。

（二）语素、音节和字的关系

汉语中语素、音节和汉字的关系比较复杂。主要体现为以下几种情况。

1. 一素/一音/一字

一个语素用一个音节表示，并用一个汉字记录，语素、音节、汉字三者对应起来。大部分语素同音节、汉字之间都有这种对应关系。

2. 一素/异音/一字

一个语素有两个或两个以上的读音，但只用一个汉字记录，汉语中的异读字大都属于这种情况。例如：

这（zhè/zhèi）　　　熟（shú/shóu）

3. 异素/同音/同字

两个或两个以上含义完全不同的语素读音相同，并写成同一个汉字。汉语中的同音同形字属于这种情况。如：

首₁（shǒu）：头。
首₂（shǒu）：量词，用于诗词、歌曲等。
花₁（huā）：花朵。
花₂（huā）：耗费。

4. 异素/异音/同字

两个或两个以上的语素分别用不同的音节表示，但用一个汉字记录，所谓的多音多义字就是这种情况。例如：

乐（lè）：快乐；笑。
　（yuè）：音乐。
都（dū）：首都，大城市。
　（dōu）：表示总括、甚至等。

5. 异素/同音/异字

同一个音节表示许多不同的语素，这些读音相同的语素用不同的汉字记录，这种同音异形字在汉语中大量存在。例如：

yì：亿、意、忆、义、议、毅、艺、译、驿、异、益

（三）语素的分类

我们可以从不同的角度，依照不同的分类标准，对语素进行不同的分类。比较常见的分类方法有以下几种。

1. 单音节语素与多音节语素

大部分汉语语素都是单音节语素。单音节语素是汉语语素的基本形式，读出来是一个音节，写下来是一个汉字。例如：

你 我 他 花 草 树　　的 了 吗 呢 着 过
民 习 往 巨 汉 其　　在 从 对 以 被 把
很 却 虽 然 而 或　　子 儿 头 性 初 第

多音节语素是由两个或两个以上的音节组成的语素。这类语素的数量不是很多，构词能力不是很强，大部分能够独立成词。多音节语素主要有以下四种。

（1）联绵语素

联绵语素读为两个音节，写成两个汉字，但每个音节和汉字都不表示意义，两个音节、两个汉字放在一起，才表示一个意思，不能拆开理解。

联绵语素大部分是古代汉语遗留下来的，又分双声、叠韵及非双声叠韵等几种。双声语素是指两个音节的声母相同的联绵语素，如"尴尬""犹豫""参差""踌躇""惆怅"等；叠韵语素是指两个音节的韵母或韵母的主要部分相同的语素，如"蜻蜓""徘徊""烂漫""窈窕""翩跹"等；非双声叠韵的联绵语素是指两个音节虽然在读音上没有联系，但在意义上是一个整体的语素，如"蚂蚁""囫囵""妯娌""杜鹃""垃圾"等。

（2）音译语素

音译的外来语素常常是多音节语素，如"沙发、尼龙、雷达、马达、巧克力、阿司匹林"等。音译的外来语素是多音节语素的一个重要种类，这类语素不仅数量较多，音节数目多样，而且具有较强的生成能力，正在源源不断地进入汉语词汇系统。

（3）叠音语素

汉语中的叠音语素即两个音节、两个汉字重叠在一起，表示一个概念，如"潺潺、谆谆、猩猩、蛐蛐、耿耿、孜孜"等。以"孜孜"为例，单独的"孜"只表音，不表意，所以不是一个语素，只有"孜孜"叠音以后才表示"勤勉"的意思。

（4）拟声语素

拟声语素有两类：一类是模拟客观世界的自然声音的语素，如"扑通、叮咚、滴答、哗啦"等；另一类是模拟人在感叹时发出的声音的语素，如"哎呀、哎哟、哈哈"等。

2. 成词语素与不成词语素

以语素的构词能力为标准，语素可以分为成词语素和不成词语素。能够单独成词的语素叫成词语素。如：

  花 地 牛 水 葡萄 沙发
  走 干 大 小 学 去
  谁 的 吗 着 过 了

成词语素能够单独成词，也能够和别的语素组合成词。

不成词语素是指不能单独成词的语素。例如：

  意 民 夫 威 子 习
  丰 羽 伟 奋 荣 语

不成词语素不能单用，只能作为构词材料，同其他语素组合成词。

  习：练习 复习 温习 补习 学习
    习惯 习性 习气 习得 习俗
  意：意义 意愿 意料 意见 意念 意境
    好意 故意 有意 满意 同意 任意

现代汉语中的不成词语素在古代汉语中一般都是成词语素。成词语素演变为不成词语素，是在汉语的发展中词语双音节化的一种结果。

3. 定位语素与不定位语素

按语素在同其他成分组合时位置是否固定，可将语素分为定位语素和不定位语素两类。

定位语素是指在同其他成分组合时位置固定的语素，有的必须出现在其他成分的前边，有的必须出现在后边，还有的只能放在两个成分之间。能够单独成词的定位语素大都是表示语法意义或语法关系的虚语素。如介词、助词、连词和语气词等。汉语中的介词大都应算作前置定位语素，如"被、把、在、对、向、同、跟"等。汉语中的语气词、时态助词等大都是由后置定位语素充当的，如"啊、吧、呢、着、了、过"等。

不能单独成词的定位语素通常也被称作词缀，其中，前置的叫前缀，后置的叫后缀。例如：

  可：可亲　可爱　可气　可怜　可恨
  阿：阿姨　阿妈　阿哥　阿妹　阿香
  化：美化　丑化　神化　绿化　妖魔化
  率：概率　胜率　效率　税率　合格率

  同定位语素相对的是不定位语素，不定位语素是指在同其他成分组合时位置不固定的语素。例如：

  气：气体　气流　气压　气氛　气象
    大气　氧气　氢气　煤气　喘气
  理：理论　理解　理智　理由　理想
    道理　纹理　管理　办理　整理
  力：力量　力气　力度　力争　力图
    人力　物力　国力　脑力　体力

  不定位语素一般是语义比较实在、具体的实语素，在构词时用作词根。需要注意的是，定位语素多是由不定位语素虚化而成的，有些不定位语素在分化出定位语素的用法之后，仍然保留着不定位语素的特点和用法，而两者的书写形式没有任何变化，即用同一个汉字记录，因此应当学会区分。例如：

  子：子孙　子女　子弟　鱼子　父子（不定位语素，实语素）
    桌子　椅子　嫂子　裤子　扣子（定位语素，虚语素）
  老：老人　老龄　老迈　养老　敬老院（不定位语素，实语素）
    老王　老虎　老公　老乡　老弟（定位语素，虚语素）
  家：家庭　家具　家务　老家　家居（不定位语素，实语素）
    画家　专家　艺术家　政治家　军事家（定位语素，虚语素）

三　词

（一）词的性质及词的确定

  词是最小的能够独立运用的语言单位。一个语言单位是不是词，可以看它是不是"最小的能够独立运用的单位"。拿"我们学校每年有很多人参加汉语水平考试"这句话来说，其中"我们、学校、每、年、有、很、多、人、参加、汉语、水平、考试"都是"最小的能够独立运用的单位"，可以自由地跟其他词组合，它们都是词。

  "能够独立运用"和"最小"是考察一个语言单位是否为词的两个必要条件，强调词的这两个特征是为了能把词和语素、短语区分开来。"能够独立运用"一是指可以单独回答问题或者单说；二是指词在结构上具有整体性和独立性，可以独立在句子中出现，这是词在语法功能上区别于语素的主要特点。如："钢笔"作为词时，"钢笔"的固定意义是指"笔头用金属制成的笔"，这儿不能分割成"钢"和"笔"这两个单位去独立运用。所谓"最小"指的是词作为一种独立运用的单位，它的结构具有不可分割性。短语也能够独立运用，但它可以再作切分，切分出几个"能够独立运用"的语言单位。

  一般来说，词应当具备以下特点。

1. 语音的固定性

词的语音特征一般表现为完整的、固定的。词的音节形式是固定的，声、韵、调都不能改变。有些有异读音的语素在构词后，读音便固定下来。如"混"，在"混蛋"中只能读"hún"，在"混沌"中则只能读"hùn"。另外，词的前后可有停顿，词内部各音节之间一般不能有语音停顿。如："香格里拉/饭店""有/个别/地方"就只能停在词的末尾。

2. 语义的整体性

词的意义与其构成成分的意义有关，但不是后者的简单相加，如"白菜"不等于"白色的菜"，"眼红"不等于"眼睛是红的"。词的构成成分的意义已在词中融合或转化，从而形成一个不可分割的整体意义。

3. 结构的凝固性

与语义的整体性相联系，词的结构通常是不可扩展的，在词内成分之间不能插入其他成分。如"风声"不能说成"风的声"，"风霜"不能说成"风和霜"。不仅表示结构关系的成分不能插入词内，其他成分也同样如此。例如，表示脸的颜色的"脸红"作为一个短语，可以扩展成"脸不红""脸一点儿也不红"；表示害羞的"脸红"作为一个词，只能说成"不脸红""一点儿也不脸红"，扩展成分不能插入词内。

但是，也有些单位，像"猪肉、牛肉、鸡蛋"之类，它们中间一般不能插入别的成分，我们通常将它们看成词，可有时也会说"猪的肉、牛的肉、鸡的蛋"之类。尽管如此，习惯上还是把"猪肉、牛肉、鸡蛋"之类看作词。

有些形式相同的语言结构，要注意分辨。如"笔墨"结构凝固时，是词，表示"文字或诗文书画"，中间不能插入其他成分；当"笔墨"可以扩展成"笔和墨"时，是短语，表示"笔"和"墨"两种文具。

如果说语义的整体性是词的内在标准，结构的凝固性则是词的外部标志，所以鉴别一个成分是词还是短语，常常可以用扩展法（或称插入法）。

但需要注意的是，语言现象往往不是整齐划一的，词和短语有明显的区别，又有密切的联系。它们之间常常可以相互转化。这可以从缩略语和离合词来考察。

（二）短语的缩减和凝结

1. 缩略语及其构成方式

现代汉语中有些短语，特别是表示事物意义的短语，可以抽出其中的几个成分构成简称，形成缩略语，又称简缩语、简称。简称是一种特殊的词语形式。简称是与全称相对而言的，简称与全称的含义相同，但形式有所简化，合理地使用简称，符合语言交际的经济原则。

缩略语既然是由全称简缩而成的，自然应以全称为基础，应当产生在全称之后，但仅以字数的多少和结构形式的繁简来判断一个语言单位是否为另一个指称对象相同的语言单位的简缩形式，有时难免会作出错误的判断。例如：我国很多地区都有别称，别称往往要比正式名称简单，但不能由此便把别称一律看作正式名称的简缩形式。请看几个实例：

| 北京市——京 | 天津市——津 | 上海市——沪 | 广州市——穗 |
| 湖南省——湘 | 广东省——粤 | 甘肃省——甘 | 辽宁省——辽 |

上述别称在形式上有的同正式名称有联系,有的毫无联系,无论有无联系,它们大都是古地名的沿用,因而是不宜被视为缩略语的。

缩略语的内部结构和外部功能多与全称相同,也有的有所变化。例如:"演员和职员"简缩成"演职员",并列关系变成偏正关系;"生产和销售"简缩成"产销",动词性成分变成名词性成分。

缩略语的构成方式或缩略方式主要有以下几种。

(1) 截取式

截取短语的某一个部分或者说某一个词语,用以代表整个短语。例如:

  中国人民解放军——解放军
  复旦大学——复旦
  南开大学——南开

究竟截取短语的哪一个部分,要以表意明了、便于指称为原则。

(2) 抽取式

抽取短语中的部分语素,将其组合在一起,用以代表整个短语。例如:

  环境保护——环保 劳动模范——劳模
  北京大学——北大 外国教师——外教
  华侨事务——侨务 每人平均——人均
  练习写字——习字 电影电视——影视
  长途电话——长话 军人家属——军属
  高等院校——高校 投入生产——投产
  人民警察——民警 对外贸易——外贸
  汽车展览——车展 四川大学——川大
  中学和小学——中小学 指挥员和战斗员——指战员
  寒假和暑假——寒暑假 进口和出口——进出口
  北京师范大学——北师大 奥林匹克运动会——奥运会
  左翼作家联盟——左联 人民代表大会——人大

上述缩略语均为抽取式,不过,它们抽取语素的方式还是有一定的区别的。具体地说,第一组缩略语抽取每个词语的第一个语素,第二组抽取每个词语的后一个语素,第三组缩略语是由第一个词语的第一个语素和后一个词语的后一个语素构成的,第四组是由第一个词语的后一个语素和后一个词语的前一个语素构成的,第五组抽取各并列项的第一个语素与中心词组合在一起,第六组的全称包括三个以上的词语,有的抽取每个词语的第一个语素,有的抽取部分词语的第一个语素。抽取方式虽然不同,但其构成原则和表达效果是相同的,关于这一点,在"缩略语的运用"中将有涉及。

有些缩略语的形成过程比较复杂,要经过多个简缩环节,相对简单的形式蕴含着十分丰富的语义内涵。例如:

  工业现代化、农业现代化、国防现代化、科学技术现代化——四个现代化——四化到21世纪初集中财力、物力，办好100所左右具有带头、示范作用的重点高等学校的教育建设工程——21世纪100所大学工程——211工程

"四化"和"211工程"的简化程度极高，它们所对应的全称是字数较多的长短语。理解这样的缩略语，除了要能补出省去的成分之外，还需要对相关背景知识有所了解。

（3）数字式

以数字表示短语的并列项的数目，再加上并列项的共有成分或说明并列项的共同性质的语素或词语，用以代表整个短语。这是一种简化程度较高的缩略语。例如：

身体好、学习好、工作好——三好
瞿塘峡、巫峡、西陵峡——三峡
讲文明、讲礼貌、讲道德、讲卫生、讲秩序——五讲
包退、包修、包换——三包
东、南、西、北——四方
耳、目、口、鼻、舌——五官
酸、甜、苦、辣、咸——五味
猪、牛、羊、马、鸡、狗——六畜

前面一组缩略语以数字概括短语的并列项，再加上并列项的共有成分，如"三好"的全称包含三个并列项，"好"是三个并列项的共有成分；后面一组缩略语以数字概括短语的并列项，再加上说明并列项的共同性质的语素或词语，如"四方"的全称包含"东、南、西、北"四个并列项，四个并列项分别代表四个方向，"方"是四个并列项的共同性质。

2. 缩略语的运用

简称的语义容量同全称相等，也就是说相当于一个短语，而简称的结构形式则要比短语简单、凝固，可以说，简称兼有固定短语和词的特点。有的简称由于长期频繁地使用，人们已经意识不到它是简称了，与其相对应的全称反而很少使用，如"地铁"（地下铁路）、"化肥"（化学肥料）、"政委"（政治委员）、"初中"（初级中学）等。此类简称已经完全具备了词的特征和功能，有些不仅可以单独使用，还可以用作构词材料，如"化肥厂""初中生"等。简称的词汇化极大地丰富了汉语词汇系统，是形成新词的途径之一。这部分简称的使用，可以依循词语运用的一般规则。同时，新的简称还在不断产生，有的已经进入全民语言交际系统，有的则带有偶发性，只出现在个别交际场合。应当说，简称的使用是语言交际的需要，是一种常见的语言现象。简称使用得当，会使语言既明了又简洁，有助于提高语言表达的效率和质量；简称使用不当，则会给沟通带来障碍，会损害语言的规范和健康。为此，在简称的使用中，必须注意以下几点。

第一，使用简称要以表意明确为前提。简明是语言表达的一项重要原则，而所谓的简明，就是能用尽可能少的语言材料把尽可能多的信息明明白白地告诉别人。实际上，"简"和"明"并不矛盾，形式的简洁和意义的明晰往往是联系在一起的。如果只追求"明"而忽略了"简"，该省的没省，语言则难免烦冗拖沓，就会导致中心被淹没，重点不突出，内容混乱，意义不明。相反，如果一味追求"简"，而不考虑"明"，"简"就变成了有害无益的"苟简"。运用语言是为了表情达意，想说的意思没有说清，语言交际的目的就无法实现，语言形式也就变得毫无用途，简称的使用同样如此。

为使简称的使用不影响表意的明确，有两种现象必须避免：一要避免使用容易使人产生误解或其他联想的简称，如"人革"（人造皮革）、"计院"（计算机学院）之类的简称就不宜使用；二要避免使用容易产生歧义的简称，如"车模"可指"汽车模型"，也可指"汽车模特"，应当予以区别。"投入生产"只能简缩为"投产"，而不宜说成"投生"，"投生"本身就是一个词，是"投胎"的意思。

从积极的角度来说，在构成缩略语时，要尽可能选取带有区别性特征的关键语素。在一个词语中，虽然每个构成语素都很重要，但它们的地位并不是完全相等的。有的语素能够反映词语的核心语义，能够用以代表整个词语，有的则不能。如"历史"可用"史"代表，但一般不能用"历"代表，"历史资料"只能简缩为"史料"，"历史遗迹"只能简缩为"史迹"，"历史书籍"只能简缩为"史籍"。相比之下，其他简缩方式不够合理，因而不被采纳。

第二，使用简称要讲求规范，合乎规则。简称通常用于较为随意的交际场合，在比较正式的场合及具有庄重风格的书面语中，简称的使用应当非常慎重，即便非用不可，也只能使用规范化简称。比如，按有关规定，标注公文的发文机关和主送机关，应当使用全称或规范化简称。所谓的规范化简称，主要是指那些已经约定俗成并有确切含义的简称，是已为人们所熟悉和接受的简称，如"中共中央"（中国共产党中央委员会）就是一个通用性极强的规范化简称，可以用于正式文件。简称是一种约定俗成的词语形式，不能随意类推，不能简单仿造。比如，"北京大学"简称为"北大"，"东北大学"简称为"东大"，校名的简缩以这种抽取各构成成分的第一个语素的形式居多，但这并不是唯一的简缩形式。"四川大学"简缩为"川大"，而不能类推为"四大"。某些简称的通用性不是很强，要受语境的制约，如果使用范围有所扩大，则应对其含义作必要的说明。比如，如果一个字数较多的词语在文章中反复出现，又没有现成的简称可用，为使行文简洁、流畅，就可以在这个词语第一次出现时，对它进行简缩，并在括号中注明"以下简称为……"。

另外，缩略语以双音节形式为主，双音节缩略语的生命力较强，使用起来比较灵活，它们不仅可以单独使用，还常常可以作为构词成分使用。这与汉语词的双音节化倾向是相一致的，合乎汉语词的构造规律。在使用缩略语时，对此也应当有所考虑。

（三）词的拆散或分裂

汉语中还有一部分离合词。所谓的离合词是指一种可离可合的语言单位，它们是在意义上具有整体性，在结构上却可以扩展的词。离合词常常是述宾结构和述补结构的合成词。例如：

理发：理了一次发　　撤职：撤了他的职　　操心：操碎了心
洗澡：洗了个澡　　　鞠躬：鞠了一躬　　　睡觉：睡完觉
打倒：打不倒　　　　记住：记得住　　　　回去：回得去

以上是三类内部构造不同的词，从扩展方式上看，前面两类均按述宾关系扩展，后面一类是动补关系，可以插入的成分大都为表示可能或不可能的"得"或"不"，构成可能式动补结构。

人们通常认为，离合词分离开是短语，合起来是词。实际上，离合词的"离"应是一种比较特殊的用法，而且离合词中常含有一个不成词语素，如："澡""职""觉"只有在离合词这样一种固定的格式中可以单独使用，在其他场合很难充当句子成分。"洗澡"类离合词的两个构成成分本是并列的，但却仿照述宾结构分离，这也说明人们是将其作为一个整体看待的，并未对其结构关系多加考虑。因此，从总体上看，离合词还是理解为词比较好。汉语中的离合词仅有400多个，只是词的一小部分，即便这部分词可以扩展，也不能否认结构凝固是绝大多数词的特点。离合词的离合方式是不能随意类推的，如："洗澡"可以分离，语义和结构均与其相近的"洗浴"却不能分离；"理发"可以分离，结构相同的"美容"却不能分离；"操心"可以分离，"开心"却不能分离。

思考题

1. 什么是语素？确定语素的方法是什么？
2. 什么是词？如何区别词和短语？
3. 词和短语的互相转化可以从哪几方面进行考察？

第二节　词的构造

词是由语素构成的，从构成词的语素的多少来看，词可以分为单纯词和合成词。

一　单纯词

单纯词是由一个语素构成的词。它又分单音节的和多音节的两种。

（一）单音节单纯词

单音节单纯词是由一个单音节语素构成的单纯词。例如：

　　天　地　马　看　红　二　他　不

一般情况下，单音词都是单音节单纯词，只有"花儿"（huār）之类的情况例外，"花儿"是单音词，但并不是单纯词。

（二）多音节单纯词

多音节单纯词是由多音节语素构成的单纯词。它主要包括以下几种类型。

1. 联绵词

指两个音节连缀成义而不能拆开来讲的词。其中有双声的，有叠韵的，有非双声叠韵的。

（1）双声指两个音节声母相同的联绵词。如：

　　仿佛　伶俐　蜘蛛　秋千　坎坷　吩咐　忸怩　参差　彪炳　琉璃

（2）叠韵指两个音节的"韵"相同的联绵词。如：

　　堂皇　逍遥　糊涂　玫瑰　葫芦　匍匐　哆嗦　葫芦　徘徊

（3）非双声叠韵。如：

　　妯娌　疙瘩　马虎　蚂蚁　蝴蝶　窟窿　囫囵　垃圾　玛瑙　憔悴

2. 叠音词

由相同的两个音节重叠而成的词。例如：

　　蛐蛐　蝈蝈　饽饽　狒狒　猩猩
　　漫漫　翩翩　姗姗　喋喋　脉脉

这些叠音词与"刚刚""渐渐""偏偏"之类不同："蛐蛐"之类不存在单音节形式，它们只能整个儿地作为单纯词，但"刚刚"之类却有着相应的单音节形式，它们一般被看成是合成词。

3. 拟声词

例如：

　　叮咚　轰隆　哗啦　扑通　嗡嗡　叽叽喳喳　噼里啪啦　叽里咕噜

4. 音译外来词

例如：

　　香槟　　纳粹　　探戈　　沙发　　喀秋莎　　喀斯特
　　葡萄牙　威士忌　布尔乔亚　歇斯底里　密西西比　伏特加

二　合成词

合成词是由两个或两个以上的语素构成的词。两个或两个以上的成分构成一个结构体，应有一定的构造方式。按其构造方式的不同，可将合成词分为复合词和派生词两大类。

构词语素在词中的地位和作用是有区别的，表示实在的词汇意义的语素是词根，表示附加意义的虚语素是词缀，复合词和派生词的区别就在于是采用词根加词根的方式构词，还是采用词根加词缀的方式构词。

（一）词根和词缀

合成词的构词成分可以分为词根和词缀两类。

词根是合成词的主要组成部分，它往往表示一定的概念意义。汉语中的大多数词都是由词根与词根按照一定的方式组合而成的。如"提高、人民、生活、水平"中的"提、高、人、民、生、活、水、平"都是词根。

词根构成合成词时，位置往往比较自由，即词根一般是不定位的，是自由语素。如构成"人民"的词根"人"和"民"都是不定位的自由语素：

　　人才　人称　人道　人格　人工　人迹　人际　人家　人间　人口
　　爱人　别人　夫人　大人　小人　路人　工人　奇人　坑人　气人
　　民房　民风　民工　民歌　民间　民警　民情　民生　民俗　民主
　　农民　回民　国民　公民　居民　牧民　渔民　难民　贫民　平民

词缀是加在词根上的构词成分，加在词根前面的叫前缀，加在词根中间的叫中缀，加在词根后边的叫后缀。汉语的词缀中，常见的是前缀和后缀。

"老～""阿～"是常见的前缀。"老～"可以构成"老虎""老鼠""老外"之类的词，"阿～"可以构成"阿姨""阿婆""阿爸"之类的词。

"～子""～儿""～头"是常见的后缀。"～子"可以构成"屋子、日子、筷子、孩子"之类的词，"～儿"可以构成"画儿、盖儿、个儿、名儿"之类的词，"～头"可以构成"石头、木头、甜头、看头"之类的词。

带前缀"老～""阿～"或后缀"～子""～儿""～头"的词大多是名词。

汉语中还有一些构词成分可以表示一定的概念意义，构词能力很强，构词位置也相对固定，如"初～""第～""非～""可～""～性""～员""～者""～家""～士""～手""～界""～学""～化""～于""～然"，这些构词成分的作用相当于词缀，可以叫作类词缀。"初～""第～"等位置在前的叫类前缀，"～性""～员"等位置在后的叫类后缀。

汉语的合成词可以是由词根加词根构成的，也可以是由词根加词缀或词缀加词根构成的。词缀加词缀不能构成合成词。"头儿""子儿"中的"头""子"是词根，与后缀"～头""～子"不同。

（二）复合词

由两个或两个以上的词根合在一起构成的合成词，叫复合词。复合词的结构方式主要有并列式、偏正式、述补式、支配式、陈述式、重叠式等几种。

1. 并列式

又称联合式。是由两个或两个以上词根语素并列而成的合成词。并列语素之间的意义关系是多种多样的。有些是由近义语素并列而成的。例如：

道路　补贴　包裹　报酬　表面　疤痕　痕迹　编辑　爱好
依靠　朋友　波浪　语言　而且　并且　离别　寒冷　美丽

有些是由反义语素并列而成的。例如：

出入　开关　长短　大小　轻重　行列　买卖　东西　多少　深浅　上下
呼吸　高低　先后　迟早　早晚　先后　往来　本末　反正　左右　前后

有些是由表示同类意义的语素并列而成的。例如：

冰霜　烦恼　分寸　尺寸　斤两　天年　年岁　手足　手脚　眉目
报刊　骨肉　水土　领袖　心血　江湖　口齿　江山　耳目　文史哲

还有些并列式合成词的词义主要是由其中的一个语素表示的，另一个语素已经失去了表意的作用。例如：

窗户　国家　人物　动静　忘记　甘苦　好歹　是非

这些词的词义分别与"窗""国""人""动""忘""苦""歹""非"相关，与"户""家""物""静""记""甘""好""是"没有关系，或关系不密切。

2. 偏正式

前一个语素修饰、限制后一个语素的合成词，称为偏正式合成词。偏正式合成词又可以分为定中式和状中式两种。

定中式的合成词大多是名词，后边被修饰限制的语素一般是名词性的。如：

美德　咸盐　暗号　暗礁　傲气　白菜　白酒
爱情　爱人　霸权　背包　斑马　毛笔　象牙

状中式合成词的两部分之间是修饰描述和被修饰描述的关系，后一语素通常是动词性或形容词性的。如：

迟到　早退　热爱　痛恨　重视　轻视　高涨　高举　静坐　欢迎
好转　难怪　浓缩　规定　口试　笔试　梦想　强制　强迫　好吃
火热　笔直　漆黑　冰冷　雪白　蜡黄
鸟瞰　云集　蚕食　蜂拥　席卷　尾随

后一组词是带有比况性质的，含有"像……一样"的意思，如"火热"是"像火一样热"的意思。这些词是由古代汉语的短语凝固而来的，在古代汉语中，名词可以做状语，修饰限制动词或形容词，这种用法在现代汉语中已不复使用，但却在词中留存下来。

3. 述补式

后一个语素补充说明前一个语素的合成词，称为述补式合成词。这种合成词前一个语素是中心语素，是主要表意部分，后一个语素是次要的补充、说明部分。例如：

a. 缩小　说明　提高　推广　看见　割断　刷新
　　改正　削弱　揭穿　肃清　延长　扭转　降低
b. 书本　车辆　花朵　船只　枪支　灯盏　稿件
　　人口　羊群　布匹　纸张　事件　药剂　房间

a组合成词，前一语素表示动作行为，后一语素表示动作行为的结果或趋向；b组合成词，前一语素表示事物，后一语素是与该事物相应的计量单位。

4. 支配式

又称动宾式或述宾式。前一个语素表示动作行为，后一个语素表示动作行为所支配关涉的事物。例如：

传奇　拉手　顶针　司令　镇纸　鼓掌
留神　出席　拍马　理发　表态　投资
伤心　倒霉　缺德　无限　失望　美容

5. 陈述式

又称主谓式。前一个语素表示事物，后一个语素陈述该事物，说明其性状或动作等，前后两个语素构成陈述与被陈述的关系。例如：

月亮　霜降　海啸　事变　饼干　自修
年轻　心疼　面熟　心虚　体贴　耳鸣

6. 重叠式

是由同一个语素前后重叠而成的。这种合成词有的是名词。如：

姐姐　爸爸　妈妈　公公　婆婆　叔叔
姑姑　哥哥　弟弟　妹妹　舅舅　星星

也有些是副词。如：

  常常 刚刚 偏偏 渐渐 白白 悄悄 暗暗 默默

  构成双音节重叠式名词和副词的单音节语素多数可以单独成词，单音节形式与重叠形式的词义基本相同。但也有一些词的单音节形式不能单用或者单音节形式与重叠形式意义不同，如"爷爷""奶奶"。

（三）派生词

  派生词是由词根加词缀组成的合成词，其构造方式为附加式。由于词根通常都是不定位语素，词缀通常是定位语素，所以也可以说，派生词是由不定位语素加定位语素组成的合成词。按词缀位置的不同，可将派生词分为两种类型。

1. 前附式

  前附式派生词是指在词根的前面加词缀的派生词，也即由词根加前缀组成的派生词。如"老～""阿～""小～""初～""第～""非～""可～"等前缀和类前缀构成的合成词。

  老～ 老板 老财 老弟 老粗儿 老公 老婆 老师 老鼠 老乡
    老兄 老鹰 老总 老百姓 老二 老五 老小 老王 老李

  词根加上前缀"老～"构成的派生词是名词。需要注意的是，前缀"老～"构成的名词与非前缀"老"构成的名词有时候是同形的，但词义不同。如"老小"中，"老～"作为名词的前缀，"老小"是指在排行中最小的一位；"老"作为非前缀，它可以表示"老人"，"老小"就是指"老人和小孩儿"。虽然二者都是名词，但词义不同。"老大"中的"老～"作为前缀，这个词是名词，可以表示排行中最大的一位；"老"作为非前缀，它是形容词，表示年纪大，或者是副词，表示"很"的意思（如"老大不痛快"）。

  这些以"老～"为前缀的名词，有不少前边可以加"小"。如：

  小老板 小老弟 小老师
  小老鼠 小老乡 小老鹰

  "老～"用在数词的前边构成的名词表示排行，如"老五"表示排行第五。单音节姓一般不用来称呼别人，但前边加"老～"就可以用来称呼他人。"老大""老三""老李"之类词中的"老～"也带有一点儿亲近的感情色彩。

  阿～ 阿爸 阿妈 阿爹 阿公 阿妹 阿婆 阿姨
    阿明 阿贵 阿强 阿毛 阿祥

  词根加上前缀"阿～"构成的也是名词。带前缀"阿～"的名词大致有三种情况。第一种是"阿"加上表示亲属关系的单音节语素，如"阿爸、阿爹、阿妈"。第二种是"阿"加上表示长幼关系但不一定是亲属关系的单音节语素，如"阿哥、阿妹、阿姨"。"阿姨"指姨母的时候，表示亲属关系；用来称呼年长的女性或保姆及保育员的时候，不表示亲属关系。第三种是"阿"加上单音节的名或姓，如"阿明""阿贵"。

  带前缀"阿～"的名词一般也带有一定的表示亲近的感情色彩。

  小～ 小差 小车 小丑 小弟 小姐 小说
    小偷 小王 小赵 小二 小五

词根加上类前缀"小～"构成的也是名词。这些词中的"小"不表示跟"大"相对的意思。例如,"小车"并不是指小的车,而是指轿车;"小偷"也不是指偷东西少的人,而是指偷东西的人;"小姐"一般用于对未出嫁的年轻女子的称呼,不是"大姐"的反义词。

称作"小王""小赵"的人不一定是年轻人,如六七十岁的人也可以称四五十岁的人"小王""小赵",但二三十岁的人就不宜对四五十岁的人称"小王""小赵"了。从这个意义上说,前缀"小～"在"小王""小赵"之类的词中,跟"年纪轻"也有一定的关系。

初～　初一　初二　初三　初四　初五　初六　初七　初八　初九　初十

类前缀"初～"用来构成派生词,一般用在基数词"一"到"十"前边,即基数词前加"初～"构成的派生词一般用来表示阴历每个月的头十天,从第十一天开始,前边就不能再加"初～"了。

表示中学年级的"初一""初二""初三"虽然与派生词"初一""初二""初三"同形,但实际上它们分别是"初级中学一年级""初级中学二年级""初级中学三年级"的缩略形式,其中的"初"是词根,而不是词缀。另外,像"初版、初步、初创、初春、初等、初冬、初稿、初级、初交、初期、初赛、初审、初中、初衷"之类的词中的"初"也是词根。

第～　第一　第二　第三十三　第一百零一

类前缀"第～"是用来表示序数的,它不仅可以用在基数词"一"到"十"前边,而且可以用在"十一""十二""二十""五十""一百""两千""一万""十万""二百万零五十"等数词短语的前边。"第～"也可以看成是短语的前缀。

在"等第""登第""及第""落第""府第""宅第"等词中,"第"是词根语素,不是词缀。

非～　非常　非法　非分　非人　非重点　非金属　非晶体　非卖品　非导体

类前缀"非～"表示不合于或不属于。它可以加在一些名词性语素或名词前边。如"非人""非金属"等。有时也加在一些谓词性语素或谓词前边。如:

　　非凡　非正式　非正常　非婚生

在"非但""非得""非独"之类词中,"非"是词根,不是词缀。

可～　可爱　可悲　可恶　可鄙　可耻　可观　可怕　可恨　可靠
　　　可怜　可取　可惜　可喜　可信　可笑　可疑　可憎

类前缀"可～"表示值得,多用在一些动词性语素前边,构成的派生词一般是形容词。但在"可见""可口""可心""可行""可能""可以"等词中,"可"是词根,不是词缀。

2.后附式

后附式派生词是指在词根的后面加词缀的派生词,也即由词根加后缀组成的派生词。如"～子""～儿""～头""～性""～员""～者""～家""～士""～手""～化""～于""～然"等后缀和类后缀构成的合成词。加后缀和类后缀"～子""～头""～儿""～性""～员""～者""～家""～士""～手"构成的基本上是名词。

～子

带后缀"～子"的名词中,有些词根是非成词语素。例如:

案子　麦子　膀子　棒子　豹子　辫子　脖子　簿子　绸子
　　厨子　笛子　豆子　肚子　缎子　筏子　痱子　斧子　稿子

有些词根是成词语素。带词缀"～子"的成词语素中，有些是名词，有些是动词，有些是形容词。例如：

　　车子　虫子　刀子　鬼子　路子　驴子　门子　票子（名词+"～子"）
　　铲子　锤子　垫子　贩子　盖子　钩子　拐子　剪子（动词+"～子"）
　　矮子　呆子　疯子　尖子　老子　乱子　胖子　小子（形容词+"～子"）

带后缀"～子"的名词，也有一些是三音节的。例如：

　　大伯子　大舅子　二愣子　叫花子　老妈子　皮夹子
　　腮帮子　小叔子　小姨子　新娘子　夜猫子　澡堂子

～儿

带后缀"～儿"的词，通常叫儿化词。儿化词大多是名词，有少数是动词（如"玩儿""颠儿"）。

儿化名词的词根有些是非成词语素。例如：

　　褂儿　旗儿　孩儿　今儿　明儿　子儿

儿化名词的词根更多的是成词语素。例如：

　　魂儿　事儿　词儿　门儿　人儿　字儿　宝贝儿　脸蛋儿（名词+"～儿"）
　　印儿　包儿　画儿　塞儿　盖儿　钩儿　唱儿（动词+"～儿"）
　　黄儿　空儿　单儿　弯儿　零碎儿（形容词+"～儿"）

儿化名词的词根，有不少可以带后缀"～子"构成名词。例如：

　　班儿—班子　本儿—本子　鼻儿—鼻子　单儿—单子　刀儿—刀子
　　底儿—底子　份儿—份子　盖儿—盖子　杆儿—杆子　个儿—个子
　　圈儿—圈子　头儿—头子　样儿—样子　叶儿—叶子　枣儿—枣子

其中，有些词义是基本相同的，如"盖儿"与"盖子"，"个儿"与"个子"。有些儿化词和带后缀"～子"的词词义有区别，如"三姨儿"与"三姨子"，"头儿"与"头子"。

～头

带后缀"～头"的名词的词根有些是非成词语素。例如：

　　骨头　榔头　馒头　丫头　芋头

有些词根是成词语素，其中有动词、形容词、方位词等。例如：

　　奔头　看头　来头　盼头　想头　找头　赚头（动词+"～头"）
　　花头　甜头　准头（形容词+"～头"）
　　前头　后头　里头　外头　上头　下头（方位词+"～头"）

带后缀"～头"的名词，有些还可以儿化。如"奔头儿""看头儿""来头儿""派头儿""甜头儿"。

带后缀"～头"的名词里，"头"都念轻声。

有些名词是带非轻声的"头"为后置语素的，其中的"头"是词根，不是后缀。例如：

报头　笔头　肩头　镜头　布头　灯头　平头
窝头　草头　城头　猎头　墙头　烟头　源头

～性
类后缀"～性"表示人或事物具有的特性。例如：

活性　黏性　弹性　酸性　碱性　油性　惰性　奴性　急性　慢性

带类后缀"～性"的派生词有不少是三音节的。例如：

革命性　创造性　重要性　严重性　艺术性　逻辑性　准确性　思想性
积极性　纪律性　可行性　可读性　可能性　动词性　一次性　一致性

但在"脾性、天性、个性、女性、男性"等词中的"性"是词根语素，不是词缀。

～员
带类后缀"～员"的名词，有的表示从事某种工作或活动的人。例如：

教员　学员　议员　参议员　技术员　服务员　运动员
裁判员　通讯员　指挥员　观察员　炊事员　卫生员　饲养员

有的表示某个团体或组织中的成员。例如：

团员　党员　队员　组员　会员

但在"成员、满员、超员、人员"等词中，"员"是词根语素，不是词缀。

～者
带类后缀"～者"的名词大多是指人的。例如：

作者　读者　编者　学者　记者　老者　长者
劳动者　爱好者　革命者　剥削者　胜利者　当局者　旁观者　演奏者

也有些带"～者"的名词可以表示其他事物。如：

前者　后者　二者　三者　大者　小者　强者　弱者

～家
带类后缀"～家"的名词一般用来指人。有的是指有某方面专长或从事某种专门活动的人。例如：

专家　作家　画家　名家　科学家　哲学家
文学家　思想家　教育家　数学家　艺术家　语言学家

有的是表示某类人，其中的"～家"一般念轻声。例如：

老人家　女人家　姑娘家　小孩子家

～士
带类后缀"～士"的名词也是用来指人的。例如：

人士　女士　男士　学士　硕士　博士　院士
卫士　护士　斗士　勇士　烈士　壮士　武士

～手
带类后缀"～手"的名词多指做某事的人。例如：

歌手　能手　帮手　助手　舵手　猎手　水手　老手　吹鼓手

快手　打手　扒手　强手　枪手　神枪手　新手　多面手

～化

类后缀"～化"一般加在形容词或名词后边，构成动词，表示转变成某种性质或状态。例如：

绿化　美化　丑化　淡化　强化　弱化　细化　深化
净化　老化　僵化　优化　年轻化　现代化　标准化
西化　自动化　大众化　老龄化　国际化
本土化　法制化　女性化　工业化

但是"变化、转化"中的"化"是词根，不是词缀。

～于

以"～于"为后缀的，大多是动词或介词。例如：

在于　敢于　勇于　处于　基于　急于　大于　等于
介于　限于　忠于　善于　鉴于　关于　至于　对于

～以

以"～以"为后缀的，大多是动词。例如：

报以　处以　得以　给以　加以
借以　难以　委以　足以　致以

～然

以"～然"为后缀的，大多是形容词或副词。如：

突然　忽然　猛然　黯然　安然　惘然
枉然　茫然　坦然　淡然　泰然

汉语中单音节词缀很多，而且有不断发展的趋势。词缀大都是由词根虚化而来的，有些词根经长期使用，在类化的作用下，逐渐演变为词缀；有的兼做词根和词缀，即有时用作词根，有时用作词缀；有的则处于半实半虚的过渡状态，其位置相对固定，用法接近词缀，但语义还是较为具体的。例如：

半：半封建　半自动　半导体
非：非法　非人　非金属
亚：亚热带　亚健康　亚物种
反：反作用　反比例　反进步
自：自强　自立　自动
性：恶性　良性　中性
热：气功热　电脑热　英语热
迷：歌迷　球迷　影迷
工：农民工　小时工　技工
族：追星族　工薪族　啃老族

由于其语义并未完全虚化，有人把上述构词成分分别称为类前缀和类后缀，汉语中究竟有多少这样的成分，很难一一列举。

此外，汉语中还有一些叠音后缀，叠音后缀的使用可为词增添一种附加色彩，使表达更加形象生动。加有叠音后缀的词一般都为形容词。例如：

～乎乎：热乎乎　胖乎乎　傻乎乎
～冲冲：喜冲冲　兴冲冲　气冲冲
～汪汪：水汪汪　泪汪汪　油汪汪
～悠悠：乐悠悠　慢悠悠　轻悠悠

同单音节词缀相比，叠音后缀的组合能力要差一些，有些叠音后缀甚至只能同某个特定的成分组合成词，如"香喷喷、乱糟糟、沉甸甸、雄赳赳"中的叠音后缀。

上面谈到的合成词多由两个语素构成，结构层次单一，结构关系简单。同时，汉语中也有很多合成词是由两个以上的语素构成的，在这样的合成词中，构词语素并非都处于同一层面，语素的组合是有层次的，如前面曾提及的"英语热、追星族"等。"英语热"中的"英"和"语"先组合在一起，形成一个偏正式结构体，"英语"再作为一个整体后附词缀"热"，形成一个派生词；"追星族"中的"追"和"星"先组合在一起，形成一个支配式结构体，"追星"附上后缀"族"，成为一个派生词。由三个以上的语素构成的合成词，其内部层次关系要更复杂一些，但各层次的构造方式同两个语素构成的合成词是没有什么区别的。

思考题

1. 怎样区分语素、词和短语？
2. 谈谈词、语素和字的关系与区别。
3. 现代汉语合成词的构成方式主要有哪几种？

第三节　词　义

一　词义的性质

词义是语言中词的含义，是词的声音形式所表达的内容。词总是表示一定的意义，语言中不存在没有意义的词。有些词表示的意义比较具体，如"树、雨、太阳、上、前、跑、笑、热、疼、人们"之类，这些词的词义很容易理解，也比较容易解释；也有些词的词义比较抽象，如"进行、予以、把（介词）、连（连……也/都……）、就（副词）、倒（副词）、了（助词）、罢了"之类，这些词说汉语的人用起来不很困难，但要很好地解释它们的词义却不太容易。

词义具有如下性质。

（一）客观性

词义都是客观事物（包括人、事物、现象、行为过程、性状、关系）在人们意识中的反映，客观事物正是词义所反映的对象。一般来说，有某种客观事物，才会有表示这个事物的词，词才有词义。如《新华新词语词典》收"网"起头的词条有"网上录取、网友、网卡、网民、网页、网虫、网关、网址、网吧、网迷、网络文明工程、网络文学、网络电话、网络犯罪、网络出版、网络安全、网络战、网络黄页、网络营销、网络银行、网络综合征、网络警察、网格、网校、网恋、网站、网教、网龄、网管、网德、网警"以及"互联网、因特网"等，这些新词都是随着现代网络技术的产生而产生的，新的事物产生往往需要反映新事物的新词，这些新词的词义就是对这些新出现的客观事物的概括反映。有时，旧词也可以增添新义，如"包装"的原义是"用专用的纸张、薄膜等包裹商品或把商品装进盒子、瓶子等容器"，新义是"比喻对人或事物的形象给予装扮、美化，使之更具有吸引力或商业价值"。新义的产生也是为了反映新的事物和行为。可见，词义是具有客观性的。

词汇中有些词看起来是现实生活中不存在的虚幻的现象，如"鬼、神、天堂、地狱、王母娘娘、龙、凤"等，但这些虚构的事物是人对客观事物曲折或歪曲的反映，人们往往通过想象赋予这些虚幻的事物以具体的形象。可见，这些词的词义仍然具有一定的客观性。

词义的客观性跟词义的主观性是对立统一的，词义是客观性和主观性的有机统一。词义既然是客观事物在人们意识中的反映，当然会含有人的主观因素。不同历史时期的人，或同一时期的人，由于思维能力、观察角度、认知方式、认识手段、立场观点等方面的差异，对客观事物或现象的认识就会很不相同，这种差异反映在词义中就使得词义具有一定的主观性。词义的主观性表现在同一个词在不同时期的词典或字典中的解释往往不同，也表现在同一个词在同一时期不同类型的词典中的解释也往往有所不同。如"资本"和"资金"在《现代汉语词典》不同时期的版本中解释就有很大差异：

> 资本：①掌握在资本家手里的生产资料和用来雇佣工人的货币。资本家通过资本来剥削工人，取得剩余价值。②经营工商业的本钱。③比喻牟取利益的凭借：政治资本。（1978年版、2016年版）
>
> 资本：①用来生产或经营以求牟利的生产资料和货币。②比喻牟取利益的凭借：政治资本。（1996年版、2002年版）
>
> 资金：①社会主义国家用于发展国民经济的物资或货币。②旧时指经营工商业的资本。（1978年版）
>
> 资金：①社会主义国家用于发展国民经济的物资或货币。②指经营工商业的资本。（1983年版）
>
> 资金：①国家用于发展国民经济的物资或货币。②指经营工商业的"本钱"。（1996年版、2002年版、2016年版）

这是不同时期对同一个词的不同解释，这不同的解释反映了不同时期人们的立场观点和思想认识的差异。此外，同一个词在不同类型或不同功能、作用的词典中也有不同的解释，人们根据不同的需要对词义进行了主观取舍，如"语调"在作为语文词典的《现代汉语词典》（2016）中的解释就较为简单："语调：说话的腔调，就是一句话里语音高低轻重快慢的配置，表示一定的语气和情感。"在百科性词典《辞海》中的解释就复杂一些了："语调：句子里声音的高低变化和快慢轻重。句子都有一定的语调，表示某种语气或情感。如汉语普通话的陈述句多用下降调，疑问句多用上升调等。"而在专门性（专业性）词典《汉语语法修辞词典》（张涤华、胡裕树、张斌、林祥楣主编，安徽教育出版社，1988）中的解释就有350多个字，详细多了。

另外，词义的主观性还表现在人们对同一个词的不同理解上，如有神论者和无神论者对"鬼""灵魂""天堂""地狱"等词语的理解和认识就不一样；"漂亮"在《现代汉语词典》（2016）中的解释是"好看；美观"，但具体到每一个人对"漂亮"的认识就可能大不一样；"民主"在《现代汉语词典》（2016）中的解释是"指人民所享有的参与国家事务和社会事务管理或对国事自由发表意见的权利"，而不同国家、不同政治制度、不同社会群体、不同的人对"民主"的具体理解或解释就很不相同。个人的性别、性格、年龄、民族、阶层、文化、修养等因素影响了不同的人对词义的理解和认识。

（二）概括性

词义是客观事物在人们意识中的反映，但这种反映不是具体的、个别的，而是抽象的、概括的。客观事物是具体的、千差万别的，如"汽车"在不同时期、不同地区有种种不同的汽车，包括厂家、品牌、构造、大小、功能、用途乃至新旧等的不同，但"汽车"这个词在反映这类事物时，就把这些具体的、个别的差异和特点舍弃了，只留下本质的、共同的、具有概括性的特点，比如《现代汉语词典》（2016）对"汽车"的解释是"一种交通工具，用内燃机做发动机，主要在公路上或马路上行驶，通常有四个或四个以上的轮子"。这一解释就概括了各种不同的汽车，也把汽车跟其他类别的事物区别开来，这就是词义的概括性。例如"人"这个词，是指"能制造工具并使用工具进行劳动的高等动物"，这是对各种各样的人——包括男人、女人、青年人、老年人、中国人、外国人、好人、坏人以及高个儿的、矮个儿的、胖的、瘦的等人——的概括。像"动物、植物、树、粮食、书、路、笔、打"等词的词义都有极高的概括性。

词义的概括性特征，可以使人们用有限的词，去指称无限的具体事物和现象。而词义的概括性和在语言中的实指性，是矛盾统一的。例如上面说过的"人"，这个词的意义是概括的，但也可指称某个具体的人，如可以说"那个人很能干""我这个人就是心直口快"等。

（三）模糊性

词义在多数情况下是明显的，在反映客观对象时，对象的特征是清楚的。像一般具体事物的名称、一般动作行为等的内涵和外延都是明确的，如"电视机、电冰箱、电扇、空调、微波炉、洗衣机、吸尘器、录音机、收音机"等名词，其所指的家用电器是有明确的界限的，像"学士、硕士、博士"和"助教、讲师、副教授、教授"等词，所表示的学位和职称也是有明确界限的。像"炒、炖、煎、烩、炸、烤、蒸、煮"等一些词所表示的各种烹饪方法之间的界限也大体上是明确的，游泳比赛中的"仰泳、蛙泳、自由泳、蝶泳"等词语表示的运动方式同样是十分明确的。

不过，从另一个角度看，词义也具有模糊性。词义的模糊性指的是词义的界限有不确定性。词义所反映的客观事物之间本身存在连续性和边界不清楚的表现，这也是人类认识和感知差异的表现。有不少词义在反映指称对象具有什么特征时也很明确，但与其他对象的界限是逐渐过渡的。如"中年"，一般认为44岁到48岁的人属中年，但40岁到43岁、49岁到53岁的人虽然向青年或老年靠拢，但与"中年"并无明确的界限。

又如"现在"的词义是"这个时候，指说话的时候，有时包括说话前后或长或短的一段时间",不同的人可以对"现在"的长短理解有区别,在不同的场合也可以有不同理解。如在"车来了,你现在就走吧"句中,"现在"指的时间较短;"你现在还年轻,只要努力,完全来得及","现在"指的时间则长得多。

此外,如"清晨、早晨、黄昏、晚间、深夜""短篇、中篇、长篇""咸、淡""亮、暗""穷、富""高、矮""快、慢"之间的界限都是不明确的。

在某些交际场合,没有必要或没有可能把谈论的对象明确或基本明确地反映出来。如"干",所指相当广泛笼统。如一个教师做出了成绩,称赞他"课讲得好"是明确的,但可能不全面,用"干得好"这个模糊的表达法更合适些。工人、农民、医生、售货员都可以"干得好","干"的指示范围五花八门,难以确定,是模糊的。

语义的明确与模糊各有用处。一般说来,科技资料、法律条文、规章制度等的语义应该明确,但也不是绝对的,如"重症肝炎伴有明显的腹水及出血倾向者,可应用葡萄糖静脉滴注,根据饮食情况成人可给10%—15%葡萄糖500—2000毫升,同时加维生素C1—2克"。这一说明是明确的,但又有一定的模糊性(弹性)。

文学作品需要清楚、明确的叙述,应使用明确的语义,但模糊的语义也相当重要,可以使作品精练、含蓄,有明有暗,有主有次。

在交际中,时间、地点、数字往往应交代清楚,但有时模糊些更好,如定开会时间应明确,但约朋友闲谈,时间就不宜定得太死,"今晚7点20分请你来我家聊聊",显然是不礼貌的。

交际中的意思主要是靠语义的明确性表现的,但语义的明确性并不是在任何情况下都起积极作用。过分的、不适当的明确是烦琐、冗长、重点不突出的,如外交官在记者招待会上,不可能全都"知无不言,言无不尽",必要时就需要使用模糊语义,否则会起副作用,很被动。

(四)民族性

对同一事物,不同的语言所用的词可以不同,就是说词义概括的对象可以不同,由此就产生了词义的民族性的特点。例如汉语里用"姐姐""妹妹"表示同一父母所生的女儿,而英语里只用sister表示姐姐或妹妹(英语里用elder sister表示"姐姐",用younger sister表示"妹妹");又如汉语里的"朋友"一词,指彼此有交情的人,也指恋爱的对象,它的词义与英语里的friend也并不完全相当。

词义不仅在理性意义上有民族性,在附着于理性意义上显示人们肯定或否定的主观态度、主观感情的色彩意义方面也可以显示出民族性。例如,"象"这种动物,在中国和东南亚国家,它是吉祥如意的人人喜爱的动物,而在欧美国家,人们则认为它是蠢笨的动物。由于人们对"象"的主观态度、感情色彩的不同,因此,我国生产的一种"白象"牌电池在东南亚一带就很受欢迎,十分畅销,而在欧美市场上则无人问津(因为谁也不愿意把有蠢笨动物商标的"白象"电池带回家)。以上这些词义上的差异正显示了词义民族性的特点。词义民族性的特点,实际上也同样证明了词义的社会性,因为不同民族语言的这种词义上的差异也正是不同的社会成员各自约定俗成的结果。

二 词义的类别

由于词义所反映的客观事物纷繁复杂,因而一种语言的词义就形成了由多种因素构成的复杂的意义系统。词义包含了人们对客观世界的认识以及主观的评价、态度，词义相应地就有了理性义和附属义两种类型。

（一）理性义

理性义是指词义中与概念有关的、反映现实现象的意义，又叫概念意义、逻辑意义。它是词义的核心内容，是语言交际中最重要的意义，也是词典释义中最为重视的意义。例如下面几个词在《现代汉语词典》（2016）中的释义：

  乔木：树干高大，主干和分枝有明显区别的木本植物，如松、柏、杨、白桦等。
  友谊：朋友间的交情。
  信仰：对某人或某种主张、主义、宗教极度相信和尊敬，拿来作为自己行动的榜样或指南。
  叫：人或动物的发音器官发出较大的声音，表示某种情绪、感觉或欲望。

（二）附属义

词的附属义包括情感义、语体义、形象义。

1. 情感义

词语除了表示理性意义之外，还可以表示某种或喜爱、或尊敬、或褒扬、或厌恶、或贬斥的情感意义。

（1）褒贬义

有些词表示人们对人或事物的喜爱、尊敬、欣赏、赞颂的意味，这种词叫褒义词。例如：

  模范 榜样 伟人 成就 成果 英雄 朋友 爱情 援手
  培养 抚育 改善 援助 支援 表扬 夸奖 款待 庆祝
  美好 漂亮 好听 努力 勤奋 勤劳 谦虚 繁荣 丰富

有些词表示人们对人或事物的反感、厌恶、憎恨的意味，这种词叫贬义词。例如：

  敌人 独裁 坏蛋 毒品 匪徒 匪帮 废物 后果 奸商
  拉拢 毒害 泛滥 诽谤 敷衍 复辟 勾结 鼓吹 横行

大多数词的词义无所谓褒贬，这种词叫中性词。例如：

  人 山 水 石头 太阳 月亮 草原 桌子 汽车 广场 商店 电脑
  吃 喝 玩 走 去 跑 飞 拿 提 商量 谈话 修改 建造 统计

数词、量词、代词、副词、介词、连词、助词等一般是中性词。

词的褒贬义不是绝对的。在一定的语境中，人们会临时改变一个词的褒贬义。例如：

  ① 这么简单的问题都解决不了，你真够聪明的！（这里"聪明"用来批评他人）
  ② 妈妈看见孩子把玩具弄得很乱，说："你这个小坏蛋，真拿你没办法！"（这里"坏蛋"失去了厌恶的意味）

还有些多义词，在有的义项上是褒义，但另外的义项上却是贬义。如"骄傲"有三个义项：①自以为了不起，看不起别人；②自豪；③值得自豪的人或事物。其中，第一个义项是贬义的,后两个义项是褒义的。

(2)敬谦义

有些词含有对交际对方或对其他人尊敬的意味,这种词叫敬辞。敬辞用于他人。例如:

  您 府上 登门 拜访 请教 赐教 教正 雅正 大作 拜读 雅意
  高见 恭候 敬颂 令尊 令堂 令亲 令郎 令爱 公子 千金 高论

"贵"常用在一些名词的前边,构成表示尊敬的词语。例如:

  贵姓 贵府 贵校 贵院 贵所 贵社 贵国 贵公司

"位"构成的数量短语也带有尊敬的意味。如"一位老大爷、两位先生、各位来宾、三位客人",而称"小偷、罪犯"则不用"位"。

有些词表示自身卑微,这种词叫谦辞。谦辞多用于自称或称与自己有关的人、事物或行为。例如:

  敝人 鄙人 不才 后学 小弟 犬子 岂敢
  寒舍 蓬荜 拙作 刍议 错爱 斗胆 冒昧

"敝"也可以用在一些名词的前边,构成表示自谦的词语。例如:

  敝姓 敝舍 敝馆 敝厂 敝校 敝所 敝处 敝社

2. 语体义

语体义是一些词因为经常用于某种特定的交际场合而形成的风格色彩,所以又称为风格义。语体义反映了词与交际场合的关系。词的语体义主要体现为两个大类:口语色彩和书面语色彩。经常用于口头语体的词具有口语色彩,经常用于书面语体的词具有书面语色彩。口语色彩表现为通俗活泼,亲切自然,有时还带有方言色彩,具有口语色彩的词经常用于日常交谈、讲话、讨论等随便谈话的场合,如:下巴颏儿、眼珠子、脸蛋儿、下半晌、下辈子、棒、帅、麻利、大伙儿、忙乎、拉扯(抚养)、下劲(使劲)、溜达、老爸、老妈、亲嘴、搭腔、没治、酷、爽、脑袋瓜子、口水、早上、搞、弄等,这些口语词都有相对应的书面语色彩的词或无明显语体色彩的词。书面语色彩表现为严谨规范,庄重典雅,有时还带有文言色彩,具有书面语色彩的词经常用于正式场合或书写文章中,如:悠扬、翱翔、心潮、父亲、母亲、会晤、访问、热衷、获悉、配偶、孩提、憧憬、寂静、卧榻、下榻、造访等。有些具有书面语色彩的词往往用于特定的场合,如用于科技领域(如:守恒性、定性、定量、初始、克隆、给定、求出、当且仅当、大前提、小前提、语法化、元音),用于公文中(如:呈报、当否、批报、转发、批转、审示、抄送、兹有、特此、来函),用于政论文中(如:公民、专政、人权),用于外交场合(如:照会、抗议、奉告、声援、公使、备忘录、豁免权、国书),用于法律文件中(如:诉状、嫌疑、原告、被告、审判、上诉、抗诉、自诉、辩护、判决、前科)。

词的语体义也不是每个词都具有的,许多词可以用于不同的交际场合,没有明显的风格色彩,如多数日常生活用词,都没有明显的语体义,"吃、睡、走、写、读、饭、菜、风、雨、电视机、电脑、书"等词语适用于不同的语体。

3. 形象义

有一些词因概括了具体事物的形象而获得了形象色彩。形象义，是指构词语素所显示出来的一种具体生动的直觉形象感。词的形象义能给人提供生动可感的形象，使感知的经验复活并使人产生想象。

有的词具有形态形象，如：佛手、凤尾竹、马蹄莲、熊猫、狼犬、长颈鹿、金钱豹。

有的词具有颜色形象，如：绿肥、绿藻、黄瓜、黄金、白鹤、青苔、黑板、紫菜、紫檀。

有的词有动态形象，如：蚕食、爬行、炒鱿鱼、上钩、蛙泳、蝶泳、睡莲。

有的词有味觉形象，如：酸溜溜、甜丝丝、苦森森、甜蜜蜜、淡巴巴。

有的词有嗅觉形象，如：香喷喷、臭乎乎、臭烘烘。

有的词有声音形象，如：知了、乒乓球、蛐蛐儿、轰隆隆、潺潺、扑通。

词的形象义可以使某个词指明具体对象，从而增强意义的明确性。例如，"睡莲"跟一般的莲花不同，一般的莲花根茎较长，将叶和花儿托出水面，而"睡莲"的根茎短，长在水里，叶和花儿都浮在水面上。所以"睡莲"这个词所指的对象和所表示的意义，就十分明确、具体。形象义还可以使词的意思表达得形象、真切。例如，"笑眯眯""笑嘻嘻"和"笑哈哈"都是形容笑的样子，但是，"笑眯眯"是有形无声，"笑嘻嘻"和"笑哈哈"则形声兼备，而"笑哈哈"的声音比"笑嘻嘻"的声音更大。所以，这三个词形象而真切地表示了笑的三种情态。

三　词义的变化

语言是随着社会的发展而发展的。词是在不断地变化、发展着的。自古至今，有些词已经消亡了，有许多词却被一直沿用着。就这些被沿用下来的词而言，它们并不都保持着本来的面貌，它们的语音形式、词义和用法等方面都产生了或多或少的变化。单就词义而言，就发生了诸多变化，例如，有些词的词义内容深化了，有些词的词义范围扩大了，有些词的词义范围缩小了，有些词的词义发生了转移，有些词的情感意义发生了变化。

词义的演变，归纳起来，有以下三种情况。

（一）词义的扩大

词义的扩大是指词义所概括的对象的范围由小变大了。比如说一些专有名词由特称变为泛称，"江"和"河"是典型的例子。"江"本是专有名词，即长江（扬子江），"江汉朝宗于海"（《尚书·禹贡》），"决汝汉，排淮泗，而注之江"（《孟子·滕文公上》），其中的"江"专指长江，现代作为专名的"江南、江北、大江南北"也是指长江。但后来"江"前常加专名，如"钱塘江、珠江"，"江"就用来泛指一切大河流（主要是长江以南的河流）了，成为通名。如《论衡·书虚》"且投于江中，何江也？有丹徒大江，有钱唐浙江，有吴通陵江"，现代汉语中"江"的基本义就是"大河"。而"河"起初也专指黄河，如《尚书·禹贡》"浮于洛，达于河""导河积石，至于龙门"。后来"河"前常有专名，如"汾河、淮河"，"河"成了"天然的或人工的大水道"的通称（一般限于长江以北的河流），由专名扩大成通名。

词义扩大的例子还如：

皮：兽皮→人和动植物的皮　　醒：酒醒→醒悟、睡醒（也包括酒醒）
雌：鸟母→一切生物的阴性　　雄：鸟父→一切生物的阳性
理：治玉→治理一切　　　　　雏：小鸡→鸟类的幼子
房：正室两旁的房间→房屋　　屋：半地穴式住室建筑的顶部覆盖→房舍、房间
卧：伏在矮而小的桌子上睡觉→睡倒、躺或趴
布：麻布→其他材料织成的也叫布，如"棉布"等

词义的扩大可以从较长的历史中看出，如"江、河"。词义的扩大也可以在较短的时间内发生，如"演绎"在《现代汉语词典》（1996年）中还只有一种意义："一种推理方法，由一般原理推出关于特殊情况下的结论"。而2002年增补本就补充了两条新义："①铺陈；发挥。②阐发；展现"。再如"包装、朝阳、下课、外援、透析、前卫、盲区、料理"等词义的扩大都是在短时间内发生的。

（二）词义的缩小

词义的缩小是指词义所概括对象的范围由大变小了。比如下面的例子。

"瓦"，《说文解字》"土器已烧之总名"，如"弄瓦""瓦棺""瓦罐""瓦釜""瓦盆"等，当然也包括盖房子的"砖瓦"之"瓦"，后来则缩小为仅指盖房子用的"砖瓦"之"瓦"。

"谷"，原为百谷之总称，粮食作物都可以叫"谷"，现在在南方仅指稻或稻谷，在北方则指谷子（粟）。

"舅"和"姑"的词义在古代也比现在范围大，"舅"既指母亲的兄弟，也指丈夫的父亲，现在只有前一个意思，"姑"既指父亲的姊妹，也指丈夫的母亲，现在也只有前一个意思。

"臭"古代是气味的意思，"腥臊恶臭而伤害腹胃"（《韩非子·五蠹》），"口欲綦味，鼻欲綦臭"（《荀子·王霸》）中的"臭"就是气味的意思，后来"臭"跟"香"相对，专指不好的气味，即秽恶的气味。

"虫"本指一切动物，《大戴礼记·曾子天圆》说："毛虫之精者曰麟，羽虫之精者曰凤，介虫之精者曰龟，鳞虫之精者曰龙，倮虫之精者曰圣人。"所以，蛇可以叫长虫，老虎可以叫大虫，今天的"虫"，是虫子，专指昆虫和类似昆虫的小动物。

"汤"，本指热水、开水，如《孟子·告子上》"冬日则饮汤，夏日则饮水"，成语"赴汤蹈火、固若金汤、扬汤止沸"用的就是"汤"的本义，后来词义缩小为专指"食物煮后所得的汁水"或"烹调后汁水特别多的副食"，如王建《新嫁娘》"洗手作羹汤"，再如"米汤、鸡汤、豆腐汤、菠菜汤、四菜一汤"等。

词义缩小的例子还如：

禽：鸟兽的总称→鸟类　　　　宫：房屋→帝王的房屋
吃：饮、食→食　　　　　　　诏：告诉→上告诉下
恶：品行、形貌不好→品行不好　肥：人畜肥胖→畜肥
朕：我，自称→秦以后帝王的自称　丈夫：男子→男性配偶

金：金属的总称→金属的一种，黄金

现在的一些偏义词多数是经过词义缩小形成的。

（三）词义的转移

词义的转移是指词义由指甲事物转到指乙事物，甲乙两者之间没有类属的关系。例如：

"脚"本义是小腿，后来指"人或动物的腿的下端，接触地面支撑身体的部分"，即古代的"足"，"小腿"跟"足"是相关的。

"涕"原指眼泪，如"涕泗滂沱"（《诗经·陈风·泽陂》），自目曰涕，即泪水，自鼻曰泗，即鼻涕，现代的"涕"转指鼻涕。

"百姓"最早指贵族，如"百姓昭明，协和万邦，黎民于变时雍"（《尚书·尧典》），"百姓"同"黎民"相对，指贵族，后转指平民。

常见的词义转移的例子还如：

走：跑（弃甲曳兵而走）→步行

兵：兵器→士兵

闻：耳朵听到（耳闻目睹）→用鼻子辨别气味

去：离开（去齐走赵）→从所在地到别的地方

捉：握（捉刀）→抓

慢：傲慢、懈怠（素慢无礼）→迟缓

球：美玉、玉磬→圆形的立体，球形的物体

淫：浸润、过度、放纵→不正当的男女关系

塘：堤防、堤坝→水塘

交通：互相勾结（与豪杰交通）→各种运输和邮电事业的总称

野人：郊野之人或农人→未开化的人或性情粗暴的人

行人：外交官→路上行走的人

在上述词义演变的三种情况中，"词义的扩大"（义项增多）是主要的，它使词的意义越来越准确、精密，这是人们对客观事物和现象的认识不断深化的必然结果。总之，词义是一个动态范畴，一方面表现在共时平面上，词义在一定的语境中会发生某些变化或分化，反映出语言的灵活性；一方面在历时进程中，词义会有扩大、缩小、转移等变化，反映出语言的历史性。了解词义的不同变化对正确理解词义、掌握词的用法，对听说读写都会有积极的作用。

思考题

1. 词义的性质是什么？
2. 词义的类别有哪几种？
3. 词义的演变包括哪几种情况？

第四节　多义词和同音词

词是由一定的语音形式和意义内容构成的一种语言单位，就一个具体的词的音义来看，它们是联系在一起的，不可分割的，掌握一个词必须同时了解词的语音形式和意义内容。但从语言符号的本质属性来看，词的语音形式跟意义内容之间又没有必然的联系，同一个语音形式可以表达不同的意义内容，同一个意义内容也可以由不同的语音形式来表达，这种音义关系是由社会习惯决定的，加上意义内容的丰富复杂性和语音系统的有限性，这就造成了词的意义内容和语音形式之间的各种复杂关系。这种复杂关系表现在词汇上，就造成了词的多义现象、同音现象、同义现象。相同的语音形式表达不同的意义内容，就形成了同音词和多义词，不同的语音形式表达相同或相近的意义内容就形成了同义词。

一　单义词和多义词

从《现代汉语词典》（2016年）的释义来看，有的词只有一个义项，如"桌子、运河、月亮、衣服、医生"等，有的词则有几个甚至更多的义项，如"实在"有3个义项，"气象"有4个义项，"代表"有5个义项，"起"有16个义项，"打"（dǎ）则有25个义项。只有一个义项的词叫单义词；有两个或两个以上义项而且这些义项之间又有内在联系的词叫多义词。

义项又叫义位，是最基本的语义单位，或者说是最小的自由的语义单位，词典中对词的释义，往往把一个词的词义分解为一个或多个意义单位，每个意义单位就是一个义项。就《现代汉语词典》来看，一个词只有一个义项时，就在该词后面直接注音释义，如果一个词有多个义项时，就标以"❶、❷、❸……"，对每个义项给予分别释义。

一般来说，专业术语、地名、人名、外来词等常常是单义词。

多义词有两个或两个以上的义项，而且不同义项之间具有一定的联系，如"高"除作为姓以外有7个义项：

① 从下向上距离大；离地面远（跟"低"相对）。
② 高度。
③ 三角形、平行四边形等从底部到顶部（顶点或平行线）的垂直距离。
④ 在一般标准或平均程度之上的。
⑤ 等级在上的。
⑥ 敬辞，用于称别人的事物。
⑦ 酸根或化合物中比标准酸根多含一个氧原子的。

多义词都是由单义词发展而来的，这是语言系统中音义矛盾和词义发展演变的必然结果。任何语言的语音形式都是有限的，而客观事物和现象却是无限的，以有限的语音形式去反映无限的意义内容，就产生了音义关系上的矛盾。用已有的词来记录新的意义，可以有效地解决这一矛盾，因为多义词既记录了新的意义，又不增加新词，使得词汇既反映了丰富复杂的客观事物和现象，又简明经济，同时，多义词意义之间的密切联系也体现出词汇的系统性。因而，多义词是使词汇系统得以简化而有体系的有效手段。

一词多义是语言的普遍现象。一般来说，常用的、历史悠久的、单音节的词，更容易成为多义词。

所以说，词的单义或者多义不是绝对的。有些单义词在使用中会增加新的义项，这样单义词就变成了多义词；有些多义词的义项会渐渐消失，最后只剩下一个义项，这样多义词就变成了单义词。

二　多义词的基本义和引申义

从词的运用角度来说，多义词的几个意义的地位并不是相等的。其中有一个意义是最常用基本的，其他的意义都是从这个意义转化发展出来的。前者叫基本义，后者叫引申义，如"高"的第一个义项就是基本义，其他5个义项就是引申义。再如"矮"的基本义是"身材短"，由此引申出"高度小""（级别、地位）低"这两个引申义。

跟基本义相关的一个概念是本义。本义是指一个词的最初意义，即一个词刚刚被创造出来时所具有的意义，或者说是文献记载的最早的意义。本义跟基本义有一致的地方，不少词的基本义往往就是它的最初意义（本义），如"笔"的基本义是"写字画图的用具"，跟本义一致。基本义跟本义也有不一致的地方，如"快"的基本义是"速度高；走路、做事等费的时间短（跟'慢'相对）"，而本义则是"愉快；高兴；舒服"；再如"权"的本义是"秤锤"，而基本义则是"权力"；"闻"的本义是"听见"，而基本义则是"用鼻子嗅"。多义词中的基本义有的就是从本义派生出来的，如"兵"的基本义"军人；军队"就是从本义"兵器"引申出来的，有的引申义也来自本义，如"权"有6个义项（除姓"权"外），"权衡"义来源于本义"秤锤"，由"秤锤"引申出基本义"权力"，其他义项则由基本义引申而来。以下介绍的引申义主要着眼于其跟基本义（包括跟本义相同的基本义）的关系。

引申义是由基本义引申发展出来的派生意义。词义引申的方式可以分为直接引申、比喻引申、借代引申三种。

直接引申就是由基本义直接发展、派生出新的意义。直接引申出的引申义跟基本义往往有直接的内在的联系，从基本义到直接引申义，有的扩大了词义的范围，如"矮"的"高度小"这一引申义相对于基本义"身材短"就属于词义的扩大；有的从具体到抽象，如"矮"的"（级别、地位）低"这一义项相对于"身材短"就抽象了许多；也有从抽象到具体，如"老"的基本义是"年岁大"，而其引申义中的"老年人""婉辞，指人死（多指老人）"等义项，相对来说就具体一些；有的则加深了词义的程度，如"告"的基本义是"把事情向人陈述、解说"，而引申义"向国家行政司法机关检举、控诉""为了某事而请求""表明""宣布或表示某种情况的实现"等则明显属于词义程度加深和丰富了。

比喻引申是通过基本义的比喻用法来派生新义的。如"口"的本义是"人或动物进饮食的器官，有的也是发声器官的一部分"，后来用"口"来比喻"容器等器物通外面的地方""出入通过的部位"等，于是它们就都成了"口"的比喻义。再如：

错位：①离开原来的或应有的位置。②比喻失去正常的或应有的状态。

登陆：①渡过海洋或江河登上陆地，特指作战的军队登上敌方的陆地。②比喻商品打入某地市场。

顶风：①跟（人、车、船等）前进方向相反的风。②比喻公然违犯正在大力推行的法令、法规、政策等。

重头戏：①指唱功和做功很繁重的戏。②借指重要的任务和活动。

从上面的例子可以看出，比喻义所指称的事物、现象同基本义所指称的事物和现象之间在某些特征、性状方面，有一定的相似之处。比喻义来源于修辞上的比喻，当基本义长期、固定地用于比喻某事物时，二者有了密切的联系，渐渐地基本义就获得了新的指称功能，于是就分化出派生义，在基本义的基础上形成了比喻义。

但要注意的是，多义词的比喻义同修辞上的比喻手法是有区别的。因为比喻义是一词多义的现象，它已经成为凝固在词义中的东西，只要一提到这个词，人们就会联想到它所指的意义，不凭借上下文也能理解。例如，说到"陷阱"，除了让人想到"上面覆盖着伪装东西的坑"外，还让人想到"害人的圈套"的意义。可是，一般修辞上的比喻手法则不然，它们是临时打比方来表述事物，原来的词义并不因为用作比喻而改变。如"共产党像太阳"，"太阳"在这里并没有转化出新的意义，它只是用来比喻共产党像太阳一样给人们带来了光明和幸福。可见，比喻义和修辞上的比喻手法，两者之间的区别是很明显的。

借代引申是通过基本义的借代用法来派生新义的，由此而产生出的意义就是借代义。如"江山"原指"江河和山岭"，通过借代用法，用来指"国家或国家的政权"；"白领""蓝领"本来都是指衣领的颜色，由于某些人经常穿着某种颜色的衣服，通过借代用法，"白领""蓝领"分别用来指"从事脑力劳动的职员""从事体力劳动的工人"。

可见，多义词的几个义项之间，不管是存在直接引申关系，还是存在比喻引申、借代引申关系，总是有较为密切的联系。另外，基本义同三种引申义（直接引申义、比喻义、借代义）之间的联系也较为复杂，可以从基本义派生出引申义，也可以从引申义再派生出新的引申义。如"铁"除了"姓"以外有6个义项，基本义是"一种质地坚硬的金属"，在这个基本义的基础上派生出一个借代义"指刀枪等"，派生出4个比喻义"形容坚硬；坚强；牢固""形容确定不移""形容强暴或精锐""形容表情严肃"。这几个派生义都是从基本义派生而来的。"光明"的基本义是"亮光"，直接引申出引申义"明亮"，又派生出比喻义"正义的或有希望的"，而另一个引申义"（胸襟）坦白；没有私心"则是从引申义"明亮"派生出来的。

多义词虽然有多个意义（义项），但在具体的上下文中受前后词语或语境的制约，一般只体现出一个意义来，不同意义一般不会同时出现在一个语句中，因而多义词在具体的语句中往往是单义的，不会影响表达和理解。如"冒尖"是多义词，但在下列语句中分别体现出某一个义项来：

（1）箩筐里的粮食已经冒尖了。（冒尖：装满而且稍高出容器）
（2）这孩子10岁刚冒尖，小着呢。（冒尖：稍稍超过一定的数量）
（3）小王在我们年级学习十分冒尖。（冒尖：突出）
（4）问题一冒尖，就要及时加以解决。（冒尖：露出苗头）

再如"闹"：

（1）这里很闹，无法安静学习。（闹：喧哗，不安静）

（2）这孩子又哭又闹。（闹：吵）
（3）孙悟空大闹天宫。（闹：扰乱，搅扰）
（4）小姑娘又闹脾气了。（闹：发泄）
（5）他最近老闹眼睛。（闹：害［病］）
（6）今年夏天许多地方闹水灾。（闹：发生［灾害或不好的事］）
（7）只有把问题闹清楚，生产才能闹上去。（闹：干，弄，搞）

当然，在某些孤立的语句中，因为没有上下文或具体语境，也有可能出现歧义，如"老王已经走了三个小时了"是有歧义的，句子中的"走"可能有三种意思：离开、行走、死；"老王老了"也是有歧义的，"老"既可能是年纪大了，也可能是去世了。遇到这种情况，可以用意义相同的词来替换，如"老王已经离开/步行（行走）/死了三个小时了"，"老王年纪大了"或"老王去世了"。

三 同音词

同音词是语音形式相同而意义完全不同的词，也称为"同音异义词"。

（一）同音词的类型

同音词按字形的异同可分为两类：

1. 字形相同的同音词，可称为同形同音词。例如：

花（huā）可供观赏的植物，名词（花儿，种花儿）
　　　　耗费，动词（花时间，钱花光了）
别（bié）分离，动词（别了，亲人）
　　　　固定住，插住，用东西卡住，动词（腰上别着手枪）
　　　　不要，副词（别乱讲，别去）

2. 字形不同的同音词，可称为异形同音词。例如：

公事：公家或集体的事（办公事，公事大于私事）
工事：保障军队发扬火力和隐蔽安全的建筑物（防御工事）
水力：水流所产生的动力（水力发电）
水利：利用水力资源和防止水灾的事业；水利工程（兴修水利）
必须：一定要（学习必须刻苦钻研）
必需：一定要有的，不可缺少的（笔是学习所必需的工具）

（二）同音词的形成原因

1. 造词时语音形式偶合

不同时代、不同地区、不同的人们在原有词语的基础上创造新词，由于语言的音节构成形式有限，而所要表达的意义要素无限，很难避免所创造的词在语音形式上出现偶合现象。如：

厉害—利害　骄气—娇气　公里—公理　功力—功利

2.语音演变的结果

语音的演变和意义的变化是不平衡的，有些过去不同音的词，由于语音系统的演变，到现在就成了同音词，例如古汉语尖团音分明，而现代汉语则合而为一了，结果造成大批同音词。如：

尖音：酒、秋、修、际、笑、姓、宣、需、全、挤、尖
团音：九、丘、休、计、考、幸、轩、虚、权、几、肩

古汉语清浊声母有别，现代汉语也都变成了同音字。如：

清：拜、扮、带、担、店、翻、吉、见、配、欺、舍、仗
浊：败、办、代、淡、电、帆、极、件、佩、期、社、丈

3.借用外来词

汉语借用外族和其他语言的语词，音译而成的语音形式和汉语原有的一些词偶同。如：

蒙古语的 jam 译成"站"（车站），与汉语动词"站"同音。
英语中的 metre 译成"米"（一米），长度单位，与汉语名词"大米"的"米"同音。
英语中的 tin 译成"听"（一听可乐），计量单位，与汉语动词"听"同音。

4.意义演变的结果

有些同音词是由意义演变造成的。有些词在古代是多义词，后来，随着历史的发展，这个词原来的几个意义逐渐分化解体，失去了原有联系，但它的语音形式却没有产生相应的变化，就造成了同音词。如：做动词用的"刻"和做时间单位的"刻"，在过去是多义词。古代曾以漏壶来计算时间，漏壶内竖一根标杆，上面刻上一百格，水每漏下一格为十四分二十四秒时间。一百格为一天。由于标杆上的格子是用刀刻出来的，所以表示动作的"刻"就被引申为表示时间的"刻"。但随着社会的发展，表示时间的"刻"跟表示动作的"刻"之间的联系逐渐中断了，现在就成了没有联系的同音词。

（三）同音词的作用

1.同音词在语言中可以构成"双关语"，使语言含蓄，增强语言的生动性。例如：

今日已欢别，合会在何时？
明灯照空局，悠然未有棋。

（《子夜歌》）

末一句明写"未有棋"，实指"未有期"，与"合会在何时"相呼应。又如：

我失骄杨君失柳，
杨柳轻飏直上重霄九。

（毛泽东《蝶恋花·答李淑一》）

"杨"和"柳"表面写的是杨花和柳絮，实指杨开慧烈士和柳直荀烈士，说他们的忠魂升天，永垂不朽。

2. 同音词可以构成谐音的歇后语。例如：

    孔夫子搬家——尽是书（输）

    腊月里的萝卜——冻（动）了心了

    卖布不带尺子——存心不量（良）

3. 利用同音词可以构成拈连对举格式，使语句耐人寻味，含义隽永深长。例如：

    一部《渴望》引起了更大的渴望

    田间的诗深入田间

    《霓虹灯下的哨兵》教育了一代又一代霓虹灯下的哨兵

（四）同音词和多义词的界限

多义词和同音词，都是一种用同一语音形式来表示不同意义内容的语言现象。它们在性质上有一定的共同点，但彼此之间又有很大的差别。同音词和多义词的区别是：现时意义有联系的是多义词，现时意义没有联系的是同音词。如：

多义现象：小弟弟睡在<u>摇篮</u>里／井冈山是革命的<u>摇篮</u>

           笑得很<u>甜</u>／糖很<u>甜</u>／生活过得很<u>甜</u>

           她长得很<u>单薄</u>／穿得这样<u>单薄</u>／力量实在<u>单薄</u>

           <u>浓</u>茶／兴趣<u>浓</u>

同音现象：<u>杜鹃</u>开了／<u>杜鹃</u>在咕咕地叫

           <u>别</u>了，祖国／<u>别</u>上校徽

           <u>白</u>雪／<u>白</u>字

思考题

1. 什么叫作多义词？
2. 什么叫作词的基本意义、引申意义和比喻意义？
3. 什么叫作同音词？举例说明同音词产生的原因。
4. 同音词和多义词有什么不同？试举例说明。

第五节　同义词和反义词

一　同义词

（一）同义词的性质和范围

语言中用不同的语音形式来表示相同或相近的意义，就产生了词的同义现象。凡是意义相同或相近的词，就叫作同义词。同义词按照意义相同的程度可以分为两类：等义词和近义词。

1. 等义词

同义词中意义完全相同的叫等义词。例如：

气力—力气　　　　感情—情感
健康—康健　　　　演讲—讲演
觉察—察觉　　　　灵魂—魂灵

上面这样一些等义词，人们在语言里可以互相交替运用，在意义和色彩上毫无区别，所以也可称为"绝对同义词"。它们在词汇中为数极少，也没有什么特殊的表达功能，应作为词汇规范化的对象。

此外，同义词中有一些词，虽然存在书面语和口语、民族共同语和方言土语以及外来词和自造词等差别，但它们所表示的概念义完全相同，通常也叫作等义词。例如：

诞辰—生辰—生日　　　　逝世—去世—死
香烟—烟卷—纸烟　　　　肥皂—洋碱—胰子
自行车—脚踏车—单车　　米—公尺
玉米—苞谷—苞米—棒子　维他命—维生素
麦克风—扩音器

2. 近义词

意义相近、在用法上有细微差别的同义词，叫作近义词。由于它们的意义并不是绝对相同，所以也称为"相对同义词"。这类词以动词和形容词居多。例如：

取—拿　　　　采—摘　　　　　　叫—喊
爱惜—珍惜　　关心—关怀—关注
思念—怀念　　揭示—揭露—揭发
宏大—庞大　　优良—优秀—优异

同义词中最多的是近义词。这类同义词在词汇中的大量存在，对语言表达起着非常重要的作用，是词汇研究的重要对象。

概念的同一性和意义的共同性是确定同义词的主要条件。同义词所表示的是同一概念之内的各种细微差别。如果词与词的概念并不相同，即使它们在意义上有某些联系，或应用时在某些条件下也可以相互替代，但它们在意义上或使用上毕竟存在很大的差别，所以不能把这些词当作同义词看待。例如：

作家—诗人　　　　制服—学生服
牲口—马　　　　　菜—白菜
好—不坏　　　　　妙—好得很

前四组的前一个词所表示的是事物的统称（逻辑学上称为"属概念"），后一个词表示某种具体的事物（逻辑学上称为"种概念"），两者只存在类属关系而并不相等；后两组的前一个是词，后一个是短语（词组），词和短语不能看成同义词。

一组同义词通常是词性相同的词，但不能因此认为一组同义词一定属于同一词类，例如"刚""刚刚""刚才"是一组同义词，"刚"和"刚刚"是副词，而"刚才"却是时间名词。同义词的构成，本质的东西是词义上的共同性，不能用词类标准去取代词义标准。词类和词义有一定的联系，但不完全一致。词类是词在语法上的分类，不是词义上的分类，不是逻辑分类，任何一种语言的词类都不是完全按意义划分出来的，所以有些词义相同、相近的词并不一定属于同一词类。

（二）同义词的产生及其在语言中的作用

1. 同义词的产生

一种语言中存在大量的同义词，是词汇丰富的显著标志。研究同义词是怎样产生的，对于认识同义词的性质、辨别同义词的意义色彩和使用范围，都有帮助。同义词的产生，一是词汇内部发展变化的结果，二是人们的认识不断深化的结果。随着社会的发展，人们对客观事物和现象的认识不断深化，认识能力不断提高，因此就需要选用足以区别细微差别的词去称呼和表达，于是就产生了意义上仅有细微差别的同义词。具体地说，汉语的同义词，大致产生于以下几种情况。

（1）新旧词并存产生的同义词

在不同时代或不同时期，表达同一个事物时用了不同的词，时代早的属于旧词，时代晚的是新词，有时新词产生了，旧词并未彻底消亡，新词和旧词还可能并存，这样，新词和旧词就构成了同义词。如：

  元音—母音　　辅音—子音　　火柴—洋火　　煤油—洋油
  语素—词素　　语法—文法　　水泥—洋灰　　普通话—国语

每组前一个是新词，后一个是旧词。旧词一般使用频率低，或者仅在特定场合使用。

（2）普通话的词跟方言词构成同义词

方言词里有很多生动而富有表现力的词，被吸收到普通话里来，就同普通话里的词形成同义词。

例如，西南方言中的"搞"这个词，含有多种意义，被普通话吸收后，就跟以下各个词形成了同义词：

  跟"做""干"同义（你在搞什么）
  跟"办""处理"同义（这件事一定要搞好）
  跟"弄"同义（搞鬼）

又如南方方言里的"望"和"瞅"，吸收到普通话里，跟"看"形成同义词；"聊聊""扯扯"跟"谈谈"形成同义词；"名堂"跟"花样""花招""成就""结果""道理""内容"等形成同义词，等等。

（3）普通话里的一般词和专业词并用构成同义词

专业词包括"科学术语"和"行业语"。专业词在语言中同普通话的一般词语并用，就形成了同义词。例如：

  花冠—花瓣　　　　　齿龈—牙床
  氯化钠—食盐　　　　马铃薯—土豆

（4）外来词和自源词、音译词和意译词构成同义词

吸收外来词，有时音译词和意译词同时并行，这样就形成了同义词。例如：

  马达—电动机　　　　　麦克风—扩音器

维他命——维生素　　　　　盘尼西林——青霉素
摩登——时髦

（5）为表达意义和用法上的细微差别而不断创造出来的词和普通话中原有的意义相近的词语构成同义词。

同是"拉"的动作，为表示用力拉而创造了"拽"；表示用力往前拉或用力拉住不让向前动，创造了"拖"；表示不规则的"拉"，又创造了"扯"。于是，"拉""拽""拖""扯"就形成了同义词。

同样表示"去掉"的意思，说去掉痛苦、顾虑或职务用"解除"；说去掉迷信用"破除"；说去掉条约或法规用"废除"；说去掉某种人、思想或废物用"清除"。这样，"解除""破除""废除""清除"就成了同义词。

同为表示"不注意"的意思，无意的不注意用"忽视"；看得不重要而冷淡对待用"漠视"；故意不注意，不放在眼里用"无视"。这样，"忽视""漠视""无视"就成了同义词。

此外，如"比赛"和"竞赛"，"看管"和"管制"，"发现""发明"和"发觉"，"喜爱""热爱""宠爱"和"钟爱"等，都是为了表达意义或用法上的细微差别而形成的同义词。

2. 同义词在语言中的作用

同义词的大同小异是客观事物的丰富复杂、人的主观态度和情感丰富细腻、语言风格多样化等特点在词汇中的表现，丰富的同义词为人们说话写作时准确、恰当、得体地选择词语来表达人们的思想、认识和情感态度，为增强语言的表达效果提供了可能，因而，选择好和使用好同义词对语言表达有着积极的作用。同义词的表达作用主要表现在如下方面。

（1）使表达精确、严密、细腻

同义词的主要价值就是为了反映出相近的事物、行为的细微差别，因而选用好同义词可以表达精确、严密、细腻。例如闻一多先生曾在《时代的鼓手》一文中说：

它只是一片沉着的鼓声，鼓舞你爱，鼓动你恨，鼓励你活着，用最高限度的热与力活着，在这大地上。

"鼓舞""鼓动""鼓励"是一组近义词，都有振奋激励的意思。但"鼓舞"着重使人振作，增加信心和勇气，是褒义词，鼓舞的对象是积极的事物，如"鼓舞你爱"；"鼓动"着重指激发情绪，使之行动，中性词，可以说"鼓动你恨"；"鼓励"着重指劝勉激励，使之进取，是褒义词，如"鼓励你活着"。三个词较为接近，但适应对象和感情色彩有别，文中选用准确，使表达十分精确。又如老舍《骆驼祥子》中的几段文字：

"老者，水现成吧？喝碗！"

"啊！"老者的手在胸前搓着泥卷，打量了祥子一眼，细细看了看三匹骆驼。"有水！哪儿来的？"

"西边！"祥子不敢说地名，因为不准知道。

"西边有兵呀？"老者的眼盯住祥子的军裤。

上文用了"打量""看""盯"三个同义词，表现出老者的心理变化，观察猜测地"打量"陌生人，怀疑地"看"骆驼，惊恐地"盯"着军裤，描写十分精确、细腻。

（2）适应不同的语体风格，满足修辞上讳饰、委婉的需求

不同的语体有不同的风格，选择好具有语体风格差异的同义词能适应不同的语体风格。口头语体需要使用口语色彩较浓的词，如《龙须沟》里写"娘子"准备参加暗沟竣工庆祝大会时，有一段对话：

"喝，四嫂子，您都打扮好了？我也得换上件干净大褂儿。这，好比说，就是给龙须沟作生日；新沟完了工，老沟玩了完！"

这段话里，"喝、嫂子、打扮、得、作生日、完工、玩完"等都是口语词，如果用上相应的书面语词，就跟说话者的身份和话剧风格不一致了。

反之，该用书面语词的，必须选用适合书面语风格的词，如属于书面语体的公文中常用"特此函达""妥否，请指示""当否，请核示""希即贯彻执行""值此……之际""欣悉""为荷""顺颂""恭祝"等词语，其相应的口语词就不太适合。

另外，交际中还可以利用同义词的选用来满足修辞上讳饰、委婉的需求，在某些场合不便说的一些字眼，可以用同义的词语来替换，如"死"这个字眼是人们不愿意听到的，因而在说到"死"这种行为时，常用不同的词来替换，如"走了、老了、逝世、去世、故去、仙逝"等可以用来说老人或受尊敬的年纪大的人的"死"，可以用"牺牲、献身、捐躯、光荣了"等说同志的"死"。像不说"大便、小便、拉屎、撒尿、上厕所"而说"解手、上洗手间、洗手"，不说"负伤"而说"挂彩、挂花"，不说"落后"而说"后进"，不说"结婚、谈恋爱"而说"（解决）个人问题"等，都是为了满足讳饰、委婉的修辞需求。

（3）避免用词重复，使表达富于变化

"文似看山不喜平"，说话和写文章切忌单调、板滞，如果在一篇文章或一段文章重复使用同一个词，就会使文章平淡而缺少变化，避免重复使用同一个词语的最好办法是利用同义词来互相替换。例如：

这只是我自己心情的改变罢了，因为我这次回乡，本没有什么好心绪。

"心情"和"心绪"前后并用，避免了重复。

越走天越亮；不错，亮处是在前面，他确是朝东走呢。即使他走错了路，方向可是不差。

"错"和"差"前后连用，避免了重复。

（4）同义词连用可以加强语势，达到强调、显豁的效果，或者使节奏和谐

同义词的连用主要能使表意显豁、突出，使音节和谐。例如：

可他把你抛弃了！甩了！蹬了！不要你了！你还对他念念不忘！

"抛弃""甩""蹬"三个同义词连用，再加上"不要"，就起到了强调的作用。

该对你说些什么呢，生我养我的祖国。

"生我"和"养我"连用，构成四字格，使音节匀称上口。这类四字格很多，大多是平仄相间、音节和谐的，如：三更半夜、半斤八两、惊涛骇浪、胡言乱语、千差万别、亲朋好友。

（三）同义词的辨析

同义词绝大部分都是意义相近而有细微差别的，即所谓"大同小异"或"同中有

异"。大同易辨，小异难分。一般用词不当的毛病，往往就是由于不善于分辨同义词造成的。要掌握更多的同义词来丰富我们的词汇，以提高我们的阅读能力和表达能力，就必须细心地辨析同义词。这也就是我们研究同义词的主要目的。

辨析同义词，一般可从以下几方面着手。

1. 从意义上辨析

（1）词义的轻重不同

表示动作行为或性质状态的同义词往往在词义的轻重程度上有差异，如"秘密""机密""绝密"都是保密不让人知道的意思，但三者轻重程度不同。"秘密"是有所隐藏，不让人知道；"机密"的秘密程度高于"秘密"，是重要而秘密；"绝密"的程度又高于"机密"，是极端机密的、必须绝对保密的。"失望"和"绝望"都有失去希望、没有信心的意思，但"绝望"是希望断绝、毫无希望的意思，程度明显大于"失望"。动词"担心"和"担忧"都可以表示不放心的意思，但是"担心"的程度比"担忧"要轻一些，"担忧"带有"忧虑"的意思。形容词"悲痛"和"悲哀"都表示伤心、难过的意思，但"悲痛"含有心里痛苦的意思，它表示的伤心、难过的程度比"悲哀"更高。

动词、形容词、副词往往有词义轻重的差别。下面各组同义词都有词义轻重的不同（前轻后重）：

改良—改革　　功劳—功勋　　摧残—摧毁　　轻视—鄙视
悲伤—悲痛　　亲密—亲昵　　爱好—嗜好　　请求—恳求
批评—批判　　抢夺—抢劫　　希望—盼望—渴望
优良—优秀—优异　　相当—非常—万分—极其—最
焦急—焦虑—焦躁—焦灼　　喜爱—心爱—钟爱—珍爱—酷爱

（2）词义所指的范围大小不同

不少同义词之间存在所指对象的范围大小上的差别。如"局面"和"场面"都是指一定的情景，但"局面"是一个时期内事情的状态，"场面"是一定场合下的情景，"局面"大于"场面"；"边疆""边境""边界"三个词都指远离内地靠近国境的地方，但所指范围上，边疆＞边境＞边界；"时代"和"时期"都指社会或人生发展的某一阶段，但"时代"所指的时间大于"时期"。许多名词性同义词都有所指范围大小的不同。例如：

木材＞木料　　　食物＞食品　　　气候＞天气
粮食＞食粮　　　性质＞品质　　　战争＞战役＞战斗
灾难＞灾荒＞饥荒　　早晨＞凌晨＞拂晓　　事情＞事件＞事变
家族＞亲属＞家属＞家眷

（3）词义的概括与具体不同

这主要是就一些近义名词而言的。词义概括的名词所指的事物往往是某一类或某个集体，它一般是不能跟个体量词配合使用的，如"书本、车辆、信件、纸张"等。词义具体的名词所指的事物是具体的或个别的，它一般可以跟个体量词配合使用，如"（一本）书""（一辆）车""（一封）信""（一张）纸"等。但词义具体的名词也可以指某一类事物或某种事物的集体。

下列各组同义词之间都存在个体和集体的差别：

湖—湖泊	山—山脉	书—书本/书籍	船—船只/船舶
马—马匹	纸—纸张	树—树木	车—车辆
枪—枪支	布—布匹	花儿—花朵	

（4）词义的适用对象不同

有些同义词在词义的适用对象上有差别。词义的适用对象有上下、内外、长幼、男女、施受等方面的不同，使用这类同义词就要注意听、说双方的身份、地位等差异。如"希望"和"期望"都有心中期盼的含义，但"希望"对别人、对自己都可以用，"期望"不用于自己对自己；"爱戴"用于对上级、长辈，"爱护"用于对下级、晚辈；"赡养"用于对长辈，"抚养"用于对晚辈；"关心"对人、对事、对上、对下都可以用，"关怀"则用于对人，一般是上对下。

有些动词性的同义词的施事者不同，如"结婚"的施事者可以是男子，也可以是女子，而"成家"一般指男子结婚。有的是受事者不同，如"饲养"限于喂养动物，"喂养"的对象是幼儿或动物；"暴露"的问题可以是自己的，也可以是别人的，可以是一般的事物，也可以是坏人坏事，"揭露"的对象则只能是自己以外的坏人坏事；"保护"的对象是具体的事物，"保卫"的对象是比较大的事物。有的施事者和受事者都有差异，如"颁布"的施事者是政府，颁布的是法令、条例，"公布"的施事者除了政府，还包括机构、团体等，公布的除了法令、条例外，还有文告、通知等。

一些形容词的同义词也有适用对象问题，如"热心"可以对人，也可以对事，"热诚"只限于对人；"贴切"限于措辞，"确切"还可以用于数字、材料等；"强壮"一般适用于人，"壮"还可以用于动植物。下列同义词都有适用对象的差异：

岁数—贵庚	退还—退赔	侵犯—侵略	夸奖—夸耀
看护—看守	败坏—破坏	搜罗—搜集	履行—执行
发挥—发扬	交换—交流	充足—充分—充沛	
改进—改善—改正		传染—感染—沾染	

词义的适用对象往往跟词语的搭配联系在一起，而词语的搭配有多方面的情况，除了理性义之外，还受到附加义和词性的影响，即使就理性义来看，词语之间可否搭配有时也很难总结出条理和规则来，不少属于习惯用法，学习时要通过搭配实例来识记，如"发挥"和"发扬"，"交换"和"交流"。像"交换"的对象一般是具体的，如"礼物、意见、资料、产品"，但"经验、看法、想法、思想"也可以"交换"，"发挥"和"发扬"更是难以总结出规律来。正因为这样，有些论著把同义词在适用对象上的不同归在用法的不同上，属于用法上的搭配功能不同，认为一些同义词往往各自有固定的搭配对象。

2. 从色彩上辨析

（1）从感情色彩上辨析

同义词中有的存在感情色彩的差别，构成褒义、贬义及中性义的对立。如"果断"和"武断"都指处理问题时毫不犹豫的坚决态度，但"果断"是指正确地处理问题的果决态度，是褒义词，"武断"是指主观地坚持错误的处理问题的态度，是贬义词；"技能"和"伎俩"都有本领的意思，但"技能"没什么好坏之分，属中性词，"伎俩"是指不正当的本领，属于贬义词；"名誉"和"荣誉"都是在社会上流传的评价，但"名誉"是中性词，可好可坏，"荣誉"则是褒义词，即光荣的名誉。下列同义词有褒义、中性义、贬义的不同：

  褒—贬：赞美—奉承 鼓励—怂恿 创造—杜撰 聪明—狡猾
  褒—中：温馨—温暖 攻克—攻占 瞻仰—观看 光芒—亮光
  中—贬：夸张—夸大 排除—排斥 充满—充斥 把握—把持
  褒—中—贬：雄辩—论辩—诡辩 爱护—保护—庇护
       团结—联合—勾结 宏大—巨大—庞大
       牺牲—死亡—完蛋 成果—结果—后果

（2）从语体色彩上辨析

同义词中有的常用于书面语，有的常用于口语，如"儿童"常用于书面语，"小孩儿"常用于口语；"吝啬"有书面语色彩，"小气"则有口语色彩。下列同义词有语体色彩的不同：

  会谈—聊天 商榷—商量 领首—点头
  邂逅—碰到 母亲—妈妈

由于书面语又分为文艺、事务、政论、科技、军事等不同下位语体（领域），使得一些常用于某个领域的词跟一般用语（通用语体）之间构成同义词，如"子夜、年华、晶莹、情怀"等常用于文艺语体，它们跟常用于一般交际场合的词如"半夜、年头、光亮、感情"等就分别构成同义词；再如"莅临"和"光临"、"莅会"和"到会"、"擢升"和"提拔"等有事务语体跟一般语体的差别；"颅"和"脑袋"、"眼球"和"眼珠子"、"眼睑"和"眼皮"、"月球"和"月亮"等有科技语体跟一般语体的差别。

3. 从用法上辨析

同义词在用法上的不同主要表现在词性和句法功能的不同上。

同义词多数词性相同，但也有词性不同的。如"刚""刚刚""刚才"意思基本相同，但"刚"和"刚刚"是副词，"刚才"是名词。词性不同，句法功能自然不同，"刚"和"刚刚"只能做状语；"刚才"除了可以做状语外，还可以做定语（刚才的事儿），可以做主语和宾语（刚才是刚才，现在是现在），可以放在介词后面组成介词短语（在刚才）。"偶然"和"偶尔"意思十分相近，但"偶然"是形容词，"偶尔"是副词；句法功能也不同，"偶尔"只能做状语，"偶然"除了可以做状语外，还可以做谓语，受"很"修饰（这件事很偶然），另外还可以做定语（很偶然的事情）。

同义词中有的是兼类词，有的不是，这就引起句法功能的差异，如"标示"和"标识"。"标示"是动词，"标识"则是动词和名词兼类词，兼类词的句法功能大于非兼类词。词性不同，句法功能或组合能力自然不同，词性相同的，句法功能或组合能力也有不同的。如"充分"和"充足"都是形容词，可以做定语、谓语、补语；但"充分"可以做状语（充分认识、充分相信），"充足"不能做状语。

下列同义词都有词性和句法功能上的差别：

  发展—发达 掌握—把握 突然—忽然 聪明—智慧
  睡觉—睡眠 必须—必需 暂时—暂且 当地—当场
  当前—当即 深入—深刻 拘泥—拘谨 壮大—强大
  申明—声明 希望—愿望 打算—想法

上文从三个主要方面来辨析同义词之间存在的细微差别，而实际上，由于词义自身的复杂性，同义词之间的关系也是十分复杂的，有些同义词之间的差异会涉及不同的方面。如"摧残"和"摧毁"两个词都有伤害、破坏的意思，但"摧毁"有彻底破坏的含义，因而词义重于"摧残"，两者有词义轻重的不同；另一方面，"摧残"多用于有生命的事物或抽象的事物，如精神、肉体、事业等，"摧毁"则多用于无生命的事物，如物体、社会势力等，可见两者适用对象不同；再者"摧毁"是中性词，"摧残"是贬义词，两者感情色彩不同。再如"关键"和"症结"都表示事物最关紧要的部分，但两者之间首先是适用对象不同，"关键"一般指对事物发展起决定作用的因素，是需要掌握的，"症结"则一般指影响或妨碍事物正常发展的部分，是需要去掉的；"关键"是中性词，"症结"是贬义词；"症结"是名词，一般做主语和宾语，"关键"是名词兼形容词，可以做主语、宾语，还可以做谓语和定语。

二 反义词

（一）反义词的构成条件

词的理性意义相反、相对的词叫反义词。如：

大—小	高—低	上—下	左—右
前—后	里—外	肯定—否定	表扬—批评
好看—难看	简单—复杂	优点—缺点	男人—女人
运动—静止	至少—至多	暂且—永远	和平—战争
来得及—来不及		白茫茫—黑漆漆	轻飘飘—沉甸甸

构成反义词的词有单音节的（如"上—下"），有双音节的（如"上面—下面"），还有多音节的（如"来得及—来不及"）。

从词性来看，构成反义词的词大多数是形容词、动词、名词和方位词，还有少量的副词。

反义词的构成一般要具有如下几个条件。

第一，反义词应是具有共同上位义的同位词。如"男"和"女"的共同上位义是"人的性别"，"公"和"母"的共同上位义是"动物的性别"，"男"和"女"是一对反义词，"公"和"母"是一对反义词。虽然"男"和"母"、"公"和"女"两两性别相反，但由于它们不具有共同的上位义，因此不构成反义词。共同的上位义是构成反义词的基础，从这个意义上说，反义词也有同义的一面。

第二，反义词的理性意义相反或形成明显对比。如"前面"和"后面"表示的位置或方向相反，"东"和"西"表示的方位、"黑"和"白"表示的颜色形成了明显对比，它们两两构成反义词。"东"和"南"、"黑"和"紫"虽然两两共有上位义"方向""颜色"，但二者的词义不能形成鲜明的对比，所以不构成反义词。

第三，反义词一般词性相同。如"和平"和"战争"都是名词，"热"和"冷"都是形容词，它们两两构成反义词。虽然"打仗"和"和平"的理性意义相反，"冰"一定不是"热"的，但由于"打仗"是动词，"冰"是名词，所以它们不能与"和平""热"分别构成反义词。

第四，反义词的语体色彩大致相同。如"买"和"卖"都可以用在通用语体里，"购"

和"销"都常用在书面语中，它们两两构成反义词。尽管"买"和"销"、"购"和"卖"的理性意义相反，两两词性也相同，但它们不能构成反义词。许多语体相同的反义词往往能够并列使用或形成固定短语。例如：

  买卖 购销 进出 来去 进退 开关 生死 胜败 输赢 动静 大小
  高矮 高低 长短 胖瘦 美丑 好坏 孬好 迟早 早晚 反正 优劣
  粗细 冷暖 冷热 深浅 真假 敌我 天地 前后 先后 左右 里外
  买卖公平 购销两旺 厚此薄彼 生离死别 东西南北 春夏秋冬
  悲喜交加 爱恨情仇 黑白分明 软硬兼施 虚虚实实 问寒问暖
  不知深浅 生死存亡 问这问那 男女老少 奖勤罚懒 进退两难

有些在通用语体中使用的词既可以与口语或通用语体中使用的词构成反义词，又可以与书面语或文言语体中使用的词构成反义词。例如：

  清—浑 清—浊 富—穷 富—贫
  苦—甜 苦—甘 真—假 真—伪
  爱—恨 爱—憎 死—活 死—生

第五，反义词一般音节数量相同。例如，"胜"和"败"、"胜利"和"失败"两两构成反义词，"宽"和"窄"、"宽阔"和"狭窄"两两构成反义词，一般不将"胜"和"失败"、"胜利"和"败"、"宽"和"狭窄"、"宽阔"和"窄"两两看成反义词。

有些反义词的构成还具有约定俗成的特性，并不一定是必然的。如给水加温，由"冷"到"温"，再变"热"、变"烫"，这是一个连续的过程，但一般认为"冷"和"热"、"冷"和"烫"是反义词，"冷"和"温"不构成反义词。"白→灰→黄→红→紫→黑"也是颜色逐渐加深的过程，但一般认为"白"和"黑"是反义词，其他的像"白"和"紫"、"灰"和"黑"却不构成反义词。

构成反义词的词义项有多寡之分。

有些是单义词与单义词构成反义词。例如：

  众多—稀少 稠密—稀少 快乐—痛苦
  扩大—缩小 寒冷—炎热 节约—浪费

有些是单义词与多义词构成反义词。例如：

  买（单义词）—卖（多义词） 哭（单义词）—笑（多义词）
  强健（单义词）—虚弱（多义词） 成功（单义词）—失败（多义词）
  轻松（单义词）—紧张（多义词） 单调（单义词）—丰富（多义词）

这些单义词往往只跟多义词的一个义项构成反义。例如：

  买：拿钱换东西。
  卖：①拿东西换钱。②为了自己的利益出卖祖国或亲友（"卖国"）。③尽量用出来，不吝惜（"卖劲儿"）。④故意表现在外面，让人看见（"卖俏"）。

"卖"只在义项①上和"买"（拿钱换东西）构成反义词。

有些反义词是由多义词与多义词构成的。例如：

  强—弱 穷—富 美—丑 热情—冷淡 含糊—清楚 繁荣—萧条

由多义词与多义词构成的一组反义词，有些是其中一个词的一个义项与另一个词的一个义项构成反义。如：

  冷淡：①不热闹；不兴盛。②不热情；不亲热；不关心。③使受到冷淡的待遇。
  热情：①热烈的感情。②有热情。

"冷淡"的义项②和"热情"的义项②构成反义。

有些是其中一个词的多个义项与另一个词的多个义项构成反义。如：

  强：①力量大；势力大。②感情或意志所要求达到的程度高；坚强。③使用强力；强迫。④使强大或强壮。⑤优越；好。⑥用在分数或小数后面，表示略多于此数。
  弱：①力量小；势力小。②年幼。③差；不如。④丧失（指人死）。⑤用在分数或小数后面，表示略少于此数。

"强"的义项①和"弱"的义项①、"强"的义项⑤和"弱"的义项③、"强"的义项⑥和"弱"的义项⑤两两构成反义。两个多义词在每个义项上一一对应分别构成反义词的情况并不多见。

因为一个词可能有多个反义词，所以词与词之间可能形成一对多或多对多的反义关系。例如：

（二）反义词的类型

反义词通常可分为绝对反义词与相对反义词两类。

绝对反义词表示事物截然相反的两面，这种反义词之间是非此即彼的关系，即否定这一方，就意味着肯定另一方，肯定这一方，就意味着否定另一方。假定A、B是一对绝对反义词，那么就有如下的关系式：

  非A＝B 或 A＝非B

下边这些反义词是绝对反义词：

真—假	是—非	有—无	对—错
公—母	雌—雄	存—亡	生—死
正确—错误	合法—非法	有理—无理	
男性—女性	存在—消亡	已婚—未婚	

绝对反义词没有中间状态。拿"真"和"假"来说，一种事物要么是真的，要么是假的，不存在不真不假的情况。

相对反义词表示事物有着明显对比的两面，对比的两面中间存在过渡的、中间的或其他的情况。相对反义词之间不存在非此即彼的关系。下边这些反义词是相对反义词：

  黑—白   冷—热   高—低   输—赢

美—丑	厚—薄	强—弱	胖—瘦
年轻—年老	勤劳—懒惰	聪明—愚笨	
赞成—反对	成功—失败	奖励—惩罚	

这种反义词，如果否定其中的一方，并不意味着肯定另一方。如"黑"和"白"，它们之间还有"紫、红、青、绿、蓝、黄、灰"等多种色彩，某事物不是"黑"的，并不意味着它就是"白"的。"输"和"赢"常用来表示比赛的结果，在"输"和"赢"之间，还有一个"平"的结果。"东"和"西"之间虽然没有过渡的或中间的方向，但与它们同位的还有"南"和"北"，说某个方向不是"东"，并不意味着那个方向一定是"西"。

有些形容词表示的词义本身就是相对的。如"高"，某人家住在28层，算是很高了，但跟上海金茂大厦88层相比，就不那么高了。像"多、重、胖、强、快、宽、厚、低、轻、瘦、弱"之类，它们都表示某种相对的意义。这类本身就表示相对义的形容词只能和其他同样表示相对义的形容词构成相对反义词。

（三）反义词的表达作用

反义词是客观事物、现象自身的矛盾对立在语言词汇中的反映，正确、巧妙地运用反义词，可以揭示出事物间的矛盾对立，让人认清事物的真假优劣、是非善恶，认清客观事物和现象的本质。反义词的表达作用主要表现在如下几个方面。

1. 凸显事物的矛盾对立，起到对比、映衬的作用

在一段话语中运用反义词能充分揭示不同事物的矛盾对立，起到对比、映衬的作用，能深刻地抓住事物的特点，有助于说理和抒情。例如：

（1）真的、善的、美的东西总是在同假的、恶的、丑的东西相比较而存在，相斗争而发展的。

（2）有的人活着，他已经死了；有的死了，他还活着……

2. 运用反义词可以构成对偶格，可以形成警句，增强语言的表现力

对偶往往在上下联中运用反义词，另外，运用反义词可以构成看似矛盾实则有深刻哲理的警句。例如：

（1）墙上芦苇，头重脚轻根底浅；
　　　山间竹笋，嘴尖皮厚腹中空。

（2）我们倔强的母亲，
　　　十分悭吝却又十分慷慨，
　　　十分严峻却又十分温顺。

像"痛苦和幸福的泪水""一个平凡而伟大的人""真诚的虚伪""聪明的傻瓜""为了忘却的记念"等都是利用反义词构成看似矛盾实则含有深刻哲理的语句。

3. 反义词连用能起到加强语气、强调语义的作用

在一段话中连用多个反义词，可以起到强调的作用。如：

（1）一个人坚强还是懦弱？诚实还是虚伪？文明还是粗野？文雅还是粗俗？慷慨还是自私？温柔还是粗暴？好学还是懒惰？审美观点对不对？生活趣味高不高？道德观念强不强？……这一切……是别的职能部门不大好管，不便多管

的，是任何政策、法律难以规定的。

（2）要完全地反映整个的事物，反映事物的本质……就必须经过思考作用，将丰富的感觉材料加以去粗取精、去伪存真、由此及彼、由表及里的改造制作工夫，造成概念和理论的系统，就必须从感性认识跃进到理性认识。

思考题

1. 什么叫同义词？
2. 什么叫反义词？反义词在语言中有什么特殊作用？
3. 同义词的细微差别表现在哪些方面？如何辨析？

第六节 词汇的构成

一 基本词和一般词

（一）基本词

基本词是词汇的核心部分的词，具有稳固性、普遍性和能作为构成新词的基础这样三个特点。跟基本词相对的是一般词。

1. 基本词及其主要种类

基本词是词汇的基础或称核心部分，是指生命力较强、适用面较广、使用频率较高的那部分词。基本词所代表的概念通常同人们日常生活的关系比较密切，反映人对自然、社会的基本认识。

常用的基本词汇主要有以下几类。

表示自然界存在物和自然现象的词：天、地、山、水、江、河、湖、海、风、雨、雪、雷、电、太阳、月亮、春天、秋天、年、月、日，等等。

表示社会存在物和社会现象的词：历史、战争、工业、农业、生产、电影、电视、工厂、学校、机关、家庭、饭店、医院、钱，等等。

表示动物和植物的词：牛、羊、猪、鸡、狗、鱼、树、草、花、松树、菊花，等等。

表示生活和生产资料的词：锅、碗、米、菜、油、茶、房子、桌子、椅子、车、船、机器，等等。

表示人体器官和部位的词：手、脚、头、脸、心、腿、胳膊、眼睛、耳朵，等等。

表示亲属关系和社会关系的词：爷爷、奶奶、爸爸、妈妈、哥哥、弟弟、姐姐、妹妹、丈夫、妻子、老师、同学、师傅、领导、同志，等等。

表示一般的动作、行为和变化的词：走、坐、跑、看、听、说、吃、喝、吃饭、睡觉、唱歌、跳舞、笑、来、去，等等。

表示一般的性质、状态的词：好、坏、多、少、冷、热、大、小、黑、白、高、低、漂亮、高兴、幸福、伤心，等等。

表示指称和代替的词：你、我、他、你们、我们、他们、自己、这里、那里、哪里、谁、怎样、什么，等等。

表示数量、计量、时间、方位等的词：一、三、六、八、十、百、千、万、个、斤、次、小时、分钟、星期二、上、下、里、外、前、后，等等。

表示否定、程度、范围、语气等的词：不、没有、很、非常、都、只、吗、呢，等等。

表示语法关系的词：把、被、的、得、对、向、从，等等。

从上面的例子可以看出，基本词大部分是实词，也有一部分是虚词。

2. 基本词的特点

基本词虽然在现代汉语词汇系统中所占的比例不大，但使用频率很高，为日常语言交际所必需，是词汇的基础和核心部分。

基本词的特点主要体现为以下几个方面。

（1）全民常用性

这是基本词在使用范围和使用频率方面表现出来的特点。基本词的使用不受使用者的地域和身份等条件的限制，不同地区及不同年龄、性别、行业、文化层次的人都会用到基本词，也都会用基本词。基本词所代表的事物与人们的日常生活关系密切，是人们在日常生活中经常会涉及的概念，人们在日常交际中需要大量、频繁地使用基本词。可以说，离开了基本词，人们的日常交际活动就无法正常进行。

（2）历史稳固性

这是基本词在使用时间上表现出来的特点。基本词是词汇系统中最为稳定的部分，许多基本词从古到今几乎没有什么变化。基本词具有这样的特点，从根本上说是因为基本词所代表的事物、所表示的概念本身处于比较稳定的状态，同时它们在人类生活中的地位也处于比较稳定的状态。

当然，任何事物都不可能一成不变，基本词的稳固性也是相对而言的，词汇系统的新旧交替有时也与基本词有关。例如："足""口""目"是古代汉语的基本词，在现代汉语中分别变成"脚""嘴""眼"。被替换的基本词大都作为构词语素留存在语言系统中，而不会彻底退出语言交际。

（3）构词能产性

社会在不断发展，新的事物和概念在不断涌现，这就要求人们不断创造新词去表述新的事物和概念。创造新词往往需要利用现有的语言材料，而基本词就是人们最熟悉的语言材料，以基本词为基础创造的新词是很容易为人们所理解的。为此，利用基本词造词已成为汉语最常用的造词手段，汉语中的基本词大都可以作为构词语素同其他成分构成新词。比如，"水"是一个很早就有的基本词，同时"水"又是一个非常能产的构词语素，在下述词语中，"水"都是作为构词语素出现的。

  水果　水笔　水草　水彩　水稻　水利　水貂　水货　水产
  水泥　水平　水球　水位　水仙　水乡　水银　水土　水文

翻查一下《现代汉语词典》就会发现，仅以"水"开头的词语就列出了100多个，可见"水"的构词能力有多强。

另外，已有的词语增加新义也是表示新的概念的一种方式。一些基本词在长期的使用中形成了多个义项，含有多种意思，这也是基本词表现活跃、使用频率较高的一个原因。

构词能力强这一特点是就基本词的总体倾向而言的，并不是所有的基本词都具备这一特点。比如，表示亲属称谓的词语、表示语法关系的词语、表示程度和范围的词语等，一般只能单用，而不能作为构词语素同其他成分构成新词。

基本词的特点主要就体现在上述三个方面，而这三个方面的特点又是相辅相成、相互关联着的。简单地说，由于基本词具有全民性、常用性，所以不宜经常变动，必须具有稳固性；正因为基本词为人们所长期、广泛地使用，是人们所熟悉的语言材料，适于用来构造新词，所以它是能产的。而基本词经常用作构词材料，进一步扩大了使用范围和频率，增强了在语言交际中的生命力，这又使它的全民性和稳固性得到了强化。

（二）一般词

1. 一般词及与基本词的关系

一般词是与基本词相对而言的，是指一种语言中除基本词之外的那部分词。同基本词相比，一般词的全民性、稳固性和能产性都要相差许多。首先，一般词的应用范围不像基本词那么广泛，要受行业、阶层、场合等各种条件的制约。例如，"诞辰、逝世、生涯、下榻、眩晕"等词带有明显的书面语色彩，人们在日常交际中很少使用，文化水平不高的人更是不会去用这类词语。再如，"元素、溶液、单句、复句"等词带有专业特点，只有具备一定的专业知识的人才能理解、使用。一般词数量众多，任何一个人所掌握的一般词都只能是其中的一部分，而且往往是同自己的工作、生活相关的那一部分。其次，一般词的稳定程度不像基本词那么高，比较容易发生变化。特别是一些在政治运动、社会变革等特定的时代背景下产生的词语，更是具有快速流行、快速消失的特点，很难长期为人们所用。最后，一般词的构词能力不像基本词那么强。一般词不是为人们所普遍熟悉的语言材料，不宜作为构造新词的基础。

可以说，基本词是词汇的核心部分，一般词则是词汇的主体部分，从数量上看，一般词要远远多于基本词。人们传递信息，尤其是要表达比较繁复的意思，是离不开一般词的。一种语言的词汇系统的发达程度，主要取决于一般词的数量；看一个人的语言能力如何，也主要是看他所掌握的一般词的数量。

基本词与一般词是词汇的两大类别，二者的区别是比较明显的。同时，基本词和一般词的关系又是非常密切的，二者相互依存，相互转化。一方面，一般词可以转化为基本词。很多一般词都会在使用的过程中获得基本词的特征，例如，"经济、水电、分子"等都曾是专业性较强的一般词，现在则已成为人们广泛使用的基本词。一个新的词语出现之后，通常不会马上成为基本词，在成为全民常用的基本词之前，会在某个范围内使用，并逐渐为人们所熟悉。另一方面，基本词也可以转化为一般词。随着社会的发展，有些基本词所代表的事物可能会发生变化甚至会消失，这些基本词在词汇系统中的地位也会随之发生变化。例如，"寺"在佛学盛行的年代，曾是一个很常用也很能产的基本词，现在已变为大多数人很少用到的一般词；皇帝曾是中国封建社会的最高统治者，"皇帝"一词无疑曾是汉语的基本词。封建社会解体之后，皇帝在中国不复存在，"皇帝"一词也不再是人们常用的基本词。另外，有些基本词所代表的事物虽然没有发生变化，但由于词汇系统自身的调整，它们已为其他词语所取代。例如，"帽子"代替了"冠"，"脚"代替了"足",前者是基本词,后者由基本词变为极少单用的一般词。总之,基本词与一般词的相互转化是从两个方向进行的,一是一般词升为基本词,二是基本词降为一般词。究竟如何转化,从根本上说,要由语言交际的实际需要来决定。

2. 一般词的主要种类

一般词的来源十分广泛多样,有的是从古代汉语继承的古语词,也有的是从其他民族语言借用的外来词,还有的是从方言中吸收的方言词或从行业用语中吸收的行业词,而更多的则是适应社会发展的需要不断创造的新词。归结起来,一般词主要就包括新词、外来词、方言词、古语词、行业词等,这是从词语来源的角度对一般词所做的简单分类。实际上,这样的分类并不是一种严格的分类,难免会有交叉之处,比如,有的外来词同时也是行业词,有的行业词原本是方言词。不过,这样的分类也是比较容易反映一般词的构成情况的,下面就以此为依据对各类一般词分别加以介绍。

（1）新词

新词又称新造词,是指随着社会的发展不断创造出来的词。语言是一种社会现象,要随社会的发展而发展,社会的各种变化都会通过语言反映出来。而在整个语言系统中,词汇又是最为敏感、活跃的一个部分,新事物、新概念的出现势必要求创造和使用新词。新词所反映的是新的现象和认识,社会发展得越快,新词的数量就越多,这也是近几年来新词大量涌现的主要原因。

新词具有时代的特点。像"民主、科学、自由"之类,在20世纪二三十年代是新词;"解放、土改"之类,在20世纪50年代是新词;"四化、责任制、特区"之类,在20世纪80年代是新词。但今天看来,它们都不再是新词了。今天说的新词一般是指最近几年或十几年才出现的词。如:

微信 网课 网恋 网吧 网站 网页 团购 热搜 外卖 韩流 自媒体
黑客 菜鸟 坑爹 代驾 期房 物业 热线 逆行者 大数据 充电宝
反恐 炒作 内卷 酷毙 融资 帅呆 双减 减负 写真集 开发商 小鲜肉

新词在不断地产生,也在不断地消亡。像"土改、赤脚医生、贫农、中农、富农、双抢、责任田"之类,这些几十年前的新词,现在已经成了历史词了。

在语言交际中,创造新词是必要的,但不是随意的。创造新词必须符合下面两个条件。

第一,要有社会需求。满足社会需求是创造新词的首要前提,新词所对应的多是新的概念,只有在现有的词语形式无法准确地表述新的概念时,才有必要创造新词。只为标新立异,不顾社会需求,滥造乱用词语,会给语言增加负担,是有害无益的,人们通常把这种现象称为"生造词"。生造词有多种情况,比如,故意颠倒原词中语素的顺序,造出所谓的"新词"。把"痕迹"说成"迹痕",把"接收"说成"收接",把"拼凑"说成"凑拼"等,就属于这种情况。还有的是把两个意义相关的语素硬拼在一起,造出一个没有多少新意的"新词","搏打、扭拧、剪铰、闷燥、明爽"等就属于这种情况。

第二,要有语言基础。创造新词必须依循现代汉语的构词规律,选用恰当的构词材料和构词方式,要能在形式上给人留下理解新词含义的线索。例如,"电脑""扫黄""失重感"等词语的创造,都利用了现成的语言材料,并用人们所熟悉的构造方式将其组合起来。这些词语是很容易为人们所接受的,并很快便在词汇系统中稳定下来。词义不是构词语素的意义的简单相加，但应同语素义有所关联，应以语素义为基础，而不能同语素义毫不相干。只有这样，词义才易于理解，词语才便于使用。那种造词不求甚解，不考虑构词语素的固有含义，完全按照自己的理解和需要随意使用已有的语言材料的做法是不应该提倡的。

语言处于变化之中，新旧是相对而言的，新旧之间并无一条泾渭分明的界限，究竟哪些词应当算作新词，很难有一个非常明确的说法。按照人们通行的看法，目前，所谓的新词主要是指改革开放二三十年来产生、使用的词语。

（2）外来词

外来词又称借词，是指从其他民族语言中吸收的词。语言具有民族性，一个民族有一个民族的语言，民族间的交往和交流，必然引起语言的接触，而词的借用则是语言接触的最常见的形式和结果。

词的借用是各种语言的共同现象，每一种语言都有一定数量的借词。汉民族很早就同其他民族进行交往活动，从其他民族语言中借入词语。很多借入的词语经过长期使用，已经完全融入汉语词汇系统，人们在使用时已经意识不到它们是外来词。例如：

  玻璃 葡萄 菩萨 袈裟 佛
  胡同 苏打 沙发 咖啡 塔

改革开放以来，随着对外交流的日益频繁，外来词的数量越来越多，在语言交际中的作用越来越大，外来词的掌握和使用已成为一项很重要的语言能力。

实际上，对外来词有广义和狭义两种理解。广义的外来词不仅包括各类音译词，还包括纯粹的意译词，如"科学""民主""灵感""情感"等。所谓的"意译"是指在引入一个概念时，舍去原有的词语形式，用汉语的构词材料和构词方式造出新词，以表达这个引入的概念。严格地说，"意译"借用的是概念，而不是词语。狭义的外来词则是指形式（音或形）和意义同时借用的外来词，这里所说的外来词主要是指狭义的外来词。

词语的借用有不同的方式，按照借用方式的不同，可将汉语中的外来词划分为以下几种类型。

① 纯粹音译。用汉语音节记录外来词的读音，或者说用读音相近的汉字记录外来词。由于不同语言的语音系统存在着差异，所以记录时一般只求读音相近，而不要求完全相同。例如：

  米（meter 英）   磅（pound 英）
  沙龙（salon 法）   纳粹（Nazi 德）
  可可（cocoa 英）   克隆（clone 英）
  三明治（sandwich 英） 巧克力（chocolate 英）
  高尔夫（golf 英）   蒙太奇（montage 法）

在上述音译词中，汉字仅仅是作为记音符号使用的，已经没有表意功能了。

② 音译兼意译。在记录语音的同时，也适当考虑所用语素同原词在意义上的关联。这是一种音意兼顾的借词方式。例如：

  休克（shock 英） 浪漫（romantic 英）
  逻辑（logic 英）   引擎（engine 英）

香波（shampoo 英）　　　维他命（vitamin 英）
可口可乐（Coca Cola 英）

这些音译词中所用汉字既能表示原词的读音，又能在某种程度上标明意义，至少能使人产生同原词意义有关的联想，能够留下理解原词意义的线索。

③ 半音译半意译。对原词进行分解，部分音译，部分意译，再把两个部分合为一词。例如：

冰淇淋（ice cream）　　　苹果派（apple pie）
华尔街（Wall Street）　　　霓虹灯（neon lamp）
新西兰（New Zealand）　　爱克斯光（X-ray）

把原词的构成成分切分为两个部分，分别采用不同的译法，意译的部分一般是表示事物的性质或类别的部分。

④ 音译加注。在音译的基础上加上标示该事物的类名的汉语语素，以使词义更加明确。例如：

啤酒（beer 英）　　卡车（car 英）　　沙丁鱼（sardine 英）
吉普（车）（jeep 英）　芭蕾（舞）（ballet）　香槟（酒）（champagne 法）

上面两组词还有一定的区别，第一组词的汉语语素不能去掉，第二组词的汉语语素则是可有可无的。这种区别主要同词语的音节数目和通用程度有关，而音节数目的因素则要更重要一些。汉语词以双音节为主，如果外来词的译音是单音节的，则要加上类名，以凑足音节，使之合乎汉语词的读音习惯。有些译音为双音节或多音节的外来词也要加上类名，主要就是因为这些词的通用程度不高，人们对其不够熟悉，不加上类名，就难以理解它们的指称对象。

⑤ 直接借形。前面几种借用方式均为借音不借形，还有一种借用方式，就是音形兼借或借形不借音。这分两种情况，第一种情况是直接借用外语字母及在外语字母上加汉字。例如：

WTO　　DVD　　UFO　　ISO
B超　　T恤衫　　BP机　　AA制

第二种情况比较特殊，是汉语特有的借词方式，即把日语中用汉字表示的词直接借用过来，并按汉语发音读这些词。例如：

经济　干部　具体　宪法　革命　文明
博士　保险　客观　环境　取缔　演说

这些词是用汉字构成的，读音与汉语相同，人们很难感觉到它们是从日语借用的外来词。汉字不仅是汉语的书写符号，而且也是日语等语言的书写符号之一，日语中存在大量的汉字词。而从历史上看，中日之间的经济、文化往来是比较密切的，语言间的相互影响也是比较明显的。例如，在隋唐时期，大量汉语词随着"汉文""佛经"等各类典籍流入日本，进入日语，成为日语词汇的一部分。明治维新以后，随着近代学术思想和科学技术成果的引介，大量日语汉字词融入汉语，如上面列举的词语及比较常用的"科学""民主""文学""哲学"等。其中，很多词原本出自汉语典籍，但在被赋予新的含义之后，重又以"旧瓶装新酒"的形式被汉语借回，是一种非常有趣的语言现象。另外，改革开放以后，又有一些日语汉字词进入汉语，如"人气""景气""写真"等。来自日语的汉字词由于书写形式和构造方式与汉语词相同，同时其构成要素也可为人们理解词义提供必要的线索，因此是很容易为汉语母语者所接受的。就其来源而言，这部分词也是应当被归入外来词的。

随着外来词的增多，外来词的恰当使用已经成为一个比较重要的问题。使用外来词，应当注意以下几点。

一是不可滥用音译词。有时，一个词可能会有不同的借用形式。在意译词和音译词并存的情况下，最好选用意译词。例如，有"舞会""激光""公共汽车"，就不要用"派对""镭射""巴士"。意译词的构造方式合乎汉民族的语言习惯，便于记忆和理解，比音译词更容易融入汉语。另外，即便使用音译词，也要尽可能顾及意义，尽可能选用音译兼意译的形式。

二是不可故意标新立异。如果一个词语有多种译法，应当采用最为通行的那个，特别是地名及人们所熟悉的人名的使用，更要做到书写形式统一。例如，"迪斯科"不要写成"的士高"，"冰淇淋"不要写成"冰琪淋"，"雨果"不要写成"嚣俄"，"奥地利"不要写成"奥大利"。如果偶尔用到的外国人名、地名没有现成的译名，在保证译音基本准确的前提下，要尽量选用能够表现异族情调的书写形式，例如，用"玛丽"要比用"马利"好，用"维加"要比用"伟佳"好。

三要合理使用港台话吸收的外来词。对港台话吸收的外来词不能不加选择地照搬照用，要使用译法比较合理的那一部分。如果大陆已有通行的译法，则应当选用后者，人名、地名的使用尤其需要注意这一点。例如：

悉尼—雪梨　　　　　　新西兰—纽西兰
蒙特利尔—蒙特娄　　　里根—列根
撒切尔—戴卓尔　　　　叶利钦—叶尔钦
戈尔巴乔夫—戈巴卓夫

上述译名前者是大陆地区通行的译名，后者是港台话的译名，应当使用前者。无论哪个地区，译名的统一都是非常重要的。译名不一致，会给人们的交流造成一定的障碍。

（3）方言词

方言词是指从方言语汇中吸收到普通话中的词，吸收方言词是丰富普通话语汇的重要途径之一。汉语有七大方言区，每一种方言都有自己的语汇系统，普通话在形成和发展的过程中，不断从各方言语汇中吸收有用的成分。

从根本上说，普通话吸收方言词是为了满足表达的需要。具体分析一下，主要有以下几种情况：

一是为指称原为某方言区所特有的物品，需要使用方言词。例如，"槟榔""橄榄""椰子""汤圆"等词原为方言词，其指称对象原产于某一个方言区，随着指称对象的关涉范围的扩大，这些词语也进入普通话语汇系统。

二是为准确表达普通话语汇所无法表达的意思，需要使用方言词。有些内容的表达，在普通话中找不到十分恰切的词语，这时就要使用方言词。例如，"瘪三""揩油""蹩脚""龌龊""鱼脑""磨蹭""窝囊""搞"等原为方言中的词，这些词在普通话中或者找不到相应的词替代，或者虽有意义相近的词，但没有方言词形象生动，富有表现力，因而这些有着独特的表达作用的词便被引入了普通话语汇系统。

三是为使语言带有某种地方色彩，需要使用方言词。在文艺作品中，出于交代背景、渲染气氛或者塑造人物形象的需要，作者会有意识地使用一些方言词。例如叶圣陶《多收了三五斗》中的一句话：

"退了租逃荒去吧。我看逃荒的倒是满写意的。"

"满"和"写意"都是吴方言词，"满"是"很"的意思，"写意"是舒适的意思，这种方言词从江南水乡农民的嘴里说出，真实自然，充溢着生活和乡土气息。当然，地方色彩并不是仅靠几个方言词就能表现出来的，满嘴方言土语的人物也未必性格鲜明。

无论是说话还是写文章，方言词用得妥当，能够提高语言的表现力；用得不当，则会造成语言的隔阂。使用方言词，应当依循以下几条原则：

一是需要性原则。普通话中的词语具有通用性，方言词则具有地域性，在语言交际中，必须以前者的使用为主，后者只有在确有必要时才能补充使用。究竟在哪些场合可以使用方言词，前面已作过说明。

二是普遍性原则。方言词有特定的流行区域，而方言词的流行区域的大小又是不尽相同的。在选用方言词时，要尽量避免使用流行区域很小、影响力较差，其他地区的人群无从理解的词语。例如，"葵花"有"向日葵""朝阳花""转日莲""望日莲""太阳花"等多种名称，相比之下，"向日葵"的通行范围最大，因而最有理由被吸收到普通话语汇中。

三是明确性原则。使用方言词，首先必须准确把握方言词的含义，而不能望文生义，甚至按照自己的理解去使用方言词。在方言词的使用中，有两种现象值得注意，即同词异义和同义异词现象。同词异义是指同一词语形式在普通话和方言中表示不同的意义，例如，"馒头"在普通话中是指一种用面粉蒸成的无馅食品，而在吴方言中，有馅的包子也叫"馒头"，吴方言中"馒头"的所指范围大于普通话中的"馒头"；"蚊子"在普通话中专指吸食人畜血液的昆虫，而四川话中的"蚊子"也可指"苍蝇"；"汤"在普通话中只指菜肴的汁水，而在浙江话中还可指热水、开水，保留了"汤"的古义。异词同义是指普通话和方言分别用不同的词语形式表示同一个意思，这是十分普遍的现象。例如，普通话中的"很"在辽宁的某些地区叫"贼"；"妻子"有"婆娘""婆姨""堂客""女客""家主婆"等多种称谓；"红薯"有"地瓜""红芋""山芋""番薯"等各种叫法。理解词义是运用词语的基础，只有正确地理解方言词的含义，才能判断一个方言词是否确有使用的必要，才能进而准确地使用方言词。

总之，在语言交际中，方言词不能不用，但也不可滥用，如何使方言词的使用合乎语言规范化的要求，是一个非常重要的问题。

（4）古语词

古语词又称旧词，是指产生并通行于古代的词语。现代汉语的很多词都是直接从古代汉语继承下来的，如前面曾提到的一些基本词。这些词从古到今一直用于人们的日常交际，不能算是古语词。而有些词在古代曾是常用词，但在现代很少被使用或使用范围非常有限，这样的词才是古语词。

古语词有两类：一类是历史词，一类是文言词。

历史词是代表历史上曾经存在过的事物的词语。例如：

科举	状元	进士	翰林	朝廷	礼部
刖	劓	谥	觐见	分封	上朝
君	臣	太监	宰相	尚书	知府
鼎	鬲	玺	笏	戟	竿
长安	大都	汴京	共工	后羿	仓颉

上述词语有的表示古代的典章制度或行为方式，有的是古代的官职名称，有的是器物名称，有的是地名和人名。历史词所代表的事物在现实生活中已不复存在，在口语中很少涉及。历史词所反映的是某一历史时期的生活，所以经常出现在史学文献或历史题材的文艺作品中。有的历史词所代表的事物虽然在本民族的现实生活中已不存在，但仍存在于外族社会，所以在某些涉及外族社会的场合中还要使用，如"王子、王后、陛下、殿下"等。另外，有的历史词已经引申出比喻义，可以作为有特殊修辞效果的词语使用，如"女儿就是我们家的小公主""中国的小皇帝们""不是让你去当钦差大臣"，等等。

文言词是以文言的形式留存下来的词，同历史词不同，文言词所代表的事物或概念仍然存在，只是在现代汉语中已用其他词语表示。例如：

之：的　　　　矣：了　　　　亦：也
勿：不要　　　黎民：百姓　　予：给予

现代语言交际无疑应以现代汉语词为最基本的语言材料，而且文言词大都可用相应的现代汉语词代替，因而文言词的使用一定要非常慎重。文言词用得过多或用得不当，会使语言文白夹杂，不伦不类。概括地说，文言词的使用应当依循两条原则。

第一，必要性原则。在用现代汉语词无法达到文言词所能达到的表达效果时，可以适当地选用文言词。文言词的使用通常是为了起到以下几个方面的作用。首先，文言词的使用可使语言更加简洁、凝练。前面说过，古汉语词以单音节为主，现代汉语词以双音节为主，表示同一个意思，古汉语语句的字数一般要少于现代汉语语句的字数。在某些场合恰切地使用一些文言词语，可以使语句精练。其次，文言词的使用可使语言带有庄重、典雅的风格。庄重、典雅是科技语体、公文语体等书面语体所应有的语体风格，而文言词往往带有浓厚的书面语色彩，用得恰当，会使语言显得庄重、典雅。最后，文言词的使用有时还会产生幽默、讽刺的修辞效果。总之，在确有必要时合理地使用文言词，会使文言词所特有的表达作用得到发挥。

第二，可读性原则。文言词很少在口语中使用，多用于书面语，所以这里提出一条可读性原则。所谓的可读性原则也就是容易理解的原则。写文章是为了给人读的，具有可读性或者说容易理解，是对书面语言的最起码的要求。有些文言词过于生僻，读者不易理解，就应避免使用，如"辑睦""龉龊"等。

（5）专门性词语

专门性词语是指在特定的专业或行业领域内使用，具有固定含义的词语。这类词语还可分为两类：一类是专业术语，一类是行业用语。

专业术语是用于各学科或专业领域的专门性词语。例如：

哲　学：物质　　精神　　存在　　意识　　唯物　　唯心
文　学：创作　　主题　　意识流　作品　　现实主义

经济学：市场　　证券　　汇率　　资本　　股份制
语言学：元音　　辅音　　单句　　复句　　主语　　宾语
教育学：教法　　教具　　美育　　学制　　教学论　　远程教育
数　学：微分　　积分　　代数　　几何　　方程　　函数

单义性、概括性、客观性和国际性是专业术语的几个重要特点。单义性是指专业术语都有比较严格的定义，一般只有一个义项；概括性是指专业术语是人类对自然或社会的认识成果的浓缩反映，有着非常丰富的内涵；客观性是指专业术语通常不带任何感情色彩，最适于用来理性地表述科学事实；国际性是指专业术语大都没有民族及国家的界限，以不同的形式存在于不同的语言中，或者说，不同的语言中的专业术语大都是相对应的。

随着知识经济时代的来临和国民文化素质的提高，专业术语的使用已不再是专业人员的"专利"，一些专业术语已由一个学科向其他学科甚至向整个言语社会渗透，具有一定的全民性，成为广大社会成员都能接触的词语。有些专业词语还在学科意义之外引申出其他意义，成为普通的生活用语。例如："比重"原为物理学术语，后来泛指一种事物在整体中所占的分量，意义范畴和使用范围有所扩大，可以作为专业术语使用，也可以作为普通名词使用。

行业用语是分别用于各社会行业的专门性词语，是带有职业特征的词语。例如：

工业：车床　　车间　　模具　　钳工　　电焊　　切削
农业：保墒　　灌溉　　犁　　锄　　耕田　　早稻
商业：商品　　促销　　展销　　清仓　　盘点　　甩卖
外交：国书　　照会　　参赞　　使节　　豁免权　　最惠国
军事：侦察　　射程　　兵种　　防线　　特种兵　　装甲兵
体育：后卫　　裁判　　射门　　点球　　守门员　　二传手

同专业术语一样，行业用语一般也都具有单义性。同时，有些行业用语也会生发出其他意思，被作为普通名词使用，如"防线、盘点"等。

有时，专业术语同行业用语的界限是很难划清的，例如："教科书""教学大纲""德育""智育"等可被看作教育学术语，也可被看作教育行业用语；"利润""价值""价格"等可被看作经济学术语，也可被看作商业用语。

二　熟语

（一）成语

1. 成语及其特点

成语是一种形式稳定而整齐、意义完整而凝练的固定词语，是固定词语的最重要的成员，也是词汇中最有特点也最难把握的一个部分。据统计，汉语共有成语两万条左右，其中比较常用的有三千多条。成语的学习和使用，对于一个人的语言表现力的提高有着特殊意义。

成语大部分是世代相传的，并在长期的沿用中形成了自身的一些特点，这些特点主要体现为：

（1）结构定型

成语的结构已经约定俗成，不能随意改变。具体地说，成语结构定型的特点至少包括两层含义。一是语素固定。成语的构成语素一般不能更换，即便是换成意义相同或相近的语素，也会使其面目全非。例如："玩物丧志"不能说成"玩物失志"，"雪中送炭"不能说成"雪中送柴"，"爱屋及乌"不能说成"爱屋及鸟"，"锦上添花"不能说成"缎上添花"或"锦上加花"。有些含专有名词或有特定出处的成语，其构成成分就更不能有任何改变了。例如："成也萧何，败也萧何"中的"萧何"曾辅佐汉高祖刘邦夺取天下，做了丞相，大将军韩信的升迁和被害都与萧何有关，这个成语用以说明事情的成败或好坏都由于同一个人。萧何是一个历史人物，同具体的历史事件联系在一起，如果换成另外的人名，整个成语的寓意就无从谈起了。另外，成语的字数大都是固定的，不可增减成分。例如："胸有成竹"不能说成"胸中有成竹"，"亡羊补牢"不能说成"亡羊再补牢"。二是语序固定。除了少数并列结构的成语出于语音协调方面的需要，有时可以改变语序之外，绝大部分成语都是不能改变语序的。成语语素的排列顺序反映其内在的结构和逻辑关系，而成语的整体意义的表达就是以这些关系为依托的。如果语序改变了，成语的结构和逻辑关系就会发生变化，成语原有的意义也就无从表达。

需要注意的是，很多成语留存着古代汉语的词语和格式，这些词语和格式在现代汉语中已有较大的变化，但在成语中保持原貌，并且不能用现代汉语词语替换，这也是成语结构稳定的一个突出表现。例如："缓兵之计"的"之"在现代汉语中应为"的"，"计"已不单用；"走马观花"的"走"在现代汉语中已失去"跑"的意思，"观"则不再单用，但在成语中它们都保留原来的意义和用法。再如："时不我待""唯命是从"是宾语前置的倒装句式；"草菅人命"是意动用法，意思是把人命视为野草；"生死肉骨"是使动用法，字面意思是使死者复生，使白骨长肉，形容恩情深厚；在"星罗棋布"中，名词直接做状语，意思是像星星那样罗列，像棋子那样分布。宾语前置、使动和意动、名词做状语等，都是古代汉语中的语法现象，在很多成语中可以看到这样的语法现象。

（2）形式整齐

成语大都是由四个音节构成的，写在书面上用四个汉字记录，据统计，四个音节的成语占成语总数的95%以上。四个音节通常代表四个词或四个语素，能够形成较为复杂的结构关系，可以蕴含较为丰富的信息。同时，四个音节多为两两相对的形式，均衡平稳，匀称和谐，读起来朗朗上口，富有节奏感和韵律美，符合汉语以两个音节为一个读音单位的语言习惯。例如：

  春华/秋实 两袖/清风 雨后/春笋

  抛砖/引玉 沽名/钓誉 庖丁/解牛

有的成语从结构关系上看，并不能按两两相对的形式进行切分，但往往也要按两两相对的格式去读，这时，结构关系的标示已让位于节奏与韵律的需要。例如：

  鹤/立鸡群——鹤立/鸡群 狐/假虎威——狐假/虎威

  义/无反顾——义无/反顾 一衣带/水——一衣/带水

按其结构关系，上述成语应为"1+3"式或"3+1"式，但都读成"2+2"式。如按其本来的结构关系去读，会显得十分拗口。可见，语音的协调在成语的构成中是很重要的一个因素。成语还讲求音节的平仄配合，有的是异调交错，有的是同调反复，抑扬顿挫，节奏鲜明。有些成语还通过音节的反复或重叠，体现音律的和谐、整齐。例如：

  一心一意 十全十美 不即不离
  耿耿于怀 丝丝入扣 赫赫有名
  大名鼎鼎 信誓旦旦 虎视眈眈
  兢兢业业 勤勤恳恳 沸沸扬扬

除了四音节形式之外，八音节成语也比较常见。而八音节成语往往要分前后两节，各有四个音节，因此，从语音形式上看，八音节成语可以说是四音节的组合。例如：

  一叶障目，不见泰山 螳螂捕蝉，黄雀在后
  山河易改，本性难移 不入虎穴，焉得虎子
  尺有所短，寸有所长 失之毫厘，谬以千里

正因为成语具有形式整齐的特点，所以才易记、易用，也容易流传。

（3）含义丰富

成语虽然形式简约，但含义十分丰富，言简意赅是成语在表达上的特征和优势。成语表意丰富，首先是指成语的意义具有整体性，几个构成要素组合在一起，表示一个不可分割的意义。其次，成语大都有特定的来历和出处，一条成语往往同一个事件或典故有关，把握成语的内涵必须将其背景因素考虑在内。最后，也最为重要的是，成语往往不能仅按其字面的意思去理解，许多成语在字面意思的背后还有更深层次的寓意。例如："守株待兔"的字面意思是守着树根等待兔子，用以比喻死守经验、不知变通的做法，也用以讽刺妄想不劳而获的侥幸心理。这个成语所包含的深刻哲理远远超出其字面意思，只有了解了它的来源，才能完整、准确地领会其深层哲理。

总之，成语既有固定而整齐的形式，也有完整而丰富的意义，从形式到意义的特点决定了成语是一类特殊的极具表现力的语言材料。

2. 成语的来源

成语的来源多种多样，了解成语的来源，有助于理解成语的意思，并正确地运用成语。

归纳起来，成语主要有以下几个方面的来源。

（1）古代寓言和神话传说

寓言是用假托的故事来说明某种道理的文学作品，常带有劝诫或讽刺的作用；神话传说是指关于神仙或神化的古代英雄的故事，反映了古代人民对自然现象或社会生活的天真解释和美好向往。寓言和神话传说在人们口头广为流传，在流传的过程中其内容精华逐渐凝固为一条成语。例如："刻舟求剑"出自《吕氏春秋·察今》，"愚公移山"出自《列子·汤问》，"自相矛盾"出自《韩非子·难一》，"南辕北辙"出自《战国策·魏策四》，"夸父逐日"出自《山海经·海外北经》。此类成语的共同特点是用一个比较浅显的故事，表明一种非常深刻的生活哲理。

（2）历史事件

在漫长的中国历史上，发生过许许多多有名的事件，有的惊心动魄，有的生动感人，有的鲜活有趣，很多成语所反映的就是这些历史事件，是这些历史事件的凝缩。例如："负荆请罪"（《史记·廉颇蔺相如列传》）、"破釜沉舟"（《史记·项羽本纪》）、"卧薪尝胆"（《史记·越王勾践世家》）、"三顾茅庐"（《出师表》），等等。成语所

概括的历史事件在历史文献中多有记载，也就是说，大都是可以找到出处的。下面请看《史记·廉颇蔺相如列传》关于"完璧归赵"的记载：

  赵惠文王时，得楚和氏璧。秦昭王闻之，使人遗赵王书，愿以十五城请易璧。赵王与大将军廉颇诸大臣谋：欲予秦，秦城恐不可得，徒见欺；欲勿予，即患秦兵之来。计未定，求人可使报秦者，未得。……相如曰："王必无人，臣愿奉璧往使。城入赵而璧留秦；城不入，臣请完璧归赵。"赵王于是遂遣相如奉璧西入秦。

这段文字描述的是赵国使臣蔺相如将和氏璧完好无损地自秦国送回赵国的经历，这个真实的历史事件被概括为成语"完璧归赵"，后来用以泛指把原物完好无损地归还本人。

（3）诗文名句

从古代诗文中提取成语有两种方式：一种是直接摘引原句，一种是对原文进行不同形式的加工。例如：

  外强中干——今乘异产，以从戎事，及惧而变……张脉偾兴，外强中干，进退不可，周旋不能，君必悔之。（《左传·僖公十五年》）
  风驰电掣——奋威四人，主择材力，论兵革，风驰电击，不知所由。（《六韬·王翼》）
  奇谈怪论——乾隆戊申岁，余往汴梁，遇于毕秋帆中丞幕中，两眼若漆，奇谈怪论，咸视为异物，无一人与言者。（《履园丛话·仲子教授》）
  触类旁通——引而伸之，触类而长之。（《周易·系辞上》）六爻发挥，旁通情也。（《周易·乾》）
  倾城倾国——延年侍上起舞，歌曰："北方有佳人，绝世而独立，一顾倾人城，再顾倾人国。"（《汉书·外戚传第六十七上》）
  力争上游——所以才智人，不肯自弃暴，力欲争上游，性灵乃其要。（《闲居读书作》）

前三条成语直接摘引原句，后三条成语则对原句有所加工，而加工的形式是不同的，有的是合并，有的是缩减。

成语多是从历史上传承下来的，绝大部分出自古代诗文，只有极少数能够算作成语的固定词语出自现代诗文。例如：

  独立自主——军事指导者首先需要的是独立自主地组织和使用自己的力量。（毛泽东《中国革命战争的战略问题》）
  一往无前——这个军队具有一往无前的精神，它要压倒一切敌人，而决不被敌人所屈服。（毛泽东《论联合政府》）
  气势磅礴——这是中国近代史上气势磅礴的第一页。（秦牧《古战场春晓》）

随着时间的推移，现代诗文中一些广为流传的固定词语也有可能取得成语的资格，同时原有的一些过于生僻的成语也会逐渐被摒弃在语言交际之外，同其他词语一样，成语也是在新旧更替中发展的。

（4）民间俗语

很多成语来源于老百姓常用的俗语，也就是说源自民间。这类成语一般先以口头的形式广为人用，然后再以书面的形式固定并流传下来。例如：

投鼠忌器——里谚曰:"欲投鼠而忌器。"此善喻也。(贾谊《治安策》)

利令智昏——鄙语曰"利令智昏",平原君贪冯亭邪说,使赵陷长平兵四十余万众,邯郸几亡。(《史记·平原君虞卿列传》)

水到渠成——恐年载间,遂有饥寒之忧,不能不少念,然俗所谓水到渠成,至时亦必自有处置。(《苏轼文集》)

例文中的"里谚曰""鄙语曰""俗所谓"清清楚楚地表明后面引用的成语都是民间俗语,是老百姓的习用说法。

有些成语来源于现代口语,例如"一干二净、一清二楚、一穷二白、三心二意、七上八下"等。

(5)外语文献

有些成语是外来语,主要是从外语文献中借入的。这样的成语数量不多,大部分是从佛经翻译改造过来的,年代比较久远,人们已经很难意识到它们是外来语了。例如"大千世界、五体投地、昙花一现、现身说法、六根清净、一尘不染、心花怒放"等。这些成语本来是用以宣传佛教教义的,但后来有了新的含义,使用范围也变得宽泛起来。另外,还有些成语取自西方民族的故事或说法,例如"火中取栗、杀鸡取卵、以牙还牙、三位一体"等。

3. 成语的运用

要想用好成语,必须做到以下几点。

(1)要真正把握成语的含义

成语的含义通常是十分确定也比较复杂的,使用成语首先就要从整体上准确、全面地把握成语的含义,而不能望文生义,不求甚解,甚至主观臆测成语的含义。例如:

① 在这次活动中,小王首当其冲,表现得非常积极。

"首当其冲"指最先受到攻击或遭遇灾难,而不是首先冲了上去的意思,例句显然误用了这个成语。

把握成语的含义,有几种情况特别值得注意。

一是古今义的区别。有些成语的构成成分保留了古义,就应当按照古义去理解、使用。例如"不刊之论"中的"刊"用的是古义,是修改、刊正的意思,"不刊之论"是指不可改变的言论。如把"刊"按今义理解,"不刊之论"就成了不能刊载的言论,意思完全错了。"短兵相接"中的"兵"表示兵器的意思,用的也是古义,如把"兵"理解为今义即士兵,整个成语的意思就难以解释了。

二是字面意义和实际意义的差别。有的成语的真正含义是本义的引申,或与其出处密切相关,同字面意义有一定的差别,在使用时必须了解它的真正含义。例如:"指鹿为马"的字面意思是把鹿说成马,真正含义是指公然歪曲事实,颠倒是非。这个成语的真正含义与其出处有关,《史记·秦始皇本纪》记载:"赵高欲为乱,恐群臣不听,乃先设验,持鹿献于二世,曰:'马也。'二世笑曰:'丞相误邪?谓鹿为马。'问左右,左右或默,或言马以阿顺赵高。或言鹿者,高因阴中诸言鹿者以法。后群臣皆畏高。""指鹿为马"的真正含义远远超出了它的字面意思,只有结合其出处,才能把握这个成语的真正含义。

三是感情色彩的不同。有些成语看似语义相近,但褒贬色彩有所不同,不能错用、混用。如"见机行事"和"见风使舵"都有灵活处事、随机应变的意思，但前者一般作为褒义词或中性词使用，后者则经常用作贬义词；"殚精竭虑"和"处心积虑"都有费尽心力进行谋划的意思，但前者含有褒义，后者含有贬义，应当用在不同的场合。

（2）要准确掌握字音和字形

成语是固定词语，其构成成分是不能随意改变的，构成成分的音和形都是十分确定的。而成语中有些字容易读错，也有些字容易写错，需要多加注意。

容易读错的字有的是在其他场合很少使用的生僻字，有的是多音多义字。例如：

畏葸（xǐ）不前　　　　怙（hù）恶不悛（quān）
草菅（jiān）人命　　　刚愎（bì）自用
一曝（pù）十寒　　　　心广体胖（pán）
好逸恶（wù）劳　　　　否（pǐ）极泰来

容易写错的字也有一些是不常使用的生僻字，有些则是有容易与之混淆的形近字或同音字。而从根本上说，把字写错大多是因为使用成语的人对成语的出处及其整体意义认识不清。例如：

如火如荼（荼）　　　　高屋建瓴（领）
原形毕（必）露　　　　直截（接）了当
班（搬）门弄斧　　　　滥竽（芋）充数

如对成语的出处和意义有非常准确的把握，上述成语中的字就不会写错了。

（3）要学会活用成语

前面说过，成语的结构和意义十分固定，不能随意改变。不过，有时出于特殊的表达需要，也可以活用成语。所谓的活用成语就是临时改变一下成语的结构或意义，即变换一些成分，或者赋予成语以新的意义和用法。成语的活用可以分为形式和内容两个方面的活用，两个方面又常常是结合在一起的。

形式的活用主要是指通过增字、减字、换字及变序等手段改变成语的结构，使成语的形式发生变化。例如：

②唇亡必定齿寒。（"唇亡齿寒"的扩展用法）
③非但不是"龙睛"，简直就是"蛇足"。（"画龙点睛"和"画蛇添足"的缩略用法）
④既学之，则安之。（"既来之，则安之"的换字用法）
⑤识途的老马。（"老马识途"的变序用法）

内容的活用主要是指改变成语的本来含义和使用场合，或者改变成语的感情色彩，即褒词贬用或贬词褒用，以造成一种诙谐、生动的表达效果。例如：

⑥一拳打下去，一张白脸立刻变得万紫千红。
⑦自打接连生了几个孩子，家里的生活水平可以说是一日千里，急转直下。

"万紫千红"形容百花盛开的景象，也用以比喻事物的丰富多彩或繁荣兴旺的景象，例句却用来描绘人脸挨打受伤的惨状。"一日千里"本来用以形容社会发展迅速，含有积极义，例句却用以形容生活水平的急剧下降，带有消极色彩。

成语毕竟是一种固定词语，活用成语必须做到慎重、合理，应在确有必要时偶一为之，而不能使之泛滥，不能把活用当作成语的常规用法。另外，活用成语还要注意不能产生误导，不能影响人们对成语的正确理解、使用，更不能影响语言的规范化。目前，有一种现象值得注意，那便是在广告语中以各种方式套用成语，成语被用得支离破碎、面目全非，这种有损于语言规范的做法是应当避免的。

（二）惯用语和歇后语

1. 惯用语

惯用语是固定词语的一个重要的类别，是在口语中通行的固定词语。

惯用语同成语既有区别又有联系。惯用语和成语同为意义完整的固定词语，有时二者的界限很难划清，甚至会有交叉重合现象。然而，成语和惯用语毕竟是两种不同类型的词语，其区别也是比较明显的。首先，从形式上看，成语以四字格居多；惯用语则以三字格居多。其次，从内容上看，成语多有出处，因而具有寓意深刻的特点；而惯用语则是以口耳相传的方式流传下来的，一般没有成语那样的出处和寓意，但其内涵也是比较丰富的，同时还往往具有表意形象生动的特点。最后，从表述风格上看，成语庄重、典雅，带有浓烈的书面语色彩；而惯用语则随意、直白，带有浓烈的口语色彩。

具体地说，惯用语的特点主要体现为以下几点。

（1）形式多样，用法灵活

前面曾提到过，三音节也即三字格的惯用语数量最多，惯用语的内部结构关系多为述宾关系和偏正关系。例如：

打官腔	走过场	穿小鞋	戴高帽	唱高调
钻空子	碰钉子	摆架子	磨洋工	敲边鼓
冷板凳	闭门羹	眼中钉	对台戏	小算盘
安乐窝	定心丸	马蜂窝	拦路虎	半边天

同时，其他形式的惯用语也为数不少，如"井水不犯河水""鸡蛋里边挑骨头""好马不吃回头草"，等等。

惯用语的结构不像成语那么固定，经常可以插入一些成分，也可以变换一下结构关系。例如：

打官腔——打足了官腔	走过场——走什么过场
钻空子——钻一回空子	碰钉子——碰了个钉子
冷板凳——坐冷板凳	闭门羹——吃闭门羹
对台戏——唱对台戏	小算盘——打小算盘

无论是插入成分，还是变换结构关系，上述惯用语的意义均保持不变。

（2）表意直白、通俗

惯用语源自大众口语，很少使用生僻字眼，浅显易懂，贴近生活，字面义和比喻义联系得非常紧密，无论是其字面义还是比喻义，人们往往都能一看便懂。如"开倒车""挖墙脚""井水不犯河水"等，构成成分均为常用词语，构成形式十分简单，字面义和比喻义都很容易理解。

（3）富有形象性

惯用语大都是以人们所熟悉的生活现象来说明某种抽象的事理，或者以比较具体的事件来形容一种较为抽象的社会现象，以具体的事物代表抽象的事物，带有明显的比喻特征，形象性极强。例如：

  红眼病：本是一种眼科疾病的俗称，转指对别人有名有利心怀忌妒的毛病。
  走后门：比喻用托人、送礼等不正当手段，借内部关系达到某种目的的不良现象。
  放空炮：比喻说空话，说话不兑现。
  蜻蜓点水：本是蜻蜓的一个有趣的动作，用以形容做事浅尝辄止，不够深入。

可以说，以一种直白、形象的方式表述比较抽象的事物或事理，是惯用语在表达上最为重要的特点，也是惯用语能在口语中迅速流传开来的重要原因。

（4）多含贬斥义

只有少数惯用语带有褒扬或中性色彩，大多数惯用语用以形容消极现象或称反面事物，含有批评、贬斥义，带有讽喻色彩。前面的例子已经能够反映这一特点，这里就不再举例说明了。

2. 歇后语

歇后语是由前后具有解说关系的两个部分构成的口头用语。前一部分如同谜面，说出一种具体的事物或现象，给人以某种联想或暗示，后一部分如同谜底，对前一部分加以解说，揭示其寓意所在。前后两个部分相互关联，相互依存，共同构成歇后语的整体意义。歇后语的两个部分之间有语音停顿，在书面语中一般要用破折号或逗号隔开。应当说，这种结构上的特点正是歇后语不同于其他固定词语的主要特点。

有时，歇后语的后一部分可以省略，但所表达的意思应是不言而喻，能够隐含其中的。后一部分的省略通常有两种情况：一是同一条歇后语已在前文出现，为避免重复，省去后一部分；二是所用的歇后语已为人们所熟悉，提到前一部分，马上就能想起后一部分。在不影响人们准确地理解歇后语的含义的前提下，故意省略后一部分，可以使语言更显简洁、含蓄。

按照前后两个部分关系的不同，可将歇后语分为两类：一类是寓意的，一类是谐音的。

寓意的歇后语的前一部分是一个形象的比喻，后一部分是对前一部分所含寓意的解释，后一部分的字面义或者引申义就是整个歇后语所要表达的意思。例如：

  千里送鹅毛——礼轻情意重
  泥菩萨过河——自身难保
  擀面杖吹火——一窍不通
  大水冲了龙王庙——一家人不认一家人

无论是内部构造还是表述风格，歇后语和成语都有较大的区别，但这并不是说二者就没有任何联系，比如，寓意的歇后语的后一部分就可由成语充当。

谐音的歇后语的前一部分说明一种事物或现象，后一部分利用语言的同音或近音关系对前一部分加以解释，从而造成一语双关、言在此而意在彼的表达效果。例如：

  小葱拌豆腐——一青（清）二白
  外甥打灯笼——照舅（旧）
  打破砂锅——璺（问）到底
  上鞋不用锥子——针（真）好

如上例所示，为便于人们理解歇后语的含义，在书面语言中，后一部分真正要说的成分一般要在谐音成分后用括号标出。

歇后语具有俏皮生动、诙谐风趣的特点，使用得当，会使语言表达显得轻松、活泼，富有趣味性和感染力。但需要注意的是，歇后语带有浓烈的口语色彩，只适合用于日常交际或文学作品，而不宜用于庄重、严肃的场合，更不宜用于公务、政论、科技等书面语体。另外，有些歇后语内容低俗，不够健康，在任何情况下都必须摒弃不用。

（三）谚语

谚语又称俗语，是流传于民间的具有教益或启示作用的口头用语。以通俗简单、容易上口的口语句式传播比较复杂的知识，即内容具有知识性，形式基本口语化，是谚语的主要特征。严格地说，谚语多为反映人民群众的生活经验和认识的完整语句，而不是词语，但由于它们也是现成的语言材料，有着固定的形式和含义，与其他固定词语有相似之处，所以一般都把它们归入"固定词语"。

按其内容的不同，可将常用的谚语大致划分为两大类：一类是与自然和农业生产有关的谚语；一类是与社会生活有关的谚语。

与自然和农业生产有关的谚语主要指气象谚和农谚，气象谚包含人们对天气变化规律的认识，农谚则是对农业生产经验的总结。例如：

> 早霞不出门，晚霞行千里。
> 春雨贵如油，夏雨遍地流。
> 庄稼长得好，全靠播种早。
> 锄头扒得勤，棉花白如银。

气象谚和农谚的主要作用是传授知识和经验，数量很多，涉及的范围很广。例如，气象谚有关于时令、节气的（如"春打六九头"），有关于气象预测的（如"日落云里走，雨在半夜后"），有关于气象与农业生产的关系的（如"瑞雪兆丰年"），等等。

与社会生活有关的谚语几乎涉及社会生活领域的各个方面，有关于人生哲理的，有关于生活常识的，有关于社会现象的，也有关于社会习俗的，等等。例如：

> 众人拾柴火焰高。
> 新官上任三把火。
> 心急吃不了热豆腐。
> 少壮不努力，老大徒伤悲。
> 饭后百步走，活到九十九。
> 人往高处走，水往低处流。

上述谚语有的用以传授知识和经验，也有的主要是为了起到宣传教化作用。

按其构造的不同，可将谚语分为单句型和复句型两种。顾名思义，单句型谚语就是由一个句子构成的谚语，如上面前三个例子。复句型谚语多为对偶句式，即由字数相等、结构相同、语音相谐、语义相关的两个句子构成，如上面后三个例子。两种类型的谚语都有读起来朗朗上口、记起来容易的特点，这也是谚语能够广泛流传、长期传诵的重要原因。

从总体上说，谚语和成语是不同类型的固定词语，但二者也并非毫无联系。前面说过，许多成语来源于民间俗语，这些民间俗语通常就是谚语。谚语发展为成语，或经改造用作成语的例子很多，例如：

只要功夫深，铁杵磨成针——铁杵成针、磨杵成针
良药苦口利于病，忠言逆耳利于行——良药苦口、忠言逆耳

应当说，大部分谚语是人民群众智慧的结晶，其内容是健康积极的，值得传诵、使用。也有少数谚语反映了前人对自然或社会的错误认识或消极的生活观念，不宜继续流传。

思考题

1. 基本词与一般词有什么联系和区别？
2. 北方话和普通话在词汇上的关系是什么样的？
3. 现代普通话词汇对于方言词的吸收有什么原则？
4. 什么叫成语？它有哪些特点？
5. 举例说明成语的主要来源。

第七节 词 典

一 词典类型

成百上千种词典从内容上看大致可以分为两大类，即专业类和语文类。专业类词典包括百科词典和专科词典。语文类词典包括各种对汉语词的语音、书写形式、词义、用法、来源等方面进行解释说明的词典。

（一）专业类词典

这类词典主要收集各种学科门类中所使用的概念、术语，并对它们进行比较专业的解释说明。这种词典注重知识性。专业类词典根据其涉及学科、专业门类的多少，可以分为百科词典和专科词典。

1. 百科词典

我国目前规模最大的百科词典是《中国大百科全书》（中国大百科全书出版社，1993年出齐），全书共计74卷，包括哲学、社会科学、文学艺术、文化教育、自然科学、工程技术等60多个学科。这套百科全书是按照学科门类来编排的，每一分册都可以看成是某个学科门类的专业词典。

《辞海》（第七版）（上海辞书出版社，2019年）是一部以字带词，集字典、语文词典和百科词典的主要功能于一体，以百科知识为主的大型综合性词典。该书最初于1936年出版，之后经过多次修订。《辞海》总条目近13万条，涉及汉语、哲学、历史、医学、法学、化学、宗教、数学等众多学科和领域。《辞海》有将各学科条目混合编排的版本，也有将各学科单独编排的版本。

2.专科词典

《中国大百科全书》是按照学科门类编排出版的，它包括60多个学科，实际上就是由60多部专科词典合成的。《辞海》也按照学科门类出版了多种专科词典。

各学科编纂的专业词典也不少。如《中国哲学大辞典》（中国社会科学出版社，1994年）、《心理学大词典》（北京师范大学出版社，1989年）、《中国历史大辞典》（上海辞书出版社，2010年）、《实用佛学辞典》（上海古籍出版社，1994年）、《新编实用医学词典》（北京医科大学中国协和医科大学联合出版社，1994年）。

（二）语文类词典

语文类词典又分汉语单语词典和汉语—外语对照词典。

1. 汉语单语词典

从不同的角度来看，汉语词典也可以分成许多不同的类别。

从词典收录词条的使用年代来看，汉语词典可以分成古今汉语词典、古汉语词典和现代汉语词典等。《汉语大词典》（汉语大词典出版社，1986—1994年）是目前规模最大的一部古今汉语词典。该词典收录两万多个单字，收录古今汉语词语37万余条，对词语的读音、意义和用法进行详细的解释和说明。《辞源》（1915年初版，2001年商务印书馆修订出版，共4册）是一部以收录、解释古代汉语词语为主的词典，该词典收录词语近10万条，解释词语注重引用书证，分析源流，说明用法。《现代汉语词典》（商务印书馆，1978年初版，2016年第7版）是以收录普通话词语为主的中型词典，新版共收各类词语6万多条。

从词典收录的词语使用范围看，汉语词典可以分为普通词典、方言词典、作品词典、作家词典等。《汉语大词典》和《现代汉语词典》（以下称《现汉》）属于普通词典。《汉语方言大词典》（修订本）(10卷，中华书局，2020年)和《现代汉语方言大词典》（41部，江苏教育出版社，1999年出齐）是两部规模较大的方言词典。前者共收录各类方言词语共21万条，后者共收录41个方言点所使用的各类方言词语共约32万条。作品词典主要收录某类作品或某部（些）作品里的词语，如《红楼梦语言词典》（商务印书馆，1995年）。作家词典主要收录某位作家作品中的词语，如《简明鲁迅词典》（甘肃教育出版社，1990年）。

从词典的用途看，汉语词典可以分为通用词典（如《汉语大词典》和《现代汉语词典》）、教学用词典［如《现代汉语八百词》（增订本），商务印书馆，1999年；《汉语常用词用法词典》，北京大学出版社，1997年］、学习用词典（如《当代汉语学习词典》，北京语言大学出版社，2005年）。教学用词典和学习用词典收录词语一般限于汉语教学中常用的词语，解释和说明的方式比较贴近教学和学习的需要。此外，还有一些专门用途的词典，例如，频率词典（如《现代汉语频率词典》，北京语言学院出版社，1986年）、搭配词典（如《现代汉语实词搭配词典》，商务印书馆，1992年）、用法词典（如《动词用法词典》，上海辞书出版社，1987年）。

有些词典是专门收录汉语中的某一类词语的，主要有新词语词典（如《新华新词语词典》，商务印书馆，2003年）、外来词词典（如《汉语外来词词典》，上海辞书出版社，1984年）、缩略语词典（如《现代汉语缩略语词典》，商务印书馆，1996年）、成语词典（如《汉语成语词典》，上海教育出版社，2004年）、惯用语词典（如《中国惯用语大全》，上海辞书出版社，2004年）、歇后语词典（如《中国歇后语大全》，上海辞书出版社，2004年）、谚语词典（如《中国谚语大全》，上海辞书出版社，2004年）等。

有些词典是收录意义或形式上相关的词语并进行对比的，主要有近（同）义词词典（如《汉语同义词词典》，商务印书馆国际有限公司，2002年）、反义词词典（如《反义词大词典》，上海辞书出版社，2003年）、类义词词典（如《简明汉语义类词典》，商务印书馆，1987年）、异形词词典（如《现代汉语异形词规范词典》，上海辞书出版社，2002年）、同形词词典（如《同形词词典》，中国国际广播出版社，1995年）、同音词词典（如《同音词词典》，吉林大学出版社，1987年）、不同地区汉语词语对照词典（如《两岸现代汉语常用词典》，北京语言大学出版社，2003年）。

2. 汉语–外语对照词典

为了便于进行翻译或对外汉语教学，人们编写了一些汉语与外语互相对照的词典。多数汉语–外语对照词典是将汉语词语与某一种外语进行对照的。如《汉英词典》（商务印书馆，1980年）、《现代汉俄词典》（外语教学与研究出版社，2002年）、《汉法词典》（商务印书馆，1991年）等。

也有少数汉外对照词典是将汉语词语与多种外语进行对照的。

二　词典对词语的解释

词典的类型多种多样，不同的词典对条目的解释方法也不尽相同。这里仅讨论普通汉语词典及学习用汉语词典对词语的解释问题。

（一）解释的项目

词典对所收的每一条词语进行意义解释当然十分重要，但其他一些解释说明项目诸如词语的书写形式、读音、词性、来源、色彩、配例等也很重要，其中书写形式、读音和释义一样，对每一条词语的解释都是必需的，词性、来源、色彩、配例等则是有所选择的。

1. 书写形式

一般词典总是将每一条待解释词语的书写形式放在每个条目的前边。如果这个词语有异体或繁体形式，也可以随后说明。如《现汉》[①]在解释"咕叽"之后，加上"也作咕唧"，表明"咕叽"和"咕唧"是一对异形词；在"过"之后，用"（過）"表明这个词的繁体形式。

2. 读音

对所收的每一个条目，词典里一般会在书写形式之后给出这个词语在普通话里的读音，用汉语拼音标出。也有一些词典除了标注汉语拼音以外，还标注早期的注音字母。有的条目是多音的，词典里也应指出。如《现汉》在"这么"后边给出一般的读音 zhè·me，并指出其"在口语里常常说 zè·me"。

[①] 以下关于词语的释义、读音等基本出自《现代汉语词典》（第7版）。

3. 词性

由于汉语里许多词的词性确定比较困难，所以一直以来很少有词典给所收的词语全面标注词性，只是有些词典给一些虚词（如连词、助词等）标注了词性。但在教学或其他使用场合很需要词典提供这方面的信息。目前已有许多用于教学的词典给词语标注了词性。《现汉》也给所收的词语全面标注了词性。

4. 来源

普通词典所收的大部分词语是普通话里的常用词，但也有许多词语来自方言、民族语言或外语。这些词语在有些词典里是加以说明的。《现汉》对来自方言的词，就在该词条的注音后面用"〈方〉"表示，但没有标明是来自哪种方言；对来自国内其他民族语言的词语，例如，"萨其马"是来自满语的，则在释义后面用"［满］"加以表示；对来自外语的，例如，"蒙太奇"是来自法语的，则在释义后面用"［法montage］"加以表示。

5. 色彩

有些词语具有特殊的语体色彩或感情色彩，词典里有必要加以说明。如《现汉》中，在对"躬亲""倜傥"等词的释义之前，用"〈书〉"表示其具有书面语色彩；"马拉松"有一个义项是"时间持续得很久的"，在这个义项后面用"（多含贬义）"表示其感情色彩。

6. 配例

配例是对释义的重要补充，也是显示词语用法的一个必要手段。给词语提供用例可以有所选择。对那些所指具体、用法单一的词，像"河湾""海洋""山脉""森林""和尚""旅馆""战争""跳舞"之类，就可以不提供用例。但大部分词语是需要提供用例的。教学或学习用词典更应该提供既能体现某个词的用法，又适合学习者理解的丰富的用例。例如，学习用词典在对"认真"进行释义之后，提供一些像"他每天早上读课文，下课以后复习生词，写汉字，学习很认真"之类的句子，有助于学习者理解和掌握这个词的词义和用法，但如果提供像"李红那种认真劲儿就别提了"之类的句子，对还不太了解"认真"的词义或用法的学习者来说就显得难了一些，尽管这个例句本身没什么问题。

除了以上这些项目以外，有些词语的解释还有其他的项目。有些词语需要指明使用对象，如《现汉》解释"老头子"的第二个义项"妻子称丈夫"之后，用"（用于年老的）"表示其使用对象。有些词语在词义或用法上有某种特点，使用时需要注意，词典可以对使用这些词语时需要注意的地方加以提示。如《应用汉语词典》（商务印书馆，2000年）对一些在词义或用法上需要注意的词语用"［注意］"加以提示的有一千多处。一些用于教学或学习的词典还提供词语的使用级别。如有些教学用词典在词语的后面标明"甲""乙""丙""丁"，甲级词最常用。

（二）释义

1. 义项的设立

词典对一个词语进行释义时，首先面临着这个词的义项如何设立的问题。设立词的义项涉及义项的多少以及分合等问题。

设立义项的多少与所要解释的词语的意义和用法的复杂程度有关。例如，设立"走"的义项就应根据它在"走了几步""车已经走了""手表不走了""走亲戚""唱得走调了"等语句中的用法。"走"在这些语句中的用法很难归纳为某一个义项，应该设立不同的义项。相比之下，设立"休息"的义项就比较简单，因为不管它出现在"休息一下""休息了一个小时""休息好了""休息休息""不休息""没休息"，还是出现在"休息日""休息时间""休息室"等语句中，它只需设立一个义项："暂时停止工作、学习或活动，以消除疲劳、恢复体力和脑力"。

设立义项的多少还与词典的用途和规模有关。像《汉语大词典》这样规模巨大的词典就可以将所能发现的某个词语在古今汉语中的全部用法尽收其中。《现汉》对现代汉语中常用词语义项的设立也比较全面。但一些教学或学习用词典对词语的义项设立就相对少一些，这主要是因为教学或学习用词典没有收录那些不太常用的义项，或者对某些义项进行了合并。比较一下"走"在《现汉》和《汉语常用词用法词典》（北京大学出版社，1997年，下称《常用词》）的义项：

《现汉》：①人或鸟兽的脚交互向前移动。②跑。③（车、船等）运行；移动；挪动。④趋向；呈现某种趋势。⑤离开；去。⑥婉辞，指人死。⑦（亲友之间）来往。⑧通过。⑨漏出；泄漏。⑩改变或失去原样。⑪姓。

《常用词》：①人或鸟兽的脚交互向前移动。②移动；挪动。③离开；去。④通过；由。⑤亲友之间来往。⑥改变或失去原样。

《现汉》比较全面地列出了"走"在现代汉语中的意义，但其中的义项②⑥⑨相比之下不太常用，所以《常用词》没有设立这些义项。《常用词》还将《现汉》中的"③（车、船等）运行；移动；挪动"合并为"②移动；挪动"。

对于一个多义词，词典排列义项时，一般将常用的、最基本的义项排在前面，引申义、比喻义和不太常用的义项往后排。

2.释义的方法

提供近义词、否定反义词、解释语素、下定义、描述特征、列举个体等是词典释义的几种常用方法。根据要解释的词语的不同情况，可以选择不同的方法。

（1）提供近义词

这种方法是通过提供与被解释的词语词义相近的词语来释义。如《现汉》对"聚拢"的解释是"聚集"，对"情态"的解释是"神态"。用这种方法进行释义时，通常用来解释的词要比被解释的词常用或更容易理解。

（2）否定反义词

这种方法是用与被解释的词词义相反的词语的否定形式来释义。如"冷淡"跟"热闹""热情""亲热"等词义相反，《现汉》就用"不热闹""不热情""不亲热"等对"冷淡"进行释义。

（3）解释语素

这种方法是通过对被解释的词语中所含的语素进行解释来显示词义，有解释部分语素和解释全部语素两种形式。有些词语中只有一部分语素需要解释。如《现汉》将"生人"解释为"不认识的人"，就只解释了其中的"生"。有些词语中所含的语素都需要进行解释，如《现汉》将"教化"解释为"教育感化"，就是对其中的两个语素都进行了解释。

（4）下定义

这种方法是通过对被解释的词语所表示的事物的特征或概念的内涵、外延进行说明来释义的。如《现汉》对"升值"的释义就采用了这种方法："增加本国单位货币的含金量或提高本国货币对外币的比价。"这种方法有时可以利用词义之间的上下位关系，通过对上位词进行修饰限制来显示某个下位词的词义。如《现汉》对"戏迷"的释义就采用了这种方式："喜欢看戏或唱戏而入迷的人。""人"是"戏迷"的上位词，"喜欢看戏或唱戏而入迷"是对上位词的限制。

（5）描述特征

这种方法是对被解释词语所表示的事物的形状、特征、功能等方面进行描述。如《现汉》对"猫"的解释为："哺乳动物，面部略圆，躯干长，耳壳短小，眼大，瞳孔随光线强弱而缩小放大，四肢较短，掌部有肉质的垫，行动敏捷，善跳跃，能捕鼠，毛柔软、有黑、白、黄、灰褐等色。种类很多。"

（6）列举个体

有些词语表示的事物包括多个个体，对这种词语进行释义时可以采用列举个体的方法来显示词义。这种方法分完全列举和不完全列举两种。如《现汉》对"洲"的释义就采用了完全列举法："一块大陆和附近岛屿的总称。地球上有七大洲，即亚洲、欧洲、非洲、北美洲、南美洲、大洋洲、南极洲。"对"冷色"的释义采用了部分列举法："给人以凉爽的感觉的颜色，如白色、绿色、蓝色（跟'暖色'相对）。"

3. 学习用词典释义的特点

学习用词典释义的最根本的特点是对词语的释义从学习者的需要和可理解的程度出发。从学习者的需要出发，就必须考虑词语义项的选择和设立。学习用词典一般只收录常用词语，但一些常用词语却可以表达非常用义项，释义时可以根据实际情况，对常用词的义项进行适当的取舍。如"好"是个很常用的词，但是在"哈尔滨离北京好远"这个句子中，"好"用在形容词前面表示疑问，相当于"多"，这个义项在普通话里就不是常用的，在面向初中级学习者的词典里就可以暂不收录。

从学习者对释义可理解或可接受的程度出发，就必须考虑词典设定的使用对象的实际汉语水平，使词典释义能够真正起到帮助学习者理解词义的作用。以下几种情况是学习用词典应该尽量避免的。

（1）互训或循环释义

互训或循环释义是所有词典释义的大忌，对学习用词典来说，如果出现这种情况，问题往往更加严重。因为学习者缺乏相关背景知识，往往完全依靠词典的释义来理解词义，所以在学习用词典里出现互训或循环释义就可能使某项释义完全失效。例如，用"买卖"和"生意"互相解释，如果学习者对这两个词的词义都不理解，那么这种释义就失去了意义。

用两个词语互相解释，还有一种后果，就是可能让学习者误以为两个词语的词义和用法是相同的。就拿"买卖"和"生意"来说，二者并不等同：前者可以构成"买卖双方""买卖关系""商品买卖"等，后者可以构成"生意场""生意经"等；"买卖"还可以是动词，可以带宾语（如"买卖茶叶"）。

用相同的语句来解释不同的词语，实际上也是循环释义。如对"称赞"的解释是"用言语表达对人或事物的优点的喜爱"，对"夸奖"的释义是"用言语表达对人或事物的优点的喜爱，称赞"，这也很容易让学习者以为"称赞"等同于"夸奖"。

（2）用不太常用的词语解释常用词语

语言学习通常是先学习常用词，再学习次常用词。理想的学习用词典的释义是用数量相对较少的、固定的、常用的词语来解释词典中所收录的所有的词语。要做到这一点，就要首先确定用来解释其他词语的一个词语集以及这个词语集中词语的数量，要保证这些词语用来解释其他词语是足够的，但其数量又不能过多，原则上是越少越好。

如果没有这个词语集，通常要求释义中所使用的词语比被解释的词语更常用，尽量避免用不太常用的词语解释常用词语。例如，用"逃跑""逃走"和"逃避"来解释"逃"就不太合适，因为这三个词都不比要解释的词"逃"常用，而且它们本身就含有被解释的词。

（3）使用复杂、烦琐的解释语句

学习用词典的释义不仅应尽量使用常用词语，而且用这些词语组成的释义语句的结构也应该相对简单，避免使用结构复杂的句式或结构，这样才便于学习者理解。如果释义中的语句过于复杂烦琐，就可能使学习者感到费解。如"虽然"是个常用词，但如果用"表示承认甲事为事实，但乙事并不因为甲事而不成立"对其进行解释，学习者理解起来就会很困难。

有些词语表示具体的事物，但要用简单的词语或语句对该具体事物进行描述却比较困难。如"鸡"是一种文禽，《现汉》的释义为："家禽，品种很多，嘴短，上嘴稍弯曲，头部有红色的肉冠。翅膀短，不能高飞。也叫家鸡。"但在学习用词典中用这样的释义来解释"鸡"，学习理解起来十分困难。像"鸡"这样的表示具体的、常见事物的词语，在学习用词典中用图示的方法可能比用语句来解释效果更好一些。

三　词典查检

汉语词典的查检方法主要有音序法、部首法、笔画法和号码法等。这几种方法之间有时是结合起来使用的。如音序法和部首法都与笔画法相结合。较为常用的是音序法和部首法。

（一）音序法

许多词典是按照所收词语的第一个音节的起头字母的顺序从"A"到"Z"进行排列的（如"阿"往往排在前边，"做"往往排在最后边）；第一个字母相同的，则根据第二个字母的先后顺序来排，依次类推（如"爱"排在"安"的前边）；声母和韵母都相同的按声调顺序阴平、阳平、上声、去声和轻声进行排列（如"妈""麻""马""骂""吗"先后排列）；声、韵、调都相同的按笔画多少排列，笔画少的排在前边（如"吗"排在前边，"嘛"在后边）。合成词前边的语素相同的，则按照后边的语素的读音顺序进行排列（如"渔场"排在"渔船"的前边，"宇宙飞船"排在"宇宙观"的前边）。

使用音序法查检词语的前提是已知词语的准确发音，特别是起头音节的发音，否则就很难使用。

（二）部首法

有些词典提供了所收录词语的起头汉字的部首顺序。部首的多少，不同的词典往往有所不同。如《现汉》（第6版）部首就由原来的189个改为201个。部首的顺序通常按照部首笔画数目的多少排列。部首笔画数目相同的，再按照部首起笔（即书写时的第一画）横（一）、竖（丨）、撇（丿）、点（丶）、折（乛）的顺序进行排列。例如，"艹"部首和"氵"部首的笔画数相同，但"艹"的起笔是"一"，"氵"的起笔是"丶"，所以"艹"部首在"氵"部首的前面。

有些汉字是由两个或两个以上的部分构成的，其中有些汉字在两个部首里都可以查检到。如在"禾"部首和"刂"部首里都可以查检到"利"。

安排部首时，有时会把形状相似的部首放在一起，例如，把"要"的部首归入"西"部，"人"和"入"、"已"和"巳"、"毋"和"母"等放在一起。这样安排可以减少部首的数目。但实际上，"要"的上边并不是"西"，"人"和"入"、"已"和"巳"、"毋"和"母"两两之间也并不相同。像"包""导""异""巷"等字都在部首"已"下边，但这些字中的"巳"并不是"已"。

有些汉字的部首比较难以确定，词典往往按照这些汉字的起笔将其归并到某个部首。如"凹""凸"的起笔都是"丨"，它们就被归入"丨"部首，"生""乐"的起笔都是"丿"，它们就被归入"丿"部首。

在词典里，起头汉字相同的词语往往放在一起。这些起头汉字相同的词语，许多词典（如《现汉》）又按照它们中第二个音节的读音顺序进行排列。如"创办""创见""创建""创举""创立""创始""创新""创造""创作"。读音相同的词语又按照起头汉字后边的汉字的笔画数目排列先后，如"创见"排在"创建"的前边。

思考题

1. 汉语语文类单语词典有哪些类别？
2. 普通汉语词典解释词语一般有哪些项目？
3. 如何看待普通词典和学习用词典对同一个词语所设义项的不同？
4. 普通词典常用的释义方法有哪些？
5. 学习用词典的释义具有哪些特点？

本章练习题

一、分析下列语言单位各包含几个语素、几个词、几个字、几个音节

（1）环境优美　（2）猩猩　（3）德黑兰　（4）摩托车　（5）山
（6）枇　（7）亮儿　（8）阿司匹林　（9）崎岖　（10）购置

二、指出下列词中哪些是单纯词

（1）阿訇/阿谀　（2）阿飞/阿门　（3）支配/支那　（4）罗盘/罗汉
（5）相同/胡同　（6）镭射/放射　（7）和平/和尚　（8）苏打/苏醒

（9）探戈/探险　　　　（10）普通/卡通

三、分析下列新词的结构方式
    （1）脱贫　　（2）特区　　（3）离休　　（4）飞播　　（5）责任田
    （6）落实　　（7）民办　　（8）开放　　（9）牵头　　（10）双休日

四、指出下列外来词的类型
    （1）扑克　　（2）幽默　　（3）啤酒　　（4）宝刹　　（5）维他命
    （6）吉卜赛　（7）冰激凌　（8）俱乐部　（9）B超　　（10）DVD

五、指出下列词中的单义词和多义词
    （1）报道　　（2）比拟　　（3）岔路　　（4）诚心　　（5）创伤
    （6）地基　　（7）风景　　（8）挂彩　　（9）后台　　（10）让位

六、指出下列同义词的主要区别
    （1）侮辱—凌辱　　（2）性质—品质　　（3）改正—改进　　（4）嫉妒—羡慕
    （5）障碍—阻碍　　（6）丈人—岳父　　（7）保护—保卫　　（8）吹捧—赞扬
    （9）战略—战术　　（10）镭射—激光

七、根据下列各句中画线的词语义项，指出它们各自的反义词
    （1）A. 需要安静。
         B. 孩子睡得很安静。
         C. 打了一针，病人才安静下来。
    （2）A. 太阳一出来，雾渐渐地淡薄了。
         B. 最近她对象棋的兴趣淡薄了。
         C. 大家对这件事的印象已经淡薄了。

八、指出下列画线的词是多义词还是同音词
    （1）A. 临别纪念　　　　B. 胸前别一朵大红花　　　C. 请别生气
    （2）A. 先天不足，后天失调　　B. 后天是他的生日
    （3）A. 新生事物　　　　B. 他是这个学校的新生

九、解释下列成语的意思
    （1）风驰电掣　（2）粉墨登场　（3）排难解纷　（4）舍本逐末　（5）噤若寒蝉
    （6）暴殄天物　（7）人微言轻　（8）怙恶不悛　（9）釜底抽薪　（10）姹紫嫣红

第五章 语　法

学习目标

通过本章的学习，着重了解各级不同的语法单位，了解词的分类标准，各类实词和虚词的语法特点和用法，熟悉不同词性的词的辨析，了解短语的结构类别和功能类别，了解对句子的不同分类，熟悉各类句型和句式的特点。

建议学时

40 学时

第一节　语法概说

一　语法和语法学

（一）什么是语法

"语法"一词有两层含义：一是指客观存在的语法结构规律；二是指研究语法结构规律的科学。例如：

① 他不知道这种说法合不合语法。
② 结构主义语法和认知语法是不同的语法流派。

例①的"语法"指的是客观存在的语法结构规律；例②的"语法"指的是"语法学"。

就语法结构规律而言，又可以分为词法和句法两部分：词法的内容包括词的语法分类、词的语法分布和功能等；句法包括短语和句子的结构类型、组合搭配规则及表达功用等。

语言中客观存在的语法结构规律是不以人的主观意志为转移的，它是同一个民族在长期的语言实践中逐步形成的语言习惯，是约定俗成的客观规律，具有客观性；而语法学是语法学家对客观存在的语法规律本身进行研究的科学，是研究者对客观语法规律的主观认识和总结，因而具有一定的主观性。

从第一层含义看，一种语言的语法结构规律只有一套。从第二层含义看，由于不同的学者在研究语法规律时各自的理论背景、分析方法、观察视角以及所掌握材料的不同，对同一种语言语法结构规律的认识往往会有不同的结果，形成不同的认识，从而产生不同的语法学派，这种对客观语法规律的不同认识并不影响语言的语法结构规律本身。事实上，语法研究的终极目标是通过深入的描写、分析和解释，使总结归纳出来的语法研究成果不断地反映客观存在的语法结构规律本身。

（二）语法学的种类

语法学是语言学的分支学科，由于研究的方法、理论、对象的不同，可以从不同的角度对其进行分类。

1. 从研究者的研究方法看，可以分为比较语法和描写语法

比较语法又称历史比较语法，兴盛于19世纪的欧洲，主要是比较印欧语系内部各亲属语言语法结构之间的关系。这样的研究，可以揭示出语言形成和发展的历史过程，对民族学、人类学、历史学都具有极其重要的价值。

描写语法是语法学家以客观的描写方法来研究某一语言在发展过程中一定时期的语法事实而形成的语法系统。它是对语言体系的断面的、静态的客观描写，目的在于建立某一语言的语法体系。描写语法通过详尽细致的描写和分析，把人们实际使用的语言的语法构造非常清楚地刻画出来。由于受时代背景、自身理论等的局限，其所描写的规律不一定完全符合客观语言实际，但描写语法在建立语法体系和分析语言结构方面做出了巨大的贡献。

2. 从研究者的理论背景看，可以分为传统语法、结构主义语法和转换生成语法

传统语法指的是18世纪以来直到今天，学校语法教学中所使用的一些术语、概念、规则和理论。传统语法来源于古代希腊语和拉丁语语法。传统语法是规范性的，而不是描写性的，它总结出一套用词造句的规则，要求人们遵守；将语法分为词法和句法两部分，强调词类和句子成分之间的对应关系，分析句子时采用句子成分分析法；进行语法分析时注意语言的逻辑意义，忽视形式上的特征。传统语法一般都是以规则为纲，较少注重活的口语和习惯用法。由于长期使用于教学，积累了许多正确运用语言的规则，具有一定的价值。传统语法所使用的术语，人们一般比较熟悉，因此便于学习和推广。虽然传统语法有一些不足之处，但是在语法教学方面占有比较重要的地位。

结构主义语法是20世纪30年代在欧美形成并发展起来的，瑞士语言学家索绪尔是这一学派的创始人。结构主义语法内部又有一些分支学派。结构主义语法是描写性的语法，目的是客观地描写语法结构，而不是说明用词造句的规则；语法分析采用直接成分分析法，按照一定原则对语句作层层切分；强调语言是符号系统，强调语言成分之间的关系，分析语言时强调形式上的特征，不拘泥于语言的逻辑意义。结构主义语法强调语言结构中成分之间的对应关系，重视语法体系的系统性和严密性，对于语法单位的分类主张以形式标志和功能分布为依据，反对从意义出发。结构主义语法对语言的描写十分详细，重视语言的层次性和系统性，讲求分布、替换、对立、互补等研究方法，具有较多优点。

转换生成语法是20世纪50年代后期由美国语言学家乔姆斯基创立的。转换生成语法是一种解释性的语法理论，其目的不在于总结用词造句的规则，也不在于描写语法结构，而在于探索人类的语言能力；不注重对具体语言的个性研究，而侧重于探索各种语言的共性特征；转换生成语法采用符号、公式等形式化的方法来描述语言规律，力求建立一个高度形式化的规则系统。转换生成语法认为语言是由深层结构转向表层结构的，仅仅描写语言的使用形式即语言行为是不够的，应该说明隐藏在这种行为背后的人类普遍而又特有的语言能力。转换生成语法强调以有限的规则造出无限的合格的句子，强调形式与意义的结合，动态与静态的结合。转换生成语法对语言具有一定的解释力，对心

理学、数理逻辑、计算机语言处理也具有重要的作用。

除上面所说的几种语法理论外，西方的许多语法理论，如格语法、蒙塔古语法、配价语法、认知语法、系统功能语法、构式语法等都在某些方面对汉语语法的研究和教学产生了一定的影响。

3. 从研究对象的范围看，可以分为普遍语法和个别语法

普遍语法指的是对人类语言的语法共性的研究，其意义在于发现人类语言中共同的语法机制。这种研究从较大的方面看，可以研究儿童的语言习得、人类的语言障碍等问题；从较小的方面看，可以研究人类语言的相似结构层次和关系以及共同的语法形式和语法手段等。

个别语法则是指对个别语言语法的研究，既包括研究一种语言的语法系统，如汉语语法、英语语法等，也包括研究一种语言与其他语言不同的语法特点，其意义在于发现各种语言独特的语法现象。

普遍语法和个别语法是一般和特殊的关系。了解一些比较有普遍性的语法现象，有助于对个别语言的语法现象的研究和观察；深入地研究和观察一些个别语言的语法现象，也有助于深化普遍语法的理论。

4. 从研究的材料看，可以分为历时语法和共时语法

历时语法指的是从语法发展变化的角度研究语法，研究的重点是某些语法现象的产生、发展、消失的原因及规律。其研究目的就在于追溯语言的历史发展，研究语言的演变规律，从纵向的角度切入，研究语言的发展变化。

共时语法指的是从某一时期存在的语法现象入手研究语法，研究的重点是某一语言在特定时期的语法表现形式和语法规则系统。其研究目的在于指导语言实践。

语法的历时研究和共时研究可以交叉进行，共时研究也可以以历史上某一个时代的语言为研究对象，而历时研究则可以一直追溯到当代。

5. 从研究者的教育目的看，可以分为理论语法、教学语法和参考语法

理论语法又叫专家语法，是以探讨语法的一般方法论和建立一定的语法体系为目的的科学。对语法问题进行专门的探索与研究，揭示语言中尚未被认识或认识不够充分的语法规则，探讨语法的研究方法和理论。理论语法的发展，有助于人们不断加深对语言结构规律的认识，并为教学语法的改进提供科学依据。

教学语法，是根据语法教学的要求制定的语法系统，包括在语法教学中使用的语法学及语法书。由于一般指在中小学教授本国语时使用的语法，所以，教学语法又叫"学校语法"。其目的不在于对语法原理和方法的研究，而在于指导学习者掌握用词造句的规则。教学语法的特点是规范和实用，定义和说明要求具有简明性和可接受性。

一般说来，教学语法往往会沿用旧的术语和体系，采用已有定论的说法或折中的说法，因而比较接近于传统语法。理论语法大多刻意求新，显得很有主见，所以往往借助于新的语法理论。总的说来，理论语法具有较高的学术价值，但传播的范围有限；教学语法具有较强的实用价值，但较少创新和发展，两者各有自身的价值，相辅相成。

参考语法又称习惯语法，这种语法主要是详细地记载某一语言中的习惯用法。参考语法一般不求系统，无须创新，只是尊重语言事实，尽可能条分缕析地详加说明。参考语法对本民族的人来说，用处不大，主要用于外国学生学习非本族的语言。参考语法的

规则必须一条一条地讲，索引往往分得很细，篇幅巨大，其成果与其说是一本教科书，不如说是一本词典。

以上对语法学的分类都是交叉的，一种语法体系、一本语法书往往可以从多个角度去观察。反过来，有些语法书的特征并不一定很明显，介于两者之间的情况很常见。例如大学里学的语法既不是严格意义上的专家语法，也不同于中学里所学的教学语法，大学现代汉语课程的语法部分既反映了编写者的语法观，又考虑到与中学语法体系的衔接、学生的接受程度以及实用价值等，是一种折中的语法。

二 语法的性质

关于语法的性质，可以从四个方面认识。

（一）抽象性

"抽象"是指对具体的事物进行类的概括。语法具有抽象性，因为一种语言中具体的词汇成员数量巨大，具体的句法结构的数量更是无限多，我们不可能去为每个词语和每个句法结构都建立一条规则。事实上，一种语言中，语法类别和语法格式的数量是相当有限的。例如"教室、工人、樱桃、铅笔、思想、树叶、观点"等词，虽然意思各不相同，但是根据它们的某些共同特点，如能受数量短语的修饰，能做句子的主语或宾语等，就可以建立"名词"这个类。再比如：

① 我把窗花剪破了。
② 小明把香蕉吃光了。
③ 太阳把衣服晒干了。
④ 警察把小偷抓住了。
⑤ 校长把学生找回来了。
⑥ 吵闹声把我的思路打断了。
……

以上各句所用的词语各不相同，它们的具体意义也不一样，但结构方式都是"代词/名词+介词+名词+动词+动词/形容词"的序列，从中可以归纳出"主语+状语+述语+补语"的格式，从而建立"把"字句这个类。

正因为语法规则具有抽象性，它才是一种概括的规则，所以我们说语法不是讲某一个具体的词或具体的句子，而是讲一系列词和一系列句子。为了概括说明句子的构成、变化、分类，就要说明词和短语的构成、变化、分类；为了说明短语，也要对各种词的性质作出概括。因此，人们掌握了有限的语法规则和语法格式，就可以控制数量巨大的词汇成员，造出无数的各式各样的句子，表示无限多样、丰富多彩的意思，从而使得复杂的语言交际成为可能。

（二）层次性

"层次"是指语言单位的组合不是处于同一平面的，而是内部有主次、松紧之分，是有层次、有套叠的。语言单位组合在一起，基本上都是层层套叠，两两组合的，每一层中的两个组合单位构成该层次的两个直接成分。除了一些特殊的结构单位外，无论多么复杂的语言单位，都是由"直接成分"组成的，而直接成分本身往往又是由更小的直接成分组成的。如：

① （他们）非常/仔细地/研究/一切/可能的/方案。

直接成分通常都是两个成分互相对应的，联合短语和连动短语除外，它们的直接成分可以是两个，也可以不止两个。例如"笔墨纸砚"是由四个直接成分构成的联合短语，"小张走进教室拿出一本书看"加点部分是由三个直接成分构成的连动短语。

语法的层次性又使得语法规则具有强大的递归性。所谓"递归"是指相同的规则可以在一个结构里重复使用。例如：

② 王鹏去过上海了。
③ 张强知道王鹏去过上海了。
④ 李华认为张强知道王鹏去过上海了。
⑤ 我觉得李华认为张强知道王鹏去过上海了。

从理论上讲，这种替换可以无限地扩展下去，但是在语法上，这种递归是有限的，一般不会超过7项。通过不断地递归，句法结构的层次越来越多，结构关系由简单变复杂，从而满足了表达复杂的思想内容的需要。正因为语法规则具有递归性，它才是一种简明的规则，即不必建立许多不同的规则，只需重复使用有限的几条规则。

（三）稳定性

"稳定"指的是语法规则与语音、词汇这些与地域差异、社会发展联系紧密的语言要素相比较，发展变化的速度比较慢，变化的现象也比较少。从语法变化的现象看，很多语法规则是根深蒂固的，长期以来一直保持了下来。从语法的变化速度来看，即使是一些十分微小的语法现象的出现和更替，都需要经过语法体系内部的重新调整，甚至长时间的此消彼长的"拉锯"才能完成。

正因为语法规则具有稳定性，它才是一种有效的规则，即规则一旦形成就不能随意地增减或废止。有了稳定的语法规则，在相当长的时间之内，人们说话才能运用自如、心领神会，造出一句句的话来帮助我们顺利地完成交际任务。

（四）民族性

所谓"民族性"，是指每个民族的语言，其语法都有自身的特点。因为任何一种语言的语法都是自成体系的，每一条语法规则都不是独立地起作用的，而是有条理的整体，是由聚合关系和组合关系构成的规则系统。例如印欧语系语言的词，形态变化比较丰富，组词成句往往受形态变化的制约；而汉语没有严格意义的形态变化，所以组词成句时，主要受语序和虚词的制约。再比如语序，在汉语中宾语位于动词的后面，而藏语、彝语、哈尼语、景颇语的宾语却在动词的前面；汉语的定语总是在中心语前面，而很多语言的定语在中心语的后面。

总的说来，学习语法既不能过分强调语法的普遍性而忽视各个语法系统的个性特点，也不能过分夸大语法的民族性而忽略了人类语法的共性特征。

三 语法单位

要研究语法,就离不开对具体的语言进行语法分析,而要进行语法分析,即分析各种大小不等的语言片段的结构,就必须要确定一些大小不等的单位。这些在语法分析中所使用的语言结构的层次单位就是语法单位。一般而言,汉语的语法单位有四级,即语素、词、短语和句子。

(一) 语素

语素是语言中最小的语音和语义的结合体,它既是词汇单位,也是最小的语法单位。语素是最小的有意义或者说能够区别意义的语言单位。既有特定的语音形式,又有独立的语义内容,是语素应同时具备的两个必要条件。

例如,"树"是一个语素,语音形式是shù,语义是"木本植物的通称";"荒唐"是一个语素,语音形式是huāngtáng,语义是"(思想、言行)错误到使人觉得奇怪的程度";"沙龙"是一个语素,语音形式是shālóng,语义是"泛指文学、艺术等方面人士的小型聚会"。这几个语言单位都是最小的音义结合体,都不能再分解成更小的有意义的语言单位,因为它们即便能够拆开使用,所表示的意义也与本身含义毫不相关。例如,"沙龙"拆开后,"沙"和"龙"所表示的意思同"沙龙"没有任何关系。而像"工人、书本、取得"都可以再作切分,切分出的语言单位"工"和"人"、"书"和"本"、"取"和"得"都是既有语音形式,又有语义内容的,这说明"工人、书本、取得"都不是最小的音义结合体,不是语素。语素的特点是不能再被分割为更小的音义结合体。

(二) 词

词是最小的能够独立运用的语言单位,词都是由语素构成的,它是比语素高一级的语法单位。"能够独立运用"和"最小"是用来考察一个语言单位是否为词的两个必要条件。"能够独立运用"指的是词作为现成的造句材料,能够直接作为一个意义整体进入句子,甚至能够单独成句,句子的构成成分是词;而语素是构词材料,是一种备用的造句单位,语素只有单独成词或组合成词,才有可能独立运用。所以说,"能够独立运用"是用来区分词和它的下一级语法单位——语素的。"最小"则是指词作为一个"能够独立运用"的语言单位,是无法再进行切分的,所以是用来区分词和它的上一级语言单位——短语的。短语也"能够独立运用",不过它还可以再进行切分,切分出几个"能够独立运用"的语言单位。总之,词是介于语素和短语之间的语法单位,是最基本的现成的语言材料。

(三) 短语

短语也叫词组,是由词和词按照一定的句法规则组合成的语言单位。短语是比词高一级的语法单位。短语可以是句子的组成成分,也可以自己构成句子,如"写作业""写作业是必须的"。

短语的构成必须具备两个条件:(1)构成短语的两个或几个词之间语义上必须能搭配,即语义上是相容的,如具有"施事"与"动作"的语义关系的单位,可以构成主谓短语"我看""他说"等,而"桌子吃""房间跳"则不能构成主谓结构,因为主语和谓语在语义上不相容;(2)构成短语的两个或几个词的排列必须符合汉语的语法规则,所以

"包子吃""报纸看"也不是短语，因为不符合现代汉语述宾结构的语法搭配规律，即宾语一般应在动词之后。

（四）句子

句子是由词或短语组成的最小的具有交际功能的音义结合体，是语言交际的基本单位。口语中的句子都有一定的语调，表示一定的语气，句末有隔离性的停顿；书面上的句子用句末点号"。""？""！"来表示语调和停顿。如：

① 我有一个美好的愿望。　② 你去吧。
③ 他能理解吗？　　　　　④ 他要干什么？
⑤ 不许动！　　　　　　　⑥ 说！

句子与短语相比较，它具有语调。句子还可以有全句的修饰语、独立成分等，句子的结构可以有语用的变化，如"谢谢了，大伯"，可以有成分的省略，如"马上就去"。这些现象在短语中是不存在的。

根据结构，句子可以分为单句和复句及其下位类型，通常称为句型。单句由词或短语构成，复句由分句构成。根据语气，句子可以分为陈述句、疑问句、祈使句和感叹句，通常称为句类。根据句子本身的结构特征或标记，句子可以分为"把"字句、"被"字句、"有"字句、"是"字句、"比"字句、"连"字句、存现句等，通常称为句式。

作为语法单位，语素用来构词，词和词组合成短语，词和短语带上语调可以成为句子。四级语法单位可以分为两类：一类是语素、词和短语，它们是语言中的静态单位，不具备交际功能；一类是句子，是动态的语言单位，具有交际功能、表述功能。

思考题

1. 语法的性质体现在哪些方面？请分别加以说明。
2. 举例说明短语与词的区别。
3. 是不是所有的实词加上语调后在一定的语境下都能成为简单句子？

第二节　词类（上）

一　词类概说

（一）词类和词性

笼统地讲，词的分类可以从不同的角度入手，分出各种不同的类别。例如从音节的多寡看，可以分为单音节词和多音节词；从语素组合成词的情况看，可以分为单纯词和合成词；从词在使用中的重要性的角度看，可以分为基本词和一般词；从词的语体风格看，还可以分出书面语词和口语词等。我们这里所说的"词类"，专门指的语法分类，即以词的语法功能为标准分出来的类别；而词性，则是指这一类词的语法特征，也就是这一类词所具有的语法功能。

词类和词性是两个不同的概念。词类是对词进行分类的结果，是以一种语言中所有的词为对象的；而词性则是给词归类的结果，是以个别的词作为对象的。值得注意的是，词的分类和归类采取的标准是一样的，都是以词的语法功能为标准，所以从这一点说，词类和词性是两个既有联系又有区别的概念。例如对一个具体的词，我们可以根据其所表现出来的一系列语法特征，将它归入到某个词类当中去。可见，词类和词性是一对非常容易混淆的概念，搞清楚二者之间的区别与联系是十分必要的。

（二）划分词类的标准

语法上给词分类，可以采取不同的标准。有从词表现出来的类别意义给词分类的，也有从词的外部形态变化给词分类的，现在一般认为应当以词的语法功能作为分类依据。

从意义出发给词分类，并不是没有一点儿理由。语法性质相同的词，意义上往往有共通之处，例如"山、教室、板凳"等表示事物的名称，都是名词；"跑、憎恨、生长"等表示动作、行为、变化，都是动词；"美、清爽、冰凉"等表示性质、状态，都是形容词。这种方法具有一定的直观性，分出来的类大体上也八九不离十，因此很多人在对一个词进行归类时往往首先从意义上去考虑。但是，如果反过来说表示事物的名称的词是名词，表示动作、行为、变化的词是动词，表示性质、状态的词是形容词，就会出现问题，因为这种以意义为标准区分出来的类别，不是词在语法上的分类，而是一种逻辑上的分类。其分类的结果，有时会和词在语法结构中所具有的语法性质不一致。例如"白"和"白色"，从意义上看都表示颜色，但"白"可以做谓语（如"脸很白"），可以受"很"修饰（如"很白的墙"），还可以重叠（如"白白的面粉"），是个形容词；而"白色"却只能做主语、宾语，不能受"很"修饰，是名词。由此可见，从意义出发给词分类，是不能达到语法类别的要求的，也是行不通的。

对于汉语来说，从词的外部形态变化出发对词进行分类也有不少缺陷。西方语法以形态变化作为划分词类的依据，主要是因为西方语言的形态变化比较丰富。例如英语根据是否有"数"的变化（如复数加词尾"-s"），从而把book（书）、student（学生）等词归为名词；根据是否有"时"的变化（如过去时加词尾"-ed"），从而把learn（学）、play（玩儿）等词归为动词。汉语没有严格意义上的形态变化，像名词加"们"这种"数"的变化就缺乏普遍性和强制性，非生物名词复数不能加"们"，有些生物名词表示复数也不一定非得加"们"。"老师们和同学们"是复数，"老师和同学们"也是复数，"老师和同学"同样可作为复数。因此，以形态为标准的分类方法，在汉语的词类划分上发挥不了太大的作用。

就汉语而言，划分词类的标准只能是词的语法功能，词的语法功能包括以下三个方面的内容。

（1）词的语法功能首先表现在能不能单独充当句法成分上，能够单独充当句法成分的，是实词；不能单独充当句法成分的，是虚词。

（2）实词内部不同的语法功能表现在词与词的组合能力上，即哪些词可以同哪些词组合，怎样组合，组合起来以后发生什么样的结构关系，哪些词不能同哪些词组合。通过这样的区别，划分出实词的不同类别。

（3）虚词的语法功能表现在它同实词或短语的黏附能力上，即能与哪些实词或短语组合，组合后发生什么关系，在组合中处在什么位置上，由此区分出虚词的不同类别来。

（三）现代汉语的词类

对词进行语法分类是逐级进行的。首先根据能否单独充当句法成分，将词分为实词和虚词两大类，另外，由于叹词、拟声词的地位比较特殊，可以作为既不属于实词又不属于虚词的特殊词类来处理。

其次，对实词的内部再进行分类时，主要是根据实词在句法结构中表现出来的不同的语法功能，分为体词、谓词和加词三类，与此同时，又把代词独立于体词、谓词和加词之外。

体词是指主要充当主语、宾语，一般不做谓语的词，如"学生、桌子、今天、刚才、操场、北京、十、百、两"等。

谓词是指主要充当谓语，有时也做主语、宾语的词，如"跑、笑、是、有、漂亮、坏、火红"等。

加词是指不能充当主语、宾语，也不能做谓语，只能做修饰语的一类词，如"大型、彩色、男、女、很、最、难免、莫非"等。

最后，在虚词的内部根据虚词的黏附能力的不同，分为辅助词和关系词两类。

这样的词类系统，需要回答以下三个问题。

1. 为什么实词内部要三分

传统的做法是将实词二分，即分为体词与谓词两类，把主要功能是经常做主语和宾语、而一般不做谓语的词归为体词；把主要功能是做谓语的词归为谓词。这样的分类会产生如下矛盾：

（1）"男、女、金、银、新式、固有"等词，在有的语法书中称为"非谓形容词"。它们应该归在哪一类？这些词的特点是既不能做谓语，也不能做主语和宾语，自然不能归为谓词或体词。但是，要把这类词"放到"虚词当中去，显然又不合理，因为这类词也能单独做句法结构的成分。

（2）实词二分的标准过于狭窄。一个词在句法结构中可以充当的成分并不仅仅限于主语、宾语和谓语，定语、状语和补语也是句法成分。因此，对实词的考察应该更加全面，不应该把副词划归到虚词中去。

采取实词三分的方法，上述两个矛盾就能得到较好的解决：体词主要的语法功能是做主语、宾语，很少做谓语；谓词主要的语法功能是做谓语；而加词主要的语法功能是不能做主语、宾语，也不能做谓语，只能做修饰语。

2. 为什么要将叹词、拟声词作为不属于实词和虚词的特殊词类处理

以往的做法，有的把叹词和拟声词作为虚词处理，也有的把这两类词作为实词处理。我们认为，不管将叹词、拟声词归入虚词也好，还是将这两类词归入实词也好，都是一种为了服从实词、虚词二分的需要而采取的权宜做法，这两类词的特点是在句子中通常不跟其他词发生结构关系。尽管拟声词有时也能充当定语（如"哗哗的水声"）、状语（如"嗷嗷地叫"）、补语（如"哭得稀里哗啦的"）等，但这种用法不是拟声词的主要语法功能。把拟声词和叹词放在一起处理，也比较合适。我们不囿于实词、虚词二分的框架，将这两类词作为特类看待，应该说是更加符合各种词类的客观分布，更加体现了分类标准的一致性。

3. 为什么要将代词独立于体词、谓词、加词之外

代词是一个比较特殊的词类，虽然成员不多，可是相当杂，原因在于代词不是根据语法功能划分出来的类。代词的最主要作用是替代，它可以替代名词、动词、形容词、数词、量词、副词等。代词所替代的对象不同，语法功能也就不同，有的跟名词相当，有的跟形容词相当，有的跟副词或数词相当，个别的跟动词、量词相当。可见代词中的各个成员缺乏共同的语法功能。代词之所以会独立出来，自成一类，是因为这些词有一个共同的特点，即它们的替代作用。有人认为其他词类是竖着分出来的，而代词是横切一刀分出来的，这种比喻很贴切。现代汉语的词类划分系统如下表。

表5-1 现代汉语的词类划分系统表

词类	实词	体词	名词	代词
			数词	
			量词	
		谓词	动词	
			形容词	
		加词	区别词	
			副词	
	虚词	关系词	连词	
			介词	
		辅助词	助词	
			语气词	
	叹词			
	拟声词			

二 实词

（一）体词

体词主要的语法功能是充当主语和宾语，一般不做谓语。现代汉语的体词主要包括三类，即名词、数词和量词。

1. 名词

名词主要指称人和事物，也可以表示一些抽象的概念、性质、关系等。例如"山、桌子、森林、房间、理论、情感、今天、野外、上海"等。

（1）名词的语法特点

A. 名词大都可以受量词短语的修饰，但一般不能直接受数词修饰，要在数词之后加上量词，才可以修饰名词。名词有可以计量和不可以计量的区别。前者常用定量的量词短语修饰，如"三位同学、五间教室"；后者常用不定量的量词短语修饰，如"一些观点、一种思想、一点儿感情"。

B. 名词一般不受副词"不"和"很"的修饰。

C. 名词本身没有单数和复数的区别,不论单数、复数,形式上是一致的。例如:

　　一名记者　四名记者　一把椅子　五把椅子

D. 名词经常用作主语、定语、宾语(包括介词宾语),一般不做状语。

(2)名词的一些特殊用法

A. 部分名词可以充当谓语。例如表示姓名、长相、类属、身份等的名词,可以直接做谓语,如例①、例②;表示籍贯、民族、服饰、性格、职业等的名词,也可以直接做谓语,如例③、例④;表示顺序义的名词,一般需要在后面加上助词"了"才可以做谓语,如例⑤、例⑥。

　　①《红楼梦》的作者,曹雪芹。
　　②华罗庚,数学家。
　　③鲁迅,浙江人。
　　④崔永元,节目主持人。
　　⑤她,都大姑娘了。
　　⑥老王,工程师了。

B. 部分名词可以充当状语。例如表示方式义的名词"高温、群体"等,表示范围义的名词"暗中、侧面"等,表示工具义的名词"电话、掌声"等,表示依据义的名词"顺序、真心"等。除此之外,表示时间、处所的名词,经常用作状语。例如:

　　⑦我昨天晚上去看电影了。
　　⑧他现在就走。
　　⑨请屋里谈。
　　⑩今天晚上火车站碰头。

C. 部分名词可以重叠。少数单音节名词本身可以重叠,重叠后有"每"的意思。常见的名词重叠有:

　　人人　家家　户户　村村　县县　队队　家家户户　山山水水

有些名词可以直接跟在数词"一"的后面,或者是临时用作量词。如:

　　一家人　一户人　一村人　一队人

(3)名词的附类

方位词是名词的一个附类。方位词有单纯的和合成的两类。单纯的有"上、下、前、后、东、西、南、北、左、右、里、外、中、内、间、旁"。在单纯方位词前面加上"以"和"之",就构成了合成方位词:

	上	下	前	后	东	西	南	北	左	右	里	外	中	内	间	旁
以~	+	+	+	+	+	+	+	+	−	−	−	+	−	+	−	−
之~	+	+	+	+	+	+	+	+	−	−	−	+	+	+	+	−

方位词有黏着、定位和封闭的特点,一般只能附着在名词或名词性短语的后面,组成方位短语,方位词可以看作是方位短语的标志。方位短语可以表示空间关系,如"办

公室里、房顶上、县城以东";也可以表示时间关系,如"放学后、出门之前"。方位词基本上是后附的,但有时也可以单独充当句法成分,一般出现在对举句式中,如"前有堵截,后有追兵""东一榔头,西一棒槌"。

2. 数词

(1) 数词的书写方法

现代汉语中,数词的书写方法有三种。

A. 大写数字。如:

壹 贰 叁 肆 伍 陆 柒 捌 玖 拾 佰 仟

B. 小写数字。如:

一 二 三 四 五 六 七 八 九 十 百 千

C. 阿拉伯数字。如:

1 2 3 4 5 6 7 8 9 10 100 1000

A类书写形式只适用于比较重要的场合,如用在钱币上,以及银行、商店等填写发票时等;B、C两类书写形式比较常用,可以作为书籍、报刊等章节段落的序号,也可以表示基数、序数,还可以表示日期等。

(2) 数词的分类

数词可以分为基数词和序数词两大类。基数词是表示数目多少的,如"一、二、三、四、五"等。基数词又包括系数、位数、概数、小数、分数、倍数等。序数词表示次序的先后。

基数词是用来表示数目的,主要有系数词和位数词两种。

A. 系数词:

一 二 三 四 五 六 七 八 九 十 零 半 两 双

B. 位数词:

十 百 千 万 亿 兆

系数词和位数词的区别在于:单用时,系数词是表示"一"到"十"的个体数目的,位数词是表示"十"的倍数的整体数目的。如"三个老师、百年大计、千里堤坝"。合用时,当系数词在前、位数词在后组成一个数目时,系数和位数之间是相乘的关系,例如"八十"是"八乘以十","六百四十"是"六乘以一百再加上四乘以十"。当位数词在前、系数词在后组成一个数目时,系数和位数之间是相加的关系,例如"十二"是"十加二","九十三"是"九十加三"。

数词"十"既是系数词,又是位数词。当"十"前面有系数词时,是位数词,例如"八十";当"十"单独使用,后接量词时,是系数词,例如"十个人"。

数词是用来表示数目的,但数词不同于数目。数词是有限的、封闭的,而数目是无限的、开放的。"一、二、三、十、百、千"是数词,而"十三、五十二、三百零六、六千七百八十九"是数目。表示数目可以直接用数词,也可以用其他的数目表示方法。

表5-2 现代汉语的数目表示法

数目表示方法				
	概数表示方法	后加概数助词"上下、左右、来、把、多"等		三十上下、十来（斤肉）、百把（人）
		相邻基数连用		七八、万千、亿万
	序数表示方法	附加式	基数前加助词"第、初、老"	第一、初三、老二
		序列式	天干、地支等	甲、乙、丙…… 子、丑、寅……
		借用式	冠、亚、季、殿，孟（伯）、仲、叔、季，A、B、C……	
	倍数表示方法	基数后加"倍"		两倍、五十多倍、二百八十倍
	分数表示方法	在分母和分子间加上"分之"		九分之八、百分之十

（3）数词的语法特点

数词直接做主语、宾语，主要用在表示算式的句式当中，如"二加二等于四"等。在口语里，数词一般不能直接修饰名词，但在一些书面语中，特别是成语中，经常会看到一些数词直接修饰名词的用法，如"一针一线、三言两语、九牛二虎、万水千山"等，这是古汉语用法的遗留。

数词和量词组合在一起构成数量短语，如"一根、两条、三把、四回、五趟"等。量词短语和别的词语组合在一起，形成偏正关系或述补关系，这样，量词短语做定语或补语。如"五十个人、三件衣服；吃一顿、走一趟"等。

（4）一些数词的用法

A."二"与"两"的区别

a."十、百"前一般用"二"，"千、万、亿"前多用"两"，即使数目词"千、万、亿"以"二"为开头，"二"也必须读作"两"。

b.表示度量衡的量词前，一般用"二"，但"米、吨、千米"等新兴的度量词前大都用"两"，"二两"中只能用"二"，不能用"两"。

c.当作数字读，如小数、分数等，都用"二"；序数中也只能用"二"。

d.作为一位数用于量词前，用"两"（度量词除外），但作为两位数以上的任何位上的数字时，一律用"二"。

e.成对的东西，用"两"不用"二"。如"两袖清风""两耳不闻窗外事"。

B.概数的表示方法

a."来"多用于口语，表示接近前面数词所表示的数目，可能略多，也可能略少，相差不能太远，只能用于整数。既可以跟在数词后面，只限制在低于十万的数词，如不可以说"一百万来人"，但是可以说"一百来万人"；也可以跟在量词后面，限制整个数量短语，只限于低于十的数量词，如不可以说"五十里来路"。大致的规律是："数+量+来+名"只能用于小于"十"即"一"至"九"的数目，如"三斤来肉"；"数+来+量+名"一般用于大于"十"的数目，如"二十来斤肉"；整数"十"两者都能用，如"十斤来肉、十来斤肉"都可以说。

b."把"与"来"的意思一样，但只能用在位数词"百、千、万"和某些量词之后，而且位数词或量词前不能用系数词，所表示的意思是"一"。如"万把块钱"的意思是

"一万来块钱";"个把月、个把星期"的意思是"一个来月、一个来星期",所指"时间不长",但是不可以说"个把天、个把年"。

c. "左右"用在数量短语后面,表示与前面的数量短语所表示的数目差不多,可以是略多,也可以是略少。"左右"表示时间概数时,既可以用于时点,也可以用于时段的数量短语后,如"两点左右、七天左右",但不可以用在表示时点的时间名词后,如不可以说"清明左右、黎明左右"。

d. "前后"表示概数只能用于表示时间,意思与"左右"基本相同,但是只用于表示时点的词语后,不能用于表示时段的词语后。可以说"十点前后、清明前后、黎明前后、天亮前后、放学前后"。

C. 表示序数的一些特殊方式

等级:头等、末等、一级/等、二级/等、甲等/级、乙等/级、丙等/级;

亲属排行:大哥、二哥、长子、次女、小儿子;

车辆班次:头班车、末班车;

书籍、练习、图表、注释:第一卷、卷二、图一、注三。

D. 倍数和分数的使用

现代汉语中,倍数只能用来表示数目的增加,不能用来表示数目的减少;而分数既可以表示数目的增加,又可以表示数目的减少。在倍数和分数的使用中还需要注意,有"增加了"与"增加到"、"减少了"与"减少到"的区别,"增加了"和"减少了"不包括底数,而"增加到"和"减少到"则包括底数。

3. 量词

(1) 量词的分类

量词是表示计量单位的词,可以分为三大类:

第一类:根、张、条、件、对、副、双、套、群、伙、种、些、尺、寸、斤、吨等;

第二类:下、次、回、趟、遍、阵、场、番、通、顿等;

第三类:秒、秒钟、分、分钟、小时、天、日、周、旬、季、年等。

第一类是物量词,主要用在名词前面,其中表示度量衡的量词可以用在形容词前面,如"八尺长、十斤重"等;第二类是动量词,主要用在动词前后;第三类是时量词,兼有物量词和动量词的特点。

物量词和动量词的内部又可以分为专用量词和借用量词。一般情况下,专用量词是固定的、封闭的,而借用量词是临时的、开放的。

物量词中还有一类复合量词,如"架次、吨公里、秒立方米,台套、件套"等。

(2) 量词的语法特点

A. 用在数词或指示代词"这、那"后边组合成量词短语,如"一下、这下、这一下"。

B. 不少量词可以重叠,重叠以后充当不同的句法成分表示不同的语法意义:做主语、定语,表示"每一"或"许多"的意思,如"个个都是好样的、条条大路通罗马";做状语,表示"逐一"的意思,如"步步高升、层层包围";做谓语表示"繁多"的意思,如"繁星点点、鲜花朵朵"。

有时量词可以与"一"组合,构成"一A一A""一AA"的重叠形式。重叠的量词短语能做主语，表示"每一"的意思，如"一件件都完成得很出色"；做定语含有"多"的意思，如"墙角堆着一沓沓的报纸"；做状语有"一个接着一个"的意思，如"一天天暖和起来"。重叠以后的量词短语不能做宾语。

（3）量词的使用

A. 物量词与名词的搭配要注意以下一些问题。

a. 名词对个体量词的选用常常是特定的，不能随便使用。例如：

一头牛　一颗珍珠　一张桌子　一条绳子　一栋楼房　一支笔

b. 有些量词跟名词有意义上的联系。例如：

条	长条物、可弯曲	毛巾、领带、绳子、蛇、路、河、床单
张	平面的或展开物	床、桌子、纸、照片、嘴
把	有把柄的器具	刀、椅子、扇子、伞、暖壶
根	细长物（多为生物）	头发、草、棍子、竹子、黄瓜
颗	颗粒物	珠子、心、星、子弹、珍珠
粒	小颗粒物	种子、沙子、米、花生
滴	液体滴落物	眼泪、水、汗、酒、油
本	装订成册物	书、词典、杂志、地图
棵	植物	树、草、白菜
座	大而固定物	山、桥、楼房、塑像、水库
支	直硬细长的非生物	钢笔、笛子、蜡烛、香、枪

c. "个"是一个泛化量词，其使用范围最广，可以修饰许多名词，缺少语用色彩。例如：

一个人　一个家　一个理想　一个习惯　一个主意　一个老师

B. 不定量词"些"和"点儿"。

一般来说，不定量词"点儿"表示的数量比"些"少。如"一点儿盐"比"一些盐"少。使用时要注意以下几点。

a. "些"和"点儿"都只能跟数词"一"组合，且"一"可以在这两个量词前自由省略。例如：

一点儿/一些　*两点儿/*两些　有（一）点儿疼　我有（一）些恍惚

b. "点儿"可以用在数词"半"后面；而"些"不能。例如：

他半点儿能耐都没有。

c. "些"后面修饰名词，可以前加"好"表示数量多；而"点儿"不能。例如：

好些问题都还没有解决。　　*好点儿问题都还没有解决。

d. "些"既可以用在可计量名词的前面，也可以用在不可计量名词的前面；"点儿"只能用在不可计量名词的前面。例如：

一些水/一些车　　一点儿水/*一点儿车

（二）谓词

谓词主要的语法功能是充当谓语，有时也可以做主语、宾语。现代汉语的谓词包括两类，即动词和形容词。

1. 动词

（1）动词的语法特点

A. 绝大多数动词可以带宾语，不能带宾语的和只能带施事宾语的是不及物动词。

B. 多数动词可以重叠。单音节动词的重叠形式是AA，重叠后第二个音节读轻声，如"看看、说说"；双音节动词的重叠形式是ABAB，重叠后第二、第四两个音节读轻声，如"研究研究、商量商量"。动词重叠表示动作的短暂，如"你休息休息就会好的"；同时也表示尝试，如"这辆车让我先骑骑"。

C. 动词前面一般不能加"很"等程度副词。

D. 大多数动词可以受"不、没（有）"修饰，可以构成"V不V"或"V没V"的肯定否定并列形式。如：

说不说　去不去　愿意不愿意　知道不知道　有没有

E. 动词可以加上"了、着、过、起来、下去"或以重叠的方式来表示不同的体。例如：

他看了（完成体）　他看着（进行体）　他看过（经历体）
他说起来（起始体）　他说下去（延续体）　他说说（尝试体）

（2）动词的分类

动词是比较重要的一类词，可以从不同角度进行分类。

A. 根据语义特征，可以把动词分为以下几类。

a. 动作动词。如：

走　跑　爬　看　说　拿　写　批评　学习　讨论　研究　观察

b. 存现动词。如：

在　有　存在　具有　发生　死亡　出现　出生　生　死

c. 心理动词。如：

爱　恨　想　希望　喜欢　认为

心理动词大多可以受"很"修饰。

d. 使令动词。如：

让　叫　请　使　催　要求

使令类动词用在兼语句中，充当兼语句的第一个动词。如"我请王教授明天来给你们做讲座"。

B. 根据动词带宾语的情况，可以把动词分为及物动词和不及物动词两大类。及物动词可以带宾语，也可以不带宾语；不及物动词不能带宾语，或者只能带施事宾语。

a. 及物动词又包括以下几种类型。

形式动词。如：

作　进行　借以　给以　予以　招致　博得　促使　加以

形式动词都是黏宾动词，也就是说这一类动词后面一定要带上宾语。

单宾动词。如：

  讲　吃　骑　看　吃　学习　观察　考查　打量　考虑　建设　管理

单宾动词最多可以带一个宾语，有时也可以不带，这类动词最多。

双宾动词。如：

  给　送　找　收　买　拿　问　骂　教

双宾动词可以带两个宾语，也可以带一个宾语。

b. 不及物动词又包括两类。

不能带宾语的动词：

  咳嗽　游行　考试　休息　生存　失败　巡逻　完毕　毕业

可以带宾语，但只能带施事宾语的动词：

  来　去　坐　躺　蹲　死　回　上

（3）动词的重叠

除了能愿动词、趋向动词、关系动词、存现动词、使令动词外，大多动作动词都可以重叠，少部分表示心理活动的动词也能重叠。

动词重叠在口语中使用的频率较高，在书面语中使用的频率较少。动词重叠可以表示如下一些语法意义。

A. 表短时义

带有持续语义特征的动词，重叠后相比动词单用，增加了持续时间短的语法意义。例如：

  ① a. 你在这里转转，我马上回来。
   　b. 你在这里转，我马上回来。
  ② a. 这个周末，我打算在家看看书。
   　b. 这个周末，我打算在家看书。

例①、②中，a句显然具有时间短的意思，而b句没有，这种意思是由"转转、看看"这样的重叠形式带来的。

B. 表尝试义

动词的重叠形式在一定的语言环境中带有尝试的语法意义，这种句子一般是表示期望、使令等意思的。例如：

  ③ 我觉得这件衣服不错，你穿穿。
  ④ 这是名牌，不信你看看商标。

（4）特殊动词

A. 趋向动词

表示动作的趋向，包括单纯的趋向动词和复合的趋向动词两种。

	上	下	进	出	回	过	起	开
来	上来	下来	进来	出来	回来	过来	起来	开来
去	上去	下去	进去	出去	回去	过去	—	开去

趋向动词可以单独做谓语，也可以用在动词后面做补语，充当补语是趋向动词最基本的句法功能。复合趋向动词"起来、下去"，可以用在动词或形容词的后面，在"坐起来、趴下去"中，"起来、下去"表示动作的趋向；在"笑起来、说下去、好起来、坏下去"中，"起来、下去"表示动作或性质变化的开始或继续，是一种引申的用法，意义已经虚化。

B. 助动词

助动词，也叫能愿动词。表示可能或意愿，包括以下两类：

第一类：能、能够、可、可以、可能、会；

第二类：该、应该、应当、要、敢、肯、得、愿意。

助动词可以直接做谓语，如"这样可以吗""我非常愿意"等，也可以用"X不X"这种肯定否定重叠的方式表示询问，如"跳舞会不会""你能不能再说一遍"。助动词经常用在动词的前面，充当状语，做状语是助动词最基本的句法功能。如"可以说""愿意去出差"等。大多数助动词可以构成"不X不"的格式，但第一类助动词放在这个格式里显得委婉些（比较："不能不看"和"应该看"）；而第二类助动词放在这个格式里则表示强调（比较："不应该不说"和"应该说"）。

C. 判断动词

典型的判断动词只有一个"是"。此外，"为、即、系"等也表示判断，但使用频率较低。"是"可以单独充当谓语，可以受副词修饰，但经常用在主语和宾语之间表示判断或说明。如"鲁迅是浙江人""走廊的尽头是总服务台""花瓶是景泰蓝的""一份快餐是三十元钱"等。

2. 形容词

（1）形容词的分类

形容词可以分为性质形容词和状态形容词两类：

第一类：方、红、慢、高、深、快、漂亮、美丽、优秀、伟大、奇怪、虚心、生动；

第二类：雪白、喷香、冰凉、静悄悄、糊里糊涂、老实巴交、黑不溜秋。

第一类是表示性质的形容词，包括所有的单音节形容词和部分双音节形容词。第二类是状态形容词，包括部分双音节形容词和三个音节以上的形容词。

（2）形容词的语法特点

形容词的语法特点主要表现在以下几个方面。

A. 大多数形容词都可以做定语或状语。如：

红丝带	坏毛病	美好时光	聪明孩子	明亮的灯光	羞涩的笑容
赫赫名声	茫茫大海	冰凉的小手	雪白的衬衫	花里胡哨的衣服	
多问	快走	认真学习	周密调查	粗暴干涉	
笔直地走下去	静悄悄地等待	怒冲冲地质问	密密麻麻地写满了字		

B. 性质形容词可以受"很"修饰，如"很大、很白、很漂亮、很奇怪"等；状态形容词本身已经包含表示程度的成分，不能受程度副词修饰。

C. 大多数形容词都可以做谓语，但不能带宾语。

D. 形容词大多可以重叠。性质形容词的重叠形式是AA或AABB，如"大大、高高、干干净净、奇奇怪怪"等，重叠之后性质形容词的用法与状态形容词一致。部分双音节状态形容词也可以重叠，重叠方式是ABAB式、AAB式或BAA式，如"笔直笔直、通红通红、喷喷香、冰冰凉、香喷喷"。

（3）形容词的重叠

大多数形容词都可以重叠，而且形容词的重叠形式也比较丰富。不可以重叠的形容词比较少，主要有以下两类。

A. 带有不如意性状特点的形容词。如：

  丑　蠢　冒失　狠毒　卑鄙　冷漠　灰心　困苦

但有些消极义的形容词可以按照"A里AB"的形式重叠，这可以看作是形容词的一种不完全重叠形式，且重叠后的格式仍然具有贬义色彩。如：

  古里古怪　糊里糊涂　马里马虎　傻里傻气　酸里吧唧　愣里吧唧

B. 带有书面语色彩的形容词。如：

  美丽　勇敢　伟大　清洁　繁茂　艰巨　空旷　漫长

形容词重叠以后在句子中的句法位置不同，其所表达的语法意义也不同。主要有以下几种情况。

A. 做谓语时，表示某种体验或感受。例如：

  ① a. 庭院深深。
   b. 庭院很深。
  ② a. 眼睛大大的。
   b. 眼睛很大。

以上两组例句中的b句只是客观描述，而a句除了客观描述外，还表达了人的一种感受。

B. 做状语和补语时，表示程度加深。例如：

  ① 今天我要大大地请一次客。
  ② 我自己会走，我要走得远远的。

C. 做定语时，有描写的作用，一般同时带有喜爱的感情色彩。例如：

  ① 小伙子高高的个头，大大的眼睛，看上去很精神。
  ② 那个姑娘红红的脸蛋儿，弯弯的眉毛，可爱极了。

（三）加词

加词不能做主语和宾语，也不能做谓语，只能做名词或动词、形容词的修饰语，充当定语或状语。现代汉语的加词包括区别词和副词两类。

1. 区别词

区别词只能修饰名词，表示事物的特征和分类。如：

  正　副　男　女　雌　雄　单　双　国营　民用　大型
  彩色　中式　西式　慢性　急性　初等　上等　有关　有色

（1）区别词的语法特点

A. 区别词只能充当定语，有时候区别词充当定语可以两个或几个连用。如：

银项圈　　女同学　　常务理事　　社办企业　　古典音乐　　非法手段
　　常绿木本植物　　　　大规模集成电路　　　　便携式家用电脑
　　国产彩色名牌电视机

绝大多数区别词都可以直接修饰名词，尤其是单音节区别词。如：

　　金戒指　　男同志　　正处长　　母狮子

有些双音节区别词做定语时后面可以加"的"，也可以不加"的"。如：

　　正当理由—正当的理由　　　　非法手段—非法的手段
　　野生动物—野生的动物　　　　古典音乐—古典的音乐

同中心语结合比较紧密的双音节区别词做定语，后面一般不能有"的"。如：

　　常务理事　　行政命令　　机要秘书　　有色金属

B. 区别词不能用"不"否定，只能用"非"否定。如：

　　*不中式　　*不国营　　*不有色　　非婚生　　非人造　　非国营　　非临床

C. 在一定的语言环境中，被区别词直接修饰的名词性成分可以不出现，这样就形成了区别词直接充当主语或宾语的情况。如：

　　寄挂号　　拍加急　　这种病急性好治，慢性难治　　大号太大，小号太小

（2）区别词的分类

A. 单音节区别词。如：

　　男　女　公　母　雌　雄　正　副　金　银　荤　素　单　夹

B. 两个音节及以上的区别词，包括以下几种形式。

　　a. 附加式，可以有前加式和后加式两种。

　　　超～：超导　超导体　超短波　超额　超龄
　　　单～：单程　单轨　单孔　单面　单色　单项
　　　多～：多维　多元　多媒体　多民族
　　　公～：公共　公决　公款　公论　公事　公心　公章
　　　国～：国产　国立　国营　国有
　　　双～：双边　双份　双轨　双生　双重
　　　无～：无轨　无机　无期　无穷　无声
　　　有～：有轨　有机　有色　有声　有线　有形
　　　～等：初等　低等　中等　高等　劣等　上等　头等　优等
　　　～级：超级　初级　中级　高级　特级　甲级　乙级
　　　～式：旧式　老式　新式　男式　女式　西式　中式
　　　～型：大型　复合型　流线型　轻型　微型　应用型　中型　重型
　　　～性：急性　慢性　国际性　全球性　世界性　阳性　阴性
　　　～质：金质　银质　木质　铁质　纸质

　　b. 复合式：机动　经典　民用　袖珍　家养　野生

2. 副词

（1）副词的语法功能

A. 副词的语法功能比较单一，只能做状语。作为加词，副词最主要的语法功能或者说唯一的语法功能就是做状语，修饰动词和形容词。如果副词的语法功能"增大"，除了能占据状语位置外，还能占据其他的句法位置，那么这个词就一定不是副词。通常就是用这种方法把副词从整个词类系统中分离出来的，同时，也是把"只能做状语"作为辨析副词与其他词类的最可靠的标准。例如，助动词也可以做状语，但是还可以做谓语，而副词只能做状语。

B. 副词是附着性的，大多数不能单用。只有少数副词，如"不、别、没有、马上、也许"等在省略句中可以单用。例如：

① ——你看吗？不。
② ——咱们什么时候离开？
　　——马上。

C. 有一部分副词具有关联性作用，有的可以独用，有的可以合用，有的二者都可以，有的还可以和连词配合使用。例如：

　　a. 独用：看了又看、参观完再走；
　　b. 合用：又红又大、不屈不挠；
　　c. 和连词配合使用：不但……还、如果……就。

（2）副词的分类

从语义角度看，副词大致可以分为以下几类：

A. 表示程度的副词。如：

　　很　非常　略微　尤其　稍稍　相当　有点儿　更加　过于

B. 表示范围的副词。如：

　　都　全　统统　只　总共　仅　光　一共　一概

C. 表示时间、频率的副词。如：

　　立刻　马上　曾经　已经　一直　始终　还　又
　　就　才　再　忽然　偶尔　顿时　依然　一再　再三

D. 表示情态、方式的副词。如：

　　陆续　相继　悄悄　赶紧　大力　竭力　肆意　亲自

E. 表示否定的副词。如：

　　不　没　没有　未　别　非　休　莫　勿　甭

F. 表示语气的副词。如：

　　可　却　倒　难道　也许　何尝　究竟　到底　偏偏　索性　简直　反正
　　大概　大约　几乎　幸亏　果然　居然　恰恰

（3）副词的语义指向和内部小类的差异

副词的使用需要注意其语义指向，有时候同一个小类的副词，其语义指向或用法有所不同。"都"和"只"都是范围副词，但用法有别："都"总括全部，一般总括它前面的词语,如"全班同学都来了",语义指向朝前;而"只"限制部分,一般限制它后面的词语,如"只王晓华没来",语义指向朝后。"果然"和"居然"都是语气副词,但是二者的预设不同:"果然"表示意料之中的,如"他果然迟到了";而"居然"表示意料之外的,如"他居然迟到了"。

有时候即使是同一个副词,也有可能分属副词的不同小类或有不同的用法。例如"就",在"老师马上就来了"中表示事情短期内即将发生;在"小明七岁就离开了父母"中表示事情早已发生;在"饭做好了就吃"中表示一件事情接着一件事情发生。以上三例中的"就"虽然都是时间副词,但是表示的意思各不相同。另外,"就"还可以是语气副词,例如"你不让我去,我就去";还可以是范围副词,例如"他就一个好朋友"。

(四)代词

代词是具有替代和指称作用的词。在很多语言里,代词都被当作是一个独立的词类。从语法功能上看,代词内部成员并没有一种共同的句法功能。由此可见,代词不是根据语法功能划分出来的,而是根据表达功能,即是否具有替代作用或指称作用而划分出来的一种特殊的词类。因此,代词的语法功能与它所替代的实词和短语大致相当。

根据代词的替代功能的不同,可以把代词分为三类。

1. 人称代词

(1)常见的人称代词

  我(们) 你(们) 您   他(们) 她(们) 咱(们) 俺(俺们) 它(们)
  别人   大家   自己 本人   自个儿 大家   大伙儿   大家伙
  他人   旁人   之   其

(2)人称代词在使用中应注意的问题

A. "我们"和"咱们"有别。这两个词都是第一人称复数,但"我们"既可以是"包括式",即包括听话的人,也可以是"排除式",即不一定包括听话的人;而"咱们"只能是"包括式",即包括听话的人。如"同学们,我们出发吧"("我们"包括说话人,可以换成"咱们");"张老师,我们走了"("我们"不包括听话人,不能换成"咱们")。

B. "您"是第二人称"你"的尊称,是古代汉语"你们"的合音形式,所以在口语中没有复数"您们"的用法。口语中可以说"您二位""您诸位",书面语中偶尔也有"您们"的用法。

C. 第三人称"他"指女性的时候写作"她",指事物的时候写作"它"。表示复数的时候后面加上"们"。"他们"一般指男性,同专指女性的"她们"相对,如果兼指男女或性别不分时,都写作"他们"。"她"除了指第三人称女性外,还可以指令人喜爱或尊敬的事物。"它"既可以指有生命的事物,也可以指无生命的事物。

D. "自己、自个儿"表示本身,和本身以外的人或物相对,可以用以复指句中已出现的人或物,如"他看了半天,自己也不懂""你再这样下去,只会害了自己";也可以直接跟在复指对象后面,如"他自己心里很明白""是小张自己承认的"。"大家"可以指称一定范围内所有的人,如"大家的事,大家关心";也可以指某个对象以外所有的人,如"我的意见,大家考虑一下"。"人家、别人"指代自己以外的人,如"咱们怎么能跟人家比""别人的东西不能要"。"人家"有时也可以转称自己,多为青年女性使用,带有撒娇的口气，如"人家都等了半天了，你怎么才来"。

E. "之、其"是古代汉语中留下来的人称代词，在现代汉语书面语中还在使用。"之"一般相当于第三人称"他（们）、她（们）、它（们）"，"其"除了相当于第三人称以外，还可以相当于第一、第二人称。例如：

① 在学生思想工作上，我们要尽量做到晓之以理，动之以情。（相当于"他们"）

② 原始土地上光合作用产生的绿色植物及其供养的动物，只能供给一千万人的食物。（相当于"它们"）

③ 你要学会自食其力。（相当于"你"）

（3）人称代词的活用

A. 单数活用作复数。例如：

④ 欢迎各位领导莅临我院指导工作。（"我"替代"我们"）

⑤ 你方的观点，我方不能完全同意。（"你"替代"你们"，"我"替代"我们"）

B. 复数活用作单数，一般用于自称，含有谦虚的语气。例如：

⑥ 我们认为，这种做法是不合理的。（"我们"替代"我"）

⑦ 我们考虑，这些观点还有欠妥之处。（"我们"替代"我"）

C. 表示任指。例如：

⑧ 人与人之间应该互相帮助。你从来不帮助别人，别人怎么可能帮助你呢？

⑨ 有时候，你越怕，他就越欺负你。

D. 表示虚指。例如：

⑩ 大家你看看我，我看看你，都不说话。

⑪ 同学们你唱一个歌，他跳一个舞，我说一个笑话，新年联欢会开得好不热闹。

E. 第二人称活用作第一人称。例如：

⑫ 我也不想批评他们，可是他们的做法，让你不得不批评。（"你"替代"我"）

⑬ 昨天夜里，天气热，外面吵，你想睡也睡不成。（"你"替代"我"）

2. 指示代词

指示代词既有替代作用，又有指称作用。现代汉语的指示代词有两套："这"表示近指，"那"表示远指。"这、那"可以和其他词结合，构成不同的指示代词，分别指称不同的对象。例如："这、那"指人或事物，"这儿、那儿"指处所，"这会儿、那会儿"指时间，"这么、那么，这样、那样，这么样、那么样"指性质、状态、行为或方式，"这些、那些"指数量等。另外，由指示代词和量词构成的短语称作"指量短语"。

（1）常见的指示代词

这　那　这样　这么　那样　那么　这么样　那么样
每　各　某　有的　别的　所有　一切　其他　任何

（2）常见的指示代词的用法

A. "这样、那样"并列使用时，表示虚指，常做定语或状语。例如：

① 这部长篇小说虽然有这样那样的缺点，但在近几年的文学创作上还算得上是

一部佳作。

②关于这件事尽管有这样那样的议论，但事实只有一个。

"这样"可以在句子中起承接作用。例如：

③不要羡慕一个人在物质上的享受，这样，生活就会好过得多。

"那么"也可以在句子中起承接作用。例如：

④如果把宇宙比喻为无边无际的海洋的话，那么，银河系只是大海中的一个很小很小的岛屿。

B. "每、各"是分指，都是指全体中的任何一个成员，都用在数量词语或名词前，但二者又有区别。"每"侧重于群体中的成员相同的一方面，相当于英语中的every；"各"侧重于群体中的成员不同的一方面，相当于英语中的each。例如：

⑤每人一个，不多不少。

⑥各人有各人的处事方式。

⑦每个家庭都有自己的幸福和欢乐，但各家又有各家的忧愁和烦恼。

C. "任何"是任指，指一个群体中的任何一员，和"每"的用法差不多，但"任何"有强调的作用，"任何"的后面只能跟名词。例如：

⑧任何人不能在课堂上随便讲话。

⑨任何人都要遵守国家法律。

D. "所有"的后面也只能跟名词，如果后面是单音节名词，"所有"后要加上"的"，"所有的"可以作为"的"字短语，功能和用法相当于名词。相对于"每、各、任何"来说，"所有"强调的是对象的整体，"每、各、任何"强调的是对象的个体。例如：

⑩观看这部电影的时候，几乎所有的人都哭了。

⑪我所有的书都被他借去了。

E. "某"是不定指，可以指不确定的单个的人或事物，用在名词或量词前。例如：

⑫我们不能因为某些个人因素而改变整个团队的行动计划。

⑬犯罪分子真狡猾，我们怎样找出某种线索来破这个案子呢？

"某"也可以指不需要或不能明确说出来的人或事物。例如：

⑭听说某人大清早的就被领导找去谈话了。

⑮会不会隐藏在某处的灌木丛中？

F. "有的"指一个群体中的一部分，既可以指单个的人或事物，也可以指一些人或事物。"有的"经常在一个句子中连用，可以用在名词前做定语，也可以直接做主语。例如：

⑯有的人尽干坏事，不干好事。（定语）

⑰花园里开满了花儿，有的是红色的，有的是黄色的，漂亮极了。（主语）

3. 疑问代词

疑问代词主要表示疑问。"谁、什么、哪一个"询问人或事物，"哪儿、哪里"询问处所，"哪会儿、多会儿"询问时间，"怎么、怎样、怎么样"询问性质、状态、行为或方式，"多、多少、几"询问数量，"多"还可以询问程度。

（1）常见的疑问代词

　　谁　什么　哪　哪里　哪儿　哪样　怎么　怎样　怎么样　几　多少

"怎么样、怎么"都可以表示虚指或任指，此时两个词用法和意思完全一样，但是一般口语中多用"怎么"。例如：

① 你这次考试是怎么（样）考的？这么差！（虚指）
② 怎么（样）劝都不行，非得去。（任指）

"怎么"做状语，可以询问原因，"怎么样"做状语不能询问原因。例如：

③ 你怎么去的香港？
④ 他怎么这么忧伤？

"几"和"多少"的区别：一般"几"用来问"一"到"十"之间的数字，而"多少"可以问任何一个数字。但是当用来问序数，如日期、楼房层数、公共汽车等，用"几"的时候比较多。例如：

⑤ 一周有几天？
⑥ 你们学校有多少学生？
⑦ 你家住几楼？
⑧ 你坐几路车？——我坐43路。

"几"后通常要跟量词，但"多少"后量词可有可无。例如：

⑨ 你买了几支铅笔？
⑩ 鲈鱼这么便宜，你买多少？

"几"和"多少"都可以表示不确定的量。但是，"几"前可以用疑问代词"哪"、指示代词"那"，而"多少"不能。例如：

⑪ 你喜欢看哪几本书？
⑫ 那几个同学正在商量晚会的事。

（2）疑问代词常见的用法

A. 表示反问。例如：

⑬ 我多会儿看见过你？
⑭ 我哪知道你没来？

B. 表示任指或泛指，疑问代词成对使用，或与指示代词连用，说明在所说的范围内没有例外，表示任何人或事物。例如：

⑮ 谁愿意去，谁就去。
⑯ 哪个岗位需要人，就把他安排到哪个岗位去。
⑰ 他什么事也不知道。

C. 表示虚指，指代不必说、不想说或说不出的人或物。例如：

⑱ 他一定是遇到什么事了，怎么哭得这么伤心？
⑲ 暑假我想去哪儿旅游一次。

D. 表示列举未尽("什么、什么的"等)。例如:

⑳ 什么金钱啊、地位啊,我都没考虑。

㉑ 你出去买点儿瓜子、饮料、水果什么的。

思考题

1. 简述现代汉语词类划分的标准和分类状况。
2. 划分词类时,为什么要将叹词、拟声词作为不属于实词和虚词的特殊词类处理?
3. 划分词类时,为什么要将代词独立于体词、谓词、加词之外?

第三节 词类(下)

一 虚 词

(一)关系词

连词和介词都是用来协助实词表达结构关系义的,可以统称为关系词。

1. 连词

(1)连词的类别

连词起连接作用,在单句中连接词或短语表示并列或选择关系,在复句中连接分句,表示分句间的各种关系。根据连词所连接的对象的不同,可以将连词分为三类。

A. 连接词和短语的连词。如:

和　跟　与　同　及　或

B. 连接分句和句子的连词。如:

不但　不管　即使　既然　假如　尽管　宁可　尚且　虽然
无论　要是　因为　由于　与其　只要　只有　不过　然而
否则　何况　可是　但是　况且　从而　所以　因此　因而

C. 既能连接词和短语,也能连接分句和句子的连词。如:

并　并且　而　而且　或者　还是

需要注意的是,汉语中大部分连词都是前置的,但也有少数后置连词,如"的话、不说、也罢、也好、则已"。例如:

① 你实在不愿意的话,我也不会勉强你。

② 这件事他考虑得实在不够周到,害了自己不说,也害了别人。

③ 不鸣则已,一鸣惊人。

(2)连词的语法特点

连词具有如下特点:一是连词只有连接作用,没有修饰作用;二是连词不能充当句法成分;三是连词不能单独回答问题。

2. 介词

（1）介词的类别

A. 表示时间、空间。例如：

　　自从　离　在　打　由　于　自从　当　朝　向　往　沿着　顺着　以　到

B. 表示关涉对象。例如：

　　对　对于　关于　至于　替　朝　向　将　连　为　给　和　跟　同　与　比

C. 表示原因、目的。例如：

　　由　由于　为　为了　为着

D. 表示凭借、依据。例如：

　　按照　按照　依照　依　根据　据　凭借　凭　趁　任　以　论　本着　鉴于

E. 表示施事、受事。例如：

　　把　被　叫　让　给　由　将

F. 表示排除。例如：

　　除　除了

（2）介词的语法特点

第一，介词主要用在名词或名词性短语前面，组成介词短语，因此介词又叫前置词。介词后面的成分叫作介词宾语。

第二，介词短语主要修饰动词、形容词，充当状语，如"同老王聊天""对学生有耐心"。

第三，由介词"对、对于、关于、朝"等组成的介词短语有时可以修饰名词性成分，充当定语，但介词短语后面一般要加上"的"，如"对别人的态度""朝南的窗户"。

第四，"走向辉煌、献给教育事业、跑到目的地、来自上海、忠于人民、生于九十年代、开往北京、放在桌子上"等结构形式，可以把"走向、献给、跑到、来自"等看作一个动词，这样，整个结构形式就是述宾短语，而不是述补短语。

（二）辅助词

助词和语气词都是用于协助实词表达辅助性意义的，可以统称为辅助词。

1. 助词

助词是附着在词或短语上表示附加意义的虚词，大都念轻声。就汉语自身的语言系统而言，助词是非常重要的一类虚词。这主要是因为汉语没有严格意义的形态变化，在表达语法意义时常常要通过词汇手段，例如添加助词来实现，因此，助词在汉语中起到了相当重要的作用。

（1）助词的分类

根据助词的功能和用法，大致可以将助词分成以下六类。

A. 结构助词：

　　的　地　得　之　所　个

B. 动态助词：
    着　了　过　来着　看
C. 比况助词：
    似的　一样　一般　样　般
D. 估量助词：
    来　把　多　第　初　上下　前后　左右
E. 列举助词：
    等　等等　云云　什么的
F. 其他助词：
    们　给

（2）助词的语法特点

助词所具有的共同语法特征是有高度的附着性，并以此帮助词语或句子表示某种附加的语法意义。在词类的划分过程中，往往把那些附着性强、独立性差、归不进其他各类虚词的词，都归入助词，这就使得汉语的助词具有两大特点。一是助词内部各小类之间的差异非常大，有的常用，有的不常用；有的用法复杂，有的用法简单；有的意义较实，有的意义较虚。二是助词内部各小类之间几乎没有什么内在的联系，各自具有极强的个性特征，缺少共性。

现代汉语助词的共性特征主要有：第一，附着力强，附着于实词、短语或句子，不能充当句法成分，不能单独回答问题；第二，只表示语法意义，没有实在的词汇意义；第三，由于处于附着地位，很多都读轻声。

（3）一些助词的用法

A. 结构助词"的"

结构助词"的、地、得"都念de，书面上写成不同的字形是为了区分其用法。"的、地、得"分别用在定中短语、状中短语和述补短语的修饰语和中心语之间，是一个辅助性连接成分。因此"的、地、得"可以分别看作是定语、状语和补语的标志。例如：

    定语的标志"的"：妈妈的笑脸　非常漂亮的书包
    状语的标志"地"：特别地高兴　飞快地奔跑
    补语的标志"得"：讲得明白　乐得合不拢嘴

另外，"的"还经常附着在名词、动词、形容词以及相关的短语后面组成"的"字短语。例如：

    大理石的　看笑话的　说的　卖花儿的　你们学校的　中国制造的

"的"字短语是名词性的短语，经常充当句子的主语和宾语。例如：

    金的比银的贵多了　　说的说，笑的笑　　大的太大，小的太小

需要引起注意的是，"是……的"结构中的"是"和"的"有两种情况：（1）"是"是判断动词，"的"是结构助词；（2）"是"是语气副词，"的"是语气词。对于这两种情况，有时不易分辨，可以用以下三种方法来辨别。

第一，删除法。凡是删除"是"和"的"后句子的意义保持不变的是"语气副词+语

气词",反之,句子的意思发生改变或句子不成立的是"判断动词+结构助词"。例如:

①她是个卖花儿的。→*她个卖花儿。(判断动词+结构助词)
②这样说是可以的。→这样说可以。(语气副词+语气词)

第二,添加法。凡是句子末尾"的"的后面能够补出中心语的是"判断动词+结构助词",反之,则是"语气副词+语气词"。例如:

③她是个卖花儿的。→她是个卖花儿的(姑娘)。(判断动词+结构助词)
④这样说是可以的。→这样说是可以的(?)。(语气副词+语气词)

第三,否定法。凡是否定时,否定副词出现在"是"之前的是"判断动词+结构助词",反之,否定副词出现在"是"之后的是"语气副词+语气词"。例如:

⑤她是个卖花儿的。→她不是个卖花儿的。(判断动词+结构助词)
⑥这样说是可以的。→这样说是不可以的。(语气副词+语气词)

B. 结构助词"所"

"所"经常用在动词前,组成"所"字短语,例如"所见所闻、所作所为","所"字短语是名词性的短语,经常充当句子的主语或宾语。例如:

⑦所答非所问。
⑧你的所作所为令我们感到很失望。

"所"字短语修饰名词时要带"的",例如"你所说的话都有问题","所"字短语加上"的"也可以构成一个"的"字短语,如"所看到的"。

C. 动态助词"着、了、过"

动态助词"着、了、过"主要用来表示某一过程中动作变化的状态,都念轻声。"着"用在动词之后表示动作的进行或状态的持续,例如"看着书""茶正沏着呢",动词前可以加副词"在"或"正在";"灯还开着呢、红着脸"中的"着"表示状态的持续,动词前不能加副词"在"或"正在"。"了"主要表示动作的完成,例如"昨天,我看了一场电影""他已经告诉了老师""明天吃了早饭就出发",句中的"了"只与动作的完成有关,与动作发生的时间无关。"昨天,我看了一场电影"中的"了"用于过去,"明天吃了早饭就出发"中的"了"用于将来。"过"用在动词后面,表示有过某种经历,例如"我去过韩国""这本书我读过好几遍了","过"一般用于过去。

"着、了、过"是体标志,"了"是表示实现体的动态助词,不能和"没有"共现,也就是说不能出现"没有……了"这样的句子("了"作为语气词时除外)。"着"是表示持续体的动态助词,也不能和"没有"共现。"过"是表示经历体的动态助词,表示过去曾经有的事情,否定式是"没(有)+动词+过"。例如可以说"没有上过小学",但不能说"没有上了小学",也不能说"没有上着小学"。

值得注意的是:"着""了""过"主要表示动作持续、完成或者已成为一种经历,对这三个动态助词的使用只能立足于动作的状态,这与动作完成与否有关,而跟动作发生的时间并无关系。因此,"着、了、过"不仅可以用于现在时的句子,也可以用于过去时和将来时的句子。例如:

⑨上周末,我正逛着公园,突然下起了瓢泼大雨。
⑩后天你上了课再去看她吧。

D. 比况助词"似的"

"似的"附着在词或短语后面构成比况短语，表示比喻或说明情况，相当于一个形容词。例如"雷鸣似的掌声""流星似的划过长空""心里很轻松似的"。

E. 估量助词

"第、初"是表示序数的助词，都是前附的，如"第一名、第三百一十二位、正月初五"等。

"来、多"等是表示概数的助词，这几个词都是后附的，如"三十来岁、十来块钱、十多个人、两斤多菜"。

"前后、左右、上下"也都是后附的表示概数的助词。"前后"只能用于时间，不能用于年龄、距离、重量；"上下"多用于成十的数之后，可以用于年龄、距离、重量，但不能用于时间。例如：

  八点钟前后　　*三十岁前后　　*四十里前后　　*二百斤前后
  八点钟左右　　三十岁左右　　四十里左右　　二百斤左右
  *八点钟上下　　三十岁上下　　四十里上下　　二百斤上下

F. 列举助词

"等、等等、云云"等都是表示列举的助词。其中"等"既可以表示列举已尽，也可以表示列举未尽。例如：

  ⑪ 中国有北京、上海等四个直辖市。
  ⑫ 中国有北京、上海、天津、重庆等四个直辖市。

G. 其他助词

助词"给"最基本的用法是直接附着在动词的前面，表示被动、处置等意义。例如：

  ⑬ 新买的自行车叫小张给骑走了。
  ⑭ 这本书我还没看几眼，就被他给抢走了。
  ⑮ 我把电脑给弄坏了。
  ⑯ 你放心吧，电视机我已经给修好了。

这种"给"既可以用于被动句，如例⑬、例⑭；也可以用于主动句，如例⑮、例⑯。

总的来说，"给"所起的作用主要是辅助性的。在大多数情况下，句中的"给"可以省略，尤其是在已有介词的句子中，省略以后句子的基本意思不会发生改变。有时句中有没有"给"的区别就在于语体色彩和语体风格方面，用了"给"的句子口语色彩明显，情态也显得自然活泼。

"们"是用来表示多数的助词，如"工人们、同学们"，指的是不止一个的"工人"和"同学"。关于"们"的使用有两点要引起注意。

第一，"们"同表示确数的量词短语是互相排斥的。例如：

  四个教师　　　　教师们　　　　*四个教师们
  十多个记者　　　记者们　　　　*十多个记者们

第二，"们"的使用缺乏"强迫性"。"们"虽然是表示多数的助词，但表示多数时并不一定非要用"们"，也就是说，不用"们"有时也可以表示多数。例如：

  ⑰ 教师们和学生们都来了。（不止一个教师和不止一个学生）

⑱ 教师和学生们都来了。（同样有"不止一个教师和不止一个学生"的意思）
⑲ 教师和学生都来了。（也有"不止一个教师和不止一个学生"的意思）

2. 语气词

（1）常用的语气词

语气词经常附着在句末表示某种语气。同一种语气可以用不同的语气词表示，同一个语气词也可以表示不同的语气。按照表达语气的不同，可以把常用的语气词分为四组：

A. 表示陈述语气的"的、了、呢、罢了、啊"；
B. 表示疑问语气的"吗、呢、啊"；
C. 表示祈使语气的"吧、了、啊"；
D. 表示感叹语气的"啊"。

"的"表示确实如此，例如"手机他会修好的""小张走着去的"。"了"表示事态发生变化或新情况的出现，例如"杨红考上大学了""小王坐飞机去北京了"。"罢了"表示不过如此，经常与"不过、只是、无非"之类的词呼应，有把事情往小里说的意思，例如"他只是学了几年英语罢了，根本不是什么专业人才""我不过是说说罢了，你千万不要当真"。

"吗"既可以用于疑问，也可以用于反问，例如"这部电影你看过了吗""这么简单的道理难道你还不明白吗"。

"呢"有两种用法：一是用于指明某种事实，有时带有夸张意味，有把事情往大里说的意思，例如"电器他样样都会修呢，在这院子里谁都知道""他还学过好几年英语呢，跟老外对话准没问题"；二是表示疑问，带有一定的深究意味，例如"你看了些什么呢""这本书能不能马上出版呢"。

"吧"用于陈述句表示同意某种意见，例如"就这么办吧"；用于祈使句表示请求、劝告或催促，例如"你回去吧""帮帮我的忙吧"；用于疑问句表示半信半疑，常与"大约、也许、恐怕"之类的词搭配，例如"还是派他去吧""老张怕已经回家了吧"。

"啊"各种语气都可以用：用在陈述句之后，表示解释或提醒，例如"办这件事可不容易啊""你再说一遍，我记不下来啊"；用在祈使句之后，表示催促、嘱咐、提醒或警告，例如"吃啊！别客气""您千万要保重啊"；用在疑问句之后，使语气显得缓和，例如"你说的是谁啊"；用在感叹句之后，表示赞美和感叹，例如"大理的景色真美啊"。

（2）语气词的运用

语气词的运用要注意以下两个方面的问题。

第一，一个语气词可以表示不同的语气，也就是说，同一个语气词可以分别用在不同的句子类别中。例如，"呢"在陈述句中用于指明某种事实，带有夸张意味；在疑问句中表示疑问，等等。其中最复杂的是语气词"啊"，"啊"可以出现在表示各种不同语气的句子中。例如：

① 这是奔驰的标志啊。
　　他来不了了啊。（陈述句，表示解释或提醒）
② 说啊，继续说啊。
　　千万注意安全啊！（祈使句，表示催促、嘱咐、提醒或警告）

③ 你懂什么啊？
　　上海你到底去不去啊？（疑问句，使语气显得缓和）
④ 这件衣服真漂亮啊！
　　多好的人啊！（感叹句，表示赞赏或感叹）

另外，语气词"啊"会因为前一字末尾音节的影响产生音变，这种音变语音学称作"啊"的音变。

第二，普通话的常用语气词是"的、了、么、呢、吧、啊"六个，这六个语气词可以分成三级。第一级：的、了；第二级：么、呢、吧；第三级：啊、唉等。这些语气词可以连用，连用时的顺序是按1、2、3级依次排列，可以缺少某一级，但顺序不能颠倒。例如：

"1+2"连用：
⑤ 不是说好明天去的么？
⑥ 这东西挺贵的呢。
⑦ 你是美院毕业的吧？
⑧ 不是被你言中了么？
⑨ 咱俩差远了吧？

"1+3"连用：
⑩ 时间对我来说不多了啊！
⑪ 这正是敌人求之不得的啊！
⑫ 你就这么走啦（了+啊）？

"2+3"连用：
⑬ 事情就是这样嘛（么+啊）！
⑭ 小张就是那个戴黑边眼镜的人吗（么+啊）？
⑮ 这样做真丢人哪（呢+啊）！

"1+2+3"连用：
⑯ 你不是走了吗？
⑰ 收藏艺术品是要花钱的哪！

以上关于语气词在运用的过程中需要注意的两个问题，其实包括了语气词的用法、读法和写法的问题。哪些语气词可以在什么场合用，某一确定的语气该选用什么语气词，这是用法问题；语气词连用后应该读什么音，"啊"与前边的音节末尾的音素相结合后发生什么样的变化，这是读法问题；至于读音改变之后，文字上又应该做出怎样的改变，涉及的则是语气词的写法问题。而这些问题都是语气词运用过程中必须注意的问题。

二　特殊词类

拟声词和叹词是两个比较特殊的词类。

（一）拟声词

拟声词模拟事物的声音，如"嘀嗒、吧嗒、轰隆隆、哗啦啦、咚咚"等。拟声词的语法功能主要有：

（1）独立成句的功能

拟声词独用时，可以作为一个句子成分，也可以单独成为一个句子；可以位于句首，也可以位于句中；在一句话中，可以使用一次，也可以重复使用。例如：

① 滴滴答答，窗外下起了小雨。
② 轰隆隆，轰隆隆，外面传来一阵又一阵的炮声。
③ 钻洞打眼，叮叮当当。
④ 刷刷刷，刷刷刷，他一口气写了满满一张纸。

（2）有时可以充当定语或状语

充当定语时一般要带"的"，充当状语时可以没有"地"。例如：

⑤ 用竹筒做成的陀螺，旋转时发出嗡嗡的响声。
⑥ 一架大型飞机嗡嗡（地）叫着，由西南向东北飞去。

拟声词主要是用来模拟各类事物的声音的。世界上各种事物的声音复杂多样，在口语中无法准确、穷尽地模拟出来。在汉语中，某些事物发出的声音，即使有相应的音节，有时也无法用相应的文字来记录。从本质上看，自然界各种事物的声音要多于口语中的拟声词，而口语中的拟声词又要多于书写出来的拟声词。因此在拟声词使用的过程中就会出现这样的情况：同一个拟声词可以表示不同事物发出的声音，同一种事物发出的声音又可以用不同词形的拟声词来记录。

（二）叹词

叹词是一种通常独立于句法结构之外，表示感叹或呼应的词类。叹词一般不跟别的词产生句法结构关系。

在现代汉语中，叹词的数量并不多，常用的有三十几个，主要是单音节的，如"啊、哈、哦、嘿、呸、哎、咦、呵、嘻"等，也有少数双音节的，如"哎呀、啊呀、哦呦、哎呦"等。值得注意的是，同一个叹词，往往可以有不同的书写形式，如"啊—呵、哟—唷、呵—嗬"；书写形式相同的同一个叹词，也有可能有不同的读音，如"呵"（ā、á、ǎ、hē），"嗯"（ń、ň、ǹ、ńg、ňg）等。

叹词的句法功能比较单一，主要充任句子的独立成分。经常用来表达以下六个方面的语义：

（1）喜悦或赞叹，例如"啊，我们伟大的祖国""哇！好漂亮的画呀"；
（2）悲伤或无奈，例如"哎，真烦人""嘿，这件事别说有多窝囊了"；
（3）意外或惊讶，例如"啊！你吓死我了""咦？你怎么还在这儿啊"；
（4）提醒或领悟，例如"哎，你可不能往歪里想呀""噢，原来如此"；
（5）鄙视或唾弃，例如"呸，我最瞧不起这种人""哼，你以为我不知道"；
（6）招呼或应答，例如"喂，冯老师吗""嗯，我就照你说的做"。

三 词的兼类

（一）什么是兼类词

兼类词是指同一个词经常具备两类（或两类以上）词的语法功能。

1. 同音词与兼类词的区别

同音词指的是两个词的语音形式相同，书写形式也相同，但词汇意义上没有任何联系，语法上属于不同类别的词。汉语中同音词的数量比较多。例如"挺"做动词，指的是伸直或凸出（身体或身体的某一部分）；作为副词是"很"的意思（他学习挺努力）；做量词专门用来计量机关枪。再如：

    A组   B组
  把门（动词）   把他打了一顿（介词）
  把发卡别在头上（动词） 别说话（副词）
  一朵花儿（名词）   花钱（动词）

以上A、B两组中加点的词，意义上没有联系，是同音词，不是兼类词。

2. 词类活用与兼类词的区别

词类活用是指在特定的条件下，为了表达上的需要，一个甲类词偶尔用作乙类词。词类活用最主要的特点就在于其句法功能的转变是临时的。例如：

  ① 王蒙的脑子里又意识流了一下。
  ② 现在都流行文化，我也文化一下。
  ③ 他比雷锋还雷锋。
  ④ 他在战场上光荣了。

"意识流""文化""雷锋"本来都是名词，在例①、②、③中，临时活用为动词，"光荣"本来是形容词，在例④中，临时活用作动词，是词类活用。

3. 词的借用与兼类词的区别

词的借用是指某个词本来属于某类词，但是，由于表达的需要，偶尔被借用为另一类词，而且这种用法比较普遍。汉语中的借用现象主要是其他词类临时借用为量词的现象。例如：

  两瓶酒 三碗米饭 一箱子衣服 一挑水 画一笔 咬一口 扇两巴掌 踢一脚

值得注意的是，词的活用和借用之间并没有很明确的界限。相对来说，借用只发生在临时借用为量词这种情况，具有普遍性，即如果需要，每个人任何时候都可以把合适的词借用为量词，而且，这种借用条件较为宽泛，只要语义上没有矛盾，一般都可以借用。如"盘"，还可以说"一盘菜""两盘西瓜"等；再如"脚"，还可以说"蹚一脚""踩两脚"等。而词的活用有的具有普遍性，如"怎么"活用为程度副词，但是它只有出现在"不"的后面时才发生这种现象，相对来说，条件还是很窄的，因此，有的人也把"不怎么"作为一种固定结构处理。而像"意识流"只是临时活用，脱离具体语境是不可以这样做的。无论活用还是借用，都不会改变一个词本来的词性。

(二)兼类词的处理原则

"丰富"可以带宾语，如"丰富生活"，也可以受"很"的修饰，如"生活很丰富"。因此，我们认为"丰富"是形容词和动词的兼类词。与此相同，"了解"也可以带宾语，如"了解情况"，也可以受"很"的修饰，如"很了解"，但是我们却不把"了解"作为兼类词来处理，这样的处理方式与我们对兼类词的处理原则有关。

词的兼类指的是同一个词经常具备两类（或两类以上）的词的语法功能。就这个定义来看，兼类词必须满足以下两个条件：

（1）兼类词所具有的不同词类的语法特点必须是经常性的，而不是临时的、出于某种修辞需要的"活用"；

（2）兼类词虽然同时具备两类词的语法特点，但在具体的语句中，不能同时具有两类词的语法特点。只是在某一场合具备甲类词的特点而不具备乙类词的特点，而在另一个场合，则只具备乙类词的特点而不具备甲类词的特点。

据此，我们认为"丰富、端正、繁荣"等是形容词和动词的兼类词。首先，它们具备的形容词和动词的语法功能是经常性的。任何一种形容词或动词的用法，都不必依靠特殊的语境。其次，这几个词如果做动词，带上宾语之后，就失去了做形容词的资格，即不能受"很"的修饰；同样，这几个词做形容词，加上"很"之后，便又失去了做动词的资格，不能带宾语。所以，我们不能说"很端正态度""很丰富生活""很繁荣市场"等。但是，像"了解、思念、希望"这类词，可以在带上宾语的同时受"很"的修饰，而且这两项语法特征又不互相排斥，我们可以说"很了解这里的情况、很思念家乡、很希望你能来"，所以"了解、思念、希望"不是兼类词，是表示心理活动的动词。

(三)常见的兼类词

汉语里大部分词都归属于某一词类，只有少数词可以归为两类或两类以上的词类。常见的兼类词主要有以下几种。

兼动词、名词的：病、圈、决定、领导、工作、代表、研究、组织、准备、翻译、导演；

兼名词、形容词的：锈、科学、精神、经济、道德、困难、自由、矛盾、烦恼、危险；

兼形容词、动词的：忙、丰富、明确、端正、明白、严肃、健全、方便、繁荣、协调。

另外，还有少数兼动词、介词的，如"在、到、比、给、拿"等，少数兼连词、介词的，如"和、跟、同、与、因为、为了"等。

四 词类辨析

(一)词类的共性和个性

词类的共性是一个词类里所有的词都具有的性质。例如，能够做谓语是所有的谓词的共性，能够做主语、宾语是所有的名词的共性，能够带宾语是所有的及物动词的共性等。词类的共性是建立一种词类的基础。在词类的层级系统中，不同层级的词类往往具有不同的共性。例如，实词的共性是能够单独充当句法成分，体词的共性是都能做主语、宾语。在词类系统中，下位词类继承了上位词类的共性，如动词和形容词继承了谓词的能够充当谓语的功能。

有时，不同的词类之间也会有某些相同的特征。值得注意的是，这些不同的词类有时是属于同一个上位词类的，这种时候，它们当然具有某些共性特征，这种共性是它们共同的上位词类的功能所带来的。有些时候，即便是那些不属于同一个上位词类的两个词类之间也会有共性。例如，名词与副词，名词的上位词类是体词，而副词的上位词类是加词，二者似乎不应该有什么共性，但是，有一些名词也可以做状语，而副词最主要的句法功能就是做状语，这样，二者之间就有了共性。但是这样的共性又不足以把这一部分名词纳入副词当中去，这样，就涉及词的个性问题。

词的个性表现在两个方面：一方面是词类的个性，一方面是个别词的个性。词类的个性是一种词类区别于其他词类的性质。例如，不能做主语、宾语、谓语，只能做定语是区别词的个性，我们凭借这一个性就能把区别词与其他词类区别开来。所以，一个词类的个性是针对这一词类以外的词而言的，而对这类词内部的个体词来说，这种个性就是其共性。从这个意义上看，词类的共性是一个相对的概念，换一个角度看，个性也是共性。

个别词的个性可以指同一个词类中个别词之间的功能差异。例如，名词一般都可以受量词短语的修饰，但是像"本意、城乡、地势、风水"等就不能。再比如，"美丽"和"漂亮"都是形容词，而且是近义词，但是二者的功能有区别："漂亮"可以重叠成"漂漂亮亮"，"美丽"不能；"漂亮"可以直接修饰名词做定语，而"美丽"要以带"的"的形式做定语等。

（二）词类辨析

正是由于词类之间既有共性又有个性，这样就要求我们对某些既具有共性特征，又有个性差异的词类进行辨析。

1. 副词与其他词类的辨析

（1）副词与形容词的区别

有些形容词，不仅从意义上看与副词相似，而且从构词方式看，也与副词有相同的语素，例如"突然"（形容词）和"忽然"（副词），"偶然"（形容词）和"偶尔"（副词）。另外，这些形容词在大多数情况下又经常充当状语，于是就很容易被当作是副词。辨析的方法是将这些词放在形容词可以出现的语法环境中进行考察，只要能占据除状语以外的任何一个句法位置，这个词就不是副词而是形容词。例如：

	做谓语	做定语	做状语
的确	-	-	+（的确如此）
确实	+（情况确实）	-	+（确实如此）
特别	+（想法特别）	+（特别方案）	+（特别快）
特地	-	-	+（特地去了一趟）
静静	-	+（静静的顿河）	+（静静地躺着）
悄悄	-	-	+（悄悄地溜走了）

从上表可以看出，只能做状语的"的确、特地、悄悄"是副词，而可以占据其他句法位置的"确实、特别、静静"则是形容词。

在辨析形容词和副词时，还要注意有一些词，如"好、白、光、老、净、怪、直、挺"等，它们在做状语时和在做定语、谓语时意思完全不一样。例如"好怕"的意思是很怕，"好书"是指值得一看的书；"白布"中的"白"指颜色，"白吃一顿"中的"白"是"空、徒然"的意思；"背很挺"是脊背挺拔的意思，"挺快"是比较快的意思。这类词意义不同，语法功能不同，只能作为同音词看待，语法上归为两类词，一类是做副词的"好、白、光、老……"，一类是做形容词的"好、白、光、老……"。如下表：

副词	好怕	白吃	光听	直哭	硬干	老迟到	怪可怜的	净想好事	穷乐	干号
形容词	好书	白布	光脚	直线	硬币	老人	怪脾气	窗明几净	穷人	干柴

（2）时间名词和时间副词的区别

时间名词和时间副词都表示时间，而且都能做状语，区别时主要看这个词是不是只能充当状语。时间名词除了可以做状语外，还可以修饰名词，可以和介词组成介词短语，而时间副词则只能做状语。因此像"从前""刚才"这类词，虽然可以做状语（"从前没吃过""刚才还在那儿"），但也可以修饰名词（"从前的日子""刚才的事"），可以和介词组成介词短语，如"在从前（的日子里）""从刚才（开始）"，所以这类词是时间名词，而"从来""刚刚"则只能做状语，所以是时间副词。

（3）动词"没、没有"和副词"没、没有"的区别

要区别动词"没、没有"和副词"没、没有"，主要看它们出现在什么样的词语前面，出现在体词性词语前面的"没"和"没有"是动词，如"没（有）钱""没（有）文化"等；出现在谓词性词语前面的"没"和"没有"是副词，如"没（有）去""没（有）说"等。副词"没、没有"否定行为或状态曾经发生或存在，动词"没、没有"否定事物的存在或对事物的领有。

（4）连词与副词的区别

连词与具有关联作用的副词不同，连词不能单独充当句法成分，没有限定和限制作用，只有连接作用。可以从以下几个方面对二者进行区分。

首先，从句法功能看，副词作为修饰词，必然还要保留其充当状语的句法功能，所以副词主要是作为状语修饰中心语的，只是同时还兼有连接功能；而连词不可能充当任何句法成分，即使有一些修饰功能，也是附带的。例如：

① 也许老王去，也许老张去，也许他们一起去。
② 或者老王去，或者老张去，或者他们一起去。

例①的"也许"是语气副词，表示说话人对某一个事件的主观的或然性评价态度，连接作用是次要的，在句中充当状语；例②的"或者"是连词，也略带说话人主观的评价态度，但主要表示一种客观的或然性，在句中不充当任何句法成分。

其次，从连接功能看，关联连词所连接的成分都是不能单用的，一般都要有后续句或先行句与之呼应；而关联副词除了一些连锁格式，例如"越……越、又……又、非……不"等之外，虽然也都具有接应先行句的功用，但在句法上，都具有独立性。例如：

③ 因为我生病了，所以没去上学。→*所以没去上学。
④ 如果明天下雨，我们就不去郊游了。→我们就不去郊游了。

例③的两个分句都不能单说，前后两个分句是互相依存的，缺一不可，这里的"所以"是连词；例④的前一分句不能单说，后一分句却可以单说。因为"我们就不去郊游了"虽然从关联的角度看，是接应前面一个分句的，但这个句子本身并没有失去独立性。换句话说，"我们就不去郊游了"作为单独的句子，在使用的时候并不依赖前面的先行句，因此"就"是副词。

再次，从语义功能看，关联连词具有确定性，而关联副词缺乏确定性。例如：

⑤ 因为他不赞成，所以表决没有通过。→因为他不赞成，表决没有通过。
→他不赞成，所以表决没有通过。
⑥ 如果父母同意，我就去。
→如果父母同意，我去。→父母同意，我就去。

例⑤中的三句都是因果关系。其中的关联连词"因为……所以"是前后呼应的，即使缺少了其中某一连词，也不会改变其原有的语义关系。例⑥中的关联副词"就"与关联连词"如果"相呼应，一旦前面的连词缺失，其语义也就失去了依据。所以三句中的前两句是假设关系，最后一句则是不确定的，可以是假设关系，也可以是条件关系。

2. 介词与其他词类的辨析

（1）介词与动词的区别

现代汉语中的大部分介词，如果去追根溯源，就会发现它们是由动词演变而来的。在漫长的演变发展过程中，每一个介词的演变发展速度并不完全一样，有的快一些，有的慢一些。发展到现代汉语阶段，那些已经完成了演变过程的介词，就与动词完全脱离了"干系"，例如"把、被、以、从、自"等，对于这些介词来说，与动词之间不会有什么纠缠。但是，有一部分还未完全完成演变的介词，如"在、为、比、到、给、通过、按照"等，用在句子中，就会出现纠缠。例如，"我在家看书""我在年底完成任务"中"在"的词性，到底应该看成动词还是介词？这类动介兼类词，可以根据"后边带上名词能否独立成句"来进行辨别。例如：

① 我在教室。（动词）
② 我在教室写作业。（动词，因为此处的"在"加上"教室"仍然能够独立成句，所以这个句子是一个连动句）
③ 我在年底完成工作。（介词，"我在年底"不成句）

又如：

④ 我到上海。（动词）
⑤ 我到上海看世博会。（动词，连动句）
⑥ 我到现在才回来。（介词，"我到现在"不成句）

（2）介词和连词的区别

兼属介词和连词的词并不多，我们可以把它们分为两组：一组是"和、跟、同、与"等词；另一组是"为了、因为、由于"等词。这两组词可以用如下方法加以区别。

A. "和、跟、同、与"的鉴别方法

第一，连词（和、跟、同、与）连接的两个部分可以互换位置而意义不变；但是介词（和、跟、同、与）连接的成分其位置不能互换，互换后意义会有所改变。例如：

⑦ 小王和小李都去广州了。→小李和小王都去广州了。（意义没有发生改变，"和"是连词）

⑧ 这个问题，小王和小李谈过好几次了。→这个问题，小李和小王谈过好几次了。（意思发生了变化，发出"谈话"这个动作的主动者变了，"和"是介词）

第二，介词短语前可以有其他修饰语，但连词前面却不能有任何修饰语。如：

⑨ 这个问题，小王已经和小李谈过好几次了。（可以加修饰语"已经"，"和"是介词）

⑩ 小王和小李都去过广州了。（加上"已经"句子不通，去掉"都"，变成"小王已经和小李去过广州了"，句子是通的，但此时的"和"是介词而不是连词）

"和、跟、同、与"用作介词或连词，还有一个问题需要注意：在一篇文章中，特别在同一个句子里，如果既要用连词"和（同）"，又要用介词"和（同）"，那么为了意思明确，可以让它们有一定的分工。一般的做法是"和"做连词，"同"做介词。例如：

⑪ 中国人民同帝国主义和封建主义进行了长期的斗争，并取得了胜利。（同：介词；和：连词）

B. "为了、因为、由于"等词的鉴别，主要是看这些词后面的词语是否为名词或名词性短语，如果是，"为了、因为、由于"为介词；如果不是，"为了、因为、由于"则是连词。例如：

⑫ 因为心理压力太大的关系，他最后得了抑郁症。（"心理压力太大的关系"是名词性短语，"因为"是介词）

⑬ 因为心理压力太大，他最后得了抑郁症。（"心理压力太大"不是名词性短语，"因为"是连词）

⑭ 为了明天的幸福，我们要加倍努力。（"明天的幸福"是名词性短语，"为了"是介词）

⑮ 为了明天更加幸福，我们要加倍努力。（"明天更加幸福"不是名词性短语，"为了"是连词）

（3）介词"给"与助词"给"的区别

区分介词"给"与助词"给"主要看它出现在什么样的词语的前面。介词"给"出现在体词性词语的前面，构成介词短语，引进动作的对象或表示被动，例如"他正给小张介绍对象呢""钱包给小偷偷走了"；助词"给"直接附着在动词的前面，既可以用于主动句，又可以用于被动句，例如"衣服脏了，我给洗""房间都给收拾好了"。另外，助词"给"在句子中所起的作用往往是辅助性的，所以可以省略，而介词"给"则不能省略。

思考题

1. 现代汉语中有哪些词是兼属介词和连词的？怎样对它们进行辨析？
2. 如何辨析形容词和副词？请举例说明。
3. 时间名词和时间副词应该如何区分？

第四节 短 语

短语是由词和词按照一定的句法规则组合成的语言单位。给短语进行分类是很有必要的，它是对短语的结构规律的归纳和总结。一般来说，我们可以根据不同的目的，采用不同的标准对短语进行分类。例如根据短语内部词与词之间的松紧程度的不同，可以把短语分为固定短语和非固定短语；根据短语的组合层次的多少，可以把短语分为复杂短语和简单短语；根据短语的成句能力，可以把短语分为自由短语和黏着短语等。

最常见的短语的分类方法主要有两种：一是根据短语的内部结构关系来分，分出来的是短语的结构类；一是根据短语的外部功能来分，分出来的是短语的功能类。

一 短语的结构类别

（一）实词和实词组合构成的短语

短语是词和词按照一定方式组合起来的语言单位。词和词的组合，可以是实词和实词的组合，也可以是实词和虚词各为一方的组合。常见的实词和实词组合的短语主要有以下几种。

1. 五种基本短语

从短语的内部结构关系分析，汉语短语的基本结构类型有主谓、述宾、述补、偏正、联合五种，这五种类型反映了汉语里五种结构关系。除联合短语之外，其他几种短语都由两项组成。

（1）主谓短语

主谓短语由主语和谓语两部分组成。主语是谓语陈述的对象，谓语是说明和陈述主语的。两部分之间是被陈述与陈述的关系。主谓短语根据其内部的结构成分，可分为如下几种形式：

① S + V/VP

鸡叫	大家讨论	我想	考试开始	大家唱
我们游泳	弟弟吃饭	学生学习文化	小王去上海	
豆撒得满地	爷爷起得很早	你来一下	同学们站起来	

② S + A/AP

| 柳绿 | 经济繁荣 | 意志坚定 | 祖国伟大 | 身材魁梧 |
| 人累得要命 | 宿舍整齐得很 | 柿子已经熟透 | | |

③ S + N/NP

　　今天晴天　　　　明天清明　　　　今天星期五　　　六月一日儿童节
　　这把椅子三条腿　她大眼睛　　　　鲁迅浙江人　　　一斤苹果五块钱

④ S + SP

　　我国物产丰富　　水乡歌声阵阵　　这个人态度傲慢

（2）述宾短语

述宾短语由述语、宾语两部分组成。前一部分是述语，主要由动词充当；后一部分是宾语，是述语支配、关涉的对象。两部分是支配和被支配的关系。述宾短语按照其内部的结构成分，可分为如下几种形式：

① V + N/NP

　　有钱　是我　吃苹果　　　爱科学　　　　关心集体　　发展经济　记在心中
　　有许多朋友　是一名医生　了解一些情况　来自祖国的北疆

② V + V/VP

　　喜欢游泳　　　值得研究　　　主张平分　　　贪图享受　　　妄加评论
　　喜欢喝咖啡　　值得看一次　　主张去杭州　　害怕来北方出差

③ V + A/SP

　　爱漂亮　　　　避免拥挤　　　安于清贫　　　难以安静　　　过于严格
　　知道老张去上海　禁止学生抄袭　主张小王当班长　值得大家看一看

（3）述补短语

述补短语由述语、补语两部分组成。前一部分是述语，主要由动词和形容词充当；后一部分是补语，对述语加以补充和说明。两部分是被补充和补充的关系。述补短语按照其内部的结构成分，可分为如下几种形式：

① V/A + V/A

　　学懂　戳穿　踢飞　跑出去　急坏　暗下去　忙起来
　　吃饱　长大　拧紧　晒干　　累坏　说明白　搞清楚

② V/A + 得 + V/A/VP/AP/SP

　　听得懂　　　　穿得上　　　　说得清楚　　　看得明白　　　闷得慌
　　擦得非常干净　飞得特别高　　笑得弯下了腰　气得说不出话
　　热得满头大汗　　　　　　　　说得一钱不值
　　写得谁也看不懂　　　　　　　走得两腿发软

③ V + 量词短语

　　砍一刀　踢一脚　跑三趟　抄两遍　学一年　住三天　休息一个月

（4）偏正短语

偏正短语由修饰语和中心语两部分组成，前一部分是修饰语，分为定语和状语，后一部分是中心语。两个部分之间是修饰和被修饰的关系。偏正短语按照修饰语性质的不同，可分为定中短语和状中短语两种形式。按照其内部的结构成分，可分为如下几种形式：

① N/V/A/NP/VP/AP/SP +（的）+ N/NP

　　大型设备　　优质大米　　英雄气概　　研究生公寓　　好朋友　　卫生城市
　　群众的智慧　　美丽的秋天　　抢来的时间　　大伙都不想去的理由
　　便宜的内销衬衫　　　节省下来的一些时间　　　谁也看不懂的外文书籍

② N/NP + 的 + V/A

　　语料的查找　　合同的签订　　老师的光临　　贵客的到来　　那几本书的出版
　　狐狸的狡猾　　中国人民的好客　　情况的特殊　　来往人员的复杂

③ F/A/V/PP +（地）+ V/A/VP/AP

　　很大　　　　　特别惬意　　　极端负责　　　　不说
　　认真学习　　　积极参与　　　紧张劳动
　　从柜子里翻出　在黑板上写字　从兰州出发　　　和肖华打羽毛球
　　静静地等待　　抱歉地说　　　密密麻麻地写着　挨得紧紧地坐着

④ VP/NP + 地 + V/VP

　　不停地说　　有计划地提高　　很感兴趣地研究　　历史地落在我们头上

⑤ F + N/NP

　　刚星期二　　才十一月　　最中间　　只三个人

（5）联合短语

联合短语由两个或两个以上部分组成，各部分之间有并列、递进、选择等关系。有的直接组合，有的靠关联词组合，有的部分之间用顿号或逗号隔开。联合短语按照其内部的结构成分，可分为如下几种形式：

① N/NP + N/NP

　　工人和农民　　我们或你们　　三个教师和五个学生　　北京、上海、天津和重庆

② V/VP + V/VP

　　又说又笑　　讨论并且通过　　吃、穿、用
　　共同学习并且共同研究　　参观校园和做学术报告　　看得懂和听得懂

③ A/AP/SP + A/AP/SP

　　聪明伶俐　　伟大而质朴　　真、善、美　　美观、便宜、耐用、实惠
　　好得很和差得很　　非常优秀、优秀和比较优秀　　学术论文多而且学术水平高

2. 连动短语、兼语短语和同位短语

除了五种基本类型的短语之外，还有连动短语、兼语短语和同位短语。

（1）连动短语

连动短语由两个或两个以上的动词性词语连用，它们之间没有联合、偏正、述宾、述补、主谓等关系，中间没有语音停顿，没有关联词语，也没有复句中分句之间的各种逻辑关系。根据动词的不同，可以分成以下几种类型：

① VP + VP

　　拿笔写字　　走过去开门　　打电话叫车　　买个闹钟看时间

② 动词"来/去"+ V/VP；V/VP + 动词"来/去"

　　去游泳　　　　来打电话　　　　游泳去　　　　坐飞机来

③ 动词"有"+ N + V/VP

　　有能力实现　　有办法说服　　有机会读研究生　　有资格参加会议

（2）兼语短语

兼语短语是由一个述宾短语和一个主谓短语套叠在一起构成的，而且述宾短语中的"宾语"兼做主谓短语的"主语"。根据动词的不同，可以有以下两种类型：

① V + N/NP + V/VP

　　请老师上课　允许他经商　求他带点儿东西　称他为老同志　当他是傻瓜

② 动词"有"+ N/NP + V/VP

　　有人回来　　有学生考大学　　有个村庄叫赵庄　　有个学校在郊区

（3）同位短语

同位短语由两个部分组成，这两个部分相互叠用，相互指称，同表一个事物。同位短语各个组成部分可以是以下几种类型：

① N/NP + N/NP

　　意大利人马可·波罗　　　中国的首都北京　　　班长赵小刚
　　老舍的小说《小人物自述》　著名作家王蒙

② N/D + D/N

　　老王他们　　六月一日那天　　五叔自己　　他们几个人　　我们青年人

③ D + D

　　我们大家　　他们自己

④ N/D + 量词短语

　　夫妻两个　　他们三位

3. 量词短语和方位短语

量词短语和方位短语也是实词和实词组合的短语，其中量词和方位词可以分别看作是这两类短语的标志。

（1）量词短语

量词短语由数词、指示代词、疑问代词与量词组合而成。前一部分是数词、指示代词、疑问代词，后一部分是量词。量词短语按照其内部的结构成分，可分为如下几种形式：

A. 数词 + 量词

　　一本（书）　　两封（信）　　三幅（画）　　五朵（花儿）
　　（大闹）一场　（来了）三趟　（踢）一脚　　（看）两眼
　　第一场（比赛）　　　　　　零点四个（百分点）
　　三四辆（轿车）　　　　　　二十多头（牛）

B. 指示代词+（数词）+量词

　　这副（眼镜）　　那份（礼物）　　那堆（旧报纸）
　　这三个（人）　　那五粒（药丸）　　每位（旅客）　　各国（来宾）

C. 疑问代词+量词

　　哪本（书）　　几双（鞋）　　多少里（路）　　多少斤（大米）

（2）方位短语

方位短语由两个部分组成。前一部分是词或短语，后一部分是方位词。方位短语按照其内部的结构成分，可分为如下几种形式：

A. 一般实词+方位词

　　教室里　　讲桌上　　书架旁　　毕业后　　睡觉前

B. 时间词/处所词+方位词

　　周日之前　　两点以后　　三个月前　　一年以内
　　淮海路上　　火车站以东　　图书馆里　　电影院旁

C. 一般短语+方位词

　　一个硕大的背包里　　两条马路之间　　他读博士之前　　洗完衣服以后

（二）实词与虚词各为一方组合的短语

1. 介词短语

介词短语由两部分组成。前一部分是介词，后一部分是词或短语。介词是这类短语的标志。根据介词后接成分的不同，介词短语可以分成以下两类：

（1）介词与词的组合

　　往前（看）　　向敌方（进军）　　同他（商量）　　比昨天（暖和）
　　凭条件（选拔）　　为了孩子（换工作）　　按照惯例（要进行考试）
　　从兰州（去上海）　　被他（打了一顿）　　向我们（传达指示）

上述介词短语，主要是介词与名词、代词、方位词组合构成的。

（2）介词与短语的组合

　　按照法律的规定（进行赔偿）　　对于这座城市（我们已经非常熟悉了）
　　把校长和书记（都叫走了）　　在房间里（听音乐）
　　将原文与译文（对照了一遍）　　朝首都北京（出发）
　　和考试不及格（有什么关系）　　对改建学生食堂（有什么好的建议）

上述介词短语，主要是介词与名词性的偏正短语、联合短语、同位短语以及方位短语的组合，也包括介词与述宾短语、主谓短语的组合。

介词短语最主要的句法功能是做状语，大多在句子中修饰动词性词语，修饰形容词性词语的情况较少。例如：

　　［在辽阔的草原上］奔驰　　［把地上的碎纸］捡起来
　　［从上海］来北京　　　　　［比想象的］高出许多

有些介词短语可以充当补语。例如：

　　　　给敌人＜以致命的打击＞　　　　集众家之长＜于一身＞

少数介词短语可以做定语。例如：

　　　　（关于生产）的问题　　　　　　（对学生）的态度
　　　　（和同学们）的关系　　　　　　（朝南）的窗子

2．"的"字短语

"的"字短语由两部分组成。前一部分是词或短语，后一部分是助词"的"。"的"是这类短语的标志。根据"的"字前附成分的不同，"的"字短语可以分成以下几类：

（1）名词性词语＋的

　　　　不锈钢的（更结实）　　（钥匙是）301房间的　　你们班的（还没发下来）

（2）区别词＋的

　　　　中式的（比）西式的（好看）　　（满把都是）银的和铜的
　　　　黑白的（比）彩色的（便宜）　　自动的（用起来方便）

（3）谓词性词语＋的

　　　　参加的（都是我们单位的）　　　红的、黄的、绿的（应有尽有）
　　　　最不喜欢看的（是言之无物的文章）　管理档案的（是老李）
　　　　提着壶出去的（就是清洁工）　　站在教室外面的（都是大学生）

（4）主谓短语＋的

　　　　我们不愿意接收的（是干事不踏实的人）　（这些学生都是）我以前教过的

"的"字短语是名词性的短语，在句子中经常充当主语和宾语。例如：

　　　　① 我的在书包里。　　　　　　② 现在进来的都迟到了。
　　　　③ 这栋教学楼是新修的。　　　④ 我喜欢纯棉的，穿着舒服。

3．"所"字短语

"所"字短语由两部分组成。前一部分是助词"所"，后一部分是动词。"所"是这类短语的标志。例如：

　　　　（心有）所悟　　所剩（不多）　　所见所闻　　所研究（的方向）
　　　　所收藏（的怪石）　所认识（的朋友）　所了解（的情况）

"所"字短语是名词性的短语，在句子中经常充当定语，另外，"所"字短语组成"的"字短语后，可以比较自由地充当句子的主语和宾语。例如：

　　　　① 刚才我所看到的都是真实的。　② 你所了解的情况我们都已经知道了。
　　　　③ 我所知道的都告诉你们了。　　④ 这正是我们所担心的。

4．比况短语

比况短语由两部分组成。前一部分是词或短语，后一部分是助词"似的""一般""一样""般"等。"似的"等比况助词是这类短语的标志。根据比况助词前附成分的不同，比况短语可以分成以下两类：

(1) 词与比况助词的组合

  金子似的（心灵）   火一样的（热情）   闪电般（躲了过去）
  （高兴得）什么似的 雪一样（纯净）

上述比况短语，主要是名词、动词、疑问代词"什么"和比况助词的组合。

(2) 短语与比况助词的组合

  对待亲人一般（的热情）   箭出弦似的（飞了出去）
  雷鸣般（的掌声）   饿狼扑食一般（扑了过去）

上述比况短语，主要是偏正短语、述宾短语和主谓短语与比况助词的组合。

比况短语是形容词性的短语，在句子中可以充当状语、补语、谓语、定语等句法成分。例如：

  ① 所谓的经理全部走马灯似的换了一遍。（做状语）
  ② 你看他，乐得什么似的。（做补语）
  ③ 他感到堵得慌，胸口像塞满东西似的。（做谓语）
  ④ 那黄金一般的油菜花散发出浓郁的香味。（做定语）

二　短语的功能类别

词的语法功能表现在能否充当句法成分上。句法成分既包括主语、宾语和述语，也包括定语、状语和补语。按照这个功能标准，我们区分了实词和虚词，并对实词的基本词类名词、动词、形容词等功能用法进行了逐一说明。

短语也是一种句子的结构单位，是造句的备用材料。短语从外部的语法功能进行分类，大致和实词相当，可以分成体词性短语、谓词性短语（包括动词性短语和形容词性短语）、加词性短语。

（一）体词性短语

1. 体词性短语包括的结构类别

体词性短语的基本功能和体词相当，主要做主语、宾语、定语，一般不做谓语。包括以下一些结构类别：

A. 以名词为中心的偏正短语

  雄伟的人民大会堂 新编的草帽 塑料板凳
  从未见面的朋友   过去的事情 一张发黄的照片

B. 带有定语的以动词或形容词为中心的偏正短语

  你的到来   他的不辞而别 这本教材的出版
  内心的孤独   狐狸的狡猾   孩子的幸福

C. 由各类名词、代词、数词或量词组成的联合短语

  洁白的云彩和蔚蓝的天空 老师和同学们
  医生跟他的病人   这几个和那几个

D. 同位短语

  他的硕士导师杨万海 中国的首都北京 文学家鲁迅 班长孙长志

E. "的"字短语和由名量词组成的量词短语

　　唱戏的　　　　寄信的　　　　一条　　　　两块　　　　一百来斤

F. 由名词组成的主谓短语

　　昨天星期天　　六月一日儿童节　　十块钱三斤　　一斤五元

G. "所"字短语

　　所学到（的知识）　　所佩服（的人）　　所答　　所剩　　所见所闻

2. 名词性短语与名词在充当主语和宾语时的功能比较

名词性偏正短语可以比较自由地充当主语、宾语，而名词不可以。例如：

① 那个男孩大眼睛。　　　　　　*男孩大眼睛。（主语）
② 我们单位出现了新气象。　　　*我们单位出现了气象。（宾语）
③ 蚊子叮了他几个大包。　　　　*蚊子叮了他包。（远宾语）

（二）谓词性短语

谓词包括动词和形容词，根据短语的外部功能的不同，又可以把谓词性短语分为动词性短语与形容词性短语两类。

1. 动词性短语

（1）动词性短语包括的结构类别

动词性短语的功能基本与动词一样，在句子中主要做谓语，有时也能做主语和宾语。从短语的结构分类上看，动词性短语包括以下一些短语：

A. 由动词带宾语构成的述宾短语

　　改变方法　　喜欢干净　　来了客人　　教他书法　　是书　　有机会

B. 由动词接补语构成的述补短语

　　吃完　　　写得好　　　来过三回　　跳得满头大汗　　回答得很正确

C. 连动短语

　　上山采药　　跑着喊　　有资格晋升　　进教室关门看书　　来祝贺

D. 兼语短语

　　叫你去　　有人认为　　劝他回去　　称他为老大　　请朋友吃饭

E. 由两个或两个以上的动词组成的联合短语

　　说或者写　　研究决定　　思考回答　　讨论并且通过

F. 以动词为中心的偏正短语

　　再来　　　才去　　　仔细地检查　　暗暗地决定　　非常赞成

G. 由动词做谓语的主谓短语

　　红旗飘扬　　你回来　　我们跳舞　　大家吃饭　　代表发言

（2）部分动词性短语与动词充当谓语时的功能比较

动词性短语与动词一样，主要做谓语，但下列短语在充当谓语时，与单个动词充当谓语有所不同。

第一，动词性的联合短语可以充当谓语。动词性的联合短语充当谓语有两种情况，一是联合短语共同带一个宾语，一是联合短语分别带不同的宾语。这和单个动词带宾语的情况不一样。如：

  讨论并通过小李的职称问题   学习、掌握党的方针政策
  宣传和推广义务教育法   处理和接待了群众的来信、来访
  明确、掌握基本概念、基本知识 提高并且改善了医疗质量和服务态度

可以充当谓语的动词性的联合短语，动词一般来说是双音节的，单音节的动词性的联合短语不能充当谓语。

第二，部分双音节的述宾短语还可以带宾语，这和动词带双宾语不同。有以下几种类型。

  宾语表示对象：寄语青年读者 示意大家 致电安理会 复信国侨办
  宾语表示目的：造福后代 献身教育事业 投身科学工作
  宾语表示领属：加盟该球队 结缘广州 接轨国际惯例 入股这家公司
  宾语表示起点或路径：起程菲律宾 过境美国 取道香港 转口新加坡
  宾语表示终点或目的地：投资欧洲 进军大上海 移民澳大利亚

第三，部分双音节或多音节的述补短语，主要是表结果的述补短语和表趋向的述补短语，也可以再带上宾语。这种情况下，如果省去补语，一般不能成立。如：

  哭肿了双眼→*哭了双眼 吃圆了肚子→*吃了肚子 喝倒了他→*喝了他
  挺直了腰板→*挺了腰板 气跑了小王→*气了小王 说累了他→*说了他
  走出来一个人→*走一个人 钻进来一个人→*钻一个人

2. 形容词性短语

（1）形容词性短语包括的结构类别

形容词性短语的功能基本与形容词一样，在句子中主要做谓语、定语，有时也可以做状语、补语。从结构形式上看，形容词性短语主要包括以下几类：

A. 由两个或两个以上形容词组成的联合短语

  伟大而质朴 雄伟而辉煌 美丽大方 端庄秀丽 活泼可爱

B. 以形容词为中心的偏正短语

  草绿   夕阳红   深灰   特别严厉 十分高傲
  有点儿羞涩

C. 由形容词接补语组成的述补短语

  高兴得很 红得发紫 累得要命 冷得直哆嗦 傻得出奇

D. 由形容词做谓语的主谓短语

  态度认真 祖国伟大 相貌丑陋 生活富裕 手脚麻利

E. 比况短语

  孔雀开屏似的 什么似的 亲姐妹一样 闪电般 饿虎扑食一般

（2）形容词性短语和形容词的功能比较

第一，单个形容词不能自由做谓语，而形容词性短语可以。例如：

① 这个孩子很聪明。

　这个孩子聪明极了。

　*这个孩子聪明。

② 这座新落成的大厦雄伟而辉煌。

　*这座新落成的大厦雄伟。

第二，部分形容词可以直接做状语，而形容词性短语要加"地"才可以做状语。例如：

③ 我们大家一起认真（地）研究了这个问题。

④ 我们大家一起非常认真地研究了这个问题。

（三）加词性短语

加词最主要的句法功能是做句子的修饰语，包括定语和状语。加词性短语的功能与加词一样，也只能做修饰语。从结构形式上看，加词性短语主要包括以下几类。

（1）介词短语主要的句法功能是做状语，在句子中经常修饰动词性的词语。如：

把书（放在桌子上）　　用毛笔（写字）　　被老师（批评了一顿）

对这件事（有看法）　　沿河边（走）　　从这里（走回家）

以上表示与事、共事、比较、工具、受事、施事等意义的介词短语，做状语时只能出现在句中（主语之后，谓语之前）；而表示关涉、时间、目的、依据等意义的介词短语，做状语时不仅可以位于句中，还常常位于句首，做句首修饰语。如：

对于这件事情（我不想再说什么了）　　为了家人的幸福（她愿意付出一切）

从那次以后（我再也没有见过他）　　根据这个标准（我们可以制订出新规定）

至于这个问题（我们以后再谈）　　关于他的情况（我就知道这么多）

（2）一部分以"形容词＋名词"方式组成的偏正短语，只能做状语，而不能做其他成分，因此，把它们看作加词性短语。如：

小范围（进行）　　高速度（旋转）　　大规模（生产）　　长时间（运行）

（3）一部分固定短语，也只能做状语，不能做其他成分，也把它们作为加词性短语。如：

一个劲儿地（钻研）　　　　经年累月地（磨炼）

苦口婆心地（劝解）　　　　挨门逐户地（搜查）

三　复杂短语和短语的层次分析

（一）简单短语和复杂短语

简单短语和复杂短语的根本区别不在于组成成分的多少，而在于组合层次的多少。

简单短语是指词与词在一个层次上的组合，而复杂短语则是指词与词在两个或两个以上层次上的组合。如：

老师和学生　　厂矿学校　　喝水　　又说又笑　　威风得很
北京、上海、天津和重庆　　工厂、企业、机关、学校、医院及社区

以上短语都是简单短语，要注意，联合短语中的并列项可以是两项，也可以是三项或四项、五项，从理论上说还可以无限延长，但是无论有多少项，它们都是在同一个层次上组合而成的。下列短语才是复杂短语：

新职工的宿舍　大家休息的时候　又说又笑的小学生　在学校住得很舒适

由于复杂短语是词与词在两个或两个以上的层次的组合，所以，只有复杂短语才需要进行层次分析，而简单短语则无需层次分析。

（二）层次分析法

1. 层次分析法的原则和步骤

对复杂短语进行结构层次分析的方法叫作层次分析法，层次分析法也叫作直接成分分析法，简称IC分析法。

关于使用层次分析法时应当遵循的原则，语法学界有一些不同的看法，但归纳起来不外乎结构、功能、意义三条原则。

所谓结构原则，是指切分后的语言片段各自能成为一个结构。例如"一片树叶"，正确的切分方法是"一片/树叶"，如果切分为"一/片树叶"或"一片树/叶"，就不符合结构原则。

所谓功能原则，是指切分后的语言片段可以按照汉语的语法规律搭配。例如"一家律师事务所的律师"，正确的切分方法是"一家律师事务所的/律师"，如果切分为"一家/律师事务所的律师"，则不符合功能原则。

所谓意义原则，是指切分后的语言片段不能违背原来短语所具有的意思。例如"打击犯罪分子的具体措施"，正确的切分方法是"打击犯罪分子的/具体措施"，如果切分为"打击/犯罪分子的具体措施"，则不符合意义原则。

层次分析法的步骤主要包括两个：（1）切分结构层次；（2）确定结构关系。

2. 层次分析的应用

层次分析法是常用的句法结构分析方法之一。遵循层次分析的原则，对一个复杂短语进行具体分析时可以采取两种不同的步骤：一是从大到小，二是从小到大。这两种分析方法的结果是一致的，只不过在具体操作步骤上有所区别。例如分析复杂短语"医生和病人的食堂"，采取的不同的分析方法是：

一般而言，分析汉语的句法结构采用从大到小的方法比较合适，其原因在于：（1）从小到大的分析方法，必须先确定基本的语言单位，有时会遇到词与非词的界限难以确定的问题；而从大到小的分析方法可以避免这种麻烦。（2）从小到大的分析方

法，必须分析到最大的层次才能结束；而从大到小的分析方法，则可以做到适可而止。
（3）分析多重复句时是从大到小的，短语的分析应该与复句的分析一致。

根据从大到小的分析方法，量词短语和方位短语就可以不继续往下分析。例如下列短语中的"一张""柜子里"就可以不再切分：

短语的构成既可以是实词和实词的组合，也可以是实词和虚词的组合。在对短语进行分析时，除了介词短语和"的"字短语外，对虚词不作分析，例如"新买的大衣、伟大而质朴、买了西瓜"中的虚词"的、而、了"等，切分时都可以不考虑。如：

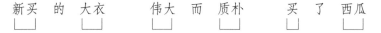

这些虚词有的可以放在"└┘"的里边，有的则需放在"└┘"的外边。不管是放在里边还是放在外边，都无需继续往下切分。介词短语和"的"字短语中的虚词，对直接揭示复杂短语的关系有重要的作用，所以切分时就不能对这里的虚词忽略不计。如：

关于 费用的 问题　　　一个 要饭 的
介｜　　构　　　　　　偏｜　正
　　偏｜正　　　　　　　　"的"｜构

3. 层次分析法与歧义短语

形式相同而语义表达不同的短语，实际上是两个或两个以上不同类型的语言单位在形式上重合在一起，这种现象称为短语的歧义现象。造成短语歧义现象的语言单位可以是词，也可以是短语，统称为歧义项。短语歧义现象的产生有多种原因，常见的与句法结构有关的原因有以下三类。

（1）由结构层次不同造成的歧义短语

结构层次不同而造成理解中有歧义的短语，主要以由多项修饰语组成的偏正关系短语为主。从理论上说，修饰语的项数越多，产生歧义的可能性就越大。如：

北大教师公寓：北大／教师公寓（北京大学拥有的教师公寓）
　　　　　　　北大教师／公寓（北京大学的教师住的公寓，公寓不一定属于北大）
北大新教师公寓：北大／新∥教师公寓（北京大学拥有的刚建好的教师公寓）
　　　　　　　　北大／新教师∥公寓（北京大学拥有的给新来的教师住的公寓）
　　　　　　　　北大∥新教师／公寓（北京大学新教师居住的公寓）

（2）由结构关系不同造成的歧义短语

由结构关系不同造成的歧义短语很多，常见的有偏正关系与述宾关系交叉的歧义短语，主谓关系与偏正关系交叉的歧义短语，定中式偏正关系与状中式偏正关系交叉的歧义短语。如：

进口设备：（我们急需一批）进口设备（偏正短语）
　　　　　（我们单位今年还要）进口设备（述宾短语）
教师管理：教师（负责）管理（学生）（主谓短语）
　　　　　教师（的）管理（工作）（偏正短语）
等价运算：等价（的）运算（方式）（定中式偏正短语）
　　　　　等价（的方式进行）运算（状中式偏正短语）

（3）由结构层次和结构关系都不同造成的歧义短语

由结构层次和结构关系都不同造成的歧义短语，必须至少有三个歧义项。如：

打死了猎人的狗：打死了/猎人的//狗（第一层是述宾关系，第二层是偏正关系）
　　　　　　　打死了//猎人的/狗（第一层是偏正关系，第二层是述宾关系）
北京和天津的部分地区：北京/和天津的//部分地区（第一层是联合关系，第二层是偏正关系）
　　　　　　　　　　北京//和天津的/部分地区（第一层是偏正关系，第二层是联合关系）

层次分析法可以分化短语的歧义。利用层次分析法分化短语的歧义，往往要结合结构关系的分析，综合使用。如：

分化短语歧义的方法有多种，例如变换分析法。层次分析法和变换分析法都属于用句法手段分化短语歧义，还有一些非句法手段也可以用来分化短语的歧义。

这里所说的非句法手段主要是指用语音上的不同来分化歧义短语，通过这种手段可以在口语中消除短语的歧义。非句法手段有下列几种：

A. 利用停顿的不同。如：

火车上睡/不好（［偏正］主谓）
火车上/睡不好（主谓［后补］）

B. 利用轻声与非轻声的对立。如：

他说不下去（xià qù）了（主谓［述宾］）
他说不下去（xià qu）了（主谓［后补］）

C. 利用声调的差异。如：

这个人好（hǎo）说话（主谓［偏正］）
这个人好（hào）说话（主谓［述宾］）

（三）一些特殊的复杂短语的分析

1. 双宾语的切分

从层次分析法的原则和要求来看，对双宾语的切分用三分的方法是不适宜的，应该采取如下的分析方法：

```
教  他  一首歌谣
└述┘ └──宾──┘
└述┘└宾┘
```

2. 联合短语和连动短语的切分

联合短语与连动短语根据并列项的多少，作不同的分析：如果是两项的，用二分的方法；如果是三项的，用三分的方法；以此类推。如：

3. 兼语短语与复杂的连动、兼语套用的短语的切分

（1）兼语短语的切分

由于兼语短语中的述语$_1$后的充当受事宾语的名词又充当述语$_2$的施事或系事，因此，在层次分析时，这个成分就要进行两次切分。如：

（2）连动和兼语套用短语的切分

一个语言片段中，既包含了连动短语，又包含了兼语短语，这种复杂的短语叫作连动和兼语的套用。连动和兼语的套用有两种格式，一种是（［兼语］+［连动］），一种是（［连动］+［兼语］）。如"派人去通知小张赶快来上班"就是属于第一种格式，是兼语套连动的语言片段。对这种语言片段用框式图解法表示，首先要把关系搞清楚，第一刀切准，然后再层层往下分析，一直切分到词为止。上述语言片段的切分如下：

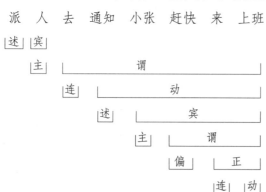

切分这个语言片段时要注意：

第一，既然是兼语套连动的格式，那么第一刀当然是切分出兼语短语来；

第二，"通知小张赶快来上班"是一个述宾短语，不能切分成"通知小张/赶快来上班"，这不是一个兼语短语，因为"通知"不是表示使令、促成义的动词；

第三，"去通知"和"来上班"都应分析成连动短语，"通知""上班"分别是"去"和"来"的目的。

下面再分析属于第二种格式的连动套兼语的语言片段：

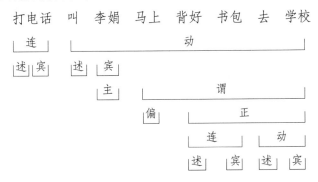

分析这个语言片段时，第一步应先切分出连动短语，第二步再切分出兼语短语。

4. "状+动+宾"的切分

动词前边有状语，后边有宾语，宜采取"先切头，后去尾"的方法。如：

思考题

1. "读一篇课文"和"读一遍课文"的内部结构关系是否一致？如果不同，应该如何辨析？
2. "周密的调查"和"周密地调查"这两个短语的语法功能是否相同？
3. 举例说明层次分析法的三个原则。

第五节　句法成分

一　主语和谓语

主谓结构是汉语最基本的句法结构，主语和谓语则是主谓结构的直接组成成分，也是汉语中最基本的句法成分。在一般情况下，它们的次序是主语在前，谓语在后。主语是谓语陈述的对象，谓语则是对主语进行陈述和说明的。例如"他喜欢上海"这句话，主语"他"是被陈述的对象，回答"谁"或者"什么"的问题，谓语"喜欢上海"则是对主语"他"的陈述，回答"干什么"或者"怎么样"的问题。

（一）主语的语义特点与类型

1. 主语的语义特点

汉语中的主语从语义上来讲，往往具有定指的特点，就是说主语所指的对象往往是已知的、确定的人或者事物。例如"我"的具体所指是确定的，就是指称说话人自己，所以可以做主语，如"我了解这里的情况"；而"一个人"具体指的是谁就不确定了，所以不能说"一个人来了"，往往要在"一个人"前面加上"这、那"等指示代词使之变为定指，才能做主语，如"这个人来了"。

另外，汉语中强调事物的周遍性（即全都如此，没有例外）的时候，也往往会把它放在主语的位置上。例如：

① 所有的难题他都解决了。
② 谁都不知道什么时候开会。
③ 什么问题都能回答。
④ 件件衣服都漂亮。

例①"所有的难题他都解决了"不能说成"他都解决了所有的难题"；例②、例③是用疑问代词表示周遍性，"什么问题都能回答"如果说成"都能回答什么问题"，意思就变了；例④是用量词的重叠形式做主语部分的定语，表示在所说的范围中"每一件都"的意思，也是表示周遍性的词语做主语。

2. 主语的语义类型

从主语与谓语之间的语义关系来看，主语的语义类型大体上有以下几类。

（1）施事主语

施事主语是动作、行为的发出者，即动作、行为的主体。如：

① 我也喝了几杯酒。
② 中国人民从此站起来了。
③ 我军缴获了一些枪支。

例①中的"我"、例②中的"中国人民"、例③中的"我军"都是动作的主体，即施事，谓语动词所表示的动作行为都是由他们发出的。

（2）受事主语

受事主语是动作、行为的承受者，即动作、行为的客体。谓语中往往有"被、叫、让"等表示被动的标志。如：

④ 小王被他打了。
⑤ 那台笔记本电脑叫他弄坏了。
⑥ 自行车让李华骑走了。

但在现代汉语中最常见的是谓语中并没有被动标志，而主语在意义上却是受事的受事句。如：

⑦ 这部小说写完了。

⑧ 所有的办法都试过了。
⑨ 每个小朋友都发一个苹果。

(3) 中性主语

中性主语既不是动作行为的发出者，也不是动作行为的承受者，即主语既不是施事，也不是受事，只是谓语陈述的对象。关于中性主语，可以从谓语的性质方面来加以说明。

第一，谓语不是由动词性词语充当的，而是由名词性词语或形容词性词语充当，此时，主语本身无所谓施事或受事。如：

⑩ 他高高的个子。
⑪ 这本书真好看！

第二，动词性词语充当谓语，但谓语动词是"有、是"等词，不表示动作，主语自然也就无所谓施事或受事。例如：

⑫ 这家宾馆有三栋楼。
⑬ 你说的问题是我们首先要解决的问题。
⑭ 三加七等于十。

第三，谓语动词虽然表示动作，但是这个动作既不是主语发出来的，也不是主语所承受的，这样主语也还是无所谓施事或受事。例如：

⑮ 夜晚的天空闪着几颗星星。
⑯ 这支毛笔写大字。
⑰ 王冕七岁上死了父亲。

例⑮中的主语是动作的处所，例⑯中的主语表示动作凭借的工具，例⑰的主语在意义上与句子的宾语有领属关系。

第四，一部分主谓短语做谓语的句子，主语只是被提出来作为讨论的对象，起提示作用，有的可以在前面加上"对于、关于、在……中"等，这样的主语自然也是中性主语。例如：

⑱ 这种情况我们还从来没有遇到过。
⑲ 全班的人我就服你。
⑳ 这次比赛八一队得了冠军。

主语和谓语是从句法的角度来讲的，而施事、受事则是从语义的角度来讲的，同样的意思，有时候我们既可以选择动作的施事做主语，也可以选择动作的受事或者工具等其他语义成分来做主语。选择何种语义成分做主语，往往是由说话者语言表达的兴趣决定的，说话者经常用自己最感兴趣的话题做主语。例如"小东把花瓶打碎了"，是动作的施事做主语，同样的意思我们也可以说成"花瓶被小东打碎了"，让动作的受事做主语，这时说话者要讨论的话题就由"小东"变成了"花瓶"。"我用这支笔画画"，是动作的施事做主语，同样的意思我们也可以说成"这支笔我用它画画"，让动作的工具做主语，这时说话者感兴趣的话题就由"我"变成了"这支笔"。

（二）充当主语的词语

1. 体词性词语

主语是一个句子陈述的对象，而人或者事物经常成为被陈述的对象，所以名词、数词、名词性的代词和名词性短语经常做句子的主语。例如：

① 张家界‖是我的故乡。（名词）
② 他‖已经走了。（代词）
③ 新添置的家具‖都已摆放整齐。（体词为中心的偏正短语）
④ 他的同学张正‖今年三十多岁了。（同位短语）
⑤ 他和爸爸‖一直想回去看看。（体词组成的联合短语）
⑥ 一斤‖等于十两。（名量词组成的量词短语）
⑦ 我看见的‖都是好风光。（"的"字短语）

2. 谓词性词语

当动作行为、性质状态作为陈述的对象时，动词或动词性短语、形容词或形容词性短语（包括主谓短语）可以直接做句子的主语而无需改变形式，这也是汉语与形态比较丰富的印欧语的显著差别之一。

需要注意的是，谓词性词语充当主语时，句子的谓语往往是形容词性短语或者是包含"是""有""使""让"等的动词性短语。

① 讨论‖对解决问题有所帮助。（动词）
② 低调认真‖是我们一贯的处事原则。（谓词性的联合短语）
③ 长期酗酒‖对身体不好。（以谓词为中心的偏正短语）
④ 谈生意‖需要经验。（述宾短语）
⑤ 吃得太饱‖不利于健康。（述补短语）
⑥ 我来中国‖是为了学汉语。（主谓短语）
⑦ 到这所学校学习‖使他进步很快。（连动短语）
⑧ 送她去火车站‖我非常愿意。（兼语短语）

3. 关于时间名词、处所名词做主语

在体词性主语中比较特殊的一类是时间名词（包括表时间的短语）、处所名词（包括表处所的短语、方位短语等）充当主语。因为时间名词和处所名词都具有双重性质，即时地性和事物性，所以它们在句子中既可以做主语，也可以做状语。做主语时，主要体现其事物性的特点。例如：

① 2008年5月12日‖是许多中国人都无法忘记的一个日子。（时间名词做主语）
② 无锡‖我只去过一次。（处所名词做主语）

时间名词和处所名词最主要的句法功能是充当句子的状语。时间名词和处所名词做主语要遵循以下规则。

第一，谓语前边有一般名词（包括以上各种名词性短语），不管一般名词是位于句首还是位于时间名词或处所名词之后，都由一般名词做主语，时间名词或处所名词做状语。例如：

③ 我们的球队‖有一场重要的比赛。（一般名词做主语）

④ 昨天我们的球队‖有一场重要的比赛。（时间名词做状语）
⑤ 灯光球场上我们的球队‖有一场重要的比赛。（处所名词做状语）
⑥ 晚上灯光球场上我们的球队‖有一场重要的比赛。（时间名词和处所名词做状语）

第二，谓语前边没有一般名词，但同时出现时间名词和处所名词时，处所名词做主语，时间名词做状语，因为与时间名词相比，处所名词的事物性更强一些。例如：

⑦ 晚上灯光球场上‖有一场重要的比赛。（时间名词做状语，处所名词做主语）
⑧ 灯光球场上‖晚上有一场重要的比赛。（时间名词做状语，处所名词做主语）

第三，谓语前边没有一般名词，但有时间名词或处所名词时，时间名词或处所名词做主语。例如：

⑨ 晚上‖有一场重要的比赛。（时间名词做主语）
⑩ 灯光球场上‖有一场重要的比赛。（处所名词做主语）

以上三条原则，可以概括为一个等级序列，即一般名词＞处所名词＞时间名词。在这个序列当中，一般名词是第一级，处所名词是第二级，时间名词是第三级，级别高的成分比级别低的成分更经常充当主语。

值得注意的是，副词和介词短语也可以表示时间和处所，但它们在句子中只能做状语，不能做主语，不管句中是否还有其他的一般名词出现。如：

⑪ 忽然爆发出一阵热烈的掌声。（时间副词做状语）
⑫ 从观众席里爆发出一阵热烈的掌声。（表处所的介词短语做状语）
⑬ 忽然从观众席里爆发出一阵热烈的掌声。（时间副词和表处所的介词短语做状语）

（三）充当谓语的词语

谓语的主要作用是对主语进行判断、描写和叙述。谓词性词语充当谓语最常见，除此之外，体词性词语在一定的条件下也可以做谓语。

1. 动词或动词性短语经常做谓语

动词或动词性短语做谓语，其作用主要是叙述主语所做的或与主语有关的一件事情。例如：

① 你说！
② 我理解！
③ 他去，我就去！
④ 她哭了。
⑤ 这场雨下了整整一个下午。
⑥ 我们都很喜欢游泳。

从上面的例子可以看出，动词单独做谓语是受一定的条件限制的，要么用在祈使句中，如例①；要么用在对话中，如例②；要么用在复句的先行句和后续句中，如例③；

不然，至少要加上一定的语气词或动态助词，如例④；或者用动词性短语的形式做谓语，如例⑤、⑥。

2. 形容词或形容词性短语经常做谓语

形容词或形容词性短语做谓语，着重描写主语的性质状态。例如：

① 哪里清静？——教室里清静。
② 屋里热，屋外凉快。
③ 山洞里黑漆漆的。
④ 这孩子特别乖巧。

与动词性词语做谓语一样，性质形容词单独做谓语也要受到一定的限制，往往是在对话中或者复句的先行句和后续句中使用，含有比较、对照的意思，如例①、例②；否则一般也要用状态形容词或者形容词性短语的形式，如例③、例④。

3. 少数可以做谓语的名词

一般情况下名词不能单独做谓语，名词性词语做谓语也比较少见。能充当谓语的名词大多是用来说明时间、天气、节令、籍贯、特点等的。例如：

① 后天劳动节。
② 鲁迅浙江人。
③ 那张桌子三条腿。
④ 他大眼睛，高鼻梁。

应该说，形容词和名词性词语可以直接做谓语，也是汉语不同于印欧语的一大特色。在印欧语中，形容词和名词性词语做谓语都要借助于系动词。

4. 主谓短语做谓语

主谓短语也可以做谓语，这是汉语所特有的表达形式。例如：

① 你说的那部电影我已经看过了。
② 这件事他不知道。

二 宾语和补语

（一）宾语

主语是相对于谓语而言的，宾语是相对于述语来说的。从表面上看，"我看书"这个句子里的动词"看"，一头牵着主语"我"，一头牵着宾语"书"，似乎在句子中主语和宾语在同一个平面上。事实上，主语"我"是和谓语"看书"发生结构关系的，而宾语"书"则是和述语"看"发生结构关系的。

在正常情况下，主语一定在谓语前面，宾语一定在述语后面。主语和谓语之间的关系相对松弛，中间可以有语音停顿；而述语和宾语在意义上和结构上都联系紧密，中间没有停顿。谓语的前面可以没有主语，如"吃饭了吗"，而宾语的前面却必须要有述语。

1. 宾语的语义特点和语义类型

（1）宾语的语义特点

汉语中的主语在语义上一般都具有定指的特点。宾语和主语不同，一般来说在指称上没有明确的限制，既可以是定指的，也可以是不定指的。例如：

① 我看了一场球赛。（不定指）
② 我看了那场球赛。（定指）

例①和例②在汉语中都成立。由于主语往往要求定指，而宾语则可以是不定指的，所以，不定指的"一位客人"不能放在主语的位置上，"一位客人来了"不成立，但在它前面加上一个动词"有"，让它放在宾语的位置上，说成"有一位客人来了"，句子就合语法了。另外，同样是"客人"一词，所处的位置不同，表达的意思也不一样。例如：

③ 客人来了。
④ 来客人了。

例③的"客人"出现在主语位置上，因此是定指的，是说话人已经知道的、正在等待的"客人"；而例④中的"客人"出现在宾语位置上，指的是不定指的，说话人没有想到的、并不知道要来的"客人"。

（2）宾语的语义类型

述语和宾语之间的语义关系比较复杂，大体上可以分为以下三类。

A. 受事宾语

从语义上来看，最常见的宾语是用来表示动作所支配的对象，即受事。但这里的受事是广义的，受事宾语的语义又各不相同，对受事宾语的语义类别进行细分，大致有以下几种情况。

  a. 动作的承受者：打鬼子　改稿子　看电视连续剧　准备作业
  b. 动作的结果：写论文　编草帽　盖房子　包饺子
  c. 动作的处所：留学英国　到广州　住宾馆　吃食堂
  d. 动作的工具：跳绳　写钢笔　喝小杯　吃大碗
  e. 动作的目的：排火车票　跑项目　躲清静
  f. 动作的原因：躲雨　挠痒痒　担心出事

事实上，受事宾语还有一些其他的语义类型，我们在这里就不一一列举了。值得注意的是，不同的动词可能会带不同语义类型的宾语，就是同一个动词也常常可以带不止一种语义关系的宾语。例如动词"吃"，既可以带动作的承受者，如"吃饭"；也可以带动作的处所，如"吃食堂"；也可以带动作的工具，如"吃大碗"；还可以带动作的凭借对象，如"吃父母"。同样的，动词"写"，在"写钢笔"中带的是工具宾语，在"写论文"中则带的是结果宾语。

以上这些语义关系的述宾组合在汉语中出现的频率并不相同。总的来看，"动作—承受者"的组合关系最常见，可类推性也最强，其次是"动作—结果"，再次是"动作—处所"等。像"吃食堂""吃大碗"这类组合所受限制较多，带有较强的固定语的性质，不能随意类推，例如"筷子"也是吃饭的工具，但却不能说"吃筷子"，"饭店"也是吃饭的处所，也不能说"吃饭店"。

B. 施事宾语

施事宾语是动作行为的发出者，施事宾语所表示的人或事物往往是不定指的，常常带有"一位、几个"等定语。例如：

⑤ 来了几个记者。
⑥ 荷叶上挂着几滴露珠。
⑦ 村子里丢了几只羊。
⑧ 门口站着一位老大爷。

带施事宾语的句子，往往表示什么地方存在、出现或消失了什么人或者事物，述语动词往往是表示存在、出现或消失的动词，这样的句子叫作存现句。另外，还有一些比较特殊的施事宾语句表示什么东西可以供多少人使用，述语动词表示使用的方式，这样的句子叫供用句。例如：

⑨ 一锅饭能吃十个人。
⑩ 两间房住了二十几个人。

C. 中性宾语

指施事、受事以外的或者难以断定是施事还是受事的宾语。例如：

⑪ 他成了一个电脑迷。
⑫ 房间里有三五个人。
⑬ 他长得像他爸爸。
⑭ 你是我们大家学习的榜样。
⑮ 我的同学姓刘。

中性宾语的述语动词往往是"有、像、是、成为"等非动作性动词，整个谓语往往只对主语起判断或说明的作用。

2. 宾语的功能类型

汉语里体词和体词性短语可以做宾语，谓词和谓词性短语也可以做宾语。根据动词所带的宾语功能的不同，可以将宾语分为体词性宾语和谓词性宾语两类。

（1）以下动词只能带体词性宾语，只能带体词性宾语的动词叫体宾动词。例如：

骑（马）　　买（票）　　姓（王）　　捆（东西）
驾驶（汽车）修理（电灯）打扫（房间）

（2）以下动词只能带谓词性宾语，只能带谓词性宾语的动词叫谓宾动词。例如：

安于（清贫）羞于（见人）横加（干涉）难以（安静）
严加（看管）进行（改造）受到（打击）从事（研究）

以上动词能带的宾语的范围比较小，充当宾语的动词、形容词一定是双音节的，此外，充当宾语的还可以是一些以动词为中心的偏正短语，如"进行大规模的改造""受到严厉的批评""给以沉重的打击""横加粗暴的干涉"等。

觉得（挺好）（不错）（不舒服）（他们不错）
值得（看）（去一次）（乘火车去上海玩儿）（我们去一趟）
主张（讨论）（明天下午讨论）（让全班同学都来讨论）
禁止（吸烟）（在公共场所吸烟）（连续吸烟）（你们吸烟）

以上动词带的宾语虽然都是谓词性宾语，但带的宾语的范围比较大，可以是单个动词、形容词，也可以是各种谓词性短语。

计划（后天回来）（到哪里去）
打算（这么办）（怎么办）
觉得（不舒服）（什么地方不舒服）
准备（明天离开）（明天离开还是后天离开）

以上动词除了可以带一般谓词性短语做宾语外，还能带疑问形式的宾语，带了疑问形式的宾语后，整个述宾短语表示疑问。

（3）还有一类动词除了能带体词性宾语外，也能带谓词性宾语，这一类动词往往称作体谓宾动词。例如：

喜爱（玩具）（跳舞）　　　　害怕（老师）（坐长途汽车）
反对（他）（出去旅游）　　　　知道（这个人）（这个人怎么当上领导的）
研究（问题）（怎么运用这些资料）
讨论（语法问题）（如何研究这些问题）

以上动词中如"研究、讨论"之类，如果带谓词性宾语，宾语必须是一个疑问形式，但带了这样的宾语后，整个述宾短语并不表示疑问。

3. 双宾语

双宾语指的是一个述语后边接连出现两个宾语的情况，这两个宾语之间没有任何句法关系。离述语近的宾语一般指人，叫近宾语，也叫间接宾语；离述语远的宾语一般指物，叫远宾语，也叫直接宾语，也有两个宾语都指人或都指物的。当然，有时候远宾语还可以是谓词性短语，如"问老师怎么解决这个问题"。根据语义的不同，我们可以把双宾语分为以下几类。

（1）给予类双宾语

在这种双宾语构造中，主语是事物的给予者，近宾语是事物的接收者，述语动词使得事物（远宾语）由主语向近宾语转移。能带这类双宾语的动词有"送、卖、还、托付、转交、递、赏、嫁、奖、推荐、通知、扔、写、带、喂、灌、招待"等。这类双宾语格式里的动词，有的后头可以加"给"，有的不能加。例如：

① 他送我一束玫瑰。→ 他把一束玫瑰给我。→ 他送给我一束玫瑰。
② 我扔他一个球。→ 我把一个球给他。→ 我扔给他一个球。
③ 妈妈喂孩子牛奶。→ 妈妈把牛奶给孩子。→ *妈妈喂给孩子牛奶。

这类格式中，接收者往往是人，因此近宾语往往是指人的名词或代词。需要引起注意的是，如果远宾语指人，就只能用名词，不能用人称代词。例如：

④ 我介绍你一个朋友。→ *我介绍你他。
⑤ 宰相嫁皇帝一个女儿。→ *宰相嫁皇帝她。

（2）取得类双宾语

在这种双宾语构造中，主语是事物的接收者，近宾语是事物的给予者，述语动词使得事物（远宾语）由近宾语向主语处转移，含有"主语+得到+远宾语"的意思。能带这类双宾语的动词如"买、偷、娶、抢、赚、吃、喝、浪费、拿、用"等。因为这一类格式中的近宾语和远宾语在意义上有领属关系，所以往往可以在近宾语后边加上"的"，使近宾语转换为远宾语的修饰语，从而使原来的双宾语转化为单宾语。如：

⑥ 我买小李一本书。→ 我得到了一本书。→ 我买了小李的一本书。
⑦ 我拿了你几块钱。→ 我得到了几块钱。→ 我拿了你的几块钱。
⑧ 我吃了他一个苹果。→ 我得到一个苹果。→ 我吃了他的一个苹果。

（3）予取类双宾语

这种双宾语构造有歧义，既可以表示"主语 + 把 + 远宾语 + 给 + 近宾语"的意思，也可以表示"主语 + 从 + 近宾语 + 得到 + 远宾语"的意思。能带这类双宾语的动词有"借、租、赁、换、分、倒、盛"等。如：

⑨ 我租他一辆车。→ 我把一辆车租给他。→ 我从他那里租到一辆车。
⑩ 她借我十块钱。→ 她把十块钱借给我。→ 她从我这里借到十块钱。

（4）表称类双宾语

在这种双宾语构造中，近宾语与远宾语有同一关系，表示在"主语"眼里"近宾语 + 是 + 远宾语"，因此一般都可变换为"近宾语 + 被 + 主语 + 动词 + 为 + 远宾语"。能带这类双宾语的动词有"封、评、称、骂、叫、夸"等。如：

⑪ 大家称他"百事通"。→ 他是"百事通"。→ 他被大家称为"百事通"。
⑫ 大家夸她好孩子。→ 她是好孩子。→ 她被大家夸为好孩子。

此外，双宾语还可以分出一些其他的语义类型。如"烫了他好几个泡"可以看作表结果的双宾语，"喜欢那个姑娘大眼睛"可以看作表原因的双宾语，"尝它个新鲜"可以看作表时机的双宾语。

双宾语结构大都表示已经发生的事，因此，动词后面一般可以加上"了、过"，但是往往不能加"着"。另外，能带双宾语的动词中，有的要求两个宾语都必须出现，如"称、叫"等；有的允许只出现直接宾语，但却不允许只出现间接宾语，如"借、租、买、偷"等；有的允许只出现间接宾语，但却不允许只出现直接宾语，如"告诉、求、通知"等；有的允许只出现双宾语中的任何一个，如"问、还、给、赔"等。如：

⑬ 他们叫我老师。→ *他们叫我。→ *他们叫老师。
⑭ 她偷了我一条项链。→ *她偷了我。→ 她偷了一条项链。
⑮ 经理告诉了我这件事情。→ 经理告诉了我。→ *经理告诉了这件事情。
⑯ 他赔了我一支钢笔→ 他赔了我。→ 他赔了一支钢笔。

4. 与宾语相关的问题

关于宾语，还有两种特殊情况需要加以说明。

（1）就汉语中最常见的情况来说，主语和宾语如果同时出现，主语往往为施事，宾语往往为受事，所以"我追他"和"他追我"的意思不一样。但汉语中还有这样一些句子，充当主语和宾语的词语相互交换位置后，施受关系并不发生改变。例如：

① 行人走人行道。——人行道走行人。
② 监狱逃出了一个犯人。——一个犯人逃出了监狱。
③ 人住北屋。——北屋住人。
④ 外滩挤满了游客。——游客挤满了外滩。

（2）述语动词带不带宾语，一般情况下在施受关系上不会对立，如"我喝了"和"我喝饮料了"。但在下面的例子中，动词带不带宾语，意思完全不同。

⑤ 孩子丢了。——孩子丢了一只手套。
⑥ 王冕死了。——王冕死了父亲。
⑦ 中国队打败了。——中国队打败了匈牙利队。

（二）补语

补语是放在述语（一般是动词或形容词）后面做补充说明的句法成分，一般由谓词性词语、数量短语和介词短语充当。其基本的表达格式为"述语动词（形容词）+得+补语"。例如：

① 她吓得哭了。（谓词性词语做补语）
② 我跑了很多趟。（量词短语做补语）
③ 集众家之长于一身。（介词短语做补语）

补语在现代汉语中出现的频率非常高，因此很重要。其他语言中很少有类似汉语补语的这种句法结构，汉语中一个包含补语的句子，其他语言会用另外的方式，例如很可能用两个句子表达。

1. 补语的意义类别与结构类别

（1）补语的意义类别

根据补语所表示的意义的不同，可以将补语分为如下几类。

A. 结果补语。如：

　　翻开　晾干　听明白　讲清楚　看完　安好

B. 趋向补语。如：

　　进去　拿出　爬上来　扔过去　送回来

C. 程度补语。如：

　　妙极了　冷多了　麻烦死了　好得很　闲得慌

D. 情态补语。如：

　　写得很好　想得很清楚　走得脚疼　累得满头大汗

E. 数量补语。如：

　　说了一次　去一趟　踢两脚　学了三年　好了三天

（2）补语的结构类别

根据述语后用不用"得"，可以将补语分成三类。

A. 不能用"得"的：主要是程度补语、数量补语。这一类补语可以称为黏合式补语。

B. 必须用"得"的：情态补语。这一类补语可以称为组合式补语。

C. 用"得/不"与不用"得/不"构成平行格式的：主要是结果补语、趋向补语。

2. 结果补语和趋向补语

（1）结果补语和趋向补语的组成

能够充当结果补语和趋向补语的是动词或形容词，其中形容词数量较多，动词的数量相对较少。趋向动词可以充当趋向补语，如"上、下、进、出、起、回、开、过"和"来、去"，以及它们合成后的"上来、下去、进来、出去"等；能够充当结果补语的常见动词有"走、跑、动、倒、死、见、懂、成、完、穿、透"等。

根据述语和补语的配合情况，表结果和表趋向的述补短语有以下几种搭配方式。

A. 动词与动词的组合：

听懂　看穿　打死　吓跑　睡醒　赶走　弄丢
踢进　躺下　送上　跑开　拿回　走出去　跑进来

B. 动词与形容词的组合：

吃饱　长大　盖紧　晾干　跑远　挖深　说清楚　弄明白

C. 形容词与动词的组合：

热醒　滑倒　瘦死　急哭　累病　黑下去　忙起来

D. 形容词与形容词的组合：

累坏　忙坏　热坏

以上四种搭配方式结果补语都具有，而趋向补语只有其中的第一种和第三种搭配方式。

带上结果补语和趋向补语的述补短语在语法功能上相当于一个动词，后面可以带"了"或者"过"。如：

看见了我们（*看了见我们）　　　学会了游泳（*学了会游泳）
爬过了雪山（*爬了过雪山）　　　流进了下水沟里（*流了进下水沟里）
摔破过头（*摔过破头）　　　　　洗干净过衣服（*洗过干净衣服）
拿来过一本书（≠拿过来一本书）　取回来过几张报纸（*取过回来几张报纸）

（2）结果补语和趋向补语的可能式

结果补语和趋向补语都有用"得/不"与不用"得/不"构成的平行格式。不用"得/不"的形式是基本式，用"得/不"的形式是可能式。例如：

基本式：听见　　　学会　　　下去　　　跑回来
可能式：听得见　　学得会　　下得去　　跑得回来
　　　　听不见　　学不会　　下不去　　跑不回来

以下四个方面的问题与结果补语和趋向补语可能式有关，需要引起注意。

A. "说明、改进"等语言单位不是短语，而是补充式的合成词，所以没有加"得/不"的可能式；"巴不得"是词，也不是可能式的短语。

B. 有些结果补语只有可能式，没有基本式。它们大都用"～得来、～不来"（合得来/合不来），"～得了、～不了"（受得了/受不了），"～得、～不得"（说得/说不得）的形式表示。

C. "放心不下""得罪不起"是现代汉语中的熟语性的用法，其他地方很少这样用。因此，结果补语和趋向补语的可能式如果要带宾语的话，宾语只能位于可能式后面。例如：

听得懂英语　　赶得上飞机　　叫不出名字　　找不到老师

D. 结果补语和趋向补语的可能式一般不能用在"把"字句和"被"字句中。如：

① a. 我搬得动这张桌子。　　　　b. *我把这张桌子搬得动。

②a. 我把你说的话写下来了。　　　b. *我把你说的话写得下来了。
③a. 他想不起我的名字。　　　　　b. *我的名字被他想不起。
④a. 那些书可能被他借走了。　　　b. *那些书可能被他借得走了。

3. 情态补语、程度补语和数量补语

（1）情态补语

充当情态补语的可以是形容词或形容词短语，也可以是动词或动词短语，还可以是主谓短语。如：

  A. 写得好　　站得远远的　　长得粉嘟嘟的　　气得发抖　　急得直跺脚
  B. 热得满头大汗　吓得浑身发抖　走得两腿发酸　说得谁也不明白

A组的情态补语由形容词或形容词短语、动词或动词短语充当，B组则由主谓短语充当。

单个形容词构成的情态补语，在形式上与结果补语可能式的肯定形式相同，例如"写得快"既可以是情态补语，又可以是结果补语可能式的肯定形式。其区别在于：①二者的否定形式不同，情态补语的否定形式是"写得不快"，而结果补语的否定形式是"写不快"；②二者的疑问形式不同，情态补语的疑问形式是"写得快不快"，而结果补语的疑问形式是"写得快写不快"；③有无扩展式，情态补语有扩展形式，如"写得很快""写得快极了"，结果补语没有扩展形式。

由单个形容词构成的情态补语和由状态形容词构成的情态补语，如"站得远"和"站得远远的"，"磨得光"和"磨得光秃秃的"，在语法功能上有如下一些区别。

A. 后者可以受时间副词修饰，前者不行：

  一直站得远远的　　*一直站得远　　已经磨得光秃秃的　　*已经磨得光

B. 后者可以与"把、被、给"等介词连用，前者不行：

  把笔尖磨得光秃秃的　　　　　　　*把笔尖磨得光
  小姑娘被打扮得漂漂亮亮的　　　　*小姑娘被打扮得漂亮

C. 后者可以做状语，前者不行：

  站得远远地看着　　*站得远地看着　　洗得干干净净地收着　　*洗得干净地收着

一般来说，能够带情态补语的动词和形容词具有如下特点。

第一，不能是动词和形容词的重叠形式。例如：

  ①a. 他高兴得手舞足蹈。　　b. *他高高兴兴得手舞足蹈。
  ②a. 你想得很周到。　　　　b. *你想想得很周到。

第二，状态形容词也不能带情态补语，如"胖乎乎、雪白"等。

第三，述语如果是离合动词或者动词带宾语的形式，需要重复动词（或动词的第一个音节）。例如：

  ③他洗澡洗得很快。
  ④他挑土挑得腰都弯了。

另外，述语和情态补语之间除了用"得"连接之外，还可以用"个"连接，用上"个"字，述语后面还可以再带上"了"或"得"，从而形成"了个"或"得个"连接述语和补语的情况。例如：

⑤ 今天我们一起玩儿个痛快。
⑥ 我军把敌军打了个落花流水。
⑦ 他里里外外，忙得个不亦乐乎。

这类带情态补语的形式往往用在口语中，补语前面的述语动词一般都是单音节的。另外，能用在这种补语格式中的成分要受很多限制，一些能充当"得"后补语的短语大都不能用于这种结构。例如：

⑧ a.他激动得都说不出话来了。　　b.*他激动了个都说不出话来了。

用"个"的情态补语既有肯定形式，又有否定形式。如果是否定形式，往往用"不停、不住、不休、不了、没完没了、没完"等，表示"不停"的意思。例如：

⑨ 这雨，一直下个不停，越来越大。
⑩ 她喊叫一声醒来，心还"突突"地跳个不住。
⑪ 你怎么说个没完没了？

有时候，"得"字后面的状态补语在一定的语境中还可以省略。例如：

⑫ 看把你幸福得。
⑬ 你瞧老李乐得。

（2）程度补语

程度补语用来表示程度的深浅。程度补语和程度副词一样，只能用在形容词以及表示感情、感觉、心理活动、心理状态的动词的后面，程度补语没有否定形式。

能够充当程度补语的词语非常有限，主要有以下两种。

A. 述语后面加上"极了、多了、透了、死了"等。这类述补结构后面的"了"不能省略。例如：

⑭ 你的想法好极了。
⑮ 你可把我吓死了。
⑯ 这件事真是糟糕透了。

动词"死、透"等放在一般动词后面表示结果，但是放在表示心理活动、感觉等的动词和形容词后面则表示程度。例如：

⑰ 那个孩子被打死了。
⑱ 正义的子弹穿透了罪恶的躯体。

同样是"死了"，例⑮放在表示心理活动的动词"吓"的后面，是程度补语，例⑰放在动作动词"打"的后面，是结果补语。同样是"透了"，例⑯是程度补语，例⑱则是结果补语。值得注意的是，在"累死了、饿死了"中，"死了"就既有可能表程度，又有可能表结果，这就需要我们根据上下文来判断其具体内容。

B. 述语后面加上"得"再加上"很、多、慌、不得了、什么似的、要死、要命、不行、可以、厉害、够呛"等。例如：

⑲ 他的身体好得很。
⑳ 听到这个好消息，我们全家都激动得不得了。
㉑ 天热得要命。

程度补语与结果补语、情态补语不一样。带结果补语或情态补语的结构都包含两个表述，而带程度补语的结构只有一个表述。从语义上来看，程度补语表示程度，其作用与程度状语大体相当。例如：

㉒ 我特别累。
㉓ 我累死了。
㉔ 我累得不得了。

从表达的意义上看，应该说以上三个句子基本相同，都是表示"累"的程度深。

（3）数量补语

在述语后面表示有关动作、变化的数量成分叫作数量补语。数量补语大体可以分为以下两类。

A. 由动量短语充当，表示动作、行为发生的次数，是动量补语。例如：

㉕ 她把我轻轻地晃了几下。
㉖ 北京，上个月我去了两趟。

B. 由时量短语充当，表示动作持续的时间，是时量补语。例如：

㉗ 英语我学了三年。
㉘ 他们在那里聊了一个下午。

时量补语也可以表示动作实现以后所经历的时间。例如：

㉙ 她走了一年多了。
㉚ 这家超市开业三天了。

数量补语的使用要注意以下几个问题：

第一，带数量补语的结构如果加"了、过"，"了、过"要跟在动词后面。例如：

㉛ a. 我跑了三趟医院。　　　b. *我跑三趟了医院。
㉜ a. 我看过一次4D电影。　　b. *我看一次4D电影过。

第二，如果述语动词又带宾语，要注意宾语的位置。大致有以下几种情况：

A. 宾语为表事物的名词时，一般在数量补语的后面。例如：

㉝ a. 我想用一下你的电脑。　　b. *我想用你的电脑一下。
㉞ a. 你已经看了一晚上电视了。　b. *你已经看了电视一晚上了。

B. 宾语为处所名词或指人的名词，补语为动量补语时，宾语既可以在补语之前，又可以在补语之后。例如：

㉟ a. 我只去过广州一次。　　b. 我只去过一次广州。
㊱ a. 她看过小李一次。　　　b. 她看过一次小李。

C. 宾语为指人的名词，补语为时量补语时，宾语一般位于补语的前面。例如：

㊲ a. 我教了小李这么多年。　b. *我教了这么多年小李。

D. 宾语为指人代词时，一般在数量补语的前面。例如：

㊳ a. 我约过她一次。　　　　b. *我约过一次她。
㊴ a. 她照顾了我半个月。　　b. *她照顾了半个月我。

以上所说的都是一般的情况。如果补语为表示动作实现以后所经历时间的时量补语，宾语都要放在补语的前面。例如：

㊵ a. 我住这里一年多了。　　　　b. *我住一年多这里了。
㊶ a. 他开这家饭馆三年了。　　　b. *他开三年这家饭馆了。

三　定语和状语

（一）定语和状语的区分

1. 有关定语、状语的定义

较早的语法教材一般这样定义"定语"和"状语"："名词前边的回答'谁的''什么样的''多少'这类问题的名词、代词、形容词、数量词叫作定语"，"动词、形容词前边的形容词、副词或者表示时间、处所的词，能回答'怎么''多么'这类问题的，叫作状语"。

根据这样的定义，不能很好地分析以下短语：

刚星期一　　　才八月　　　最上面　　　只两间房（状中短语）
问题的解决　　方案的推广　班干部的选拔　狐狸的狡猾（定中短语）

据此，定语、状语应该定义为：定语是体词性短语的修饰语，状语是谓词性短语的修饰语。

2. 区分定语、状语的三条标准

第一，根据修饰语的性质来区分。从修饰语的情况看，不管中心语的性质如何，人称代词、名词、区别词、"数词+名量词"构成的量词短语只能做定语，不能做状语；而副词只能做状语，不能做定语。

第二，根据中心语的性质来区分。单音节形容词既可以做定语，又可以做状语。如：

A. 假钞票　大房子　怪事情　苦味道　慢镜头
B. 假笑　　大叫　　怪叫　　苦练　　慢跑

区别要看中心语的词性，如果中心语是体词性的词语，那么前面的修饰语就是定语；如果中心语是谓词性的词语，那么前面的修饰语就是状语。因此，上例A组是定中短语，B组为状中短语。B组中的修饰语不能做定语：

① 他一直在怪叫。　　　　*他一直在怪的叫。
② 学舞蹈要苦练基本功。　*学舞蹈要苦的练基本功。

第三，根据整个偏正短语的性质来区分。如果是双音节形容词做修饰语，还要考虑整个偏正短语的性质：

③ 认真 de 研究一下
④ 认真 de 研究周围的情况
⑤ 已经认真 de 研究过了
⑥ 进行认真 de 研究
⑦ 认真 de 研究很有必要

上述五例中都出现了"认真de研究",例③带了动量补语"一下",例④带了宾语"周围的情况",例⑤带了状语"已经",以上三个短语中的"de"应写作"地","认真"做状语,"认真地研究"是动词性短语;例⑥中"认真de研究"做"进行"的宾语,"研究"后面不能再带宾语和补语,前面也不能有状语,所以这里的"de"应写作"的","认真的研究"是名词性短语;例⑦中"认真de研究"位于主语的位置,这里的"de"既可以写作"的",也可以写作"地",既可以是名词性短语,也可以是动词性短语。

(二)定语

1. 定语的分类

定语和中心语的语义关系是多种多样的,总体来看,可以分为限制性定语和描写性定语两大类。

(1)限制性定语

限制性定语的作用是区别,重在说明后面的中心语事物的外部关系,给事物分类或划定范围,它指明在一些事物中是"这个"而不是"那个",一般回答"哪一种或哪一类"的问题。这类定语多由名词性词语、动词性词语和区别词来充当,说明人或事物的领属、时间、处所、环境、范围、数量等。例如:

① 我的书包和红领巾都找不到了。(表领属)
② 通过几年的不懈努力,他们终于攻克了难关。(表时间)
③ 教室里的同学是留下来补作业的。(表处所)
④ 前几天的会议精神还没有传达下来。(限定范围)
⑤ 花园里开了几朵花儿。(表数量)

在限制性定语中,有一种是表示同一关系的,定语和中心语所指内容一致。如果把其间的结构助词"的"换成"这+量词",整个偏正短语就转化为同位短语。例如:

⑥ 同学之间闹矛盾的小事 → 同学之间闹矛盾这种小事
⑦ 进攻中心城市的计划 → 进攻中心城市这个计划

(2)描写性定语

描写性定语的作用是描写,主要着眼于所描写的事物本身,突出人或事物的本体特征,回答"什么样的"问题,使语言表达更加准确、形象、生动。这类定语多由形容词性词语等来充当,说明人或事物的性质、状态、特点、用途、质料等。例如:

⑧ 红彤彤的脸庞放射出光彩。(表事物的性质、状态)
⑨ 他是个聪明的孩子。(表人的特点)
⑩ 那里有一座木头房子。(表质料)
⑪ 这是一只装工具的箱子。(表用途)

以上只是对定语的语义类型的大体分类。事实上,限制性定语和描写性定语之间并没非此即彼的明确界限,限制性定语也有描写作用,描写性定语也有限制作用,例如"绿油油的麦田"既是对"麦田"的一种描写,同时也限定这个"麦田"是"绿油油的",而非"金黄的",等等。

2. 定语和定语的标志"的"

结构助词"的"是定语的标志。它的作用主要表现在两个方面:一个是用来区别偏正关系与其他关系；一个是强调前边词语的修饰性、领属性和描写性。定语与中心语之间加不加"的"，情况比较复杂，有的必须加，有的不能加，有的可加可不加。

（1）必须加"的"的定中短语

这类短语的定语主要由谓词性的短语和介词短语来充当，如果不加"的"，整个语言片段的语义不通，也无法构成一个定中短语。如下面的例子。

A. 主谓短语做定语：

牡丹盛开的时候 → *牡丹盛开时候

B. 连动短语、兼语短语做定语：

进来取书的同学 → *进来取书同学　　送你上车的人 → *送你上车人

C. 紧缩复句做定语：

越说越激动的老李 → *越说越激动老李

D. 介词短语做定语：

对于学校的各种意见 → *对于学校各种意见

（2）一定不能加"的"的定中短语

这类短语的定语和中心语之间一定不用"的"，如果用上"的"，整个语言片段就不能成立。例如：

数量词、指量词做定语：

一件衣服 → *一件的衣服　　　　　　那本书 → *那本的书

（3）可加"的"也可不加"的"的定中短语

这种短语加"的"和不加"的"有平行格式，这种平行格式表示的语法关系是相同的，都是偏正关系，但强调的重点却有所不同。不加"的"的定中短语体现的是名词的属性特征，而加"的"的定中短语突出的是名词的非属性特征。可以分三种情况。

A. 加上"的"，增加了修饰语的修饰性。例如：

名词+名词：古代文学 → 古代的文学（不是"现代的"文学）

动词+名词：广播节目 → 广播的节目（不是"以其他形式表演的"节目）

形容词+名词：干净衣服 → 干净的衣服（不是"脏的"衣服）

区别词+名词：优质皮鞋 → 优质的皮鞋（不是"其他质量等级的"皮鞋）

B. 加上"的"，增加修饰语的领属性。例如：

猫尾巴 → 猫的尾巴（具体的一种动物的尾巴）

他朋友 → 他的朋友（强调朋友是"他"的）

C. 加上"的"，增加了修饰语的描写性。例如：

三斤鲤鱼 → 三斤的鲤鱼（一条重三斤的鲤鱼）

十支香烟 → 十支的香烟（十支一盒的那种香烟）

由此可见，定语与中心语之间用"的"与不用"的"的情况确实很复杂，以上规律也只是概括了一个大致的情况。

3. 多层定语的语序

所谓多层定语是指在定中短语当中，中心语前边的定语不止一项，从而形成定语层层叠加的形式，例如"一双红色的尖头高跟女靴"。

（1）区分以下几种复杂的定中短语

一种是几个词语没有主次之分，组成一个联合短语做定语的情况。例如：

① 她是个大方、文静、漂亮的姑娘。
② 他不想变成骄傲而孤单的人。
③ 老师和学生的愿望是把班级建设好。

还有一种是修饰中心语的定语本身就是一个复杂的偏正短语。例如：

④ 他是我的同学的朋友的老师。
⑤ 这里有世界上很多国家的书。
⑥ 这是雄伟的泰山顶峰的照片。

（2）多层定语的语序排列原则

A. 如果一个中心语有多个定语，这些定语并不是随便叠加在一起修饰中心语的。多层定语的语序是一个比较复杂的问题。总体来看，最基本的规则是限制性定语要在描写性定语的前面。例如：

⑦ a. 我的好书很多。（领属+性状）
　 b. *好我的书很多。
⑧ a. 她讨厌酒吧里嘈杂的声音。（处所+性状）
　 b. *她讨厌嘈杂的酒吧里声音。

B. 如果多层定语全都是限制性定语，按照离中心语由远到近的顺序依次是：表示领属关系的词语＞表示处所或时间的词语＞指示代词或量词短语。例如：

⑨ 我的一支钢笔被他借走了。（领属+数量）
⑩ 房间里的一面镜子被打碎了。（处所+数量）
⑪ 你在南京的那套房子卖出去了？（领属+处所+指代+数量）

C. 如果多层定语都是描写性定语，一般来说，其顺序为：动词或动词性短语（包括主谓短语）＞形容词或形容词性短语＞不带"的"的表属性、质料等的形容词、名词。例如：

⑫ 我匆匆写下的歪七扭八的便条不见了。
⑬ 那个个子比一般人高的年轻工人今天迟到了。
⑭ 她穿了一身从朋友那里借来的漂亮的藏族服装。

D. 将以上规则总结起来，修饰同一个中心语的多层定语，从离中心语最远的词语算起，其一般顺序为：

a. 表示领属关系的词语＞ b. 表示时间、处所的词语＞ c. 指示代词或量词短语＞ d. 动词性词语＞ e. 形容词性词语＞ f. 不带"的"的表示属性、质料等的形容词、名词等。例如：

⑮ 这是一幅他亲手画的水墨国画。（c＞d＞f）
⑯ 你的那条刚买的真丝连衣裙真漂亮。(a＞c＞d＞f)
⑰ 她有一只非常昂贵的翡翠手镯。（c＞e＞f）
⑱ 校园里那潭清澈见底的湖水在阳光下格外引人注目。（b＞c＞e＞f）

从逻辑的角度来说，跟中心语关系越密切的定语就越靠近中心语。但是，有些词语如量词短语具有一定的灵活性，其位置可前可后。例如上面的例⑮、例⑯也可以有如下的表达方式：

⑲ 这是他亲手画的一幅水墨国画。（d＞c＞f）
⑳ 你刚买的那条真丝连衣裙真漂亮。(a＞d＞c＞f)

以上我们对多层定语的排序规则作了一些简要的说明。事实上，在具体的语言运用当中，由于说话者语言表达的不同需要，情况还要复杂得多，这就需要我们在具体的运用中去细心地体会、把握。

（三）状语

1. 状语的分类

根据状语的语义功能，可以把状语分为限制性状语和描写性状语。

（1）限制性状语

限制性状语主要由副词、时间名词、处所名词、介词短语等担任，从各个方面对中心语加以限制。其语义又可以分为以下几类。

A. 表示时间、处所、方向的。例如：

① 他们明天出发去广州。
② 当你回到这里的时候，我们已经离开了。
③ 我们在操场上踢足球。
④ 你沿着这条小路一直往前走。

B. 表示程度、范围、否定、语气的。例如：

⑤ 这座城市非常安静。
⑥ 他们全来了。
⑦ 你不知道什么时候开会？
⑧ 他竟然自己走了。

C. 表示目的、依据、关涉、对象的。例如：

⑨ 为了大家的生命安全，他奋不顾身地冲了上去。
⑩ 你们根据什么这样做？
⑪ 就勒令他退学一事，大家谈了各自的看法。
⑫ 老师给我介绍了一个朋友。

（2）描写性状语

根据语义指向的不同，描写性状语又可以分为描写动作的、描写主语的和描写宾语的几类。

A. 语义指向动作的。主要是对动作的方式等进行修饰描写。充当这类状语的主要是一部分形容词及形容词性短语，如"高、彻底、非常仔细"等；一部分名词和名词性短语、动词和动词性短语、量词短语，如"快步、历史、主观主义，不停、不住，一把、一趟一趟"等；以及表示情态的副词如"一直、亲手、独自、互相"等。例如：

⑬ 他非常仔细地阅读了合同的每一项条款。

⑭ 学生不停地问老师问题。
⑮ 我独自坐在这里等他。

B. 语义指向动作者，主要是句子主语的。描写动作者动作时的表情、姿态以及形之于外的心理活动。充当这类状语的主要是形容词及形容词性短语，如"激动、幸福、美滋滋、十分自然、兴高采烈"等；动词及动词性短语（包括主谓短语），如"怀疑、吃惊、又蹦又跳、脸色阴沉、大摇大摆"等。例如：

⑯ 他痛苦地离开了人世。
⑰ 我跌跌撞撞地跟在赵小虎的后面。
⑱ 瑞芯姨姨喜形于色地告诉了我她的新发现。

C. 有些描写性状语的语义是指向句子中的宾语的。例如：

⑲ 小乐给自己大大地切了一块儿生日蛋糕。
⑳ 他圆圆地画了一个圈儿。
㉑ 矮墙上蓬蓬地长着狗尾草。

以上三种描写性状语由于语义指向不同，所以有各自不同的变换形式。描写动作的状语有些可以变换成对动作的表述。例如：

㉒ 他们认真地讨论工作实施方案。→ 他们对工作实施方案的讨论很认真。

而描写主语的状语一般不能进行这样的变换。例如：

㉓ 他高兴地跳了起来。→ *他跳很高兴。

描写主语的状语很多可以在意义不变的情况下构成对主语这个动作者的表述。例如：

㉔ 他很骄傲地向大家介绍了自己所取得的成绩。→ 他很骄傲，他向大家介绍了自己所取得的成绩。

描写句子宾语的状语则大多可以变为宾语的定语。例如：

㉕ 他浓浓地冲了一杯咖啡。→ 他冲了一杯浓浓的咖啡。

2. 状语和状语的标志"地"

（1）限制性状语大多数不能带"地"

① 昨天我回去得很晚。（时间）
② 他从柜子里找出一把钥匙。（处所）
③ 为考名牌大学她努力学习。（目的）
④ 我跟同学们出去春游。（协同）
⑤ 他对我特别好。（对象）
⑥ 我们确实遇到了困难。（语气）
⑦ 王冕七岁时就死了父亲。（关联）
⑧ 我们又了解了一次情况。（频率）
⑨ 这条鱼刚好两斤。（数量）
⑩ 全班同学都回来了。（范围）

只有在特别强调时，双音节副词后才能带"地"。例如：

非常（地）关心　　及时（地）了解　　格外（地）帮助

高兴（地）炫耀　　极端（地）自私

（2）描写动作者的状语，除了单音节的形容词以外，一般要带"地"。如：

高兴地说　　静静地等待　　捂得严严地藏着
会意地笑　　吃惊地问　　娇滴滴地哭了几声　　一心一意地做

（3）描写动作的状语，有以下几种情况。

A. 单音节形容词、双音节形容词、量词短语一般都不带"地"。例如：

快跑　静观　专心看　直接说　一脚踢过去　一下子走光了

B. 动词短语、名词短语一般带"地"。例如：

不住地说　　　　　有计划地实施　　　　非常感兴趣地研究
主观主义地解决问题　历史地落在我们头上

C. 形容词重叠式、量词短语重叠、双音节和多音节拟声词、少数双音节动词、少数副词，可带"地"，也可不带"地"。例如：

快快（地）说了几句　　　　平平安安（地）回到家里
一次一次（地）向他求情　　一趟一趟（地）来回跑
叽里咕噜（地）念叨着　　　叮叮当当（地）敲着
来回（地）折腾　　　　　　悄悄（地）离去

3. 多层状语的语序

多层状语是指状中短语里中心语前边的状语不止一项，从而形成状语层层叠加的形式。例如"每个周末他都在教室里认真地学习"。

（1）区分多层状语和其他两种形式的复杂短语

一种是几个词语没有主次之分，组成一个联合短语做状语的情况。例如：

① 我们及时而准确地传达了会议精神。
② 这样解决问题对班级、对个人都好。

另外一种则是状语本身又带了状语的情况。例如：

③ 我非常愿意去接你。
④ 她特别认真地看了一遍信。

（2）多层状语的语序

总体上看，多层状语的语序相对于多层定语来说要灵活一些。例如：

⑤ a. 他一下子把丽娟从沙发上抱了起来。
　　b. 他一下子从沙发上把丽娟抱了起来。
　　c. 他把丽娟从沙发上一下子抱了起来。
　　d. 他把丽娟一下子从沙发上抱了起来。

很显然，以上各句都有三层状语，其排列的顺序非常灵活。值得注意的是，状语的排列也并不是完全自由的。例如：

⑥ *我们在教室早上看书。
⑦ *这样的事就没有从来出现过。

以上两句就不符合汉语多层状语的排序规则，因此是不合语法的。

（3）多层状语的语序排列需要遵循以下几条基本规则

A. 如果动词之前同时有几个表示时间的状语，它们的排列顺序是：时间名词＞表时间的介词短语或方位短语＞时间副词。例如：

⑧ a. 我过去经常在这家商店买东西。（时间名词＞时间副词）
　　b.*我经常过去在这家商店买东西。
⑨ a. 放学以后赶快回家做作业。（方位短语＞时间副词）
　　b.*赶快放学以后回家做作业。
⑩ a. 上星期老张从周一到周五一直在加班。（时间名词＞介词短语＞时间副词）
　　b.*老张一直上星期从周一到周五在加班。

B. 语气副词、时间副词和否定副词连用，其顺序为语气副词＞时间副词＞否定副词。例如：

⑪ 王刚反正马上要回来了。（语气副词＞时间副词）
⑫ 我居然一直不知道这件事情。（语气副词＞时间副词＞否定副词）
⑬ 他索性再也不理我们了。（语气副词＞时间副词＞否定副词）

C. 多个介词短语连用，遵循的原则是时间上先发生的在前，后发生的在后；空间上位置先于方向；先施事后受事。例如：

⑭ 你在前面那个拐角沿着中山路往前走就到了。
⑮ 合同自签订之日起十天后生效。
⑯ 小王在教室里对着墙壁自言自语。
⑰ 他被人把自行车偷走了。

D. 否定副词的位置比较灵活，在语义上修饰什么成分，就位于什么成分的前面，不一定与中心语直接发生联系。它们出现位置的不同可能会引起意义上的差别。例如：

⑱ 我知道了这件事以后心里很不舒服。（不舒服，而且程度很高）
⑲ 我知道了这件事以后心里不很舒服。（舒服，但是程度不太高）
⑳ 上一次大家都没去北京。（全都没去，没有一个人去）
㉑ 上一次大家没都去北京。（不是全都没去，有的去了，有的没去）

E. 如果同时出现两个描写性状语，描写句子主语的状语在前面，描写动作的状语在后面。例如：

㉒ 她面无表情地呆坐在那里。
㉓ 肖建兴奋地一把抢过了入学通知书。
㉔ 他像疯了一样猛地从教室冲了出去。

F. 不同结构形式的几个状语连用，按照离中心语由远到近，其一般的排列顺序是：a. 表示时间的状语＞ b. 表示语气的状语＞ c. 描写主语的状语＞ d. 表示处所、方向的状语＞ e. 表示对象的状语＞ f. 描写动作的状语。例如：

㉕ 昨天晚上我们在宿舍里安静地看书。（a＞d＞f）
㉖ 我刚才在走廊里和他说了一会儿话。（a＞d＞e）

㉗ 他居然从后门悄悄地溜走了。（b＞d＞f）
㉘ 二十多年来，她为他默默地奉献着。（a＞e＞f）
㉙ 今天早上他在学校门口向迎面走来的张教授深深地鞠了一躬。（a＞d＞e＞f）

正如前面介绍的，多层状语的语序要比多层定语的更灵活一些，所以上面的排序规则实际上只是一个总体的倾向，语言的具体运用情况并不一定完全符合这些规则。例如，同样是表时间的状语，时间名词往往放在语气副词的前面，而时间副词则往往放在语气副词的后面。上面的例㉗，如果我们加上时间名词和时间副词，就变为：

㉚ 他刚才居然已经从后门悄悄地溜走了。

思考题

1. 语序这种语法手段是不是只在短语中才能体现？
2. "称他们英雄"和"称他们是英雄"这两个短语中，动词"称"后面的宾语是否都可以算作双宾语？为什么？
3. 带"得"的补语可以是情态补语、可能补语，也可以是结果补语和趋向补语，还可以是程度补语，它们之间应该如何进行区别？

第六节 句　型

一　句子的结构分析

句子的结构分析是句子分析的基础，也是理解句子和解释句子的关键所在。对句子结构进行分析，经常采用的方法有以下三种。

（一）句子成分分析

受传统语法的影响，句子结构分析，曾长期采用句子成分分析法。这种析句方法认为句子是由词构成的，词进入句子以后跟其他词发生结构关系就可以充当句子成分，词和句子成分之间有对应关系。在具体的操作过程中，遇到偏正结构要找中心词，遇到述宾结构也要找出中心词（以动词为中心），让中心词去充当句子成分，所以又叫中心词分析法。分析时采用以下符号：主谓之间用"‖"隔开，"＝"表示主语或主语中心，"—"表示谓语或谓语中心，"～"表示宾语或宾语中心，"（ ）"表示定语，"[ ]"表示状语，"〈 〉"表示补语。如"小明不小心打碎了新买的花瓶"一句就可以分析为：

小明‖[不小心]打〈碎〉了（新买）的花瓶。

句子成分分析法在相当长一段时间内在汉语语法研究和教学中发挥着重要的作用。这种方法的优点在于对六大成分的说明便于学习和掌握，对句子的分析直观、简洁，有利于建立基本的句法结构类型。句子成分分析法最显著的缺点是忽视了句法结构的层次性，不能正确地反映句子的层次结构。

(二)直接成分分析(层次分析)

层次分析法是基于语言单位的层次性而采取的一种分析方法。任何一个复杂的语言单位都是由较小的语言单位组成的,但不是在同一个层次上组成的,而是由小到大逐层组织起来的。用直接成分分析法分析句子可以显示语言结构的层次,所以也叫层次分析法。用直接成分分析法分析句子时一般采用图解的方式。上面的句子用框式图解从大到小的层次如下:

(三)句型分析

句子分析并不等于句法分析,因为句子分析的目的不仅在于理出层次,而且还要归纳句型。句型是按照句子的格局划分出来的类别,如"小明不小心打碎了新买的花瓶"是一个主谓句。句型是人们根据表达的需要,生成无数的句子的依据。现代汉语的句子首先可以分为单句和复句两种句型。单句下面再分为主谓句和非主谓句,复句下面再分为联合复句和偏正复句。主谓句下面可以再分出名词性谓语句、动词性谓语句、形容词性谓语句、主谓谓语句。非主谓句下面可以再分出名词性、动词性、形容词性等非主谓句。联合复句下面可以再分为并列复句、连贯复句、递进复句、选择复句。偏正复句下面可以再分为因果复句、条件复句、转折复句、让步复句。动词性谓语句下面还可再分出各有特点的句型和句式。

上面的现代汉语句型系统用表格表示如下:

表5-3 现代汉语句型系统

句型	单句	主谓句
		名词性谓语句
		动词性谓语句
		形容词性谓语句
		主谓谓语句
	非主谓句	名词性非主谓句
		动词性非主谓句
		形容词性非主谓句
	复句	联合复句
		并列复句
		连贯复句
		递进复句
		选择复句
	偏正复句	因果复句
		条件复句
		转折复句
		让步复句

二　句子的特殊成分

句子的特殊成分，主要指提示成分和独立成分。提示成分和独立成分都附着于句子，不能离句而独立，但又不是句子的直接成分，所以我们把这两种成分称为句子的特殊成分。

（一）提示成分

提示成分出现在句子的开头或末尾，与句子当中的某一个成分指同一个事物，但它不属于句法成分。提示成分可以分为两类。

1. 称代式提示成分

称代式提示成分一般用在句首，句中用代词来指称它，提示成分之后有明显的语音停顿，书面上常用逗号或破折号来表示。例如：

① 祖国，我为你放声歌唱！
② 泰山——这是一座象征中国人民坚强性格的山！

2. 总分式提示成分

句首的提示成分是一个总说部分，句中同它相应的是分说部分，分说的部分作为分句的主语，这就是总分式提示成分。这种提示成分后边一般有语音停顿，书面上用逗号或冒号表示，常用"的"字短语或"一个"之类来分说。例如：

① 小敏和小捷，高的是妹妹，矮的是姐姐。
② 他的两个儿子，一个是医生，一个是老师。

有些句子的提示成分是分说部分，出现在句末，句中同分说部分相应的是总说部分。例如：

③ 人文学院有四个专业：中文、历史、新闻、对外汉语。
④ 桌上放着四大名著：《红楼梦》《三国演义》《水浒传》和《西游记》。

提示成分的构成要满足以下条件：（1）提示成分必须用在句首或者句尾，并且用逗号、破折号或冒号与句子的另一部分隔开；（2）在句子中，必须有一个词语在主语位置或者在谓语位置上复指提示成分所指称的事物；（3）提示成分必须由主谓短语之外的词或短语担任，即主谓短语是不能充当提示成分的，这主要是因为主谓短语结构完整，位于句首或句尾，就可以"升级"为复句中的一个分句。因此，不管是称代式提示成分还是总分式提示成分，都不能是主谓短语。例如：

⑤ a. 参加篮球决赛的有两个队，一个是美国队，一个是意大利队。
　　他借了很多书，有的是古代的，有的是近代的，有的是当代的。
　b. 参加篮球决赛的两个队，一个是美国队，一个是意大利队。
　　他借了很多书，古代的、近代的、当代的。

例⑤中a组的句子中没有提示成分，整个句子是复句；b组的句子中有提示成分，整个句子是单句。

（二）独立成分

独立成分指的是句子中不与别的成分发生结构关系、位置一般比较灵活的一些词语。独立成分在结构上不是非有不可的，但在表意上却不是可有可无的，主要有以下一些作用。

（1）表示招呼、应答或感叹，常用名词、叹词等表示。例如：

① 小王，你快过来！
② 啊呀，真没想到这么多年过去了，你一点儿也没变！

（2）引起对方注意，一般用"你看、你瞧、你想、你听"等词语表示。例如：

③ 你看，这不就是你要找的那本书吗？
④ 你听，是不是有什么声音？

（3）表示对情况的推测和估计。表示对情况推测的含有保留的语气，常用"看来、看起来、想来、看样子、说不定"等词语表示；表示对情况估计的，有的是往"大、多"等方面估计，有的是往"小、少"等方面估计，常用"充其量、大不了、少说、往少里说、少说一点儿"等词语来表示。例如：

⑤ 看起来，还有许多同学不能熟练地掌握层次分析法。
⑥ 现在已经十二点了，今天晚上他说不定不回来了。
⑦ 他去上海出差，往少里说，也有十几次了。
⑧ 把咱俩所有的钱都加起来，充其量也就三十万元左右，离房子的首付还差得远呢！

（4）表示特定的口气，主要是指肯定、强调的语气。常用"毫无疑问、没问题、不用说、不可否认、说真的、说实在的、老实说、不错"等词语来表示。例如：

⑨ 毫无疑问，他的这种做法是错误的。
⑩ 这种条件根本算不上艰苦，说实在的。

（5）表示某一消息或情况的来源，常用"听说、据说、相传"等词语来表示。例如：

⑪ 相传这里曾经住过一位高僧。
⑫ 听说这学期李老师教我们数学。

（6）表示总括，常用"总之、总而言之、总的说来、一句话"等词语来表示，它们在句子中有承上启下的作用。例如：

⑬ 考试前要调整心态，注意饮食和作息，总之，别太紧张，正常发挥就行。
⑭ 对于新事物，有的人赞成，有的人反对，有的人怀疑，总而言之，每个人都有自己的看法。

（7）表示对某一问题的意见和看法，常用"我想、依我看"等词语来表示。例如：

⑮ 我们提出向外国学习的口号，我想提的是对的。
⑯ 用这种简单粗暴的方法处理问题，依我看，是不会收到预期的效果的。

三　句型的确定

（一）确定句型的方法

1. 句型划分与非句型因素

句型既然是句子的结构类型，那么一切与句子的句法结构无关的因素都不应该影响句型划分。句子中的下列成分或形式都属于非句型因素。

（1）句子的语气、语调、口气以及表达语气、口气的语气词（包括句中语气词）不影响句型划分，这些都属于句子语用方面的因素，只要句子的句法结构相同，语气、口气虽异，也属于同一句型。如"小李来了""小李来了吗""小李来了！""小李来了啊"都是主谓句。"跑！""跑吧？"都属于动词性非主谓句。

（2）句子中的独立成分、提示成分、追加成分、连续反复的重复成分、冗余重复成分等不影响句型划分，它们也是句子的语用成分。如"小李走了"和"听说小李走了"属于同一句型；"我认识张晨"和"我认识张晨，你们学校的数学老师"是同一句型；"你说什么！"和"你说什么你！"是同一句型；"他经常这样几个小时地慢慢走着"和"他经常这样几个小时地、几个小时地慢慢走着、走着、走着"是同一句型；"他已经来了"和"他、他、他已经来了"是同一句型。

（3）单句内部主语和谓语之间的停顿、述语和宾语之间的停顿以及强调重音交替等节律形式不影响句型划分。如"小王，是我们单位的'百事通'"跟"小王是我们单位的'百事通'"是同一句型；"我觉得，这样处理不合适"和"我觉得这样处理不合适"是同一句型；"我知道你会唱歌"可以有不同的强调重音，提示不同的焦点，也可以在不同的成分前使用焦点提示成分"是"，但这些都是语用因素，不影响该句的句型划分。

（4）深层语义结构不影响句型划分。同一句法结构可以表示不同的语义关系，如"狗找到了"的"狗"有施事和受事两种可能，是个歧义结构，但句法结构上"狗找到了"只能是主谓句。就歧义句来说，只要不是结构关系、结构层次不同造成的歧义，都不影响句型划分。同一语义关系用不同句法结构来表达，构成同义句式，同义句式之间具有变换关系，这种变换关系影响句型，如"我们打败了对手""我们把对手打败了""对手被我们打败了"等就是主谓句的不同的下位句型。

（5）句首状语可以有不同意义的词语，从句法分析来看，句首状语是后面主谓结构的修饰语。但从句子分析来看，归纳句型可以不考虑句首修饰语。

（6）纯语用因素的句子变化不影响句型划分，如省略句和完全句属于同一句型，倒装句和常式句属于同一句型。

排除上述这些跟句法结构无关的句子的其他因素，句型要素就清楚了，即只有与句法结构有关的因素才是句型划分的要素。但是，由于对句法结构要素的认识不同，使得句型划分的具体标准、程序还有差异，也使得人们对句子的结构类型——句型的认识不尽相同。

2. 句型分析的方法和步骤

（1）考虑句型的层次性

在确定句型时应考虑到句型的系统，从而确定各个层次的不同句型。我们从上述所归纳的句型表中可以看出，不同层面的句型应该有不同的结构成分，例如复句的结构成分是分句，主谓句的结构成分是主语和谓语，等等。这样，我们就可以归纳出，汉语的句型是可以分成以下四个层次的。

第一层次句型：单句、复句；

第二层次句型：单句分为主谓句和非主谓句，复句分为联合复句和偏正复句；

第三层次句型：以主谓句为例，可以分为名词性谓语句、动词性谓语句、形容词性谓语句和主谓谓语句。

第四层次句型：以动词性谓语句为例，可以分为动词谓语句、述宾谓语句、述补谓语句、连动谓语句和兼语谓语句。

确定句型必须层层确定，先确定上位句型，再确定下位句型。例如单句是主谓句和非主谓句的上位句型，主谓句是名词性谓语句、动词性谓语句、形容词性谓语句和主谓谓语句的上位句型；相反，主谓句和非主谓句则是单句的下位句型，名词性谓语句、动词性谓语句、形容词性谓语句和主谓谓语句则是主谓句的下位句型。

（2）排除非句型因素

确定句型是要涉及多方面因素的。有些因素与句型的确定有关，有些因素与句型的确定无关。不影响句型的因素，在析句时应予以排除，如上述所说的六种非句型因素。把该排除的都排除了，句型的结构也就清楚了。这是确定句型时所要考虑的另一个重要问题。具体说来，上述所说的六种要排除的因素可归纳为下面三种：

A. 句中表示语气的成分；
B. 句中的特殊成分，包括独立成分和提示成分；
C. 句中的修饰成分，包括全句修饰语，句中的状语和定语。如：

据说，昨天上午，咱们学校的经济管理学院正式成立了。
① ② ③ ④ ⑤

上句中，①为独立成分，②为全句修饰语，③为定语，④为状语，⑤为语气成分，在归纳句型时，以上五种因素都可以不予考虑。这样，这个句子的句型就可以归纳为：单句/主谓句/动词性谓语句/动词谓语句。

（二）基本句型

1. 主谓句

主谓句是比较常见的句型。谓语是句子结构的核心，因此对主谓句下位句型的划分主要是根据谓语的功能进行的。依据充当谓语的词语的功能的不同，可以把主谓句分为四个下位句型，即名词性谓语句、动词性谓语句、形容词性谓语句和主谓谓语句。

（1）名词性谓语句是由名词或名词性短语充当谓语的句子。名词性短语做谓语的句子，以说明数量、时量、时点、年龄、价格、重量、容貌、性格、特征、环境、籍贯、处所、所属等为主。例如：

① 一人一本。
② 刚才最后一响北京时间六点整。
③ 那筐苹果15千克。
④ 这个姑娘弯弯的眉毛，大大的眼睛。
⑤ 作文里许多错别字。
⑥ 街边一辆车。

（2）动词性谓语句是由动词或动词性短语充当谓语的句子，是主谓句的主体。由于动词性短语类型多，结构复杂，所以动词性谓语句还可以按照充当谓语的动词性短语的结构的不同，分为如下几类：

A. 动词谓语句。指的是单个动词做谓语或动词带上状语做谓语的句子。汉语中单个

动词做谓语是有条件的,这种动词多数是不及物动词。例如:

⑦ 树倒了。
⑧ 孩子们睡了。
⑨ 犯人跑了。
⑩ 登山运动员失踪了。

单个及物动词做谓语要受到一定的限制,主语是受事,或者施事泛指,或者施事不明,或者施事做了受事主语的定语,或者出现在对举句中。如:

⑪ 饭做了水烧了。
⑫ 门开着呢。
⑬ 这件事情落实了。
⑭ 小王的书出版了。

B. 述宾谓语句。指的是由述宾短语充当谓语的句子,根据宾语的数量不同,可以分为单宾句和双宾句两种。如:

⑮ 他吃了一个苹果。
⑯ 我刚看了一部电影。
⑰ 妈妈教我一首儿歌。
⑱ 我借图书馆一本书。

C. 述补谓语句。指的是述补短语充当谓语的句子。这种句型里补语的情况比较复杂,从形式上看有带"得"和不带"得"的,从语义上看补语可以表示结果、程度、情状、趋向、数量、时间、方式手段等。如:

⑲ 老张听清楚了。
⑳ 老张忙坏了。
㉑ 老张忙得一塌糊涂。
㉒ 老张走出去了。
㉓ 老张出了一趟差。
㉔ 老张学了一个月太极。

D. 连动谓语句。指的是由连动短语充当谓语的句子。如:

㉕ 他拿出书本放在课桌上开始讲课。
㉖ 刘红跑过来和我说了一会儿话。
㉗ 今晚从这里出发去瓦窑堡。
㉘ 礼品商店有许多精美的礼品出售。

E. 兼语谓语句。指的是由兼语短语充当谓语的句子。如:

㉙ 我们请李教授做了一场讲座。
㉚ 小李给孩子起了个名字叫豆豆。
㉛ 老师召集班干部开会。
㉜ 村里有个姑娘叫小芳。

(3) 形容词性谓语句。指的是由形容词或形容词性短语充当谓语的句子,这类句子主要描写主语的性质状态。例如:

㉝ 这个小伙子踏实能干。
㉞ 他对业务很熟悉。
㉟ 学校里十分安静。
㊱ 张老师瘦了。

（4）主谓谓语句。主谓谓语句指的是主谓短语做谓语的句子。例如：

㊲ 黄山风景如画。
㊳ 这件事大家都同意。

以上句子中的"风景如画""大家都同意"本身就是主谓短语，在句子中做谓语，而"黄山""这件事"则是句子的主语，这样就构成了主谓谓语句。其中"黄山""这件事"被称为大主语，也叫话题主语，"风景如画""大家都同意"被称为大谓语；而"风景"和"大家"则被称为小主语，"如画"和"都同意"被称为小谓语。

主谓谓语句可以根据全句的大主语、小主语、小谓语之间的语义关系进行类型划分，主要有以下几类：

A. 大主语和小主语之间是领属关系或整体与部分的关系。例如：

㊳ 小李‖脾气｜很倔。
㊵ 他‖身材｜高大。
㊶ 我们班‖女同学｜多。
㊷ 昨天‖天气｜晴好。

这类主谓谓语句由于大主语和小主语之间有领属关系，所以有的在大、小主语之间可以加上"的"，如"他的身材高大"。值得注意的是，一旦这类句子的大主语和大谓语有语音停顿、句中语气词，或者有副词等隔开，那么大主语和小主语之间就不能加"的"，而这些正是主谓关系的标志。

B. 大主语是小谓语的受事，小主语是小谓语的施事。如：

㊸ 你要的那些书‖我｜都买了。
㊹ 房间‖我们｜已经打扫干净了。
㊺ 一点儿饭‖他｜都没吃。

这类主谓谓语句都是谓语当中的某个成分移位到句首做主语的，因而带有非常明显的话题性质。

C. 大主语是小谓语的工具、材料、与事等语义成分。如：

㊻ 这把刀‖我｜切肉了。
㊼ 这些柳条‖她们｜用来编花篮了。
㊽ 男同学‖我｜送了钢笔，女同学‖我｜送了日记本。

D. 大谓语对大主语进行计量评价，这类主谓谓语句的小主语、小谓语往往是量词短语等体词性的词语。如：

㊾ 西瓜‖一块钱｜一斤。
㊿ 他‖身高｜一米七五。

E. 小主语是谓词性的成分，小谓语是形容词性的，大主语是小主语的施事。如：

㉛ 她‖唱歌｜很好听。

㊺ 我‖做事│不够踏实。
㊽ 王斌‖待人│非常诚恳。

F. 大主语表示范围、对象、关涉的事物。如：

㊾ 这次考试‖他│考了全班最后一名。
㊿ 这种事‖我│不在行。

主谓谓语句的主要作用是大谓语在某一方面对大主语进行描写，小主语正是大主语被描写的"某一方面"，小谓语一般是形容词性的词语，如"黄山空气清新""同学们热情高涨""小李为人正直"等。有的主谓谓语句的大谓语是对大主语加以说明的，小谓语由动词性词语充当，如"这部电影我看了两遍了""他情绪突然变化了"。

2. 非主谓句

单句中不能分析出主语和谓语的句子叫作非主谓句。非主谓句是由单个的词或主谓短语以外的其他短语构成的句子。非主谓句有以下三种。

（1）名词性非主谓句。指的是由单个名词或名词性短语构成的句子。按照表达的内容可以分为以下几类。

A. 用于剧本或小说、散文，说明故事发生的时间、地点、场景。例如：

① 1837年，法国巴黎。
② 北京的一个四合院。
③ 一个阳光明媚的上午。

B. 用于景象描写和人物形象的描写。例如：

④ 车流，人群，红绿灯。
⑤ 高高的额头，尖尖的下巴，小小的眼睛，外翻的嘴唇，一副令人生厌的模样。

C. 表示感叹，一般由名词性短语构成。如：

⑥ 好浓的咖啡呀！
⑦ 多漂亮的姑娘啊！
⑧ 好美的夜色啊！

D. 表示突然出现或发现的事物。如：

⑨ 血！（啊，你流血了！）
⑩ 老虎！

E. 用于标题。如：

⑪《红与黑》
⑫《现代汉语描写语法》

F. 表示祈使、叫卖。如：

⑬ 证件！
⑭ 大饼！油条！热腾腾的小米稀饭！

G. 表示招呼、提问、应答、斥责。如：

⑮ 谁？——我！

⑯（这位是？）——方校长。

（2）动词性非主谓句。大都由述宾短语或其他动词性短语构成，单个动词用得比较少。根据表达内容可以分成以下几类。

A. 用于叙述自然界发生的现象。如：

⑰ 下雪了。
⑱ 出太阳了。

B. 叙述突然发生或发现的事物。如：

⑲ 着火了！
⑳ 跑掉了！

C. 说明事实情况或叙述存在、出现、消失的事物。如：

㉑ 从教室里传来了朗朗的书声。
㉒ 19日上午永新金店发生了抢劫案。

D. 表示祈使、命令、要求，或用于标语、口号、熟语。如：

㉓ 严禁吸烟！
㉔ 欢迎光临！

E. 用于叫卖、问答。如：

㉕ 卖鸡蛋啦！
㉖ （你到底还去不去？）——去！

（3）形容词性非主谓句。由形容词或形容词性短语构成，往往用来表达说话人的态度和感情。根据表达内容分成以下几类。

A. 用于提问、应答，用于应答的主要是"好、行、对"等形容词。如：

㉗ 同学们，李老师讲得好不好？——好！
㉘ 这对你来说也是一次锻炼嘛。——对，对，对！

B. 表示感叹或论断。如：

㉙ 多么壮观啊！
㉚ 太贵了。

C. 表示祈使。如：

㉛ 安静点儿！
㉜ 认真些！

此外，叹词、拟声词也可以构成非主谓句。例如表示呼唤、应答的"喂！（过来一下）""听说你最近要结婚？——嗯""小张！——哎！"等；表示愤怒、鄙视、斥责的"哼！""呸！"等；表示感叹、喜悦、高兴的"啊！""哈哈！""哇！"等；表示惊讶、领悟、哀叹的"啧啧！""咦？""哦！""唉！"等。

思考题

1. 句型的划分标准是什么？简述现代汉语的句型系统。
2. 哪些与句子有关的因素不影响句型划分？
3. 什么是主谓谓语句？它有哪些类型？

第七节 句 式

一 句型与句式

句型是以语言中全体句子为对象加以归纳的结果，也就是说，出现任何一个句子，必定能归入某一句型。句式是以语言中部分句子为对象加以描述的结果。所谓句式，就是以句子结构的某一特征为标志划分出来的句子结构的特征类别。所以，句式和句型之间不存在严格的对应关系。例如"把"字句，可以属于述补谓语句，如"张老师把卷子批完了"，也可以是述宾谓语句，如"张老师把作业本发给同学们了"，还可以是动词谓语句，如"张老师把备课本丢了"。句式中的连动句和兼语句比较复杂，有多个谓词，是特殊的动词性谓语句；句式中的存现句有特定的结构特征，也是特殊的动词性谓语句；"把"字句、"被"字句是动词性谓语句中很有特点的主动句和被动句。

二 常见的句式

（一）连动句

1. 连动短语和连动句

由连动短语充当谓语的句子叫连动句。正确地把握连动句需要解决以下两个问题。

（1）什么是连动短语

连动短语是两个或两个以上的动词性词语连用，这些动词性词语之间没有联合、偏正、述宾、述补、主谓等结构关系，中间没有语音停顿，没有关联词语，也没有复句中分句之间的各种逻辑关系。汉语中两个或两个以上的动词性词语连用，可以构成多种不同结构关系的语言单位。例如：

   舞枪弄棒（联合短语） 害怕来晚了（述宾短语） 气得直跺脚（述补短语）
   讨论开始（主谓短语） 联合发表（偏正短语）

因此，我们不能把所有的两个或两个以上动词性词语的连用，都看成是连动短语。从上面的实例可以看出连动短语与其他短语之间很容易混淆，要区别连动短语与其他短语，主要从以下三个方面进行辨析。

A. 连动短语与动词性词语构成的联合短语的区别

联合短语的前后两个（或几个）成分可以互换位置，互换以后结构关系和语义都不发生改变；联合短语中间可加上表示并列关系的关联词语。而连动短语的前后两个（或几个）成分或者不能互换位置，或者互换以后语义会发生改变，或者互换后语法结构关系会发生改变。例如：

  读书看报 → 看报读书 → 又读书又看报
  煮碗面条吃 → *吃煮碗面条（不能换位）
  上街买菜 → *买菜上街（语义改变）
  有机会考研 → 考研有机会（语法结构关系改变，前一句为非主谓句，后一句为主谓句）

  B. 连动短语与偏正短语的区别

  连动短语中有一种类型是"V + 着 + 宾语 + VP"的形式，有点儿类似于英语当中的伴随状语的情况，如"躺着看书、笑着说、提着箱子上飞机"等。有人认为这种短语都是偏正短语，并认为"着"是动词做状语的标志，只有"躺在床上看书"一类才算是连动短语。其实，"躺着看书"一类短语连用的动词之间的语义关系，都是表示动作的方式或手段。例如"躺着"是"看书"的方式，"笑"带上"着"是"说"的情态方式。因此，"躺在床上看书"和"躺着看书"前后两个动词在表示动作的方式手段上是相同的，不宜将其中的一个看成是连动短语，把另一个看成是偏正短语。

  C. 连动短语与述宾短语的区别

  述宾短语中的宾语如果由动词和形容词来充当，也有可能与连动短语混淆。区别时可以从以下几个方面入手：①这类述宾短语的动词大多是心理动词，如"喜欢、害怕、讨厌"等，这样的述宾短语前可加上程度副词"很"，如"很害怕来晚了""很喜欢上学"；而连动短语之前不能加"很"。②这类述宾短语只能用"动词 + 什么"来提问；而连动短语则只能用"动词 + 干什么"来提问。如"害怕来晚了"可用"害怕什么"来提问，而"躺着看书""煮碗面条吃"只能以"躺着干什么""煮碗面条干什么"来提问。

  （2）连动短语充当什么成分

  连动句中的连动短语必须充当句子的谓语，但这并不表示连动短语在句子中只能充当谓语。事实上，连动短语还可以充当其他一些句法成分。例如：

  ① 躺着看书不好。（做主语）
  ② 张明极力主张去图书馆学习。（做宾语）
  ③ 上街买菜的妈妈还没回家。（做定语）
  ④ 他气得瞪着眼睛说不出话来。（做补语）
  ⑤ 他就这样坐着不动度过了一个难挨的下午。（做状语）

  只有当连动短语位于谓语位置时，构成的句子才是连动句，而位于其他位置时都不是连动句，例如"躺着看书不好"是形容词谓语句，"张明极力主张去图书馆学习"是一般的动词性谓语句。

  2. 连动句中连用的动词或动词性短语之间的语义关系

  如果将连动句中连用的动词或动词性短语分别记为VP_1和VP_2的话，则VP_1和VP_2之间有如下语义关系。

  （1）VP_1和VP_2之间有动作的先后关系，即VP_1和VP_2表示的动作或事件在时间上有先有后，互相衔接，连续发生。如：

  ① 老李拿上钥匙（VP_1）出了门（VP_2）。
  ② 我到超市（VP_1）买了零食（VP_2）。

（2）VP₁说明VP₂的动作方式，VP₁后往往有"着"。如：

③ 他站着（VP₁）和我们聊天（VP₂）。

④ 她瞪着一双美丽的大眼睛（VP₁）往窗外看（VP₂）。

（3）VP₁和VP₂表示动作与目的的关系，即VP₁表示动作，VP₂表示该动作的目的。如：

⑤ 他从教室走出去（VP₁）接电话（VP₂）。

⑥ 孩子们去浦东（VP₁）参观浦东国际机场（VP₂）。

（4）VP₁和VP₂表示动作或事件之间有因果关系，一般是VP₁表示原因，VP₂表示结果。如：

⑦ 小王熬夜（VP₁）熬红了眼（VP₂）。

⑧ 他喝白酒（VP₁）喝醉了（VP₂）。

（5）VP₁和VP₂表示互补关系，两者互相补充，互相说明。如：

⑨ 老李一直坐着（VP₁）不走（VP₂）。

⑩ 小明闭着嘴（VP₁）一句话也不说（VP₂）。

（6）"有"字型连动句，"有+VP"往往表示条件、能力与动作的关系。如：

⑪ 他有能力完成这项工作。

⑫ 小张有资格参加这次考试。

（二）兼语句

1. 兼语短语的特点

由兼语短语充当谓语的句子叫兼语句。正确地掌握兼语句要把握住兼语短语在如下三个方面的特点。

第一，从结构形式上看，一个述宾短语和一个主谓短语套叠在一起是兼语短语的形式标志。图示为：

动词₁ —— 名词（宾语）
           ‖
           名词（主语）—— 动词₂

在兼语短语中，名词兼有宾语和主语的双重身份，在语义上，名词是动词₁的受事，同时又是后面动词₂的施事或系事。例如：

请老师讲课＝请老师＋老师讲课　　留他吃饭＝留他＋他吃饭

第二，从内部成分上看，兼语短语中的第一个动词主要由下面几类词构成：①带有使令、促成意义的动词，如"请、叫、使、让、派、命令、动员、强迫、鼓励"等，这类动词占大多数，构成典型的兼语短语，如"允许他经商""求我帮个忙"；②表示称谓或认定义的动词，如"叫、称、选、认、当、追认、选举"等，这类动词要求动词₂是"作、为、当、是"等判断动词，如"当他是傻瓜""称他为队长"；③表示领属的动词"有"，如"有人出国""有个村子叫赵家庄"。

第三，从语法功能上看，兼语短语同连动短语一样，也可以充当多种成分。如：

① 让他当班长比较合适。（做主语）
② 班主任决定让他当班长。（做宾语）
③ 让他当班长的事已经定了。（做定语）
④ 大家让他当班长。（做谓语）

只有当兼语短语位于谓语位置时，构成的句子才是兼语句，而位于其他位置时都不是兼语句，例如"让他当班长比较合适"是形容词性谓语句，"班主任决定让他当班长"是述宾谓语句。

2. 兼语句与其他句式的区别

（1）兼语句与主谓短语做宾语的句子的区别

① 校长希望张老师去。
② 校长让张老师去。

我们可以从三个方面对这两种句子进行区分：①主谓短语做宾语的句子，可以在第一个动词的后面停顿并插入状语，如"校长希望张老师去 → 校长希望，张老师去 → 校长希望今天张老师去"；而兼语句则不能在第一个动词的后面停顿并插入状语，只能在名词性词语的后面停顿并插入状语，如"校长让张老师去 → 校长让张老师今天去"。②这两种句子对动词成分的提问形式也不一样，主谓短语做宾语的句子可以用"什么"提问，兼语句不能。如"校长希望张老师去 → 校长希望什么""校长让张老师去 → *校长让什么"。③兼语句的第一个动词往往是具有使令意义的动词，而主谓短语做宾语的动词一般是表示认知、感知意义的动词。

（2）兼语句与双宾句的区别

兼语句中的动词如果是表示称谓或认定义的，会与双宾句发生混淆。一般来说，我们把两个名词性成分间没有动词的看作是双宾句，有动词的看作是兼语句。例如：

③ a. 我们叫老李大老板。　　b. 我们叫老李为大老板。
　　大伙称他王会计。　　　　大伙称他为王会计。

以上a组为双宾句，b组为兼语句。

（3）兼语句与紧缩复句的区别

从形式上看，"骂死我也不回家""你打死我也要嫁给他""赶他也不走""撞伤我不能就这么算了"等句子与兼语句都具有"VP_1+NP+VP_2"组合序列，但是这类句子隐含条件、假设等逻辑关系，因而是紧缩复句，不是兼语句。

值得注意的是，有时候一个句子的谓语部分可以既出现连动短语，又出现兼语短语，从而组成更为复杂的谓语。例如"老师派我们去图书馆查资料""经理到我们科室劝大家报名参加歌咏比赛"。这种情况可以称作连动短语和兼语短语的套用。那么，如何确定是连动短语套用兼语短语还是兼语短语套用连动短语呢？主要看句子中谓语部分第一层关系是什么。如果第一层关系是连动短语，整个句子就是连动短语套用兼语短语，属于连动句；如果第一层关系是兼语短语，整个句子就是兼语短语套用连动短语，属于兼语句。如"我去学校请老师教英语"（第一层是"去学校 + 请老师教英语"，第二层是"请老师 + 老师教英语"）是连动句，"老师们让我去北京开会"（第一层是"让我 + 我去北京开会"，第二层是"去北京 + 开会"）是兼语句。

3. 兼语句的类型

根据兼语短语中第一个动词的语义特征的不同，可以把兼语句分为以下四类。

（1）"使令"类兼语句

第一个动词具有使令意义，能够引起一定的结果，这是典型的兼语句，在兼语句中所占比例最大。常见的动词有"请、使、叫、让、派、催、逼、求、托、命令、鼓励、号召"等。例如：

① 老师鼓励大家好好学习。
② 虚心使人进步，骄傲使人落后。
③ 狂风暴雨逼着大家回家。
④ 他催我快走。

（2）"喜怒"类兼语句

第一个动词往往是一些表示喜怒义的动词，有"羡慕、佩服、爱、恨、感谢、责备、埋怨"等。如：

⑤ 老师埋怨我没有把这件事办好。
⑥ 我感谢小李告诉我这个好消息。

（3）"称呼"类兼语句

该类句子的第一个动词有"称呼、称、叫、认、追认、封"等，兼语后面有动词"为、作、当、是"等。例如：

⑦ 我们称他为"百事通"。
⑧ 政府追认他为"见义勇为英雄"。

（4）"有无"类兼语句

第一个动词用"有、没有、无"等。例如：

⑨ 他有个朋友很能干。
⑩ 我们班没有人喜欢他。

（三）存现句

1. 存现句的类型

存现句是叙述或说明某处或某时存在、出现、消失某些人或事物的句子。一般来说，存现句可以分成两类，一类表示存在，一类表示出现或消失。

表示存在的存现句，叫存在句。存在句可以分成表示单纯的存在和表示以某种姿态存在两个小类。表示单纯的存在可以用动词"是、有"等表示，如"马路边是一家医院""教室里有几个同学"。表示以某种姿态存在的一般以"动词＋着"表示，在这里，"动词＋着"不表示动作进行，而是表示动作的状态，如"墙角蹲着一个老头""讲桌上摆着一盆鲜花"。有的语法书把没有动词出现的如"山顶上一块平地""马路边一排杨树"等也看作是表示存在的句子，认为这些句子可以添上"是、有"一类的动词，这样的处理也有一定道理。

表示出现或消失的存现句，叫隐现句。隐现句也可以分为两类：一类表示出现，一类表示消失。表示出现的句子，动词后面通常带有趋向补语，有的本身就是趋向动词，如"马路边蹿出一只野猫""身后来了一辆车";表示消失的句子,动词后面通常加上助词"了",如"单位走了一个同事""村里丢了几只羊"。

2. 存现句的特点

存现句是指表示事物存在、出现、消失的句式,从结构上看,这一句式基本上可以分为三个部分,句子的前段是表示处所或者时间的词语,中段是表示存在、出现、消失意义的动词性词语(少数情况下可以没有动词),后段是存在、出现、消失的人或事物。全句以"处所(时间)词 + 动词 + 名词"的格式表示。在分析存现句时要注意以下一些问题。

(1)出现在句子前段的处所词或时间词,都作为主语看待。如在句子"池塘里游着几只鸭子""今天来了一名新同学"中,主语分别是"池塘里"和"今天"。如果既出现了处所词,又出现时间词,那么处所词做主语,时间词做状语。如在句子"今天早上礼堂门口摆满了鲜花""礼堂门口今天早上摆满了鲜花"中,"礼堂门口"是主语。

(2)句首出现处所词或时间词的句子,并不一定都是存现句,如"前天我们大家一起吃了一顿饭""山里傍晚格外幽静"等。存现句除了要求句首是处所词或时间词外,对句子中段的动词和动词后的名词也有要求,动词在语义上要表示事物存在、出现或消失;动词后面的名词必须是无定的,等等。

(3)存现句动词后的名词一般都表示不确指的人或事物,名词前常有量词短语加以修饰,这些量词短语就是不确指的标志。有时候,动词后的这个名词表示确指的事物,如专名等,像"旁边坐着李玉""教室里走出赵亮"一类,但仍以加上"(一)个"等更合适,如"旁边坐着个李玉""教室里走出个赵亮"。

(四)"把"字句

1. 使用"把"字句的条件限制

"把"字句是用介词"把"将谓语动词支配、关涉的对象提到动词前边的一种句式。"把"字句的使用要受到以下条件限制:

(1)"把"所组成的短语修饰的谓语动词必须是及物动词,而且在意义上能支配"把"后面的对象,如"警察把小偷抓住了";

(2)"把"所组成的短语后面往往不能是单个动词,动词的前后一般有别的成分,如"姚明把泰森的几次投篮扔回了半场""我们应该把空闲时间充分利用起来";

(3)否定词或助动词要用在"把"字的前面,而不能用在"把"字的后面,如"他并没把这事想得太复杂""泥石流可以把良田变成荒漠"。

2. "把"字句和非"把"字句的对应

很多"把"字句都有相对应的非"把"字句。如:

① 你把垃圾清理一下。→ 你清理一下垃圾。
② 小王把我的车开走了。→ 小王开走了我的车。
③ 我们要把英语学好。→ 我们要学好英语。

也有一些"把"字句没有与之相对应的非"把"字句。例如:

④ 阮建红把钥匙紧紧地攥在手中。→ ?
⑤ 他把自己想象成一位即将出征的勇士。→ ?

"把"字句和非"把"字句的对应规律包括以下几点。

（1）只能用或最好用"把"字句，没有相对应的非"把"字句的使用条件。这类句式常常有意义上和结构上的要求，在意义上要求动词对其后的受事宾语必须有积极影响，动词必须要有"处置"的意思；在结构上要求动词除了带上受事宾语外，还应带上其他的后置成分，这种后置成分包括以下几种。

A. 带上其他宾语。例如：

⑥ 他把笔记本电脑借给小李一个月了。

B. 动词后带介词短语。例如：

⑦ 他把墨镜戴在头上。

C. 动词后有带"得"的情态补语。例如：

⑧ 他把事情的经过讲得非常清楚。

D. 动词带趋向补语后带宾语。例如：

⑨ 妈妈把衣服挂上了衣架。

E. 动词带结果补语再带宾语。例如：

⑩ 她把自己夸成了一朵花。

（2）只能用非"把"字句，没有相对应的"把"字句的使用条件。这类句式的使用条件，主要取决于动词和受事宾语的情况。从动词的角度说，如果缺乏较强的动作性，不能带结果补语和宾语的，一般都只能用于非"把"字句。这样的动词包括以下几类。

A. 联系动词。如：

有　　在　　存在　　是　　像　　姓　　属于

B. 感受心理动词。如：

赞成　知道　同意　觉得　相信　希望　主张
看见　听见　记得　晓得　认得　要求

C. 趋向动词。如：

上　　下　　进　　出　　上来　　下去

因此，下列句子的变换都不能成立：

⑪ 我理解你的想法。→*我把你的想法理解。
⑫ 他听见了黄鹂的叫声。→*他把黄鹂的叫声听见了。

从受事宾语的情况看，"把"后面的受事宾语，如果不是确指的，或者说话人对宾语所指的范围是不明确的，也只能用非"把"字句。因此，下列句子的变换也是不成立的：

⑬ 你带上一本书。→*你把一本书带上。

（3）"把"字句和非"把"字句对应的句式。排除了以上（1）（2）两种情况，剩下的就是"把"字句和非"把"字句对应的句式了，这种句式大致上应具备以下两个条件：

A. 不能是缺乏动作性的动词，但动词部分又不能过于复杂；
B. 动词一般来说具有处置义，受事宾语一般是确指的。

以上三种情况列表如下：

	"把"字句	非"把"字句
第一种情况	（1）动词必须有处置义 （2）受事宾语外，还有其他后置成分	—
第二种情况	—	（1）动词缺乏较强的动作性 （2）受事宾语是不确指的
第三种情况	（1）动词具有处置义 （2）动词不能过于复杂	（1）动词具有处置义 （2）动词不能过于复杂

（五）"被"字句

1. "被"字句和被动句

凡是表示被动意义的句子都叫作被动句。汉语的被动句按有无被动形式标志可以分为两类：一类是无标志的被动句，或叫意义被动句、概念被动句，如"信写好了""饭吃完了"；另一类是有标志的被动句，"被"字句就是有标志的被动句中的典型，另外"叫、让、给"等也可以构成有标志的被动句。"被"字句有如下四种类型。

（1）由"被"引进施事，格式是：受事＋被＋施事＋VP。如：

① 一个漂亮的小姑娘被老师领进了课堂。

② 他被妈妈赶走了。

（2）"被"后施事没有出现，格式是：受事＋被＋VP。如：

③ 自行车被修好了。

④ 刀子被抢走了。

（3）"被……所"固定格式：受事＋被＋施事＋所＋VP，这种格式一般只在书面语中使用，是从"为……所"演变而来的，也可以使用"为……所"式，另外还有"由……所"式和"受……所"式。如：

⑤ 我们依然被这些消息所困扰。

⑥ 新的软件系统为广大用户所关注。

⑦ 文学家在阶级社会必受自己本阶级的阶级意识所支配。

⑧ 局势的发展是由各种因素所决定的。

（4）"被……给"固定格式：受事＋被＋施事＋给＋VP。如：

⑨ 小王的电脑被他弟弟给弄坏了。

⑩ 粮食全被鬼子给抢光了。

2. 使用"被"字句的条件限制

"被"字句的使用要受到下列条件的限制：

（1）"被"所组成的短语后面的主要动词必须是及物动词，要能支配句子的主语，如"家里的三只鸡都被他们杀掉了"；

（2）"被"所组成的短语后面的动词可以加上"着、了、过"，如"刘翔被伤痛困扰着""树叶被风吹走了"；

（3）否定词和助动词一般要用在"被"字的前面，不能用在它的后面，如"他没有被困难吓倒""木棒会被点燃"。

"被"字句是现代汉语中使用频率较高，在结构上比较特殊，同时又有特殊标志的一类句式。对"被"字句的正确理解和运用，有以下两个方面的问题需要引起注意。

第一，句子中出现"被"字的句子，并不一定都是"被"字句。汉语中的"被"字记录两种语言单位，一个是"词"，它出现在句子中，就构成"被"字句；一个是"语素"，语素"被"以"被+动"的形式跟少数名词结合，构成一个新的名词，例如"被保护人、被动式、被害人、被加数、被减数、被乘数、被除数、被告人、被侵略者、被统治者、被压迫者、被统治阶级、被剥削阶级、被选举权"，等等。

第二，"被"字句中的"被"在口语中经常被"叫、让、给"等介词替代。但当介词"叫、让、给"后面是指人的名词时，可能跟动词"叫、让、给"的用法混淆，而"被"字句则不会出现类似的问题。如：

① 电视没让他们搬走　＝没命令他们搬走
　　　　　　　　　　＝没容许他们搬走
　　　　　　　　　　＝没被他们搬走
② 我叫他说了几句　　＝请他说了几句
　　　　　　　　　　＝被他说了几句
③ 面包给他吃了　　　＝把面包给他吃
　　　　　　　　　　＝面包被他吃了

另外，"被"字后的施事名词经常省略，但"让"后的名词不能省略，"叫"后的名词很少省略，"给"后的名词省略现象要多一些，但有时候仍不可省略。如：

④ 这件事已经被发现了。→*这件事已经给发现了。
⑤ 我终于被饶恕了。→*我终于给饶恕了。

思考题

1. 举例说明句型与句式的区别与联系，并说明归纳句式的标准。
2. 简述连动句中连用的动词或动词性短语之间有什么样的语义关系。
3. 存现句有哪些特点？

第八节　句　类

一　句类的性质

句类是句子的语气分类，不同于句子的结构类，也不同于句子的句义类。

（一）句类与句型

句类不同于句型，语气是决定句类的主要因素，跟语气无关的因素都是非句类因素。像句法成分的配置方式、语义关系的样式和语义成分的多少等都不影响句类的划分。所以，不同的句型可以是相同的句类，不同的句类可以是相同的句型。例如：

①今天清明？　　　　　　　　（名词性谓语句）
②他走了吗？　　　　　　　　（动词谓语句）
③你去西安了吗？　　　　　　（述宾谓语句）
④他讲清楚了吗？　　　　　　（述补谓语句）
⑤你去医院看病了吗？　　　　（连动谓语句）
⑥你们请老师做讲座了吗？　　（兼语谓语句）
⑦这种花儿漂亮吗？　　　　　（形容词性谓语句）

以上各句虽然分属于不同的句型，但从句类上看，都属于疑问句。再比如：

⑧你不去？　　　　　（疑问句）
⑨成绩出来啦！　　　（感叹句）
⑩你别动！　　　　　（祈使句）
⑪他走了。　　　　　（陈述句）

以上各句分属于不同的句类，但从句型上看，都属于动词谓语句。

（二）句类与句义类

人们的语言交际总是有一定的语用目的的，这种语用目的就是句子的表达用途，如陈述一件事、询问一个问题、表示一个请求或命令、抒发一种感情等，句子的这种语用目的和表达用途是由句子的语气来反映的。语气是句子语用目的或表达用途的外在体现。句类就是根据表达用途和语用目的，即根据句子的语气类别对句子作出的分类。

符合请求意图的句子不一定就是祈使句，例如，"天气真热啊"可能含有暗示让人开窗户、开空调、开风扇的意图，但它不是祈使句而是感叹句；"我渴了"可能含有暗示让人倒杯水、买饮料等意图，但它不是祈使句而是陈述句。有时，句子的内容是陈述性的，句子的意图是情感强调性的，但句子却不是陈述句或感叹句，例如"难道这么简单的问题你都回答不上来"在语用意图上不是为了提出问题，而是为了抒发强烈的情感，在句子的内容表现上是陈述"这么简单的问题你应该会回答"，但在语法上它依然是疑问句。

二　句类的划分

从语气角度给句子分类，一般分为陈述句、疑问句、祈使句、感叹句四类，分别表示陈述语气、疑问语气、祈使语气、感叹语气。如：

①这件事已经结束了。　　　（陈述句）
②这件事就这样结束了吗？　（疑问句）
③快结束吧！　　　　　　　（祈使句）
④这件事终于结束啦！　　　（感叹句）

语气的不同主要表现在语调和语气性词语的不同上。区别语气的语调因素主要有升降和轻重，而语气性词语主要有语气词、语气副词和叹词等。叹词构成的独词句都是感叹句；语气副词"难道、岂"等经常在反问句中起强化情感的作用；具有句类区别作用的语气词，单用的如"吗、吧、了、啊"，叠用的如"了吗、了吧"等。

由于语气要素不是单一的，现代汉语的句子首先可以根据语调的轻重分出感叹句和非感叹句，下面的句子不管语调是升还是降，重一点说就都是感叹句，书面上都可用感叹号：

⑤ 我的天哪！
⑥ 他走了！
⑦ 他走了？！
⑧ 你走吧！

例⑤总要用强调重音来说，是纯感叹句，后面三例强调不强调是两可的，可以分别看作感叹兼陈述、感叹兼疑问、感叹兼祈使。

非感叹句又可以根据语调的升降分为疑问句和非疑问句。疑问句都可以用升调（特指问可以不用升调），书面上用问号表示；非疑问句都可以用降调，书面上用句号。陈述句和祈使句的不同不在于语调，主要是句末语气词不同。如：

⑨ 快走了？
⑩ 快走了。
⑪ 快走吧。

以上三例若用升调，都是疑问句。若不用升调，那么句末用"了"的是陈述句，用"吧"的是祈使句。

（一）陈述句

陈述句是用来叙述或说明事实的具有陈述语调的句子。它是最常见的、适用范围最广的一种句类，其结构形式多种多样，可以是主谓结构，也可以是非主谓结构。

1. 陈述句的语气词

陈述句的句末有时可以带上语气词，常用的有"了、的、呢、罢了、嘛"等。如：

① 王华从广州回来了。
② 这样说是可以的。
③ 收获不小呢。
④ 他听不进去就罢了。
⑤ 这件事本来就不是他的错嘛。

"了"表示事态发生了变化或出现了新情况，"的"表示情况确实如此，"呢"指明某种事实，有时带有夸张的意味，"罢了"表示不过如此。

2. 陈述句的肯定和否定形式

陈述句有肯定与否定两种形式。陈述句的否定形式一般是在肯定形式的基础上加上否定副词来构成的。例如：

① 我不知道这件事。
② 张老师今天没来上课。

值得注意的是，"双重否定"也可以表达肯定的意思，但是用双重否定的句子与相应的肯定的句子所表达的意思并不完全一样。例如：

③ 他不会不去的（＝他会去的。）
④ 他不能不说。（＝他必须说。）

⑤ 他不敢不说。（＝他只好说。）

例③表示的意思与相应的肯定句差不多，只是在语气上显得委婉一些；而后两例所表示的意思与相应的肯定句则有明显的差别。

（二）疑问句

具有疑问语调，表示询问的句子叫疑问句。

1. 疑问句的分类

对疑问句进行分类，可以从不同的角度入手。

（1）根据疑问信息的有无分类

由于含有疑问语气的句子不一定都有疑问，所以可以根据疑问信息的有无，即疑问程度的不同，把现代汉语的疑问句分成以下三类。

第一类：有疑而问。

提问者确实有疑问，期待被问者或对方回答，以获得新的信息，又叫真性疑问句。如：

① 你都准备买些什么呢？
② 你是学生吗？
③ 这里的气候怎么样？
④ 去香港好呢还是去台湾好？

第二类：半信半疑。

提问者对某一问题已有些主见，对提出的问题大致有肯定或否定的倾向，但又不能确定，提出问题的目的是期望被问者或对方予以证实，这类问句又叫测度句，句末往往有语气词"吧"。如：

⑤ 你今天不走吧？
⑥ 你今天不走，是吧？
⑦ 是不是你今天不走？

第三类：无疑而问。

说话人对某一问题已经有确定的见解，用疑问语气或疑问方式表达出来，目的是为了增强表达效果，而不期望听话人回答，这类句子又叫反问句或反诘问句。这类句子中往往有语气副词"难道、岂、倒也、就、当真、便、也、还、更、何必、何不"等，句首可以用"谁说、谁知道"等词语。如：

⑧ 这样的小事还用得着问我吗？
⑨ 难道这不正是你想得到的吗？
⑩ 谁说我不会写？
⑪ 你何必这么在乎呢？

（2）根据结构形式分类

根据疑问句内部结构形式的不同对疑问句进行分类，可以把疑问句分为以下四类。

第一类：是非句。

问话人把一件事情全部说出来，要求对方做肯定或者否定的回答。是非问的结构形式基本和陈述句相同，用语气词"吗"或者"吧、啊"等，句尾用升调。是非问用句子重音的方式表示全句的疑问中心。对是非问的回答，可以简单地用"是的、嗯"或"不、没有"，但回答必须对准疑问中心。例如：

⑫ 小张是老师吗？
⑬ 下雨啦？
⑭ 小李考上了大学？

第二类：特指问。

问话人在一件事情里面有一个项目不知道，发问时用一个疑问代词来代替这个项目。因此，特指问结构形式上的特点就是句子中有疑问代词。这样的问句只能用语气词"呢"，而不能用"吗"，句尾语调一般是趋于下降的。特指问句的疑问中心就是句子中的疑问代词。回答的时候要针对疑问代词做出具体的回答，不能简单地说"是"或"不是"。例如：

⑮ 谁打破了窗户呢？
⑯ 火车站在哪儿？
⑰ 小王什么时候来学校呢？

另外，特指问句还有一种"省略"形式，句中没有疑问代词，句末要用"呢"。例如：

⑱ 妈妈呢？＝妈妈在哪儿呢？
⑲ 要是明天考试呢？＝要是明天考试怎么办呢？

第三类：选择问。

说话人把几个项目并列地提出来，要对方选择一项来回答。选择问的结构形式是在两个选择项中间用"还是"连接，构成"（是）A还是B"的选择形式。如果要用语气词，只能用"呢"，不能用"吗"。句末语调可升可降。选择问的疑问中心是几个选择项，回答时可以选择其中一项。如：

⑳ 坐火车还是飞机？——坐火车。

也可以全部否定。如：

㉑ 你想买台式电脑还是想买笔记本电脑？——都不想买。

也可以另选一项。如：

㉒ 你喜欢英国队还是喜欢德国队？——我喜欢法国队。

第四类：正反问。

说话人把一个问题的正反两个方面一起提出来，要对方选择一项来回答。正反问的结构形式是把正反并列形式用"X 不 X"的格式表示，有时可用语气词"呢"，句末的语调可升可降。正反问的疑问中心是谓语"X 不 X"，回答的时候可以选择肯定回答。如：

㉓ 你看不看电影？——看。

也可以选择否定回答。如：

㉔ 你认识不认识方洁呢？——不认识。

2. 疑问句的表达手段

（1）语调

疑问句的语调是构成疑问句的基本手段，确定一个句子是不是疑问句主要依据语调，像无疑而问的句子虽然并不表示疑问，但它使用了疑问语调，所以也是疑问句；有的疑问句表示祈使的目的，但因为使用了疑问语调也还是疑问句。

疑问句的语调虽然一般为升调，是通过加大语音频率来实现的，但因为句子中语气词、语气副词或疑问代词等的影响会有所变化，如句末有"吗"的疑问句，语调上升就不明显。

（2）语气词

疑问句的句末语气词是用来帮助表达疑问语气的，一般认为疑问语气词主要有"吗、呢、啊"三个。"吗"主要用在是非疑问句中，要求回答"是"或"没有"；"呢"用于特指疑问句、选择疑问句和正反疑问句中，带有深究的意味；"啊"用在疑问句中，使语气显得缓和，如"你说的是谁啊"。"吧"可以算是半个疑问语气词，常常表示测度，介于疑、信之间，在句中可以与"大约、也许、恐怕"一类词语搭配，如"这次大概会派他去吧""那家商场大概倒闭了吧"。

（3）语气副词

反问句中常出现语气副词"难道、岂、何不"等帮助表达反问语气，它们还常和"吗、呢"配合使用。如：

① 难道我说得不对吗？
② 你何不先通知他一下呢？

"莫非、大概、恐怕、好像"等表示推测语气的副词常用在测度句中，并可以跟"吧"配合使用。如：

③ 莫非是他？
④ 他大概已经离开了吧？
⑤ 他好像不是咱们学校的吧？

（4）疑问代词

"谁、什么、哪、哪里、哪儿、多少、几、多、怎么、怎么样、怎样、为什么"等疑问代词常用在特指问句中，用来询问人、事、地点、时间、原因、方式、动作的情状等问题，表示疑问点。

3. 疑问句的辨析

以上我们介绍了有关疑问句的分类情况，其中有些疑问句会相互混淆，需要我们加以辨析。有一种疑问句从形式上看是选择问，但是句子中又有疑问代词。如：

① 你坐火车去，还是怎么的？

注意，这里的疑问代词表示虚指，疑问中心并不在"怎么"上，我们可以根据结构形式，把这个句子看成是选择疑问句。

另外，要注意疑问句和陈述句的区别。有些陈述句中也会出现疑问代词，但这些疑问代词不表示疑问，不要求对方回答，仍是代词的虚指用法，这种句子不能看作疑问句。例如：

②他谁的话都不听。
③最近我不去哪儿。

有时候一些具有疑问结构形式的短语可以在句中充当某种成分，但由于这些疑问结构处在下位层次上，所以整个句子仍然不表示疑问。这种疑问结构叫作"间接问句"，而整个句子依然是陈述句。如：

④谁能够成为最终的赢家是大家一直关心的问题。
⑤我们正在考虑怎么解决这个问题。
⑥我看不出这种工艺品的材质究竟是水晶的还是玻璃的。

4. 反问句

一般的疑问句都是"有疑而问"，在表达上都有疑问中心。但反问句是一种"无疑而问"的问句，所谓"无疑"，就是说反问句实际上没有真正的疑问点，不要求对方做出回答，在表达上有一种强调的口气。但是，因为反问句在形式上仍以疑问句的形式出现，所以从语法角度来看，反问句也是一种疑问句。

反问句是从反面发问的，因此句子的字面义与实际意思是相反的。选择问句用作反问句时，字面上包括正反两面，其实说话人的意思是肯定一面，否定一面。至于肯定哪一面，否定哪一面，必须依靠上下文才能确定。反问句的后面一般用问号，少数情况下问号与感叹号连用。例如：

①还想进去看电影，你有票吗？
②这么简单的道理，你不懂吗？

从形式上看，上述两例都属于是非问；从表达口气上看，第一例是肯定形式的是非问，表达的是否定的口气（你没有票），第二例则相反，表达的是肯定的口气（你应该懂）。又如：

③谁笑你了？
④这样的好事为什么不做？

第一例在形式上是肯定形式的特指问，表达否定的口气（没有人笑你），第二例在形式上是否定形式的特指问，表达肯定的口气（应该去做）。下面两例是选择问形式的反问句，表达的口气可以根据上下文来确定：

⑤你是来学习的还是来玩儿的？（肯定前一分句：应该来学习的）
⑥你是说他呢还是说我？（肯定后一分句：是说我）

（三）感叹句

1. 感叹句的性质

感叹句是表达感叹语气的句子，感叹句表达的感情是强烈的，也是多种多样的，可以表达喜悦、赞赏、愤怒、悲伤、惊讶、醒悟、斥责、鄙视、无可奈何、意外、慨叹等不同的感情。例如：

①好美的夜色啊！（赞叹）
②咱们失去了一位多好的老师啊！（慨叹）
③哎呀，你可吓死我啦！（惊讶）

④ 哟，怎么搞呀？！（惊疑）
⑤ 哎，轻点儿！（提醒）
⑥ 唉，我知道了！（领悟）
⑦ 嘿，过去的事就别提它了！（无可奈何）
⑧ 唉，真没有办法呀！（叹息）
⑨ 哼，做梦！（鄙视）
⑩ 呸，真过分！（斥责）
⑪ 哈哈，你可以啊！（高兴）

2. 感叹句的表达手段

感叹语调是感叹语气的主要表达手段，除此以外，感叹词、感叹语气词、某些副词、某些句式及句式变化等都可以用来表达感叹。

（1）叹词句

不少感叹句是由叹词直接构成的，可以叫叹词句，属于非主谓句。不过，叹词句往往作为始发句，要跟后续句组成句群。例如：

① 呸！看你们明天能开工！
② 哎哟！烫死了！
③ 咦！石头上长百合花，百合花还会唱歌，真奇了！
④ 啊！大千世界，绚丽多姿，奥妙无穷！

（2）"天、妈、上帝"等名词+感叹语气词

"天、妈、上帝"等词往往和感叹语气词结合起来表示感叹，这些名词已经失去实在的意思，成了纯粹的感叹语，作用同叹词。例如：

⑤ 天哪，这家伙简直爱钱爱疯了！
⑥ 我的妈呀，你总算找到了！
⑦ 上帝啊，盼了你一天，你终于来了！

（3）句末带感叹语气词

句末的感叹语气词主要是语气词"啊"和"啊"的音变形式。例如：

⑧ 我苦苦等他四年哪！
⑨ 那多丢人哪！
⑩ 都是大人物哇！
⑪ 这孩子真可怜哪！

（4）某些副词、代词

副词"太、多么、可、多、好、真"以及代词"这么、怎样、什么"等常和语气词配合表示感叹语气。例如：

⑫ 太小气了！
⑬ 多么美好的追求呀！
⑭ 这可不简单哪！
⑮ 好漂亮的姑娘啊！
⑯ 这么神气啊！

（5）口号、祝词

口号、祝词可以看作感叹句，一般没有语气词。例如：

⑰ 各族人民大团结万岁！
⑱ 坚决反对霸权主义！
⑲ 祝您生日快乐！

（6）主谓倒装

有主语和谓语的感叹句往往采用倒装句的形式，来突出对谓语部分的感叹。例如：

⑳ 多么细微啊，你的关怀！
㉑ 太好啦，这项计划！

（四）祈使句

1. 祈使句的性质和类型

祈使句在语调上有两个特点：一是句尾一般用降调，稍长一点儿的句子后面几个音节语速加快；二是整个句子的语音强度一般都比陈述句重。在书面语中，当祈使语气特别强烈时，句末一般用感叹号，若语气不太强烈，是一般性的命令、请求、劝止时，句末也可以用句号。

祈使句因祈使内容或语用意义的不同可以分为如下几类。

（1）表示命令的祈使句。如：

① 出去！　　　　　　② 滚开！
③ 站起来！　　　　　　④ 抓住他！

（2）表示禁止的祈使句。如：

⑤ 不许大声说话！　　　　⑥ 禁止吃有响声的食物！
⑦ 不准吸烟！　　　　　　⑧ 不要乱说乱动！
⑨ 别过来！

（3）表示请求的祈使句。如：

⑩ 请多多美言！　　　　　⑪ 帮我找本语法书吧！
⑫ 诸位请多包涵！　　　　⑬ 请您过来一下。
⑭ 您老人家就不要来了吧！

（4）表示劝说的祈使句。如：

⑮ 各位去休息一会儿吧！　⑯ 您老少说几句吧！
⑰ 您不好这样说他吧！　　⑱ 你们不要再生气了！

（5）表示催促的祈使句。如：

⑲ 快点儿做啊！　　　　　⑳ 快走！
㉑ 请快点儿来吧！　　　　㉒ 您倒是快去啊！

（6）表示商议的祈使句。如：

㉓ 这事就让他试试吧！　　㉔ 要不就这么定下来吧！
㉕ 请各位稍等一会儿吧！　㉖ 不然明天再来吧。

（7）表示许可的祈使句。如：

　　㉗ 您可以进来了。　　　㉘ 就进来看看吧！
　　㉙ 您这样就行了。　　　㉚ 你就这么办吧！

（8）表示号召的祈使句。如：

　　㉛ 要珍惜每一寸土地！　㉜ 为四化建设而努力学习吧！

（9）表示提醒、警告、威胁的祈使句。如：

　　㉝ 当心受骗！　　　　　㉞ 您小心点儿！
　　㉟ 你等着瞧吧！　　　　㊱ 你敢说！

2. 肯定性祈使句和否定性祈使句

从形式上看，祈使句可以分为肯定性祈使句和否定性祈使句，一般表示命令、请求、商议、口号、提醒的祈使句是肯定性祈使句。肯定性祈使句可以用助动词或副词加助动词"必须、该、应该、要、一定要、千万要"强化祈使主体的主观态度。如：

① 大伙儿必须马上转移！
② 请大家一定要注意安全！
③ 您等一会儿再来吧！
④ 要把卫生工作做好！

一般表示禁止、劝说、警告、口号等的祈使句可以是否定性祈使句。否定性祈使句一般含有"别、甭、少、不要、不用、不许、不准、别不、别这么/那么"等否定词语。如：

⑤ 别把水洒地上！
⑥ 您老少说几句吧！
⑦ 别不把这件事当一回事呀！
⑧ 不准大声说话！
⑨ 不要忘记过去！

肯定性祈使句和否定性祈使句，在动词的选择上也有所不同，有的动词既适用于肯定性祈使句，又适用于否定性祈使句。例如：

⑩ 睡一会儿去！　　　　别睡！
⑪ 去看望他一下吧！　　不要去看望他！
⑫ 叫醒他！　　　　　　甭叫醒他！
⑬ 拿本书来！　　　　　别拿书！
⑭ 站起来！　　　　　　不用站！

有些动词只适用肯定性祈使句，不适合否定性祈使句。例如：

⑮ 请尊重别人！　　　　*别尊重别人！
⑯ 应爱护同学！　　　　*不要爱护同学！
⑰ 要安慰小王！　　　　*别安慰小王！
⑱ 应该发扬优点！　　　*不要发扬优点！
⑲ 应改正缺点！　　　　*别改正缺点！

有些动词只适用于否定性祈使句，不适用于肯定性祈使句。例如：

⑳ *伤害她的感情！　　　　别伤害她的感情！
㉑ *欺骗孩子！　　　　　　别欺骗孩子！
㉒ *隐瞒真相！　　　　　　不能隐瞒真相！
㉓ *惯坏孩子！　　　　　　别惯坏孩子！
㉔ *糟蹋艺术！　　　　　　不许糟蹋艺术！

思考题

1. 句类划分的标准是什么？句类与句型、句式有什么不同？
2. 疑问句可以分为几类？举例说明每一类疑问句表示疑问的手段。
3. 举例说明感叹句的表达手段有哪些。

第九节　句子的变化

具体的句子在一定的语境中往往会发生许多变化，如句法成分的倒装、省略、追补等，这些虽然不影响句型划分，但对句子的理解、解释和运用有很大的影响，跟句子的句法、语义、语用也都有一定的关系。

一　倒　装

汉语句法结构中成分的位置比较固定，如主语一般在谓语的前面，宾语一般在述语的后面，修饰语一般在中心语的前面。可是在一定的条件下，句子中各成分的位置可以倒过来，变成谓语在前主语在后，宾语在前述语在后，中心语在前修饰语在后，但它们之间仍然是主谓关系、述宾关系、修饰语和中心语的关系，这种现象称为倒装。

（一）倒装句的特点

倒装句有如下特点。

（1）结构可以复位。倒装的成分可以复位，复位以后意义和结构都不变，因此，倒装应该看作是一种句子的变化，而不能看成是不同的句子格式。如：

① 多么幸福啊，你们这一代！→ 你们这一代多么幸福啊！
② 小王要结婚啦，我刚听说。→ 我刚听说小王要结婚啦。

（2）语音轻读。语音上，倒装的部分往往轻读，有停顿，书面上倒装的部分一般与其他部分之间用逗号隔开。如：

③ 进来吧，你！
④ 都去了吗，他们？

（3）表达重心前置。倒装往往是说话人情绪激动时，要强调的部分脱口而出，然后再追补原来应该先说的部分，因此，表达重心在前置的部分，而后置的部分则带有"申述"或"追补"的意味。

⑤ 太过分了，你们！
⑥ 气死我了，这孩子！

（二）倒装句的类型

根据句法结构类型，倒装可以分为以下几类。

1. 主谓倒装

主语在后，谓语在前，这是最常见的倒装现象，这种倒装句谓语和主语之间一般有语音停顿，书面上用逗号隔开，较多地出现在疑问句、感叹句中。如：

① 来了吗，孩子们？
② 演得多逼真啊，这个演员！
③ 好不好看，这本书？
④ 都到齐了，代表们。

2. 状语后置

倒装的状语限于一些副词和介词短语。如：

① 他走上了领奖台，慢慢地，羞怯地。
② 他退休了吧，大概。
③ 滚出来，给我！
④ 弟弟快一些，比哥哥。

3. 宾语前置

宾语前置是有一定的格式限制的，语义上有周遍性，语用上有强调色彩。如：

① 我谁也不认识。
② 他哪儿也不能去。
③ 他一本外国小说也没看过。
④ 小王一个风景名胜也没参观过。

二 追 加

（一）追加与倒装

现代汉语句法成分的追加与倒装都是在特定环境中出现的语用现象，主语、状语的倒装句表面上看很像是追加出来的，但语用目的是为了通过位置的变化来突出话语的重点。追加指的是句子说完了再追补句中已出现的某个成分，或是句子说了一半将临近的成分进行补充再接着说完句子。如"你忙什么你"。

追加与提示成分、独立成分不一样。提示成分可能与句中某一成分构成复指关系，但并不是成分的同形重复，如"这个人，我不认识他"。独立成分位置比较灵活，当出现在句尾的时候，语气上有追加性，但也不是句中某一成分的重现，如"我估计你会把它吓坏的""你会把它吓坏的，我估计"。而追加句中所追加的成分是句中已经出现的成分，而且追加的成分位置比较固定，不能随便变位，如"笑什么笑""我要一本，一本字典"。

(二)追加句的类型

1. 句尾追加

句尾追加一般出现在疑问句中，有时也出现在感叹句中，追加句一般都表示较强的语气，疑问句的追加较多用在反问句中，主语和述语是经常追加的成分。

(1) 追加主语。如：

① 你高兴什么你？
② 他刚才怎么了他？
③ 你就知道看电视你！

(2) 追加述语。如：

④ 你笑什么笑？
⑤ 快什么快？一点儿都不快！

2. 句中追加

句中追加往往是追加修饰语，较少出现在疑问句中。如：

① 我们用了十万，整整十万块钱。
② 你要提防，一定要提防他。

三 省 略

省略是在一定的语境中出现的语用现象，是指句子里原来该有的成分在一定条件下没有出现。例如：

① 王小明读书很刻苦，（　）进了大学，毕业后（　）又考上了研究生。

这个复句的第二个分句和第三个分句都省略了主语"王小明"。

语言是人类的交际工具，人们对工具的要求是好用。如果只能机械地照着模式造句而不允许有任何变通的说法，这种工具就很难满足使用的需要。省略就是人们在使用语言时的一种变通形式，是各种语言组合中比较普遍存在的一种现象。人们交际时一般能省的成分总是省略，不省略反而是特殊要求。例如老舍《骆驼祥子》中的一段话：

② 他扫雪，他买东西，他去定煤气灯，他刷车，他搬桌椅，他吃刘四爷的犒劳饭，他睡觉，他什么也不知道，口里没话，心里没思想，只隐隐地觉到那块海绵似的东西！

这个句子后面有省略，前面则不厌其烦地都出现"他"，是为了表现祥子仿佛是个能干活的死人，没有言语，也没生气。

(一)省略句的特点

省略虽然是一个语用问题，与语法的关系也非常密切。句子的省略具有以下特点。

1. 可还原性

省略的成分一般都可以确定地补出来，这是省略句与非主谓句的主要区别。非主谓句在结构上是独立的、完整的，不必补上什么，也无法确定地补上什么句法成分。例如：

① 暮春时节，（我）又邀了几位朋友在家小聚。
② （我们）第一次去参观时，是在一楼的纪念馆欣赏闪闪晶亮的各种宝石。
③ 起风了！
④ 小李！

例①和例②都是省略句，括号里面的内容省去以后还可以补出来；例③和例④是非主谓句，它们在结构上是独立的而且是完整的，不必补出什么成分，也无法确定地补出什么成分，不具有可还原性，所以不是省略句。

2. 有条件性

省略必须满足一定的条件。例如"我、你"之类的主语，常常在对话中省略，说话主体的"我"还可以在自我介绍性的环境中省略，他称代词或表人名词以及其他被省略的词语也总是在前文已经出现或者后文中即将出现时才省略，省掉了并不会增加理解的困难。如：

① 哥哥一到家，（　）就给我打电话报平安。
② 谁？——我。
③ （　）观察同一只虫子，两个人的见解和判断截然相反，（　）得到的启示迥然不同。

例①中的主语"哥哥"在第一分句出现之后，在后面的分句里省略了；例②在对话当中是很常见的，答句"我"是根据"谁"的省略情况变化的，如果问的是"谁来了"，答的就是"我来了"，如果问的是"谁敲门"，答的就是"我敲门"；例③第二分句出现了主语"两个人"，第一分句和第三分句的主语与第二分句主语相同，所以都可以省略。

3. 主语省略的普遍性

汉语谓语的省略比较少见，一般出现在答句中或文学作品中。最常见的省略是省略主语，只有在有特殊需要时，才每一句都用上主语。如：

① 我很少扒开叶蔓瞧它们，它们便渐渐敢伸出小脑袋瞅瞅我。
② 我仿佛听见几只鸟扑翅的声音，但是等到我的眼睛注意地看那里时，我却看不见一只鸟的影子。
③ 这是革命的春天，这是人民的春天，这是科学的春天！

例①两个分句的主语都出现，主要是受到语义关系的制约；例②的分句主语不省略，有利于突出"我"的动作过程和心理感受；例③都用上主语，目的是使语气均衡突出。

（二）省略句的类型

根据省略出现的具体语境，可以把省略分为如下类型。

1. 会话省

作为交际双方面对面的言语交际活动，一问一答，最容易省略。如：

① A：谁（来了）呀？
   B：我（来了）。

②A：哟，（是）小李，你今天不是有约会吗？
　B：（我）有点儿头疼，（约会）取消了。
③A：（你）吃饭了吗？
　B：（我）吃（饭）了。
④A：（你）在哪儿吃的？
　B：（我在）学生食堂（吃的）。
⑤A：（你）吃的（是）什么？
　B：（我吃的是）包子。
⑥A：（你吃的包子是）什么馅的（包子）？
　B：（我吃的包子是）三鲜（馅）的（包子）。

从省略的成分来看，对话中省略主语的情况是最多的。有时一个人说的话比较长，最经常省略的也是主语。如：

⑦"是呀，先生，"高妈又想起话来，"祥子是磨不开；本来吗，（　）把先生摔得这个样！可是，先生既说不是你的错儿，你也甭再别扭啦！（　）瞧他这样，（　）身大力不亏的，（　）还和小孩一样呢，（　）倒是真着急！太太说一句，叫他放心吧！"

高妈的这段话，把大家都说在里边，没有起承转合的痕迹，句子成分的省略非常灵活，括号里的省略成分是主语"他""你们""他""人家"和"我们"。

也有省略谓语、修饰语成分和中心语的，有的甚至是跨结构的省略。例如：

⑧你的情况我们都听说了。——不但我们（　），他们也听说了。
⑨你们觉得让谁说好呢？——（　）老张（　）！
⑩我不敢发言，（　）总是怕说错。——我也是（　）。
⑪两个人都跑了第一名。——怎么会（　）呢？
⑫钥匙（　）呢？——喏，不是（　）放着吗？

以上对话的答语中，例⑧省略了谓语，例⑨中只出现了兼语，省略了兼语前面和后面的述语动词，例⑩省略了宾语，例⑪省略了中心语，例⑫省略了状语。

2. 因上下文省

所谓因上下文省是指在一定的篇章话语中，依靠上文或下文提供的信息而省略某个成分，按照依靠上文还是依靠下文分为两类。

（1）承前省略

为使叙述简洁，上文已经出现的事物，下文可以省去。如：

①他只有一个儿子，（　）在北京读书，（　）不常回来。
②老王是个庄稼人，（　）种地是一把好手，（　）农活样样精通，（　）为人也忠厚。
③小王在北京工作，小李也在（　）。
④长沙的夏天比沈阳（　）热多了。

主语的承前省略比较复杂，可以有多种不同的情况：

⑤我弟弟八岁了，（　）刚上小学二年级。（承前一分句的主语省）

⑥ 老张送我花儿，（　）并不是他出钱买的。（承前一分句的宾语省）
⑦ 他的脚扭伤了筋，（　）跑不快。（承前一分句的主语中的定语省）
⑧ 他叫我走，（　）偏不走。（承前一分句的兼语省）
⑨ 以他的资格，（　）本来是有很多机会去国外考察的。（承前面的介词宾语省）

　　承前兼语省与主语、宾语有关，承前介词宾语省与定语有关。汉语的主语较少出现承前状语省的，下面两句的介词结构做状语，后一分句的主语省略后语义不明，不宜省略主语：

⑩ *我跟他说话，（　）就像没说一样。
⑪ *我向他招手，（　）就知道是什么意思。

　　谓语中心词承前省略较少。例如：

⑫ 然而现在呢，只有寂静和空虚依旧，子君却决不再来了，而且永远，永远地（　）！
⑬ 大了，要自己洗衣服了。我严格遵循自定的程序：先（　）领子，后（　）袖口，前襟后片搓一搓，放进清水投一投，拎出来搭在绳上。

（2）蒙后省略

　　蒙后省略不如承前省略常见。如：

⑭ （　）饭还没有吃完，小王就急急忙忙赶去上班了。
⑮ （　）展望新的世纪，我们充满无限的希望。

　　蒙后省的句子总是有一个环境的，在语篇中通常不作为首发句出现，上面第一个例子意味着前面在说吃饭的事情，第二个例子意味着前面在说回顾过去、计划未来的事情。再如：

⑯ （　）到了门口，他不敢进去。
⑰ （　）看着人家那样辛苦地劳动，老通宝觉得身上更加热了。

例⑯意味着前面在说"他"为了某事要去某地方；例⑰意味着前面在说人家是怎么劳动的。

　　在递进关系的复句中，第一分句的谓语可能蒙后省略。如：

⑱ 不但人们（　），连昆虫也知道。
⑲ 如今不只是儿童（　），就是许多成人也被它的魔力所吸引了。

　　另外，承前省略和蒙后省略也可以结合起来使用：

⑳ （　）一想到昨天遇见祥林嫂的事，（　）也就使我不能安住。
㉑ （　）到了马庄，她们不敢到街上去找，（　）来到村头一个亲戚家里。

例⑳第一分句的主语蒙后兼语省，第二分句的主语承前宾语省；例㉑第一分句的主语是蒙后省略，第三分句的主语是承前省略。

3. 自述省

　　在书信、发言、日记、散文等自述性语体中，受语境的影响，往往可以省略一些词语，最常见的是说话主体"我"的省略。如：

① （　）收到你的来信，（　）很高兴。
② 因为最近（　）比较忙，（　）没能及时给你回信，（　）希望你不要介意。
③ 昨天，（　）参加了一个会议，（　）议题是新世纪语言学的展望。
④ 今天（　）又看到了那个擦鞋的男孩，（　）于是过去跟他聊了一会儿，（　）知道他家还有个奶奶需要他照顾，真不容易啊，明天（　）打算带点儿东西给他。
⑤ 说也奇怪，（　）和新朋友会谈文学，谈哲学，谈人生道理等等，（　）和老朋友却只话家常，柴米油盐，细细碎碎，种种琐事。

自述性语境中的第二人称省略受到的限制比第一人称多，发言、日记较少，书信中省略较多，也往往是很熟悉的人之间写信时省略。例如：

⑥ （　）最近好吗？
⑦ 不管发生什么事（　）都不要急，（　）多想想办法，没有什么解决不了的。

思考题

1. 什么是倒装？倒装句有哪些特点？
2. 省略有哪些特点和类型？

第十节 复 句

一 复句概说

（一）复句的性质

简单地说，复句由两个或两个以上的分句构成。要明确地认识和理解复句需从以下四个方面入手。

1. 复句一般由两个或两个以上的分句构成

复句的分句，从结构和功能上看相当于单句，因而复句的分句在结构上就不一定是主谓结构，也有非主谓结构的分句。例如：

① 因为风刮得很大，火势迅速蔓延。（主谓结构＋主谓结构）
② 因为刮大风，火势迅速蔓延。（非主谓结构＋主谓结构）
③ 刮了一夜的狂风，也下了一夜的大雨。（谓词性非主谓结构＋谓词性非主谓结构）

2. 复句的分句在结构上是互相独立的

复句的分句在结构上是互相独立、互不包含的，一个分句不做另外分句的句法成分。例如：

① 李华考上了清华大学，父母为他感到骄傲。

②李华是一名医生，他爱人是同一家医院的护士。

3. 复句的分句在语义上是有联系的

复句的分句在结构上是相互独立的，在语义上是有联系的，不同的复句表示的是不同的语义关系。如：

①如果你要借这本书，我就不借了。（条件关系）
②因为你借过这本书，我才去借的。（因果复句）
③虽然你已经把书还了，我也不去借。（转折复句）
④即使你已经把书还了，我也不去借。（让步复句）
⑤你借书，我也借书。（并列复句）
⑥或者你去借，或者我去借。（选择复句）

4. 复句有统一的语调

复句无论多么复杂，也无论由几个分句构成，从句子的角度看，都是一个句子，因而复句只有一个统一的语调，在整个复句末尾才出现一个终止性停顿，书面上用句末标点表示。复句的分句间一般有一定的句内停顿，书面上用逗号或者分号隔开。

（二）单句和复句的区别

辨析单句和复句，可以从以下三个方面入手。

1. 结构上的差异

从结构上看，单句只有一套句法成分，复句由两个或两个以上的分句构成，所以有两套或两套以上的句法成分。复句中的分句与分句在结构上互不包含，不是对方内部结构的一个组成部分。而且复句的分句之间存在的是转折、递进、条件、让步等逻辑关系，而不存在偏正、述宾、述补、主谓等结构关系。因此，在单句与复句的划界问题上我们一定要特别注意，主谓短语做不同句法成分构成的是单句而不是复句。例如：

①谁做主持都可以。（主谓短语做主语）
②西湖风景优美。（主谓短语做谓语）
③我喜欢她经常穿这条裙子。（主谓短语做宾语）

另外，还要注意不要把复句形式充当句法成分的单句看成复句。例如：

④他们推销的是包装精美，但是价格昂贵的书。
⑤我知道如果他不来你也不会来的。

2. 语音上的差异

一个复句只有一个句调，句末有较大的停顿，书面上用句号、感叹号或问号表示；分句之间一般有较小的停顿，书面上用逗号或分号表示。根据这一点，可以对部分单句和复句进行区别。例如：

①我们要爱祖国爱人民爱劳动。（单句）
②我们要爱祖国，爱人民，爱劳动。（复句）
③我走过去坐在她身边。（单句）
④我走过去，坐在她身边。（复句）

以上单句与复句的区别在于句子中间是否有明显的停顿。但是，有无语音停顿并不是区分单句和复句的排他性标准，有时单句中也会出现停顿：

⑤ 对于这件事情，我们应当把它当作一次教训。
⑥ 石棉具有隔热、保温、耐酸、绝缘、防腐等特点。

3. 关联词语的差异

关联词语对于区分单句和复句也能起到一定的作用。关联词语可以看作复句的标志，尤其是一些成对使用的，如"虽然……但是""不但……而且""如果……就""因为……所以"，等等。事实上，关联词语主要是用来表示逻辑语义关系的，所以既可以用于复句，也可以用于单句，需要区别对待：

① a. 因为彼此专业背景接近，所以我们总有很多共同话题。
　 b. 因为这件事，所以他才离开了单位。
② a. 无论谁接受这项工作，都面临着巨大的挑战。
　 b. 无论谁，我们都欢迎。

以上a、b两组例句使用的关联词语虽然完全相同，但a组是复句，b组是单句。其区别在于两组句子中关联词语连接的成分有所不同：在a组例句中，关联词语连接的是谓词性成分，句子为复句；在b组例句中，关联词语连接的是体词性成分，句子为单句。

（三）与复句使用有关的两个问题

1. 复句中主语的隐现问题

复句的分句如果是主谓句的形式，那么，各个分句的主语可以相同，也可以不同，可以省略，也可以不省略，情况比较复杂。这就是复句中主语的隐现问题。下面从两个方面加以说明。

（1）各个分句的主语相同，隐现情况有三种。

A. 主语全都出现

一个复句几个分句的主语相同，从语言经济的角度考虑通常是要有所省略的。但有时为了满足修辞上的需要，也可以全都出现，这时主语带有强调的意味。例如：

① 她漂亮，她年轻，她能干，她聪明。
② 我可不是一般学画的啊，我是画家。

B. 主语蒙后省略

在复句中，主语出现在后面分句里，而前面分句的主语全都省略。例如：

③ 从床上爬起来，穿上衣服，走到门前，她打开门以后发现父亲正躺在门外。
④ 看完这部电影，我很感动。

C. 主语承前省略

在复句中，主语在前一分句出现后，在下面的分句里都可以省略，这种情况最常见。如：

⑤ 我取了一本《鲁迅书简》，翻了一遍，发现书里夹着一张纸条。
⑥ 江月蓉下了车，走了两步，又扭头喊道："等一下。"

（2）复句中各分句的主语不同，通常是不能省略的，如"太阳从东方升起，晨风带来新生活的熙熙攘攘"中，前一分句的主语是"太阳"，后一分句的主语是"晨风"，二者都不能省略，省略之后句子就不成立了。不过，汉语的表达具有灵活性，因此，在一些特殊情况下，分句的不同主语也可以省略，省略时必须满足以下几个条件：第一，所省略的主语一定要在前面出现过；第二，省略之后在表意上不致引起误解，在对句子的理解上不会产生歧义；第三，省略之后，不会因为少了一个句法成分，而使句子失去复句的资格，成为一个单句。

在满足了上述条件之后，复句中各分句的不同主语的省略都是承前省略，又有两种情况。

A. 承前宾语省。例如：

⑦ 我了解他，打从上中学就开始迷上无线电、半导体技术。

⑧ 北风撕裂着他的脸，感到生疼生疼的。

B. 承前定语省。例如：

⑨ 这台电视机的开关坏了，所以卖不出去。

⑩ 我们还似乎听见敌人飞机的叹息，大概在叹息自己将要毁灭的命运。

2. 关联词语的使用问题

有关复句中的关联词语的使用，有两个问题需要注意。

（1）关联词语是特指在复句中各分句之间起关联作用的词或习惯语。它不是与名词、形容词或介词、连词等并列的一种词类，也不是那些经常充当关联词语的词如连词、副词的总称，因为作为关联词语的连词、副词，它们仍保持着各自的语法特点。可见，所谓的"关联词语"，只是着眼于它们在分句之间起关联作用这一点而专门起的名称。

关联词语的来源主要有：①绝大部分来自连词，如"不但、不仅、虽然、或者、但是、如果"等，一部分仅限于连接词或短语的连词，如"和、跟、同、与、及"等不能充当关联词语；②一部分来自副词，如"也、才、就、又、都、却"等，它们在句子中充当状语的同时又兼有关联作用；③一部分来自习惯用语，如"一方面，另一方面，总而言之，反之"等，它们在句子中充当独立成分，同时又兼有关联作用。

除少数关联词语如"因此、以致、因而、可见"等可以单独运用外，大部分关联词语都要成双配对、前后照应地使用。有的关联词语总是出现在前一分句，称为"前关联词"，如"虽然、假如、即使、既然、不但、宁可、与其、无论、尽管、不管"等；有的关联词语总是出现在后一分句，可以称为"后关联词"，如"但是、可是、那么、而且、并且、否则、也、就、才、又"等。

由于大多数关联词语经常"配对使用"，所以分析的时候就应该"配对分析"。例如：

① 就是剩下一个人，也要坚守阵地。

② 小王学习很好，就是有点儿骄傲。

从形式上看，以上两句中的"就是"一样，但是，它们的配对情况却不同：前一句"就是"与"也"搭配，表示让步关系；第二句"就是"出现在后一分句，有转折的意味，与"虽然……但"的意思相同。

总体看来，关联词语的搭配情况有三种：

A. 连词与连词搭配使用，如"不但……而且""虽然……但是""因为……所以"等；
　　B. 连词与副词配合，如"如果……就""即使……也""只有……才""无论……都"等；
　　C. 习惯用语和习惯用语相配合，如"一方面……另一方面""一会儿……一会儿""有时……有时""首先……然后"等。

　　另外，副词和副词也可以配合使用，但一般用在特殊的复句形式中，即在紧缩句中使用，如"一……就""不……不""一……不"等。

　　（2）关联词语在使用中的省略问题。关联词语虽然经常成对出现，前后照应地使用，但只要能显示出分句间的语法关系，只要不引起理解上的歧义，关联词语也可以省略。

　　A. 省略后关联词，只用前关联词。如：
　　　　③ 因为工作出色，他被评为市优秀教师。
　　　　④ 理想虽然美好，不付出艰苦的劳动是难以实现的。
　　　　⑤ 只要能妥善地保护草皮和灌木，沙丘是可以被固定下来的。

　　B. 省略前关联词，只用后关联词。如：
　　　　⑥ 争论是常常有的，不过这种争论是纯粹关于创作的。
　　　　⑦ 问题是有的，但要看到成绩。
　　　　⑧ 你肯再深入地、推心置腹地与他谈一下，就一定可以得到他的谅解。

上述两种情况比较，只用后关联词的更多一些。
C. 完全不用关联词语。如：
　　　　⑨ 野梨花开满山岗，溪水哗哗地流淌，春天迈开了大步，庄稼在抢着生长。（并列）
　　　　⑩ 夜已经很深了，他还在不停地工作着。（转折）
　　　　⑪ 昨晚下了雨，地上全湿了。（因果）

关联词语的省略在使用时必须慎重，下面三种情况要特别注意。

第一，如果不用关联词语，会引起歧义，这时一定要用。例如"他得了100分，也不说明他真正用功"可以有两种不同的理解：
　　　　⑫ 即使他得了100分，也不说明他真正用功。（让步）
　　　　⑬ 虽然他得了100分，也不说明他真正用功。（转折）

第二，用关联词表示一种关系，不用关联词表示另一种关系，这时一定要用。如：
　　　　⑭ 老李出了门，直奔商场。（顺承）
　　　　⑮ 老李如果出了门，就直奔商场。（假设条件）

第三，不用关联词语句子不通顺时，或者两个分句之间意思连接不上时，一定要用。如：
　　　　⑯ 与其胡编乱造，不如直接说不知道。

去掉"与其……不如"，两个分句的意思连接不上。

二 复句的分类

复句可以从不同的角度进行分类，例如，从有无关联词语的角度看，复句可以分为有标志复句（有关联词语复句或形合复句）和无标志复句（没有关联词语复句或意合复句）两种；从分句间的层次多少来看，可以分为一重复句和多重复句；从分句间的紧缩和停顿来看，可以分为紧缩复句和非紧缩复句等。

在复句的所有分类标准当中，最主要的分类标准是逻辑关系，即从分句间的意义关系、逻辑关系入手对复句进行分类。这种分类方法的内部也有一些分歧，有的分为因果关系和非因果关系两大类，有的分为条件关系和非条件关系两大类，还有的分为因果关系、并列关系和转折关系三大类。传统上是分为联合复句和偏正复句两大类。

（一）联合复句

联合复句是指分句间没有主次之分，两个或两个以上的分句并列地联合在一起，联合复句的联合项（分句）无论多少都在同一个层次上。联合复句按分句间的逻辑语义关系一般可分为并列复句、连贯复句、递进复句和选择复句四种。

1. 并列复句

并列复句的几个分句分别说明或描写几件事情、几种情况或同一事物的几个方面，如果不考虑语用因素和表述重心，前后分句的顺序往往可以调换。并列关系常用的关联词语有"也、又、还、既……又/也、不是……而是、是……不是、一边……一边、有时……有时、又……又、一方面……（另）一方面、一会儿……一会儿"等。这些关联词语或者表示同类事物的并列，或者表示两件事情的并存，或者表示两件事情的对立。例如：

① 小明喜欢大猩猩，小东也喜欢大猩猩。
② 王老师又教数学，又教英语。
③ 这种生活方式不是我想要的，而是他们强加给我的。
④ 一方面敌人在退却，一方面我军在进攻。
⑤ 新加坡是城名，是岛名，也是新加坡共和国的国名。
⑥ 他一边走，一边思考，还一边瞅着马路上的行人。

并列复句也可以不使用关联词语。如：

⑦ 风轻悄悄的，草软绵绵的。
⑧ 祸兮福之所倚，福兮祸之所伏。

2. 连贯复句

连贯复句又叫顺承复句、承接复句等。连贯复句的几个分句一个接一个地说出连续的动作或连续的事件。连贯关系主要依靠分句的排列次序来表示，语序不能任意颠倒。常用的关联词语有"就、便、又、于是、接着、然后、首先……然后/接着、起先……后来"等。如：

① 他只在小屋里坐了一会儿，就离开了。
② 他慢慢地踱进一家商场，看了看，又转身出来了。
③ 小张进屋看了看，然后不等主人让，便自己坐下了。

④她起先感到害怕，后来又觉得生气。

⑤竹子滑下溪水，转入大河，流进赣江，挤上火车，踏上迢迢的征途。

连贯复句和并列复句的区别是：表示连贯关系的分句之间是一种纵的承续，也叫作"鱼贯句"；表示并列关系的分句之间是一种横的排列，也叫作"雁行句"。因此，连贯复句的各个分句之间一般不能互换位置，而并列复句的各个分句之间，互换位置不会改变原意。如：

⑥他穿上衣服，拿上钥匙，出了门，站在楼道等着她的到来。（连贯复句，各个分句之间有时间的先后关系，不能互换位置）

⑦他一会儿看书，一会儿看电视。（并列复句，各个分句之间可以互换位置而不改变原意，可改为"他一会儿看电视，一会儿看书"）

3. 递进复句

递进关系的复句，后一个分句比前一个分句在意义上更进一层。所谓更进一层，可以表现在范围方面、数量方面、程度方面、时间方面等。常用"不但/不仅/不只/不光……而且/并且/也/还/更"来表示。"不但"是启下的，"而且"是承上的。可以只用承上的关联词，但不能只用启下的关联词。如：

① 小王会弹钢琴，而且还会作词、作曲。

② 美丽的传说会使人缅怀流失的岁月，更会使人燃烧起炽热的希望。

③ 范仲淹不但是个军事家，而且是宋代著名的文学家、政治家。

④ 这件事情必须由你来做，责任也必须由你来承担。

如果句子的意思是从否定方面说的，可以用"不但……反而（反倒）"；含有反问语气的递进关系，可以用"尚且……何况"；如果句子的意思进了一层，还要再进一层，可以用"不但……而且……甚至"来表示。如：

⑤ 他不但没有退缩，反而增强了对科学研究的兴趣。

⑥ 智者千虑尚且难免一失，何况当年我只是小孩子。

⑦ 小王不光不给他妈妈钱，反倒把他妈妈赶出了家门。

⑧ 我现在不但教博士生，带博士后，而且我教中学生，教小学生，甚至教幼儿园的小朋友。

递进复句和并列复句的区别是：后一分句用"也、还"等副词时，如果前一分句不用"不但"的话，是并列复句，用"不但"的话，是递进复句。如：

⑨ 小王会弹钢琴，也/还会作词、作曲。（并列关系，前一分句没有"不但"）

⑩ 小王不但会弹钢琴，也/还会作词、作曲。（递进关系，前一分句有"不但"）

4. 选择复句

选择复句的几个分句分别叙述一种情况，以供人选择或取舍。选择复句一般有关联词语，不同类型的选择，有不同的关联词语，按选择的类型或关联词语的不同，可以把选择复句分为两个小类：一类是"选择未定"，一类是"选择已定"。

所谓选择未定，是指说话人在几样事情中还没有选定。常用的关联词语有"不是……就是、要么……要么、或者……或者、或者"等。如：

① 害虫不是病死，就是被鸟吃掉。
② 我们要么去海滨游泳，要么上黄山观景。
③ 战士们要么学英语，要么讲战斗故事，要么与学生们一起上街打扫卫生。
④ 他们或者单独钻研，或者相互讨论。
⑤ 我明天去北京，或者去天津。

"不是……就是"含有非此即彼的意思，二者必居其一，没有第三种可能，所以也称"限选复句"；"要么……要么""或者……或者"容许第三种情况，也可以构成三个分句以上的选择复句，所以又叫"商选复句"。

所谓选择已定，是指说话人在几样事情中已经选择停当。常用的关联词语"宁可/宁肯/宁愿……也不、与其……不如"等。如：
⑥ 我宁愿把头埋进沙里，也不愿面对现实。
⑦ 他宁愿住在偏僻的城郊，也不愿住在闹市区。
⑧ 与其让别人杜撰我的故事，不如我自己来讲。
⑨ 我们与其在这个刮着寒风的闹市谈话，还不如到一个舒舒服服的房间里细细地讨论这个问题。

用"宁可/宁肯/宁愿……也不"这一组关联词语的，选定的内容是前一分句；用"与其……不如"这一组关联词语的，选定的内容是后一分句。

（二）偏正复句

偏正复句一般由两个部分构成，两部分在语义上一偏一正，正句是句子主要意思所在，偏句是修饰限制正句的。一般来说，偏正复句是偏句在前，正句在后，但也有正句在前，偏句在后的。偏句在前、正句在后的复句，关联词语可以成对地使用，也可以只用一个，有些还可以不用；正句在前、偏句在后的复句，关联词语只能在偏句中用一个，不能成对地用，也不能不用。按照偏正复句中偏句和正句的逻辑语义关系，可以把偏正复句分为因果复句、转折复句、条件复句和让步复句等四类。

1. 因果复句

因果关系有两种：一种是就既定的事实来说明其中的因果关系，可以称之为"说明因果"；另一种是就一定的根据来推论出结果，可以称为"推论因果"。

说明因果复句常用的关联词语有"因为/由于……所以/因此/因而"，也可以单用"由于、因为"在前一分句，或单用"所以、因此、因而、以致"在后一分句。如：
① 因为工作无聊，所以无法提高工作效率。
② 由于写作需要模仿范文，因而学生写作文也能促进他们阅读能力的提高。
③ 知识的海洋是无边无际的，因此，学习是无止境的。
④ 他干得太累，以致一度住进了医院。

"因为"常与别的连词如"所以"等连用，"由于"则经常单独出现；"因此"的作用相当于"因为"和"所以"；"以致"表示下文是上述原因所形成的结果，含有"因此而造成"的意思，多指不好的结果。

推论因果复句，是偏句在前，提出前提，正句在后，加以推论。常用的关联词语是"既然……那么/就/便、可见"等。如：

⑤ 你既然当了兵，就给咱们干出个样来。
⑥ 既然经济危机还没有结束，那么就很难说这场危机会以什么样的方式结束。
⑦ 你也知道忧国忧民，可见你也不是完全没有主人翁感啊。

2. 转折复句

转折复句是正句不顺着偏句的意思说下去，而是跟偏句的意思相反或相对，一般来说，偏句在前，正句在后，前后分句在语义上是由一个方向转向了另一个方向，也就是说后一分句在语义上对前一分句有所转折。转折复句可根据语义转折的程度分为"重转"和"轻转"两类。

重转复句前后两个分句在意思上有明显的对立，要求使用成对的关联词语。偏句用"虽然、尽管"等，正句用"但是、可是、然而、却"等。如：

① 虽然自然界中有些东西在产生，有些东西在消亡，但是整个大自然的生命力是绝不会枯竭的。
② 尽管不大情愿，可他还是乖乖地站了起来。
③ 虽说孩子已经长大成人，而他就是不放心。

轻转复句前后两个分句意思虽然不一致，但并不对立，或者并不着重强调这种不一致，常在正句里用一个关联词"可、可是、却、不过、只是"等来表示。如：

④ 项目争取到了，可是更大的困难又摆到了面前。
⑤ 实际意思还是一样的，不过换了个说法。

3. 条件复句

条件复句可以分为以下四类。

（1）假设条件复句

假设条件复句是偏句提出一种假设的条件，正句说明在这种条件下要产生的结果。假设条件复句一般用关联词语"如果……就""假若……就"等。如：

① 如果说对了，我就放了你。
② 要是你再不为别人想着点儿，那就太不近人情了。
③ 你若是从井冈山许多山坳走过，便能看到一条条修长的竹滑道。
④ 假如路遥不死，还会写出远远高于《平凡的世界》的作品来。
⑤ 万一我发生了不幸，千万不能让我的母亲和孩子知道。

（2）必要条件复句

必要条件复句是偏句为必备条件，缺少了这个条件，就不能产生正句提出的结果。用关联词语"只有……才""除非……才"等。如：

⑥ 只有和平共处，世界才能稳定。
⑦ 除非有特效药，才有可能救活她。

"只有"和"除非"说明如果没有所说的条件，就不可能产生所说的结果："只有"是指定条件，"除非"是推断条件。

（3）充分条件复句

充分条件复句是偏句为正句的充分条件，正句说明在具备这个条件后必然产生的结果。用关联词语"只要……就"等。例如：

⑧ 只要我们发挥正常，就有夺金的希望。
⑨ 只要有一线希望，我们就不会放弃努力。

"只要"只提出一定的条件，说明有了所说的条件，就能产生所说的结果，但不排斥别的条件。

（4）无条件条件复句

无条件条件复句正句所表示的结果并不因为偏句的条件变化而变化，而是不管在什么条件下都会产生同样的结果，结果的产生不以条件为转移，也就是说，结果的产生是没有任何条件的，各种条件不对结果有所制约。无条件条件复句常用的关联词语是"无论/不论……都、不管……都、任凭……都/也"等。如：

⑩ 无论我们遇到什么困难，都不能放弃。
⑪ 任何人不论职务高低，都应该遵纪守法。
⑫ 不管你怎么扭曲它，它都能恢复成原来的模样。
⑬ 任凭你左说右劝，他都无动于衷。
⑭ 互联网不论是作为工具还是作为媒体，都要面向公众承担相应的社会责任。

4. 让步复句

让步复句是偏句先退一步说，把无论是真实的还是虚假的条件都姑且当成一种事实，正句说明在这种让步条件下所产生的结果。让步复句常用的关联词语有"即使……也、纵然……也、哪怕……也、即便……也、就是……也、就算……也、纵使……也"等。如：

① 即使面临山穷水尽，也不能对生活丧失信心。
② 他们纵然在一起，也不会幸福。
③ 就算你们每一个人都原谅我，我也不能够原谅自己。
④ 他就是病了、残了、瘫了，我也要嫁给他。

以上四种偏正复句之间既有联系，又有区别。为了方便说明，我们将前一分句称作A句，后一分句称作B句。

四种偏正复句的联系主要表现在两个分句之间的关系上，有以下四种情况。

（1）A和B是已经实现或已经证实的，也就是说前后两分句是一种事实关系。如：

⑤ 因为天气不好，所以运动会推迟举行了。
⑥ 虽然天气不好，运动会还是举行了。

（2）A和B是尚未实现或尚未证实的，也就是说前后两分句是一种假设关系。如：

⑦ 如果天气不好，运动会就推迟举行。
⑧ 即使天气不好，运动会也会举行。

（3）A和B的关系是相承的，也就是说从A可以推出B，A和B是一致的。如：

⑨ 因为水很浅，所以船开不进来。
⑩ 如果水很浅，船就开不进来。

(4) A和B的关系是转折的，也就是说从A不可以推出B，B往往是A的对立面。如：

⑪ 虽然水很浅，船还是开了进来。
⑫ 即使水很浅，船也能开进来。

上述四种关系，可以用下列四边形表示：

通过这个四边形我们看到有两种区别：一是根本性的区别，即两个复句之间没有任何相同之处，可以称作大区别；一种是相对性的区别，即两个复句之间有相同之处，但也有相异之处，可以称为小区别。在这个四边形中，处在对角线位置的两种复句之间的区别是大区别，如因果复句和让步复句、假设条件复句和转折复句，它们之间没有任何相同之处，意义上的差别比较明显，在辨析和运用时一般不会混淆。处在同一条边线位置上的两种复句之间的区别是小区别，如因果复句同假设条件复句、转折复句之间都是小区别，让步复句同假设条件复句、转折复句之间也是小区别。小区别的复句之间意义上的差别不是十分明显，容易混淆，需要我们特别注意。

（三）多重复句

确定一个复句是否是多重复句，关键是看各分句是否处在同一个层次上，有不止一个层次的复句才是多重复句。如果一个复句只有两个分句构成一个层次关系，或虽有三个以上的分句仍只构成一个层次关系的，那么它是单纯复句，也叫简单复句。语法上把具有两个或两个以上层次的复句叫多重复句。例如：

① 他们从地上爬起来，｜揩干净身上的血迹，｜掩埋好同伴的尸首，｜他们又继续战斗了。

这个复句的四个分句在同一个层次上，构成连贯关系，是简单复句。

② 我喜欢这绚丽灿烂的秋色，｜因为它表示着成熟和繁荣，‖也意味着愉快和欢乐。

这个复句有三个分句，包含两个关系层次，第一分句和第二、三分句之间构成因果关系，是第一个层次；第二分句和第三分句构成并列关系，是第二个层次，这是一个多重复句。

1. 多重复句的类型

多重复句根据层次的数目进行分类，包含两个层次的多重复句也叫二重复句，包含三个层次的叫三重复句，依此类推。多重复句是由简单复句扩展而来的，从理论上讲，多重复句的层次数可以不受限制地扩展下去，但是从接受和理解的角度看，在实际的语言应用中，五重以上的复句是比较少见的。如：

① 任何制度，如果只是挂在墙上，｜是没有用的。（简单复句）

②任何制度，如果只是挂在墙上，‖不去执行，|是没有用的。（二重复句）

③任何制度，如果只是挂在墙上，‖不去执行，‖不让它真正变成每个人的行为准则，|是没有用的。（三重复句）

2. 多重复句分析

多重复句由于分句的数目比较多，分句之间的逻辑和层次关系比较复杂，在理解、接受和运用上都存在着一定的困难，这就要求我们对多重复句的层次和关系能够进行正确分析。多重复句的分析有一定的程序和步骤，下面我们分别加以介绍。

（1）确定分句的数目

能准确地确定多重复句的数目是分析多重复句的前提。从句法结构上看，构成复句的分句的可以是短语，也可以是词；可以是主谓结构，也可以是非主谓结构；可以是体词性短语，也可以是谓词性短语。例如：

①有一年的冬初，四叔家里要换女工，②做中人的卫老婆子带她进来了，③头上扎着白头绳，④乌裙，⑤蓝夹袄，⑥月白背心，⑦年纪大约二十六七岁，⑧脸色青黄，⑨但两颊却还是红的。

上面这个复句共有9个分句，其中①、②、③、⑦、⑧和⑨是主谓结构的谓词性短语构成的分句；而④、⑤、⑥则是非主谓结构的体词性短语构成的分句。

同时还需要注意，也不能把不是分句的误认为是分句，如单句当中的句首状语、特殊成分、倒装成分等都不是分句。尤其要注意单句内部某些成分前出现关联词语带来的误导，如单句内部使用"无论、不论、不管、为了、因为"等引导的成分：

①无论谁都不能置身事外。

②不管什么人都应该遵纪守法。

③她为了你放弃了上学的机会！

④你没必要因为这种事情浪费时间。

以上各句中，"无论"和"不管"引导的是句子的主语，"为了"和"因为"引导的是句子的状语，所以这几个句子都是单句而不是复句。

（2）注意关联词语

多重复句，尤其是层次比较多的多重复句当中，各个分句之间的层次和关系往往要依靠关联词语来显示，因此，在分析多重复句时，要充分利用关联词语这个形式标志。例如：

①虽然是满月，②天上却有一层淡淡的云，③所以不能朗照；④但我以为这恰是到了好处。

这个复句用来表示逻辑关系的关联词语有"虽然、却、所以、但"四个，其中，"虽然……但"和"虽然……却"都可以成套使用表示转折关系，这里就涉及"虽然"管辖范围的问题。从语义上可以看出①、②、③这三个分句表示的意思都与④相反，即"虽然"管辖的范围包括分句①、②、③，所以第一层应当在③和④两个分句之间，是转折关系；在前三个分句中，①和②是③"不能朗照"的原因，故关联词"所以"之前是第二层，因果关系；第三层由关联词语"虽然……却"来确定，在①和②两分句之间，是转折关系。

（3）统观全句，逐层分析

在分析多重复句时，确定第一层的位置和关系最关键，因为第一层的位置及其关系决定着一个多重复句的性质和类型，第一层如果弄错了，整个多重复句的分析就基本错了。要准确分析出一个多重复句的第一层，就需要统观全句，全面理解多重复句的意思，同时依靠形式标志或分句之间的意义，找出第一层的准确位置与逻辑关系。然后依此类推，进行逐层分析。例如：

一篇文章或一篇演说，如果是重要的带指导性质的，总得要提出一个什么问题，接着加以分析，然后综合起来，指明问题的性质，给以解决的办法，这样，就不是形式主义的方法所能济事。

这个复句从全句来看，是要说明一篇带有指导性质的好文章所要满足的要求，是形式主义的方法所不能实现的。所以从全句来看，这个复句是因果关系，第一层应当在"这样"之前。

（4）分析多重复句的方法

分析多重复句有画线法和图解法两种方法。

画线法是在句中标明层次和关系的方法，操作要点是：在第一层的分句和分句之间画上一条竖线"｜"，并注明关系，在第二层的分句和分句之间画上两条竖线"‖"，并注明关系，其余类推。为了使分句更明了，避免把不是分句的单位当作分句，也常常在每个分句之前或之后标上顺序号。例如：

①我们年纪都相仿，‖②但论起行辈来，‖③却至少是叔辈， ‖‖ ④有几个还是

太公，｜⑤因为他们合村都同姓，‖⑥是本家。

　　因果　　　　　　　并列

图解法是在句外用图表表示层次和关系的方法，操作要点是：先将可以成为分句的单位标上顺序号，再从大到小或从小到大逐层切分并注明关系。例如：

①我们年纪都相仿，②但论起行辈来，③却至少是叔辈，④有几个还是太公，⑤因为他们合村都同姓，⑥是本家。

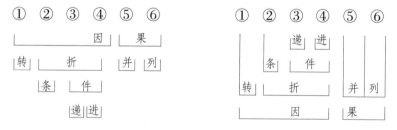

总之，分析多重复句，找准第一层非常重要，因为它是整个复句的基本层次，整个复句的类型是根据第一层来判定的。所以分析多重复句首先必须全面地考察句子的含义，确定好第一层，第一层确定了，再逐层切分；其次，要注意复句中有停顿、带标点的语言单位是不是分句，不要把分句里的句法成分当成分句或者把句外成分当成分句，也不要把分句当成分句里的句法成分；同时，还应有效利用关联词语（特别是成对的关联词语）作为分析的依据，没有关联词语的，在理解时可以加以补充，以便辨认分句间

的关系。下面是一些用画线法分析多重复句的例子：

A. 二重复句

  a. ①只要你坚持体育锻炼，‖②就会逐渐好起来，｜③因为体育锻炼能增进
          条件   因果
人们的健康。

  b. ①我不能说我不珍视这些荣誉，‖②并且我承认它很有价值，｜③不过我
          并列   转折
从来不曾为追求这些荣誉而工作。

  c. ①只要我们仍然保持艰苦奋斗的作风，‖②只要我们团结一致，‖③只要我们
          并列   并列
坚持人民民主专政和团结国际友人，｜④我们就能在经济战线迅速地获得胜利。
             条件

  d. ①为了这样的理想，付出毕生精力的人，不管他的事业在当时的人们看来是
重要还是不重要，‖②也不管他所从事的事业是成功了还是失败了，｜③他都不
     并列   条件
失为一个值得赞扬的人物。

B. 三重复句

  a. ①即使你的天分很高，｜②如果不肯下功夫，‖③不但不会取得卓越的成就，‖|
     让步   条件   递进
④也不可能获得平凡的成绩。

  b. ①谁如果把自己看成是群众的官老爷，｜②那么，不管他的才能有多大，‖|
            条件   并列
 ③地位有多高，‖④也是群众所不需要的。
   条件

  c. ①青年时代，是人们精力充沛、才华焕发的时代，｜②对每一个有志气的青年
               因果
来说，只要他方向对头，‖|③只要他肯钻肯干，‖④是可以干出惊天动地的事情
       并列   条件
来的。

  d. ①一方面，不打破思想僵化，‖|②不大大解放干部和群众的思想，‖③四个
       并列   条件
现代化就没有希望，｜④另一方面，不坚持四项基本原则，‖|⑤不坚持社会主义，
      并列   并列
‖⑤我们的国家就要倒退。
条件

C. 四重复句

  a. ①掌柜是一副凶脸孔，‖|②主顾也没有好声气，‖|③教人活泼不得；‖④只有
      并列   因果   并列

孔乙己到店，‖⑤才可以笑几声，｜⑥所以至今还记得。
　　　　　　条件　　　　　　　　因果

b. ①人是生活在纪律里面的：｜②守纪律，‖‖③无论做什么，‖‖‖④都有成功的可
　　　　　　　　　　　　　　　并列　　　　　条件　　　　　　　　条件

能；‖⑤不守纪律，‖‖⑥就必然要遭到损失和失败。
　　　并列　　　　　　条件

c. ①成绩能够鼓励人，‖②同时会使人骄傲；｜③错误使人倒霉，‖‖④使人着急，
　　　　　　　　　　并列　　　　　　　　　　　并列　　　　　　　　　　并列

‖‖‖⑤是个敌人，‖⑥同时也是我们很好的教员。
　　因果　　　　　　并列

D. 五重复句

a. ①马克思主义的哲学辩证唯物论有两个最显著的特点：｜②一个是它的阶级性，
　　　　　　　　　　　　　　　　　　　　　　　　　　　　　　　　　　　并列

‖③公然申明辩证唯物论是为无产阶级服务的；‖④再一个是它的实践性，
并列　　　　　　　　　　　　　　　　　　　　　　　并列

‖⑤强调理论对于实践的依赖关系，‖‖⑥理论的基础是实践，‖‖‖⑦又转过来
并列　　　　　　　　　　　　　　　　并列　　　　　　　　　　　　　并列

为实践服务。

b. ①重复地说，论理的认识所以和感性的认识不同，｜②是因为感性的认识是属
　　　　　　　　　　　　　　　　　　　　　　　　　因果

于事物之片面的、现象的、外部联系的东西，‖③论理的认识则推进了一大步，
　　　　　　　　　　　　　　　　　　　　　　并列

‖‖④到达了事物的全体的、本质的、内部联系的东西，‖‖‖⑤到达了暴露周围
并列　　　　　　　　　　　　　　　　　　　　　　　　　并列

世界的内在的矛盾，‖‖⑥因而能在周围世界的总体上，在周围世界一切方面的
　　　　　　　　　　　因果

内部联系上去把握周围世界的发展。

E. 六重复句

①每一个具有共产主义风格的人，都应该具有松树那样的崇高品质，｜②人民需
　　　　　　　　　　　　　　　　　　　　　　　　　　　　　　　并列

要我们做什么，‖③我们就去做什么，‖‖④只要是为了人民的利益，‖‖‖⑤粉身碎
　　　　　　条件　　　　　　　　　并列　　　　　　　　　　　　条件

骨，‖‖‖‖⑥赴汤蹈火，‖‖‖‖‖⑦也在所不惜；‖‖⑧而且毫无怨言，‖‖‖‖⑨永远浑身洋溢
　　并列　　　　　　让步　　　　　　　　递进　　　　　　　　并列

着革命的乐观主义的精神。

三　紧缩句

通过以上的介绍，我们知道根据结构、停顿和关联词语基本上能够把单句和复句区分开来。但是有时侯，尤其是口语里，一些句子从形式上看没有停顿，很像单句，从内

容结构上看，表达的几个意义之间有逻辑联系又互不做句法成分，这就是紧缩句。如：

① 只要他一出现，我就告诉你。→ 他一出现我就告诉你。
② 我们即使知道了，也不会说的。→ 我们知道了也不会说的。
③ 路程就是再远，我们也能走到。→ 路程再远我们也能走到。
④ 我们如果不把工作完成，就不睡觉。→ 我们不把工作完成就不睡觉。
⑤ 只有无私的人，才能无畏。→ 无私的人才能无畏。
⑥ 即使说了，你也不明白。→ 说了你也不明白。

就性质来说，紧缩句是复句的紧缩。所谓"紧缩"，包括"紧"和"缩"两个方面："紧"指的是复句内部的语音停顿取消了，分句间的联系更加紧凑了；"缩"指的是复句中的某些成分被缩略掉了。"紧"和"缩"在一个句子里往往同时体现，这样，一个复句经过紧缩成为一种既不同于复句（句子内或分句间没有语音停顿），也不同于单句（表达的是复句的分句间的关系）的紧缩句。一个复句经过紧缩就成了一种用单句的形式表达复句的内容的句子。表达上，紧缩句具有精练、紧凑、明快的特点。

（一）紧缩句的特点

紧缩句是用单句形式表达复句内容的一种特殊的句子形式。紧缩句是由复句紧缩而来的，也就是复句的分句紧缩联结，紧缩联结的结果使得紧缩句有如下特点。

1. 结构的非包含性

对紧缩句的切分首先得到的单位不是句法成分，而是相当于复句的分句，如"做错了你也不知道"，第一次应该切分为"做错了""你也不知道"两个部分，这两部分之间没有句法结构关系，因而不互为句法成分，倒相当于复句的分句，两部分之间的关系是分句间的关系。正因为如此，紧缩句中也常用关联词语，如以上例句中的"一……就""再……也""不……不""……才……""……也……"，这些已经成为固定格式，紧缩句往往是由一些固定格式形成的。这些特点使得紧缩句区别于单句，所以不少论著又称紧缩句为紧缩复句，即紧缩了的复句或经过紧缩的复句。如：

① 领导让你干什么你就干什么。＝既然是领导让你干的，那你就应该干。
② 这些东西我吃不完你吃。＝这些东西如果我吃不完，你就吃。
③ 你花多少钱我都出得起。＝不管你花多少钱，我都出得起。
④ 钟不敲不响。＝钟如果不敲，就不会响。
⑤ 我不去也知道会发生什么。＝我即使不去，也知道会发生什么。

例①至例③句中的主语不同，有两个；例④和例⑤的主语只有一个。

2. 语音的非停顿性

紧缩句各部分之间没有语音停顿，有些成分还被缩略了，如"路程就是再远，我们也能到达——路程再远我们也能到达"缩略了"就是"，"她跳舞跳得时间越长，舞姿越美——她跳舞越跳越美"缩略的就更多了。这一特点又使紧缩句区别于一般复句，即从形式上看像单句，正因为如此，复句或多重复句中，如有紧缩句，紧缩句只算一个分句。

可见，紧缩句是介于单句和复句之间的一种特殊的句子结构形式，正因为如此，某些句子看作单句还是紧缩句是有分歧的。如：

① 我出门就进了书店。
② 他只要有时间就看书。
③ 你进去就知道了。
④ 他说完也走了。
⑤ 大家吃完饭都离开了。

以上这些句子，有人认为是紧缩句，有人认为是连动句。不过，着眼于有起关联作用的副词，我们倾向于看作紧缩句。

3. 关联词语的模式化

紧缩句的关联词语大多不同于一般复句，常常用成套的固定格式，如"一……就""再……也""不……不"等。有时单用某些关联词，一般是副词"也、就、才、都"等。常用的紧缩句固定格式具体如下。

（1）成套使用的

A. "不……不"，相当于"如果……就"。如：

① 话不说不明。
② 他们俩不打不相识。
③ 我不说不痛快。

B. "非……不"，相当于"除非……否则"。如：

④ 今天我非去不可。
⑤ 小张非他不嫁。
⑥ 这孩子非牛排不吃。

C. "再……也"，相当于"即使……也"。如：

⑦ 你就是再劝也没用。
⑧ 话再难听也得听。
⑨ 学费再贵也得读书。

D. "不/没……也"，相当于"即使……也"。如：

⑩ 不睡觉也得做作业。
⑪ 没有钱也要买。
⑫ 不看也要交钱。

E. "一……就"，相当于"……接着……"或"只要……就"。如：

⑬ 我一进来就看见他了。
⑭ 小王一下班精神就来了。
⑮ 小王一和生人说话脸就红。

F. "越……越"，相当于"只要……就"。如：

⑯ 他越想越着急。
⑰ 我越干越来劲。
⑱ 小鸡越嫩越香。

G. "不……就"，相当于"要是……就"。如：

⑲ 明天不刮风就好了。
⑳ 你不吃就没了。
㉑ 老王不生病就来了。

H. "非……才"，相当于"除非……才"。如：

㉒ 他非做出点儿成绩才好交代。
㉓ 他这病非住院才能治好。
㉔ 他非说出来心里才能好过。

（2）单用某些关联副词的

A. "也"，相当于"即使……也"或"如果……也"。如：

㉕ 烧成灰我也认得你。
㉖ 来了我也不高兴。
㉗ 我们没有事也不会来打搅。

B. "才"，相当于"只有……才"或"因为……才"。如：

㉘ 他喜欢你才找你的。
㉙ 看过房子才好定价钱。
㉚ 审查了材料才能下结论。

C. "就"，"就"的联结作用比较丰富，相当于"只要……就""如果……就"或"既然……就"等。如：

㉛ 他答应了就好办了。
㉜ 你想说就说吧。
㉝ 我有意见就要提。

"就"还可以相当于顺承关系的"接着"。如：

㉞ 看完就走了。
㉟ 写完作业就上床睡觉了。

跟"就"相当的还有"便"。如：

㊱ 说不来便真的不来了。
㊲ 吃饭便吃饭，干活便干活。
㊳ 躺下便打呼噜了。

D. "却"，相当于"虽然……却"。如：

㊴ 有钱却没处花。
㊵ 想来却不敢来。
㊶ 人走心却没走。

E. "又"，相当于"虽然……却又"。如：

㊷ 想表达又有些害羞。
㊸ 我很想打电脑游戏又怕被爸爸发现。
㊹ 想打长途又怕花钱。

"又"也可以联结连贯关系和假设条件关系。如：

⑮ 他哭完了又说了下去。
⑯你不去又怎么会知道呢？

F. "都"，相当于"无论……都""如果……就""但是"等。如：

⑰ 我们玩儿都玩儿不过小王。
⑱ 你拉都拉不动他。
⑲ 有理哪儿都能说。

G. "还"，相当于"如果……就""无论……都"。如：

⑳ 去了还好说话些。
㉑ 做完作业还可以商量。
㉒ 和谁去还不都一样？

"还"也可以联结连贯关系。如：

㉓ 他吃完饭还抽了一根烟。

H. "再"，联结连贯关系。如：

㉔ 你把钱交给他再当面交代一下。

单用副词关联的紧缩句，副词"也、都、才、再、还、就"等本身意义就十分复杂，因而在紧缩句中的意义也很复杂，孤立看往往不易把握其含义，需要结合上下文以及句中其他因素来确定其含义。

（二）紧缩句的类型

紧缩句按有无固定格式可以分为三类。

一是没有固定格式的，分句间没有停顿，并可能缩略了一些成分，直接联结，这类紧缩句的两个部分的主语往往不同。如：

① 眼高手低。（转折关系）
② 雨过天晴。（连贯关系）
③ 我喊他他不应。（转折关系）
④ 人在阵地在。（条件关系）
⑤ 你不走我走。（因果或假设条件关系）
⑥ 雪怕太阳草怕霜。（并列关系）

二是有固定格式的，分句间没有语音停顿，但用固定格式来联结。如：

⑦ 他非去不可。（假设条件关系）（非……不）
⑧ 雨不停也走。（让步关系）（不……也）
⑨ 他越想越难受。（条件关系）（越……越）

三是利用"谁……谁"等相同疑问代词呼应联结，相当于条件关系，这些疑问代词都具有任指性质。如：

⑩ 这孩子人见人爱。
⑪ 你想干什么干什么。

⑫ 大伙儿需要什么拿什么。
⑬ 你吃多少买多少。

这种呼应格式中也可以有关联词语"就、便"。如：

⑭ 你爱怎么样就怎么样。
⑮ 哪里需要他们就哪里安家。

用数量词做呼应式。如：

⑯ 多一个人多一份力量。
⑰ 咱们少一个人就少一个帮手。

也有重复谓语动词来呼应的。如：

⑱ 你要管就管到底。
⑲ 我们该说说，该看看。

当然，有些一般复句也可以紧缩掉其中的语音停顿，而成为紧缩句。如：

⑳ 不是鱼死就是网破。
㉑ 秤砣虽小压千斤。
㉒ 只要你去我就不去。

思考题

1. 如何对单句和复句进行辨析？
2. 四种偏正复句间有什么联系和区别？
3. 什么是紧缩复句？紧缩句有哪些特点？

第十一节　常见的语法错误

　　学习语法，不仅要从正面掌握语法结构的规律，知道句子应该如何组织，还应该从反面了解语法结构的规律，知道句子不应该如何组织。因此，在学习语法的过程中有意识地加强发现错误和纠正错误的训练，了解造句时容易出现的错误，能更好地培养理解语言、运用语言的能力。

　　语法错误的种类很多，但首先要把语法错误和逻辑错误、修辞错误区别开来。逻辑和修辞是离不开语言中的语法结构的，所以我们可以从逻辑或修辞的角度分析说明一些句子的毛病。然而，语法与逻辑、修辞毕竟是三门不同的学科，语法错误与逻辑错误、修辞错误也是完全不同的。

　　句子的错误从大的方面来说，大致上可以分为用词的错误、造句的错误和表达的错误三类。词类误用、关联词语误用、词语搭配不当等都属于用词的错误；成分残缺、成分多余、语序不当、句式杂糅等则属于造句的错误；而概念不明确、判断不恰当、费解、重复等是表达的错误。前两种错误属于语法的错误，而后一种属于逻辑和修辞上的错误。

一 词类误用

讲词的语法分类、词的语法特征，主要是为了说明词的用法，避免词的误用。下面分别介绍一下实词、虚词的误用。

（一）实词的误用

实词的误用大多数是由于没有掌握实词的用法造成的，也有少数是由于不了解词义造成的。常见的实词误用有以下三种情况。

1. 名词、动词、形容词的误用

名词误用主要是指将名词误用为动词或形容词。例如：

① *小张这次非常决心。
② *这个方案刚一提出，一些同志就纷纷异议。
③ *该公司女职工要求有产假和育儿假，公司已经诺言了此事。

例①中的"决心"是名词，可以在"决心"前加上"有"，"有决心"是谓词性词语。例②中的"异议"是名词，在"异议"前加上"提出"就可以了。例③中的"诺言"是名词，这里应该用一个动词，可以用"答应、同意、应允"之类的动词。

有时候，也会出现把动词误用为名词或形容词的情况。如：

④ *敌人四处散布捏造，进行挑拨离间。
⑤ *这是一个多么感动的场面啊！

例④的"捏造"是动词，误用为名词，应该将"捏造"改为"谣言"。例⑤中的"感动"是动词，误用为形容词，可以改为"动人、令人感动"这样的形容词性词语。

也有形容词误用为动词或名词的情况。例如：

⑥ *在她的身上，永远充沛着一种旺盛的工作热情和只争朝夕的工作精神。
⑦ *他既拥有过人的胆识，又拥有过人的明智。
⑧ *我们必须发达信息科学。

例⑥中的"充沛"是形容词，后面不能带宾语，这里应该将"充沛"改为动词"洋溢"。例⑦中的"明智"也是形容词，这里做句子的宾语中心，误用为名词，应该改为"智慧"。例⑧中的"发达"是形容词，不能带宾语，可以改为动词"发展"。

另外，由于动词内部的不同小类在用法上存在较大差异，所以也有可能会出现在述语位置上，该用及物动词的，误用了不及物动词的情况。如：

⑨ *小张去探亲在留学的丈夫，可以办探亲签证。

例⑨中的"探亲"是不及物动词，不能带宾语，这句可以改为"小张去正在留学的丈夫那儿探亲，可以办探亲签证"。

2. 代词、副词的误用

(1) 代词的误用

① *你们是演员，咱们写剧评，我们都是戏曲工作者。

在普通话里，"咱们"和"我们"都表示第一人称复数。它们的区别是："咱们"包括听话的一方在内，"我们"不包括听话的一方。上句中"咱们"和"我们"应互换。再如：

②*我提着箱子，背着背包走下火车，只见他们跑了过来，就你拿箱子，我背背包，一下子我就觉得十分轻松了。

第一个"我"是实指，第二个"我"和"你"是虚指。两种用法连在一起，使人看不明白。可以把"你"改为"这个"，第二个"我"改为"那个"。

（2）副词的误用。例如：

③*我以为他很忙，今天不能来参加会议了。走进会场一看，他果然来了。

"果然"表示事实与预料相符，这里应该改为"居然"。"居然"表示事实与预料不符。

④*瞧，他还正在忙着呢。

"正在"和"还在"这两个副词所表示的动态情况是不一样的，"正在"表示事件处在进行的过程中，"还在"也表示事件处在进行的过程中，但强调的是事件已经进行一段时间了。因此，用了"还"，就不必再用"正在"了。

⑤*国家给了我们知识分子格外的荣誉、格外的责任。

⑥*近年来，IT产业发展迅速，有关信息科学的报刊成了青少年喜爱的经常读物。

例⑤中"格外"是副词，不能直接修饰名词，要在"格外"后分别加上"高"和"大"，成为"格外高的荣誉、格外大的责任"就行了。例⑥中"经常"也是副词，也不能修饰名词，换成"日常"，"日常"是区别词，可以直接修饰名词。

3. 数量词的误用

①*今天早餐他吃了二个面包，喝了一杯牛奶。

数词"二"应该改为"两"，这两个数词的用法是不一样的。序数能用"二"，不能用"两"，基数可以用"两"，也可以用"二"，但不是任何情况下都可以互相替代的。在一般量词之前用"两"，不能用"二"，如"两本书、两个人"不能说成"二本书、二个人"。表示度量衡的量词前边，可以用"两"，也可以用"二"，如"两斤"和"二斤"，"两尺"和"二尺"都可以说，但"二两"不能说成"两两"。

②*这个月，咱们科室的出勤率比上个月增加到百分之三。

③*今年的产量略有增加，已经不是九百吨了，而是增加了一千两百多吨。

"增加到"和"增加（了）"后面都可以接数词。但"增加到"后面的数词指的是总数，"增加（了）"后面指的是差数。第一个句子中的"增加到"应改为"增加了"，第二个句子中的"增加了"应改为"增加到"。

④*山上有一座蓄水近十万多立方米的水库。

⑤*我们的班主任大约三十岁上下。

例④中的"近"和"多"前后矛盾，应根据实际情况选择其中的一种说法。例⑤中的"大约"和"上下"前后重复，应删去其中一个。

（二）虚词的误用

虚词误用大致有三种情况：一是少用虚词；二是滥用虚词；三是错用虚词。

1. 少用虚词

①*感情激动时流下泪水比眼睛受到刺激时流下的泪水含有更丰富的物质。
②*自然科学精密的实验、细致的分类、数理的方法为特色。
③*有时教师备课十分仔细，可是到了课堂上还是被学生问得下不了台。这种现象往往应变能力差是有关系的。

例①中"感情激动时流下泪水"这个动词性短语表现的是一个行为动作，与谓语"含有更丰富的物质"不能搭配，应该加上一个助词"的"，变成"感情激动时流下的泪水比眼睛受到刺激时流下的泪水含有更丰富的物质"就可以了。例②应在"精密的实验、细致的分类、数理的方法"前面加上一个介词"以"。例③应在"应变能力差"前面加上一个介词"与"。

2. 滥用虚词

①*地球在南北两极的半径要比赤道的半径小22千米。
②*不久，他又亲自主持召开了对剧本的讨论会。

例①中的"在"是多余的，"地球南北两极的半径"就可以表示"从地心到南极、北极的半径"的意思。介词"对"主要起引介动作的对象、与动作有关的人或事物的作用，第二个句子中的"对"也是多余的。

3. 错用虚词

①*本校师生员工出入校门一律凭工作证和学生证。
②*市领导昨天为坚守岗位的职工拜年、送温暖。
③*帝国主义的侵略行为，对于具有民族自尊心的世界各国人民是不能容忍的。

例①中的"和"表示加合关系，既要有工作证，又要有学生证，才能出入校门，应该用"或"，"或"表示选择关系，有一样就行了。例②中的"为"应该改为"向"，介词"向"可以引进动作的对象，后接指人的名词或代词，这一句应是"向坚守岗位的职工拜年、送温暖"。例③中是介词"对于"运用错误，将句子中主客体的位置颠倒了，应该改为"具有民族自尊心的世界各国人民对于帝国主义的侵略行为是不能容忍的"，或者在"具有民族自尊心的世界各国人民"后面加上"来说"二字，变成"帝国主义的侵略行为，对于具有民族自尊心的世界各国人民来说，是不能容忍的"。

错用虚词也包括一些常用格式的错用。如：

④*至于月食，天文学家就不像日食那样有兴趣了。
⑤*在不增加投入下，我们按原来的设计要求建成了学校心理实验室。

例④必须在"日食"前加上"对"，"以……为……""与……有关系""由……组成""对……有兴趣"等都是常用的搭配形式，其中的"以、与、由、对"都是不可缺少的。"在……上""在……下"中间插入的应该是体词性词语，不能是谓词性词语，因此，例⑤可改为"在不增加投入的情况下，我们按原来的设计要求建成了学校心理实验室"。

二 成分多余或残缺

（一）成分多余

1. 主语、宾语多余

① *我们二年级的同学，在上课的时候，一般说来，我们都能认真听讲，遵守纪律。
② *纪念五四青年节的到来。

例①中后一个"我们"是多余的，属于主语多余，应该删去。例②中"纪念"的宾语应该是"五四青年节"，而不是"……到来"，应该把"的到来"删去。

2. 谓语中心多余

句子中已经有一个动词做谓语中心了，再加上一个动词，造成了多余。如：

① *我们访问了前线指挥部旧址，并在烈士纪念碑前举行献花。
② *李教授的讲稿正在进行扫描、打印，两小时后就可以发给学生。

例①中的"举行"是多余的。例②中的"进行"也是多余的。

3. 修饰语多余

① *这句话的背后，包含了多么丰富的无声的"潜台词"啊！
② *他和研究生们一起，多次反复地进行数据测试。
③ *小李做任何事都是非常认真得很。

修饰语多余包括定语多余、状语多余和补语多余。例①中的"无声的"和"潜台词"都有"不出声"的意思，应删掉"无声的"。例②中"多次"和"反复"意思重复，可以删除其中一个。例③中"认真"前已经有了"非常"，补语"得很"就多余了。

（二）成分残缺

1. 主语残缺

一个主谓句，应该有主语和谓语两个部分。有时放在主语位置上的是不能做主语的词语，就造成了"主语残缺"的语法错误。如：

① *经过这次讲课，对大家的启发很大。
② *因为"电子手杖"的出现，使盲人走路方便多了。

大多数情况下主语残缺是因为将主语放到介词结构中去了，上述两个句子都是这样。例①把"经过"删去，就有主语了。例②可以改为"'电子手杖'的出现，使盲人走路方便多了"，也可以改为"因为'电子手杖'的出现，盲人走路方便多了"。

2. 谓语残缺

有时，处在一个分句位置上的是一个名词性短语，它既不能独立构成一个分句，又不是后面分句的一个成分，这就犯了谓语残缺的语法错误。如：

① *另一项专利旋转式制冰格在容声冰箱上的应用，用手将制冰格转动一下，冰块就会自动跌落在储冰盒里。
② *一天，中文系的学生会干部小王在去文科大楼的路上，突然有一个推销生活用品的推销员迎面向她走来。

例①中"另一项专利旋转式制冰格在容声冰箱上的应用"是一个名词性短语，可以改成"在容声冰箱上还应用了另一项专利旋转式制冰格，用手将制冰格转动一下，冰块就会自动跌落在储冰盒里"。例②中出现了第一个主语"中文系的学生会干部小王"后，又另起了一个头，缺少谓语，可以加上"发现、看见"一类词语，改为"一天，中文系的学生会干部小王在去文科大楼的路上，突然看见一个推销生活用品的推销员迎面向她走来"。

三 搭配不当

1. 主谓搭配不当

　　①*没有读过这部作品的学生，值得一读。
　　②*虽然狂风暴雨从半空中一齐倾泻下来，但大家无所畏惧。

例①如果用"没有读过这部作品的学生"做主语，谓语应该是"应该读一读"；如果"值得一读"做谓语，主语应该是"这部作品"。例②中"倾泻下来"陈述的是"暴雨"，而不能是"狂风"，应以"暴雨"做主语，删去"狂风"。

2. 述宾搭配不当

　　①*周围漆黑一片，在车厢内伸手不见五指，只听见列车猛烈的嘶叫声，打破了沉寂的环境。
　　②*早在1500多年以前，人们就已经在这里开发茶叶了。

例①中"打破了沉寂的环境"述宾不搭配，可以改为"打破了环境的沉寂"。例②中"茶叶"不是"开发"出来的，可以改为"生产茶叶"或"种植茶叶"。

当一个述语与几个宾语同时发生搭配关系，或者几个述语与一个宾语发生搭配关系时，也容易发生述宾搭配不当的错误。如：

　　③*在排戏过程中，大家都出了很多好主意，以提高剧本和表演。
　　④*为了扩大和加快教育事业发展的速度，我们必须多开设几个专业。

例③中的述语"提高"，与后面的两个宾语都搭配不上，后面加上"的水平"，即"以提高剧本和表演的水平"就可以了。例④中前一个述语"扩大"与宾语"教育事业发展的速度"搭配不上，可以改为"为了扩大教育事业的规模，加快教育事业发展的速度，我们必须多开设几个专业"。

3. 修饰语和中心语搭配不当

　　①*每个人都有双聪明能干的手，每个人都能拥有幸福的生活。
　　②*骆驼跨着稳健的步伐，以持久的毅力和速度向前走去。
　　③*要学习老干部密切联系群众、注意全面了解情况、善于正确分析问题的好思想、好作风。

例①中的"手"可以是"能干"的，不能是"聪明"的，应该删去"聪明"。例②中"持久"作为修饰语与做中心语的联合短语中的"速度"搭配不当，可以改成"以持久的毅力和不变的速度向前走去"。第三个句子中"密切联系群众、注意全面了解情况、善于正确分析问题"是"作风"，但不是"思想"，这也是修饰语与中心语不搭配而产生的问题，可以把"好思想"删去。

4. 主语和宾语意义上不搭配

主语和宾语之间没有直接的语法关系，但在意义上和逻辑上却是有密切的关系的。特别是在一些用"是、为"等词做述语的句子中，会出现一些主语和宾语意义上不搭配的句子。例如：

① *世界是一个永远不停地运动、变化和转化的过程。
② *除广东中山、江门等市外，北京、上海的市民将成为个人赴港旅游的新试点。

例①缩短为"世界是过程"，这显然是不通的，可以改为"世界是在永远不停地运动、变化和转化着的"。例②缩短为"市民成为新试点"也是不通的，可以将"的市民"删去。

四 语序不当和句式杂糅

（一）语序不当

语序的安排要符合语言习惯，不然会犯语序不当的错误。如：

① *在我国科学发展史上，张衡是不可多得的全面发展的人才，在世界科学发展史上也具有很大影响。
② *那次火山爆发，后果严重。爆发能量相当于投在广岛的二千五百颗原子弹。
③ *批评和自我批评是有效的改正错误、提高思想的方法。
④ *这是一个无疑的英明决策。

例①是由两个并列的分句组成的复句，两个分句的主语相同，可以把共同的主语放在句首，改为"张衡是不可多得的全面发展的人才，在我国和世界科学发展史上，都具有很大影响"。例②中的句子表达与事实不符，难道投在广岛的原子弹有二千五百颗？可以改为"那次火山爆发，后果严重。爆发能量相当于二千五百颗投在广岛的原子弹"。例③中的修饰语是多项定语，"有效的"应该移到"方法"的前面，全句变成"批评和自我批评是改正错误、提高思想的有效方法"。例④是将应该做状语的词语"无疑"安放在定语的位置上，全句可以改为"这无疑是一个英明决策"。

另外，在"把"字句和"被"字句中，也要注意避免语序不当的语法错误。如：

⑤ *如果把迅速找到新的市场不放在第一位，公司就有破产的危险。
⑥ *我们被困难不能吓倒。

"把"字句和"被"字句中，否定词和助动词必须放在"把"字或"被"字的前面。例⑤可以改为"如果不把迅速找到新的市场放在第一位，公司就有破产的危险"。例⑥可以改为"我们不能被困难吓倒"。

（二）句式杂糅

同样一个意思，往往可以用不同的说法来表达。有时，先是想用一种说法来表达，说到一半，又想用另一种说法了，结果两种说法混杂在一起，造成了句式杂糅的语法错误。如：

① *每人可随身携带行李物品重量不得超过十五千克。

② *这个队的成员是几位高一的同学和几位高二的同学组合而成。

③ *他从香港寄了一包书籍到本市中山路100号王芳小姐收。

例①可以改为"每人可随身携带重量不得超过十五千克的行李物品",也可以改为"每人随身携带的行李物品重量不得超过十五千克"。例②中的句子可以改为"这个队的成员是几位高一的同学和几位高二的同学",也可以改为"这个队由几位高一的同学和几位高二的同学组成"。例③中的句子可以改为"他从香港寄了一包书籍到本市,交中山路100号王芳小姐收",也可以改为"他从香港寄了一包书籍给本市中山路100号王芳小姐"。

五 改正语法错误的原则

改正语法错误大致要注意以下几点。

1. 不能违背原意。例如对"日本电影周的上映,将进一步加强中日两国人民的文化交流"这一病句的修改,会出现两种改法：①"日本电影的上映,将进一步加强中日两国人民的文化交流"。②"日本电影周的举办,将进一步加强中日两国人民的文化交流"。我们说第二种改法是正确的,第一种改法虽然把句子改通了,但违背了原意,因为"电影周"和"电影"毕竟是两码事。

2. 要把句子彻底改通。例如"当时,居民修理东西,跑路远,约期长,报价贵,有的店还存在官商作风、服务态度不好等"是一个病句,因为"存在"这个动词要求带名词性的宾语,"服务态度不好"是主谓短语,是非名词性的,不能做"存在"的宾语。但倘若将"不好"删去,变为"当时,居民修理东西,跑路远,约期长,报价贵,有的店还存在官商作风、服务态度等",全句仍然不通。所以应该让"存在"只管到"官商作风"为止,全句修改为"当时,居民修理东西,跑路远,约期长,报价贵,有的店还存在官商作风,服务态度也不好",就行了。

3. 正确地判定语法错误的类型。语法错误有许多种类,对症下药,就能事半功倍。例如"他自己的收入也是同龄人中的佼佼者"是一个病句,如果将这个病句看成是句式杂糅,应将"他自己的收入……""……同龄人中的佼佼者"二者取一,那就麻烦了,而且会违背原意。其实这个句子只是主语和宾语意义上搭配不当,"收入……是……佼佼者"不妥,改成"他自己的收入使他成为同龄人中的佼佼者"就行了。

本章练习题

1. 说说下列各句关于"语法"的概念指的是什么

(1) 研究语法的目的是要解释人类语言的结构奥秘。

(2) 他的语法学得好。

(3) 汉藏语系内部的语言在语法上存在较多的共性特征。

(4) 最近我看了许多汉语语法书。

(5) 结构主义语法重视对语言的描写,认知语法重视对语言现象的解释。

2. 辨别下列词的词性

（1）限度　限定　　　　　　　　（2）使用　效用
（3）疑问　怀疑　疑惑　　　　　（4）已经　经常　曾经
（5）合适　适合　　　　　　　　（6）阻碍　障碍
（7）兴奋　兴致　兴趣　　　　　（8）将来　未来　近来
（9）扎实　落实　　　　　　　　（10）衰弱　削弱
（11）永恒　永远　永久　　　　　（12）现在　正在
（13）感触　感动　感想　感谢　感情　感染

3. 按照要求，将正确答案填在表格里

（1）将下列短语按照结构进行归类

客人的光临　有没有　东岳泰山　烧饭的　上图书馆借书　关于语法　派他站岗
说的说　吃不痛快　又高又大　北京天津两地　玩儿了一趟　火药的发现
打电话请医生　懒得理发　性格倔强　就这个问题(讨论)

主谓短语		连动短语	
述宾短语		兼语短语	
述补短语		同位短语	
偏正短语		介词短语	
联合短语		"的"字短语	

（2）指出下列短语的功能类型

他的到来		当教师的	
当场解释		彼此一样	
令人感动		打扫干净	
炒盘菜吃		是不是	
来自上海		世界形势	
关于学习		子孙万代	

（3）把下列短语按表中所列归类

①猴子（　）屁股　　②够朋友（　）伙伴　　③文件（　）学习
④中国（　）工人　　⑤那件（　）事　　　　⑥错误（　）态度和方法
⑦艺术家（　）风度　⑧弟弟（　）哥哥　　　⑨他们（　）钢铁厂
⑩日本（　）学者　　⑪一个（　）学生　　　⑫对于目前形势（　）看法

必须加"的"的		加"的"后增加修饰性	
不能加"的"的		加"的"后增加领属性	
加"的"后改变语法关系			

（4）指出下列疑问句的结构类型与所属的句型

疑问句	结构类型	所属句型
这个人好看吗？		
你去哪儿呢？		
你去不去那儿？		
他能不能去一趟呢？		
明天星期一了吗？		
你去北京，还是他去北京？		

4. 回答下列问题

（1）"欲望""盼望"意义相近，是根据什么把前者看成名词，而把后者看成动词呢？

（2）"漂亮"和"关心"都可以受程度副词的修饰（很漂亮/很关心），为什么将"漂亮"归为形容词，将"关心"归入动词？

（3）以"偶尔"和"偶然"为例，说明形容词与副词的区别。

（4）以"平常"和"时常"为例，说明时间名词和时间副词的区别。

（5）"端正"可以带宾语（端正态度），也可以加"很"（态度很端正），所以我们把"端正"看成是形容词兼动词；"了解"也可以带宾语（了解问题），同时也可以加"很"（很了解），但我们却不把"了解"作为兼类词处理，这是什么原因？

（6）在现代汉语中，"的"和"了"都有助词和语气词的不同用法。请问"他的电脑""我是种地的"和"这样说是可以的"三例中的"的"是否同一个"的"？"我已经看了好多书""我已经看完电影了"和"我走了"三例中的"了"是否同一个"了"？

5. 指出下列各句中"和、跟、同、与"的词性

（1）小李和小王都出去了。　　　　（2）老师同他谈过这件事了。

（3）我和他协商好了再通知你。　　（4）我没跟他一起去。

（5）小明和东东都是少先队员。　　（6）你去跟老师谈谈吧。

（7）你同王芳都是北方人吧？　　　（8）北部与蒙古接壤。

6. 辨别下列各组中带点的词属于哪类情况

　　　　　　A.同音词　B.兼类词　C.词类活用　D.形同音异　E.其他情况

（1）这是一个很深刻的教训/不要动不动就教训人

（2）把发卡别在头上/别没事找事/别了，母校

（3）你也太实用主义了/实用主义不好

（4）他打北京来/打了二两米饭/买了一打铅笔

（5）今天我有一个重要的会/你会说英语吗

（6）班主任的立场很坚定/我们必须坚定信念，勇往直前

（7）我凝视着父亲那弯曲的背/每个同学都背着一个大书包

（8）我家的窗户对着马路/他对电脑不感兴趣/他家有一对双胞胎

7. 指出下列短语的结构类与功能类
（1）又哭又闹　　（2）派小王去　　（3）品德高尚　　（4）远距离
（5）希望来　　　（6）孩子的希望　（7）对于你　　　（8）出去玩儿

8. "动词性词语+动词性词语"可以组合成多种结构关系，请指出下列短语的结构类型
（1）讨论结束　　（2）主张去北京旅游　（3）派小王做数据　（4）喜欢打球
（5）唱歌跳舞　　（6）累得说不出话　　（7）值得参观　　　（8）站起来开门

9. 用层次分析法分析下列复杂短语
（1）最成功的案例　　　　　　　　（2）给我们留下了深刻的印象
（3）做一个有理想有道德的青年　　（4）总结概括一下大意
（5）有个姑娘叫小芳　　　　　　　（6）听不进去道理
（7）刘三姐的故乡宜州市　　　　　（8）给他一本书

10. 指出下列句子的宾语和补语
（1）书包落在了教室里。　　（2）他出生于1911年。
（3）老师批评了他几次。　　（4）上海我去过三回。
（5）西瓜他买了一麻袋。　　（6）同学们唱起歌来。

11. 指出下列各句所属的句式
（1）今天走了一位客人。　　（2）他笑着走了过来。
（3）虚心使人进步。　　　　（4）我的意见被领导采纳了。
（5）旧社会不把人当人。　　（6）他有时间看电影。
（7）他让我出去一下。　　　（8）教室里挤满了学生。

12. 指出下列句子是单句还是复句
（1）处领导在这次大会上，主要强调了劳动纪律的问题。
（2）无论谁都不能不遵守规章制度。
（3）无论结局如何，都是一种幸福。
（4）老张有两个孩子，一个当老师，一个当医生。
（5）那两边，你瞧，都是最近新盖的小洋房。
（6）那是一个晴朗的早上，天空没有一丝云彩。
（7）只有在万不得已的情况下才能使用这种方法。
（8）即使有一些想法，也不愿意说出来。

13. 分析下列多重复句
（1）车摇慢了，线抽快了，线就会断头；车摇快了，线抽慢了，毛卷、棉条就会拧成绳，线就会打成结。
（2）别人说得对的，我们应该欢迎，并要跟别人的长处学习；别人说得不对，也应该让别人说完，然后慢慢加以解释。
（3）这种作风，拿了律己，则害了自己；拿了教人，则害了别人；拿了指导革命，则害了革命。

(4) 朋友，天山的丰美景物何止这些，天山绵延几千里，不论高山、深谷，不论草原、森林，不论溪流、湖泊，处处有丰饶的物产，处处有奇丽的美景，你要我说，可真说不完。

(5) 譬如想有乔木，想看好花，一定要有好土；没有好土，便没有花木了，所以土实在较花木还重要。

(6) 人人皆知以多胜少是最好的办法，然而很多人不能做到，相反地每每分散兵力，原因就在于指导者缺乏战略头脑，为复杂的环境所迷惑，因而被环境所支配，失掉自主能力，采取了应付主义。

(7) 主观主义、宗派主义、党八股，这三股歪风，有它们的历史根源，现在虽然不是占全党统治地位的东西，但是它们还在经常作怪，还在袭击我们，因此，有加以抵制之必要，有加以研究分析说明之必要。

14. "我们请张老师讲课"和"我们希望张老师讲课"这两个句子是否属于同一句式？请分析一下

15. 改正下列病句，并说明理由

(1) 英雄的可歌可泣的壮举，猛烈地拨动着观众的心弦，在极度的激动中受到深刻的教育。

(2) 在下半场的比赛中，队员们表现出意志、速度，最后转败为胜。

(3) 在现代化建设事业中，他们发挥了无穷蕴藏着的力量。

(4) 他最近写的那篇文章，内容和见解都很丰富。

(5) 当听到噩耗传来时，大家都禁不住大哭起来。

(6) 这个单位效益很好，年收入就收成了两千多万元。

(7) 他们的工作是辛苦的，对他们生活上的实际困难，应引起我们的重视。

(8) 能否做好群众工作，决定于干部工作作风的深入。

第六章 语 用

学习目标

通过本章的学习，掌握有关语用学的基本理论，了解语言运用的原则，熟悉常用修辞格的特点，熟悉修辞格的运用方式。

建议学时

12学时

第一节 语用概说

通常认为语法学探讨的是语言符号之间的结构关系，即语言符号的形式关系；语义学研究语言符号与其所指之间的关系，即语言符号的意义关系；而语用学探讨的则是语言符号与符号的使用者之间的关系，即语言符号的使用关系。

语用分析把语言现象放到使用过程中，把语言放到具体的语境中去考察、分析话语的意义、说话人的意图和话语结构等。话语结构、语用主体、语用环境是语用研究的主要对象。只要把被分析的语言现象放到使用过程中，涉及语言的使用者和使用环境，那么所进行的就是语用分析。

一 语用和语用学

作为一门独立的学科，语用学（或称"语用"）是20世纪70年代建立和发展起来的。语用学主要研究在特定情境中的特定话语，特别是在不同语言交际环境下如何理解语言和语言运用。

"语用"这一术语译自英语pragmatics一词。语用学虽然在语言学研究中是一个较新的领域，但它所涉及的内容早在古希腊、古罗马时期就已引起人们的注意，而且这一领域的研究最初也是在哲学领域展开的。20世纪30年代，在西方逻辑实证论的哲学流派中形成了一股语言哲学思潮，一些哲学家把研究重心转移到人类所使用的符号媒介上，开始了富有哲学意义的语言研究。这派哲学家的代表人物是美国的查尔斯·莫里斯（Charles Morris）和鲁道夫·卡尔纳普（R.Carnap）。莫里斯于1938年出版了《符号学理论基础》（*Foundations of the Theory of Sign*）一书，在该书中首先使用了"语用学"（pragmatics）这一术语。他总结了语言符号的逻辑–哲学研究方法，首先划分出了符号学研究的三个分支领域：句法学（syntactics），研究符号与符号之间的形式关系，也称作符号关系学；语义学（semantics），研究符号与符号所指对象之间的关系；语用学，研究符号与符号解释者之间的关系。莫里斯时期的语用学研究一直是作为符号学的一部分进行的。

20世纪50年代初到60年代末，语用学在哲学领域的研究有了很大的进展。这一时期的语用学研究主要归功于英国的哲学家奥斯汀（J. Austin）和美国哲学家塞尔（J. Searle）与格莱斯（H. Grice）。奥斯汀于20世纪50年代末创立了"言语行为理论"。这一理论在语用研究中具有重要意义，成为语用研究的核心理论之一，并且对社会语言学、心理语言学、应用语言学等的发展产生了重要的推动作用。塞尔于1975年提出的间接言语行为，主要解决如何通过"字面用意"来表达间接的"言外之意"，也就是研究听话人是怎样理解说话人的话语的。格莱斯于1967年从形式逻辑和自然语言的逻辑之间的差别出发，指出为保证会话的顺利进行，谈话双方必须遵守一些基本原则，特别是"合作原则"，这些原则的提出对解释人类语言的交际功能起到了巨大的推动作用。这三个重要的语用学理论的提出，确立了语用学的发展方向，奠定了语用学的理论基础。虽然这一时期的语用学研究还只局限于哲学领域，但其研究成果却为20世纪70年代语用学作为语言学的独立分支学科的兴起创造了条件。

语用学在20世纪70年代迅速发展，其中一个重要的原因就是，乔姆斯基（N. Chomsky）的语言理论受到了人们的挑战。乔姆斯基主张把语言能力和语言行为分离，并将语言能力作为语言研究的对象，而把语言使用和语言功能排斥在语言研究之外。这样，该理论对于那些涉及语言使用和语境的语言现象就无法给予解释。乔姆斯基语言理论的这一局限性导致了生成语义学派的产生。生成语义学派坚持句法学不能同语言使用的研究相分离的观点，提出了语言研究应以语义为中心的原则。语义的研究必然涉及语言的使用和语境等问题，这样，语义学向语用学的转变便是不可避免的了。另一个对语用学的确立起了推动作用的因素是功能主义语言学的发展。功能主义语言学的研究者们从语言的功能、语言与社会的关系、语言与文化的关系等方面对语言进行了探索，对语言的运用从不同的角度进行了解释，提出了一些相应的理论。这些理论大大地促进了语用学的发展。

语用学作为一门新兴学科在语言学中确定地位，普遍认为是以1977年《语用学杂志》（*Journal of Pragmatics*）在荷兰的正式出版发行为标志的。

语用学作为语言研究的一个分支学科，它不仅是语言学家们研究的重要内容，同时也是哲学家、心理学家、社会学家们所关注的，他们从特有的角度观察和研究它。因此，语用学是一个跨学科的研究领域，是一个交叉学科。

二 语用学和修辞学

语用学研究符号与符号的使用者之间的关系，属于索绪尔所说的"言语"、乔姆斯基所说的"语言运用"部分。语用学补充并完善了语言符号系统的功能理论，语言交际单位功能的实现与否，取决于语言使用者对语言符号的理解、选择和在具体语境中的共同认知。修辞学更多地关心如何利用各级语言单位提高表达效果，它离不开词汇、句法、语义的功能及其使用规律，因此二者有着相当密切的关系：修辞学是从表达效果出发，探索语言表达的规律及各种修辞手法；而语用学则是研究语言和语言使用者之间的关系及其使用规律，探讨它们对语言功能的影响，两者的研究是互相补充、相辅相成的。语用学的研究揭示了语言使用的基本原理和语言使用的内在规则，对修辞学理论和实践具有一定的促进作用。

语用学和修辞学同属于索绪尔语言和言语划分中的言语范畴，二者也同属于乔姆斯基语言能力和语言运用中的语言运用范畴。因此,二者有着相同的研究对象,它们都是对话语表达的研究。

语用学对修辞学的影响主要有两个方面。

1. 语用学丰富了修辞学理论

语用学和修辞学都认为言语环境是话语表达和理解的必不可少的条件。语用学着重研究在具体语境中,话语及环境对话语理解的影响方式,它以言语环境和语言使用者的关系为研究主体,探究在各种语境条件下语言符号在表示某一具体意义时需要哪些充足的语境条件,只有满足这些条件,话语的意义才能为听话人所理解,是在具体语境中语言符号最低的一种表达效果。而修辞学研究的则是在具体语境下语言符号最高的一种表达效果,也就是说,语言符号所表达的意义不仅要使听话人理解,而且还要是一种能够给听话人深刻印象的最高境界的理解。因此,语用语境是修辞学的基础,修辞语境是由一个个具体的语用语境构成的。因此,要想取得较好的修辞效果,就必须首先要具有一定的语用效果,也就是说,任何具有修辞意义的语言单位必须在语言的使用过程中才能产生效果。

2. 语用学扩大了修辞学的内容

语用学对语言符号功能的动态研究以及各种语用规则的建立,使修辞现象及其活动在真正意义上进入到了言语领域,大大充实了传统修辞学的内容。

(1)语用学的语用原则对以提高交际效果为目的的修辞学起到了正确的引导作用,使修辞活动有了必要的参照依据。因此在修辞过程中词语的选择、修辞方式的使用都必须依靠语用原则,以增强话语的可接受性。

(2)语用学促进了修辞的生动性表达。表达过程是一个在话语间建立逻辑语义联系的过程,只有这样的话语才能为人们所理解。修辞学中的一些修辞手法和"超常搭配"正是通过在话语或事物之间建立逻辑语义联系才得以实现并为人们所理解的。这不仅扩大了修辞活动的内容,而且也为解决修辞理论上一些被认为是不规范的问题提供了理论上的依据。

(3)语用学研究中的前提和背景信息等内容为修辞学中的许多修辞方法所采用。语用学强调交际双方对共有信息的了解,强调话语所联系的各种社会因素在交际过程中的制约作用,它们对修辞学中的含蓄、委婉表达以及修辞手法等的运用起到了积极的指导作用。

思考题

1. 什么是语用?什么是语用学?
2. 语用学和修辞学是怎样的关系?

第二节 语用原则

一 言语行为

人们在长期的大量的言语交际实践中和语言研究中认识到：要想真正全面地理解话语，只靠句子结构分析，只靠逻辑-语义分析，只考察确定句子意义的真或假是不够的。人们说话本身就是一种行为——言语行为，言中有行，甚至以言行事。在正常的情况下，大都是甲方或者有某些事情、某种感受想要告诉乙方，或者想跟乙方建立某种联系，或者向乙方发出某种请求、指令等，这才对乙方实施言语行为。因此，言语交际的过程是发话者通过话语，把自己的思想感情、交际意图传递给接受者，接受者通过话语理解其思想感情和交际意图并做出反馈。运用语言进行交际的整个过程，实际上就是由一个接一个的言语行为构成的，每一个言语行为都能够体现说话人的意图。因此言语行为的基本构成要素是：

（1）行为者——行为的发出者（发话者或作者）和接受者（受话者或阅读者）；
（2）行为的手段（说出的话语或写出的语篇）；
（3）行为发生的环境（语境）；
（4）行为规则。

（一）行为者

行为者包括发话者和受话者。

发话者是信息传递的主体，任何话语都是由怀有一定意图的发话者在一定的语境中针对能产生一定效果的受话者发出的。例如：

妈妈对小明说："明天上午你去趟外婆家。"

这个例子的发话者是"妈妈"，"妈妈"实施这一言语行为的主要目的是要向小明发出某个"指令"。

受话者是指听话人或信息接受者。上例的受话者是"小明"。根据受话者参与言语活动的程度，可以将受话者分为释话者、旁听者和偷听者。释话者直接参与言语活动，和发话者直接互动；旁听者不直接参与话语活动，但发话者知道其在倾听；偷听者不直接参与话语活动，发话者也不知道其在倾听。

成功的言语行为，总是有发话者和受话者。即使在某些没有具体对话的环境中，看起来好像没有明确的发话者或受话者，事实上仍还是隐含着的。例如政府文件，发话者是形成文件的政府机构，受话者是读文件的单位或人；公共场所的警示语"禁止喧哗""禁止吸烟"等，发话者是公共场所的管理者，受话者是进入这一场所的所有人。

（二）行为手段

行为手段指说出的话语或写出的语篇。

话语本身是交际中极为重要的因素，是实现言语行为的基本手段。没有具体内容的言语行为是不存在的，所以除了发话者、受话者之外，所说所写的话语或语篇也是言语行为必不可少的要素。用于交际的话语和句法中的句子存在明显的不同，进行语法分析的句子语义往往是固定的、静态的，用于交际的话语则带上了许多语用成分，在实际语境中会表达出不同于句子基本意义的言外之意。

（三）行为环境

行为环境指言语行为发生的环境，即语境。

语境就是语言使用的环境，在言语交际中，语境对话语意义的恰当表达和准确理解起着重要作用。用语言进行交际离不开一定的客观条件和背景，语言活动总是在特定的时间、特定的空间、特定的情景、特定的人之间进行的。特定时间就是言语行为发生的时间，特定地点就是发话者或受话者实施言语行为时所处的地点，特定的人就是处在言语行为中的发话者或受话者。

话语意义的恰当表达和准确理解是在不同的语境中进行的。在言语交际中，离开语境，只通过言语形式本身，说话人往往不能恰当地表达自己的意图，听话人也往往不能准确地理解说话人的真正意图。因为要准确地理解说话人的话语所传递的信息，仅理解言语形式的"字面意义"是不够的，还必须依据当时的语境推导出言语形式的"言外之意"。如大热天客人进入客厅后说："这天真热啊！"作为主人，你如何理解这句话呢？你回答："是，是很热。"这样来理解这句话符合说话人的意图吗？显然不符合说话人的意图。你必须通过"这天真热啊"这句话的字面意义，依据语境，推导出客人说这句话的真正意图，即打开空调或电扇。

（四）行为规则

人类的行为都是有一定规则的，任何言语行为如果要成功、顺利地进行，也需要行为双方协同一致、配合默契。语用学认为人类的言语行为准则有合作原则、礼貌原则、道德原则、关联性原则、美感原则等。其中最主要的是合作原则和礼貌原则。合作原则主要是保证信息传递能顺利进行，双方能达到最大限度的相互理解。礼貌原则主要是调节交际双方的人际关系，使言语行为在和谐的氛围中顺利进行，从而使发话者的语用意图更容易实现。

二 合作原则

美国语言哲学家格莱斯1967年在哈佛大学做了三次演讲。他在演讲中提出，为了保证会话的顺利进行，交谈双方必须共同遵守一些基本原则，特别是"合作原则"。他认为，人们的言语交际总是互相合作的，交谈双方都具有一个共同的目标，即双方的话语都能共同配合、互相理解。他对会话合作原则的基本解释是：在交谈中交际者所说的话都符合该交谈的目的。

格莱斯认为人们在交际过程中遵守的合作原则包括四个范畴，每个范畴下又包括一条准则和一些次准则。

（一）数量准则（Quantity Maxim）

A. 所说的话应该包含交谈目的所需的信息；
B. 所说的话不应包含超出需要的信息。

这一准则规定了说话时所传递的信息量，话语所含信息量应该和话语所需信息量一致。也就是说，说话时你只需说听话人要求或期待的信息就可以了，不要把听话人不要求或不期待的信息也说出来。如果信息太多，就会浪费听话人的精力和时间，使其无法准确把握语用意图；如果所说的话中包含的信息量不够，听话人就不能充分领会说话人的意图。在一个双方都确定对方有能力并且真诚合作的交际场景中，一旦说话人在交际中只提供了较少的话语信息，或者提供了较多的信息，那么，一般倾向于说话人有了和字面意义不同的语用意图。

当然，不同类型的言语行为，不同的语境，对话语所含信息量的要求会有所不同。如在下面的情况下，相同的信息就可能被多次重复，但人们并不认为是冗余信息。

如果发话者认为受话者听力有问题或记忆力较差，常常再三重复话语中的关键信息，如关照老人吃药时说："一天两次，每次一粒！每次一粒，不要多吃啊！"

在嘈杂喧闹的现场语境中，如汽车站的广播报站，相同的信息常常反复通知："前往上海的旅客请注意，前往上海的旅客请注意，14点20分的班车马上就要检票了，14点20分的班车马上就要检票了，请到7号检票门排队检票。"

广告语为了加深受众印象，增强宣传力度，促进受众记忆，也会反复重复关键信息，如"今年过节不收礼，收礼就收脑白金，脑白金"。

（二）质量准则（Quality Maxim）

A. 不要说自知是假的话；

B. 不要说缺乏足够证据的话。

例如：

① 珠穆朗玛峰是世界上最高的山峰。

② *韩国的首都是釜山。

例①说话人有足够的证据和理由说明其具有真实性，能让听话人信服，可见遵守了质量准则；例②则相反，它违背了"质量准则"，所以是错误的。

因为质量准则的存在，言语交际中才可能发生说谎—受骗的现象：对发话者而言是说谎，对受话者而言是受骗。这时发话者违反了质量准则，说自己明知是虚假的话语，同时又利用受话者对质量准则的遵守而使他上当。

（三）关联准则（Relative Maxim）

交谈双方所说的话要有关联。

关联准则指的是话语和话语之间在形式和逻辑上都应该是相互关联的。说话人按照所说事物之间的逻辑联系，按照一定的心理顺序来组织话语。例如：

① 甲：学校运动会我们班获得了团体第一名。

　　乙：我们去好好庆祝一下吧。

② 甲：学校运动会我们班获得了团体第一名。

　　乙：我昨天把钢笔弄丢了。

例①乙和甲所提供的信息都和对方的话语有联系，也即说话人提供了相关的信息，他们都遵守了关联准则；例②乙和甲所提供的信息都和对方的话语没有联系，也即说话人提供了无关的信息，违背了关联准则。

违背关联准则,可以隐含一定的含义,比如例②中乙的话语可能隐含这样的含义:对甲的话题不感兴趣。

关联是一个模糊概念,话语之间以及话语与话题之间是否有关联,与言语行为的类型以及语境的不同有关。口语交际一般在现场语境中发生,有些话语在别人看来是很不关联的,但说话双方身在现场语境中,却会觉得环环相扣,交际很顺利。各种语体关于关联准则的标准也不同。在诗歌等文学言语行为中,一些看似很不关联的话语,却能刺激读者把它们关联起来的欲望,激发无穷的想象力。而论文答辩、科学演讲、法庭辩论等言语行为,则要求话语有严密的关联。

(四)方式准则(Manner Maxim)

A. 避免晦涩;
B. 避免歧义;
C. 话语要简练(避免啰唆);
D. 说话要有条理。

例如:

① 他吃好早饭,背上书包,和同村的伙伴们相邀着去上学。
② *今天有四个大学的老师来听课。

例①是按照事件和行为发生的正常顺序进行信息表述的,显得清楚明白,说话人遵循了"方式准则";例②中"四个大学的老师"则有歧义,可以理解为"四位大学的老师"和"四所大学的老师",因此不符合"方式准则"。

在这四条准则中,前三条是与说话人"说什么"有关,而第四条是与说话人"怎么说"有关。质量准则规定了说话的真实性,它要求交际的双方说的必须是真话,不能说假话或者没有根据的话。如果说话人说出了自认为是真实的话,而事实上这句话是假的,依然应当认为说话人遵守了质量准则,因为说话人是无意识说谎,不是有意为之。关联准则要求所说出的话切题,与交际双方谈论的话题相关,不说与话题无关的话。方式准则规定说话人在说话时要简明扼要,不用含糊的词语,避免冗杂的句子,要使听话人听起来清晰明了,是对表达方式的要求。这四条准则中,关联准则是最基本、最重要的。要维护合作原则,每个参与交际的人所说的话都必须和整个话题以及对方所说的话相关联,而且在必要的时刻,还要适时调整自己的交际策略。在交际过程中只要满足了以上各项准则,就有助于实现最有效的信息交流。交际的效率涉及两个方面的因素:一个是传递的信息量,另一个是对得到的信息所要进行的加工量。所谓加工量就是指听话人在听了说话人的话之后所进行的推理。话语之间的关联性越强,所需要做的推理也就越少,交际的效率也就越高;关联性越弱,需要做的推理也就越多,交际的效率也就越低。

从语言运用的角度考虑,"合作原则"可以归结为"新鲜、准确、适量"三点。

三 礼貌原则

在言语交际中,交际者总希望得到对方的尊重。为了尊重对方,说话人需根据语境采取一些恰当的交际策略,在言语行为中渗透尊重对方、保护对方自尊心的礼貌信息,以求得最佳交际效果。这就是交际中必须遵守的社会礼貌规范，即礼貌原则。

例如在某单位的中层干部竞聘活动中，单位上层领导到部门去了解和考察竞聘者的情况，问道："张三和李四的工作表现都不错吧？"回答："张三工作很努力、很踏实。"回答者认为李四的工作表现不好，但他并没有直接否定，这是维护礼貌原则的表现。概括地说，礼貌原则就是在其他条件相同的情况下，把不礼貌的信息表达减弱到最低限度。就像上面这个例子那样，把一些对听话人或第三者来说是不礼貌的话或是略去不说，或是婉转、间接地说出来。

会话的合作原则在会话中起着调节说话人说话内容的作用，它使说话人在假设对方乐于合作的前提下能进行交际。但礼貌原则具有更高一层的调节作用，它维护友好关系。只有在这个大前提下，人们才可能进行交际。如果没有礼貌这个大前提，根本就谈不上正常的、有效的交际。有时为了维护礼貌原则，人们甚至可以牺牲合作原则。比如说，说一个善意的谎言来谢绝别人的邀请总要比直接回绝对方显得礼貌些，尽管说了谎，而且对方也知道是在说谎。

但在有些情况下，人们对合作原则的考虑高于对礼貌原则的考虑。在一些交际双方把信息的交流看作高于一切的合作性活动中，人们首先关心的是信息，是如何毫不含糊地把信息传递给对方。为此目的，参与者最大程度地遵循各项会话准则，对礼貌原则的考虑让位于对合作原则的考虑。

因此，合作原则和礼貌原则之间存在着一种进退相让的关系，要多考虑一点儿合作原则，便只能少考虑一点儿礼貌原则，反之，要多考虑礼貌原则，便不得不牺牲合作原则。有的人属于快人快语型，说的话干脆直接，意思明白，不用费心思量琢磨，但是往往唐突、容易得罪人；有的人说话婉转、间接，这样确实保护了交际双方的友好关系，但他的话语却往往要让人费心思量。

（一）礼貌和言语行为的类

相对于合作原则，礼貌原则具有更大的灵活性。不同的交际目的可以对礼貌有不同程度的要求，有的交际目的对礼貌的要求高些，有的交际目的对礼貌的要求则可以低些。言语行为的礼貌原则，是为了实现在语言活动中维持良好的人际关系这一社会目标。根据语言的语用意图与社会目标之间的相互关系，可以把言语行为分为四类：竞争类、和谐类、合作类和冲突类。

1. 竞争类

竞争类的言语行为指的是语言的语用意图与社会目标相互竞争的那一类言语行为，具体如"命令、请求、要求、禁止"等。这类行为本质上就是"不礼貌的"或"失礼的"，因为不论以什么样的语言方式去说，说话人都是想让听话人按照他的意志去做某一件事。说话人想要达到的目的和礼貌的要求之间的关系是不协调的。

2. 和谐类

和谐类的言语行为指的是在言语活动中，听话的一方是受益者的那一类言语行为，例如"提供、邀请、祝贺、致意、致谢"等。这些言语行为，语用意图和礼貌是一致的，它们之间的关系是和谐的。这一类行为本质上是礼貌的，因为一般来说，我们不可能不礼貌地邀请或不礼貌地感谢。

3. 合作类

合作类的言语行为指的是以交换信息为主要目的的那一类语言活动，例如"声明、报告、讲述、宣布、介绍"等。交际双方所关心的是信息本身，因此，这类行为要求交际双方高度地合作，最大限度地遵循合作原则。这类言语行为并不过多牵涉礼貌问题。

4. 冲突类

冲突类的言语行为指的是语用意图与社会目标互相冲突的那一类言语行为。例如"威胁、指责、诅咒、责骂"等。这一类言语行为本质上是不礼貌的，不仅在语用意图上是失礼的，而且它们赖以完成的语言方式也是不礼貌的。

（二）礼貌原则的准则

与合作原则一样，礼貌原则也可以具体地体现在一些准则上。礼貌是指一方对另一方的态度，礼貌的程度和"他人"受损（或受损的可能性），或者说和"自身"受惠（或受惠的可能性）有关。

1. 慷慨准则

慷慨准则指交际双方的言语要使他人受损最小、受惠最大，自己则受惠最小、受损最大，也就是要尽量减少对自己有利而对对方不利的信息。

例如同是借钱，可以有下面的表达：

① 借我一些钱！
② 我想向你借一些钱。
③ 你能借我一些钱吗？
④ 你能帮我一个忙，借我一些钱吗？

这一组中所有的句子都具有同样的语用意图，它们都是说话人向听话人借钱，因而本质上是不礼貌的。但在实施这同一言语行为时，说话人却可以变换手段来达到不同的礼貌程度。通常来说，用疑问句表示祈使更能使对方接受。用疑问句发出某种要求，可以使听话人在满足说话人的要求时，产生一种心理平衡的感觉而不至于不愉快。需要注意的是，这里的"惠"和"损"是最广泛意义上的"惠"和"损"，"惠"和"损"并非一定指所得到的物质上的好处或所受到的物质上的损失，感情层面上的"惠"和"损"也被看作是受惠或受损的一种体现。话语越是直接，听话人就越是难以拒绝，受损的可能性越大；话语越是间接，说话人留给听话人的余地越大，听话人拒绝执行越方便，受损的可能性越小。

2. 谦虚准则

谦虚准则指在言语交际行为中要尽力缩小对自身的赞扬，尽力夸大对自身的贬损。如：

① 这是我们的一点儿心意，请接受这份小小的礼物。
② 甲：这次考试你考了第一名啊，太厉害了！
   乙：运气好而已。

当然，谦虚准则中对自我的谦虚评价也应该把握好尺度，否则也容易让人觉得不够真诚。

3. 一致准则

一致准则指在言语交际行为中要尽量减少与对方的分歧以增加一致性，在非原则问题上尽量靠拢对方的观点，尽量减少反感，增加同情。例如：

① 甲：这件裙子她穿着真好看！
   乙：是啊，颜色和款式都很适合她。
② 鸣凤，真苦了你了。在你这样的年纪你应该进学堂读书。像你这样聪明，一定比琴小姐读得好。

例②这段话是巴金《家》中觉慧对丫环鸣凤说的。鸣凤年纪轻轻，在高府受了许多苦，又深深地爱着少爷觉慧，觉慧真诚地同情她。

礼貌原则是相对的，是受到一系列社会因素制约的，社会因素决定了在特定的场合下什么是"最礼貌"的形式。对一定的场合来说，有适合于这种场合的最礼貌的一种形式，换了就会显得过分礼貌或者不够礼貌。使用过分礼貌或不够礼貌的形式都会使语言显得不得体。比如在非常熟悉的老朋友之间，说话如果经常带"请"字的话，就会显得生分，反而让人不自在，甚至影响双方的感情。

不同文化背景的社会具有不同的礼貌规范。比如当客人赞美晚餐丰盛可口时，中国主人会说"没什么菜招待""粗茶淡饭"之类的客套话，真正把对自身的贬损夸大到了最大程度，以此来表示礼貌。因此中国人是十分严格地遵守谦虚准则的。欧美人则不同，他们往往会欣然接受赞美，在他们看来，这才合乎礼仪。

思考题

1. 言语行为包含哪些要素？
2. 会话合作原则包含哪几条准则？
3. 礼貌原则主要有哪几条准则？

第三节　语用意义

在交际过程中，有时交际的双方并不总是直接坦率地说出自己想要说的话，有时会说得比较含蓄。因此，怎样在交谈过程中传递信息、怎样从对方的话语中获取信息、采用何种方式进行交际等，都是语用学所要解决的问题。人们说出的话语往往会包含两种意义：一种是说话人说出的词语和由这些词语构成的句子表达出的字面意义；另一种是说话人通过这些词语或句子表达出的含蓄的意义。语用学所研究的意义不是抽象的、游离于语境之外的意义，而是话语在一定的语境中使用时体现出来的具体意义。因此，语用意义是指话语在字面意义的基础上由于语言使用者和语境的作用而产生的动态意义。它是语用分析的主要对象之一。

一 言外之意

在言语交际中,一旦解决了词义、指称意义和结构意义的模糊或歧义以后,听话人就从抽象意义层面过渡到语用意义层面。如"这儿很冷"这样一个句子,对形式语义学家来说只是表达了"某一地点气温比较低"这样的命题内容。但是,是谁在什么时间、什么地点、什么情况下、对什么人、为了什么目的使用了这个句子,这些则不在形式语义学的考虑范围之内。排除了对语言外因素的考虑,这句话在任何时间、任何地点都具有一成不变的意义。语用学则不同,从广义上来说,语用学把语言文字本身的意义和它们的使用者联系起来。除了要弄清一个单词、一个句子本身的意思外,语用学还要进一步弄清是谁在什么情况下说了这个词或这个句子,他想要达到什么目的,也就是说,语用学要研究一个词或一句话在特定的语境中所具有的交际价值。像"这儿很冷"这样的句子,除了陈述一个客观的气温情况外,说话人很可能是为了请听话人做点儿什么,比如关上门窗,打开暖气,借件衣服御寒等。这部分意义显然不是存在于字面上的,但却是以句子的字面意义为基础衍生而来的,也就是人们常说的言外之意或弦外之音。

反映了间接语用意图的言外之意是话语传递的主要信息之一。这种言外之意正是说话人使用语言的目的所在。例如老舍《离婚》中的一句话:

> 回家把弟妹接来。她也许不是你理想中的人儿,可是她是你的夫人,一个真人,没有您那些《聊斋志异》!

这段话是"天生媒人"张大哥对同事李科员说的。"没有您那些《聊斋志异》"其含义是劝诫李科员少些花妖狐魅的浪漫情怀,多讲点儿实际——接来夫人。

> 只有很少数的人宣称,他们在第二次或第三次婚姻中寻找到更多快乐。事实上,第一次婚姻的离婚率是百分之四十,第二次婚姻的离婚率是百分之六十,而第三次婚姻的离婚率则是百分之七十。所以说,每结一次婚,找到更幸福婚姻的希望便愈来愈渺茫。期待草原的另一边草会更绿的想法,不过是梦幻泡影。

在这段话中,"期待草原的另一边草会更绿"是一种隐喻表达式,具有言外之意,意思是说不要以为离婚后就一定能找到更好的人生伴侣。

二 言外之意的推导

话语交际是一种双边的或多边的语言行为过程,为保证交际的顺利进行,交际者必须遵循一些共同的基本的语用原则,如合作原则。合作原则之下的四条准则是人们在交谈中大多数时候遵守的规则,在交谈时,我们大多期待对方说些和话题有关的话,期待对方不说假话,期待对方会知无不言、言无不尽等。但如果人们有意违反语用原则,就是言在此而意在彼,理解时就应从言外之意的角度去考虑。

(一)利用"数量准则"推导的言外之意

根据数量准则,言语交际的一方提供的信息量应该不多不少,正好符合另一方的要求。故意违反数量准则,可以让听话人推导出言外之意来。

违反数量准则的情况有两种。

(1)所说的话没有包含交谈目的所需要的足够的信息。例如某哲学教授为谋求从事某种哲学研究工作的学生写了这样的一封推荐信:

亲爱的先生：

某君精通英语，经常出席导师主持的讨论会。

×××

某哲学教授受某学生之托，没有充分理由不遵守合作原则，但他作为哲学教授清楚地知道某学生哲学学得不怎么好，缺乏哲学头脑，根本不适合搞哲学研究工作。故在推荐信中只用一句话来介绍这位学生的情况，故意不向用人单位提供所需要的重要信息——哲学学习情况。用人单位见到这封短信自然会推导出其语用含义：该生不适合搞哲学研究工作。

（2）所说的话包含了超出需要的信息。例如：

甲：你认识王教授吗？

乙：认识。我经常去他家，向他请教问题，王教授家的猫都跟我很好。

此例中乙通过提供过多信息来产生言外之意：我和王教授关系很好。

（二）利用"质量准则"推导的言外之意

根据质量准则，说话人要说真话。故意违反质量准则，说些不符合事实的话，可以让听话人推导出言外之意来。例如张三把李四的商业秘密泄露给了另一商家，李四知道后说：

"他真是我的好朋友！"

这句话的字面意义是"张三是一位好朋友"，但在李四和他的听众都知道张三泄露商业秘密这件事的语境下，这句话的含义则为：张三是个背信弃义的坏朋友。

再看陈毅外长在一次记者招待会上回答外国记者的提问：

外国记者问："中国是用什么武器把美国的U-2型飞机击落的？"

陈毅回答："是用竹竿捅下来的。"

陈毅外长的回答很明显是违反合作原则中的质量准则的。在这样正式的场合，为什么陈毅外长要这样回答呢？因为这个外国记者的提问涉及国家机密，但又不能不回答，于是，陈毅外长巧妙地回答说"是用竹竿捅下来的"。这是出于礼貌原则的需要。这样的回答既活跃了气氛，又保守了秘密，显示了陈毅外长高超的外交艺术。

（三）利用"关联准则"推导的言外之意

关联准则规定了会话交流的双方说话要切题，不要说和话题无关的话。但在言语交际中，有时候一方提出的话题让回答者不愿做出肯定或否定的答复，于是故意违反关联准则，顾左右而言他，说些毫不相关的话，让听话人推导出言外之意来。例如《雷雨》中的一段对话：

朴：（向仆人）跟太太说，叫账房给鲁贵同四凤多算两个月的工钱，叫他们今天就走。去吧。

萍：爸爸，不过四凤同鲁贵在家里都很好，很忠诚的。

朴：嗯，（呵欠）我很累了。我预备到书房歇一下。你叫他们送一碗浓一点的普洱茶来。

周朴园说的话与周萍说的话不相干,周朴园的话的含义是:你(周萍)不懂得这其中的奥妙(四凤、鲁贵跟侍萍的特殊关系以及侍萍跟周朴园三十年前的特殊关系),换个话题吧。

再比如:

> 甲:王主任这个人可真够奸的。
> 乙:哎,你不是说要换个彩电,换了吗?

乙故意岔开话头,其含义可能是"在这里不宜谈论王主任",或者是"我不愿意跟你谈论王主任"。

(四)利用"方式准则"推导的言外之意

方式准则要求说话人在表达时要避免晦涩,简要明了,避免啰嗦,避免歧义,说话有条理。而故意违反方式准则,所说的话含糊、不清楚、不简练、没有条理,也可以产生言外之意。幽默就常常产生于说话人对方式准则的故意违反。下面请看电影《非诚勿扰》中的一段对话:

> 笑笑:你老实告诉我,你今年到底多大了?
> 秦奋:六一,六一的嘛。
> 笑笑:你都六十一啦!
> 秦奋:61年生的。

这一段对话违反了方式准则中的"避免歧义",秦奋的回答有歧义,笑笑故意曲解了他的意思,幽默的效果也随之而来。

再看曹禺《日出》中的一个例子:

> 可是,小姐,……您听着,……这是美丰金店六百五十四块四,永昌绸缎公司三百五十五块五毛五,旅馆二百二十九块七毛六,洪生照相馆一百一十七块零七毛,久华昌鞋店九十一块三,这一星期的汽车(费)七十六块五,还有……

这是当交际花陈白露声称她不愿意见银行家潘经理后,旅馆茶房福生对她说的一席啰嗦话。这段话的言外之意是:你这位交际花负债累累,不屈从于开银行的有钱人潘经理你能混得下去吗?

思考题

1. 什么是语用意义?
2. 言外之意是如何产生的?

第四节 修辞概说

"修辞"一词,早在先秦时期就开始使用了。《易经》上就有"修辞立其诚"的话,这个"修辞"是一个述宾结构的词组,是修饰文辞的意思。我们今天讲的"修辞"却是名词，与英语中的rhetoric相当。目前，我国修辞学界认为"修辞"共有三种含义：一是指修辞活动；二是指修辞这一事物本身；三是指修辞学科。当它用来指修辞活动的时候，是一个动词，如"修辞要适应题旨和情境"；当它用来指修辞这一事物本身的时候，是一个名词，如"修辞和语法、逻辑的关系"；当它用来指修辞学科的时候，也是一个名词，如"某某教授是搞修辞的"。

一 修辞和修辞学

修辞是言语交际的产物，是人们为了达到预想的口语或书面语交际目的而进行的修辞活动。旧的修辞观念仅限于修饰文辞，未能引起人们的广泛重视。陈望道的《修辞学发凡》一书，突破了"修饰文辞"的范围，把修辞的观念扩展到"调整语辞"，指出"修辞原是达意传情的手段。主要是为着情和意，修辞不过是调整语辞使达意传情能够适切的一种努力"。但这一观念未能引起修辞学界的重视。在随后的半个世纪里，修辞仍局限于书面语的范围，停留在辞格研究的小圈子内。现在我们研究的修辞，既不同于孔子最初提出的"修辞"的原意，也不像后人解释和研究的范围那样狭窄，而是包括口语和书面语交际各个领域，为达到交际目的所采取的一切有效的言语表达手段，集中体现在对语言材料的最佳组合上。

人们在运用语言进行口语或书面语交际的时候，总是要根据交际目的、交际内容、交际对象和交际场合等，不断地对话语进行调整，将它组合成最佳的语言形式，以期获得最理想的交际效果。为寻求最佳组合形式所进行的说、写等活动，都是修辞活动；在修辞过程中所采取的一切富于表达效果的言语组合手段都是修辞手段；修辞活动和修辞手段及其成果统称为修辞现象；从各种修辞现象中总结出来的普遍规律就是修辞规律；研究修辞规律的科学就是修辞学。

二 修辞学的性质

对一门学科研究对象的性质的认识，关系到这门学科的性质和研究目的、任务以及方法的确定。修辞学的研究对象是修辞现象，但对于修辞现象，目前学者们的观点还没有统一。有人根据修辞和文学艺术的关系，把它看作文艺现象或语言和文学的综合现象；也有人根据修辞和语言的关系，把它看作是语言现象，等等。修辞学的确与语言学、逻辑学、文学、美学和心理学等学科有很密切的联系，但这并不能抹杀修辞学自身的特点。修辞学具有以下一些本质特点。

（一）修辞是言语现象

修辞说到底就是语言运用的技巧问题，所以我们要以语言为本位来考察修辞现象。但作为语言运用方式的修辞，并不等于语言本身：语言是人们的交际工具，修辞是运用这个工具以求更好地达意传情的手段。工具和运用工具的手段很明显是不同的。造成将二者混为一谈的原因是，传统语言学和修辞学是不区分语言和言语的。现代语言学的奠基人索绪尔第一次把语言和言语严格区分开，认为语言学的研究对象是语言，而不是言语，这对我们正确认识修辞现象的本质有很大的启发。根据索绪尔对语言和言语的严格区分，我们认为修辞现象应当属于言语现象。语言和言语既有联系又有区别：言语是语言的具体运用和存在形式，语言是对言语的抽象和概括；语言是规则，而言语是运用语言规则创造出来的"产品";言语是个别的、特殊的,而语言是一般的、普遍的。语言研究是从人们的言语作品中概括、抽象出一般的、本质的东西,从而总结归纳出语言的共同规律;而言语的研究则既要以全民语言体系中共同的、稳定的形式、规则为基础,又要考虑到言语的参与者、时间和地点等因素,同时还有种种非语言因素。修辞研究就是要研究后者,它不可能像语言研究那样抽取全民语言中那些共同的、规范化的形式来研究,而不考虑个人言语中那些个别因素和非语言因素。修辞研究要从具体的言语活动中考察如何充分利用这些因素来提高语言的交际效果,从中归纳出对言语表达具有指导意义的普遍规律,即修辞规律。

(二)修辞是言语交际中自觉的、成功的表达现象

言语交际是人际交往中有目的地运用语言的一种社会活动。修辞是为实现交际目的而对言语组织形式加以自觉调节、控制的一种手段。

借用系统论、信息论和控制论的术语来说,言语交际过程就是一种信息交换的自动控制过程。在这个过程中,为了达到预定的交际目的,表达者(说话者或作者)必须根据话语信息的输出和反馈情况控制好自己的言语行为,一旦表达者(说话者或作者)发现交际偏离了交际目的,就会有目的地加以调节,以保证信息的畅通。人类的言语交际是一种有目的、求效应的言语活动,当表达的一方按照预期的目的发出话语信息时,或因措辞不当,或因对交际对象缺乏了解,引起对方的误解或反感,这时就得自觉地加以控制和调节,换一种说法,使对方便于理解、乐意接受。有时交谈的开始阶段是按照原定的目的进行的,可是说到中途,因对方的反应及周围情况的变化,或因兴之所至,说走了题,偏离了原定的交际目的,这时同样需要自觉控制、调节好言语行为,回到原定的话题上来。这一系列的自觉控制、调节活动,就是修辞活动,是表达者(说话者或作者)在言语交际过程中贯彻目的性原则和优化原则而自觉采取的调控手段。因此,修辞在言语交际中,从脱口或落笔前的字斟句酌,到出口或成文后的调整、修饰,直到对整个交际过程的调节、把握,无一不是处在有意识的自觉控制中。所以,修辞现象是人们交际过程中自觉运用的、取得了符合预期的交际效果的言语现象。

修辞虽然是言语现象,但并不是指言语中的所有现象。无意识的言语,如梦呓和话语中一些特殊的超语言现象(话语重复、"嗯""啊"等)等称不上修辞,就连有意识的口语或书面语中的一些"辞不达意"甚至"以辞害意"等现象也不能称为修辞。

我们认为修辞是言语交际中成功的表达现象,既不是专指"积极修辞",也不把"消极修辞"排除在修辞现象之外。

(三)修辞属于言语交际学

修辞现象不仅是语言的运用现象,而且是言语交际中成功的表达现象。所以,研究提高言语表达效果规律的修辞学,应当属于言语交际学的组成部分。这与索绪尔对语言和言语的区分有着密切的联系。索绪尔所讲的"语言的语言学"是从静态入手,对语言本身的结构体系进行分析和描写;而"言语的语言学"是从动态入手,从口语或书面语的交际中去研究语言材料综合运用的表达规律,是言语交际研究的一个方面。修辞学正是从运用语言交际的角度,研究提高言语交际表达效果的规律,而不是研究语言诸要素及书写符号本身的结构系统。这也是修辞学与语言学的不同之处。

言语交际学强调从功能角度研究语言材料的使用，即把语言的使用跟言语环境联系起来，把语言材料的修辞特性和修辞效果同具体的言语活动联系起来，它研究言语活动的规律，研究语言材料在具体言语活动中的使用规律。具体来说，它要研究语体、风格、各种同义手段的选用规律、话语结构规律和修辞方法的使用规律等。修辞学就是以之为依托建立起来的一门独立的学科。

三 语言要素的修辞

语言是由语音、词汇、语法三个部分组成的。它们分别是语音学、词汇学和语法学的研究对象。修辞是以研究和提高语言的表达效果为宗旨的，它不是单纯以语言或语言的某一个要素为研究对象，也不着眼于语言诸要素本身的结构系统，而是利用语音、词汇、语法等一切可利用的因素，考察它们的交际功能及其用于提高语言表达效果的手段。所以，修辞与语音、词汇、语法并不是处于同一个层次，而是比它们高一个层次，是不脱离语言三要素而又利用并超出它们的一种语言运用现象。

（一）修辞与语音

语音是研究语音系统的学科。它是以语言声音的性质、结构规律为研究对象的。修辞不研究语音的具体规律，而是研究如何利用语音材料和规律构成不同的表达手段。如注重声、韵、调配合上的关系，构成双声、叠韵、押韵等使语音和谐悦耳，以及在音节多寡、拟声、谐音等方面如何予以恰当的安排，研究这些语音现象在特定思想内容和语境中表现出来的感情色彩、意义的心理重心、音律美感和风格，使语言达到具有音乐美的效果。修辞中有很多修辞方式是利用语音条件来体现修辞效果的，如双关、对偶等。语音不仅能够增强语言的韵律美，而且也能突出语义，丰富修辞方式的内容；修辞则通过积极调动语音因素，扩大了语音的功用。语音修辞是修辞研究的一个重要组成部分。

修辞过程中，语音组合的修辞效果主要表现在以下几个方面。

1. 音节的组合上，要注意音节的整齐匀称

组词造句时，要重视音节的配合。音节配合得好，不仅读起来顺口悦耳，形式匀称整齐，层次清晰，而且节奏韵律也得以加强，富于表现力和感染力。例如：

① 她的整个面庞却显得淡漠、冷峻、毫无表情。
② 东有东山，西有西山，北有卧虎，南有鸡笼，太原正好坐落在一个肥沃的盆地里。

音节的组合与汉语的发展有密切的联系。现代汉语中双音节词占优势，古代汉语中许多单音节词在现代汉语里变成了双音节词。单音节词和双音节词的同义并存现象为我们合理安排音节提供了方便，可以交错运用单音节词和双音节词，也可以让同一个词的单、双音节分别出现，创造出音节匀称、富于旋律的句子。如：

③ 我喜欢极目远眺多变的大海。季节不同，天气各异，早、中、晚，阴、晴、风、雨，大海呈现着各种姿态，变化着各种颜色。黝黑——翻滚；墨绿——潜流；发白——奔腾。

④周恩来同志的一生，高瞻远瞩，深明大义，处处以大局为重，事事从大局出发。他文能治国，武能安邦，功盖中华，誉满天下。他光明磊落，忍辱负重，严以责己，宽以待人。他为了团结同志，稳定大局，宁肯自己受委屈、受责难，从无半句怨言。

他实事求是，不尚空谈，不说大话，脚踏实地，任劳任怨，总是把荣誉归于别人，把重担加于自己。他苦在人先，乐在人后，坚持同群众同甘苦、共患难。

说话或写文章的时候，除了一部分必须用单音节的词以外，通常大量使用两个音节、四个音节的词或临时组合的词组，三音节的组合使用得比较少。例如"努力争取"是一个四音节的词组，根据表达的需要，可以减缩成两个音节的"力争"一词，而没有"努力争""力争取"等三音节的说法。

2. 声调的配合上，要注意平仄相间

声调是汉语音节结构的重要组成部分。它和音长、音强有密切的关系，但主要还是和音高有关。笼统地说，汉语是一个汉字对应一个音节、一个声调，所以，声调又可以叫字调。汉语音节有四声，即阴平、阳平、上声、去声。阴平和阳平称为平声，上声、去声称为仄声。平声和仄声不仅有音高的区别，音长也不同：平声语调平缓，仄声曲折多变。说话或写作时，如果能做到声调协调，平仄相间，就能取得读起来节奏鲜明、朗朗上口，听起来铿锵悦耳的效果。

在汉语的律诗中，诗人正是通过有规律地交替使用平仄，形成了律诗的抑扬起伏、悦耳动听的音乐美。在现代汉语的使用中，注意声调的平仄变化也是十分重要的。古汉语的例子如白居易的格律诗《钱塘湖春行》中对平仄的安排（+表示平声，－表示仄声）。

汉语中的许多谚语对平仄的安排也非常重视。如：

瓜熟蒂落，水到渠成。
＋＋－－　－－＋＋

现代汉语中可以鲁迅的《自嘲》和毛泽东的《七律·送瘟神》为例。

横眉冷对千夫指，俯首甘为孺子牛。
＋＋－－＋＋－　＋＋－－＋＋－

红雨随心翻作浪，青山着意化为桥。天连五岭银锄落，地动三河铁臂摇。
＋－＋＋－－＋　＋＋－＋－＋＋　＋＋－－＋＋－　－－＋＋－＋＋

3. 韵脚的选择上，注意回环和谐

韵脚是指句末押韵的字。要使韵脚和谐押韵，就要从同义词中挑选最合韵的字眼。诗歌对押韵的要求很高。现代文章的写作，特别是散文的写作，在注意音节、声调配合的同时，适当讲究一下押韵，也能够给人以朗朗上口的感觉，更重要的是韵脚在诗歌、散文等作品中能够给人以韵律上的回环美。押韵除了有通过韵脚使前后呼应的作用外，还有突出具有重要意义的词的作用。例如：

① 你从雪山走来，
　春潮是你的风采；
　你向东海奔去，
　惊涛是你的气概。
　……
　你从远古走来，
　巨浪荡涤着尘埃；
　你向未来奔去，
　涛声回荡在天外。
　……
　我们依恋长江，
　你有母亲的情怀。

这首歌，通过"来、采、概、埃、外、怀"等字都有韵脚 ai 实现了押韵，使整首歌词浑然一体，使要抒发的感情得到了增强。

正因为押韵具有积极的表达作用，所以，有时为了押韵不得不改变词语的结构或换用同义词语。例如：

② 书中夹红叶，红叶颜色好。请君隔年看，真红不枯槁。
③ 敬爱的周总理，您为祖国山河添光辉，您为中华儿女振声威，您不朽的业绩永世长存，您光辉的名字青史永垂。

例②中的"枯槁"和"枯萎、枯干"等词同义，但为了追求押韵，选用了"枯槁"，而没有选用使用频率更高的"枯萎"；例③作者有意把"永垂青史"临时改成了"青史永垂"，以实现韵脚的和谐押韵。

汉语的民间谚语、格言、警句等许多语言形式也都很讲究韵脚的和谐。例如：

④ 春雨贵如油，夏雨遍地流。
⑤ 失之毫厘，谬以千里。
⑥ 当断不断，反受其乱。

押韵可以句句押，也可以隔行押。句句押韵的，叫作排韵；隔行押韵的叫隔行韵。排韵有时给人以单调、呆板的感觉，所以通常采用的是隔行韵。

4. 讲求叠音自然和双声叠韵配合

叠音又叫"重言"或"复字"。恰当地运用叠音词语，能够突出词语的意义，加强对事物形象的描绘，增强音乐美。朱自清在《荷塘月色》一文中多次运用了这一方法。例如：

① 月亮渐渐地升高了，墙外马路上孩子们的欢笑，已经听不见了；妻在屋里拍着闰儿，迷迷糊糊地哼着眠歌。我悄悄地披了大衫，带上门出去。
　沿着荷塘，是一条曲折的小煤屑路。这是一条幽僻的路；白天也少人走，夜晚更加寂寞。荷塘四面，长着许多树，蓊蓊郁郁的。路的一旁，是些柳树，和一些不知道名字的树。没有月光的晚上，这路上阴森森的，有些怕人。今晚却很好，虽然月光也还是淡淡的。

汉语里独有的双声叠韵字，在表达上有特殊的作用。恰当地运用它们，可以形成一种回环美。这种修辞效果的产生是依靠两字相连、相对，彼此应和，主要在对仗中表现出来：或双声对双声，或叠韵对叠韵，或双声对叠韵。如：

② 田园寥落干戈后，骨肉流离道路中。（双声对双声）
③ 公路崎岖开古道，林园宛转创新陂。（双声对叠韵）
④ 梦里依稀慈母泪，城头变幻大王旗。（叠韵对叠韵）

语言的音乐美，要依赖以上手段的综合运用。

（二）修辞与词汇

词汇学是研究语言构成材料的学科。它的任务是揭示词、词汇和词义的构成，词、词义之间的类聚、组合关系，以及词汇的发展变化规律和规范化等内容。而修辞则是从筛选、锤炼的角度去研究词语的运用，这势必要从声音、意义、色彩、用法等方面对词语加以安排、润色，也势必要涉及如何选择不同类型的词语（包括同义词、同音词、成语、歇后语等），利用词汇的种种规律准确地表达思想，提高语言的表现力，以求达到最佳的交际效果。

词汇为词语的选择、锤炼，为形成具体的修辞方式提供了方便，几乎所有的修辞方式都与词汇有关，如语义双关、反语、仿词、夸张，等等。词语修辞是修辞体系的一个组成部分。从本质上讲，修辞与语音的关系也是修辞与词汇的关系。因为在语音的选择过程中，必然要涉及词语问题。下面主要从词语意义的锤炼上，看修辞与词汇的关系。

1. 提高对事物的观察能力

在认真观察的同时，加深对客观事物的理解和认识，可以在修辞过程中选择恰到好处的、特别有表现力的词语。如鲁迅《孔乙己》中的两个例子：

① 他不回答，对柜里说，"温两碗酒，要一碟茴香豆。"便排出九文大钱。
② 他从破衣袋里摸出四文大钱，放在我手里，见他满手是泥，原来他便用这手走来的。

例①中作者没有使用"交了、付了、给了"等词语，而是巧妙地使用一个"排"字，立刻生动形象地表现出了孔乙己当时生活的"阔绰"和他慢条斯理的"文雅"神态，同时也暗示了他的拘谨和迂腐。例②同样是写在酒店里付钱的场面，作者却用了一个"摸"字，使读者从中本能地预感到孔乙己生活的穷困潦倒和买酒时的窘迫。如果口袋里钱多还用得着用手在里边摸吗？即使钱少，如果手脚灵便，也能很容易地从口袋里把钱拿出来，用不着来回摸索了。仅仅通过对这两个字的比较，就能看出孔乙己经过岁月的沧桑，已经身心俱残，开始步入生活的末路了。

2. 词语使用力求准确、贴切

准确、贴切是遣词造句最基本的要求。词语的使用要准确地反映客观事物，贴切地表达思想感情，而且还要适合具体的语境。例如：

① 故乡本也如此，——虽然没有进步，也未必有如我所感的悲凉，这只是我自己心情的改变罢了，因为我这次回乡，本没有什么好心绪。
② 正常操作，迅速完成岗位项目而从容不迫；技术不熟练，责任心不强，就免不了手忙脚乱，错误百出。

例①连用"心情、心绪"两个近义词,但二者又有细微差别:"心情"是指心境、感情的一般状态,用于"心情的改变"很合适;"心绪"多就心情的安定或紊乱来说,常常指心境的紊乱,适于用在"本没有什么好心绪"之中。例②"从容不迫"和"手忙脚乱"形成了鲜明的对比,把两种不同的工作情态具体形象地展示在读者眼前。

3. 词语间的配合得当、前后呼应,整体和谐

词语搭配合理与否不但可以显示句中词语意义的确定性,而且还可以通过词语的巧妙配合收到意外的表达效果。如:

①严班长很欣赏这么三句话:严肃的态度、严格的要求、严密的组织。

②他们又故意的高声嚷道,"你一定又偷了人家的东西了!"孔乙己睁大眼睛说:"你怎么这样凭空污人清白……""什么清白?我前天亲眼见你偷了何家的书,吊着打。"孔乙己便涨红了脸,额上的青筋条条绽出,争辩道,"窃书不能算偷……窃书!……读书人的事,能算偷么?"

例①中的"严肃、严格、严密",含义有一定的差别,所以它们要求与之搭配的修饰对象也应当各不相同。这种搭配关系不允许随意改动,否则会破坏词语搭配的自然恰当和表意的严密性和准确性。后一句通过店里的人用"偷东西"来取笑孔乙己,而他为了给自己辩护,故意装作认为"偷"和"窃"是完全不同的。采用"窃"字,一方面是为了描绘孔乙己遭人攻击不得已而为自己辩解的窘态,另一方面也与表现他受封建思想毒害之深、满口"之乎者也"的人物特征有关。"偷"和"窃"这两个语体色彩不同的词语的交互使用,充分表现出孔乙己这个没落的封建知识分子的迂腐可笑和可悲。

4. 词语选择要注意词语的附加意义

词语除了词汇意义之外还有附加意义,主要指感情色彩、语体色彩和形象色彩。

(1) 词语要有鲜明的感情色彩

词语的感情色彩指词语在反映客观事物时,或说话者(写作者)在选用词语时表现出来的主观态度或情感。词语的感情色彩主要通过词义的褒贬体现出来,有时也可以通过词语的搭配或语境表现出来。

汉语中本身含有褒贬义的词语很多。如"控制—操纵""羡慕—妒忌""鼓动—煽动"等。这些词语,前者是褒义的或中性的,后者是贬义的,它们在使用过程中,具有很高的修辞价值。有些褒义词和贬义词依靠与其他词语的搭配或语境的帮助,可以由褒义变为贬义,或由贬义变为褒义。如"这件事他做得太好了"含有两个意思,一个是称赞他做得的确好;另一个是说反话,实际做得不好。词语的引申义和比喻义有时也会产生一定的感情色彩。如"有许多东西,只要我们对它陷入盲目性,就可能成为我们的包袱,成为我们的负担","包袱"本来是中性词,这里选用了它的比喻义,所以其贬义色彩也就凸现出来了。

(2) 词语要有鲜明的语体色彩

各类文章都有一定的语体风格,恰当地选用词语是形成或表现语体风格的重要因素。例如:

① 明天是小明的生日。

② 1998年5月4日是北京大学一百周年华诞。

③ 张先生八十寿辰那天，他的学生都去祝寿了。

④ 在毛泽东同志诞辰一百周年时，全国各地举行了丰富多彩的纪念活动。

以上加点的词语都表示"生日"的意思，但是它们的使用场合却不相同。"华诞、寿辰、诞辰"一般用于书面语或正式、庄重的场合，多用于知名人士、老人或重要事件。而"生日"是比较口语化的词语，一般用于儿童或年轻人。这些词语在使用时均不可以随意互换。

（3）词语要有鲜明的形象色彩

词语作用于人们感官的时候，会引起人的某种反应，使人联想到事物的形状、颜色、声音、味道，等等。比如"望梅止渴"的故事就是曹操充分利用了词语的形象色彩而达到令人满意的效果。所以，作家在写作时非常重视词语的形象色彩的运用。如：

⑤ 曲曲折折的荷塘上面，弥望的是田田的叶子。叶子出水很高，像亭亭的舞女的裙。层层的叶子中间，零星地点缀着些白花，有袅娜地开着的，有羞涩地打着朵儿的；正如一粒粒的明珠，又如碧天里的星星，又如刚出浴的美人。

作者通过这些形象化的词语，使荷塘的景色跃然纸上，形象逼真，引起读者无尽的想象。

（三）修辞与语法

语法学是研究遣词造句的规律的学科。它揭示词的结构规则与词的种种组合，以及各种句子的结构规律。修辞学则是研究如何以这些结构规律为手段来提高语言的表达功能。

一般来讲，修辞要以合乎语法为基础。话语只有说得（写得）合乎语法，才有调整加工的可能，合乎语法是进行修辞的先决条件。话语交际的效果往往要靠句式的选择和调整、句群的合理组织来实现，例如通过句子的长短调整、句子的整散以及句式的变换等来取得不同的效果。语法和修辞都离不开句子和句群，但修辞主要是从近义形式（同义句式）选择的角度研究句子和句群的表达效果。句子和句群有多种类型，它们所表示的气势、力量、感情色彩等是不同的，究竟应该选用什么样的句式，组织成什么样的句群，是由表达的需要和说话人最终要获得什么样的修辞效果决定的。这里我们主要讨论修辞过程中句式的选择问题。

现代修辞学的一个重要特点就是同义句式选择的研究。我们说话或写文章时，都能感觉到同一个意思可以用多种不同的句式进行表达。这些不同的句式在表意方面有着不同程度的差别。从修辞学的角度讲，这些表示相同或相近的意义而在风格色彩、修辞功能、表达效果方面存在细微差别的一些句式，就是同义句式。句式的选择在大多数情况下就是同义句式的选择。

1. 长句和短句

句子有长有短，句子的长短并不决定话语信息量的大小，但其表达效果是不同的。例如：

① 他是一个身体健康、学习刻苦、工作积极并且立志为四化奋斗终身的三好学生。

② 他是一个三好学生。他身体健康，学习刻苦，工作积极，并且立志为四化奋斗终身。

通过上面两个例句可以发现：长句结构复杂、词语多、信息量大，表意周密、严谨、精确。但是也正因为其结构复杂、信息量大，理解起来需要较多时间，因此不适于口头交际，而多用于书面语。短句是指字数少，结构简单的句子。短句的修辞效果是简洁、明快、活泼、灵活、有力。所以短句经常应用于日常谈话、辩论、演讲等当中。例如：

  ③ 周朴园：你是新来的下人？
   鲁侍萍：不是的，我找我的女儿来的。
   周朴园：你的女儿？
   鲁侍萍：四凤是我的女儿。
   周朴园：那你走错屋子了。

政论语体和科技语体多用长句，文艺语体多用短句。但大多数情况是长句和短句配合使用。例如：

  ④ 我国的科学技术工作者是有智慧、有进取心、勇于探索钻研、执着而高尚的，是可以夺取最佳成果的一支劲旅；而关键在于要有最佳战略思想的指挥。在人类较量智慧的赛场上，我们决不应该是落后者。胜利，正遥遥召唤。

2. 整句和散句

整句是指结构和长度相同或相似的一组句子；散句是指结构和长短不同的句子交错在一起使用的一组句子。整句和散句有不同的修辞效果，整句形式整齐，声音和谐，气势贯通，意义鲜明，在散文、诗歌等文体中应用较广，适于表达感情，能给人以深刻鲜明的印象。例如：

  ① 谁家办喜事，他登门祝贺。谁家遭不幸，他安慰周济。谁家屋漏，逢到雨季他必去检查。谁家有病人，他都去探视。

这段话，作者用了四个整齐的排比句句式，热情赞颂了彭德怀同志热爱人民、关心群众生活的情怀。

整句固然很重要，但并不是所有的话语都要用整句，也并不是所有的话语都可以组织成整齐的句子。在日常生活中，更常见的是散句。散句结构不同，所用的句式也多种多样，因此，它所表达的内容不像整句那么集中，但散句散而不乱，比较灵活，可以避免单调、呆板，能获得生动、感人的修辞效果。如：

  ② 我走出洞，一股冷气扑到脸上。又落雪了，雪花漫天飞舞，落在我的脸上、手上，化成一滴一滴的水。上面是灰白色的天空，山下茫茫一片雪白，没有一点灯光。我在洞子前站了几分钟，我感到冷。

此例是由多种不同的句式组成的，比较散。也正由于句式不拘一格，多种多样，随意而变，句子才显得活泼自如，富于参差美。

在语言表达中，整句和散句经常是同时使用的。如：

  ③ 在斗争中，劳动中，生活中，时常会有些东西触动你的心，使你激昂，使你欢乐，使你忧愁，使你深思，这不是诗又是什么呢？

结构整齐与不整齐，相同与不同并列使用，也能获得表意深刻、语势连贯的效果。

3. 松句和紧句

句子的松紧和句子的长短有关系，但又不是一回事。松句是指句子成分间组织松散、语气舒缓的句子；紧句是指句子成分间组织紧凑、严密的句子。例如：

① 在我的后园，可以看见墙外有两株树，一株是枣树，还有一株也是枣树。
② 左边是园，右边也是园。

例①可以改写成"在我的后园可以看见墙外有两株枣树"；例②也可以写成"左右两边都是园"。作者之所以把本可以用紧句表达的意思，变成用松散的句子来说，目的是为了强调。从话语的接受心理来看，两种说法表达的信息是一样的，但人们的感受却是不同的。紧句缩短了音节长度，听起来所用时间较短；而松句有意识地增加了音节，听者或读者所需的解读时间长，其感受程度也会随之增强。一般来说，松句有助于从容不迫地叙述或说明，细致地描摹人或事物的举动、状态以及增强感情抒发的力量。例如：

③ 巴金朝西看了一眼，西边天上正镶着迷人的晚霞。他又慢慢地转过头，朝东看，东方已遮上了夜幕：朦胧、混沌、黑沉沉。可他仿佛要研究夜幕的秘密，又仿佛是等待、盼望着什么，久久地望着东方。老人，用两手撑住手杖，双肩微微耸起，仰着脸，眯缝着眼，遥望天空……

这段话写巴金老人的一举一动，用的全是组织松散、节奏缓慢的句子，把老人迟缓的动作、沉重的心情，用"慢镜头"一一展现在读者面前。如果用紧句就达不到这样的修辞效果。

紧句组织严密紧凑，容量大而集中，这就决定了它在言语表达中的独特效果和使用场合。从现代社会运用语言传递信息、交流思想的要求看，为增大话语的信息量，多角度、多层次地表达一个较为复杂的意思，往往要求组织容量大而严密的句子。如：

④ 我们深切地体会到，在对待生活方式观念更新的问题上，要破除那种把生产和消费对立起来，把消费方式的变革和艰苦奋斗对立起来，把追求丰富多彩的文化生活和社会主义精神文明建设对立起来的思想。

紧句由于所含成分较多，往往容易把句子拉长。但长句和紧句是两个不同的概念，前者专就句子的形体而言，而后者专就句子内部的组织情况而言，所以二者有本质的不同。

松句和紧句如同长句和短句一样，各有各的使用场合，因此，在具体的话语中经常要根据表达的需要交替使用。如：

⑤ 西医有西医的功能，中医有中医的功能；而中西医学科之间的渗透、补充、交叉、分化、对比、综合，随着临床实践经验的积累，愈益显出"杂交优势"。

4. 肯定句和否定句

肯定和否定都是对事物作出判断。但对同一事物或意思既可以用肯定句表示，也可以用否定句表示，二者在语意的轻重、强弱上有一定的区别。如"今天天气好"和"今天天气不坏"的表意是不同的。

否定句可分成单重否定句和双重否定句。单重否定句是句中只有一次否定的句子。如：

① 我不知道这件事该怎么做。

双重否定句最常见的是先后连用两次否定，也可以用一个否定词再加上一个有否定意义的动词或反问语气。双重否定表示的是肯定的意思，而且语气比肯定句更强。比较以下两句：

②我什么事情都会做。

③没有我不会做的事情。/没有什么事情我不会做。

例②只表示一般的肯定，而例③用"没有"和"不会"两次否定，强化了句意，语气也随之增强。

有的双重否定句还可以用来表示一种委婉的语气。例如：

④我们不能不感谢那些地质勘探队。

如果用肯定句就表达不出句子委婉、迂回曲折的语气了。

5. 口语和书面语句式

口语句式是指口语里经常出现而书面语里较少出现的句式；书面语句式就是书面语里经常出现而口语里较少出现的句式。二者的不同主要表现在以下几个方面。

（1）口语句式比较简单、松散，多用短句；书面语句式结构比较复杂、严谨，较多使用长句。例如：

①瑞丰太太，往好里说，是长得很富态；往坏里说呢，干脆是一块肉。身量本就不高，又没有脖子，猛一看，她很像一个啤酒桶。脸上呢，本就长得蠢，又尽量地往上涂抹颜色，头发烫得像鸡窝，便更显得蠢而可怕。

②不管任何政治力量、任何个人如何设想，愿意或不愿意，自觉或不自觉，中国必须实现以四个现代化为中心任务的历史转变。

例①是口语句式，句型短小，结构简单；例②是书面语句式，使用了较复杂的并列成分，结构整齐匀称，表达严密。

（2）书面语句式要求逻辑性严密，关联词语用得较多；而口语中关联词语使用较少，即使使用了，也是用"口语式"的关联词语。例如：

③尽管吴吉昌不断进行斗争，但是缚在他身上的绳索还是越捆越紧。

④南坡庄人穷人多，（所以）地里的南瓜豆荚常常有人偷。（因此）雇着看庄稼的也不抵事，各人的东西还得各人操心。

⑤我说："实在可惜。要是长城也懂人事，每块砖，每粒砂土，都能告诉我们一段惊心动魄的故事。"

例③是书面语句式，例④、例⑤都是口语句式。可以看出口语句式中用不用关联词语以及用什么样的关联词语，与书面语句式是不同的。如果是书面语，例⑤的"要是"就应改成"倘若、假使"等。

（3）为增强句子的简练性和表现力，书面语句式中经常沿用一些文言句式，而口语中则很少使用。例如：

⑥值此联合国教科文组织举行的世界文化政策大会召开之际，我谨代表中国政府向大会致以热烈的祝贺。

第五节　辞格和辞格运用

辞格又称修辞格、修辞方式，是为了提高语言的表达效果，而对语言材料进行有效地加工和组织的策略性方法。汉语的辞格有很多种，下面我们主要讲一些常用的修辞格式及其运用。

一　辞格(一)

(一) 比喻

比喻是利用本质上不同的事物之间的相似点来描绘事物或说明道理的一种修辞方式。被比方的事物叫"本体"，用来打比方的事物叫"喻体"，将二者联系起来的词语叫"喻词"。本体和喻体必须是性质不同的两个事物。如"共产党像太阳"，"共产党"和"太阳"是两个完全不同的事物，"共产党"是本体，"太阳"是喻体，"像"是喻词。比喻可以分成三类：明喻、暗喻、借喻。

1. 明喻

明喻是最典型的比喻。在结构上最为完整，本体、喻体和喻词都出现。例如：

　　① 叶子出水很高，像亭亭的舞女的裙。
　　② 作战中涌现出的英雄人物，犹如银河系里灿烂的繁星。

明喻中的喻词主要有"像、如、犹如、似、仿佛、好像、有如、般、一般、似的"，等等。"似的、般"可与前面的"像、如"等构成"像……似的、如……般"格式。

2. 暗喻

暗喻又叫隐喻，本体、喻体和喻词都出现，但是喻词是"是、变成、成为、成了、等于"等。例如：

　　① 在那个年代，书是我最好的朋友。
　　② ……全淀的芦苇收割，垛起垛来，在白洋淀周围的广场上，就成了一条苇子的长城。

有时，还可以利用"X的Y""X Y"等形式构成暗喻。例如：

　　③ 芜秽的心田里只是误解的蔓草，毒害同情的种子，更没有收成的希冀。
　　④ 难道时间这面晦暗的镜子，也永远背对着你，只留下星星和浮云？

3. 借喻

借喻不说出本体，或不在本句中说出，而是借用喻体直接代替本体。例如：

　　① 鲁迅在一篇文章里，主张打落水狗。
　　② 柔嘉到底是个女人，对于自己管辖的领土比他看得重。

例句中"落水狗"用来比喻挨了打的人，"领土"比喻"家庭"。句中都只出现了喻体，没出现本体。

(二) 比拟

比拟就是把物当作人或把人当作物来写，或者是把甲物当作乙物来写的一种修辞格式。被比拟的事物称为"本体",用来比拟的事物称为"拟体"。比拟可以分为拟人和拟物两种。

1. 拟人

拟人就是把物当作人来写,赋予"物"以人的言行或思想感情。例如:

① 太阳露出了笑脸。
② 这辆车久历风尘,该庆古稀高寿,可是抗战时期,未便退休。

2. 拟物

拟物就是把人当作物来写,或者把甲事物当作乙事物来写。例如:

① 我到了自家的房外,我的母亲早已迎着出来了,接着便飞出了八岁的侄儿宏儿。
② 美国博士几个子儿一枚?我问他。

以物拟物(把甲事物当作乙事物来写)的例子如:

③ 临时伙房设在草地上,几口行军锅成"一"字形排列着,蓝色的火苗舔着锅底……
④ 他总结失败的教训,把失败接起来,焊上去,作为登山用的尼龙绳子和金属梯子。

比拟和比喻的区别是:比喻离不开用另外的事物(喻体)引发联想,通过本体和喻体之间的相似点进行联想,喻体必须出现,本体可出现也可不出现,其重点在"喻"上,本体和喻体是一主一从的关系;而比拟具有思想的跳跃性,使读者展开丰富的联想,表现一种物我交融或情景交融的感受,比拟的拟体在句中可以不出现,只用那些与拟体相关的词语(动词、形容词、量词等)来达到引发联想的目的就可以了,而本体必须出现。

(三)借代

借代就是不直接说出要说的人或事物,而借用与之密切相关的其他的人或事物来"代替"的一种修辞格式。借代注重事物的相关性,也就是利用客观事物间的种种关系巧妙地形成一种语言上的艺术换名。借代可以分成以下几种类型。

1. 特征、标志代本体

用人或事物的特征、标志做借体代替本体事物的名称。例如:

① 你们这一车西瓜,也不必过秤,一百张"大团结",我们包圆儿了。
② 迎面走来了一群红领巾。

"大团结"代替十元一张的人民币,"红领巾"代替少先队员。

2. 专名代泛称

用具有典型性的人或事物的专有名称做借体代替本体事物的名称。例如:

① 你们杀死一个李公朴,会有千百万个李公朴站起来!
② 中国人民中间,实在有成千成万的"诸葛亮",每个乡村,每个市镇,都有那里的"诸葛亮"。

专名"李公朴"代替千百万个像李公朴一样坚持民主正义、反对国民党反动派的战士,"诸葛亮"代替广大有智慧和创造力的人民群众。

3. 具体代抽象

用具体的事物代替抽象概括的事物。例如:

① 马之悦鬼着哪,连替中农说几句公道话都是前怕狼后怕虎的,唯恐丢了乌纱帽。
② 鲁迅的骨头是最硬的,他没有丝毫奴颜和媚骨……

"乌纱帽"代替官职,"鲁迅的骨头"代替鲁迅的思想意志、性格特征,都是把抽象的事物具体化、形象化。

4. 部分代整体

用事物具有代表性的一部分代替本体事物。例如:

① 我们热爱祖国的一山一水一草一木。
② 几千双眼睛都盯着你,看你穿上战士的衣服,看你挂着银质的奖章。

"一山一水一草一木"代替祖国的一切,"几千双眼睛"代替几千个人。

5. 原因与结果一类的借代

用某种事情所产生的结果代替本体事物。例如:

① 孔乙己一到店,所有喝酒的人便都看着他笑,有的叫道:"孔乙己,你脸上又添上新伤疤了!"
② 好吧,咱们多勒勒裤腰带吧!

"添上新伤疤"是被打的结果,"勒勒裤腰带"是代替原因"饥饿"。

借代还有作者代作品、产地代产品等形式。如:

③ 读点儿鲁迅。
④ 买了两瓶绍兴,喜滋滋地往回走。

"鲁迅"代替鲁迅的作品,"绍兴"代替绍兴产的酒。

(四)夸张

夸张就是为了取得某种表达效果而有意言过其实,对客观的人、事物进行扩大或缩小的描述。夸张又称作夸饰、铺张等。夸张可以深刻地表现出作者对事物鲜明的感情态度,从而引起读者的强烈共鸣;也可以通过对事物的形象进行渲染,引起人们丰富的想象,突出事物的本质和特征。夸张可以分为扩大夸张、缩小夸张和超前夸张三种。

1. 扩大夸张

故意把一般事物往大处说。例如:

① 他们自己也笑了起来,都笑得跺脚,笑破肚皮了。
② 酒香飘万里。

2. 缩小夸张

故意把一般事物往小里说。例如:

① 这家伙当了个针鼻儿大的官,还打起官腔来了。

②可是当兵一当三四年，打仗总打了百十回吧，身上一根汗毛也没碰断。

3. 超前夸张

在两件事情之中，故意把后出现的事说成是先出现的，或是同时出现。例如：

①丹唇未启笑先闻。

②家里煮的烂狍子肉，烧的热炕头，在等他们回来，甚至他们已经嗅到了肉香。

（五）双关

双关是让一个词语同时关涉两个方面。它主要是利用词语的多义、语音的相同（相近）或语境的相似构成的。双关可分成谐音双关和语义双关两种。

1. 谐音双关

利用语音上的相同或相似形成的双关。例如：

①孔夫子搬家——尽是书（输）。

②甲：你们说我是像皇帝呢还是像太后？

　　乙：你是太厚！

　　甲：我是什么太后呢？

　　乙：脸皮太厚！

"书"双关"书"和"输"，"太后"双关"太后"和"太厚"。

2. 语义双关

利用词语或句子的多义性在特定语境中形成的双关。例如：

①夜正长，路也正长，我不如忘却，不说的好罢！

②匪徒们走上了这几十里的大山脊，他们没有想到包马蹄的麻袋片全踏烂掉在路上，露出了他们的马脚。

"夜"和"路"是"黑夜"和"道路"，实际指"黑暗的反动统治"和"艰苦的革命斗争"；"马脚"既实指"马的脚"，又喻指"破绽"。

（六）对偶

对偶就是把一对结构相同或相近、字数相等、意义相关的词组或句子对称地排列起来，表达相关、相对或相连的意思。对偶就上联和下联在意义上的联系可分为正对、反对和串对三种。

1. 正对

从两个角度、两个侧面说明同一事理，表示相似、相关的关系，内容上二者相互补充。例如：

①风声，雨声，读书声，声声入耳；

　家事，国事，天下事，事事关心。

②惨象，已使我目不忍视；

　流言，尤使我耳不忍闻。

第一联，上联写自然界的风雨声和读书声交织在一起，下联写读书人要关心政事，表明作者在政治上的抱负；第二联，上联描写杀害学生的悲惨场面，下联揭露诬蔑学生的无耻谰言，两句互为补充痛斥并揭露反动派的罪恶行径。

2. 反对

上下联表示相反或矛盾的对立关系，借正反对照、比较，突出事物的本质。例如：

① 对人民，你比炭火更温暖；
  对敌人，你比钢刀更锋利。
② 有理走遍天下，
  无理寸步难行。

第一联从对人民和对敌人两个方面，歌颂了周总理爱憎分明的立场；第二联通过上下联的对照，表达了有理无理的不同结果。

3. 串对

上句与下句的内容有因果、条件、承接等关系而构成的对偶，因为上句与下句顺势而下，两句一般不能倒置，也有人称之为"流水对"。例如：

① 野火烧不尽，春风吹又生。
② 一着不慎，满盘皆输。

对偶从内容上和形式上，还可以分成严对和宽对。严对是从内容到形式必须完全合乎对偶的要求。而宽对一般只要求结构基本形同，音韵大体和谐，可以用相同的字，只要基本符合对偶的格式就可以了。

二 辞格（二）

（一）排比

排比就是把结构相同或相似、语气一致、意思密切关联的句子或句子成分排列起来，使语势得到增强，感情得到加深的一种修辞格式。

排比和对偶比较相似，不过对偶是两两相对，而排比通常是多项排列；对偶要求两项之间字数相等，而排比则没有如此严格的要求。排比可分成句子排比和句子成分排比两类。

1. 句子排比

从句子结构上看，单句和复句（包括分句）都可以构成排比。例如：

① 狂风吹不倒它，洪水淹不没它，严寒冻不死它，干旱旱不坏它。
② 大理花多，多得园艺家定不出名字来称呼。大理花艳，艳得美术家调不出颜色来点染。大理花娇，娇得文学家想不出词句来描绘。大理花香，香得外来人一到这苍山下，洱海边，顿觉飘飘然不酒而醉。

例①是单句的排比，例②是复句的排比。

2. 句子成分排比

句子成分排比可以是句子中各种成分的排比。例如：

① 在旧社会，多少从事科学文化事业的人们，向往着国家昌盛，民族复兴，科学文化繁荣。

② 在这里，蓝天明月，秃顶的山，单调的黄土，浅濑的水，似乎都是最恰当不过的背景，无可更换。

③ 鲁迅是在文化战线上，代表全民族的大多数，向着敌人冲锋陷阵的最正确、最勇敢、最坚决、最忠实、最热忱的空前的民族英雄。

例①是宾语的排比，例②是主语的排比，例③是定语的排比。状语、谓语和补语等成分也都是可以构成排比的。

（二）拈连

拈连就是利用上下文的联系，把用于甲事物的词语巧妙地用于乙事物，又叫顺拈。拈连可分为全式拈连和略式拈连两种。

1. 全式拈连

甲乙两事物都出现，拈连词语也必须出现。例如：

① 他们可以承担一个浩大的战争，可以承担重建家园的种种艰辛，可是承担不了如此沉重的离情。

② 哼！你别看我耳朵聋——可我的心并不"聋"啊！

例①中与"战争"搭配的拈连词"承担"顺势用在"离情"上；例②则把"耳朵"的"聋"，用到了"心"上。

2. 略式拈连

甲事物省略，或甲事物中的拈连词语省略，而乙事物必须出现，借助上下文，省略的内容还是清楚的。例如：

我只是伫立凝望，觉得这一条紫藤萝瀑布不只在我眼前，也在我心上流过。

句中省掉了甲事物中的拈连词语"流过"。

（三）回环

回环就是把前后语句组织成穿梭一样的循环往复的形式，以表达不同事物间的有机联系的一种修辞格式。例如：

① 理性认识依赖于感性认识，感性认识有待于发展到理性认识，这就是辩证唯物论的认识论。

② 科学需要社会主义，社会主义更需要科学。

回环可以使语句整齐匀称，能揭示事物间的辩证关系。

（四）顶真

顶真又叫联珠，就是用前一句结尾的词语做下一句的开头，使前后的句子首尾相联，上递下接的一种修辞格式。例如：

① 车到山前必有路，有路就有丰田车。

② 打人就要费力气，费力气就要多吃饭，多吃饭就要费钱，费钱就是破坏他的哲学，老张又何尝爱打人呢？

（五）仿词

根据表达的需要，更换现成词语中的某个语素或词，临时仿造出新的词语，这种修辞方式就是仿词。仿词是在已有词语的基础上进行的仿造，因此仿词和被仿的词往往同时出现。根据被仿词的出现与否，可分为两类。

1. 被仿词出现的仿词

① "哈哈哈！"阿Q十分得意的笑。"哈哈哈！"酒店里的人也九分得意的笑。
② 读者定会觉得这是一条"新闻"吧，其实却是一条"旧闻"。

"九分得意"是仿拟"十分得意"而来的，"旧闻"也是从"新闻"仿拟而来。

2. 被仿词不出现的仿词

① 当了一段时间的家庭妇男，他深切体会到做家务还真是挺辛苦的。
② 你不要去了，食堂还在为内宾服务。

"家庭妇男"和"内宾"分别是由"家庭妇女"和"外宾"仿造而来的。

（六）反语

故意使用与本来意思相反的词语或句子来表达本意的修辞格式叫反语，也叫作反话。反语可分成以正当反和以反当正两种。

1. 以正当反

用正面的话语去表达反面的意思。例如：

① 中国军人的屠戮妇孺的伟绩，八国联军的惩创学生的武功，不幸全被这几缕血痕抹杀了。
② 有几个"慈祥"的老板到菜场去收集一些菜叶，用盐一浸，这就是她们难得的佳肴。

例①中的"伟绩"和"武功"就是血债和罪恶；例②中的"慈祥"实则是凶残，"佳肴"其实是难以下咽的东西。

2. 以反当正

用反面的语句表达正面的意思。例如：

几个女人有点儿失望，也有些伤心，各自在心里骂着自己的狠心贼。

句中的"狠心贼"表示的是几个女人对自己丈夫又爱又恨的心情。

三 辞格的综合运用

我们已经对修辞格一一进行了介绍，这种介绍方法只是为了清楚、简明。在现实生活中，人们在话语中往往会把几种修辞格有机地结合在一起使用，这就是我们所说的辞格的综合运用。

辞格的综合运用主要可以分为以下三种情况：连用、兼用和套用。

（一）连用

连用是指接连运用几个修辞格，这几个修辞格必须是同一类型的。例如：

那溅着的水花，晶莹而多芒；远望去，像一朵朵小小的白梅，微雨似的纷纷落着。

这个句子用"白梅"来比喻水花，又用"微雨"来比喻水花的飘落，是两个比喻的连用，整个句子显得生动形象。

（二）兼用

兼用就是在一段话中有两个或两个以上的修辞格，兼用必须是不同类型的修辞格有机地结合在一起，从各个不同的角度来修饰句中的某一成分。例如：

① 此时，积压在心底的仇恨，就像沉埋在地下几千年的火山一样喷发出来，一泻千里，势不可挡。

② 两岸都是悬崖峭壁，累累垂垂的石乳一直浸到江水里去，像莲花，像海棠叶儿，像一挂一挂的葡萄，也像仙人骑鹤，乐手吹箫……说不定你忘记自己在漓江上了呢！

例①既用了夸张的修辞格，又用了比喻的修辞格——将仇恨比作喷发的火山，把人们的仇恨表现得气势汹涌。例②一连用了四个比喻句，把奇形怪状、千姿百态的石钟乳刻画得具体形象、栩栩如生。这四个比喻句构成了一组排比句，句式匀称，节奏明快，音韵和谐，是比喻和排比兼用的例子。

（三）套用

套用是在一个较大的修辞格中包含着一个或多个其他的修辞格，也就是修辞格中套用修辞格。例如：

① 风声，雨声，读书声，声声入耳；家事，国事，天下事，事事关心。

② 史学家是凸面镜，汇集无数的光线，凝结起来，制造一个实的焦点；史剧家是凹面镜，汇集无数的光线，扩展出去，制造一个虚的焦点。

例①从整体上看运用了对偶的形式，而在上联和下联中又各自包含着一个排比，而且下联的排比中还包含着一个层递的修辞格；例②也是前后两分句构成了对偶句，整齐匀称，而且每个分句中又包含着一个比喻的修辞格，形象地揭示了史学家和史剧家的不同。

在一些特殊的情况下，修辞格的连用、兼用和套用可以一起出现。例如：

③ 春分刚刚过去，清明即将到来。"日出江花红胜火，春来江水绿如蓝。"这是革命的春天，这是人民的春天，这是科学的春天！让我们张开双臂，热烈地拥抱这个春天吧！

④ 何等动人的一页又一页篇章！这些是人类思维的花朵。这些是空谷幽兰、高寒杜鹃、老林中的人参、冰山上的雪莲、绝顶上的灵芝、抽象思维的牡丹。这些数学的公式也是一种世界语言。

例③前两句是对偶，中间引用的两句诗是对偶兼比喻，随后的三句"这是……"是反复和排比，最后一句是比拟。例④是排比兼反复，其中又套用了一连串的比喻，这些比喻又用排比句的形式出现，是比喻的连用，又是比喻兼排比，所以这个句子既有兼用，又有套用与连用，充分显示了修辞格综合运用的复杂性。

思考题

1. 什么是修辞学？
2. 为什么说修辞学属于言语交际学？
3. 汉语有哪些常用的修辞格？
4. 借代有哪些类型？
5. 比喻有哪些类型？
6. 拈连有哪些类型？

第六节　语　体

语体从交际形式来看，可分为口头语体和书面语体两大类。

一　口头语体

口头语体又叫谈话语体或会话语体。这类语体由于交际双方都参加交谈，言语表达具有强烈的针对性、灵活性和粗略性，如在交谈中出现话语停顿、中断、承前省略、话题转移及必要的重复等。因而，这不像书面语体那样连贯、完整和有条理，但由于它可以借助语调、语气、手势、面部表情及眼前事物等作为传情达意的手段，因而显得生动、活泼，富于变化。

口语中使用的词语具有形象性和临摹性。例如：

　　脑袋（头颅）　老婆（妻子）　大伙儿（大家）　遛弯儿（散步）　冷不丁（忽然）

口头语体的句子特点是：短小、容易上口，说起来简洁、明快、有力。例如下面一则对话：

　　①甲：哎呀！你不是那谁吗？
　　　乙：你是……
　　　甲：怎么？几年不见，不认识我了？
　　　乙：瞧你说！忘了谁也不能忘了你呀！最近好吗？
　　　甲：什么好不好的！混日子呗！你呢？
　　　乙：还可以。

口头语体的语序非常灵活，经常出现易位现象。例如：

　　②过来，你！
　　③我不去了，不管怎么说。

口头语体的风格自然、平易、亲切。

二　书面语体

书面语体也叫书卷语体，是由口头语体加工而成的。由于大多采用书面表达形式，有较多的思考和推敲的时间，所以书面语体具有严密性、系统性和规范性。书面语体还可以进一步分成以下几类。

（一）文艺语体

文艺语体又称艺术语体。它适用于形象地再现社会生活画面，表现为诗歌、散文、小说、戏剧等言语形式的综合体。其主要特点是言语表达的形象生动性、音乐性、多样性和人物语言的性格化。语言形象性离不开形象思维，形象思维要求用形象的语言表达。实现语言形象化有多种途径。首先，可以采用形象词语，如"柳叶眉、瓜子脸、灯笼裤、蜂窝煤、落汤鸡、光秃秃、唱高调、狗急跳墙"等；其次，准确地使用修饰语，生动形象地描绘出所表达的对象，如"大眼睛、小眼睛、三角眼、红眼睛、鱼泡眼"等；再次，恰当地运用熟语也可以增强语言的形象感。除此之外，成功地运用各种修辞手法也可以收到语言形象化的功效。

（二）公文语体

公文语体又叫事务语体或应用语体，是国家机关、社会团体以及人民群众之间相互处理行政公务所用的一种语体。公文语体包括命令、指令、决定、决议、提示、布告、公告、通告、请示、批复、公函、规章制度、合同、纪要、聘书、请柬、简报等。公文语体以记叙为特征，以实用为目的。因而要求措辞准确、行文简练庄重，并有一定的程式化。所以，它在选词方面，经常使用公文事务专用的词汇，其中有些是古汉语成分，如"提案、欣悉、兹"，等等。公文语体在选句方面，多用短句、完全句，少用长句、省略句和感叹句；在修辞方面，较少使用，甚至不用比喻、拟人等艺术化的修辞方式。

（三）科技语体

科技语体又叫知识语体或理智语体。它是为适应科学技术的交际需要而形成的，是在记述自然、社会及人类思维现象并客观揭示其内在规律的过程中形成的，主要表现为科学专著、学术论文、科学报告、读书笔记，等等。科技语体的功能是准确而系统地叙述自然、社会和思维现象，严密论证这些现象的规律性。科技语体的特殊任务要求它在用词上严格保证精确性。在概括现实现象、揭示概念内涵、论证事物规律时，科技语体要求运用含义精确而单一的专门术语，排斥含义未经精确规定的、多义的日常生活用语。

科技语体术语多，强调语言要概括准确，结构紧密，层次分明，论证严谨，说理清楚。在句式选择上，要求具有完整性和严密性，所以完整句多、省略句少，复句多、单句少。

（四）政论语体

政论语体又叫宣传鼓动语体，主要包括社论、政治评论、宣传、短评、文艺评论、思想杂谈，等等。政论语体的功能是通过对社会政治生活中各类问题的论述，对人民群众起宣传鼓动的作用。语言表达上既有科技语体的逻辑性，又有文艺语体的形象性，言语风格上也有交叉。政论文往往通过充足的论据、严谨的逻辑推理，令人信服，它虽然主要在于说理，但并不排斥感情因素，在注重从理智上启发读者的同时，还注重从感情上打动读者、引起共鸣。

因为政论语体兼有科技语体和文艺语体的特点，所以，它既要运用逻辑思维进行论证，又要运用形象思维进行描写。因此在语言材料的使用上，既要广泛、精密、准确地使用各种科学术语和政治术语，又要适当地运用一些富有描写色彩和抒情色彩的形象化词语。为了使议论说理深入浅出、生动形象，往往大量使用比喻、拟人、夸张、反诘、排比、对偶等修辞方式。在句式选择方面，政论语体大量使用长句和结构复杂的句子，有时也适当采用短句。

思考题

1. 什么是语体？
2. 语体一般有哪几种分类？

本章练习题

1. 请指出下列各语言片段有什么特殊语用意义，这些言外之意是如何产生的
（1）你的老板很不好相处吧？——我们去打球吧。
（2）父亲：这次的期末考试，你考得怎么样？
    小明：不怎么样。题目太难了，而且时间不够用，同学们都这么说。
（3）A：妈妈，我可以看会儿电视吗？
    B：你今天的作业完成了吗？
（4）Husband: Let's get the kids something.
    Wife: But I vote C-H-O-C-O-L-A-T-E.

2. 指出下列句子所用的修辞格
（1）言简意赅，是凝练、厚重；言简意少，却不过是平淡、单薄。
（2）杨嗣信艰难地翻了个身，转脸眺望着窗外。夜空阴云密布，看不见一颗星星。可他那颗跳跃的心却是明亮的。
（3）苏州城里，有不少这样别致的小街小巷：长长的，瘦瘦的，曲曲又弯弯；石子路面，经过夜雾洒过，阵雨洗过，光滑、闪亮。在它的旁边，往往淌着一条小河，同样是长长的，瘦瘦的，曲曲又弯弯。
（4）是云？是雾？是烟？还是沙漠中常见的海市蜃楼的幻影？还是翻译同志眼尖，脱口而叫着："骆驼！骆驼！"
（5）然而，如果拿这点儿成绩和整个共产主义事业比较起来，又到底有多大呢？这对于具有共产主义世界观的人来说，又有什么可以值得骄傲的呢？
（6）悦华瞟了世信一眼，这一眼像香槟酒一般使世信禁不住舔着嘴唇。
（7）修辞学是一门古老而又年轻的科学。
（8）在高原的土地上种下一株株的树秧，也就是种下了一个美好的希望。
（9）春分刚刚过去，清明即将到来。……这是革命的春天，这是人民的春天，这是科学的春天。
（10）生命，对有些人十分慷慨，但只是在消耗；对另外一些人却十分悭吝，不知道多给他们一分钟，他们就会对人类做出多么大的贡献啊！

（11）沙漠竟已狂虐到了这样地步，它正无情地吞噬着一座孤立的大山！

（12）谁料想，来了支貌不惊人的探险队。人生地疏，装备简陋，给养不足，疲惫不堪……浅绿色的运动衫上印着：中国。啊，中国要过虎跳峡！

（13）桃花听得入神，禁不住落了几点粉泪，一片一片凝在地上，小草花听得大醉，也和着声音的节拍，一会儿倒，一会儿起，没有镇定的时候。

（14）小飞蛾抬头看着他的脸，看见他的眼睛要吃人，吓得她马上没有答上话来。

3. 比较下面的各组句子在表达上有什么不同

甲组：① 山愈聚愈多，渐渐暮霭低垂了，渐渐进入黄昏了，红绿灯渐次闪光，而苍翠的山峦模糊为一片灰色。

② 山愈聚愈多，暮霭低垂了，进入黄昏了，红绿灯闪着光，而苍翠的山峦模糊为一片灰色。

乙组：① 那时候，天气还很冷，潍河里还在流着冰水，平原上整天价在刮着老黄风。

② 那时候，天气还很冷，潍河里还在流着冰水，平原上整天价在刮着扬天揭地的老黄风。

4. 分析下列各句中的比喻，说明各是哪种类型，它们的修辞效果如何

（1）人需要真理，就像庄稼需要阳光、雨露才能生长、开花、结果一样。

（2）波浪"哗哗啦啦"有节奏地拍打着船舷，溅起千百朵璀璨的水花，恰似撒下一把晶莹的珍珠。

（3）生命如果是树，那么，理想是根，勤奋是叶，毅力是干，成功是果。

（4）树影再长也离不开树根，雁飞再远也忘不了故乡，人走天边也怀念祖国。

（5）再往下走几十级，瀑布就在我们上头，要抬头看了。这时候看见一幅奇景，好像天蒙蒙亮的辰光正下急雨，千万支银箭直射而下，天边还留着几点残星。

5. 形式上带有"像、好像、同、如同"一类词的，有的是明喻，有的不是。是与不是的根据是什么？举例说明

6. 就下面两句进行比较，说明比喻和比拟的区别在哪里

（1）满天的阳光下，一川的翡翠雕刻似的大瓜，一个个大如斗。

（2）沙家店一战，把敌人打得晕头转向，一败涂地，再也不敢恋战，只有夹着尾巴冒死南逃了。

7. 从综合运用的角度分析下列句子的辞格

（1）那黄河和汶河又恰似两条飘舞的彩绸，正有两只看不见的大手在耍着；那连绵不断的大小山岭，却又像许多龙灯一齐滚舞。——整个山河都在欢腾着啊！

（2）书山有路勤为径，学海无涯苦作舟。

（3）由谁来教育文艺工作者，给他们以营养呢？马克思主义的回答只能是：人民。人民是文艺工作者的母亲。

（4）这种感情像红松那样，根深蒂固，狂风吹不动，暴雨浸不败，千秋万载永不凋谢。

（5）在古老的年代，玛瑙河对岸是一片森林，森林边上的村落里，有一个名叫米拉尕黑的年轻人，他是一个出色的猎手。论力气，米拉尕黑能和黑熊摔跤。论人才，米拉尕黑像天神一般英俊。论性情，米拉尕黑像一个温柔的少女。

（6）东方白，月儿落，车轮滚动地哆嗦。长鞭甩碎空中雾，一车粪肥一车歌。

（7）好！黄山松，我大声为你叫好！
谁有你挺得硬，扎得稳，站得高！
九万里雷霆，八千里风暴，
劈不歪，砍不动，轰不倒！

8. 改正下列各句中所用辞格的错误，并说明理由

（1）这歌声似一盏灯把我的红心照亮。

（2）登山远望，对岸的一方池一方池的稻田，好像天上的繁星一样。

（3）收割那天，我们拿着镰刀，走向田野，金黄的稻子吓得浑身发抖，低头求饶，好像在说，别割我，别割我！啊，我痛死了！

（4）人群欢跃，泥土也从地下伸出头来向着人们微笑。

（5）晨踏白霜，晚披红绸。

（6）一个南瓜如地球，结在五岳山上头。把它架到大西洋，世界又多一个洲。

（7）大家决心学雷锋人，走雷锋路，接雷锋枪，使雷锋精神不断发扬光大。

9. 比较下面两个例子，说明文艺语体、科技语体的主要特点

（1）三株名松都在这里。"卧龙松"与"抱塔松"同是偃仆的姿势，身躯奇伟，鳞甲苍然，有飞动之意。"九龙松"老干槎枒，如张牙舞爪一般。若在月光底下，森森然的松影当更有可看。此地最宜低徊流连，不是匆匆一览所可领略。（朱自清《潭柘寺 戒坛寺》）

（2）细菌有三种主要形态：球形（球菌）、杆形（杆菌）及螺旋形（螺旋菌）。但在这三类之间，还有许多不显著的过渡形态。细菌的形体虽然如此之小，但各类细菌间，其体积的差别很大。最小的杆菌，长约 0.5 微米，宽约 0.2 微米；一般杆菌为 2×0.5 微米。（李杨汉《植物学·细菌》）

附 录

附录一　汉语拼音方案

（1957年11月1日国务院全体会议第60次会议通过）
（1958年2月11日第一届全国人民代表大会第五次会议批准）

一　字母表

字母名称	Aa ㄚ	Bb ㄅㄝ	Cc ㄘㄝ	Dd ㄉㄝ	Ee ㄜ	Ff ㄝㄈ	Gg ㄍㄝ
	Hh ㄏㄚ	Ii ㄧ	Jj ㄐㄧㄝ	Kk ㄎㄝ	Ll ㄝㄌ	Mm ㄝㄇ	Nn ㄋㄝ
	Oo ㄛ	Pp ㄆㄝ	Qq ㄑㄧㄡ	Rr ㄚㄦ	Ss ㄝㄙ	Tt ㄊㄝ	
	Uu ㄨ	Vv ㄍㄝ	Ww ㄨㄚ	Xx ㄒㄧ	Yy ㄧㄚ	Zz ㄗㄝ	

v只用来拼写外来语、少数民族语言和方言。

字母的手写体依照拉丁字母的一般书写习惯。

二　声母表

b ㄅ玻	p ㄆ坡	m ㄇ摸	f ㄈ佛	d ㄉ得	t ㄊ特	n ㄋ讷	l ㄌ勒
g ㄍ哥	k ㄎ科	h ㄏ喝		j ㄐ基	q ㄑ欺	x ㄒ希	
zh ㄓ知	ch ㄔ蚩	sh ㄕ诗	r ㄖ日	z ㄗ资	c ㄘ雌	s ㄙ思	

在给汉字注音的时候，为了使拼式简短，zh、ch、sh可以省作ẑ、ĉ、ŝ。

三　韵母表

	i ㄧ 衣	u ㄨ 乌	ü ㄩ 迂
a ㄚ 啊	ia ㄧㄚ 呀	ua ㄨㄚ 蛙	

（续表）

o ㄛ 喔		uo ㄨㄛ 窝	
e ㄜ 鹅	ie 丨ㄝ 耶		üe ㄩㄝ 约
ai ㄞ 哀		uai ㄨㄞ 歪	
ei ㄟ 欸		uei ㄨㄟ 威	
ao ㄠ 熬	iao 丨ㄠ 腰		
ou ㄡ 欧	iou 丨ㄡ 忧		
an ㄢ 安	ian 丨ㄢ 烟	uan ㄨㄢ 弯	üan ㄩㄢ 冤
en ㄣ 恩	in 丨ㄣ 因	uen ㄨㄣ 温	ün ㄩㄣ 晕
ang ㄤ 昂	iang 丨ㄤ 央	uang ㄨㄤ 汪	
eng ㄥ 亨的韵母	ing 丨ㄥ 英	ueng ㄨㄥ 翁	
ong （ㄨㄥ）轰的韵母	iong ㄩㄥ 雍		

（1）"知、蚩、诗、日、资、雌、思"等七个音节的韵母用 i，即：知、蚩、诗、日、资、雌、思等字拼作 zhi、chi、shi、ri、zi、ci、si。

（2）韵母儿写成 er，用作韵尾的时候写成 r。如"儿童"拼作 ertong，"花儿"拼作 huar。

（3）韵母ㄝ单用的时候写成 ê。

（4）i 行的韵母，前面没有声母的时候，写成 yi（衣）、ya（呀）、ye（耶）、yao（腰）、you（忧）、yan（烟）、yin（因）、yang（央）、ying（英）、yong（雍）。

u 行的韵母，前面没有声母的时候，写成 wu（乌）、wa（蛙）、wo（窝）、wai（歪）、wei（威）、wan（弯）、wen（温）、wang（汪）、weng（翁）。

ü 行的韵母，前面没有声母的时候，写成 yu（迂）、yue（约）、yuan（冤）、yun（晕），ü 上两点省略。

ü 行的韵母跟声母 j、q、x 拼的时候，写成 ju（居）、qu（区）、xu（虚），ü 上两点也省略；但是跟声母 n、l 拼的时候，仍然写成 nü（女）、lü（吕）。

（5）iou、uei、uen 前面加声母的时候，写成 iu、ui、un，如 niu（牛）、gui（归）、lun（论）。

（6）在给汉字注音的时候，为了使拼式简短，ng 可以省作 ŋ。

四 声调符号

阴平	阳平	上声	去声
ˉ	ˊ	ˇ	ˋ

声调符号标在音节的主要母音上，轻声不标。例如：

妈 mā	麻 má	马 mǎ	骂 mà	吗 ma
（阴平）	（阳平）	（上声）	（去声）	（轻声）

五　隔音符号

a、o、e 开头的音节连接在其他音节后面的时候，如果音节的界限发生混淆，用隔音符号（'）隔开，例如：pi'ao（皮袄）。

附录二　国际音标简表

一　辅音表

发音方法			双唇（上唇下唇）	唇齿（上齿下唇）	舌尖前（舌尖齿背）	舌尖中（舌尖上齿龈）	舌尖后（舌尖硬腭前）	舌叶	舌面前（舌面前硬腭中）	舌面中（舌面中硬腭）	舌面后（舌面后软腭）	喉
塞音	清	不送气	p			t				c	k	ʔ
		送气	p'			t'				c'	k'	ʔ'
	浊		b			d					g	
塞擦音	清	不送气		pf	ts		tʂ	tʃ	tɕ			
		送气		pf'	ts'		tʂ'	tʃ'	tɕ'			
	浊				dz		dʐ	dʒ	dʑ			
鼻音	浊		m	ɱ		n	ɳ		ɲ		ŋ	
闪音	浊					ɾ	ɽ					
边音	浊					l						
擦音	清		ɸ	f	s		ʂ	ʃ	ɕ	ç	x	h
	浊		β	v	z		ʐ	ʒ	ʑ	ʝ	ɣ	ɦ
半元音	浊		w ɥ	ʋ					j(ɥ)	ɰ(w)		

二　元音表

类别			舌尖元音				舌面元音					
			前		后		前		央		后	
舌位	舌位 唇形 口腔		不圆	圆	不圆	圆	不圆	圆	不圆	自然	圆	不圆	圆
高	最高	闭	ɿ	ʮ	ʅ	ʯ	i	y			ɯ	u
	次高						ɪ					ʊ
中	高中	半闭					e	ø			ɤ	o
	正中				ɘ				ə			
	低中	半开					ɛ	œ	ɜ		ʌ	ɔ
低	次低						æ		ɐ			
	最低	开					a		ɐ		ɑ	ɒ

附录三 声母辨音字表

一 n、l 声母偏旁类推字表

(一) n 声母偏旁类推字表

偏旁	类推字
那	nǎ 哪；nà 那；nuó 挪，娜
乃	nǎi 乃，奶
奈	nài 奈；nà 捺
南	nán 南，喃，楠；nǎn 蝻
脑	nǎo 恼，瑙，脑
内	nèi 内；nè 讷；nà 呐，衲，钠
尼	ní 尼，泥，呢
倪	ní 倪，霓
念	niǎn 捻；niàn 念

偏旁	类推字
捏	niē 捏；niè 涅
聂	niè 聂，蹑
宁	níng 宁，拧，咛，狞，柠；nìng 宁（~可），泞
纽	niū 妞；niǔ 扭，纽，钮
农	nóng 农，浓，脓
奴	nú 奴，孥，驽；nǔ 努；nù 怒
诺	nuò 诺；nì 匿
懦	nuò 懦，糯
虐	nüè 虐，疟

(二) l 声母偏旁类推字表

偏旁	类推字
剌	lǎ 喇；là 剌，辣，瘌
腊	là 腊，蜡；liè 猎
赖	lài 赖，癞，籁；lǎn 懒
兰	lán 兰，拦，栏；làn 烂
蓝	lán 蓝，篮；làn 滥
览	lǎn 览，揽，缆，榄
劳	lāo 捞；láo 劳，痨；lào 涝
乐	lè 乐；lì 砾
雷	léi 雷，擂，镭；lěi 蕾
垒	lěi 垒
累	lèi 累；luó 骡，螺
里	lí 厘，狸；lǐ 里，理，鲤；liàng 量
利	lí 梨，犁；lì 利，俐，痢
离	lí 离，篱；li 璃
立	lì 立，粒，笠；lā 拉，垃，啦
厉	lì 厉，励
力	lì 力，荔；liè 劣；lèi 肋；le 勒
历	lì 历，沥

偏旁	类推字
连	lián 连，莲；liàn 链
廉	lián 廉，濂，镰
脸	liǎn 敛，脸；liàn 殓
炼	liàn 炼，练
恋	liàn 恋；luán 孪，鸾，滦
良	liáng 良，粮；láng 郎，廊，狼，榔，螂；lǎng 朗；làng 浪
梁	liáng 梁，粱
凉	liáng 凉；liàng 谅，晾；lüè 掠
两	liǎng 两，俩（伎~）；liàng 辆；liǎ 俩
列	liě 咧；liè 列，裂，烈；lì 例
林	lín 林，淋，琳，霖；lán 婪
鳞	lín 嶙，璘，磷，鳞，麟
令	líng 伶，玲，铃，羚，聆，龄；lǐng 岭，领；lìng 令；lěng 冷；lín 邻；lián 怜
菱	líng 凌，陵，菱；léng 棱
留	liū 溜；liú 留，馏，榴，瘤
流	liú 流，琉，硫
柳	liǔ 柳；liáo 聊

偏旁	类推字
龙	lóng 龙，咙，聋，笼；lǒng 陇，垄，拢
隆	lóng 隆，窿，癃
娄	lóu 娄，喽，楼；lǒu 搂，篓；lǚ 缕，屡
鲁	lǔ 鲁，橹
录	lù 录，禄，碌；lǜ 绿，氯
鹿	lù 鹿，辘
路	lù 路，鹭，露

偏旁	类推字
戮	lù 戮；liáo 寥；liǎo 蓼；liào 廖
仑	lūn 抡；lún 仑，伦，沦，囵，轮；lùn 论
罗	luó 罗，逻，萝，锣，箩，啰
洛	luò 洛，落，络，骆；lào 烙，酪；lüè 略
吕	lǚ 吕，侣，铝
虑	lǜ 虑，滤

二 zh、ch、sh 与 z、c、s 对照辨音字表

（一）zh 与 z 的辨别

韵母	zh				z			
	阴平	阳平	上声	去声	阴平	阳平	上声	去声
a	扎驻~渣	闸铡扎挣~ 札信~	眨	乍诈炸栅榨蚱	扎包~匝		杂砸	
e	遮	折哲辙	者	蔗这浙		泽择责则		
u	朱珠猪诸株诛蛛茱	竹烛逐	主煮嘱	住注驻柱蛀贮祝铸筑著箸	租	族足卒		组阻祖
-i	之芝支枝肢知蜘汁只织脂	直值植殖侄执职	止址趾旨指纸只	至致窒志治智质帜挚掷秩置滞制稚痔痣	兹滋孳姿咨资孜龇缁辎		子仔籽梓滓紫	字自恣渍
ai	摘斋	宅	窄	债寨	灾哉栽		宰载记~	在再载~重
ei						贼		
ao	昭招朝	着	找爪沼	召照赵兆罩	糟遭	凿	早澡枣	造皂灶躁燥
ou	州洲周舟粥	轴妯	肘帚	皱骤咒昼宙绉	邹		走	奏揍
ua	抓		爪					
uo	桌捉拙	卓着灼浊酌啄镯琢			作~坊	昨琢~磨	左佐	做作坐座柞怍
uai			跩	拽				
ui	追锥			缀坠赘			嘴	最醉罪
an	沾粘毡		盏展斩	占战站栈绽蘸	簪	咱	攒	暂赞

（续表）

韵母	zh				z			
	阴平	阳平	上声	去声	阴平	阳平	上声	去声
en	真珍贞桢侦帧臻		诊疹枕缜	振震阵镇			怎	
ang	张章彰樟		长涨掌	丈仗杖帐障瘴涨嶂	脏_肮~脏			葬藏脏_肝~
eng	征争睁挣蒸铮峥狰筝		整拯	正证政症郑				
ong	中钟盅忠衷终		种~子肿冢 重种~植众仲	中~风	宗综棕踪鬃		总	纵粽
uan	专砖		转	转~动赚撰传篆	钻		纂	钻~石
un	谆		准		尊遵樽鳟			
uang	庄桩装妆			状壮撞幢戆				

（二）ch与c的辨别

韵母	ch				c			
	阴平	阳平	上声	去声	阴平	阳平	上声	去声
a	叉杈插差~别	茶搽查察	镲	岔诧差~劲	擦嚓			
e	车		扯	彻撤掣				册测侧策厕恻
u	出初	除厨橱锄蹰刍雏	楚储础杵褚处~理	处~到~触畜矗怵憷	粗			促醋簇蹴猝卒~中
-i	吃痴嗤	迟持池驰篪	尺齿耻侈豉	赤翅斥炽叱	疵差~参~	雌词辞磁瓷慈祠糍茨	此	次伺刺赐
ai	拆差_出~钗	柴豺			猜	才财材裁	采彩踩睬	菜蔡
ao	抄钞超	朝潮嘲巢	吵炒		操糙	曹嘈槽漕	草	
ou	抽	仇愁筹稠酬绸畴踌	瞅丑	臭				凑
uo	戳踔			绰~号啜辍惙踔	搓撮蹉磋			措错挫锉
uai	揣~手儿		揣~测	踹				
ui	吹炊	垂锤捶槌			崔催摧		璀	翠脆粹萃瘁悴淬

韵母	ch				c			
	阴平	阳平	上声	去声	阴平	阳平	上声	去声
an	掺搀	缠馋禅潺蝉谗蟾	产铲阐	忏颤	参餐	蚕残惭	惨	灿璨
en	琛賝	陈臣辰晨尘沉忱宸		称~职趁衬	参~差	岑		
ang	昌猖娼伥	常长尝偿肠场~院嫦	厂场敞昶氅	唱畅倡伥	仓苍沧舱	藏		
eng	称撑	成诚城呈程乘承橙惩澄盛~水	逞骋	秤		曾层		蹭
ong	冲充春	重虫崇	宠	冲~劲儿	匆葱聪囱	从丛淙		
uan	川穿	船传椽	喘舛	串钏	蹿撺	攒		窜篡
un	春椿	唇纯淳醇	蠢		村皴	存	忖	寸
uang	窗疮创~伤	床	闯	创~造				

（三）sh与s的辨别

韵母	sh				s			
	阴平	阳平	上声	去声	阴平	阳平	上声	去声
a	沙纱砂莎杀鲨裟痧	啥	傻	厦煞~白雾	撒~娇仨		洒撒~播	卅萨飒
e	奢赊	舌蛇	舍~弃	社摄设射慑赦麝涉				色瑟涩塞啬
u	书梳疏蔬殊叔淑输抒舒枢纾	孰熟赎	暑署薯曙鼠数属蜀黍	术述树数恕漱竖束	苏稣酥	俗		素塑诉肃粟宿速夙溯
-i	施师尸失狮诗湿虱	十什时拾石实识食蚀	使史始屎矢驶	是式事世势誓逝市示视室适饰士仕氏试弑侍拭柿释恃嗜	司思丝私厮撕斯		死	四寺似肆饲巳嗣祀
ai	筛			晒	腮鳃塞			赛塞要~
ao	烧稍梢捎艄	勺芍杓韶	少~量	少~女哨绍邵	骚搔臊~气		嫂扫~除	扫~帚臊害~
ou	收	熟	手首守	受授寿售兽瘦狩	搜艘馊嗖飕溲		叟擞	嗽
ua	刷			耍				

韵母	sh				s			
	阴平	阳平	上声	去声	阴平	阳平	上声	去声
uo	说			硕烁朔	缩梭唆姿襄嗦		所锁索琐	
uai	摔衰		甩	帅率蟀				
ui		谁	水	睡税	虽尿~脬	绥随隋	髓	岁碎穗隧遂祟邃燧
an	山删衫珊煽姗衫栅跚		闪陕	扇善擅膳缮赡蟮	三叁		伞散~文	散~分
en	申伸呻身深参人~绅	神	审沈婶	慎肾甚渗	森			
ang	伤商墒殇筋		晌垧赏上~声	上~学尚	桑丧~事		嗓	丧
eng	声生升笙甥牲	绳	省	圣胜盛剩	僧			
ong					松嵩		怂耸悚	送宋颂诵讼
uan	栓拴			涮	酸			算蒜
un			吮	顺瞬舜	孙		笋损隼榫	
uang	双霜孀		爽					

三　f与h对照辨音字表

韵母	f				韵母	h			
	阴平	阳平	上声	去声		阴平	阳平	上声	去声
a	发~财	伐罚阀乏筏	法砝	发头~	ua	花哗	华铧骅滑划~船		化画话划~分桦
o		佛			uo	豁	活	火伙	祸货或获霍惑
u	夫	扶芙福服幅俘符伏浮	府俯腐斧釜甫抚辅腑	父附富付复负腹赴妇赋缚副咐覆驸	u	呼乎忽惚	胡湖糊蝴狐弧斛葫囫壶瑚	虎唬琥浒	户护沪互扈
					uai		怀淮槐徊		坏
ei	飞非绯啡菲芳~	肥淝	诽斐悱匪菲~菲	废费肺沸吠痱	ui	灰恢挥辉徽晖诙麾	回蛔茴	悔毁	会绘讳彗惠汇秽卉贿

（续表）

韵母	f				韵母	h			
	阴平	阳平	上声	去声		阴平	阳平	上声	去声
an	番翻帆幡藩	凡繁烦樊矾蹯	反返	饭贩范犯泛	uan	欢獾	还环寰	缓	换唤涣患幻宦
en	分芬吩纷氛酚	坟焚	粉	愤奋粪份忿	un	昏婚荤	浑~身魂馄混~蛋		混~乱诨
ang	方芳坊	房防妨肪	仿访纺	放	uang	慌荒肓	黄皇煌簧凰璜蝗惶徨	恍晃~眼谎幌	晃~荡滉
eng	风枫封峰疯锋蜂丰	冯逢缝	讽	凤奉缝裂~	ong	烘轰哄~抬	红洪鸿弘泓虹宏	哄~骗	讧哄起~

附录四　韵母辨音字表

一　en 与 eng 对照辨音字表

声母	en				eng			
	阴平	阳平	上声	去声	阴平	阳平	上声	去声
ø	恩			摁	鞥			
b	奔贲		本苯	笨	崩绷~带	甭	绷~脸	迸泵蹦
p	喷~泉	盆		喷~香	烹抨砰怦	朋彭棚蓬鹏篷硼澎膨	捧	碰椪
m	闷~热	门们扪		闷~烟焖	蒙~骗	萌蒙~混朦盟檬虻曚	猛锰蜢艋蒙~古	梦孟
f	分芬吩纷氛酚	坟焚汾	粉	分份愤奋粪忿	风枫封峰疯锋蜂丰沣	逢缝冯	讽	凤奉缝裂~
d				扽	灯登蹬~三轮儿		等	邓凳蹬蹭~瞪镫
t					疼腾藤滕誊			
n				嫩		能		
l					棱楞		冷	愣
g	跟根	哏	艮~发	艮~卦亘	更变~庚耕羹赓		耿哽梗鲠埂	更~加
k			肯啃恳垦	裉	坑铿吭			
h		痕	很狠	恨	亨哼	横~竖衡恒		横蛮~

(续表)

声母	en				eng			
	阴平	阳平	上声	去声	阴平	阳平	上声	去声
zh	真珍贞桢侦帧臻斟针		诊疹枕缜	振赈震阵镇	争睁征挣蒸铮峥狰筝		整拯	正证郑症政证
ch	嗔琛	陈臣辰晨尘沉忱宸		称~职趁衬	称撑	成程城呈乘诚承橙惩澄盛~水	逞骋	秤
sh	身深申伸呻参娠绅莘	神	沈审婶	慎肾甚渗蜃葚	声生升笙甥牲	绳	省	圣胜盛剩
r		人仁壬	忍荏	任认刃韧妊衽轫纫饪	扔	仍		
z			怎		曾增憎缯			赠
c	参~差	岑			噌	曾~经层嶒		蹭
s	森				僧			

二　in与ing对照辨音字表

声母	in				ing			
	阴平	阳平	上声	去声	阴平	阳平	上声	去声
ø	音因姻殷阴荫树~茵洇氤	银吟淫寅鄞龈垠	引隐饮瘾尹蚓	印荫~庇	应~该英樱婴嘤莺瑛缨膺鹦鹰璎罂媖锳	迎萤营盈荧萦赢蝇	颖影	硬映应~酬
b	宾彬斌滨缤濒槟~子			摈殡鬓	兵冰槟~榔		丙饼柄秉禀炳	病并
p	拼	贫频嫔	品	聘	乒	平评凭萍瓶屏坪苹枰		
m		民旻岷	皿闽闵泯敏抿		名明铭鸣冥茗溟瞑瞑螟		酩	命
d					丁叮钉盯仃疔		顶鼎	定锭腚碇订
t					听厅汀	停亭婷廷庭霆蜓	挺艇梃铤	
n		您			宁~静柠咛狞凝		拧	泞宁~青佞

（续表）

声母	in				ing			
	阴平	阳平	上声	去声	阴平	阳平	上声	去声
l		林琳淋霖邻鳞粼磷麟嶙辚潾遴	凛廪檩	吝赁躏		灵玲零聆铃凌龄伶翎羚苓菱陵绫鲮泠瓴蛉	岭领	另令
j	今金巾斤津襟筋矜衿		紧锦仅谨瑾槿馑	尽进近劲晋浸禁觐妗烬缙靳	京惊经晶精菁鲸荆睛旌泾茎兢粳		景井颈警儆	敬静净径劲痉竞竟靖境镜胫
q	亲侵钦衾	琴勤秦禽擒芹芩噙	寝	沁揿	青轻清倾氢卿蜻	晴情擎	请顷	庆馨亲~家
x	新心辛鑫馨欣芯锌薪昕忻炘			信衅	星猩腥惺兴~旺	形行刑型邢	醒省~悟	幸姓性杏兴高~

三　（零声母）uen与ueng对照辨音字表

声母	uen				ueng			
	阴平	阳平	上声	去声	阴平	阳平	上声	去声
ø	温瘟	文闻纹雯蚊玟	吻稳紊刎	问汶璺	翁嗡			瓮蕹

四　uen (un)与ong对照辨音字表

声母	uen (un)				ong			
	阴平	阳平	上声	去声	阴平	阳平	上声	去声
d	吨敦蹲墩		盹趸	盾遁顿炖钝囤	东冬		董懂	洞动冻栋恫侗
t	吞	屯臀豚囤~积		褪	通	同铜童桐瞳潼	筒桶捅统	痛
l	抡	仑纶沦轮伦		论		龙笼~子聋隆珑胧窿咙	垄拢陇笼~统	弄~堂
g			滚辊	棍	工攻公供~应功宫弓躬恭蚣觥		拱巩汞	共贡供~奉
k	昆坤		捆	困	空~气		孔恐	控空~白

（续表）

声母	uen (un)				ong			
	阴平	阳平	上声	去声	阴平	阳平	上声	去声
h	昏婚荤	魂浑		混	哄~抬烘轰	红洪鸿弘泓宏虹	哄~骗	哄起~讧
zh	谆		准		中钟终忠衷盅		种~子肿冢	重种~植 众仲中~风
ch	春椿	唇纯淳醇	蠢		冲充舂	虫重崇	宠	冲~劲儿
sh			吮	顺瞬舜				
r				润闰		荣容融溶绒蓉熔榕戎茸嵘	冗	
z	尊遵樽鳟				宗综踪棕鬃		总	粽纵
c	村皴	存	忖	寸	匆葱聪囱	从丛淙		
s	孙		损笋隼榫		松嵩		怂耸悚	宋送颂诵讼

五　ün与iong对照辨音字表

声母	ün				iong			
	阴平	阳平	上声	去声	阴平	阳平	上声	去声
ø	晕头~	云匀芸	允陨殒	运熨孕蕴韵酝晕~车	拥佣雇~庸		永咏泳勇涌踊蛹	用佣~金
j	军君均菌细~钧			俊郡骏峻竣菌~子			窘炯迥泂	
q		群裙				穷琼茕		
x	熏勋	寻旬询循巡		训讯迅汛殉逊驯	兄凶匈汹胸	雄熊		

附录五　普通话声韵配合音节表

声母\韵母	开口呼														齐齿呼					
	-i	a	o	e	ê	ai	ei	ao	ou	an	en	ang	eng	er	i	ia	ie	iao	iu	ian
b		ba 巴	bo 玻			bai 白	bei 杯	bao 包		ban 般	ben 奔	bang 帮	beng 崩		bi 逼		bie 别	biao 标		bian 边
p		pa 趴	po 坡			pai 拍	pei 胚	pao 抛	pou 剖	pan 潘	pen 喷	pang 旁	peng 烹		pi 批		pie 撇	piao 飘		pian 篇
m		ma 妈	mo 摸	me 么		mai 埋	mei 眉	mao 猫	mou 谋	man 蛮	men 闷	mang 忙	meng 盟		mi 迷		mie 灭	miao 苗	miu 谬	mian 棉
f		fa 发	fo 佛				fei 飞		fou 否	fan 翻	fen 分	fang 方	feng 风							
d		da 搭		de 得		dai 呆	dei 得	dao 刀	dou 兜	dan 单	den 扽	dang 当	deng 登		di 低		die 爹	diao 雕	diu 丢	dian 颠
t		ta 他		te 特		tai 胎	tei 忒	tao 滔	tou 偷	tan 摊		tang 汤	teng 疼		ti 梯		tie 贴	tiao 挑		tian 天
n		na 拿		ne 讷		nai 奶	nei 内	nao 恼	nou 耨	nan 南	nen 嫩	nang 囊	neng 能		ni 泥		nie 捏	niao 鸟	niu 妞	nian 年
l		la 拉		le 勒		lai 来	lei 雷	lao 劳	lou 楼	lan 兰		lang 郎	leng 冷		li 利	lia 俩	lie 列	liao 了	liu 流	lian 连
g		ga 嘎	ge 哥			gai 该	gei 给	gao 高	gou 沟	gan 干	gen 根	gang 刚	geng 更							
k		ka 咖	ke 科			kai 开	kei 剋	kao 考	kou 口	kan 看	ken 肯	kang 康	keng 坑							
h		ha 哈	he 喝			hai 海	hei 黑	hao 好	hou 猴	han 寒	hen 痕	hang 杭	heng 哼							
j															ji 基	jia 家	jie 街	jiao 交	jiu 究	jian 坚
q															qi 欺	qia 恰	qie 切	qiao 敲	qiu 秋	qian 千
x															xi 希	xia 瞎	xie 些	xiao 消	xiu 休	xian 先
zh	zhi 知	zha 渣		zhe 遮		zhai 窄	zhei 这	zhao 招	zhou 周	zhan 毡	zhen 真	zhang 张	zheng 争							
ch	chi 吃	cha 插		che 车		chai 拆		chao 超	chou 抽	chan 搀	chen 陈	chang 昌	cheng 称							
sh	shi 诗	sha 沙		she 奢		shai 筛	shei 谁	shao 烧	shou 收	shan 山	shen 伸	shang 伤	sheng 生							
r	ri 日			re 热				rao 绕	rou 柔	ran 然	ren 人	rang 让	reng 扔							
z	zi 资	za 杂		ze 则		zai 灾	zei 贼	zao 遭	zou 邹	zan 咱	zen 怎	zang 脏	zeng 增							
c	ci 雌	ca 擦		ce 策		cai 猜		cao 曹	cou 凑	can 参	cen 岑	cang 仓	ceng 层							
s	si 私	sa 撒		se 色		sai 腮		sao 搔	sou 搜	san 三	sen 森	sang 桑	seng 僧							
ø		a 阿	o 喔	e 鹅	ê 欸	ai 哀	ei 欸	ao 熬	ou 欧	an 安	en 恩	ang 昂	eng 鞥	er 儿	yi 衣	ya 呀	ye 耶	yao 腰	you 忧	yan 烟

注：表中的汉字没有适当阴平声调可用的，选用其他声调的字。

（续表）

			合口呼										撮口呼				
in	iang	ing	u	ua	uo	uai	ui	uan	un	uang	ueng	ong	ü	üe	üan	ün	iong
bin 滨		bing 冰	bu 不														
pin 拼		ping 乒	pu 铺														
min 民		ming 明	mu 木														
			fu 夫														
		ding 丁	du 都		duo 多		dui 堆	duan 端	dun 蹲			dong 东					
		ting 听	tu 秃		tuo 脱		tui 推	tuan 团	tun 吞			tong 通					
nin 您	niang 娘	ning 宁	nu 奴		nuo 挪			nuan 暖				nong 农	nü 女	nüe 虐			
lin 林	liang 凉	ling 零	lu 炉		luo 锣			luan 滦	lun 轮			long 龙	lü 驴	lüe 略			
			gu 姑	gua 瓜	guo 锅	guai 拐	gui 规	guan 关	gun 滚	guang 光		gong 工					
			ku 枯	kua 夸	kuo 阔	kuai 快	kui 亏	kuan 宽	kun 昆	kuang 筐		kong 空					
			hu 呼	hua 花	huo 火	huai 怀	hui 灰	huan 欢	hun 婚	huang 荒		hong 轰					
jin 今	jiang 江	jing 京											ju 居	jue 决	juan 捐	jun 军	jiong 窘
qin 亲	qiang 腔	qing 清											qu 区	que 缺	quan 圈	qun 群	qiong 穷
xin 新	xiang 香	xing 兴											xu 虚	xue 靴	xuan 轩	xun 勋	xiong 兄
			zhu 珠	zhua 抓	zhuo 桌	zhuai 拽	zhui 追	zhuan 专	zhun 准	zhuang 庄		zhong 中					
			chu 初	chua 欻	chuo 戳	chuai 搋	chui 吹	chuan 川	chun 春	chuang 窗		chong 充					
			shu 书	shua 刷	shuo 说	shuai 衰	shui 水	shuan 栓	shun 顺	shuang 双							
			ru 如	rua 挼	ruo 若		rui 瑞	ruan 软	run 润			rong 荣					
			zu 租		zuo 昨		zui 最	zuan 钻	zun 尊			zong 宗					
			cu 粗		cuo 错		cui 催	cuan 蹿	cun 村			cong 聪					
			su 苏		suo 索		sui 虽	suan 酸	sun 孙			song 松					
yin 因	yang 央	ying 英	wu 乌	wa 蛙	wo 窝	wai 歪	wei 威	wan 弯	wen 温	wang 汪	weng 翁		yu 迂	yue 约	yuan 冤	yun 晕	yong 用

附录六 《汉语拼音方案的通用键盘表示规范》摘要

《汉语拼音方案》中"ü"类韵母和"ê"、声调符号（阴平"ˉ"、阳平"ˊ"、上声"ˇ"、去声"ˋ"）、隔音符号"'"，在国际通用键盘上没有相应的键位表示。各种汉语拼音输入方法对此采用了五花八门的替代方法，给用户带来了不便，也影响了中文信息处理的发展。为此，国家语委于1999年开始组织制定本规范，于2001年6月1日起实施，现摘要如下：

凡是规定可以省略ü上两点的，在通用键盘上用u表示，例如ju（居）、qu（区）、xu（虚）；不能省略两点的，用v表示，例如nv（女）、lv（吕）。

韵母ê在通用键盘上用E加A组合键位替代表示。

四个声调符号依次用1、2、3、4表示（轻声用5表示），放在该音节字母之后。例如guo2jia1（国家），xiong1di5（兄弟）。

隔音符号"'"，用"'"表示。例如Xi'an（西安）。

附录七 汉语拼音正词法基本规则（摘录）

词语的拼写涉及词汇、语法等许多方面的问题，比较复杂，由国家语委制定，国家质量监督检验检疫总局和国家标准化管理委员会发布的《汉语拼音正词法基本规则》（2012-10-01实施），为此作出了统一的规范，规定了拼写现代汉语的规则。内容包括分词连写规则、人名地名拼写规则、大写规则、标调规则、移行规则、标点符号使用规则等，这些内容可概括为汉语拼音的拼写规范及其书写格式的准则两个方面。这里只摘录其中应用范围最广的部分，详细规则请查阅原件并参见《中国人名汉语拼音字母拼写规则》《中国地名汉语拼音字母拼写规则》《中文书刊名称汉语拼音拼写法》等一系列文件。

（一）词语拼写规则

1. 拼写普通话基本上以词为书写单位。例如：

   rén（人）　　　　　pǎo（跑）　　　　　hěn（很）　　　　　hé（和）
   péngyou（朋友）　　zhòngshì（重视）　　dànshì（但是）
   diànshìjī（电视机）　túshūguǎn（图书馆）

2. 表示一个整体概念的双音节和三音节结构，连写。例如：

   quánguó（全国）　　　　dǎnxiǎo（胆小）
   huánbǎo（环保）　　　　gōngguān（公关）
   chángyòngcí（常用词）　àiniǎozhōu（爱鸟周）
   duìbuqǐ（对不起）　　　chīdexiāo（吃得消）

3. 四音节及四音节以上表示一个整体概念的名称，按词或语节分写，不能按词或语节划分的，全都连写。例如：

   wúfèng gāngguǎn（无缝钢管）　　　　　　huánjìng bǎohù guīhuà（环境保护规划）
   Zhōngguó Shèhuì Kēxuéyuàn（中国社会科学院）　yánjiūshēngyuàn（研究生院）
   yúxīngcǎosù（鱼腥草素）　　　　　　　　gǔshēngwùxuéjiā（古生物学家）

4. 单音节词重叠，连写；双音节词重叠，分写。例如：

   rénrén（人人）　　　　shuōshuo（说说）　　　　gègè（个个）

yánjiū yánjiū（研究研究）　　xuěbái xuěbái（雪白雪白）

重叠并列即AABB式结构，连写。例如：

shuōshuōxiàoxiào（说说笑笑）　　qīngqīngchǔchǔ（清清楚楚）

5. 单音节前附成分（副、总、非、反、超、老、阿、可、无、半等）或单音节后附成分（子、儿、头、性、者、员、家、手、化、们等）与其他词语，连写。例如：

fùbùzhǎng（副部长）　　fēijīnshǔ（非金属）

zǒnggōngchéngshī（总工程师）　　fǎndàndào dǎodàn（反弹道导弹）

fēiyèwù rényuán（非业务人员）　　kēxuéxìng（科学性）

yìshùjiā（艺术家）　　xiàndàihuà（现代化）

chéngwùyuán（乘务员）　　tuōlājīshǒu（拖拉机手）

6. 名词与后面的方位词，分写。例如：

shān shàng（山上）　　shù xià（树下）

mén wài（门外）　　mén wàimian（门外面）

hé li（河里）　　hé lǐmian（河里面）

huǒchē shàngmian（火车上面）　　xuéxiào pángbiān（学校旁边）

Huáng Hé yǐnán（黄河以南）

7. 汉语人名中的姓和名分写，姓在前，名在后。复姓连写。双姓中间加连接号。姓和名的首字母分别大写，双姓两个字首字母都大写。笔名、别名等，按姓名写法处理。例如：

Lǐ Huá（李华）　　Wáng Jiànguó（王建国）

Dōngfāng Shuò（东方朔）　　Zhūgě Kǒngmíng（诸葛孔明）

Zhāng-Wáng Shūfāng（张王淑芳）　　Lǔ Xùn（鲁迅）

Méi Lánfāng（梅兰芳）　　Zhāng Sān（张三）

Wáng Mázi（王麻子）

8. 汉语地名中的专名和通名，分写，每一分写部分的首字母大写。例如：

Běijīng Shì（北京市）　　Héběi Shěng（河北省）

Tài Shān（泰山）　　Dòngtíng Hú（洞庭湖）

Táiwān Hǎixiá（台湾海峡）

专名与通名的附加成分，如是单音节的，与其相关部分连写。例如：

Xīliáo Hé（西辽河）　　Jǐngshān Hòujiē（景山后街）

Cháoyángménnèi Nánxiǎojiē（朝阳门内南小街）

已专名化的地名不再区分专名和通名，各音节连写。例如：

Wángcūn（王村）　　Jiǔxiānqiáo（酒仙桥）

不需区分专名和通名的地名，各音节连写。例如：

Zhōukǒudiàn（周口店）　　Sāntányìnyuè（三潭印月）

9. 非汉语人名、地名的汉字名称，用汉语拼音拼写。例如：

Wūlánfū（乌兰夫，Ulanhu）

Jièchuān Lóngzhījiè（芥川龙之介，Akutogawa Ryunosuke）

Āpèi Āwàngjìnměi（阿沛·阿旺晋美，Ngapoi Ngawang Jigme）

Mǎkèsī（马克思，Marx）　　Wūlǔmùqí（乌鲁木齐，Ürümqi）

Lúndūn（伦敦，London）　　Dōngjīng（东京，Tokyo）

10. 成语通常作为一个语言单位使用,以四字文言语句为主。结构上可以分为两个双音节的,中间加连接号。例如:

fēngpíng-làngjìng(风平浪静)　　àizēng-fēnmíng(爱憎分明)
shuǐdào-qúchéng(水到渠成)　　yángyáng-dàguān(洋洋大观)
píngfēn-qiūsè(平分秋色)　　guāngmíng-lěiluò(光明磊落)
diānsān-dǎosì(颠三倒四)

结构上不能分为两个双音节的,全部连写。例如:

céngchūbùqióng(层出不穷)　　bùyìlèhū(不亦乐乎)
zǒng'éryánzhī(总而言之)　　àimònéngzhù(爱莫能助)
yīyīdàishuǐ(一衣带水)

(二)大写

1. 句子开头的字母和诗歌每行开头的字母大写。(举例略)
2. 专有名词的首字母大写。例如:

Běijīng(北京)　　Chángchéng(长城)
Qīngmíng(清明)

3. 由几个词组成的专有名词,每个词的首字母大写。例如:

Guójì Shūdiàn(国际书店)　　Hépíng Bīnguǎn(和平宾馆)
Guāngmíng Rìbào(光明日报)

4. 专有名词成分与普通名词成分连写在一起,是专有名词或视为专有名词的,首字母大写。例如:

Hànyǔ(汉语)　　Guǎngdōnghuà(广东话)
Tángcháo(唐朝)

专有名词成分与普通名词成分连写在一起,是一般语词或视为一般语词的,首字母小写。例如:

zhōngshānfú(中山服)　　zàngqīngguǒ(藏青果)

(三)标调和移行

1. "一""不"一般标原调,不标变调。例如:

yī tiān(一天)　　yī wǎn(一碗)
bù qù(不去)　　bùzhìyú(不至于)

2. 移行要按音节分开,在没有写完的地方加连接号。音节内部不可拆分。

在语言教学等方面,可根据需要按变调标写。

附录八　普通话水平测试等级标准(试行)

一级

甲等　朗读和自由交谈时,语音标准,词汇、语法正确无误,语调自然,表达流畅。测试总失分率在3%以内。

乙等　朗读和自由交谈时，语音标准，词汇、语法正确无误，语调自然，表达流畅。偶然有字音、字调失误。测试总失分率在8%以内。

二级

甲等　朗读和自由交谈时，声韵调发音基本标准，语调自然，表达流畅。少数难点音（平翘舌音、前后鼻尾音、边鼻音等）有时出现失误。词汇、语法极少有误。测试总失分率在13%以内。

乙等　朗读和自由交谈时，个别调值不准，声韵母发音有不到位现象。难点音（平翘舌音、前后鼻尾音、边鼻音、fu—hu、z—zh—j、送气不送气、i—ü不分、保留浊塞音和浊塞擦音、丢介音、复韵母单音化等）失误较多。方言语调不明显。有使用方言词、方言语法的情况。测试总失分率在20%以内。

三级

甲等　朗读和自由交谈时，声韵调发音失误较多，难点音超出常见范围，声调调值多不准。方言语调较明显。词汇、语法有失误。测试总失分率在30%以内。

乙等　朗读和自由交谈时，声韵调发音失误多，方音特征突出。方言语调明显。词汇、语法失误较多。外地人听其谈话有听不懂的情况。测试总失分率在40%以内。

附录九　普通话水平测试用必读轻声词语表

下表为《普通话水平测试用必读轻声词语表》中不含词缀"子""头"的词语以及重叠词。原表共收词546条，其中"子"尾词206条，"头"尾词21条，重叠词20条。下列300条。

爱人	巴掌	白净	帮手	包袱	包涵	棒槌	本事
比方	扁担	别扭	拨弄	簸箕	补丁	不由得	不在乎
部分	财主	裁缝	苍蝇	差事	柴火	称呼	除了
畜生	窗户	刺猬	凑合	耷拉	答应	打扮	打点
打发	打量	打算	打听	大方	大爷	大夫	耽搁
耽误	道士	灯笼	提防	地道	地方	弟兄	点心
东家	东西	动静	动弹	豆腐	嘟囔	队伍	对付
多么	耳朵	废物	风筝	福气	甘蔗	干事	高粱
膏药	告诉	疙瘩	胳膊	工夫	功夫	姑娘	故事
寡妇	怪物	关系	官司	规矩	闺女	蛤蟆	含糊
行当	合同	和尚	核桃	红火	厚道	狐狸	胡萝卜
胡琴	糊涂	护士	皇上	活泼	火候	伙计	机灵
脊梁	记号	记性	家伙	架势	嫁妆	见识	将就
交情	叫唤	结实	街坊	姐夫	戒指	精神	咳嗽
客气	口袋	窟窿	快活	困难	阔气	喇叭	喇嘛
懒得	老婆	老实	老爷	累赘	篱笆	力气	厉害
利落	利索	痢疾	连累	凉快	粮食	溜达	萝卜
骆驼	麻烦	麻利	马虎	买卖	忙活	冒失	眉毛
媒人	门道	眯缝	迷糊	苗条	名堂	名字	明白

蘑菇	模糊	木匠	那么	难为	脑袋	能耐	你们
念叨	娘家	奴才	女婿	暖和	疟疾	牌楼	盘算
朋友	脾气	屁股	便宜	漂亮	婆家	铺盖	欺负
亲戚	勤快	清楚	亲家	热闹	人家	人们	认识
扫帚	商量	晌午	上司	烧饼	少爷	什么	生意
牲口	师父	师傅	石匠	石榴	时候	实在	拾掇
使唤	世故	似的	事情	收成	收拾	首饰	舒服
舒坦	疏忽	爽快	思量	算计	岁数	他们	它们
她们	特务	挑剔	跳蚤	铁匠	头发	妥当	唾沫
挖苦	晚上	尾巴	委屈	为了	位置	稳当	我们
稀罕	媳妇	喜欢	下巴	吓唬	先生	乡下	相声
消息	小气	笑话	心思	行李	兄弟	休息	秀才
秀气	学生	学问	衙门	哑巴	胭脂	烟筒	眼睛
秧歌	养活	吆喝	妖精	钥匙	衣服	衣裳	意思
应酬	冤枉	月饼	月亮	云彩	运气	在乎	咱们
早上	怎么	扎实	眨巴	栅栏	张罗	丈夫	丈人
帐篷	招呼	招牌	折腾	这个	这么	芝麻	知识
指甲	主意	转悠	庄稼	壮实	状元	字号	自在
祖宗	嘴巴	作坊	琢磨				

附录十　普通话异读词审音表

（1985年12月修订）

说　明

一、本表所审，主要是普通话有异读的词和有异读的作为"语素"的字。不列出多音多义字的全部读音和全部义项，与字典、词典形式不同。例如："和"字有多种义项和读音，而本表仅列出原有异读的八条词语，分别列于hè和huo两种读音之下（有多种读音，较常见的在前。下同）；其余无异读的音、义均不涉及。

二、在字后注明"统读"的，表示此字不论用于任何词语中只读一音（轻声变读不受此限），本表不再举出词例。例如："阀"字注明"fá（统读）"，原表"军阀""学阀""财阀"条和原表所无的"阀门"等词均不再举。

三、在字后不注"统读"的，表示此字有几种读音，本表只审订其中有异读的词语的读音。例如："艾"字本有ài和yì两音，本表只举"自怨自艾"一词，注明此处读yì音；至于ài音及其义项，并无异读，不再赘列。

四、有些字有文白二读，本表以"文"和"语"作注。前者一般用于书面语言，用于复音词和文言成语中，后者多用于口语中的单音词及少数日常生活事物的复音词中。这种情况在必要时各举词语为例。例如："杉"字下注"（一）shān（文）：紫～、红～、水～；（二）shā（语）：～篙、～木"。

五、有些字除附举词例之外，酌加简单说明，以便读者分辨。说明或按具体字义，或按"动作义""名物义"等区分。例如："畜"字下注"（一）chù（名物义）：～力、家～、牲～、幼～；（二）xù（动作义）：～产、～牧、～养"。

六、有些字的几种读音中某音用处较窄，另音用处甚宽，则注"除××（较少的词）念乙音外，其他都念甲音"，以避免列举词条繁而未尽、挂一漏万的缺点。例如："结"字下注"除'～了个果子''开花～果''～巴''～实'念jiē之外，其他都念jié"。

七、由于轻声问题比较复杂，除《初稿》涉及的部分轻声词之外，本表一般不予审订，并删去部分原审的轻声词，例如"麻刀（dao）""容易（yi）"等。

八、本表酌增少量有异读的字或词，作了审订。

九、除因第二、六、七各条说明中所举原因而删略的词条之外，本表又删汰了部分词条。主要原因是：1. 现已无异读（如"队伍""理会"）；2. 罕用词语（如"俵分""仔密"）；3. 方言土音（如"归里包堆〔zuī〕""告送〔song〕"）；4. 不常用的文言词语（如"乌虖""甗甑"）；5. 音变现象（如"胡里八涂〔tū〕""毛毛腾腾〔tēngtēng〕"）；6. 重复累赘（如原表"色"字的有关词语分列达23条之多）。删汰条目不再编入。

十、人名、地名的异读审订，除原表已涉及的少量词条外，留待以后再审。

注：《普通话异读词审音表初稿》审音有变动的，前加*号。

A

阿（一）ā ～訇/～罗汉/～木林/～姨
（二）ē ～谀/～附/～胶/～弥陀佛
挨（一）āi ～个/～近
（二）ái ～打/～说
癌 ái（统读）
霭 ǎi（统读）
蔼 ǎi（统读）
隘 ài（统读）
谙 ān（统读）
埯 ǎn（统读）
昂 áng（统读）
凹 āo（统读）
拗（一）ào ～口
（二）niù 执～/脾气很～
坳 ào（统读）

B

拔 bá（统读）
把 bà 印～子
白 bái（统读）

膀 bǎng 翅～
蚌（一）bàng 蛤～
（二）bèng ～埠
傍 bàng（统读）
磅 bàng 过～
鲍 bāo（统读）
胞 bāo（统读）
薄（一）báo（语）常单用，如"纸很～"。
（二）bó（文）多用于复音词。～弱/稀～/淡～/尖嘴～舌/单～/厚～
堡（一）bǎo 碉～/～垒
（二）bǔ ～子/吴～/瓦窑/柴沟～
（三）pù 十里～
暴（一）bào ～露
（二）pù 一～（曝）十寒
爆 bào（统读）
焙 bèi（统读）
惫 bèi（统读）
背 bèi ～脊/～静

鄙 bǐ（统读）
俾 bǐ（统读）
笔 bǐ（统读）
比 bǐ（统读）
臂（一）bì 手～/～膀
（二）bei 胳～
庇 bì（统读）
髀 bì（统读）
避 bì（统读）
辟 bì 复～
裨 bì ～补/～益
婢 bì（统读）
痹 bì（统读）
壁 bì（统读）
蝙 biān（统读）
遍 biàn（统读）
骠（一）biāo 黄～马
（二）piào ～骑/～勇
傧 bīn（统读）
缤 bīn（统读）
濒 bīn（统读）
殡 bìn（统读）

屏（一）bǐng ～除/～弃/～气/～息
（二）píng ～藩/～风
柄 bǐng（统读）
波 bō（统读）
播 bō（统读）
菠 bō（统读）
剥（一）bō（文）～削
（二）bāo（语）
泊（一）bó 淡～/飘～/停～
（二）pō 湖～/血～
帛 bó（统读）
勃 bó（统读）
钹 bó（统读）
伯（一）bó ～～（bo）/老～
（二）bǎi 大～子（丈夫的哥哥）
箔 bó（统读）
簸（一）bǒ 颠～
（二）bò ～箕
脖 bo 胳～
卜 bo 萝～
醭 bú（统读）
哺 bǔ（统读）
捕 bǔ（统读）
鹁 bǔ（统读）
埠 bù（统读）

C

残 cán（统读）
惭 cán（统读）
灿 càn（统读）
藏（一）cáng 矿～
（二）zàng 宝～
糙 cāo（统读）
嘈 cáo（统读）
蟛 cáo（统读）
厕 cè（统读）
岑 cén（统读）
差（一）chā（文）不～累黍/不～什么/偏～/色～/～别/视～/误～/电势～/一念之～/～池/～错/言～语错/一～二错/阴错阳～/～等/～额/～价/～强人意/～数/～异
（二）chà（语）～不多/～不离/～点儿
（三）cī 参～
猹 chá（统读）
搽 chá（统读）
阐 chǎn（统读）
羼 chàn（统读）
颤（一）chàn ～动/发～
（二）zhàn ～栗（战栗）/打～（打战）
鞯 chàn（统读）
伥 chāng（统读）
场（一）chǎng ～合/～所/冷～/捧～
（二）cháng 外～/圩～/院——～雨
（三）chang 排～
钞 chāo（统读）
巢 cháo（统读）
嘲 cháo ～讽/～骂/～笑
耖 chào（统读）
车（一）chē 安步当～/杯水～薪/闭门造～/螳臂当～
（二）jū（象棋棋子名称）
晨 chén（统读）
称 chèn ～心/～意/～职/对～/相～
撑 chēng（统读）
乘（动作义，念 chéng）包～制/～便/～风破浪/～客/～势/～兴
橙 chéng（统读）
惩 chéng（统读）
澄（一）chéng（文）～清（如"～清混乱""～清问题"）
（二）dèng（语）单用，如"把水～清了"
痴 chī（统读）
吃 chī（统读）
弛 chí（统读）
褫 chǐ（统读）
尺 chǐ ～寸/～头
耻 chǐ（统读）
侈 chǐ（统读）
炽 chì（统读）
舂 chōng（统读）
冲 chòng ～床/～模
臭（一）chòu 遗～万年
（二）xiù 乳～/铜～
储 chǔ（统读）
处 chǔ（动作义）～罚/～分/～决/～理/～女/～置
畜（一）chù（名物义）～力/家～/牲～/幼～
（二）xù（动作义）～产/～牧/～养
触 chù（统读）
搐 chù（统读）
绌 chù（统读）
黜 chù（统读）
闯 chuǎng（统读）
创（一）chuàng 草～/～举/首～/～造/～作
（二）chuāng ～伤/重～
绰（一）chuò ～～有余
（二）chuo 宽～
疵 cī（统读）
雌 cí（统读）
赐 cì（统读）
伺 cì ～候
枞（一）cōng ～树
（二）zōng ～阳〔地名〕
从 cóng（统读）
丛 cóng（统读）
攒 cuán 万头～动/万箭～心

脆 cuì（统读）
撮（一）cuō ～儿/一～儿盐/一～儿匪帮
（二）zuǒ 一～儿毛
措 cuò（统读）

D

搭 dā（统读）
答（一）dá 报～/～复
（二）dā ～理/～应
打 dá 苏～/一～（十二个）
大（一）dà ～夫（古官名）/～王（如"爆破～王、钢铁～王"）
（二）dài ～夫（医生）/～黄/～王（如"山～王"）/～城〔地名〕
呆 dāi（统读）
傣 dǎi（统读）
逮（一）dài（文）如"～捕"
（二）dǎi（语）单用，如"～蚊子""～特务"。
当（一）dāng ～地/～间儿/～年（指过去）/～日（指过去）/～天（指过去）/～时（指过去）/螳臂～车
（二）dàng 一个～俩/安步～车/适～/～年（同一年）/～日（同一时候）/～天（同一天）
档 dàng（统读）
蹈 dǎo（统读）
导 dǎo（统读）
倒（一）dǎo 颠～/颠～是非/颠～黑白/颠三～四/倾箱～箧/排山～海/～板/～嚼/～仓/～嗓/～戈/潦～
（二）dào ～粪（把粪弄碎）
悼 dào（统读）
纛 dào（统读）
凳 dèng（统读）

羝 dī（统读）
氐 dī〔古民族名〕
堤 dī（统读）
提 dī ～防
的 dí ～当/～确
抵 dǐ（统读）
蒂 dì（统读）
缔 dì（统读）
谛 dì（统读）
点 diǎn 打～（收拾、贿赂）
跌 diē（统读）
蝶 dié（统读）
订 dìng（统读）
都（一）dōu ～来了
（二）dū ～市/首～/大～（大多）
堆 duī（统读）
吨 dūn（统读）
盾 dùn（统读）
多 duō（统读）
咄 duō（统读）
掇（一）duō（"拾取、采取"义）
（二）duo 撺～/掂～
裰 duō（统读）
踱 duó（统读）
度 duó 忖～/～德量力

E

婀 ē（统读）

F

伐 fá（统读）
阀 fá（统读）
砝 fǎ（统读）
法 fǎ（统读）
发 fà 理～/脱～/结～
帆 fān（统读）
藩 fān（统读）
梵 fàn（统读）
坊（一）fāng 牌～/～巷
（二）fáng 粉～/磨～/碾～/染～/油～/谷～

妨 fáng（统读）
防 fáng（统读）
肪 fáng（统读）
沸 fèi（统读）
汾 fén（统读）
讽 fěng（统读）
肤 fū（统读）
敷 fū（统读）
俘 fú（统读）
浮 fú（统读）
服 fú ～毒/～药
拂 fú（统读）
辐 fú（统读）
幅 fú（统读）
甫 fǔ（统读）
复 fù（统读）
缚 fù（统读）

G

噶 gá（统读）
冈 gāng（统读）
刚 gāng（统读）
岗 gǎng ～楼/～哨/～子/门～/站～/山～子
港 gǎng（统读）
葛（一）gé ～藤/～布/瓜～
（二）gě〔姓〕（包括单、复姓）
隔 gé（统读）
革 gé ～命/～新/改～
合 gě（一升的十分之一）
给（一）gěi（语）单用
（二）jǐ（文）补～/供～/供～制/～予/配～/自～自足
亘 gèn（统读）
更 gēng 五～/～生
颈 gěng 脖～子
供（一）gōng ～给/提～/～销
（二）gòng 口～/翻～/上～
佝 gōu（统读）

枸 gǒu ～杞

勾 gòu ～当

估（除"～衣"读gù外，都读gū）

骨（除"～碌""～朵"读gū外，都读gǔ）

谷 gǔ ～雨

锢 gù（统读）

冠（一）guān（名物义）～心病

（二）guàn（动作义）沐猴而～／～军

犷 guǎng（统读）

诡 guǐ（统读）

桧（一）guì（树名）

（二）huì（人名）秦～

刽 guì（统读）

聒 guō（统读）

蝈 guō（统读）

过（除姓氏读guō外，都读guò）

H

虾 há ～蟆

哈（一）hǎ ～达

（二）hà ～什蚂

汗 hán 可～

巷 hàng ～道

号 háo 寒～虫

和（一）hè 唱～／附～／曲高～寡

（二）huo 搀～／搅～／暖～／热～／软～

貉（一）hé（文）一丘之～

（二）háo（语）～绒／～子

壑 hè（统读）

褐 hè（统读）

喝 hè ～采／～道／～令／～止／呼幺～六

鹤 hè（统读）

黑 hēi（统读）

亨 hēng（统读）

横（一）héng ～肉／～行霸道

（二）hèng 蛮～／～财

訇 hōng（统读）

虹（一）hóng（文）～彩／～吸

（二）jiàng（语）单说。

讧 hòng（统读）

囫 hú（统读）

瑚 hú（统读）

蝴 hú（统读）

桦 huà（统读）

徊 huái（统读）

踝 huái（统读）

浣 huàn（统读）

黄 huáng（统读）

荒 huang 饥～（指经济困难）

诲 huì（统读）

贿 huì（统读）

会 huì 一～儿／多～儿／～厌（生理名词）

混 hùn ～合／～乱／～凝土／～淆／～血儿／～杂

蠖 huò（统读）

霍 huò（统读）

豁 huò ～亮

获 huò（统读）

J

羁 jī（统读）

击 jī（统读）

奇 jī ～数

芨 jī（统读）

缉（一）jī 通～／侦～

（二）qī ～鞋口

几 jī 茶～／条～

圾 jī（统读）

戢 jí（统读）

疾 jí（统读）

汲 jí（统读）

棘 jí（统读）

藉 jí 狼～（籍）

嫉 jí（统读）

脊 jí（统读）

纪（一）jǐ〔姓〕

（二）jì ～念／～律／纲～／～元

偈 jì ～语

绩 jì（统读）

迹 jì（统读）

寂 jì（统读）

箕 ji 簸～

辑 ji 逻～

茄 jiā 雪～

夹 jiā ～带藏掖／～道儿／～攻／～棍／～生／～杂／～竹桃／～注

浃 jiā（统读）

甲 jiǎ（统读）

歼 jiān（统读）

鞯 jiān（统读）

间（一）jiān ～不容发／中～

（二）jiàn 中～儿／～道／～谍／～断／～或／～接／～距／～隙／～续／～阻／～作／挑拨离～

趼 jiǎn（统读）

俭 jiǎn（统读）

缰 jiāng（统读）

膙 jiǎng（统读）

嚼（一）jiáo（语）味同～蜡／咬文～字

（二）jué（文）咀～／过屠门而大～

（三）jiào 倒～（倒嚼）

侥 jiǎo ～幸

角（一）jiǎo 八～（大茴香）／～落／独～戏／～膜／～度／～儿（犄～）／～楼／勾心斗～／号～／口～（嘴～）／鹿～菜／头～

（二）jué ～斗／～儿（脚色）／口～（吵嘴）／主～儿／配～儿／～力／捧～儿

脚（一）jiǎo 根～

（二）jué ～儿（也作"角儿"，脚色）

剿（一）jiǎo 围～
（二）chāo ～说/～袭
校 jiào ～勘/～样/～正
较 jiào（统读）
酵 jiào（统读）
嗟 jiē（统读）
疖 jiē（统读）
结（除"～了个果子""开花～果""～巴""～实"念jiē之外，其他都念jié）
睫 jié（统读）
芥（一）jiè ～菜（一般的芥菜）/～末
（二）gài ～菜（也作"盖菜"）/～蓝菜
矜 jīn ～持/自～/～怜
仅 jǐn ～～/绝无～有
僅 jǐn（统读）
觐 jìn（统读）
浸 jìn（统读）
斤 jīn 千～（起重的工具）
茎 jīng（统读）
粳 jīng（统读）
鲸 jīng（统读）
境 jìng（统读）
痉 jìng（统读）
劲 jìng（统读）刚～
窘 jiǒng（统读）
究 jiū（统读）
纠 jiū（统读）
鞠 jū（统读）
鞫 jū（统读）
掬 jū（统读）
苴 jū（统读）
咀 jǔ ～嚼
矩（一）jǔ ～形
（二）ju 规矩
俱 jù（统读）
龟 jūn ～裂（也作"皲裂"）
菌（一）jūn 细～/病～/杆～/霉～
（二）jùn 香～/～子
俊 jùn（统读）

K

卡（一）kǎ ～宾枪/～车/～介苗/～片/～通
（二）qiǎ ～子/关～
揩 kāi（统读）
慨 kǎi（统读）
忾 kài（统读）
勘 kān（统读）
看 kān ～管/～护/～守
慷 kāng（统读）
拷 kǎo（统读）
坷 kē ～拉（垃）
疴 kē（统读）
壳（一）ké（语）～儿/贝～儿/脑～/驳～枪
（二）qiào（文）地～/甲～/躯～
可（一）kě ～～儿的
（二）kè ～汗
恪 kè（统读）
刻 kè（统读）
克 kè ～扣
空（一）kōng ～心砖/～城计
（二）kòng ～心吃药
眍 kōu（统读）
矻 kū（统读）
酷 kù（统读）
框 kuàng（统读）
矿 kuàng（统读）
傀 kuǐ（统读）
溃（一）kuì ～烂
（二）huì ～脓
篑 kuì（统读）
括 kuò（统读）

L

垃 lā（统读）
邋 lā（统读）
罱 lǎn（统读）
缆 lǎn（统读）
蓝 lɑn 苤～
琅 láng（统读）
捞 lāo（统读）
劳 láo（统读）
醪 láo（统读）
烙（一）lào ～印/～铁/～饼
（二）luò 炮～（古酷刑）
勒（一）lè（文）～逼/～令/～派/～索/悬崖～马
（二）lēi（语）多单用
擂（除"～台""打～"读lèi外，都读léi）
礌 léi（统读）
羸 léi（统读）
蕾 lěi（统读）
累（一）lèi（辛劳义，如"受～"[受劳～]）
（二）léi（如"～赘"）
（三）lěi（牵连义，如"带～""～及""连～""赔～""牵～""受～"[受牵～]）
蠡（一）lí 管窥～测
（二）lǐ ～县/范～
喱 lí（统读）
连 lián（统读）
敛 liǎn（统读）
恋 liàn（统读）
量（一）liàng ～入为出/忖～
（二）liang 打～/掂～
踉 liàng ～跄
潦 liáo ～草/～倒
劣 liè（统读）
挒 liè（统读）
趔 liè（统读）
拎 līn（统读）
遴 lín（统读）
淋（一）lín ～浴/～漓/～巴
（二）lìn ～硝/～盐/～病

蛉 líng（统读）
榴 liú（统读）
馏（一）liú（文）如"干～"／"蒸～"。
　　（二）liù（语）如"～馒头"。
镏 liú ～金
碌 liù ～碡
笼（一）lóng（名物义）～子／牢～
　　（二）lǒng（动作义）～络／～括／～统／～罩
偻（一）lóu 佝～
　　（二）lǚ 伛～
瞜 lou 眍～
虏 lǔ（统读）
掳 lǔ（统读）
露（一）lù（文）赤身～体／～天／～骨／～头角／藏头～尾／抛头～面／～头（矿）
　　（二）lòu（语）～富／～苗／～光／～相／～马脚／～头
榈 lǘ（统读）
捋（一）lǚ ～胡子
　　（二）luō ～袖子
绿（一）lǜ（语）
　　（二）lù（文）～林／鸭～江
孪 luán（统读）
挛 luán（统读）
掠 lüè（统读）
囵 lún（统读）
络 luò ～腮胡子
落（一）luò（文）～膘／～花生／～魄／涨～／～槽／着～
　　（二）lào（语）～架／～色／～炕／～枕／～儿／～子（一种曲艺）
　　（三）là（语）（遗落义）丢三～四／～在后面

M

脉（除"～～"念mòmò外，一

律念mài）
漫 màn（统读）
蔓（一）màn（文）～延／不～不枝
　　（二）wàn（语）瓜～／压～
牤 māng（统读）
氓 máng 流～
芒 máng（统读）
铆 mǎo（统读）
瑁 mào（统读）
虻 méng（统读）
盟 méng（统读）
祢 Mí（统读）
眯（一）mí ～了眼（灰尘等入目，也作"迷"）
　　（二）mī ～了一会儿（小睡）／～缝着眼（微微合目）
靡（一）mí ～费
　　（二）mǐ 风～／委～／披～
秘（除"～鲁"读bì外，都读mì）
泌（一）mì（语）分～
　　（二）bì（文）～阳〔地名〕
娩 miǎn（统读）
缈 miǎo（统读）
皿 mǐn（统读）
闽 mǐn（统读）
茗 míng（统读）
酩 mǐng（统读）
谬 miù（统读）
摸 mō（统读）
模（一）mó ～范／～式／～型／～糊／～特儿／～棱两可
　　（二）mú ～子／～具／～样
膜 mó（统读）
摩 mó 按～／抚～
嬷 mó（统读）
墨 mò（统读）
糖 mò（统读）
沫 mò（统读）

缪 móu 绸～

N

难（一）nán 困～(或变轻声)～兄～弟(难得的兄弟，现多用作贬义)
　　（二）nàn 排～解纷／发～／刁～／责～／～兄～弟（共患难或同受苦难的人）
蝻 nǎn（统读）
蛲 náo（统读）
讷 nè（统读）
馁 něi（统读）
嫩 nèn（统读）
恁 nèn（统读）
妮 nī（统读）
拈 niān（统读）
鲇 nián（统读）
酿 niàng（统读）
尿（一）niào 糖～症
　　（二）suī（只用于口语名词）尿（niào）～／～脬
嗫 niè（统读）
宁（一）níng 安～
　　（二）nìng ～可／无～〔姓〕
忸 niǔ（统读）
脓 nóng（统读）
弄（一）nòng 玩～
　　（二）lòng ～堂
暖 nuǎn（统读）
衄 nǜ（统读）
疟（一）nüè（文）～疾
　　（二）yào（语）发～子
娜（一）nuó 婀～／袅～
　　（二）nà（人名）

O

殴 ōu（统读）
呕 ǒu（统读）

P

杷 pá（统读）
琶 pá（统读）

牌 pái（统读）
排 pǎi ～子车
迫 pǎi ～击炮
湃 pài（统读）
爿 pán（统读）
胖 pán 心广体～（～为安舒貌）
蹒 pán（统读）
畔 pàn（统读）
乓 pāng（统读）
滂 pāng（统读）
脬 pāo（统读）
胚 pēi（统读）
喷（一）pēn ～嚏
　　（二）pèn ～香
　　（三）pen 嚏～
澎 péng（统读）
坯 pī（统读）
披 pī（统读）
匹 pǐ（统读）
僻 pì（统读）
譬 pì（统读）
片（一）piàn ～子/唱～/画～/
　　相～/影～/～儿会
　　（二）piān（口语一部分词）
　　～子/～儿/唱～儿/画～儿/
　　相～儿/影～儿
剽 piāo（统读）
缥 piāo ～缈（飘缈）
撇 piē ～弃
聘 pìn（统读）
乒 pīng（统读）
颇 pō（统读）
剖 pōu（统读）
仆（一）pū 前～后继
　　（二）pú ～从
扑 pū（统读）
朴（一）pǔ 俭～/～素/～质
　　（二）pō ～刀
　　（三）pò ～硝/厚～
蹼 pǔ（统读）

瀑 pù ～布
曝（一）pù 一～十寒
　　（二）bào ～光（摄影术语）

Q

栖 qī 两～
戚 qī（统读）
漆 qī（统读）
期 qī（统读）
蹊 qī ～跷
蛴 qí（统读）
畦 qí（统读）
萁 qí（统读）
骑 qí（统读）
企 qǐ（统读）
绮 qǐ（统读）
杞 qǐ（统读）
械 qì（统读）
洽 qià（统读）
签 qiān（统读）
潜 qián（统读）
荨（一）qián（文）～麻
　　（二）xún（语）～麻疹
嵌 qiàn（统读）
欠 qian 打哈～
戕 qiāng（统读）
镪 qiāng ～水
强（一）qiáng ～渡/～取豪夺/
　　～制/博闻～识
　　（二）qiǎng 勉～/牵～/～词
　　夺理/～迫/～颜为笑
　　（三）jiàng 倔～
襁 qiǎng（统读）
跄 qiàng（统读）
悄（一）qiāo ～～儿的
　　（二）qiǎo ～默声儿的
橇 qiāo（统读）
翘（一）qiào（语）～尾巴
　　（二）qiáo（文）～首/～楚/
　　连～
怯 qiè（统读）

挈 qiè（统读）
趄 qie 趔～
侵 qīn（统读）
衾 qīn（统读）
嗪 qín（统读）
倾 qīng（统读）
亲 qìng ～家
穹 qióng（统读）
黢 qū（统读）
曲（麯）qū 大～/红～/神～
渠 qú（统读）
瞿 qú（统读）
蠼 qú（统读）
苣 qǔ ～荬菜
龋 qǔ（统读）
趣 qù（统读）
雀 què ～斑/～盲症

R

髯 rán（统读）
攘 rǎng（统读）
桡 ráo（统读）
绕 rào（统读）
任 Rén（统读）〔姓〕〔地名〕
妊 rèn（统读）
扔 rēng（统读）
容 róng（统读）
糅 róu（统读）
茹 rú（统读）
孺 rú（统读）
蠕 rú（统读）
辱 rǔ（统读）
挼 ruó（统读）

S

靸 sǎ（统读）
噻 sāi（统读）
散（一）sǎn 懒～/零零～～/
　　～漫
　　（二）san 零～
丧 sang 哭～着脸
扫（一）sǎo ～兴

（二）sào ～帚
埽 sào（统读）
色（一）sè（文）
　　（二）shǎi（语）
塞（一）sè（文）动作义
　　（二）sāi（语）名物义，如"活～""瓶～"；动作义，如"把洞～住"。
森 sēn（统读）
煞（一）shā ～尾/收～
　　（二）shà ～白
啥 shá（统读）
厦（一）shà（语）
　　（二）xià（文）～门/噶～
杉（一）shān（文）紫～/红～/水～
　　（二）shā（语）～篙/～木
衫 shān（统读）
姗 shān（统读）
苫（一）shàn（动作义，如"～布"）
　　（二）shān（名物义，如"草～子"）
墒 shāng（统读）
猞 shē（统读）
舍 shè 宿～
慑 shè（统读）
摄 shè（统读）
射 shè（统读）
谁 shéi，又音 shuí
娠 shēn（统读）
什（甚）shén ～么
蜃 shèn（统读）
葚（一）shèn 桑～
　　（二）rèn（语）桑～儿
胜 shèng（统读）
识 shí 常～/～货/～字
似 shì ～的
室 shì（统读）
螫（一）shì（文）

（二）zhē（语）
匙 shi 钥～
殳 shū（统读）
疏 shū（统读）
叔 shū（统读）
淑 shū（统读）
菽 shū（统读）
熟（一）shú（文）
　　（二）shóu（语）
暑 shǔ（统读）
曙 shǔ（统读）
漱 shù（统读）
戍 shù（统读）
蟀 shuài（统读）
孀 shuāng（统读）
说 shuì 游～
数 shuò ～见不鲜
硕 shuò（统读）
蒴 shuò（统读）
艘 sōu（统读）
嗾 sǒu（统读）
速 sù（统读）
塑 sù（统读）
虽 suī（统读）
绥 suí（统读）
髓 suǐ（统读）
遂（一）suì 不～/毛～自荐
　　（二）suí 半身不～
隧 suì（统读）
隼 sǔn（统读）
莎 suō ～草
缩（一）suō 收～
　　（二）sù ～砂密（一种植物）
嗍 suō
索 suǒ（统读）

T

趿 tā（统读）
鳎 tǎ（统读）
獭 tǎ（统读）

沓（一）tà 重～
　　（二）ta 疲～
　　（三）dá 一～～纸
苔（一）tái（文）
　　（二）tāi（语）
探 tàn（统读）
涛 tāo（统读）
悌 tì（统读）
佻 tiāo（统读）
调 tiáo ～皮
帖（一）tiē 妥～/伏伏～～/俯首～耳
　　（二）tiě 请～/字～儿
　　（三）tiè 字～/碑～
听 tīng（统读）
庭 tíng（统读）
骰 tóu（统读）
凸 tū（统读）
突 tū（统读）
颓 tuí（统读）
蜕 tuì（统读）
臀 tún（统读）
唾 tuò（统读）

W

娲 wā（统读）
挖 wā（统读）
瓦 wà ～刀
喎 wāi（统读）
蜿 wān（统读）
玩 wán（统读）
惋 wǎn（统读）
脘 wǎn（统读）
往 wǎng（统读）
忘 wàng（统读）
微 wēi（统读）
巍 wēi（统读）
薇 wēi（统读）
危 wēi（统读）
韦 wéi（统读）
违 wéi（统读）

唯 wéi（统读）
圩（一）wéi ～子
　　（二）xū ～（墟）场
纬 wěi（统读）
委 wěi ～靡
伪 wěi（统读）
萎 wěi（统读）
尾（一）wěi ～巴
　　（二）yǐ 马～儿
尉 wèi ～官
文 wén（统读）
闻 wén（统读）
紊 wěn（统读）
喔 wō（统读）
蜗 wō（统读）
硪 wò（统读）
诬 wū（统读）
梧 wú（统读）
牾 wǔ（统读）
乌 wù ～拉（也作"靰鞡"）/～拉草
杌 wù（统读）
鹜 wù（统读）

X

夕 xī（统读）
汐 xī（统读）
晰 xī（统读）
析 xī（统读）
皙 xī（统读）
昔 xī（统读）
溪 xī（统读）
悉 xī（统读）
熄 xī（统读）
蜥 xī（统读）
蟋 xī（统读）
惜 xī（统读）
锡 xī（统读）
樨 xī（统读）
袭 xí（统读）
檄 xí（统读）

峡 xiá（统读）
暇 xiá（统读）
吓 xià 杀鸡～猴
鲜 xiān 屡见不～/数见不～
锨 xiān（统读）
纤 xiān ～维
涎 xián（统读）
弦 xián（统读）
陷 xiàn（统读）
霰 xiàn（统读）
向 xiàng（统读）
相 xiàng ～机行事
淆 xiáo（统读）
哮 xiào（统读）
些 xiē（统读）
颉 xié ～颃
携 xié（统读）
偕 xié（统读）
挟 xié（统读）
械 xiè（统读）
馨 xīn（统读）
囟 xìn（统读）
行 xíng 操～/德～/发～/品～
省 xǐng 内～/反～/～亲/不～人事
芎 xiōng（统读）
朽 xiǔ（统读）
宿 xiù 星～/二十八～
煦 xù（统读）
蓿 xu 苜～
癣 xuǎn（统读）
削（一）xuē（文）剥～/～减/瘦～
　　（二）xiāo（语）切～/～铅笔/～球
穴 xué（统读）
学 xué（统读）
雪 xuě（统读）
血（一）xuè（文）用于复音词及成语，如"贫～""心～""呕心沥～""～泪史"

"狗～喷头"等。
（二）xiě（语）口语多单用，如"流了点儿～"及几个口语常用词，如："鸡～""～晕""～块子"等。
谑 xuè（统读）
寻 xún（统读）
驯 xùn（统读）
逊 xùn（统读）
熏 xùn 煤气～着了
徇 xùn（统读）
殉 xùn（统读）
蕈 xùn（统读）

Y

押 yā（统读）
崖 yá（统读）
哑 yǎ ～然失笑
亚 yà（统读）
殷 yān ～红
芫 yán ～荽
筵 yán（统读）
沿 yán（统读）
焰 yàn（统读）
夭 yāo（统读）
肴 yáo（统读）
杳 yǎo（统读）
窈 yǎo（统读）
钥（一）yào（语）～匙
　　（二）yuè（文）锁～
曜 yào（统读）
耀 yào（统读）
椰 yē（统读）
噎 yē（统读）
叶 yè ～公好龙
曳 yè 弃甲～兵/摇～/～光弹
屹 yì（统读）
轶 yì（统读）
谊 yì（统读）
懿 yì（统读）
诣 yì（统读）

艾 yì 自怨自～

荫 yìn（统读）("树～""林～道"应作"树阴""林阴道"）

应（一）yīng ～届/～名儿/～许/提出的条件他都～了/是我～下来的任务

（二）yìng ～承/～付/～声/～时/～验/～邀/～用/～运/～征/里～外合

萦 yíng（统读）

映 yìng（统读）

佣 yōng ～工

庸 yōng（统读）

臃 yōng（统读）

壅 yōng（统读）

拥 yōng（统读）

踊 yǒng（统读）

咏 yǒng（统读）

泳 yǒng（统读）

莠 yǒu（统读）

愚 yú（统读）

娱 yú（统读）

愉 yú（统读）

伛 yǔ（统读）

屿 yǔ（统读）

吁 yù 呼～

跃 yuè（统读）

晕（一）yūn ～倒/头～

（二）yùn 月～/血～/～车

酝 yùn（统读）

Z

匝 zā（统读）

杂 zá（统读）

载（一）zǎi 登～/记～

（二）zài 搭～/怨声～道/重～/装～/～歌～舞

簪 zān（统读）

咱 zán（统读）

暂 zàn（统读）

凿 záo（统读）

择（一）zé 选～

（二）zhái ～不开/～菜/～席

贼 zéi（统读）

憎 zēng（统读）

甑 zèng（统读）

喳 zhā 唧唧～～

轧（除"～钢""～辊"念zhá外，其他都念yà）（gá为方言，不审）

摘 zhāi（统读）

粘 zhān ～贴

涨 zhǎng ～落/高～

着（一）zháo ～慌/～急/～家/～凉/～忙/～迷/～水/～雨

（二）zhuó ～落/～手/～眼/～意/～重/不～边际

（三）zhāo 失～

沼 zhǎo（统读）

召 zhào（统读）

遮 zhē（统读）

蛰 zhé（统读）

辙 zhé（统读）

贞 zhēn（统读）

侦 zhēn（统读）

帧 zhēn（统读）

胗 zhēn（统读）

枕 zhěn（统读）

诊 zhěn（统读）

振 zhèn（统读）

知 zhī（统读）

织 zhī（统读）

脂 zhī（统读）

植 zhí（统读）

殖（一）zhí 繁～/生～/～民

（二）shi 骨～

指 zhǐ（统读）

掷 zhì（统读）

质 zhì（统读）

蛭 zhì（统读）

秩 zhì（统读）

栉 zhì（统读）

炙 zhì（统读）

中 zhōng 人～（人口上唇当中处）

种 zhòng 点～（义同"点播"。动宾结构念diǎn zhǒng，义为点播种子）

诌 zhōu（统读）

骤 zhòu（统读）

轴 zhòu 大～子戏/压～子

碡 zhou 碌～

烛 zhú（统读）

逐 zhú（统读）

属 zhǔ ～望

筑 zhù（统读）

著 zhù 土～

转 zhuǎn 运～

撞 zhuàng（统读）

幢（一）zhuàng 一～楼房

（二）chuáng 经～（佛教所设刻有经咒的石柱）

拙 zhuō（统读）

茁 zhuó（统读）

灼 zhuó（统读）

卓 zhuó（统读）

综 zōng ～合

纵 zòng（统读）

粽 zòng（统读）

镞 zú（统读）

组 zǔ（统读）

钻（一）zuān ～探/～孔

（二）zuàn ～床/～杆/～具

佐 zuǒ（统读）

唑 zuò（统读）

柞（一）zuò ～蚕/～绸

（二）zhà ～水（在陕西）

做 zuò（统读）

作（除"～坊"读zuō外，其余都读zuò）

附录十一 通用规范汉字表

说 明

一、为了贯彻《中华人民共和国国家通用语言文字法》，提升国家通用语言文字的规范化、标准化水平，满足信息时代语言生活和社会发展的需要，教育部、国家语言文字工作委员会组织制定《通用规范汉字表》。

二、本表收字8105个，分为三级：一级字表为常用字集，收字3500个，主要满足基础教育和文化普及的基本用字需要。二级字表收字3000个，使用度仅次于一级字。一、二级字表合计6500字，主要满足出版印刷、辞书编纂和信息处理等方面的一般用字需要。三级字表收字1605个，是姓氏人名、地名、科学技术术语和中小学语文教材文言文用字中未进入一、二级字表的较通用的字，主要满足信息化时代与大众生活密切相关的专门领域的用字需要。

三、本表在整合《第一批异体字整理表》（1955年）、《简化字总表》（1986年）、《现代汉语常用字表》（1988年）、《现代汉语通用字表》（1988年）的基础上制定。一、二级字表通过语料库统计和人工干预方法，主要依据字的使用度进行定量、收字和分级。三级字表主要通过向有关部门和群众征集用字等方法，收录音义俱全且有一定使用度的字。

四、本表一、二级字表的研制，主要使用了国家语言文字工作委员会现代汉语平衡语料库（收录1919—2002年人文和社会科学、自然科学、综合等三大类的55个学科门类的语料，9100万字符）、现代新闻媒体动态流通语料库（收录2001—2002年15种报刊的语料，3.5亿字符）、教育科普综合语料库（收录1951—2003年中小学通用教材及科普读物的语料，518万字符）、儿童文学语料库（收录1949—2007年适合义务教育第一、二学段阅读的儿童文学的语料，570万字符）、《现代汉语词典》（第五版）、《新华字典》（第十版），参考了其他语料库和工具书。

五、本表三级字的具体来源是：（1）姓氏人名用字，主要来源于1982年全国人口普查18省市抽样统计姓氏人名用字、公安部提供的姓氏用字及部分人名用字、群众提供的姓氏人名用字、一些古代姓氏用字和有影响的古代人名用字；（2）地名用字，主要来源于民政部和国家测绘地理信息局提供的乡镇以上地名用字、部分村级地名和部分自然实体名称的用字、主要汉语工具书中标明为"地名"的用字；（3）科学技术术语用字，主要来源于全国科学技术名词审定委员会提供的56个门类、中国社会科学院语言研究所提供的33个门类的科学技术与人文社会科学的术语用字；（4）中小学语文教材的文言文用字，主要来源于中小学语文教材文言文语料库（收录1949—2008年中小学语文教材中的文言文和普及性文言文的语料，65万字符）。

六、本表对社会上出现的在《简化字总表》和《现代汉语通用字表》之外的类推简化字进行了严格甄别，仅收录了符合本表收字原则且已在社会语言生活中广泛使用的"闫、铪、颎"等226个简化字。

七、本表在以往相关规范文件对异体字调整的基础上，又将《第一批异体字整理表》中"皙、喆、淼、昇、邨"等45个异体字调整为规范字。

八、本表的字形依据《现代汉语通用字表》确定，字序遵循《GB13000.1字符集汉字字序（笔画序）规范》的规定。

九、为方便使用，本表后附《规范字与繁体字、异体字对照表》和《〈通用规范汉字表〉笔画检字表》两个附表。

十、本表可根据语言生活的发展变化和实际需要适时进行必要补充和调整。

一级字表

0001 一	0038 口	0075 王	0112 日	0149 仓	0186 劝	0223 灭
0002 乙	0039 山	0076 开	0113 中	0150 月	0187 双	0224 轧
0003 二	0040 巾	0077 井	0114 贝	0151 氏	0188 书	0225 东
0004 十	0041 千	0078 天	0115 冈	0152 勿	0189 幻	0226 卡
0005 丁	0042 乞	0079 夫	0116 内	0153 欠	0190 玉	0227 北
0006 厂	0043 川	0080 元	0117 水	0154 风	0191 刊	0228 占
0007 七	0044 亿	0081 无	0118 见	0155 丹	0192 未	0229 凸
0008 卜	0045 个	0082 云	0119 午	0156 匀	0193 末	0230 卢
0009 八	0046 夕	0083 专	0120 牛	0157 乌	0194 示	0231 业
0010 人	0047 久	0084 丐	0121 手	0158 勾	0195 击	0232 旧
0011 入	0048 么	0085 扎	0122 气	0159 凤	0196 打	0233 帅
0012 儿	0049 勺	0086 艺	0123 毛	0160 六	0197 巧	0234 归
0013 匕	0050 凡	0087 木	0124 壬	0161 文	0198 正	0235 旦
0014 几	0051 丸	0088 五	0125 升	0162 亢	0199 扑	0236 目
0015 九	0052 及	0089 支	0126 夭	0163 方	0200 卉	0237 且
0016 刁	0053 广	0090 厅	0127 长	0164 火	0201 扒	0238 叶
0017 了	0054 亡	0091 不	0128 仁	0165 为	0202 功	0239 甲
0018 刀	0055 门	0092 犬	0129 什	0166 斗	0203 扔	0240 申
0019 力	0056 丫	0093 太	0130 片	0167 忆	0204 去	0241 叮
0020 乃	0057 义	0094 区	0131 仆	0168 计	0205 甘	0242 电
0021 又	0058 之	0095 历	0132 化	0169 订	0206 世	0243 号
0022 三	0059 尸	0096 歹	0133 仇	0170 户	0207 艾	0244 田
0023 干	0060 己	0097 友	0134 币	0171 认	0208 古	0245 由
0024 于	0061 已	0098 尤	0135 仍	0172 冗	0209 节	0246 只
0025 亏	0062 巳	0099 匹	0136 仅	0173 讥	0210 本	0247 叭
0026 工	0063 弓	0100 车	0137 斤	0174 心	0211 术	0248 史
0027 土	0064 子	0101 巨	0138 爪	0175 尺	0212 可	0249 央
0028 士	0065 卫	0102 牙	0139 反	0176 引	0213 丙	0250 兄
0029 才	0066 也	0103 屯	0140 介	0177 丑	0214 左	0251 叽
0030 下	0067 女	0104 戈	0141 父	0178 巴	0215 厉	0252 叼
0031 寸	0068 刃	0105 比	0142 从	0179 孔	0216 石	0253 叫
0032 大	0069 飞	0106 互	0143 仑	0180 队	0217 右	0254 叩
0033 丈	0070 习	0107 切	0144 今	0181 办	0218 布	0255 叨
0034 与	0071 叉	0108 瓦	0145 凶	0182 以	0219 夯	0256 另
0035 万	0072 马	0109 止	0146 分	0183 允	0220 戊	0257 叹
0036 上	0073 乡	0110 少	0147 乏	0184 予	0221 龙	0258 冉
0037 小	0074 丰	0111 曰	0148 公	0185 邓	0222 平	0259 皿

0260 凹	0300 主	0340 圣	0380 臣	0420 吁	0460 伏	0500 旬
0261 囚	0301 市	0341 对	0381 吏	0421 吐	0461 优	0501 旨
0262 四	0302 立	0342 台	0382 再	0422 吓	0462 白	0502 旭
0263 生	0303 冯	0343 矛	0383 协	0423 虫	0463 伐	0503 负
0264 矢	0304 玄	0344 纠	0384 西	0424 曲	0464 延	0504 匈
0265 失	0305 闪	0345 母	0385 压	0425 团	0465 仲	0505 名
0266 乍	0306 兰	0346 幼	0386 厌	0426 吕	0466 件	0506 各
0267 禾	0307 半	0347 丝	0387 戍	0427 同	0467 任	0507 多
0268 丘	0308 汁	0348 邦	0388 在	0428 吊	0468 伤	0508 争
0269 付	0309 汇	0349 式	0389 百	0429 吃	0469 价	0509 色
0270 仗	0310 头	0350 迁	0390 有	0430 因	0470 伦	0510 壮
0271 代	0311 汉	0351 刑	0391 存	0431 吸	0471 份	0511 冲
0272 仙	0312 宁	0352 戎	0392 而	0432 吗	0472 华	0512 妆
0273 们	0313 穴	0353 动	0393 页	0433 吆	0473 仰	0513 冰
0274 仪	0314 它	0354 扛	0394 匠	0434 屿	0474 仿	0514 庄
0275 白	0315 讨	0355 寺	0395 夸	0435 屹	0475 伙	0515 庆
0276 仔	0316 写	0356 吉	0396 夺	0436 岁	0476 伪	0516 亦
0277 他	0317 让	0357 扣	0397 灰	0437 帆	0477 自	0517 刘
0278 斥	0318 礼	0358 考	0398 达	0438 回	0478 伊	0518 齐
0279 瓜	0319 训	0359 托	0399 列	0439 岂	0479 血	0519 交
0280 乎	0320 议	0360 老	0400 死	0440 则	0480 向	0520 衣
0281 丛	0321 必	0361 巩	0401 成	0441 刚	0481 似	0521 次
0282 令	0322 讯	0362 圾	0402 夹	0442 网	0482 后	0522 产
0283 用	0323 记	0363 执	0403 夷	0443 肉	0483 行	0523 决
0284 甩	0324 永	0364 扩	0404 轨	0444 年	0484 舟	0524 亥
0285 印	0325 司	0365 扫	0405 邪	0445 朱	0485 全	0525 充
0286 尔	0326 尼	0366 地	0406 尧	0446 先	0486 会	0526 妄
0287 乐	0327 民	0367 场	0407 划	0447 丢	0487 杀	0527 闭
0288 句	0328 弗	0368 扬	0408 迈	0448 廷	0488 合	0528 问
0289 匆	0329 弘	0369 耳	0409 毕	0449 舌	0489 兆	0529 闯
0290 册	0330 出	0370 芋	0410 至	0450 竹	0490 企	0530 羊
0291 卯	0331 辽	0371 共	0411 此	0451 迁	0491 众	0531 并
0292 犯	0332 奶	0372 芒	0412 贞	0452 乔	0492 爷	0532 关
0293 外	0333 奴	0373 亚	0413 师	0453 迄	0493 伞	0533 米
0294 处	0334 召	0374 芝	0414 尘	0454 伟	0494 创	0534 灯
0295 冬	0335 加	0375 朽	0415 尖	0455 传	0495 肌	0535 州
0296 鸟	0336 皮	0376 朴	0416 劣	0456 乓	0496 肋	0536 汗
0297 务	0337 边	0377 机	0417 光	0457 乒	0497 朵	0537 污
0298 包	0338 孕	0378 权	0418 当	0458 休	0498 杂	0538 江
0299 饥	0339 发	0379 过	0419 早	0459 伍	0499 危	0539 汛

0540 池	0580 妃	0620 拒	0660 劫	0700 医	0740 吟	0780 佣
0541 汝	0581 好	0621 找	0661 芙	0701 辰	0741 吩	0781 低
0542 汤	0582 她	0622 批	0662 芜	0702 励	0742 呛	0782 你
0543 忙	0583 妈	0623 址	0663 苇	0703 否	0743 吻	0783 住
0544 兴	0584 戏	0624 扯	0664 芽	0704 还	0744 吹	0784 位
0545 宇	0585 羽	0625 走	0665 花	0705 尬	0745 鸣	0785 伴
0546 守	0586 观	0626 抄	0666 芹	0706 歼	0746 呒	0786 身
0547 宅	0587 欢	0627 贡	0667 芥	0707 来	0747 吧	0787 皂
0548 字	0588 买	0628 汞	0668 芬	0708 连	0748 邑	0788 伺
0549 安	0589 红	0629 坝	0669 苍	0709 轩	0749 吼	0789 佛
0550 讲	0590 驮	0630 攻	0670 芳	0710 步	0750 囷	0790 卤
0551 讳	0591 纤	0631 赤	0671 严	0711 卤	0751 别	0791 近
0552 军	0592 驯	0632 折	0672 芦	0712 坚	0752 吭	0792 彻
0553 讶	0593 约	0633 抓	0673 芯	0713 肖	0753 岖	0793 役
0554 许	0594 级	0634 扳	0674 劳	0714 旱	0754 岗	0794 返
0555 讹	0595 纪	0635 抡	0675 克	0715 盯	0755 帐	0795 余
0556 论	0596 驰	0636 扮	0676 芭	0716 呈	0756 财	0796 希
0557 讼	0597 纫	0637 抢	0677 苏	0717 时	0757 针	0797 坐
0558 农	0598 巡	0638 孝	0678 杆	0718 吴	0758 钉	0798 谷
0559 讽	0599 寿	0639 坎	0679 杠	0719 助	0759 牡	0799 妥
0560 设	0600 弄	0640 均	0680 杜	0720 县	0760 告	0800 含
0561 访	0601 麦	0641 抑	0681 材	0721 里	0761 我	0801 邻
0562 诀	0602 玖	0642 抛	0682 村	0722 呆	0762 乱	0802 岔
0563 寻	0603 玛	0643 投	0683 杖	0723 吱	0763 利	0803 肝
0564 那	0604 形	0644 坟	0684 杏	0724 吠	0764 秃	0804 肛
0565 迅	0605 进	0645 坑	0685 杉	0725 呕	0765 秀	0805 肚
0566 尽	0606 戒	0646 抗	0686 巫	0726 园	0766 私	0806 肘
0567 导	0607 吞	0647 坊	0687 极	0727 旷	0767 每	0807 肠
0568 异	0608 远	0648 抖	0688 李	0728 围	0768 兵	0808 龟
0569 驰	0609 违	0649 护	0689 杨	0729 呀	0769 估	0809 甸
0570 孙	0610 韧	0650 壳	0690 求	0730 吨	0770 体	0810 免
0571 阵	0611 运	0651 志	0691 甫	0731 足	0771 何	0811 狂
0572 阳	0612 扶	0652 块	0692 匣	0732 邮	0772 佐	0812 犹
0573 收	0613 抚	0653 扭	0693 更	0733 男	0773 佑	0813 狈
0574 阶	0614 坛	0654 声	0694 束	0734 困	0774 但	0814 角
0575 阴	0615 技	0655 把	0695 吾	0735 吵	0775 伸	0815 删
0576 防	0616 坏	0656 报	0696 豆	0736 串	0776 佃	0816 条
0577 奸	0617 抠	0657 拟	0697 两	0737 员	0777 作	0817 彤
0578 如	0618 扰	0658 却	0698 酉	0738 呐	0778 伯	0818 卵
0579 妇	0619 扼	0659 抒	0699 丽	0739 听	0779 伶	0819 灸

0820 岛	0860 沙	0900 灵	0940 纺	0980 垃	1020 杯	1060 斩
0821 刨	0861 汽	0901 即	0941 驴	0981 拉	1021 枢	1061 轮
0822 迎	0862 沃	0902 层	0942 纽	0982 拦	1022 柜	1062 软
0823 饭	0863 沦	0903 屁	0943 奉	0983 幸	1023 枚	1063 到
0824 饮	0864 汹	0904 尿	0944 玩	0984 拌	1024 析	1064 非
0825 系	0865 泛	0905 尾	0945 环	0985 拧	1025 板	1065 叔
0826 言	0866 沧	0906 迟	0946 武	0986 拂	1026 松	1066 歧
0827 冻	0867 没	0907 局	0947 青	0987 拙	1027 枪	1067 肯
0828 状	0868 沟	0908 改	0948 责	0988 招	1028 枫	1068 齿
0829 亩	0869 沪	0909 张	0949 现	0989 坡	1029 构	1069 些
0830 况	0870 沈	0910 忌	0950 玫	0990 披	1030 杭	1070 卓
0831 床	0871 沉	0911 际	0951 表	0991 拨	1031 杰	1071 虎
0832 库	0872 沁	0912 陆	0952 规	0992 择	1032 述	1072 虏
0833 庇	0873 怀	0913 阿	0953 抹	0993 抬	1033 枕	1073 肾
0834 疗	0874 忱	0914 陈	0954 卦	0994 拇	1034 丧	1074 贤
0835 吝	0875 忧	0915 阻	0955 坷	0995 拗	1035 或	1075 尚
0836 应	0876 快	0916 附	0956 坯	0996 其	1036 画	1076 旺
0837 这	0877 完	0917 坠	0957 拓	0997 取	1037 卧	1077 具
0838 冷	0878 宋	0918 妓	0958 拢	0998 茉	1038 事	1078 味
0839 庐	0879 宏	0919 妙	0959 拔	0999 苦	1039 刺	1079 果
0840 序	0880 牢	0920 妖	0960 坪	1000 昔	1040 枣	1080 昆
0841 辛	0881 究	0921 姊	0961 拣	1001 奇	1041 雨	1081 国
0842 弃	0882 穷	0922 妨	0962 坦	1002 若	1042 卖	1082 哎
0843 冶	0883 灾	0923 妒	0963 担	1003 茂	1043 郁	1083 咕
0844 忘	0884 良	0924 努	0964 坤	1004 苹	1044 矾	1084 昌
0845 闰	0885 证	0925 忍	0965 押	1005 苗	1045 矿	1085 呵
0846 闲	0886 启	0926 劲	0966 抽	1006 英	1046 码	1086 畅
0847 间	0887 评	0927 矣	0967 拐	1007 苟	1047 厕	1087 明
0848 闷	0888 补	0928 鸡	0968 拖	1008 苑	1048 奈	1088 易
0849 判	0889 初	0929 纬	0969 者	1009 苞	1049 奔	1089 咙
0850 兑	0890 社	0930 驱	0970 拍	1010 范	1050 奇	1090 昂
0851 灶	0891 祀	0931 纯	0971 顶	1011 直	1051 奋	1091 迪
0852 灿	0892 识	0932 纱	0972 拆	1012 茁	1052 态	1092 典
0853 灼	0893 诈	0933 纲	0973 拎	1013 茄	1053 欧	1093 固
0854 弟	0894 诉	0934 纳	0974 拥	1014 茎	1054 殴	1094 忠
0855 汪	0895 罕	0935 驳	0975 抵	1015 苔	1055 垄	1095 呻
0856 沐	0896 诊	0936 纵	0976 拘	1016 茅	1056 妻	1096 咒
0857 沛	0897 词	0937 纷	0977 势	1017 枉	1057 轰	1097 咋
0858 汰	0898 译	0938 纸	0978 抱	1018 林	1058 项	1098 咐
0859 沥	0899 君	0939 纹	0979 拄	1019 枝	1059 转	1099 呼

1100 鸣	1140 例	1180 肤	1220 废	1260 沼	1300 该	1340 细
1101 咏	1141 侠	1181 肺	1221 净	1261 波	1301 详	1341 驶
1102 呢	1142 佬	1182 肢	1222 盲	1262 泼	1302 建	1342 织
1103 咄	1143 版	1183 肿	1223 放	1263 泽	1303 肃	1343 驹
1104 咖	1144 侄	1184 胀	1224 刻	1264 治	1304 录	1344 终
1105 岸	1145 侦	1185 朋	1225 育	1265 怔	1305 隶	1345 驻
1106 岩	1146 侣	1186 股	1226 氓	1266 怯	1306 帚	1346 绊
1107 帖	1147 侧	1187 肮	1227 闸	1267 怖	1307 屉	1347 驼
1108 罗	1148 凭	1188 肪	1228 闹	1268 性	1308 居	1348 绍
1109 帜	1149 侨	1189 肥	1229 郑	1269 怕	1309 届	1349 绎
1110 帕	1150 佩	1190 服	1230 券	1270 怜	1310 刷	1350 经
1111 岭	1151 货	1191 胁	1231 卷	1271 怪	1311 屈	1351 贯
1112 凯	1152 佟	1192 周	1232 单	1272 怡	1312 弧	1352 契
1113 败	1153 依	1193 昏	1233 炬	1273 学	1313 弥	1353 贰
1114 账	1154 卑	1194 鱼	1234 炒	1274 宝	1314 弦	1354 奏
1115 贩	1155 的	1195 兔	1235 炊	1275 宗	1315 承	1355 春
1116 贬	1156 迫	1196 狐	1236 炕	1276 定	1316 孟	1356 帮
1117 购	1157 质	1197 忽	1237 炎	1277 宠	1317 陋	1357 玷
1118 贮	1158 欣	1198 狗	1238 炉	1278 宜	1318 陌	1358 珍
1119 图	1159 征	1199 狞	1239 沫	1279 审	1319 孤	1359 玲
1120 钓	1160 往	1200 备	1240 浅	1280 宙	1320 陕	1360 珊
1121 制	1161 爬	1201 饰	1241 法	1281 官	1321 降	1361 玻
1122 知	1162 彼	1202 饱	1242 泄	1282 空	1322 函	1362 毒
1123 迭	1163 径	1203 饲	1243 沽	1283 帘	1323 限	1363 型
1124 氛	1164 所	1204 变	1244 河	1284 宛	1324 妹	1364 拭
1125 垂	1165 舍	1205 京	1245 沾	1285 实	1325 姑	1365 挂
1126 牧	1166 金	1206 享	1246 泪	1286 试	1326 姐	1366 封
1127 物	1167 刹	1207 庞	1247 沮	1287 郎	1327 姓	1367 持
1128 乖	1168 命	1208 店	1248 油	1288 诗	1328 妮	1368 拷
1129 刮	1169 肴	1209 夜	1249 泊	1289 肩	1329 始	1369 拱
1130 秆	1170 爷	1210 庙	1250 沿	1290 房	1330 姆	1370 项
1131 和	1171 爸	1211 府	1251 泡	1291 诚	1331 迨	1371 垮
1132 季	1172 采	1212 底	1252 注	1292 衬	1332 驾	1372 挎
1133 委	1173 觅	1213 疟	1253 泣	1293 衫	1333 叁	1373 城
1134 秉	1174 受	1214 疙	1254 泞	1294 视	1334 参	1374 挟
1135 佳	1175 乳	1215 疚	1255 泻	1295 祈	1335 艰	1375 挠
1136 侍	1176 贪	1216 剂	1256 泌	1296 话	1336 线	1376 政
1137 岳	1177 念	1217 卒	1257 泳	1297 诞	1337 练	1377 赴
1138 供	1178 贫	1218 郊	1258 泥	1298 诡	1338 组	1378 赵
1139 使	1179 忿	1219 庚	1259 沸	1299 询	1339 绅	1379 挡

1380 拽	1420 荫	1460 残	1500 思	1540 矩	1580 待	1620 亭
1381 戬	1421 荔	1461 殃	1501 蚂	1541 毡	1581 徊	1621 亮
1382 挺	1422 南	1462 轴	1502 虽	1542 氢	1582 衍	1622 度
1383 括	1423 药	1463 轻	1503 品	1543 怎	1583 律	1623 迹
1384 垢	1424 标	1464 鸦	1504 咽	1544 牲	1584 很	1624 庭
1385 拴	1425 栈	1465 皆	1505 骂	1545 选	1585 须	1625 疮
1386 拾	1426 柑	1466 韭	1506 勋	1546 适	1586 叙	1626 疯
1387 挑	1427 枯	1467 背	1507 哗	1547 秒	1587 剑	1627 疫
1388 垛	1428 柄	1468 战	1508 咱	1548 香	1588 逃	1628 疤
1389 指	1429 栋	1469 点	1509 响	1549 种	1589 食	1629 咨
1390 垫	1430 相	1470 虐	1510 哈	1550 秋	1590 盆	1630 姿
1391 挣	1431 查	1471 临	1511 哆	1551 科	1591 胚	1631 亲
1392 挤	1432 柏	1472 览	1512 咬	1552 重	1592 胧	1632 音
1393 拼	1433 栅	1473 竖	1513 咳	1553 复	1593 胆	1633 帝
1394 挖	1434 柳	1474 省	1514 咪	1554 竿	1594 胜	1634 施
1395 按	1435 柱	1475 削	1515 哪	1555 段	1595 胞	1635 闺
1396 挥	1436 柿	1476 尝	1516 哟	1556 便	1596 胖	1636 闻
1397 挪	1437 栏	1477 昧	1517 炭	1557 俩	1597 脉	1637 闽
1398 拯	1438 柠	1478 盹	1518 峡	1558 贷	1598 胎	1638 阀
1399 某	1439 树	1479 是	1519 罚	1559 顺	1599 勉	1639 阁
1400 甚	1440 勃	1480 盼	1520 贱	1560 修	1600 狭	1640 差
1401 荆	1441 要	1481 眨	1521 贴	1561 俏	1601 狮	1641 养
1402 茸	1442 柬	1482 哇	1522 贻	1562 保	1602 独	1642 美
1403 革	1443 咸	1483 哄	1523 骨	1563 促	1603 狰	1643 姜
1404 苲	1444 威	1484 哑	1524 幽	1564 俄	1604 狡	1644 叛
1405 荐	1445 歪	1485 显	1525 钙	1565 俐	1605 狱	1645 送
1406 巷	1446 研	1486 冒	1526 钝	1566 侮	1606 狠	1646 类
1407 带	1447 砖	1487 映	1527 钞	1567 俭	1607 贸	1647 迷
1408 草	1448 厘	1488 星	1528 钟	1568 俗	1608 怨	1648 籽
1409 茧	1449 厚	1489 昨	1529 钢	1569 俘	1609 急	1649 娄
1410 茵	1450 砌	1490 咧	1530 钠	1570 信	1610 饵	1650 前
1411 茶	1451 砂	1491 昭	1531 钥	1571 皇	1611 饶	1651 首
1412 荒	1452 泵	1492 畏	1532 钦	1572 泉	1612 蚀	1652 逆
1413 茫	1453 砚	1493 趴	1533 钧	1573 鬼	1613 饺	1653 兹
1414 荡	1454 砍	1494 胃	1534 钩	1574 侵	1614 饼	1654 总
1415 荣	1455 面	1495 贵	1535 钮	1575 禹	1615 恋	1655 炼
1416 荤	1456 耐	1496 界	1536 卸	1576 侯	1616 弯	1656 炸
1417 荧	1457 耍	1497 虹	1537 缸	1577 追	1617 将	1657 烁
1418 故	1458 牵	1498 虾	1538 拜	1578 俊	1618 奖	1658 炮
1419 胡	1459 鸥	1499 蚁	1539 看	1579 盾	1619 哀	1659 炫

1660 烂	1700 突	1740 姚	1780 匪	1820 恭	1860 辱	1900 蚣
1661 剃	1701 穿	1741 娜	1781 捞	1821 莽	1861 唇	1901 蚊
1662 洼	1702 窃	1742 怒	1782 栽	1822 莱	1862 夏	1902 蚪
1663 洁	1703 客	1743 架	1783 捕	1823 莲	1863 砸	1903 蚓
1664 洪	1704 诚	1744 贺	1784 埂	1824 莫	1864 砰	1904 哨
1665 洒	1705 冠	1745 盈	1785 捂	1825 莉	1865 砾	1905 哩
1666 柒	1706 诬	1746 勇	1786 振	1826 荷	1866 础	1906 圃
1667 浇	1707 语	1747 怠	1787 载	1827 获	1867 破	1907 哭
1668 浊	1708 扁	1748 癸	1788 赶	1828 晋	1868 原	1908 哦
1669 洞	1709 袄	1749 蚕	1789 起	1829 恶	1869 套	1909 恩
1670 测	1710 祖	1750 柔	1790 盐	1830 莹	1870 逐	1910 鸯
1671 洗	1711 神	1751 垒	1791 捎	1831 莺	1871 烈	1911 唤
1672 活	1712 祝	1752 绑	1792 捍	1832 真	1872 殊	1912 唁
1673 派	1713 祠	1753 绒	1793 捏	1833 框	1873 殉	1913 哼
1674 洽	1714 误	1754 结	1794 埋	1834 梆	1874 顾	1914 唧
1675 染	1715 诱	1755 绕	1795 捉	1835 桂	1875 轿	1915 啊
1676 洛	1716 诲	1756 骄	1796 捆	1836 桔	1876 较	1916 唉
1677 浏	1717 说	1757 绘	1797 捐	1837 栖	1877 顿	1917 唆
1678 济	1718 诵	1758 给	1798 损	1838 档	1878 毙	1918 罢
1679 洋	1719 垦	1759 绚	1799 袁	1839 桐	1879 致	1919 峭
1680 洲	1720 退	1760 骆	1800 捌	1840 株	1880 柴	1920 峨
1681 浑	1721 既	1761 络	1801 都	1841 桥	1881 桌	1921 峰
1682 浓	1722 屋	1762 绝	1802 哲	1842 桦	1882 虑	1922 圆
1683 津	1723 昼	1763 绞	1803 逝	1843 栓	1883 监	1923 峻
1684 恃	1724 屏	1764 骇	1804 捡	1844 桃	1884 紧	1924 贼
1685 恒	1725 屎	1765 统	1805 挫	1845 格	1885 党	1925 贿
1686 恢	1726 费	1766 耕	1806 换	1846 桩	1886 逞	1926 赂
1687 恍	1727 陡	1767 耘	1807 挽	1847 校	1887 晒	1927 赃
1688 恬	1728 逊	1768 耗	1808 挚	1848 核	1888 眠	1928 钱
1689 恤	1729 眉	1769 耙	1809 热	1849 样	1889 晓	1929 钳
1690 恰	1730 孩	1770 艳	1810 恐	1850 根	1890 哮	1930 钻
1691 恼	1731 陨	1771 泰	1811 捣	1851 索	1891 唠	1931 钾
1692 恨	1732 除	1772 秦	1812 壶	1852 哥	1892 鸭	1932 铁
1693 举	1733 险	1773 珠	1813 捅	1853 速	1893 晃	1933 铃
1694 觉	1734 院	1774 班	1814 埃	1854 逗	1894 哺	1934 铅
1695 宣	1735 娃	1775 素	1815 挨	1855 栗	1895 晌	1935 缺
1696 宦	1736 姥	1776 匿	1816 耻	1856 贾	1896 剔	1936 氧
1697 室	1737 姨	1777 蚕	1817 耿	1857 酌	1897 晕	1937 氨
1698 官	1738 姻	1778 顽	1818 耽	1858 配	1898 蚌	1938 特
1699 宪	1739 娇	1779 盏	1819 聂	1859 翅	1899 畔	1939 牺

1940 造	1980 舨	2020 衷	2060 烧	2100 宵	2140 娱	2180 掏
1941 乘	1981 航	2021 高	2061 烛	2101 宴	2141 娟	2181 掐
1942 敌	1982 途	2022 郭	2062 烟	2102 宾	2142 恕	2182 掠
1943 秤	1983 拿	2023 席	2063 烙	2103 窃	2143 娥	2183 掂
1944 租	1984 耸	2024 准	2064 递	2104 窄	2144 娘	2184 培
1945 积	1985 爹	2025 座	2065 涛	2105 容	2145 通	2185 接
1946 秧	1986 舀	2026 症	2066 浙	2106 宰	2146 能	2186 掷
1947 秩	1987 爱	2027 病	2067 涝	2107 案	2147 难	2187 控
1948 称	1988 豺	2028 疾	2068 浦	2108 请	2148 预	2188 探
1949 秘	1989 豹	2029 斋	2069 酒	2109 朗	2149 桑	2189 据
1950 透	1990 颁	2030 疹	2070 涉	2110 诸	2150 绢	2190 掘
1951 笔	1991 颂	2031 疼	2071 消	2111 诺	2151 绣	2191 掺
1952 笑	1992 翁	2032 疲	2072 涡	2112 读	2152 验	2192 职
1953 笋	1993 胰	2033 脊	2073 浩	2113 扇	2153 继	2193 基
1954 债	1994 脆	2034 效	2074 海	2114 诽	2154 骏	2194 聆
1955 借	1995 脂	2035 离	2075 涂	2115 袜	2155 球	2195 勘
1956 值	1996 胸	2036 紊	2076 浴	2116 袖	2156 琐	2196 聊
1957 倚	1997 胳	2037 唐	2077 浮	2117 袍	2157 理	2197 娶
1958 俺	1998 脏	2038 瓷	2078 涣	2118 被	2158 琉	2198 著
1959 倾	1999 脐	2039 资	2079 涤	2119 祥	2159 琅	2199 菱
1960 倒	2000 胶	2040 凉	2080 流	2120 课	2160 捧	2200 勒
1961 倘	2001 脑	2041 站	2081 润	2121 冥	2161 堵	2201 黄
1962 俱	2002 脓	2042 剖	2082 涧	2122 谁	2162 措	2202 菲
1963 倡	2003 逛	2043 竞	2083 涕	2123 调	2163 描	2203 萌
1964 候	2004 狸	2044 部	2084 浪	2124 冤	2164 域	2204 萝
1965 赁	2005 狼	2045 旁	2085 浸	2125 谅	2165 捺	2205 菌
1966 俯	2006 卿	2046 旅	2086 涨	2126 谆	2166 掩	2206 萎
1967 倍	2007 逢	2047 畜	2087 烫	2127 谈	2167 捷	2207 菜
1968 倦	2008 鸵	2048 阅	2088 涩	2128 谊	2168 排	2208 萄
1969 健	2009 留	2049 羞	2089 涌	2129 剥	2169 焉	2209 菊
1970 臭	2010 鸳	2050 羔	2090 悖	2130 恳	2170 掉	2210 菩
1971 射	2011 皱	2051 瓶	2091 悟	2131 展	2171 捶	2211 萍
1972 躬	2012 饿	2052 拳	2092 悄	2132 剧	2172 赦	2212 菠
1973 息	2013 馁	2053 粉	2093 悍	2133 屑	2173 堆	2213 萤
1974 倔	2014 凌	2054 料	2094 悔	2134 弱	2174 推	2214 营
1975 徒	2015 凄	2055 益	2095 悯	2135 陵	2175 埠	2215 乾
1976 徐	2016 恋	2056 兼	2096 悦	2136 崇	2176 掀	2216 萧
1977 殷	2017 桨	2057 烤	2097 害	2137 陶	2177 授	2217 萨
1978 舰	2018 浆	2058 烘	2098 宽	2138 陷	2178 捻	2218 菇
1979 舱	2019 衰	2059 烦	2099 家	2139 陪	2179 教	2219 械

2220 彬	2260 晨	2300 崛	2340 徙	2380 庵	2420 混	2460 谋
2221 梦	2261 睁	2301 婴	2341 得	2381 痊	2421 淮	2461 谎
2222 楚	2262 眯	2302 圈	2342 衔	2382 痒	2422 淆	2462 谐
2223 梗	2263 眼	2303 铐	2343 盘	2383 痕	2423 渊	2463 袱
2224 梧	2264 悬	2304 铛	2344 舶	2384 廊	2424 淫	2464 祷
2225 梢	2265 野	2305 铝	2345 船	2385 康	2425 渔	2465 祸
2226 梅	2266 啪	2306 铜	2346 舵	2386 庸	2426 淘	2466 谓
2227 检	2267 啦	2307 铭	2347 斜	2387 鹿	2427 淳	2467 谚
2228 梳	2268 曼	2308 铲	2348 盒	2388 盗	2428 液	2468 谜
2229 梯	2269 晦	2309 银	2349 鸽	2389 章	2429 淤	2469 逮
2230 桶	2270 晚	2310 矫	2350 敛	2390 竟	2430 淡	2470 敢
2231 梭	2271 啄	2311 甜	2351 悉	2391 商	2431 淀	2471 尉
2232 救	2272 啡	2312 秸	2352 欲	2392 族	2432 深	2472 屠
2233 曹	2273 距	2313 梨	2353 彩	2393 旋	2433 涮	2473 弹
2234 副	2274 趾	2314 犁	2354 领	2394 望	2434 涵	2474 隋
2235 票	2275 啃	2315 秽	2355 脚	2395 率	2435 婆	2475 堕
2236 酝	2276 跃	2316 移	2356 脖	2396 阎	2436 梁	2476 随
2237 酗	2277 略	2317 笨	2357 脯	2397 阐	2437 渗	2477 蛋
2238 厢	2278 蚯	2318 笼	2358 豚	2398 着	2438 情	2478 隅
2239 戚	2279 蛀	2319 笛	2359 脸	2399 羚	2439 惜	2479 隆
2240 硅	2280 蛇	2320 笙	2360 脱	2400 盖	2440 惭	2480 隐
2241 硕	2281 唬	2321 符	2361 象	2401 眷	2441 悼	2481 婚
2242 奢	2282 累	2322 第	2362 够	2402 粘	2442 惧	2482 婶
2243 盔	2283 鄂	2323 敏	2363 逸	2403 粗	2443 惕	2483 婉
2244 爽	2284 唱	2324 做	2364 猜	2404 粒	2444 惟	2484 颇
2245 聋	2285 患	2325 袋	2365 猪	2405 断	2445 惊	2485 颈
2246 袭	2286 啰	2326 悠	2366 猎	2406 剪	2446 惦	2486 绩
2247 盛	2287 唾	2327 偿	2367 猫	2407 兽	2447 悴	2487 绪
2248 匾	2288 唯	2328 偶	2368 凰	2408 焊	2448 惋	2488 续
2249 雪	2289 啤	2329 偎	2369 猖	2409 焕	2449 惨	2489 骑
2250 辅	2290 哈	2330 偷	2370 猛	2410 清	2450 惯	2490 绰
2251 辆	2291 啸	2331 您	2371 祭	2411 添	2451 寇	2491 绳
2252 颅	2292 崖	2332 售	2372 馅	2412 鸿	2452 寅	2492 维
2253 虚	2293 崎	2333 停	2373 馆	2413 淋	2453 寄	2493 绵
2254 彪	2294 崭	2334 偏	2374 凑	2414 涯	2454 寂	2494 绷
2255 雀	2295 逻	2335 躯	2375 减	2415 淹	2455 宿	2495 绸
2256 堂	2296 崔	2336 兜	2376 毫	2416 渠	2456 窒	2496 综
2257 常	2297 帷	2337 假	2377 烹	2417 渐	2457 窑	2497 绽
2258 眶	2298 崩	2338 衅	2378 庶	2418 淑	2458 密	2498 绿
2259 匙	2299 崇	2339 徘	2379 麻	2419 淌	2459 谋	2499 缀

2500 巢	2540 揉	2580 惠	2620 晶	2660 锁	2700 粤	2740 羡
2501 琴	2541 斯	2581 惑	2621 喇	2661 锄	2701 奥	2741 普
2502 琳	2542 期	2582 逼	2622 遇	2662 锅	2702 街	2742 粪
2503 琢	2543 欺	2583 粟	2623 喊	2663 锈	2703 惩	2743 尊
2504 琼	2544 联	2584 棘	2624 遏	2664 锋	2704 御	2744 奠
2505 斑	2545 葫	2585 酣	2625 晾	2665 锌	2705 循	2745 道
2506 替	2546 散	2586 酥	2626 景	2666 锐	2706 艇	2746 遂
2507 揍	2547 惹	2587 厨	2627 畴	2667 甥	2707 舒	2747 曾
2508 款	2548 葬	2588 厦	2628 践	2668 掰	2708 逾	2748 焰
2509 堪	2549 募	2589 硬	2629 跋	2669 短	2709 番	2749 港
2510 塔	2550 葛	2590 硝	2630 跌	2670 智	2710 释	2750 滞
2511 搭	2551 董	2591 确	2631 跑	2671 氮	2711 禽	2751 湖
2512 堰	2552 葡	2592 硫	2632 跛	2672 毯	2712 腊	2752 湘
2513 揩	2553 敬	2593 雁	2633 遗	2673 氯	2713 脾	2753 渣
2514 越	2554 葱	2594 殖	2634 蛙	2674 鹅	2714 腋	2754 渤
2515 趁	2555 蒋	2595 裂	2635 蛛	2675 剩	2715 腔	2755 渺
2516 趋	2556 蒂	2596 雄	2636 蜒	2676 稍	2716 腕	2756 湿
2517 超	2557 落	2597 颊	2637 蜓	2677 程	2717 鲁	2757 温
2518 揽	2558 韩	2598 雳	2638 蛤	2678 稀	2718 猩	2758 渴
2519 堤	2559 朝	2599 暂	2639 喝	2679 税	2719 猬	2759 溃
2520 提	2560 辜	2600 雅	2640 鹃	2680 筐	2720 猾	2760 溅
2521 博	2561 葵	2601 翘	2641 喂	2681 等	2721 猴	2761 滑
2522 揭	2562 棒	2602 辈	2642 喘	2682 筑	2722 惫	2762 湃
2523 喜	2563 棱	2603 悲	2643 喉	2683 策	2723 然	2763 渝
2524 彭	2564 棋	2604 紫	2644 喻	2684 筛	2724 馈	2764 湾
2525 揣	2565 椰	2605 凿	2645 啼	2685 筒	2725 馋	2765 渡
2526 插	2566 植	2606 辉	2646 喧	2686 筏	2726 装	2766 游
2527 揪	2567 森	2607 敞	2647 嵌	2687 答	2727 蛮	2767 滋
2528 搜	2568 焚	2608 棠	2648 幅	2688 筋	2728 就	2768 渲
2529 煮	2569 椅	2609 赏	2649 帽	2689 筝	2729 敦	2769 溉
2530 援	2570 椒	2610 掌	2650 赋	2690 傲	2730 斌	2770 愤
2531 搀	2571 棵	2611 晴	2651 赌	2691 傅	2731 痘	2771 慌
2532 裁	2572 棍	2612 睐	2652 赎	2692 牌	2732 痢	2772 惰
2533 搁	2573 椎	2613 暑	2653 赐	2693 堡	2733 疾	2773 愕
2534 搓	2574 棉	2614 最	2654 赔	2694 集	2734 痛	2774 愣
2535 搂	2575 棚	2615 晰	2655 黑	2695 焦	2735 童	2775 惶
2536 搅	2576 棕	2616 量	2656 铸	2696 傍	2736 竣	2776 愧
2537 壹	2577 棺	2617 鼎	2657 铺	2697 储	2737 阔	2777 愉
2538 握	2578 榔	2618 喷	2658 链	2698 皓	2738 善	2778 慨
2539 搔	2579 椭	2619 喳	2659 销	2699 皖	2739 翔	2779 割

2780 寒	2820 缕	2860 蒸	2900 睦	2940 锤	2980 触	3020 溺
2781 富	2821 骗	2861 献	2901 睬	2941 锥	2981 解	3021 梁
2782 寓	2822 编	2862 椿	2902 嗜	2942 锦	2982 煞	3022 滩
2783 审	2823 骚	2863 禁	2903 鄙	2943 键	2983 雏	3023 慎
2784 窝	2824 缘	2864 楚	2904 嗦	2944 锯	2984 馍	3024 誉
2785 窖	2825 瑟	2865 楷	2905 愚	2945 锰	2985 馏	3025 塞
2786 窗	2826 鹉	2866 榄	2906 暖	2946 矮	2986 酱	3026 寞
2787 窘	2827 瑞	2867 想	2907 盟	2947 辞	2987 禀	3027 窥
2788 遍	2828 瑰	2868 槐	2908 歇	2948 稚	2988 痹	3028 窟
2789 雇	2829 瑶	2869 榆	2909 暗	2949 稠	2989 廓	3029 寝
2790 裕	2830 魂	2870 楼	2910 暇	2950 颊	2990 痴	3030 谨
2791 裤	2831 肆	2871 概	2911 照	2951 愁	2991 痰	3031 褂
2792 裙	2832 摄	2872 赖	2912 畸	2952 筹	2992 廉	3032 裸
2793 禅	2833 摸	2873 酪	2913 跨	2953 签	2993 靖	3033 福
2794 禄	2834 填	2874 酬	2914 跷	2954 简	2994 新	3034 谬
2795 谢	2835 搏	2875 感	2915 跳	2955 筷	2995 韵	3035 群
2796 谣	2836 塌	2876 碍	2916 跺	2956 毁	2996 意	3036 殿
2797 谤	2837 鼓	2877 碑	2917 跪	2957 舅	2997 誊	3037 辟
2798 谦	2838 摆	2878 碑	2918 路	2958 鼠	2998 粮	3038 障
2799 犀	2839 携	2879 碎	2919 跤	2959 催	2999 数	3039 媳
2800 属	2840 搬	2880 碰	2920 跟	2960 傻	3000 煎	3040 嫉
2801 屡	2841 摇	2881 碗	2921 遣	2961 像	3001 塑	3041 嫌
2802 强	2842 搞	2882 碌	2922 蜈	2962 躲	3002 慈	3042 嫁
2803 粥	2843 塘	2883 尴	2923 蜗	2963 魁	3003 煤	3043 叠
2804 疏	2844 摊	2884 雷	2924 蛾	2964 衙	3004 煌	3044 缚
2805 隔	2845 聘	2885 零	2925 蜂	2965 微	3005 满	3045 缝
2806 隙	2846 斟	2886 雾	2926 蜕	2966 愈	3006 漠	3046 缠
2807 隘	2847 蒜	2887 雹	2927 嗅	2967 遥	3007 滇	3047 缤
2808 媒	2848 勤	2888 辐	2928 喻	2968 腻	3008 源	3048 剿
2809 絮	2849 靴	2889 辑	2929 嗓	2969 腰	3009 滤	3049 静
2810 嫂	2850 靶	2890 输	2930 署	2970 腥	3010 滥	3050 碧
2811 媚	2851 鹊	2891 督	2931 置	2971 腮	3011 滔	3051 璃
2812 婿	2852 蓝	2892 频	2932 罪	2972 腹	3012 溪	3052 赘
2813 登	2853 墓	2893 龄	2933 罩	2973 腺	3013 溜	3053 熬
2814 缅	2854 幕	2894 鉴	2934 蜀	2974 鹏	3014 滴	3054 墙
2815 缆	2855 蓬	2895 睛	2935 幌	2975 腾	3015 滚	3055 墟
2816 缉	2856 蓄	2896 睹	2936 错	2976 腿	3016 溢	3056 嘉
2817 缎	2857 蒲	2897 睦	2937 锚	2977 鲍	3017 溯	3057 摧
2818 缓	2858 蓉	2898 瞄	2938 锡	2978 猿	3018 滨	3058 赫
2819 缔	2859 蒙	2899 睫	2939 锣	2979 颖	3019 溶	3059 截

3060 誓	3100 颗	3140 敲	3180 褪	3220 豌	3260 稽	3300 懂
3061 境	3101 瞅	3141 豪	3181 谱	3221 飘	3261 稻	3301 憔
3062 摘	3102 墅	3142 膏	3182 隧	3222 醋	3262 黎	3302 懊
3063 摔	3103 噘	3143 遮	3183 嫩	3223 醇	3263 稿	3303 憎
3064 撇	3104 踊	3144 腐	3184 翠	3224 醉	3264 稼	3304 额
3065 聚	3105 蜻	3145 瘩	3185 熊	3225 磕	3265 箱	3305 翩
3066 慕	3106 蜡	3146 瘟	3186 凳	3226 磊	3266 篓	3306 褥
3067 暮	3107 蝇	3147 瘦	3187 骡	3227 磅	3267 箭	3307 谴
3068 摹	3108 蚰	3148 辣	3188 缩	3228 碾	3268 篇	3308 鹤
3069 蔓	3109 蝉	3149 彰	3189 慧	3229 震	3269 僵	3309 憨
3070 蔑	3110 嘛	3150 竭	3190 撵	3230 霄	3270 躺	3310 慰
3071 蔡	3111 嘀	3151 端	3191 撕	3231 霉	3271 僻	3311 劈
3072 蔗	3112 赚	3152 旗	3192 撒	3232 瞒	3272 德	3312 履
3073 蔽	3113 锹	3153 精	3193 撩	3233 题	3273 艘	3313 豫
3074 蔼	3114 锻	3154 粹	3194 趣	3234 暴	3274 膝	3314 缭
3075 熙	3115 镀	3155 歉	3195 趟	3235 瞎	3275 膛	3315 撼
3076 蔚	3116 舞	3156 弊	3196 撑	3236 嘻	3276 鲤	3316 擂
3077 兢	3117 舔	3157 熄	3197 撮	3237 嘶	3277 鲫	3317 操
3078 模	3118 稳	3158 熔	3198 撬	3238 嘲	3278 熟	3318 擅
3079 槛	3119 熏	3159 煽	3199 播	3239 嘹	3279 摩	3319 燕
3080 榴	3120 箕	3160 潇	3200 擒	3240 影	3280 褒	3320 蕾
3081 榜	3121 算	3161 漆	3201 墩	3241 踢	3281 瘪	3321 薯
3082 榨	3122 箩	3162 漱	3202 撞	3242 踏	3282 瘤	3322 薛
3083 榕	3123 管	3163 漂	3203 撤	3243 踩	3283 瘫	3323 薇
3084 歌	3124 箫	3164 漫	3204 增	3244 踪	3284 凛	3324 擎
3085 遭	3125 舆	3165 滴	3205 撰	3245 蝶	3285 颜	3325 薪
3086 酵	3126 僚	3166 漾	3206 聪	3246 蝴	3286 毅	3326 薄
3087 酷	3127 僧	3167 演	3207 鞋	3247 蝠	3287 糊	3327 颠
3088 酿	3128 鼻	3168 漏	3208 鞍	3248 蝎	3288 遵	3328 翰
3089 酸	3129 魄	3169 慢	3209 蕉	3249 蚪	3289 憋	3329 噩
3090 碟	3130 魅	3170 慷	3210 蕊	3250 蝗	3290 潜	3330 橱
3091 碱	3131 貌	3171 寨	3211 蔬	3251 蝙	3291 澎	3331 橙
3092 碳	3132 膜	3172 赛	3212 蕴	3252 嘿	3292 潮	3332 橘
3093 磁	3133 膊	3173 寡	3213 横	3253 嘱	3293 潭	3333 整
3094 愿	3134 膀	3174 察	3214 槽	3254 幢	3294 鲨	3334 融
3095 需	3135 鲜	3175 蜜	3215 樱	3255 墨	3295 澳	3335 瓢
3096 辖	3136 疑	3176 寥	3216 橡	3256 镇	3296 潘	3336 醒
3097 辗	3137 孵	3177 谭	3217 樟	3257 镐	3297 澈	3337 霍
3098 雌	3138 馒	3178 肇	3218 橄	3258 镑	3298 澜	3338 霎
3099 裳	3139 裹	3179 褐	3219 敷	3259 靠	3299 澄	3339 辙

3340 冀	3363 衡	3386 缰	3409 蹈	3432 豁	3455 藻	3478 蠕
3341 餐	3364 膨	3387 缴	3410 螺	3433 臀	3456 攀	3479 嚼
3342 嘴	3365 雕	3388 戴	3411 蟋	3434 臂	3457 曝	3480 嚷
3343 踱	3366 鲸	3389 擦	3412 蟀	3435 翼	3458 蹲	3481 巍
3344 蹄	3367 磨	3390 藉	3413 嚎	3436 骤	3459 蹭	3482 籍
3345 踩	3368 瘾	3391 鞠	3414 赡	3437 藕	3460 蹬	3483 鳞
3346 螃	3369 瘸	3392 藏	3415 穗	3438 鞭	3461 巅	3484 魔
3347 螃	3370 凝	3393 薅	3416 魏	3439 藤	3462 簸	3485 糯
3348 器	3371 辨	3394 檬	3417 黉	3440 覆	3463 簿	3486 灌
3349 噪	3372 辩	3395 檐	3418 簇	3441 瞻	3464 蟹	3487 譬
3350 鹦	3373 糙	3396 檀	3419 繁	3442 蹦	3465 颤	3488 蠢
3351 赠	3374 糖	3397 礁	3420 徽	3443 嚣	3466 靡	3489 霸
3352 默	3375 糕	3398 磷	3421 爵	3444 镰	3467 癣	3490 露
3353 黔	3376 燃	3399 霜	3422 朦	3445 翻	3468 瓣	3491 霹
3354 镜	3377 濒	3400 霞	3423 臊	3446 鳍	3469 羹	3492 蹒
3355 赞	3378 澡	3401 瞭	3424 鳄	3447 鹰	3470 鏊	3493 黯
3356 穆	3379 激	3402 瞧	3425 癌	3448 瀑	3471 爆	3494 髓
3357 篮	3380 懒	3403 瞬	3426 辨	3449 襟	3472 疆	3495 赣
3358 篡	3381 憨	3404 瞳	3427 嬴	3450 壁	3473 鬓	3496 囊
3359 篷	3382 懈	3405 瞩	3428 糟	3451 戳	3474 壤	3497 镶
3360 篱	3383 窿	3406 瞪	3429 糠	3452 孽	3475 馨	3498 瓢
3361 儒	3384 壁	3407 曙	3430 燥	3453 警	3476 耀	3499 罐
3362 邀	3385 避	3408 蹋	3431 懦	3454 蘑	3477 躁	3500 矗

附录十二　标点符号用法

目　录

前言 ··· 423
1. 范围 ··· 423
2. 术语和定义 ·· 423
3. 标点符号的种类 ··· 424
4. 标点符号的定义、形式和用法 ··· 424
5. 标点符号的位置和书写形式 ··· 435
附录A（规范性附录）标点符号用法的补充规则 ································· 436
附录B（资料性附录）标点符号若干用法的说明 ································· 440

前　言

本标准按照GB/T 1.1—2009给出的规则起草。

本标准代替GB/T 15834—1995，与GB/T 15834—1995相比，主要变化如下：

——根据我国国家标准编写规则（GB/T 1.1—2009），对本标准的编排和表述做了全面修改；

——更换了大部分示例，使之更简短、通俗、规范；

——增加了对术语"标点符号"和"语段"的定义（2.1/2.5）；

——对术语"复句"和"分句"的定义做了修改（2.3/2.4）；

——对句末点号（句号、问号、叹号）的定义做了修改，更强调句末点号与句子语气之间的关系（4.1.1/4.2.1/4.3.1）；

——对逗号的基本用法做了补充（4.4.3）；

——增加了不同形式括号用法的示例（4.9.3）；

——省略号的形式统一为六连点"……"，但在特定情况下允许连用（4.11）；

——取消了连接号中原有的二字线，将连接号形式规范为短横线"-"、一字线"—"和浪纹线"～"，并对三者的功能做了归并与划分（4.13）；

——明确了书名号的使用范围（4.15/A.13）；

——增加了分隔号的用法说明（4.17）；

——"标点符号的位置"一章的标题改为"标点符号的位置和书写形式"，并增加了使用中文输入软件处理标点符号时的相关规范（第5章）；

——增加了"附录"：附录A为规范性附录，主要说明标点符号不能怎样使用和对标点符号用法加以补充说明，以解决目前使用混乱或争议较大的问题。附录B为资料性附录，对功能有交叉的标点符号的用法做了区分，并对标点符号误用高发环境下的规范用法做了说明。

本标准由教育部语言文字信息管理司提出并归口。

本标准主要起草单位：北京大学。

本标准主要起草人：沈阳、刘妍、于泳波、翁姗姗。

本标准所代替标准的历次版本发布情况为：

——GB/T 15834—1995。

标点符号用法

1　范围

本标准规定了现代汉语标点符号的用法。

本标准适用于汉语的书面语（包括汉语和外语混合排版时的汉语部分）。

2　术语和定义

下列术语和定义适用于本文件。

2.1　标点符号　punctuation

辅助文字记录语言的符号，是书面语的有机组成部分，用来表示语句的停顿、语气以及标示某些成分（主要是词语）的特定性质和作用。

注：数学符号、货币符号、校勘符号、辞书符号、注音符号等特殊领域的专门符号不属于标点符号。

2.2 句子 sentence

前后都有较大停顿、带有一定的语气和语调、表达相对完整意义的语言单位。

2.3 复句 complex sentence

由两个或多个在意义上有密切关系的分句组成的语言单位，包括简单复句（内部只有一层语义关系）和多重复句（内部包含多层语义关系）。

2.4 分句 clause

复句内两个或多个前后有停顿、表达相对完整意义、不带有句末语气和语调、有的前面可添加关联词语的语言单位。

2.5 语段 expression

指语言片段，是对各种语言单位（如词、短语、句子、复句等）不做特别区分时的统称。

3 标点符号的种类

3.1 点号

点号的作用是点断，主要表示停顿和语气。分为句末点号和句内点号。

3.1.1 句末点号

用于句末的点号，表示句末停顿和句子的语气。包括句号、问号、叹号。

3.1.2 句内点号

用于句内的点号，表示句内各种不同性质的停顿。包括逗号、顿号、分号、冒号。

3.2 标号

标号的作用是标明，主要标示某些成分（主要是词语）的特定性质和作用。包括引号、括号、破折号、省略号、着重号、连接号、间隔号、书名号、专名号、分隔号。

4 标点符号的定义、形式和用法

4.1 句号

4.1.1 定义

句末点号的一种，主要表示句子的陈述语气。

4.1.2 形式

句号的形式是"。"。

4.1.3 基本用法

4.1.3.1 用于句子末尾，表示陈述语气。使用句号主要根据语段前后有较大停顿、带有陈述语气和语调，并不取决于句子的长短。

示例1：北京是中华人民共和国的首都。

示例2：（甲：咱们走着去吧？）乙：好。

4.1.3.2 有时也可表示较缓和的祈使语气和感叹语气。

示例1：请您稍等一下。

示例2：我不由地感到，这些普通劳动者也同样是很值得尊敬的。

4.2 问号

4.2.1 定义

句末点号的一种，主要表示句子的疑问语气。

4.2.2 形式

问号的形式是"？"。

4.2.3 基本用法

4.2.3.1 用于句子末尾，表示疑问语气（包括反问、设问等疑问类型）。使用问号主要根据语段前后有较大停顿、带有疑问语气和语调，并不取决于句子的长短。

示例1：你怎么还不回家去呢？

示例2：难道这些普通的战士不值得歌颂吗？

示例3：（一个外国人，不远万里来到中国，帮助中国的抗日战争。）这是什么精神？这是国际主义的精神。

4.2.3.2 选择问句中，通常只在最后一个选项的末尾用问号，各个选项之间一般用逗号隔开。当选项较短且选项之间几乎没有停顿时，选项之间可不用逗号。当选项较多或较长，或有意突出每个选项的独立性时，也可每个选项之后都用问号。

示例1：诗中记述的这场战争究竟是真实的历史描述，还是诗人的虚构？

示例2：这是巧合还是有意安排？

示例3：要一个什么样的结尾：现实主义的？传统的？大团圆的？荒诞的？民族形式的？有象征意义的？

示例4：（他看着我的作品称赞了我。）但到底是称赞我什么：是有几处画得好？还是什么都敢画？抑或只是一种对于失败者的无可奈何的安慰？我不得而知。

示例5：这一切都是由客观的条件造成的？还是由行为的惯性造成的？

4.2.3.3 在多个问句连用或表达疑问语气加重时，可叠用问号。通常应先单用，再叠用，最多叠用三个问号。在没有异常强烈的情感表达需要时不宜叠用问号。

示例：这就是你的做法吗？你这个总经理是怎么当的？？你怎么竟敢这样欺骗消费者？？？

4.2.3.4 问号也有标号的用法，即用于句内，表示存疑或不详。

示例1：马致远（1250？—1321），大都人，元代戏曲家、散曲家。

示例2：钟嵘（？—518），颍川长社人，南朝梁代文学批评家。

示例3：出现这样的文字错误，说明作者（编者？校者？）很不认真。

4.3 叹号

4.3.1 定义

句末点号的一种，主要表示句子的感叹语气。

4.3.2 形式

叹号的形式是"！"。

4.3.3 基本用法

4.3.3.1 用于句子末尾，主要表示感叹语气，有时也可表示强烈的祈使语气、反问语气等。使用叹号主要根据语段前后有较大停顿、带有感叹语气和语调或带有强烈的祈使、反问语气和语调，并不取决于句子的长短。

示例1：才一年不见，这孩子都长这么高啦！

示例2：你给我住嘴！

示例3：谁知道他今天是怎么搞的！

4.3.3.2 用于拟声词后，表示声音短促或突然。

示例1：咔嚓！一道闪电划破了夜空。

示例2：咚！咚咚！突然传来一阵急促的敲门声。

4.3.3.3 表示声音巨大或声音不断加大时，可叠用叹号；表达强烈语气时，也可叠用叹号，最多叠用三个叹号。在没有异常强烈的情感表达需要时不宜叠用叹号。

示例1：轰！！在这天崩地塌的声音中，女娲猛然醒来。

示例2：我要揭露！我要控诉！！我要以死抗争！！！

4.3.3.4 当句子包含疑问、感叹两种语气且都比较强烈时（如带有强烈感情的反问句和带有惊愕语气的疑问句），可在问号后再加叹号（问号、叹号各一）。

示例1：这么点困难就能把我们吓倒吗？！

示例2：他连这些最起码的常识都不懂，还敢说自己是高科技人才？！

4.4 逗号

4.4.1 定义

句内点号的一种，表示句子或语段内部的一般性停顿。

4.4.2 形式

逗号的形式是","。

4.4.3 基本用法

4.4.3.1 复句内各分句之间的停顿，除了有时用分号（见4.6.3.1），一般都用逗号。

示例1：不是人们的意识决定人们的存在，而是人们的社会存在决定人们的意识。

示例2：学历史使人更明智，学文学使人更智慧，学数学使人更精细，学考古使人更深沉。

示例3：要是不相信我们的理论能反映现实，要是不相信我们的世界有内在和谐，那就不可能有科学。

4.4.3.2 用于下列各种语法位置：

a）较长的主语之后。

示例1：苏州园林建筑各种门窗的精美设计和雕镂功夫，都令人叹为观止。

b）句首的状语之后。

示例2：在苍茫的大海上，狂风卷集着乌云。

c）较长的宾语之前。

示例3：有的考古工作者认为，南方古猿生存于上新世至更新世的初期和中期。

d）带句内语气词的主语（或其他成分）之后，或带句内语气词的并列成分之间。

示例4：他呢，倒是很乐意地、全神贯注地干起来了。

示例5：（那是个没有月亮的夜晚。）可是整个村子——白房顶啦，白树木啦，雪堆啦，全看得见。

e）较长的主语中间、谓语中间或宾语中间。

示例6：母亲沉痛的诉说，以及亲眼见到的事实，都启发了我幼年时期追求真理的思想。

示例7：那姑娘头戴一顶草帽，身穿一条绿色的裙子，腰间还系着一根橙色的腰带。

示例8：必须懂得，对于文化传统，既不能不分青红皂白统统抛弃，也不能不管精华糟粕全盘继承。

f）前置的谓语之后或后置的状语、定语之前。

示例9：真美啊，这条蜿蜒的林间小路。

示例10：她吃力地站了起来，慢慢地。

示例11：我只是一个人，孤孤单单的。

4.4.3.3 用于下列各种停顿处：

a）复指成分或插说成分前后。

示例1：老张，就是原来的办公室主任，上星期已经调走了。

示例2：车，不用说，当然是头等。

b）语气缓和的感叹语、称谓语或呼唤语之后。

示例3：哎哟，这儿，快给我揉揉。

示例4：大娘，您到哪儿去啊？

示例5：喂，你是哪个单位的？

c）某些序次语（"第"字头、"其"字头及"首先"类序次语）之后。

示例6：为什么许多人都有长不大的感觉呢？原因有三：第一，父母总认为自己比孩子成熟；第二，父母总要以自己的标准来衡量孩子；第三，父母出于爱心而总不想让孩子在成长的过程中走弯路。

示例7：《玄秘塔碑》所以成为书法的范本，不外乎以下几方面的因素：其一，具有楷书点画、构体的典范性；其二，承上启下，成为唐楷的极致；其三，字如其人，爱人及字，柳公权高尚的书品、人品为后人所崇仰。

示例8：下面从三个方面讲讲语言的污染问题：首先，是特殊语言环境中的语言污染问题；其次，是滥用缩略语引起的语言污染问题；再次，是空话和废话引起的语言污染问题。

4.5 顿号

4.5.1 定义

句内点号的一种，表示语段中并列词语之间或某些序次语之后的停顿。

4.5.2 形式

顿号的形式是"、"。

4.5.3 基本用法

4.5.3.1 用于并列词语之间。

示例1：这里有自由、民主、平等、开放的风气和氛围。

示例2：造型科学、技艺精湛、气韵生动，是盛唐石雕的特色。

4.5.3.2 用于需要停顿的重复词语之间。

示例：他几次三番、几次三番地辩解着。

4.5.3.3 用于某些序次语（不带括号的汉字数字或"天干地支"类序次语）之后。

示例1：我准备讲两个问题：一、逻辑学是什么？二、怎样学好逻辑学？

示例2：风格的具体内容主要有以下四点：甲、题材；乙、用字；丙、表达；丁、色彩。

4.5.3.4 相邻或相近两数字连用表示概数通常不用顿号。若相邻两数字连用为缩略形式，宜用顿号。

示例1：飞机在6000米高空水平飞行时，只能看到两侧八九公里和前方一二十公里范围内的地面。

示例2：这种凶猛的动物常常三五成群地外出觅食和活动。

示例3：农业是国民经济的基础，也是二、三产业的基础。

4.5.3.5 标有引号的并列成分之间、标有书名号的并列成分之间通常不用顿号。若有其他成分插在并列的引号之间或并列的书名号之间（如引语或书名号之后还有括注），宜用顿号。

示例1："日""月"构成"明"字。

示例2：店里挂着"顾客就是上帝""质量就是生命"等横幅。

示例3：《红楼梦》《三国演义》《西游记》《水浒传》，是我国长篇小说的四大名著。

示例4：李白的"白发三千丈"（《秋浦歌》）、"朝如青丝暮成雪"（《将进酒》）都是脍炙人口的诗句。

示例5：办公室里订有《人民日报》（海外版）、《光明日报》和《时代周刊》等报刊。

4.6 分号

4.6.1 定义

句内点号的一种，表示复句内部并列关系分句之间的停顿，以及非并列关系的多重复句中第一层分句之间的停顿。

4.6.2 形式

分号的形式是"；"。

4.6.3 基本用法

4.6.3.1 表示复句内部并列关系的分句（尤其当分句内部还有逗号时）之间的停顿。

示例1：语言文字的学习，就理解方面说，是得到一种知识；就运用方面说，是养成一种习惯。

示例2：内容有分量，尽管文章短小，也是有分量的；内容没有分量，即使写得再长也没有用。

4.6.3.2 表示非并列关系的多重复句中第一层分句（主要是选择、转折等关系）之间的停顿。

示例1：人还没看见，已经先听见歌声了；或者人已经转过山头望不见了，歌声还余音袅袅。

示例2：尽管人民革命的力量在开始时总是弱小的，所以总是受压的；但是由于革命的力量代表历史发展的方向，因此本质上又是不可战胜的。

示例3：不管一个人如何伟大，也总是生活在一定的环境和条件下；因此，个人的见解总难免带有某种局限性。

示例4：昨天夜里下了一场雨，以为可以凉快些；谁知没有凉快下来，反而更热了。

4.6.3.3 用于分项列举的各项之间。

示例：特聘教授的岗位职责为：一、讲授本学科的主干基础课程；二、主持本学科的重大科研项目；三、领导本学科的学术队伍建设；四、带领本学科赶超或保持世界先进水平。

4.7 冒号

4.7.1 定义

句内点号的一种，表示语段中提示下文或总结上文的停顿。

4.7.2 形式

冒号的形式是"："。

4.7.3 基本用法

4.7.3.1 用于总说性或提示性词语（如"说""例如""证明"等）之后，表示提示下文。

示例1：北京紫禁城有四座城门：午门、神武门、东华门和西华门。

示例2：他高兴地说："咱们去好好庆祝一下吧！"

示例3：小王笑着点了点头："我就是这么想的。"

示例4：这一事实证明：人能创造环境，环境同样也能创造人。

4.7.3.2 表示总结上文

示例：张华上了大学，李萍进了技校，我当了工人：我们都有美好的前途。

4.7.3.3 用在需要说明的词语之后，表示注释和说明。

示例1：（本市将举办首届大型书市。）主办单位：市文化局；承办单位：市图书进出口公司；时间：8月15日—20日；地点：市体育馆观众休息厅。

示例2：（做阅读理解题有两个办法。）办法之一：先读题干，再读原文，带着问题有针对性地读课文。办法之二：直接读原文，读完再做题，减少先入为主的干扰。

4.7.3.4 用于书信、讲话稿中称谓语或称呼语之后。

示例1：广平先生：……

示例2：同志们、朋友们：……

4.7.3.5 一个句子内部一般不应套用冒号。在列举式或条文式表述中，如不得不套用冒号时，宜另起段落来显示各个层次。

示例：第十条 遗产按照下列顺序继承：

第一顺序：配偶、子女、父母。

第二顺序：兄弟姐妹、祖父母、外祖父母。

4.8 引号

4.8.1 定义

标号的一种，标示语段中直接引用的内容或需要特别指出的成分。

4.8.2 形式

引号的形式有双引号""""和单引号"''"两种。左侧的为前引号，右侧的为后引号。

4.8.3 基本用法

4.8.3.1 标示语段中直接引用的内容。

示例：李白诗中就有"白发三千丈"这样极尽夸张的语句。

4.8.3.2 标示需要着重论述或强调的内容。

示例：这里所谓的"文"，并不是指文字，而是指文采。

4.8.3.3 标示语段中具有特殊含义而需要特别指出的成分，如别称、简称、反语等。

示例1：电视被称作"第九艺术"。

示例2：人类学上常把古人化石统称为尼安德特人，简称"尼人"。

示例3：有几个"慈祥"的老板把捡来的菜叶用盐浸浸就算作工友的菜肴。

4.8.3.4 当引号中还需要使用引号时，外面一层用双引号，里面一层用单引号。

示例：他问："老师，'七月流火'是什么意思？"

4.8.3.5 独立成段的引文如果只有一段，段首和段尾都用引号；不止一段时，每段开头仅用前引号，只在最后一段末尾用后引号。

示例：我曾在报纸上看到有人这样谈幸福：

"幸福是知道自己喜欢什么和不喜欢什么。……

"幸福是知道自己擅长什么和不擅长什么。……

"幸福是在正确的时间做了正确的选择。……"

4.8.3.6 在书写带月、日的事件、节日或其他特定意义的短语（含简称）时，通常只标引其中的月和日；需要突出和强调该事件或节日本身时，也可连同事件和节日一起标引。

示例1："5·12"汶川大地震

示例2："五四"以来的话剧，是我国戏剧中的新形式。

示例3：纪念"五四运动"90周年

4.9 括号

4.9.1 定义

标号的一种，标示语段中的注释内容、补充说明或其他特定意义的语句。

4.9.2 形式

括号的主要形式是圆括号"( )",其他形式还有方括号"[ ]"、六角括号"〔 〕"和方头括号"【 】"等。

4.9.3 基本用法

4.9.3.1 标示下列各种情况,均用圆括号:

a)标示注释内容或补充说明。

示例1:我校拥有特级教师(含已退休的)17人。

示例2:我们不但善于破坏一个旧世界,我们还将善于建设一个新世界!(热烈鼓掌)

b)标示订正或补加的文字。

示例3:信纸上用稚嫩的字体写着:"阿夷(姨),你好!"

示例4:该建筑公司负责的建设工程全部达到优良工程(的标准)。

c)标示序次语。

示例5:语言有三个要素:(1)声音;(2)结构;(3)意义。

示例6:思想有三个条件:(一)事理;(二)心理;(三)伦理。

d)标示引语的出处。

示例7:他说得好:"未画之前,不立一格;既画之后,不留一格。"(《板桥集·题画》)

e)标示汉语拼音注音。

示例8:"的(de)"这个字在现代汉语中最常用。

4.9.3.2 标示作者国籍或所属朝代时,可用方括号或六角括号。

示例1:[英]赫胥黎《进化论与伦理学》

示例2:〔唐〕杜甫著

4.9.3.3 报刊标示电讯、报道的开头,可用方头括号。

示例:【新华社南京消息】

4.9.3.4 标示公文发文字号中的发文年份时,可用六角括号。

示例:国发〔2011〕3号文件

4.9.3.5 标示被注释的词语时,可用六角括号或方头括号。

示例1:〔奇观〕奇伟的景象。

示例2:【爱因斯坦】物理学家。生于德国,1933年因受纳粹政权迫害,移居美国。

4.9.3.6 除科技书刊中的数学、逻辑公式外,所有括号(特别是同一形式的括号)应尽量避免套用。必须套用括号时,宜采用不同的括号形式配合使用。

示例:〔茸(róng)毛〕很细很细的毛。

4.10 破折号

4.10.1 定义

标号的一种,标示语段中某些成分的注释、补充说明或语音、意义的变化。

4.10.2 形式

破折号的形式是"——"。

4.10.3 基本用法

4.10.3.1 标示注释内容或补充说明(也可用括号,见4.9.3.1;二者的区别另见B.1.7)。

示例1:一个矮小而结实的日本中年人——内山老板走了过来。

示例2：我一直坚持读书，想借此唤起弟妹对生活的希望——无论环境多么困难。

4.10.3.2 标示插入语（也可用逗号，见4.4.3.3）。

示例：这简直就是——说得不客气点——无耻的勾当！

4.10.3.3 标示总结上文或提示下文（也可用冒号，见4.7.3.1、4.7.3.2）。

示例1：坚强，纯洁，严于律己，客观公正——这一切都难得地集中在一个人的身上。

示例2：画家开始娓娓道来——

数年前的一个寒冬，……

4.10.3.4 标示话题的转换。

示例："好香的干菜，——听到风声了吗？"赵七爷低声说道。

4.10.3.5 标示声音的延长。

示例："嘎——"传过来一声水禽被惊动的鸣叫。

4.10.3.6 标示话语的中断或间隔。

示例1："班长他牺——"小马话没说完就大哭起来。

示例2："亲爱的妈妈，你不知道我多爱您。——还有你，我的孩子！"

4.10.3.7 标示引出对话。

示例：——你长大后想成为科学家吗？

——当然想了！

4.10.3.8 标示事项列举分承。

示例：根据研究对象不同，环境物理学分为以下五个分支学科：

——环境声学；

——环境光学；

——环境热学；

——环境电磁学；

——环境空气动力学。

4.10.3.9 用于副标题之前。

示例：飞向太平洋

——我国新型号运载火箭发射目击记

4.10.3.10 用于引文、注文后，标示作者、出处或注释者。

示例1：先天下之忧而忧，后天下之乐而乐。

——范仲淹

示例2：乐浪海中有倭人，分为百余国。

——《汉书》

示例3：很多人写好信后把信笺折成方胜形，我看大可不必。（方胜，指古代妇女戴的方形首饰，用彩绸等制作，由两个斜方部分叠合而成。——编者注）

4.11 省略号

4.11.1 定义

标号的一种，标示语段中某些内容的省略及意义的断续等。

4.11.2 形式

省略号的形式是"……"。

4.11.3 基本用法

4.11.3.1 标示引文的省略。

  示例：我们齐声朗诵起来："……俱往矣，数风流人物，还看今朝。"

4.11.3.2 标示列举或重复词语的省略。

  示例1：对政治的敏感，对生活的敏感，对性格的敏感，……这都是作家必须要有的素质。

  示例2：他气得连声说："好，好……算我没说。"

4.11.3.3 标示语意未尽。

  示例1：在人迹罕至的深山密林里，假如突然看见一缕炊烟，……

  示例2：你这样干，未免太……！

4.11.3.4 标示说话时断断续续。

  示例：她磕磕巴巴地说："可是……太太……我不知道……你一定是认错了。"

4.11.3.5 标示对话中的沉默不语。

  示例："还没结婚吧？"

    "……"他飞红了脸，更加忸怩起来。

4.11.3.6 标示特定的成分虚缺。

  示例：只要……就……

4.11.3.7 在标示诗行、段落的省略时，可连用两个省略号（即相当于十二连点）。

  示例1：从隔壁房间传来缓缓而抑扬顿挫的吟咏声——
    床前明月光，疑是地上霜。
    …………

  示例2：该刊根据工作质量、上稿数量、参与程度等方面的表现，评选出了高校十佳记者站。
    还根据发稿数量、提供新闻线索情况以及对刊物的关注度等，评选出了十佳通讯员。
    …………

4.12 着重号

4.12.1 定义

  标号的一种，标示语段中某些重要的或需要指明的文字。

4.12.2 形式

  着重号的形式为"．"，标注在相应文字的下方。

4.12.3 基本用法

4.12.3.1 标示语段中重要的文字。

  示例1：诗人需要表现，而不是证明。

  示例2：下面对文本的理解，不正确的一项是：……

4.12.3.2 标示语段中需要指明的文字。

  示例：下边加点的字，除了在词中的读法外，还有哪些读法？
    着急 子弹 强调

4.13 连接号

4.13.1 定义

  标号的一种，标示某些相关联成分之间的连接。

4.13.2 形式

  连接号的形式有短横线"-"、一字线"—"和浪纹线"～"三种。

4.13.3 基本用法

4.13.3.1 标示下列各种情况，均用短横线：

a）化合物的名称和表格、插图的编号。

示例1：3-戊酮为无色液体，对眼及皮肤有强烈刺激性。

示例2：参见下页表2-8、表2-9。

b）连接号码，包括门牌号码、电话号码，以及用阿拉伯数字表示年月日等。

示例3：安宁里东路26号院3-2-11室。

示例4：联系电话：010-88842603

示例5：2011-02-15

c）在复合名词中起连接作用。

示例6：吐鲁番-哈密盆地

d）某些产品的名称和型号。

示例7：WZ-10直升机具有复杂天气和夜间作战的能力。

e）汉语拼音、外来语内部的分合。

示例8：shuōshuō-xiàoxiào（说说笑笑）

示例9：盎格鲁-撒克逊人

示例10：让-雅克·卢梭（"让-雅克"为双名）

示例11：皮埃尔·孟戴斯-弗朗斯（"孟戴斯-弗朗斯"为复姓）

4.13.3.2 标示下列各种情况，一般用一字线，有时也可用浪纹线：

a）标示相关项目（如时间、地域等）的起止。

示例1：沈括（1031—1095），宋朝人。

示例2：2011年2月3日—10日

示例3：北京—上海特别旅客快车

b）标示数值范围（由阿拉伯数字或汉字数字构成）的起止。

示例4：25～30g

示例5：第五～八课

4.14 间隔号

4.14.1 定义

标号的一种，标示某些相关联成分之间的分界。

4.14.2 形式

间隔号的形式为"·"。

4.14.3 基本用法

4.14.3.1 标示外国人名或少数民族人名内部的分界。

示例1：克里丝蒂娜·罗塞蒂

示例2：阿依古丽·买买提

4.14.3.2 标示书名与篇（章、卷）名之间的分界。

示例：《淮南子·本经训》

4.14.3.3 标示词牌、曲牌、诗体名等和题名之间的分界。

示例1：《沁园春·雪》

示例2：《天净沙·秋思》

示例3：《七律·冬云》

4.14.3.4 用在构成标题或栏目名称的并列词语之间。

示例：《天·地·人》

4.14.3.5 以月、日为标志的事件或节日，用汉字数字表示时，只在一、十一和十二月后用间隔号；当直接用阿拉伯数字表示时，月、日之间均用间隔号（半角字符）。

示例1："九一八"事变　"五四"运动

示例2："一·二八"事变　"一二·九"运动

示例3："3·15"消费者权益日　"9·11"恐怖袭击事件

4.15　书名号

4.15.1　定义

标号的一种，标示语段中出现的各种作品的名称。

4.15.2　形式

书名号的形式有双书名号"《　》"和单书名号"〈　〉"两种。

4.15.3　基本用法

4.15.3.1 标示书名、卷名、篇名、刊物名、报纸名、文件名等。

示例1：《红楼梦》（书名）

示例2：《史记·项羽本纪》（卷名）

示例3：《论雷峰塔的倒掉》（篇名）

示例4：《每周关注》（刊物名）

示例5：《人民日报》（报纸名）

示例6：《全国农村工作会议纪要》（文件名）

4.15.3.2 标示电影、电视、音乐、诗歌、雕塑等各类用文字、声音、图像等表现的作品的名称。

示例1：《渔光曲》（电影名）

示例2：《追梦录》（电视剧名）

示例3：《勿忘我》（歌曲名）

示例4：《沁园春·雪》（诗词名）

示例5：《东方欲晓》（雕塑名）

示例6：《光与影》（电视节目名）

示例7：《社会广角镜》（栏目名）

示例8：《庄子研究文献数据库》（光盘名）

示例9：《植物生理学系列挂图》（图片名）

4.15.3.3 标示全中文或中文在名称中占主导地位的软件名。

示例：科研人员正在研制《电脑卫士》杀毒软件。

4.15.3.4 标示作品名的简称。

示例：我读了《念青唐古拉山脉纪行》一文（以下简称《念》），收获很大。

4.15.3.5 当书名号中还需要书名号时，里面一层用单书名号，外面一层用双书名号。

示例：《教育部关于提请审议〈高等教育自学考试试行办法〉的报告》

4.16　专名号

4.16.1　定义

标号的一种，标示古籍和某些文史类著作中出现的特定类专有名词。

4.16.2 形式

专名号的形式是一条直线,标注在相应文字的下方。

4.16.3 基本用法

4.16.3.1 标示古籍、古籍引文或某些文史类著作中出现的专有名词,主要包括人名、地名、国名、民族名、朝代名、年号、宗教名、官署名、组织名等。

示例1:孙坚人马被刘表率军围得水泄不通。(人名)

示例2:于是聚集冀、青、幽、并四州兵马七十多万准备决一死战。(地名)

示例3:当时乌孙及西域各国都向汉派遣了使节。(国名、朝代名)

示例4:从咸宁二年到太康十年,匈奴、鲜卑、乌桓等族人徙居塞内。(年号、民族名)

4.16.3.2 现代汉语文本中的上述专有名词,以及古籍和现代文本中的单位名、官职名、事件名、会议名、书名等不应使用专名号。必须使用标号标示时,宜使用其他相应标号(如引号、书名号等)。

4.17 分隔号

4.17.1 定义

标号的一种,标示诗行、节拍及某些相关文字的分隔。

4.17.2 形式

分隔号的形式是"/"。

4.17.3 基本用法

4.17.3.1 诗歌接排时分隔诗行(也可使用逗号和分号,见4.4.3.1/4.6.3.1)。

示例:春眠不觉晓/处处闻啼鸟/夜来风雨声/花落知多少。

4.17.3.2 标示诗文中的音节节拍。

示例:横眉/冷对/千夫指,俯首/甘为/孺子牛。

4.17.3.3 分隔供选择或可转换的两项,表示"或"。

示例:动词短语中除了作为主体成分的述语动词之外,还包括述语动词所带的宾语和/或补语。

4.17.3.4 分隔组成一对的两项,表示"和"。

示例1:13/14次特别快车

示例2:羽毛球女双决赛中国组合杜婧/于洋两局完胜韩国名将李孝贞/李敬元。

4.17.3.5 分隔层级或类别。

示例:我国的行政区划分为:省(直辖市、自治区)/省辖市(地级市)/县(县级市、区、自治州)/乡(镇)/村(居委会)。

5 标点符号的位置和书写形式

5.1 横排文稿标点符号的位置和书写形式

5.1.1 句号、逗号、顿号、分号、冒号均置于相应文字之后,占一个字位置,居左下,不出现在一行之首。

5.1.2 问号、叹号均置于相应文字之后,占一个字位置,居左,不出现在一行之首。两个问号(或叹号)叠用时,占一个字位置;三个问号(或叹号)叠用时,占两个字位置;问号和叹号连用时,占一个字位置。

5.1.3 引号、括号、书名号中的两部分标在相应项目的两端,各占一个字位置。其中前一半不出现在一行之末,后一半不出现在一行之首。

5.1.4 破折号标在相应项目之间，占两个字位置，上下居中，不能中间断开分处上行之末和下行之首。

5.1.5 省略号占两个字的位置，两个省略号连用时占四个字位置并须单独占一行。省略号不能中间断开分处上行之末和下行之首。

5.1.6 连接号中的短横线比汉字"一"略短，占半个字位置；一字线比汉字"一"略长，占一个字位置；浪纹线占一个字位置。连接号上下居中，不出现在一行之首。

5.1.7 间隔号标在需要隔开的项目之间，占半个字位置，上下居中，不出现在一行之首。

5.1.8 着重号和专名号标在相应文字的下边。

5.1.9 分隔号占半个字位置，不出现在一行之首或一行之末。

5.1.10 标点符号排在一行末尾时，若为全角字符则应占半角字符的宽度（即半个字位置），以使视觉效果更美观。

5.1.11 在实际编辑出版工作中，为排版美观，方便阅读等需要，或为避免某一小节最后一个汉字转行或出现在另外一页开头等情况（浪费版面及视角效果差），可适当压缩标点符号所占用的空间。

5.2 竖排文稿标点的位置和书写形式

5.2.1 句号、问号、叹号、逗号、顿号、分号和冒号均置于相应文字之下偏右。

5.2.2 破折号、省略号、连接号、间隔号和分隔号置于相应文字之下居中。上下方向排列。

5.2.3 引号改用双引号"﹁""﹂"和单引号"﹃""﹄"。括号改用"︵""︶"，标在相应项目的上下。

5.2.4 竖排文稿中使用浪线式书名号"﹏"，标在相应文字的左侧。

5.2.5 着重号标在相应文字的右侧，专名号标在相应文字的左侧。

5.2.6 横排文稿中关于某些标点不能居行首或行末的要求，同样适用于竖排文稿。

附录 A
（规范性附录）
标点符号用法的补充规则

A.1　句号用法补充规则

图或表的短语式说明文字，中间可用逗号，但末尾不用句号。即使有时说明文字较长，前面的语段已出现句号，最后结尾处仍不用句号。

示例1：行进中的学生方队

示例2：经过治理，本市市容市貌焕然一新。这是某区街道一景

A.2　问号用法补充规则

使用问号应以句子表示疑问语气为依据，而并不根据句子中包含有疑问词。当含有疑问词的语段充当某种句子成分，而句子并不表示疑问语气时，句末不用问号。

示例1：他们的行为举止、审美趣味，甚至读什么书，坐什么车，都在媒体掌握之中。

示例2：谁也不见，什么也不吃，哪儿也不去。

示例3：我也不知道他究竟躲到什么地方去了。

A.3　逗号用法补充规则

用顿号表示较长、较多或较复杂的并列成分之间的停顿时,最后一个成分前可用"以及(及)"进行连接,"以及(及)"之前应用逗号。

示例:压力过大、工作时间过长、作息不规律,以及忽视营养均衡等,均会导致健康状况的下降。

A.4　顿号用法补充规则

A.4.1　表示含有顺序关系的并列各项间的停顿,用顿号,不用逗号。下例解释"对于"一词用法,"人""事物""行为"之间有顺序关系(即人和人、人和事物、人和行为、事物和事物、事物和行为、行为和行为等六种对待关系),各项之间应用顿号。

示例:[对于]表示人,事物,行为之间的相互对待关系。(误)
　　　[对于]表示人、事物、行为之间的相互对待关系。(正)

A.4.2　用阿拉伯数字表示年月日的简写形式时,用短横线连接号,不用顿号。

示例:2010、03、02(误)
　　　2010-03-02(正)

A.5　分号用法补充规则

分项列举的各项有一项或多项已包含句号时,各项的末尾不能再用分号。

示例:本市先后建立起三大农业生产体系:一是建立甘蔗生产服务体系。成立糖业服务公司,主要给农民提供机耕等服务;二是建立蚕桑生产服务体系。……;三是建立热作服务体系。……。(误)

　　　本市先后建立起三大农业生产体系:一是建立甘蔗生产服务体系。成立糖业服务公司,主要给农民提供机耕等服务。二是建立蚕桑生产服务体系。……。三是建立热作服务体系。……。(正)

A.6　冒号用法补充规则

A.6.1　冒号用在提示性话语之后引起下文。表面上类似但实际不是提示性话语的,其后用逗号。

示例1:郦道元《水经注》记载:"沼西际山枕水,有唐叔虞祠。"(提示性话语)
示例2:据《苏州府志》载,苏州城内大小园林约有150多座,可算名副其实的园林之城。(非提示性话语)

A.6.2　冒号提示范围无论大小(一句话、几句话甚至几段话),都应与提示性话语保持一致(即在该范围的末尾要用句号点断)。应避免冒号涵盖范围过窄或过宽。

示例:艾滋病有三个传播途径:血液传播,性传播和母婴传播。日常接触是不会传播艾滋病的。(误)

　　　艾滋病有三个传播途径:血液传播,性传播和母婴传播。日常接触是不会传播艾滋病的。(正)

A.6.3　冒号应用在有停顿处,无停顿处不应用冒号。

示例1:他头也不抬,冷冷地问:"你叫什么名字?"(有停顿)
示例2:这事你得拿主意,光说"不知道"怎么行?(无停顿)

A.7　引号用法补充规则

"丛刊""文库""系列""书系"等作为系列著作的选题名，宜用引号标引。当"丛刊"等为选题名的一部分时，放在引号之内，反之则放在引号之外。

示例1："汉译世界学术名著丛书"

示例2："中国哲学典籍文库"

示例3："20世纪心理学通览"丛书

A.8　括号用法补充规则

括号可分为句内括号和句外括号。句内括号用于注释句子里的某些词语，即本身就是句子的一部分，应紧跟在被注释的词语之后。句外括号则用于注释句子、句群或段落，即本身结构独立，不属于前面的句子、句群或段落，应位于所注释语段的句末点号之后。

示例：标点符号是辅助文字记录语言的符号，是书面语的有机组成部分，用来表示语句的停顿、语气以及标示某些成分（主要是词语）的特定性质和作用。（数学符号、货币符号、校勘符号等特殊领域的专门符号不属于标点符号。）

A.9　省略号用法补充规则

A.9.1　不能用多于两个省略号（多于12点）连在一起表示省略。省略号须与多点连续的连珠号相区别（后者主要是用于表示目录中标题和页码对应和连接的专门符号）。

A.9.2　省略号和"等""等等""什么的"等词语不能同时使用。在需要读出来的地方用"等""等等""什么的"等词语。不用省略号。

示例：含有铁质的食物有猪肝、大豆、油菜、菠菜……等。（误）

　　　　含有铁质的食物有猪肝、大豆、油菜、菠菜等。（正）

A.10　着重号用法补充规则

不应使用文字下加直线或波浪线等形式表示着重。文字下加直线为专名号形式（4.16）；文字下加浪纹线是特殊书名号（A.13.6）。着重号的形式统一为相应项目下加小圆点。

示例：下面对本文的理解，不正确的一项是（误）

　　　　下面对本文的理解，不正确的一项是（正）

A.11　连接号用法补充规则

浪纹线连接号用于标示数值范围时，在不引起歧义的情况下，前一数值附加符号或计量单位可省略。

示例：5公斤~100公斤（正）

　　　　5~100公斤（正）

A.12　间隔号用法补充规则

当并列短语构成的标题中已用间隔号隔开时，不应再用"和"类连词。

示例：《水星·火星和金星》（误）

　　　　《水星·火星·金星》（正）

A.13 书名号用法补充规则

A.13.1 不能视为作品的课程、课题、奖品奖状、商标、证照、组织机构、会议、活动等名称,不应用书名号。下面均为书名号误用的示例:

示例1:下学期本中心将开设《现代企业财务管理》《市场营销》两门课程。

示例2:明天将召开《关于"两保两挂"的多视觉理论思考》课题立项会。

示例3:本市将向70岁以上(含70岁)老年人颁发《敬老证》。

示例4:本校共获得《最佳印象》《自我审美》《卡拉OK》等六个奖杯。

示例5:《闪光》牌电池经久耐用。

示例6:《文史杂志社》编辑力量比较雄厚。

示例7:本市将召开《全国食用天然色素应用研讨会》。

示例8:本报将于今年暑假举行《墨宝杯》书法大赛。

A.13.2 有的名称应根据指称意义的不同确定是否用书名号。如文艺晚会指一项活动时,不用书名号;而特指一种节目名称时,可用书名号。再如展览作为一种文化传播的组织形式时,不用书名号;特定情况下将某项展览作为一种创作的作品时,可用书名号。

示例1:2008年重阳联欢晚会受到观众的称赞和好评。

示例2:本台将重播《2008年重阳联欢晚会》。

示例3:"雪域明珠——中国西藏文化展"今天隆重开幕。

示例4:《大地飞歌艺术展》是一部大型现代艺术作品。

A.13.3 书名后面表示该作品所属类别的普通名词不标在书名号内。

示例:《我们》杂志

A.13.4 书名有时带有括注。如果括注是书名、篇名等的一部分,应放在书名号之内,反之则应放在书名号之外。

示例1:《琵琶行(并序)》

示例2:《中华人民共和国民事诉讼法(试行)》

示例3:《新政治协商会议筹备会组织条例(草案)》

示例4:《百科知识》(彩图本)

示例5:《人民日报》(海外版)

A.13.5 书名、篇名末尾如有叹号或问号,应放在书名号之内。

示例1:《日记何罪!》

示例2:《如何做到同工又同酬?》

A.13.6 在古籍或某些文史类著作中,为与专名号配合,书名号也可改用浪线式"﹏﹏",标注在书名下方。这可以看作是特殊的专名号或特殊的书名号。

A.14 分隔号用法补充规则

分隔号又称正斜线号。须与反斜线号"\"相区别(后者主要是用于编写计算机程序的专门符号)。使用分隔号时,紧贴着分隔号的前后通常不用点号。

附录 B
（资料性附录）
标点符号若干用法的说明

B.1 易混标点符号用法比较

B.1.1 逗号、顿号表示并列词语之间停顿的区别

逗号和顿号都表示停顿，但逗号表示的停顿长，顿号表示的停顿短。并列词语之间的停顿一般用顿号，但当并列词语较长或其后有语气词时，为了表示稍长一点的停顿，也可用逗号。

示例1：我喜欢吃的水果有苹果、桃子、香蕉和菠萝。

示例2：我们需要了解全局和局部的统一，必然和偶然的统一，本质和现象的统一。

示例3：看游记最难弄清位置和方向。前啊，后啊，左啊，右啊，看了半天，还是不明白。

B.1.2 逗号、顿号在表列举省略的"等""等等"之类词语前的使用

并列成分之间用顿号，末尾的并列成分之后用"等""等等"之类词语时，"等"类词前不用顿号或其他点号；并列成分之间用逗号。末尾的并列成分之后用"等"类词时，"等"类词前应用逗号。

示例1：现代生物学、物理学、化学、数学等基础科学的发展，带动了医学科学的进步。

示例2：写文章前要想好：文章主题是什么，用哪些材料，哪些详写，哪些略写，等等。

B.1.3 逗号、分号表示分句间停顿的区别

当复句的表述不复杂、层次不多，相连的分句语气比较紧凑、分句内部也没有使用逗号表示停顿时，分句间的停顿多用逗号。当用逗号不易分清多重复句内部的层次（如分句内部已有逗号），而用句号又可能割裂前后关系的地方，应用分号表示停顿。

示例1：她拿起钥匙，开了箱上的锁，又开了首饰盒上的锁，往老地方放钱。

示例2：纵比，即以一事物的各个发展阶段作比；横比，则以此事物与彼事物相比。

B.1.4 顿号、逗号、分号在标示层次关系时的区别

句内点号中，顿号表示的停顿最短、层次最低，通常只能表示并列词语之间的停顿；分号表示的停顿最长、层次最高，可以用来表示复句的第一层分句之间的停顿；逗号介于两者之间，既可表示并列词语之间的停顿，也可表示复句中分句之间的停顿。若分句内部已用逗号，分句之间就应用分号（见B.1.3示例2）。用分号隔开的几个并列分句不能由逗号统领或总结。

示例1：有的学会烤烟，自己做挺讲究的纸烟和雪茄；有的学会蔬菜加工，做的番茄酱能吃到冬天；有的学会蔬菜腌渍、窖藏，使秋菜接上春菜。

示例2：动物吃植物的方式多种多样，有的是把整个植物吃掉，如原生动物；有的是把植物的大部分吃掉，如鼠类；有的是吃掉植物的要害部位，如鸟类吃掉植物的嫩芽。（误）

动物吃植物的方式多种多样：有的是把整个植物吃掉，如原生动物；有的是把植物的大部分吃掉，如鼠类；有的是吃掉植物的要害部位，如鸟类吃掉植物的嫩芽。（正）

B.1.5 冒号、逗号用于"说""道"之类词语后的区别

位于引文之前的"说""道"后用冒号。位于引文之后的"说""道"分两种情况：处于句末时，其后用句号；"说""道"后还有其他成分时，其后用逗号。插在话语中间的"说""道"类词语后只能用逗号表示停顿。

示例1：他说："晚上就来家里吃饭吧。"

示例2："我真的很期待。"他说。

示例3："我有件事忘了说……"他说，表情有点为难。

示例4："现在请皇上脱下衣服，"两个骗子说，"好让我们为您换上新衣。"

B.1.6 不同点号表示停顿长短的排序

各种点号都表示说话时的停顿。句号、问号、叹号都表示句子完结，停顿最长。分号用于复句的分句之间，停顿长度介于句末点号和逗号之间，而短于冒号。逗号表示一句话中间的停顿，又短于分号。顿号用于并列词语之间，停顿最短。通常情况下，各种点号表示的停顿由长到短为：句号=问号=叹号＞冒号（指涵盖范围为一句话的冒号）＞分号＞逗号＞顿号。

B.1.7 破折号与括号表示注释或补充说明时的区别

破折号用于表示比较重要的解释说明，这种补充是正文的一部分，可与前后文连读；而括号表示比较一般的解释说明，只是注释而非正文，可不与前后文连读。

示例1：在今年——农历虎年，必须取得比去年更大的成绩。

示例2：哈雷在牛顿思想的启发下，终于认出了他所关注的彗星（该星后人称为哈雷彗星）。

B.1.8 书名号、引号在"题为……""以……为题"格式中的使用

"题为……""以……为题"中的"题"，如果是诗文、图书、报告或其他作品可作为篇名、书名看待时，可用书名号；如果是写作、科研、辩论、谈话的主题，非特定作品的标题，应用引号。即"题为……""以……为题"中的"题"应根据其类别分别按书名号和引号的用法处理。

示例1：有篇题为《柳宗元的诗》的文章，全文才2 000字，引文不实却达11处之多。

示例2：今天一个以"地球·人口·资源·环境"为题的大型宣传活动在此间举行。

示例3：《我的老师》写于1956年9月，是作者应《教师报》之约而写的。

示例4："我的老师"这类题目，同学们也许都写过。

B.2 两个标点符号连用的说明

B.2.1 行文中表示引用的引号内外的标点用法

当引文完整且独立使用，或虽不独立使用但带有问号或叹号时，引号内句末点号应保留。除此之外，引号内不用句末点号。当引文处于句子停顿处（包括句子末尾）且引号内未使用点号时，引号外应使用点号；当引文位于非停顿处或者引号内已使用句末点号时，引号外不用点号。

示例1："沉舟侧畔千帆过，病树前头万木春。"他最喜欢这两句诗。

示例2：书价上涨令许多读者难以接受，有些人甚至发出"还买得起书吗？"的疑问。

示例3：他以"条件还不成熟，准备还不充分"为由，否决了我们的提议。

示例4：你这样"明日复明日"地要拖到什么时候？

示例5：司马迁为了完成《史记》的写作，使之"藏之名山"，忍受了人间最大的侮辱。

示例6：在施工中要始终坚持"把质量当生命"。

示例7："言之无文，行而不远"这句话，说明了文采的重要。

示例8：俗话说："墙头一根草，风吹两边倒。"用这句话来形容此辈再恰当不过。

B.2.2 行文中括号内外的标点用法

括号内行文末尾需要时可用问号、叹号和省略号。除此之外，句内括号行文末尾通常不用标点符号。句外括号行文末尾是否用句号由括号内的语段结构决定：若语段较长、内容复杂，应用句号。句内括号外是否用点号取决于括号所处位置：若句内括号处于句子停顿处，应用点号。句外括号外通常不用点号。

示例1：如果不采取（但应如何采取呢？）十分具体的控制措施，事态将进一步扩大。

示例2：3分钟过去了（仅仅才3分钟！），从眼面穿梭而过的出租车竟达32辆！

示例3：她介绍时用了一连串比喻（有的状如树枝，有的貌似星海……），非常形象。

示例4：科技协作合同（包括科研、试制、成果推广等）根据上级主管部门或有关部门的计划签订。

示例5：应把夏朝看作原始公社向奴隶制国家过渡时期。（龙山文化遗址里，也有俯身葬。俯身者很可能就是奴隶。）

示例6：问：你对你不喜欢的上司是什么态度？
　　　答：感情上疏远，组织上服从。（掌声，笑声）

示例7：古汉语（特别是上古汉语），对于我来说，有着常人无法想象的吸引力。

示例8：由于这种推断尚未经过实践的考验，我们只能把它作为假设（或假说）提出来。

示例9：人际交往过程就是使用语词传达意义的过程。（严格说，这里的"语词"应为语词指号。）

B.2.3　破折号前后的标点用法

破折号之前通常不用点号；但根据句子结构和行文需要，有时也可分别使用句内点号或句末点号。破折号之后通常不会紧跟着使用其他点号；但当破折号表示语音的停顿或延长时，根据语气表达的需要，其后可紧接问号或叹号。

示例1：小妹说："我现在工作得挺好，老板对我不错，工资也挺高。——我能抽支烟吗？"（表示话题的转折）

示例2：我不是自然主义者，我主张文学高于现实，能够稍稍居高临下地去看现实，因为文学的任务不仅在于反映现实。光描写现存的事物还不够，还必须记住我们所希望的和可能产生的事物。必须使现象典物化。应该把微小而有代表性的事物写成重大的和典型的事物。——这就是文学的任务。（表示对前几句话的总结）

示例3："是他——？"石一川简直不敢相信自己的耳朵。

示例4："我终于考上大学啦！我终于考上啦——！"金石开兴奋得快要晕过去了。

B.2.4　省略号前后的标点用法

省略号之前通常不用点号。以下两种情况例外：省略号前的句子表示强烈语气、句末使用问号或叹号时；省略号前不用点号就无法标示停顿或表明结构关系时。省略号之后通常也不用点号，但当句末表达强烈的语气或感情时，可在省略号后用问号或叹号；当省略号后还有别的话、省略的文字和后面的话不连续且有停顿时，应在省略号后用点号；当表示特定格式的成分虚缺时，省略号后可用点号。

示例1：想起这些，我就觉得一辈子都对不起你。你对梁家的好，我感激不尽！……

示例2：他进来了，……一身军装，一张朴实的脸，站在我们面前显得很高大，很年轻。

示例3：这，这是……？

示例4：动物界的规矩比人类还多，野骆驼、野猪、黄羊……，直至塔里木兔、跳鼠，都是各行其跳，决不混淆。

示例5：大火被渐渐扑灭。但一片片油污又旋即出现在遇难船旁……。清污船迅速赶来，并施放围栏以控制油污。

示例6：如果……，那么……。

B.3　序次语之后的标点用法

B.3.1　"第""其"字头序次语，或"首先""其次""最后"等做序次语时，后用逗号（见4.4.3.3）。

B.3.2 不带括号的汉字数字或"天干地支"做序次语时,后用顿号(见4.5.3.2)。

B.3.3 不带括号的阿拉伯数字、拉丁字母或罗马数字做序次语时,后面用下脚点(该符号属于外文的标点符号)。

　　示例1:总之,语言的社会功能有三点:1.传递信息,交流思想;2.确定关系,调节关系;
　　　　　3.组织生活,组织生产。

　　示例2:本课一共讲解三个要点:A.生理停顿;B.逻辑停顿;C.语法停顿。

B.3.4 加括号的序次语后面不用任何点号。

　　示例1:受教育者应履行以下义务:(一)遵守法律、法规;(二)努力学习,完成规定的学
　　　　　习任务;(三)遵守所在学校或其他教育机构的制度。

　　示例2:科学家很重视下面几种才能:(1)想象力;(2)直觉的理解力;(3)数学能力。

B.3.5 阿拉伯数字与下脚点结合表示章节关系的序次语末尾不用任何点号。

　　示例:3 停顿
　　　　　3.1　生理停顿
　　　　　3.2　逻辑停顿

B.3.6 用于章节、条款的序次语后宜用空格表示停顿。

　　示例:第一课　春天来了

B.3.7 序次简单、叙述性较强的序次语后不用标点符号。

　　示例:语言的社会功能共有三点:一是传递信息;二是确定关系;三是组织生活。

B.3.8 同类数字形式的序次语,带括号的通常位于不带括号的下一层。通常第一层是带有顿号的汉字数字;第二层是带括号的汉字数字;第三层是带下脚点的阿拉伯数字;第四层是带括号的阿拉伯数字;再往下可以是带圈的阿拉伯数字或小写拉丁字母。一般可根据文章特点选择从某一层序次语开始行文,选定之后应顺着序次语的层次向下行文,但使用层次较低的序次语之后不宜反过来再使用层次更高的序次语。

　　示例:一、……
　　　　　　(一)……
　　　　　　　1.……
　　　　　　　　(1)……
　　　　　　　　　①/a.……

B.4　文章标题的标点用法

文章标题的末尾通常不用标点符号,但有时根据需要可用问号、叹号或省略号。

　　示例1:看看电脑会有多聪明,让它下盘围棋吧

　　示例2:猛龙过江:本店特色名菜

　　示例3:严防"电脑黄毒"危害少年

　　示例4:回家的感觉真好
　　　　　　　　——访大赛归来的本市运动员

　　示例5:里海是湖,还是海?

　　示例6:人体也是污染源!

　　示例7:和平协议签署之后……

后　记

经全国高等教育自学考试指导委员会同意，由文史类专业委员会负责高等教育自学考试《现代汉语》教材的审定工作。

《现代汉语》自学考试教材由上海师范大学齐沪扬教授担任主编。

参加本教材审稿讨论会并提出修改意见的有浙江师范大学张先亮教授、上海外国语大学吴春相教授、浙江师范大学陈青松教授。全书由齐沪扬教授修改定稿。

编审人员付出了大量努力，在此一并表示感谢！

全国高等教育自学考试指导委员会
文史类专业委员会
2023年5月